国家出版基金项目
重庆市出版专项资金资助

大足石刻全集

第四卷
北山多宝塔考古报告
上册

大足石刻研究院　编

黎方银　主编

DAZU SHIKE
QUANJI

重庆出版集团　重庆出版社

THE DAZU ROCK CARVINGS

Vol. IV
DUOBAO PAGODA, BEISHAN
Part One

EDITED BY
ACADEMY OF DAZU ROCK CARVINGS

EDITOR IN CHIEF
LI FANGYIN

总 策 划　　郭　宜　　黎方银

《大足石刻全集》学术委员会

主　　任　　丁明夷
委　　员　　丁明夷　马世长　王川平　宁　强　孙　华　杨　泓　李志荣　李崇峰
　　　　　　李裕群　李静杰　陈明光　陈悦新　杭　侃　姚崇新　郭相颖　雷玉华
　　　　　　霍　巍（以姓氏笔画为序）

《大足石刻全集》编辑委员会

主　　任　　王怀龙　黎方银
副 主 任　　郭　宜　谢晓鹏　刘贤高　郑文武
委　　员　　王怀龙　毛世福　邓启兵　刘贤高　来德防　李小强　周　颖　郑文武
　　　　　　郭　宜　黄能迁　谢晓鹏　黎方银（以姓氏笔画为序）
主　　编　　黎方银
副 主 编　　刘贤高　邓启兵　黄能迁　谢晓鹏　郑文武

《大足石刻全集》第四卷编纂工作团队

调查记录　　黄能迁　邓启兵　刘贤高　赵凌飞　陈　静　郭　静
现场测绘　　周　颖　毛世福　黄能迁　邓启兵　刘贤高
　　　　　　张　强　吕　品　陈　杰　潘春香　余倩倩
绘　　图　　周　颖　毛世福　陈　杰　潘春香　余倩倩
图版拍摄　　郑文武（主机）　周　瑜　郭　宜　吕文成　王　远　张　勘　张　跃
拓　　片　　唐长清　唐毅烈
铭文整理　　赵凌飞
资料整理　　赵凌飞　张媛媛　未小妹　李朝元
英文翻译　　姚淇琳
英文审定　　Tom Suchan　唐仲明
报告编写　　黎方银　邓启兵　黄能迁
统　　稿　　黎方银
审　　定　　丁明夷　李志荣

《大足石刻全集》第四卷编辑工作团队

工作统筹　　郭　宜　郑文武
三　　审　　邱振邦　曾海龙　王怀龙
编　　辑　　郑文武　吴芝宇　周　瑜　吕文成　王　远
印前审读　　曾祥志
图片制作　　郑文武　周　瑜　吕文成　王　远
装帧设计　　胡靳一　郑文武
排　　版　　代　敏
校　　色　　宋晓东　郑文武
校　　对　　唐联文　廖应碧　唐云沄　何建云　刘　艳

总目录

第一卷　　　北山佛湾石窟第1—100号考古报告

第二卷　　　北山佛湾石窟第101—192号考古报告

第三卷　　　北山佛湾石窟第193—290号考古报告

第四卷　　　北山多宝塔考古报告

第五卷　　　石篆山、石门山、南山石窟考古报告

第六卷　　　宝顶山大佛湾石窟第1—14号考古报告

第七卷　　　宝顶山大佛湾石窟第15—32号考古报告

第八卷　　　宝顶山小佛湾及周边石窟考古报告

第九卷　　　大足石刻专论

第十卷　　　大足石刻历史图版

第十一卷　　附录及索引

GENERAL CATALOGUE

Vol. I FOWAN (NOS. 1–100), BEISHAN

Vol. II FOWAN (NOS. 101–192), BEISHAN

Vol. III FOWAN (NOS. 193–290), BEISHAN

Vol. IV DUOBAO PAGODA, BEISHAN

Vol. V SHIZHUANSHAN, SHIMENSHAN AND NANSHAN

Vol. VI DAFOWAN (NOS. 1–14), BAODINGSHAN

Vol. VII DAFOWAN (NOS. 15–32), BAODINGSHAN

Vol. VIII XIAOFOWAN AND SURROUNDING CARVINGS, BAODINGSHAN

Vol. IX COLLECTED RESEARCH PAPERS ON THE DAZU ROCK CARVINGS

Vol. X EARLY PHOTOGRAPHS OF THE DAZU ROCK CARVINGS

Vol. XI APPENDIX AND INDEX

目　录

第一章　概述 1
　　第一节　位置与环境 1
　　第二节　前期保护维修与调查研究 1
　　　　一　保护维修 1
　　　　二　调查研究 4
　　第三节　本卷报告的内容 5
　　第四节　本卷报告的体例和规范 5
　　　　一　编写体例 5
　　　　二　报告文本 6
　　　　三　测绘图 7
　　　　四　图版 7
　　第五节　本卷报告的编写经过 8
第二章　多宝塔形制及龛像设置 9
　　第一节　形制 9
　　　　一　外部形制 9
　　　　二　内部形制 59
　　第二节　龛窟设置与布局 77
　　　　一　龛窟设置 77
　　　　二　塔内龛窟布局 77
　　　　三　塔外龛窟布局 85
第三章　塔内第一、二层造像（第1—20号） 87
　　第一节　位置及相互关系 87
　　第二节　第1、2号 87
　　　　一　位置 87
　　　　二　形制 87
　　　　三　造像 93
　　　　四　铭文 96
　　　　五　晚期遗迹 96
　　第三节　第3号 97
　　　　一　位置 97
　　　　二　形制 97
　　　　三　造像 97
　　　　四　铭文 97
　　　　五　晚期遗迹 99
　　第四节　第4号 99
　　　　一　位置 99
　　　　二　形制 99
　　　　三　造像 99
　　　　四　铭文 101
　　　　五　晚期遗迹 101
　　第五节　第5号 101
　　　　一　位置 101
　　　　二　形制 101
　　　　三　造像 101
　　　　四　铭文 104

　　　　五　晚期遗迹 105
　第六节　第6号 105
　　　　一　位置 105
　　　　二　形制 105
　　　　三　造像 105
　　　　四　铭文 105
　　　　五　晚期遗迹 107
　第七节　第7号 107
　　　　一　位置 107
　　　　二　形制 107
　　　　三　造像 107
　　　　四　铭文 110
　　　　五　晚期遗迹 112
　第八节　第8号 113
　　　　一　位置 113
　　　　二　形制 113
　　　　三　造像 116
　　　　四　铭文 116
　　　　五　晚期遗迹 116
　第九节　第9号 116
　　　　一　位置 116
　　　　二　形制 116
　　　　三　造像 119
　　　　四　铭文 119
　　　　五　晚期遗迹 119
　第十节　第10号 119
　　　　一　位置 119
　　　　二　形制 119
　　　　三　造像 120
　　　　四　晚期遗迹 122
　第十一节　第11号 122
　　　　一　位置 122
　　　　二　形制 122
　　　　三　造像 122
　　　　四　铭文 122
　　　　五　晚期遗迹 125
　第十二节　第12号 125
　　　　一　位置 125
　　　　二　形制 125
　　　　三　造像 125
　　　　四　铭文 127
　　　　五　晚期遗迹 127
　第十三节　第13号 129
　　　　一　位置 129
　　　　二　形制 129
　　　　三　造像 129
　　　　四　铭文 129
　　　　五　晚期遗迹 131
　第十四节　第14号 131

	一 位置	131
	二 形制	131
	三 造像	131
	四 铭文	131
	五 晚期遗迹	133
第十五节	第15号	133
	一 位置	133
	二 形制	133
	三 造像	133
	四 晚期遗迹	135
第十六节	第16号	137
	一 位置	137
	二 形制	137
	三 造像	137
	四 铭文	137
	五 晚期遗迹	139
第十七节	第17号	139
	一 位置	139
	二 形制	139
	三 造像	139
	四 铭文	142
	五 晚期遗迹	142
第十八节	第18号	142
	一 位置	142
	二 形制	143
	三 造像	143
	四 铭文	143
	五 晚期遗迹	143
第十九节	第19号	143
	一 位置	143
	二 形制	143
	三 造像	147
	四 铭文	148
	五 晚期遗迹	148
第二十节	第20号	148
	一 位置	148
	二 形制	148
	三 题刻	149
	四 晚期遗迹	149

第四章　塔内第三层造像（第21—36号） 152
　第一节　位置及相互关系 152
　第二节　第21号 154
　　　一 位置 154
　　　二 形制 154
　　　三 造像 156
　　　四 铭文 156
　　　五 晚期遗迹 156

第三节　第22号	156
一　位置	156
二　形制	156
三　造像	156
四　铭文	158
五　晚期遗迹	158
第四节　第23号	158
一　位置	158
二　形制	159
三　造像	159
四　铭文	162
五　晚期遗迹	162
第五节　第24号	164
一　位置	164
二　形制	164
三　造像	164
四　铭文	164
五　晚期遗迹	166
第六节　第25号	166
一　位置	166
二　形制	166
三　造像	166
四　铭文	166
五　晚期遗迹	166
第七节　第26号	168
一　位置	168
二　形制	168
三　造像	168
四　铭文	168
五　晚期遗迹	170
第八节　第27号	170
一　位置	170
二　形制	170
三　造像	170
四　铭文	170
五　晚期遗迹	170
第九节　第28号	173
一　位置	173
二　形制	173
三　造像	173
四　铭文	173
五　晚期遗迹	175
第十节　第29号	177
一　位置	177
二　形制	177
三　造像	179
四　铭文	179
五　晚期遗迹	179
第十一节　第30号	179

　　　　一　位置 179
　　　　二　形制 179
　　　　三　造像 179
　　　　四　铭文 181
　　　　五　晚期遗迹 181
　　第十二节　第31号 181
　　　　一　位置 181
　　　　二　形制 181
　　　　三　造像 181
　　　　四　铭文 183
　　　　五　晚期遗迹 183
　　第十三节　第32号 183
　　　　一　位置 183
　　　　二　形制 183
　　　　三　造像 183
　　　　四　铭文 185
　　　　五　晚期遗迹 185
　　第十四节　第33号 185
　　　　一　位置 185
　　　　二　形制 185
　　　　三　造像 186
　　　　四　铭文 190
　　　　五　晚期遗迹 190
　　第十五节　第34号 191
　　　　一　位置 191
　　　　二　形制 191
　　　　三　造像 191
　　　　四　铭文 191
　　　　五　晚期遗迹 193
　　第十六节　第35号 193
　　　　一　位置 193
　　　　二　形制 193
　　　　三　造像 193
　　　　四　铭文 193
　　　　五　晚期遗迹 196
　　第十七节　第36号 196
　　　　一　位置 196
　　　　二　形制 196
　　　　三　造像 196
　　　　四　铭文 201
　　　　五　晚期遗迹 201
第五章　塔内第四层造像（第37—50号） 203
　　第一节　位置及相互关系 203
　　第二节　第37号 203
　　　　一　位置 203
　　　　二　形制 203
　　　　三　造像 203

　　　　四　铭文 206
　　　　五　晚期遗迹 206
　第三节　第38号 208
　　　　一　位置 208
　　　　二　形制 208
　　　　三　造像 208
　　　　四　铭文 208
　　　　五　晚期遗迹 208
　第四节　第39号 210
　　　　一　位置 210
　　　　二　形制 210
　　　　三　造像 210
　　　　四　铭文 210
　　　　五　晚期遗迹 215
　第五节　第40号 216
　　　　一　位置 216
　　　　二　形制 216
　　　　三　造像 216
　　　　四　铭文 216
　　　　五　晚期遗迹 218
　第六节　第41号 218
　　　　一　位置 218
　　　　二　形制 218
　　　　三　造像 218
　　　　四　铭文 218
　　　　五　晚期遗迹 218
　第七节　第42号 220
　　　　一　位置 220
　　　　二　形制 220
　　　　三　造像 220
　　　　四　铭文 220
　　　　五　晚期遗迹 220
　第八节　第43号 222
　　　　一　位置 222
　　　　二　形制 222
　　　　三　造像 222
　　　　四　铭文 222
　　　　五　晚期遗迹 228
　第九节　第44号 228
　　　　一　位置 228
　　　　二　形制 228
　　　　三　造像 231
　　　　四　晚期遗迹 231
　第十节　第45号 231
　　　　一　位置 231
　　　　二　形制 231
　　　　三　造像 231
　　　　四　铭文 233
　　　　五　晚期遗迹 233

第十一节　第46号 233
　　一　位置 233
　　二　形制 233
　　三　造像 233
　　四　晚期遗迹 233
第十二节　第47号 235
　　一　位置 235
　　二　形制 235
　　三　造像 235
　　四　铭文 235
　　五　晚期遗迹 239
第十三节　第48号 239
　　一　位置 239
　　二　形制 239
　　三　造像 241
　　四　晚期遗迹 241
第十四节　第49号 241
　　一　位置 241
　　二　形制 241
　　三　造像 241
　　四　铭文 241
　　五　晚期遗迹 243
第十五节　第50号 243
　　一　位置 243
　　二　形制 243
　　三　造像 243
　　四　铭文 248
　　五　晚期遗迹 248

第六章　塔内第五层造像（第51—60号）.. 249
　第一节　位置及相互关系 249
　第二节　第51号 249
　　一　位置 249
　　二　形制 249
　　三　造像 249
　　四　铭文 253
　　五　晚期遗迹 253
　第三节　第52号 253
　　一　位置 253
　　二　形制 253
　　三　造像 253
　　四　铭文 256
　　五　晚期遗迹 256
　第四节　第53号 256
　　一　位置 256
　　二　形制 257
　　三　造像 257
　　四　晚期遗迹 259
　第五节　第54号 259
　　一　位置 259

		二　形制	259
		三　造像	259
		四　铭文	259
		五　晚期遗迹	264
	第六节	第55号	265
		一　位置	265
		二　形制	265
		三　造像	265
		四　铭文	265
		五　晚期遗迹	267
	第七节	第56号	267
		一　位置	267
		二　形制	267
		三　造像	267
		四　铭文	269
		五　晚期遗迹	269
	第八节	第57号	269
		一　位置	269
		二　形制	269
		三　造像	269
		四　铭文	275
		五　晚期遗迹	277
	第九节	第58号	277
		一　位置	277
		二　形制	277
		三　造像	277
		四　铭文	277
		五　晚期遗迹	279
	第十节	第59号	279
		一　位置	279
		二　形制	279
		三　造像	279
		四　铭文	281
		五　晚期遗迹	281
	第十一节	第60号	281
		一　位置	281
		二　形制	281
		三　造像	281
		四　铭文	290
		五　晚期遗迹	291
第七章	塔内第六层造像（第61—69号）		293
	第一节	位置及相互关系	293
	第二节	第61号	293
		一　位置	293
		二　形制	293
		三　造像	293
		四　晚期遗迹	297
	第三节	第62号	297
		一　位置	297

二　形制	297
三　造像	299
四　晚期遗迹	301
第四节　第63号	301
一　位置	301
二　形制	301
三　造像	303
四　晚期遗迹	303
第五节　第64号	303
一　位置	303
二　形制	303
三　造像	303
四　铭文	310
五　晚期遗迹	311
第六节　第65号	311
一　位置	311
二　形制	311
三　造像	311
第七节　第66号	314
一　位置	314
二　形制	314
三　造像	315
四　铭文	315
第八节　第67号	316
一　位置	316
二　形制	316
三　造像	318
四　铭文	320
第九节　第68号	320
一　位置	320
二　形制	320
三　造像	323
四　晚期遗迹	323
第十节　第69号	323
一　位置	323
二　形制	323
三　造像	326
第八章　塔内第七、八层造像（第70—80号）	**329**
第一节　位置及相互关系	329
第二节　第70号	329
一　位置	329
二　形制	329
三　造像	336
第三节　第71号	337
一　位置	337
二　形制	337
三　碑刻	337
第四节　第71-1号	338
一　位置	338

  二　形制 338
  三　造像 338
 第五节　第72号 338
  一　位置 338
  二　形制 338
  三　造像 338
 第六节　第73号 341
  一　位置 341
  二　形制 341
  三　碑刻 341
 第七节　第73-1号 342
  一　位置 342
  二　形制 342
  三　造像 342
 第八节　第74号 342
  一　位置 342
  二　形制 342
  三　造像 342
  四　晚期遗迹 345
 第九节　第75号 345
  一　位置 345
  二　形制 345
  三　造像 345
 第十节　第76号 347
  一　位置 347
  二　形制 347
  三　碑刻 347
 第十一节　第77号 348
  一　位置 348
  二　形制 348
  三　造像 350
 第十二节　第78号 352
  一　位置 352
  二　形制 352
  三　碑刻 352
 第十三节　第79号 352
  一　位置 352
  二　形制 353
  三　碑刻 353
 第十四节　第80号 353
  一　位置 353
  二　形制 353
  三　碑刻 353
 第十五节　第80-1号 354
  一　位置 354
  二　形制 354
  三　碑刻 354
 第十六节　第80-2号 355
  一　位置 355

二　形制 … 355
三　造像 … 357

第九章　塔身第十二、十一、九级造像（第81—96号） … 358
第一节　位置及相互关系 … 358
第二节　第81号 … 358
一　位置 … 358
二　形制 … 358
三　造像 … 358
第三节　第82号 … 359
一　位置 … 359
二　形制 … 359
三　造像 … 359
第四节　第83号 … 359
一　位置 … 359
二　形制 … 359
三　造像 … 359
第五节　第84号 … 370
一　位置 … 370
二　形制 … 370
三　造像 … 370
第六节　第85号 … 373
一　位置 … 373
二　形制 … 373
三　造像 … 373
第七节　第86号 … 373
一　位置 … 373
二　形制 … 373
三　造像 … 373
第八节　第87号 … 375
一　位置 … 375
二　形制 … 375
三　造像 … 376
第九节　第88号 … 376
一　位置 … 376
二　形制 … 376
三　造像 … 377
第十节　第89号 … 377
一　位置 … 377
二　形制 … 377
三　造像 … 380
四　晚期遗迹 … 380
第十一节　第90号 … 382
一　位置 … 382
二　形制 … 382
三　造像 … 384
四　晚期遗迹 … 384
第十二节　第91号 … 384
一　位置 … 384
二　形制 … 384

三　造像 ……………………………………………………………………………………… 384
　第十三节　第92号 ………………………………………………………………………………… 388
　　　一　位置 ……………………………………………………………………………………… 388
　　　二　形制 ……………………………………………………………………………………… 388
　　　三　造像 ……………………………………………………………………………………… 388
　第十四节　第93号 ………………………………………………………………………………… 390
　　　一　位置 ……………………………………………………………………………………… 390
　　　二　形制 ……………………………………………………………………………………… 390
　　　三　造像 ……………………………………………………………………………………… 392
　第十五节　第94号 ………………………………………………………………………………… 393
　　　一　位置 ……………………………………………………………………………………… 393
　　　二　形制 ……………………………………………………………………………………… 393
　　　三　造像 ……………………………………………………………………………………… 393
　第十六节　第95号 ………………………………………………………………………………… 394
　　　一　位置 ……………………………………………………………………………………… 394
　　　二　形制 ……………………………………………………………………………………… 394
　　　三　造像 ……………………………………………………………………………………… 394
　　　四　铭文 ……………………………………………………………………………………… 398
　　　五　晚期遗迹 ………………………………………………………………………………… 398
　第十七节　第96号 ………………………………………………………………………………… 398
　　　一　位置 ……………………………………………………………………………………… 398
　　　二　形制 ……………………………………………………………………………………… 398
　　　三　造像 ……………………………………………………………………………………… 398
　　　四　晚期遗迹 ………………………………………………………………………………… 400

第十章　塔身第七、五级造像（第97—112号）………………………………………………………… 401
　第一节　位置及相互关系 ………………………………………………………………………… 401
　第二节　第97号 …………………………………………………………………………………… 401
　　　一　位置 ……………………………………………………………………………………… 401
　　　二　形制 ……………………………………………………………………………………… 401
　　　三　造像 ……………………………………………………………………………………… 401
　　　四　铭文 ……………………………………………………………………………………… 408
　　　五　晚期遗迹 ………………………………………………………………………………… 408
　第三节　第98号 …………………………………………………………………………………… 408
　　　一　位置 ……………………………………………………………………………………… 408
　　　二　形制 ……………………………………………………………………………………… 408
　　　三　造像 ……………………………………………………………………………………… 408
　　　四　晚期遗迹 ………………………………………………………………………………… 410
　第四节　第99号 …………………………………………………………………………………… 410
　　　一　位置 ……………………………………………………………………………………… 410
　　　二　形制 ……………………………………………………………………………………… 410
　　　三　造像 ……………………………………………………………………………………… 413
　　　四　铭文 ……………………………………………………………………………………… 414
　　　五　晚期遗迹 ………………………………………………………………………………… 414
　第五节　第100号 …………………………………………………………………………………… 414
　　　一　位置 ……………………………………………………………………………………… 414
　　　二　形制 ……………………………………………………………………………………… 414
　　　三　造像 ……………………………………………………………………………………… 414
　　　四　晚期遗迹 ………………………………………………………………………………… 416
　第六节　第101号 …………………………………………………………………………………… 416

一　位置………………………………………………………………………………416
　　　二　形制………………………………………………………………………………416
　　　三　造像………………………………………………………………………………416
　　　四　晚期遗迹…………………………………………………………………………416
　第七节　第102号……………………………………………………………………………419
　　　一　位置………………………………………………………………………………419
　　　二　形制………………………………………………………………………………419
　　　三　造像………………………………………………………………………………419
　　　四　晚期遗迹…………………………………………………………………………420
　第八节　第103号……………………………………………………………………………421
　　　一　位置………………………………………………………………………………421
　　　二　形制………………………………………………………………………………421
　　　三　造像………………………………………………………………………………421
　　　四　晚期遗迹…………………………………………………………………………421
　第九节　第104号……………………………………………………………………………421
　　　一　位置………………………………………………………………………………421
　　　二　形制………………………………………………………………………………425
　　　三　造像………………………………………………………………………………425
　　　四　晚期遗迹…………………………………………………………………………427
　第十节　第105号……………………………………………………………………………427
　　　一　位置………………………………………………………………………………427
　　　二　形制………………………………………………………………………………427
　　　三　造像………………………………………………………………………………427
　　　四　晚期遗迹…………………………………………………………………………431
　第十一节　第106号…………………………………………………………………………431
　　　一　位置………………………………………………………………………………431
　　　二　形制………………………………………………………………………………431
　　　三　造像………………………………………………………………………………431
　　　四　晚期遗迹…………………………………………………………………………431
　第十二节　第107号…………………………………………………………………………431
　　　一　位置………………………………………………………………………………431
　　　二　形制………………………………………………………………………………433
　　　三　造像………………………………………………………………………………435
　　　四　晚期遗迹…………………………………………………………………………435
　第十三节　第108号…………………………………………………………………………437
　　　一　位置………………………………………………………………………………437
　　　二　形制………………………………………………………………………………437
　　　三　造像………………………………………………………………………………439
　　　四　铭文………………………………………………………………………………439
　　　五　晚期遗迹…………………………………………………………………………439
　第十四节　第109号…………………………………………………………………………439
　　　一　位置………………………………………………………………………………439
　　　二　形制………………………………………………………………………………439
　　　三　造像………………………………………………………………………………439
　　　四　铭文………………………………………………………………………………442
　　　五　晚期遗迹…………………………………………………………………………442
　第十五节　第110号…………………………………………………………………………443
　　　一　位置………………………………………………………………………………443
　　　二　形制………………………………………………………………………………443

三　造像 444
　　　四　晚期遗迹 444
　第十六节　第111号 445
　　　一　位置 445
　　　二　形制 445
　　　三　造像 447
　　　四　晚期遗迹 449
　第十七节　第112号 450
　　　一　位置 450
　　　二　形制 450
　　　三　造像 451
　　　四　晚期遗迹 451

第十一章　塔身第三、一级造像（第113—131号）......452
　第一节　位置及相互关系 452
　第二节　第113号 456
　　　一　位置 456
　　　二　形制 456
　　　三　造像 456
　　　四　铭文 456
　　　五　晚期遗迹 456
　第三节　第114号 459
　　　一　位置 459
　　　二　形制 459
　　　三　造像 459
　　　四　晚期遗迹 459
　第四节　第115号 459
　　　一　位置 459
　　　二　形制 461
　　　三　造像 461
　　　四　铭文 462
　　　五　晚期遗迹 462
　第五节　第116号 463
　　　一　位置 463
　　　二　形制 463
　　　三　造像 463
　　　四　铭文 463
　　　五　晚期遗迹 465
　第六节　第117号 467
　　　一　位置 467
　　　二　形制 467
　　　三　造像 467
　　　四　铭文 467
　　　五　晚期遗迹 469
　第七节　第118号 469
　　　一　位置 469
　　　二　形制 469
　　　三　造像 469
　　　四　铭文 469
　　　五　晚期遗迹 471

第八节　第119号 471
一　位置 471
二　形制 471
三　造像 471
四　铭文 475
五　晚期遗迹 476

第九节　第120号 476
一　位置 476
二　形制 476
三　造像 476
四　铭文 476
五　晚期遗迹 478

第十节　第121号 478
一　位置 478
二　形制 478
三　造像 478
四　铭文 480
五　晚期遗迹 480

第十一节　第122号 480
一　位置 480
二　形制 480
三　造像 480
四　铭文 484
五　晚期遗迹 484

第十二节　第123号 484
一　位置 484
二　形制 484
三　造像 485
四　铭文 485
五　晚期遗迹 485

第十三节　第124号 485
一　位置 485
二　形制 485
三　造像 488
四　铭文 488

第十四节　第125号 488
一　位置 488
二　形制 488
三　造像 488
四　晚期遗迹 490

第十五节　第126号 490
一　位置 490
二　形制 490
三　造像 493
四　铭文 493
五　晚期遗迹 493

第十六节　第127号 493
一　位置 493
二　形制 493

　　　　三　造像 496
　　　　四　晚期遗迹 496
　　第十七节　第128号 496
　　　　一　位置 496
　　　　二　形制 496
　　　　三　造像 496
　　　　四　铭文 500
　　　　五　晚期遗迹 501
　　第十八节　第129号 501
　　　　一　位置 501
　　　　二　形制 501
　　　　三　造像 501
　　　　四　晚期遗迹 502
　　第十九节　第130号 503
　　　　一　位置 503
　　　　二　形制 503
　　　　三　造像 503
　　　　四　铭文 503
　　　　五　晚期遗迹 503
　　第二十节　第131号 507
　　　　一　位置 507
　　　　二　形制 507
　　　　三　造像 508
　　　　四　晚期遗迹 508
第十二章　塔前造像 509
　　　　一　位置 509
　　　　二　形制 509
　　　　三　造像 509
　　　　四　晚期遗迹 514
第十三章　结语 515
　　　　一　建筑特点 515
　　　　二　年代分析 516
　　　　三　题材内容 517
　　　　四　功德主 536
　　　　五　组织营建 538
附录一　多宝塔龛窟造像一览表 540
附录二　多宝塔周边文物遗迹 552
　　一、北塔寺遗址 552
　　二、经幢龛 559
　　三、五佛殿 559
　　四、一碗水观音菩萨龛 563
　　五、"海棠香国"题刻 564
　　六、古墓群 565

Catalogue

Chapter One　Overview 1
　Section One　Location and Environment 1
　Section Two　Early Stage Preservation, Restoration, Investigation and Research Findings 1
　　2.1　Preservation and Restoration 1
　　2.2　Investigation and Research Findings 4
　Section Three　Content of Vol. IV 5
　Section Four　Editorial Guidelines and Organization of Vol. IV 5
　　4.1　Editorial Guidelines and Organization 5
　　4.2　Text 6
　　4.3　Plans and Drawings 7
　　4.4　Photographs 7
　Section Five　Writing and Editing Process of Vol. IV 8

Chapter Two　Architectural Structure and Layout of the Duobao Pagoda's Carvings 9
　Section One　Architectural Structure 9
　　1.1　Exterior Structure 9
　　1.2　Interior Structure 59
　Section Two　Layout of the Pagoda and the Arrangement of Its Carvings 77
　　2.1　General Layout 77
　　2.2　Arrangement of the Carvings in the Interior of the Pagoda 77
　　2.3　Arrangement of the Carvings in the Exterior of the Pagoda 85

Chapter Three　Nos. 1-20 (Carvings on the Interior First and Second Floors of the Pagoda) 87
　Section One　Locations and Interrelations of Nos. 1-20 87
　Section Two　Nos. 1 and 2 87
　　2.1　Location 87
　　2.2　Dimensions and Layout 87
　　2.3　Carved Images 93
　　2.4　Inscriptions 96
　　2.5　Alterations and Additions 96
　Section Three　No. 3 97
　　3.1　Location 97
　　3.2　Dimensions and Layout 97
　　3.3　Carved Images 97
　　3.4　Inscriptions 97
　　3.5　Alterations and Additions 99
　Section Four　No. 4 99
　　4.1　Location 99
　　4.2　Dimensions and Layout 99
　　4.3　Carved Images 99
　　4.4　Inscriptions 101
　　4.5　Alterations and Additions 101
　Section Five　No. 5 101
　　5.1　Location 101
　　5.2　Dimensions and Layout 101
　　5.3　Carved Images 101
　　5.4　Inscriptions 104

  5.5 Alterations and Additions 105

Section Six No. 6 105

  6.1 Location 105

  6.2 Dimensions and Layout 105

  6.3 Carved Images 105

  6.4 Inscriptions 105

  6.5 Alterations and Additions 107

Section Seven No. 7 107

  7.1 Location 107

  7.2 Dimensions and Layout 107

  7.3 Carved Images 107

  7.4 Inscriptions 110

  7.5 Alterations and Additions 112

Section Eight No. 8 113

  8.1 Location 113

  8.2 Dimensions and Layout 113

  8.3 Carved Images 116

  8.4 Inscriptions 116

  8.5 Alterations and Additions 116

Section Nine No. 9 116

  9.1 Location 116

  9.2 Dimensions and Layout 116

  9.3 Carved Images 119

  9.4 Inscriptions 119

  9.5 Alterations and Additions 119

Section Ten No. 10 119

  10.1 Location 119

  10.2 Dimensions and Layout 119

  10.3 Carved Images 120

  10.4 Alterations and Additions 122

Section Eleven No. 11 122

  11.1 Location 122

  11.2 Dimensions and Layout 122

  11.3 Carved Images 122

  11.4 Inscriptions 122

  11.5 Alterations and Additions 125

Section Twelve No. 12 125

  12.1 Location 125

  12.2 Dimensions and Layout 125

  12.3 Carved Images 125

  12.4 Inscriptions 127

  12.5 Alterations and Additions 127

Section Thirteen No. 13 129

  13.1 Location 129

  13.2 Dimensions and Layout 129

  13.3 Carved Images 129

  13.4 Inscriptions 129

  13.5 Alterations and Additions 131

Section Fourteen No. 14 131

  14.1 Location 131

  14.2 Dimensions and Layout 131

  14.3 Carved Images 131

  14.4 Inscriptions 131

  14.5 Alterations and Additions 133

Section Fifteen No. 15 133

  15.1 Location 133

  15.2 Dimensions and Layout 133

  15.3 Carved Images 133

  15.4 Alterations and Additions 135

Section Sixteen No. 16 137

  16.1 Location 137

  16.2 Dimensions and Layout 137

  16.3 Carved Images 137

  16.4 Inscriptions 137

  16.5 Alterations and Additions 139

Section Seventeen No. 17 139

  17.1 Location 139

  17.2 Dimensions and Layout 139

  17.3 Carved Images 139

  17.4 Inscriptions 142

  17.5 Alterations and Additions 142

Section Eighteen No. 18 142

  18.1 Location 142

  18.2 Dimensions and Layout 143

  18.3 Carved Images 143

  18.4 Inscriptions 143

  18.5 Alterations and Additions 143

Section Nineteen No. 19 143

  19.1 Location 143

  19.2 Dimensions and Layout 143

  19.3 Carved Images 147

  19.4 Inscriptions 148

  19.5 Alterations and Additions 148

Section Twenty No. 20 148

  20.1 Location 148

  20.2 Dimensions and Layout 148

  20.3 Inscriptions 149

  20.4 Alterations and Additions 149

Chapter Four Nos. 21-36 (Carvings on the Interior Third Floor of the Pagoda) 152

Section One Locations and Interrelations of Nos. 21-36 152

Section Two No. 21 154

  2.1 Location 154

  2.2 Dimensions and Layout 154

  2.3 Carved Images 156

  2.4 Inscriptions 156

  2.5 Alterations and Additions 156

Section Three No. 22 156

  3.1 Location 156

	3.2	Dimensions and Layout	156
	3.3	Carved Images	156
	3.4	Inscriptions	158
	3.5	Alterations and Additions	158

Section Four　No. 23 158

	4.1	Location	158
	4.2	Dimensions and Layout	159
	4.3	Carved Images	159
	4.4	Inscriptions	162
	4.5	Alterations and Additions	162

Section Five　No. 24 164

	5.1	Location	164
	5.2	Dimensions and Layout	164
	5.3	Carved Images	164
	5.4	Inscriptions	164
	5.5	Alterations and Additions	166

Section Six　No. 25 166

	6.1	Location	166
	6.2	Dimensions and Layout	166
	6.3	Carved Images	166
	6.4	Inscriptions	166
	6.5	Alterations and Additions	166

Section Seven　No. 26 168

	7.1	Location	168
	7.2	Dimensions and Layout	168
	7.3	Carved Images	168
	7.4	Inscriptions	168
	7.5	Alterations and Additions	170

Section Eight　No. 27 170

	8.1	Location	170
	8.2	Dimensions and Layout	170
	8.3	Carved Images	170
	8.4	Inscriptions	170
	8.5	Alterations and Additions	170

Section Nine　No. 28 173

	9.1	Location	173
	9.2	Dimensions and Layout	173
	9.3	Carved Images	173
	9.4	Inscriptions	173
	9.5	Alterations and Additions	175

Section Ten　No. 29 177

	10.1	Location	177
	10.2	Dimensions and Layout	177
	10.3	Carved Images	179
	10.4	Inscriptions	179
	10.5	Alterations and Additions	179

Section Eleven　No. 30 179

	11.1	Location	179
	11.2	Dimensions and Layout	179

	11.3	Carved Images 179
	11.4	Inscriptions 181
	11.5	Alterations and Additions 181

Section Twelve   No. 31 181
    12.1 Location 181
    12.2 Dimensions and Layout 181
    12.3 Carved Images 181
    12.4 Inscriptions 183
    12.5 Alterations and Additions 183

Section Thirteen   No. 32 183
    13.1 Location 183
    13.2 Dimensions and Layout 183
    13.3 Carved Images 183
    13.4 Inscriptions 185
    13.5 Alterations and Additions 185

Section Fourteen   No. 33 185
    14.1 Location 185
    14.2 Dimensions and Layout 185
    14.3 Carved Images 186
    14.4 Inscriptions 190
    14.5 Alterations and Additions 190

Section Fifteen   No. 34 191
    15.1 Location 191
    15.2 Dimensions and Layout 191
    15.3 Carved Images 191
    15.4 Inscriptions 191
    15.5 Alterations and Additions 193

Section Sixteen   No. 35 193
    16.1 Location 193
    16.2 Dimensions and Layout 193
    16.3 Carved Images 193
    16.4 Inscriptions 193
    16.5 Alterations and Additions 196

Section Seventeen   No. 36 196
    17.1 Location 196
    17.2 Dimensions and Layout 196
    17.3 Carved Images 196
    17.4 Inscriptions 201
    17.5 Alterations and Additions 201

Chapter Five   Nos. 37-50 (Carvings on the Interior Fourth Floor of the Pagoda) 203

Section One   Locations and Interrelations of Nos. 37-50 203

Section Two   No. 37 203
    2.1 Location 203
    2.2 Dimensions and Layout 203
    2.3 Carved Images 203
    2.4 Inscriptions 206
    2.5 Alterations and Additions 206

Section Three   No. 38 208
    3.1 Location 208

3.2	Dimensions and Layout	208
3.3	Carved Images	208
3.4	Inscriptions	208
3.5	Alterations and Additions	208

Section Four   No. 39 210

4.1	Location	210
4.2	Dimensions and Layout	210
4.3	Carved Images	210
4.4	Inscriptions	210
4.5	Alterations and Additions	215

Section Five   No. 40 216

5.1	Location	206
5.2	Dimensions and Layout	216
5.3	Carved Images	216
5.4	Inscriptions	216
5.5	Alterations and Additions	218

Section Six   No. 41 218

6.1	Location	218
6.2	Dimensions and Layout	218
6.3	Carved Images	218
6.4	Inscriptions	218
6.5	Alterations and Additions	218

Section Seven   No. 42 220

7.1	Location	220
7.2	Dimensions and Layout	220
7.3	Carved Images	220
7.4	Inscriptions	220
7.5	Alterations and Additions	220

Section Eight   No. 43 222

8.1	Location	222
8.2	Dimensions and Layout	222
8.3	Carved Images	222
8.4	Inscriptions	222
8.5	Alterations and Additions	228

Section Nine   No. 44 228

9.1	Location	228
9.2	Dimensions and Layout	228
9.3	Carved Images	231
9.4	Alterations and Additions	231

Section Ten   No. 45 231

10.1	Location	231
10.2	Dimensions and Layout	231
10.3	Carved Images	231
10.4	Inscriptions	233
10.5	Alterations and Additions	233

Section Eleven   No. 46 233

11.1	Location	233
11.2	Dimensions and Layout	233
11.3	Carved Images	233

			11.4	Alterations and Additions	233
	Section Twelve	No. 47			235
		12.1	Location		235
		12.2	Dimensions and Layout		235
		12.3	Carved Images		235
		12.4	Inscriptions		235
		12.5	Alterations and Additions		239
	Section Thirteen	No. 48			239
		13.1	Location		239
		13.2	Dimensions and Layout		239
		13.3	Carved Images		241
		13.4	Alterations and Additions		241
	Section Fourteen	No. 49			241
		14.1	Location		241
		14.2	Dimensions and Layout		241
		14.3	Carved Images		241
		14.4	Inscriptions		241
		14.5	Alterations and Additions		243
	Section Fifteen	No. 50			243
		15.1	Location		243
		15.2	Dimensions and Layout		243
		15.3	Carved Images		243
		15.4	Inscriptions		248
		15.5	Alterations and Additions		248
Chapter Six	**Nos. 51-60 (Carvings on the Interior Fifth Floor of the Pagoda)**				**249**
	Section One	Locations and Interrelations of Nos. 51-60			249
	Section Two	No. 51			249
		2.1	Location		249
		2.2	Dimensions and Layout		249
		2.3	Carved Images		249
		2.4	Inscriptions		253
		2.5	Alterations and Additions		253
	Section Three	No. 52			253
		3.1	Location		253
		3.2	Dimensions and Layout		253
		3.3	Carved Images		253
		3.4	Inscriptions		256
		3.5	Alterations and Additions		256
	Section Four	No. 53			256
		4.1	Location		256
		4.2	Dimensions and Layout		257
		4.3	Carved Images		257
		4.4	Alterations and Additions		259
	Section Five	No. 54			259
		5.1	Location		259
		5.2	Dimensions and Layout		259
		5.3	Carved Images		259
		5.4	Inscriptions		259
		5.5	Alterations and Additions		264

Section Six No. 55	265
6.1 Location	265
6.2 Dimensions and Layout	265
6.3 Carved Images	265
6.4 Inscriptions	265
6.5 Alterations and Additions	267
Section Seven No. 56	267
7.1 Location	267
7.2 Dimensions and Layout	267
7.3 Carved Images	267
7.4 Inscriptions	269
7.5 Alterations and Additions	269
Section Eight No. 57	269
8.1 Location	269
8.2 Dimensions and Layout	269
8.3 Carved Images	269
8.4 Inscriptions	275
8.5 Alterations and Additions	277
Section Nine No. 58	277
9.1 Location	277
9.2 Dimensions and Layout	277
9.3 Carved Images	277
9.4 Inscriptions	277
9.5 Alterations and Additions	279
Section Ten No. 59	279
10.1 Location	279
10.2 Dimensions and Layout	279
10.3 Carved Images	279
10.4 Inscriptions	281
10.5 Alterations and Additions	281
Section Eleven No. 60	281
11.1 Location	281
11.2 Dimensions and Layout	281
11.3 Carved Images	281
11.4 Inscriptions	290
11.5 Alterations and Additions	291
Chapter Seven Nos. 61-69 (Carvings on the Interior Sixth Floor of the Pagoda)	293
Section One Locations and Interrelations of Nos. 61-69	293
Section Two No. 61	293
2.1 Location	293
2.2 Dimensions and Layout	293
2.3 Carved Images	293
2.4 Alterations and Additions	297
Section Three No. 62	297
3.1 Location	297
3.2 Dimensions and Layout	297
3.3 Carved Images	299
3.4 Alterations and Additions	301
Section Four No. 63	301

  4.1 Location 301

  4.2 Dimensions and Layout 301

  4.3 Carved Images 303

  4.4 Alterations and Additions 303

 Section Five No. 64 303

  5.1 Location 303

  5.2 Dimensions and Layout 303

  5.3 Carved Images 303

  5.4 Inscriptions 310

  5.5 Alterations and Additions 311

 Section Six No. 65 311

  6.1 Location 311

  6.2 Dimensions and Layout 311

  6.3 Carved Images 311

 Section Seven No. 66 314

  7.1 Location 314

  7.2 Dimensions and Layout 314

  7.3 Carved Images 315

  7.4 Inscriptions 315

 Section Eight No. 67 316

  8.1 Location 316

  8.2 Dimensions and Layout 316

  8.3 Carved Images 318

  8.4 Inscriptions 320

 Section Nine No. 68 320

  9.1 Location 320

  9.2 Dimensions and Layout 320

  9.3 Carved Images 323

  9.4 Alterations and Additions 323

 Section Ten No. 69 323

  10.1 Location 323

  10.2 Dimensions and Layout 323

  10.3 Carved Images 326

Chapter Eight Nos. 70-80 (Carvings on the Interior Seventh and Eighth Floors

     of the Pagoda) 329

 Section One Locations and Interrelations of Nos. 70-80 329

 Section Two No. 70 329

  2.1 Location 329

  2.2 Dimensions and Layout 329

  2.3 Carved Images 336

 Section Three No. 71 337

  3.1 Location 337

  3.2 Dimensions and Layout 337

  3.3 Stele Inscriptions 337

 Section Four No. 71-1 338

  4.1 Location 338

  4.2 Dimensions and Layout 338

  4.3 Carved Images 338

 Section Five No. 72 338

  5.1 Location 338

  5.2 Dimensions and Layout 338

  5.3 Carved Images 338

Section Six No. 73 341

  6.1 Location 341

  6.2 Dimensions and Layout 341

  6.3 Stele Inscriptions 341

Section Seven No. 73-1 342

  7.1 Location 342

  7.2 Dimensions and Layout 342

  7.3 Carved Images 342

Section Eight No. 74 342

  8.1 Location 342

  8.2 Dimensions and Layout 342

  8.3 Carved Images 342

  8.4 Alterations and Additions 345

Section Nine No. 75 345

  9.1 Location 345

  9.2 Dimensions and Layout 345

  9.3 Carved Images 345

Section Ten No. 76 347

  10.1 Location 347

  10.2 Dimensions and Layout 347

  10.3 Stele Inscriptions 347

Section Eleven No. 77 348

  11.1 Location 348

  11.2 Dimensions and Layout 348

  11.3 Carved Images 350

Section Twelve No. 78 352

  12.1 Location 352

  12.2 Dimensions and Layout 352

  12.3 Stele Inscriptions 352

Section Thirteen No. 79 352

  13.1 Location 352

  13.2 Dimensions and Layout 353

  13.3 Stele Inscriptions 353

Section Fourteen No. 80 353

  14.1 Location 353

  14.2 Dimensions and Layout 353

  14.3 Stele Inscriptions 353

Section Fifteen No. 80-1 354

  15.1 Location 354

  15.2 Dimensions and Layout 354

  15.3 Stele Inscriptions 354

Section Sixteen No. 80-2 355

  16.1 Location 355

  16.2 Dimensions and Layout 355

  16.3 Carved Images 357

Chapter Nine   Nos. 81-96 (Carvings on the Exterior Twelfth, Eleventh and Ninth Floors of the Pagoda) 358

    Section One   Locations and Interrelations of Nos. 81-96 358

    Section Two   No. 81 358

        2.1   Location 358

        2.2   Dimensions and Layout 358

        2.3   Carved Images 358

    Section Three   No. 82 359

        3.1   Location 359

        3.2   Dimensions and Layout 359

        3.3   Carved Images 359

    Section Four   No. 83 359

        4.1   Location 359

        4.2   Dimensions and Layout 359

        4.3   Carved Images 359

    Section Five   No. 84 370

        5.1   Location 370

        5.2   Dimensions and Layout 370

        5.3   Carved Images 370

    Section Six   No. 85 373

        6.1   Location 373

        6.2   Dimensions and Layout 373

        6.3   Carved Images 373

    Section Seven   No. 86 373

        7.1   Location 373

        7.2   Dimensions and Layout 373

        7.3   Carved Images 373

    Section Eight   No. 87 375

        8.1   Location 375

        8.2   Dimensions and Layout 375

        8.3   Carved Images 376

    Section Nine   No. 88 376

        9.1   Location 376

        9.2   Dimensions and Layout 376

        9.3   Carved Images 377

    Section Ten   No. 89 377

        10.1   Location 377

        10.2   Dimensions and Layout 377

        10.3   Carved Images 380

        10.4   Alterations and Additions 380

    Section Eleven   No. 90 382

        11.1   Location 382

        11.2   Dimensions and Layout 382

        11.3   Carved Images 384

        11.4   Alterations and Additions 384

    Section Twelve   No. 91 384

        12.1   Location 384

        12.2   Dimensions and Layout 384

        12.3   Carved Images 384

Section Thirteen　No. 92 388
    13.1　Location 388
    13.2　Dimensions and Layout 388
    13.3　Carved Images 388
Section Fourteen　No. 93 390
    14.1　Location 390
    14.2　Dimensions and Layout 390
    14.3　Carved Images 392
Section Fifteen　No. 94 393
    15.1　Location 393
    15.2　Dimensions and Layout 393
    15.3　Carved Images 393
Section Sixteen　No. 95 394
    16.1　Location 394
    16.2　Dimensions and Layout 394
    16.3　Carved Images 394
    16.4　Inscriptions 398
    16.5　Alterations and Additions 398
Section Seventeen　No. 96 398
    17.1　Location 398
    17.2　Dimensions and Layout 398
    17.3　Carved Images 398
    17.4　Alterations and Additions 400

Chapter Ten　Nos. 97-112 (Carvings on the Exterior Seventh and Fifth Floors of the Pagoda) 401
Section One　Locations and Interrelations of Nos. 97-112 401
Section Two　No. 97 401
    2.1　Location 401
    2.2　Dimensions and Layout 401
    2.3　Carved Images 401
    2.4　Inscriptions 408
    2.5　Alterations and Additions 408
Section Three　No. 98 408
    3.1　Location 408
    3.2　Dimensions and Layout 408
    3.3　Carved Images 408
    3.4　Alterations and Additions 410
Section Four　No. 99 410
    4.1　Location 410
    4.2　Dimensions and Layout 410
    4.3　Carved Images 413
    4.4　Inscriptions 414
    4.5　Alterations and Additions 414
Section Five　No. 100 414
    5.1　Location 414
    5.2　Dimensions and Layout 414
    5.3　Carved Images 414
    5.4　Alterations and Additions 416
Section Six　No. 101 416

- 6.1 Location ... 416
- 6.2 Dimensions and Layout ... 416
- 6.3 Carved Images ... 416
- 6.4 Alterations and Additions ... 416

Section Seven   No. 102 ... 419
- 7.1 Location ... 419
- 7.2 Dimensions and Layout ... 419
- 7.3 Carved Images ... 419
- 7.4 Alterations and Additions ... 420

Section Eight   No. 103 ... 421
- 8.1 Location ... 421
- 8.2 Dimensions and Layout ... 421
- 8.3 Carved Images ... 421
- 8.4 Alterations and Additions ... 421

Section Nine   No. 104 ... 421
- 9.1 Location ... 421
- 9.2 Dimensions and Layout ... 425
- 9.3 Carved Images ... 425
- 9.4 Alterations and Additions ... 427

Section Ten   No. 105 ... 427
- 10.1 Location ... 427
- 10.2 Dimensions and Layout ... 427
- 10.3 Carved Images ... 427
- 10.4 Alterations and Additions ... 431

Section Eleven   No. 106 ... 431
- 11.1 Location ... 431
- 11.2 Dimensions and Layout ... 431
- 11.3 Carved Images ... 431
- 11.4 Alterations and Additions ... 431

Section Twelve   No. 107 ... 431
- 12.1 Location ... 431
- 12.2 Dimensions and Layout ... 433
- 12.3 Carved Images ... 435
- 12.4 Alterations and Additions ... 435

Section Thirteen   No. 108 ... 437
- 13.1 Location ... 437
- 13.2 Dimensions and Layout ... 437
- 13.3 Carved Images ... 439
- 13.4 Inscriptions ... 439
- 13.5 Alterations and Additions ... 439

Section Fourteen   No. 109 ... 439
- 14.1 Location ... 439
- 14.2 Dimensions and Layout ... 439
- 14.3 Carved Images ... 439
- 14.4 Inscriptions ... 442
- 14.5 Alterations and Additions ... 442

Section Fifteen   No. 110 ... 443
- 15.1 Location ... 443
- 15.2 Dimensions and Layout ... 443

- 15.3 Carved Images ... 444
- 15.4 Alterations and Additions ... 444

Section Sixteen No. 111 ... 445
- 16.1 Location ... 445
- 16.2 Dimensions and Layout ... 445
- 16.3 Carved Images ... 447
- 16.4 Alterations and Additions ... 449

Section Seventeen No. 112 ... 450
- 17.1 Location ... 450
- 17.2 Dimensions and Layout ... 450
- 17.3 Carved Images ... 451
- 17.4 Alterations and Additions ... 451

Chapter Eleven Nos. 113-131 (Carvings on the Exterior Third and First Floors of Pagoda) .. 452

Section One Locations and Interrelations of Nos. 113-131 ... 452

Section Two No. 113 ... 456
- 2.1 Location ... 456
- 2.2 Dimensions and Layout ... 456
- 2.3 Carved Images ... 456
- 2.4 Inscriptions ... 456
- 2.5 Alterations and Additions ... 456

Section Three No. 114 ... 459
- 3.1 Location ... 459
- 3.2 Dimensions and Layout ... 459
- 3.3 Carved Images ... 459
- 3.4 Alterations and Additions ... 459

Section Four No. 115 ... 459
- 4.1 Location ... 459
- 4.2 Dimensions and Layout ... 461
- 4.3 Carved Images ... 461
- 4.4 Inscriptions ... 462
- 4.5 Alterations and Additions ... 462

Section Five No. 116 ... 463
- 5.1 Location ... 463
- 5.2 Dimensions and Layout ... 463
- 5.3 Carved Images ... 463
- 5.4 Inscriptions ... 463
- 5.5 Alterations and Additions ... 465

Section Six No. 117 ... 467
- 6.1 Location ... 467
- 6.2 Dimensions and Layout ... 467
- 6.3 Carved Images ... 467
- 6.4 Inscriptions ... 467
- 6.5 Alterations and Additions ... 469

Section Seven No. 118 ... 469
- 7.1 Location ... 469
- 7.2 Dimensions and Layout ... 469
- 7.3 Carved Images ... 469
- 7.4 Inscriptions ... 469
- 7.5 Alterations and Additions ... 471

Section Eight　No. 119 471
    8.1　Location 471
    8.2　Dimensions and Layout 471
    8.3　Carved Images 471
    8.4　Inscriptions 475
    8.5　Alterations and Additions 476

Section Nine　No. 120 476
    9.1　Location 476
    9.2　Dimensions and Layout 476
    9.3　Carved Images 476
    9.4　Inscriptions 476
    9.5　Alterations and Additions 478

Section Ten　No. 121 478
    10.1　Location 478
    10.2　Dimensions and Layout 478
    10.3　Carved Images 478
    10.4　Inscriptions 480
    10.5　Alterations and Additions 480

Section Eleven　No. 122 480
    11.1　Location 480
    11.2　Dimensions and Layout 480
    11.3　Carved Images 480
    11.4　Inscriptions 484
    11.5　Alterations and Additions 484

Section Twelve　No. 123 484
    12.1　Location 484
    12.2　Dimensions and Layout 484
    12.3　Carved Images 485
    12.4　Inscriptions 485
    12.5　Alterations and Additions 485

Section Thirteen　No. 124 485
    13.1　Location 485
    13.2　Dimensions and Layout 485
    13.3　Carved Images 488
    13.4　Inscriptions 488

Section Fourteen　No. 125 488
    14.1　Location 488
    14.2　Dimensions and Layout 488
    14.3　Carved Images 488
    14.4　Alterations and Additions 490

Section Fifteen　No. 126 490
    15.1　Location 490
    15.2　Dimensions and Layout 490
    15.3　Carved Images 493
    15.4　Inscriptions 493
    15.5　Alterations and Additions 493

Section Sixteen　No. 127 493
    16.1　Location 493
    16.2　Dimensions and Layout 493

	16.3　Carved Images	496
	16.4　Alterations and Additions	496
Section Seventeen　No. 128		496
	17.1　Location	496
	17.2　Dimensions and Layout	496
	17.3　Carved Images	496
	17.4　Inscriptions	500
	17.5　Alterations and Additions	501
Section Eighteen　No. 129		501
	18.1　Location	501
	18.2　Dimensions and Layout	501
	18.3　Carved Images	501
	18.4　Alterations and Additions	502
Section Nineteen　No. 130		503
	19.1　Location	503
	19.2　Dimensions and Layout	503
	19.3　Carved Images	503
	19.4　Inscriptions	503
	19.5　Alterations and Additions	503
Section Twenty　No. 131		507
	20.1　Location	507
	20.2　Dimensions and Layout	507
	20.3　Carved Images	508
	20.4　Alterations and Additions	508
Chapter Twelve　Carvings in front of the Pagoda		509
	12.1　Location	509
	12.2　Dimensions and Layout	509
	12.3　Carved Images	509
	12.4　Alterations and Additions	514
Chapter Thirteen　Chapter Conclusion		515
	13.1　Architectural Characteristics	515
	13.2　Periodization and Dating	516
	13.3　Subject Matter and Content	517
	13.4　Donors	536
	13.5　Organization of the Construction	538
Appendix Ⅰ　List of Stone Carvings at the Duobao Pagoda		540
Appendix Ⅱ　Other Historical Artifacts Around the Duobao Pagoda		552
Section One　Beita Temple		552
Section Two　Inscribed Stone Sutra Pillar		559
Section Three　Five Buddha Hall		559
Section Four　Avalokitesvara at Yiwanshui		563
Section Five　Fragrant Land of Begonia Blossoms (Hǎitáng xiāngguó) Inscription		564
Section Six　Ancient Tombs		565

插图目录

图1　多宝塔与周边石窟的位置及环境关系图 …………… 2
图2　多宝塔及周边文物点分布位置图 …………………… 3
图3　多宝塔及二佛立面图 ………………………………… 10
图4　多宝塔总立面图及八面塔身立面图 ………………… 11
图5　多宝塔平面图 ………………………………………… 13
图6　多宝塔剖面图 ………………………………………… 14
图7　多宝塔第一级塔身南壁、西南壁立面图 …………… 16
图8　多宝塔第一级塔身西壁、西北壁立面图 …………… 17
图9　多宝塔第一级塔身北壁、东北壁立面图 …………… 18
图10　多宝塔第一级塔身东壁、东南壁立面图 ………… 19
图11　多宝塔第一级塔身横剖面图 ……………………… 20
图12　多宝塔第一级塔身纵剖面图 ……………………… 20
图13　多宝塔第一级塔身倚柱立面图 …………………… 21
图14　多宝塔第一级塔身倚柱立面图 …………………… 22
图15　多宝塔第一重塔檐立、剖面图 …………………… 25
图16　多宝塔第一重塔檐仰视图 ………………………… 26
图17　多宝塔第一重檐下斗栱大样图 …………………… 26
图18　多宝塔第二级塔身壁面立面图 …………………… 28
图19　多宝塔第二级塔身横剖面图 ……………………… 28
图20　多宝塔第二级塔身纵剖面图 ……………………… 29
图21　多宝塔第二重塔檐立、剖面图 …………………… 29
图22　多宝塔第二重塔檐仰视图 ………………………… 30
图23　多宝塔第三级塔身壁面立面图 …………………… 31
图24　多宝塔第三级塔身横剖面图 ……………………… 32
图25　多宝塔第三级塔身纵剖面图 ……………………… 32
图26　多宝塔第三重塔檐仰视图 ………………………… 33
图27　多宝塔第三重塔檐立、剖面图 …………………… 33
图28　多宝塔第三重檐下斗栱大样图 …………………… 34
图29　多宝塔第四级塔身壁面立面图 …………………… 34
图30　多宝塔第四级塔身横剖面图 ……………………… 35
图31　多宝塔第四级塔身纵剖面图 ……………………… 35
图32　多宝塔第四重塔檐立、剖面图 …………………… 36
图33　多宝塔第四重塔檐仰视图 ………………………… 36
图34　多宝塔第五级塔身壁面立面图 …………………… 37
图35　多宝塔第五级塔身横剖面图 ……………………… 38
图36　多宝塔第五级塔身纵剖面图 ……………………… 38
图37　多宝塔第五重塔檐立、剖面图 …………………… 39
图38　多宝塔第五重塔檐仰视图 ………………………… 39
图39　多宝塔第六级塔身壁面立面图 …………………… 41
图40　多宝塔第六级塔身横剖面图 ……………………… 41
图41　多宝塔第六级塔身纵剖面图 ……………………… 42

图42　多宝塔第六重塔檐立、剖面图 …………………… 43
图43　多宝塔第六重塔檐仰视图 ………………………… 43
图44　多宝塔第七级塔身立面图 ………………………… 44
图45　多宝塔第七级塔身横剖面、纵剖面图 …………… 45
图46　多宝塔第七重塔檐立、剖面图 …………………… 46
图47　多宝塔第七重塔檐仰视图 ………………………… 46
图48　多宝塔第八级塔身壁面立面图 …………………… 47
图49　多宝塔第八级塔身横剖面图 ……………………… 48
图50　多宝塔第八级塔身纵剖面图 ……………………… 48
图51　多宝塔第八重塔檐立、剖面图 …………………… 49
图52　多宝塔第八重塔檐仰视图 ………………………… 49
图53　多宝塔第九级塔身壁面立面图 …………………… 50
图54　多宝塔第九级塔身横剖面、纵剖面图 …………… 51
图55　多宝塔第九重塔檐立、剖面图 …………………… 52
图56　多宝塔第九重塔檐仰视图 ………………………… 52
图57　多宝塔第十级塔身壁面立面图 …………………… 60
图58　多宝塔第十级塔身横剖面图 ……………………… 60
图59　多宝塔第十级塔身纵剖面图 ……………………… 61
图60　多宝塔第十重塔檐立、剖面图 …………………… 61
图61　多宝塔第十重塔檐仰视图 ………………………… 62
图62　多宝塔第十一级塔身壁面立面图 ………………… 62
图63　多宝塔第十一级塔身横剖面图 …………………… 63
图64　多宝塔第十一级塔身纵剖面图 …………………… 63
图65　多宝塔第十一重塔檐立、剖面图 ………………… 64
图66　多宝塔第十一重塔檐仰视图 ……………………… 64
图67　多宝塔第十二级塔身壁面立面图 ………………… 65
图68　多宝塔第十二级塔身横剖面图 …………………… 66
图69　多宝塔第十二级塔身纵剖面图 …………………… 66
图70　多宝塔第十二重塔檐立、剖面图 ………………… 67
图71　多宝塔第十二重塔檐仰视图 ……………………… 67
图72　多宝塔塔刹立面图 ………………………………… 68
图73　多宝塔塔刹纵剖面图 ……………………………… 68
图74　多宝塔塔刹横剖面图 ……………………………… 69
图75　多宝塔内第一至八层回廊纵剖面 ………………… 73
图76　多宝塔内第一至八层回廊平面及龛窟分布图 …… 74
图77　多宝塔内回廊间第一至七段梯道纵剖面 ………… 75
图78　多宝塔内回廊间第一至七段梯道出口立面图 …… 76
图79　多宝塔龛窟造像石材第一种满嵌示意图 ………… 78
图80　多宝塔龛窟造像石材第二种满嵌示意图 ………… 79
图81　多宝塔龛窟造像石材第三种满嵌示意图 ………… 80
图82　多宝塔龛窟造像石材第四种满嵌示意图 ………… 81

图83	多宝塔龛窟造像石材第一种局部镶嵌示意图	82
图84	多宝塔龛窟造像石材第二种局部镶嵌示意图	83
图85	多宝塔窟内圆雕造像石与砖壁关系示意图	84
图86	多宝塔塔身龛窟分布图	86
图87	第一层回廊龛窟像分布图	88
图88	第一层回廊内、外壁展开图	89
图89	第二层回廊龛窟像分布图	90
图90	第二层回廊内、外壁展开图	90
图91	第1、2号窟平、立、剖面图	92
图92	第1、2号窟窟顶仰视图	93
图93	第1、2号窟正壁立面图	94
图94	第1、2号窟左壁立面图	95
图95	第1、2号窟右壁立面图	95
图96	第3号龛平、立、剖面图	98
图97	第4号龛平、立、剖面图	100
图98	第5号龛立面图	102
图99	第5号龛平、剖面图	103
图100	第5号龛主尊像效果图	104
图101	第6号龛平、立、剖面图	106
图102	第7号窟立面图	108
图103	第7号窟平、剖面图	109
图104	第7号窟窟顶仰视图	110
图105	第7号窟正壁立面及供养人编号图	111
图106	第7号窟正壁主尊等值线图	112
图107	第7号窟右壁立面图	113
图108	第8号龛立面图	114
图109	第8号龛平、剖面图	115
图110	第9号龛立面图	117
图111	第9号龛平、剖面图	118
图112	第10号龛立、剖面图	120
图113	第10号龛平面图	121
图114	第10号龛正壁佛像等值线图	121
图115	第11号龛立面图	123
图116	第11号龛平、剖面图	124
图117	第12号窟平、立、剖面图	126
图118	第12号窟窟顶仰视图	127
图119	第12号窟正壁立面图	128
图120	第13号龛平、立、剖面图	130
图121	第14号龛平、立、剖面图	132
图122	第15号窟平、立、剖面图	134
图123	第15号窟窟顶仰视图	135
图124	第15号窟正壁立面图	136
图125	第16号龛平、立、剖面图	138
图126	第17号龛立面图	140
图127	第17号龛平、剖面图	141
图128	第18号龛平、立、剖面图	144
图129	第19号龛立面图	145
图130	第19号龛平、剖面图	146
图131	第19号龛正壁主尊像效果图	147
图132	第20号龛立面图	149
图133	第20号龛平、剖面图	150
图134	第三层回廊内、外壁展开图	152
图135	第三层回廊龛窟像分布图	153
图136	第21号龛立面图	154
图137	第21号龛平、剖面图	155
图138	第22号龛平、立、剖面图	157
图139	第23号窟立面图	160
图140	第23号窟平、剖面图	161
图141	第23号窟窟顶仰视图	162
图142	第23号窟正壁立面图	163
图143	第24号龛平、立、剖面图	165
图144	第25号龛平、立、剖面图	167
图145	第26号龛平、立、剖面图	169
图146	第27号龛立面图	171
图147	第27号龛平、剖面图	172
图148	第28号窟平、立、剖面图	174
图149	第28号窟窟顶仰视图	175
图150	第28号窟正壁立面图	176
图151	第29号龛立面图	177
图152	第29号龛平、剖面图	178
图153	第30号龛平、立、剖面图	180
图154	第31号龛平、立、剖面图	182
图155	第32号龛平、立、剖面图	184
图156	第33号窟立面图	186
图157	第33号窟平、剖面图	187
图158	第33号窟窟顶仰视图	188
图159	第33号窟正壁立面及供养人像编号图	189
图160	第33号窟正壁造像等值线图	190
图161	第34号龛平、立、剖面图	192
图162	第35号龛立面图	194
图163	第35号龛平、剖面图	195
图164	第36号窟平、立、剖面图	197
图165	第36号窟窟顶仰视图	198
图166	第36号窟正壁立面图	199
图167	第36号窟左壁立面图	200
图168	第36号窟右壁立面图	202
图169	多宝塔第四层回廊龛窟像分布图	204
图170	多宝塔第四层回廊内、外壁展开图	204

图171	第37号龛立面图	206
图172	第37号龛平、剖面图	207
图173	第38号龛平、立、剖面图	209
图174	第39号窟立、剖面图	211
图175	第39号窟平面图	212
图176	第39号窟窟顶仰视图	212
图177	第39号窟正壁立面图	213
图178	第39号窟正壁主尊像等值线图	213
图179	第39号窟左壁立面图	214
图180	第39号窟左壁菩萨像效果图	214
图181	第39号窟右壁立面图	215
图182	第40号龛平、立、剖面图	217
图183	第41号龛平、立、剖面图	219
图184	第42号龛平、立、剖面图	221
图185	第43号窟立面图	223
图186	第43号窟平、剖面图	224
图187	第43号窟窟顶仰视图	225
图188	第43号窟正壁造像等值线图	225
图189	第43号窟正壁立面图	226
图190	第43号窟左右壁立面图	227
图191	第44号龛立面图	229
图192	第44号龛平、剖面图	230
图193	第45号龛平、立、剖面图	232
图194	第46号龛平、立、剖面图	234
图195	第47号窟平、立、剖面图	236
图196	第47号窟窟顶仰视图	237
图197	第47号窟正壁立面图	237
图198	第47号窟左壁立面图	238
图199	第47号窟右壁立面图	238
图200	第48号龛立面图	239
图201	第48号龛平、剖面图	240
图202	第49号龛平、立、剖面图	242
图203	第50号窟平、立面图	244
图204	第50号窟剖面图	245
图205	第50号窟窟顶仰视图	245
图206	第50号窟正壁立面图	246
图207	第50号窟左壁立面图	247
图208	第50号窟右壁立面图	247
图209	第50号窟右壁立像效果图	247
图210	多宝塔第五层回廊龛窟像分布图	250
图211	多宝塔第五层回廊内、外壁展开图	250
图212	第51号龛平、立、剖面图	252
图213	第52号窟立面图	254
图214	第52号窟平、剖面图	255

图215	第52号窟窟顶仰视图	256
图216	第53号龛立面图	257
图217	第53号龛平、剖面图	258
图218	第54号窟平、立、剖面图	260
图219	第54号窟窟顶仰视图	261
图220	第54号窟正壁立面图	262
图221	第54号窟左壁立面图	263
图222	第54号窟右壁立面图	263
图223	第55号龛平、立、剖面图	266
图224	第56号龛平、立、剖面图	268
图225	第57号窟立面图	270
图226	第57号窟平、剖面图	271
图227	第57号窟窟顶仰视图	272
图228	第57号窟正壁立面图	273
图229	第57号窟左壁立面图	274
图230	第57号窟右壁立面图	276
图231	第58号龛平、立、剖面图	278
图232	第59号龛平、立、剖面图	280
图233	第60号窟立面图	282
图234	第60号窟剖面图	283
图235	第60号窟平面图	284
图236	第60号窟窟顶仰视图	285
图237	第60号窟正壁造像等值线图	286
图238	第60号窟正壁立面图	287
图239	第60号窟左壁立面图	288
图240	第60号窟右壁立面图	289
图241	第60号窟右壁主尊像效果图	290
图242	多宝塔第六层回廊龛窟像分布图	294
图243	多宝塔第六层回廊内、外壁展开图	294
图244	第61号龛平、立、剖面图	296
图245	第62号窟立面图	297
图246	第62号窟平、剖面图	298
图247	第62号窟窟顶仰视图	299
图248	第62号窟正壁立面图	300
图249	第63号窟立面图	301
图250	第63号窟平、剖面图	302
图251	第64号窟平、立、剖面图	304
图252	第64号窟窟顶仰视图	305
图253	第64号窟正壁立面图	306
图254	第64号窟左壁立面图	308
图255	第64号窟右壁立面图	309
图256	第65号龛立面图	312
图257	第65号龛平、剖面图	313
图258	第66号龛立、剖面图	314

图259	第66号龛平面图	315
图260	第67号窟立面图	316
图261	第67号窟平、剖面图	317
图262	第67号窟窟顶仰视图	318
图263	第67号窟正壁立面及供养人像编号图	319
图264	第68号龛立面图	321
图265	第68号龛平、剖面图	322
图266	第69号窟立面图	324
图267	第69号窟平、剖面图	325
图268	第69号窟窟顶仰视图	326
图269	第69号窟正壁立面图	327
图270	多宝塔第七层回廊龛窟像分布图	330
图271	多宝塔第七层回廊内、外壁展开图	330
图272	多宝塔第八层回廊龛窟像分布图	332
图273	多宝塔第八层回廊内、外壁展开图	332
图274	第70号窟平、立面图	334
图275	第70号窟剖面图	335
图276	第70号窟窟顶仰视图	335
图277	第70号窟正壁立面图	336
图278	第72号窟平、立、剖面图	339
图279	第72号窟窟顶仰视图	340
图280	第72号窟正壁立面图	340
图281	第74号窟平、立、剖面图	343
图282	第74号窟窟顶仰视图	344
图283	第74号窟正壁立面图	344
图284	第75号龛平、立、剖面图	346
图285	第77号窟立面图	348
图286	第77号窟平、剖面图	349
图287	第77号窟窟顶仰视图	350
图288	第77号窟正壁立面图	351
图289	第80-2号窟立面图	355
图290	第80-2号窟平、剖面图	356
图291	第80-2号窟窟顶仰视图	357
图292	多宝塔第十二级塔身龛像分布图	360
图293	多宝塔第十二级塔身八面展开图	360
图294	多宝塔第十一级塔身龛像分布图	362
图295	多宝塔第十一级塔身八面展开图	362
图296	多宝塔第九级塔身龛窟像分布图	364
图297	多宝塔第九级塔身八面展开图	364
图298	第82号窟平、立面图	366
图299	第82号窟剖面图	367
图300	第82号窟正壁立面图	367
图301	第83号窟平、立面图	368
图302	第83号窟剖面图	369

图303	第83号窟窟顶仰视图	369
图304	第83号窟正壁立面图	370
图305	第84号窟平、立、剖面图	371
图306	第84号窟窟顶仰视图	372
图307	第84号窟正壁立面图	372
图308	第86号龛平、立、剖面图	374
图309	第87号龛平、立、剖面图	375
图310	第88号龛立、剖面图	376
图311	第88号龛平面图	377
图312	第89号窟立面图	378
图313	第89号窟平、剖面图	379
图314	第89号窟窟顶仰视图	380
图315	第89号窟正壁立面图	381
图316	第90号龛立面图	382
图317	第90号龛平、剖面图	383
图318	第91号窟平、立面图	385
图319	第91号窟剖面图	386
图320	第91号窟窟顶仰视图	386
图321	第91号窟正壁立面图	387
图322	第91号窟正壁主尊像效果图	388
图323	第92号龛平、立、剖面图	389
图324	第93号窟立、剖面图	390
图325	第93号窟平面图	391
图326	第93号窟窟顶仰视图	391
图327	第93号窟正壁立面图	392
图328	第94号龛立、剖面图	393
图329	第94号龛平面图	394
图330	第95号窟平、立面图	395
图331	第95号窟剖面图	396
图332	第95号窟窟顶仰视图	396
图333	第95号窟正壁立面图	397
图334	第96号龛立、平面图	399
图335	第96号龛剖面图	400
图336	多宝塔第七级塔身龛像分布图	402
图337	多宝塔第七级塔身八面展开图	402
图338	多宝塔第五级塔身龛窟像分布图	404
图339	多宝塔第五级塔身八面展开图	404
图340	第97号窟平、立、剖面图	406
图341	第97号窟窟顶仰视图	407
图342	第97号窟正壁立面图	407
图343	第98号龛平、立、剖面图	409
图344	第98号龛龛顶仰视图	410
图345	第99号窟立、平面图	411
图346	第99号窟剖面图	412

图347	第99号窟窟顶仰视图	412
图348	第99号窟正壁立面图	413
图349	第100号龛平、立、剖面图	415
图350	第101号窟平、立、剖面图	417
图351	第101号窟窟顶仰视图	418
图352	第101号窟正壁立面图	418
图353	第102号龛立、剖面图	419
图354	第102号龛平面图	420
图355	第103号窟平、立面图	422
图356	第103号窟剖面图	423
图357	第103号窟窟顶仰视图	423
图358	第103号窟正壁立面图	424
图359	第104号龛立面图	425
图360	第104号龛平、剖面图	426
图361	第105号窟立、平面图	428
图362	第105号窟剖面图	429
图363	第105号窟窟顶仰视图	429
图364	第105号窟正壁立面图	430
图365	第106号龛平、立、剖面图	432
图366	第107号窟立、剖面图	433
图367	第107号窟平面图	434
图368	第107号窟窟顶仰视图	434
图369	第107号窟正壁立面图	436
图370	第107号龛左壁立面图	437
图371	第107号龛右壁立面图	437
图372	第108号龛平、立、剖面图	438
图373	第109号窟平、立、剖面图	440
图374	第109号窟窟顶仰视图	441
图375	第109号窟正壁立面图	441
图376	第109号窟正壁地藏像效果图	442
图377	第110号龛立、剖面图	443
图378	第110号龛平面图	444
图379	第111号窟立、剖面图	445
图380	第111号窟平面图	446
图381	第111号窟窟顶仰视图	446
图382	第111号窟正壁立面图	447
图383	第111号窟左壁立面图	448
图384	第111号窟右壁立面图	449
图385	第112号龛立、剖面图	450
图386	第112号龛平面图	451
图387	多宝塔第三级塔身八面展开图	453
图388	多宝塔第三级塔身龛窟像分布图	453
图389	多宝塔第一级塔身龛窟像分布图	454
图390	多宝塔第一级塔身八面展开图	454

图391	第113号窟平、立、剖面图	457
图392	第113号窟窟顶仰视图	458
图393	第113号窟正壁立面图	458
图394	第114号窟平、立、剖面图	460
图395	第115号龛立、剖面图	461
图396	第115号龛平面图	462
图397	第116号窟平、立、剖面图	464
图398	第116号窟窟顶仰视图	465
图399	第116号窟正壁立面图	466
图400	第117号龛平、立、剖面图	468
图401	第118号龛平、立、剖面图	470
图402	第119号窟平、立、剖面图	472
图403	第119号窟窟顶仰视图	473
图404	第119号窟正壁立面及造像编号图	474
图405	第120号龛平、立、剖面图	477
图406	第121号龛平、立、剖面图	479
图407	第122号窟立、剖面图	481
图408	第122号窟平面图	482
图409	第122号窟窟顶仰视图	482
图410	第122号窟正壁立面图	483
图411	第123号龛平、立、剖面图	486
图412	第124号龛平、立、剖面图	487
图413	第125号龛平、立、剖面图	489
图414	第125号龛龛顶仰视图	490
图415	第126号窟平、立面图	491
图416	第126号窟剖面图	492
图417	第126号窟窟顶仰视图	492
图418	第126号窟正壁立面图	494
图419	第127号龛平、立、剖面图	495
图420	第128号窟立、平面图	497
图421	第128号窟剖面图	498
图422	第128号窟窟顶仰视图	498
图423	第128号窟正壁立面图	499
图424	第128号窟左壁立面图	500
图425	第128号窟右壁立面图	500
图426	第129号龛平、立、剖面图	502
图427	第130号窟平、立面图	504
图428	第130号窟剖面图	505
图429	第130号窟窟顶仰视图	505
图430	第130号窟正壁立面图	506
图431	第131号龛立、剖面图	507
图432	第131号龛平面图	508
图433	二佛窟立面图	510
图434	二佛窟剖面图	511

图 435　二佛窟平面图 …………………………………512
图 436　二佛窟窟顶仰视图 ……………………………512
图 437　二佛像等值线图 ………………………………513
图 438　冯善元造善财五十三参图像分布图 …………531
图 439　邢信道造善财五十三参图像分布图（塔内第二层回廊）……532
图 440　邢信道造善财五十三参图像分布图（塔身第三级）…………532
图 441　邢信道造善财五十三参图像分布图（塔内第三层回廊）……533
图 442　邢信道造善财五十三参图像分布图（塔身第五级）…………533
图 443　邢信道造善财五十三参图像分布图（塔内第四层回廊）……534
图 444　邢信道造善财五十三参图像分布图（塔身第七级）…………534
图 445　邢信道造善财五十三参图像分布图（塔内第五层回廊）……535
图 446　邢信道造善财五十三参图像分布图（塔内第六层回廊）……535
图 447　北塔寺遗址平面图 ……………………………553
图 448　北塔寺前殿中佛像立、剖面图 ………………554
图 449　北塔寺前殿左佛像立、剖面图 ………………555
图 450　北塔寺前殿右佛像立、剖面图 ………………555
图 451　北塔经幢龛平、立、剖面图 …………………560
图 452　五佛殿造像龛平、立、剖面图 ………………561
图 453　五佛殿造像龛左侧壁立面图 …………………562
图 454　五佛殿造像龛右侧壁立面图 …………………562
图 455　上方清墓墓塔平、立、剖面图 ………………567
图 456　下方清墓墓塔平、立、剖面图 ………………569

第一章　概述

第一节　位置与环境

多宝塔因位于大足城区之北约1.5公里处的北塔坡山顶，故当地人多俗称为"北塔"；又因塔身通体为白色，亦俗称"白塔"；还因有南宋泸南安抚使冯楫为报母恩建塔的传说，称为"报恩塔"（图版Ⅰ：1、图版Ⅰ：2、图版Ⅰ：3）。

多宝塔所在山顶最高点海拔541米，地理坐标为北纬29°42′59″，东经105°42′17″。东约1000米与北山营盘坡石窟遥望，东南约400米与北山佛湾石窟一涧之隔，西南约800米与北山佛耳岩石窟相望，西北约500米与北山观音坡石窟遥遥对应（图1；图版Ⅰ：4）。

从城北北山路沿1996年改建的旅游专用公路，顺着北山西脚到现北山石窟停车场入口，有两条道路可至多宝塔。一条右行，从北山佛湾石窟西门（现参观入口）入佛湾至北门（现参观出口），或直接经停车场至佛湾北门；从北门过塘坝，沿陡峭的石梯登至北塔坡顶。另一条左行，沿20世纪90年代改建的公路，过"一碗水"右行，绕北塔坡后山至北塔坡顶（图1）。

多宝塔矗立于北塔坡顶最高处的巨大岩石上。北向距其约20米，为北塔寺遗址，现存三尊明代圆雕石刻像，以及现代以钢筋混凝土结构复建的后殿一座。后殿西北角约20米处为北塔寺放生池，建于清代；池沿于1997年新建条石护栏（图版Ⅰ：5）。

多宝塔南侧前约11.50米处，为高约10米的天然竖直崖壁，壁上刻释迦、多宝佛并坐像。二像前侧为方形石坝，其左后侧遗存明墓七座，相距二佛像约5米。再前为2014年扩建的小广场。广场外东南角坡地，遗存两座清代僧人墓，与二佛相距约15米[1]。东面约150米的峭壁上保存一个经幢龛，东南坡地前侧80米处的崖壁上，保存清咸丰六年（1856年）"海棠香国"题刻；西南前侧约60米处为"五佛殿"摩崖石刻（图2；图版Ⅰ：6、图版Ⅰ：7）。

此外，北塔坡西北坡脚的崖壁上，清代镌刻"观音菩萨"造像一龛[2]，相距多宝塔约160米[3]。

1956年，四川省人民委员会将多宝塔公布为四川省第一批文物保护单位。1996年，国务院将其公布为全国重点文物保护单位，归入北山摩崖造像。

第二节　前期保护维修与调查研究

一　保护维修

明成化年间，曾对塔培修。清光绪十一年（1885年）、二十年（1894年）分别颁布"县正堂丁示"、"县正堂桂示"明令保护。清光绪十九年（1893年），知县桂天培等募资对塔进行培修[4]。

1973年8月至1974年9月，沿多宝塔做铁条栏杆一周，在第二级塔窗安装铁条窗。1997年5—11月，对多宝塔进行全面维修，主要包括加固多宝塔塔座和雕龙石柱，补砌掏空的塔身，更换塔檐碎砖、部分梯道砌砖，补砌塔顶、塔身、塔檐，用白灰膏抹面（厚约0.5—0.8厘米），对塔内、外石刻做防风化处理，在塔顶安装避雷设施，整治周边环境等。此次维修用白灰膏抹面，不仅将塔身、塔檐涂抹，且涂抹了部分空龛，弱化了部分细部结构，致使空龛仅辨龛型，龛内原貌不明。

---

[1] 此外，2014年7月，在新建释迦、多宝佛前小广场时，还于其东南角，新发现南宋和清代时期的地下石室墓葬各一座。大足石刻研究院组织人员对其进行测量、记录、拍摄、捶拓等清理工作。清理后，墓葬就地保存，有关资料现存大足石刻研究院。
[2] 造像对面约10米的崖壁下部有天然泉眼一口，当地俗称"一碗水"，故造像亦称作"一碗水观音像"。
[3] 多宝塔周边文物遗迹情况，作为附录附于本册之后。
[4] 《僧成书培修多宝塔记》《县正堂丁示碑》《县正堂桂示碑》，见本册第353、557页；另见重庆大足石刻艺术博物馆编：《大足石刻铭文录》，重庆出版社1999年版，第460—462页。

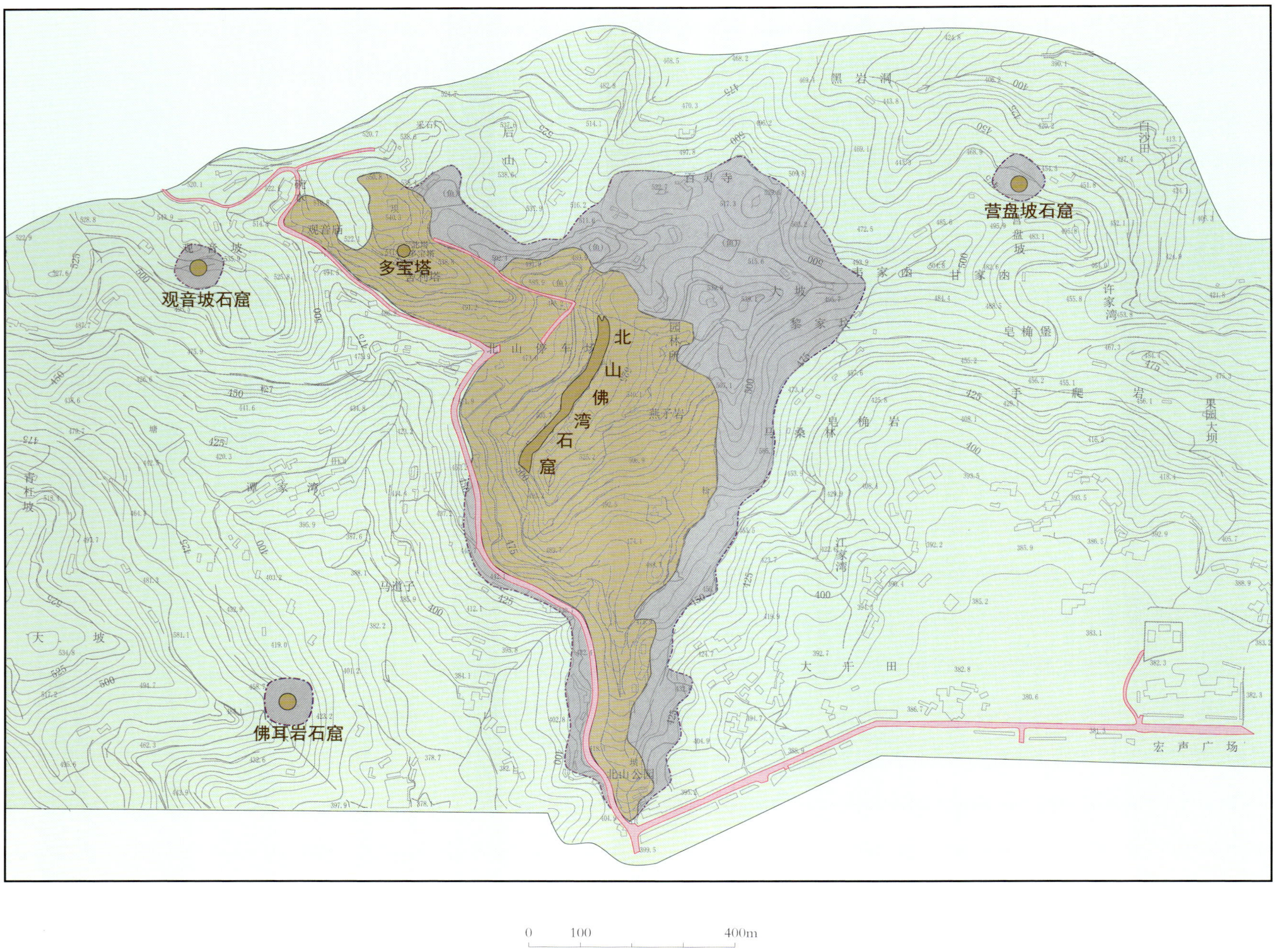

图1 多宝塔与周边石窟的位置及环境关系图

图 2　多宝塔及周边文物点分布位置图

1998年7月，鉴于刚维修的多宝塔过新，故用5‰浓度墨汁均匀喷施全塔，恢复烟熏污斑，做雨水挂流痕迹，以做旧方式改变塔身整体的外观颜色[1]。

二　调查研究

现有资料表明，多宝塔的首次调查始于1940年1月。当时，中国营造学社的梁思成、刘敦桢等先生在对大足县重要遗迹进行调查时，简略记录了北塔寺山门（现已毁）和多宝塔的形制、结构等[2]。

1945年，杨家骆先生率大足石刻考察团考察大足石刻，历时八天。其间，考察团对多宝塔的建造历史以及维修情况进行了初步调查，并简要介绍了北塔坡周边部分文物遗迹[3]。

1954年夏，四川省文物管理委员会第一调查组潘中玲、刘真廉、林坤雪等三人赴大足，会同大足县文物保管所蒋美华、邓之金、邓耘丛等，开展大足文物调查工作。在多宝塔调查工作中，对塔内造像进行登记、编号，得石刻造像75龛，光绪维修碑6方，通编80号。时因条件不备，塔外造像未调查[4]。

1955年，时任大足县石刻保管所负责人的陈习删先生撰成《大足石刻志略》。《志略》对多宝塔内、外层级的对应关系及塔身内、外龛像的设置等有较详细的记录，但对塔内、外造像内容记录较为简略[5]。

1984年，四川省社会科学院、大足县政协、大足石刻研究会、大足县文管所等组成调查组，在对大足石刻进行调查时，亦对多宝塔进行了调查，其成果编入《大足石刻内容总录》[6]。调查中，沿塔内梯道自下而上，每层造像以梯道出口开始，沿逆时针顺序，于回廊内外壁交错编号，将塔内石刻造像通编为80号。此次调查，亦未对塔身外部龛像进行记录。

1991年，大足县文管所委托重庆建筑工程学院对多宝塔进行测绘，主要获取了多宝塔总立面图、总平面图、总剖面图、各级回廊平面图、塔檐仰视图以及塔刹的平、立、剖面图等[7]。

1994年，重庆大足石刻艺术博物馆组成课题组，对多宝塔内的石刻铭文进行专项调查，共捶拓碑刻、题记86方，拓片171张，首次完整地保存了第一手铭文资料[8]。

1996年，黎方银撰著《大足北山多宝塔内善财童子五十三参石刻图像》[9]，对嵌入塔内回廊内、外壁的五十三参图像，作了专题研究，并随文公布了部分照片。

1997年5—11月，利用多宝塔搭架维修的便利条件，重庆大足石刻艺术博物馆组织人员首次对塔身外部造像进行登记、编号、照相、绘图等调查。其编号续接塔内造像编号，从上至下，各层龛像沿顺时针顺序，通编为第81—131号。其调查成果后由陈明光先生撰成《大足多宝塔造像勘查简报》[10]刊布。

2003年，重庆大足石刻艺术博物馆再次组成课题组，对多宝塔塔内、外龛像进行调查记录，首次绘制了示意性的窟龛立面图、剖面图和平面图。所形成的调查资料，后于2004年作为全国重点文物保护单位北山石窟的记录档案备案存档[11]。

此外，近年来，李静杰在《论宋代善财童子五十三参图像》[12]，古正美在《大足北山多宝塔的建造性质与造像——宋高宗的支提信

1　王金华主编：《大足石刻保护》，文物出版社2009年版，第132页。
2　此次调查包括北塔寺、多宝塔、北山佛湾、宝顶山、周家白鹤林（今名佛耳岩）摩崖造像等，共历时五天。请见《西南建筑图说（一）四川部分》，《梁思成全集》第三卷，中国建筑工业出版社2001年版，第236—244页。
3　傅振伦：《大足南北山石刻之体范》，《民国重修大足县志》卷首《大足石刻图征初编》。
4　本次调查成果辑入《大足县文物调查小结》（复写稿），现存大足石刻研究院。
5　《大足石刻志略》记载："塔内设龛75龛（巷内壁设39龛，外壁设36龛），塔身外设63龛，总计138龛。另开明窗40户。"见陈习删：《大足石刻志略》，1955年油印本，第93—99页。
6　四川省社会科学院、大足县文物保管所等编：《大足石刻内容总录》，四川省社会科学出版社1985年版，第124—157页。
7　大足石刻研究院工程档案资料：《北山多宝塔维修工程资料设计方案图》，档案号2—52。
8　对北山石窟、多宝塔内的调查始于1994年5月9日，至11月16日结束，历时77天。其中多宝塔内拓碑86方，拓片171张。重庆大足石刻艺术博物馆编：《大足石刻铭文录·编后记》，重庆出版社1999年版，第483页。
9　刊于《敦煌研究》1996年第3期。
10　陈明光：《大足多宝塔造像勘查简报》，重庆大足石刻艺术博物馆编：《2005年重庆大足石刻国际学术研讨会论文集》，文物出版社2007年版，第88—113页。
11　资料现存大足石刻研究院。
12　刊于《艺术史研究》第12辑，第299—302页。

仰内容与造像》[1]，董华锋、张媛媛在《宋代四川地区的善财童子五十三参图像及相关问题试探》[2]中，均涉多宝塔相关问题的探讨。

第三节 本卷报告的内容

多宝塔为楼阁式砖塔，平面作八边形，通高约30.5米，内作八层，外作十二级。自塔门沿梯道绕塔心回廊可逐层登临。塔内八层回廊内、外壁面和塔外第一、三、五、七、九、十一、十二级塔身壁面均嵌置石刻龛像，共计134个。

塔内龛像嵌置于第一至八层回廊内、外壁面，共83个龛像，包括25个窟和58个龛，集中于第二至五层回廊壁面。其中，第一层设置第1、2号[3]，第二层设置第3—20号，第三层设置第21—36号，第四层设置第37—50号，第五层设置第51—60号，第六层设置第61—69号，第七层设置第70—78号和第71-1号、第73-1号，第八层设置第79、80号和第80-1号、第80-2号[4]（参见表19）。

塔外龛像嵌置于第一、三、五、七、九、十一、十二级塔身壁面，共计51个龛像，包括23个窟和28个龛，集中于第三至九级塔身；其余二、四、六、八、十级塔身未见设置龛像。其中，自上而下，第十二级塔身设置第81—84号，第十一级塔身设置第85—88号，第九级塔身设置第89—96号，第七级塔身设置第97—104号，第五级塔身设置第105—112号，第三级塔身设置第113—124号，第一级塔身设置第125—131号（参见表20）。

本卷报告的主要内容，即是对上述多宝塔形制结构、塔内各层回廊内外壁面和塔身外壁石刻龛像、塔前二佛像等作了全面介绍。

第四节 本卷报告的体例和规范

一 编写体例

本卷报告的编写，原则上是以一层或一级的龛像为一个章节进行介绍。但考虑到塔内、外各层级龛像数量不等，报告便将量小且相邻层、级的龛像进行了合并，以使各章节的容量大体相当。同时，考虑到塔前二佛像与塔既有直接联系，又与塔相对独立，虽其内容有限，仍立单章介绍。

按上述原则，本卷报告共分十三章。第一章为概述，介绍多宝塔位置及环境、前期保护维修与调查研究，以及本卷报告的内容、体例与编写经过等；第二章介绍多宝塔形制及龛像设置、布局等情况；第三章介绍多宝塔塔内第一、二层回廊造像，即第1—20号；第四章介绍多宝塔塔内第三层回廊造像，即第21—36号；第五章介绍多宝塔塔内第四层回廊造像，即第37—50号；第六章介绍多宝塔塔内第五层回廊造像，即第51—60号；第七章介绍多宝塔塔内第六层回廊造像，即第61—69号；第八章介绍多宝塔塔内第七、八层回廊造像，即第70—80号和第71-1号、第73-1号、第80-1号、第80-2号；第九章介绍多宝塔第十二、十一、九级塔身造像，即第81—96号；第十章介绍多宝塔第七、五级塔身造像，即第97—112号；第十一章介绍多宝塔第三、一级塔身造像，即第113—131号；第十二章介绍塔前二佛造像；第十三章为结语，就多宝塔建筑特点、建造年代、题材内容、供养人等进行简要讨论。报告最后为附录，列表归纳多宝塔造像基本情况和简要介绍多宝塔周边文物遗存情况。

本卷报告分为上下两册。上册主要包括报告文本、测绘图、示意图等；下册主要包括建筑、造像、拓片等摄影图版。

---

1 刊于大足石刻研究院编：《2009年中国重庆大足石刻国际学术研讨会论文集》，重庆出版社2013年版，第426—482页。
2 刊于敦煌研究院编：《2014年敦煌论坛：敦煌石窟研究国际学术研讨会论文集》，甘肃教育出版社2016年版，第698—722页。
3 1954年调查时将第1窟正壁编为第1号，左右两壁造像合编为第2号。1985年《大足石刻内容总录》将本窟属于第一级塔身外部北向的洞龛编为塔内造像第1号，而将此窟编为第2号。此二种编号皆有不妥。本次调查，将该窟正壁、左右侧壁视为同一龛像，纳入统一记录；为使塔内回廊第二级以上龛像编号不产生较大的混乱，仍使用第1、2号编号进行记录。第一级塔身外部北向龛像则纳入塔外部造像进行记录。
4 为使编号不产生混乱，本次调查遵从了1982年大足县文物保管所的编号顺序，将前期遗漏的龛像新编为附号，如第71-1号、第73-1号、第80-1号、第80-2号。

二　报告文本

章节　报告文本除第一章概述、第二章多宝塔形制及龛像设置、第十三章结语按内容设节，第十二章因仅有二佛像未单独设节外，其余各章均按多宝塔内、外龛像编号单独设节。每节依次介绍其位置、形制、造像、铭文、晚期遗迹等五项基本内容。

编号　本卷报告中，塔内回廊壁面龛像的编号，以1982年大足县文物保管所的编号为依据，除第1、2号外，余与1985年《大足石刻内容总录》的最大编号一致，即自塔心第一层回廊内壁南向壁面（正面）所在的龛窟开始，进入第二层回廊后，依次逐级而上，至第八层回廊编号。第二至第八层回廊均以梯道出口为起始点，沿逆时针方向，内外壁交错进行，共编为第1—80号。对其原漏编的龛窟，以就近龛窟编号的附号形式补充编号，新增第71-1、73-1、80-1、80-2号等4个编号。

塔身外壁龛像的编号，主要遵从1997年重庆大足石刻艺术博物馆的编号，即续接塔内编号，按塔身层级，自上而下，以南向为正向，沿顺时针方向，依次编为第81—131号[5]。

位置　塔、龛窟、造像、碑刻铭文等方位，均以其本身背向、左右定位。龛窟具体位置，先结合塔身层级和回廊或塔身壁面位置总体定位，再记述其四至界线。例：第3号位于第二层回廊外壁东南向壁面；左距壁面转折界线53厘米，右距第6号59.5厘米；上距回廊券顶下沿7.7厘米，下距二层回廊地面74厘米。

形制　多宝塔的建筑形制按平面、塔外立面、塔结构分别记述。因方砖所砌筑的龛窟大多进深有限，即使部分进深较深者，亦不具备完整意义上的洞窟形制结构，但为了有所区别，记述中，将砌筑深度在一米左右，且龛口以内形成较大空间者称为窟，其余均称为龛。同时，将一个完整的龛窟在形制结构上表述为龛窟型、龛窟口、龛窟底、龛窟壁、龛窟顶等几部分。其中，龛形是指龛外立面的总体形状，如方形龛、圆拱形龛等；窟形是指窟外立面和窟顶的总体形状，如圭形覆斗顶窟、圆拱形藻井顶窟等。

此外，在多宝塔的龛窟中，有部分龛窟口左右侧中下部竖直，上部作叠涩内收，最上安置横砖一块，外形呈圭形，本报告将此类龛窟口称为圭形龛窟口。

造像　多宝塔造像是指镶嵌于砖砌龛窟壁面内的石造像。造像石一般呈方形，镶嵌入龛窟壁面，或与壁面等大，或略小于壁面；以此形成完整的造像龛窟壁面。整体上，嵌石与砖壁的嵌砌关系具有共同性，主要分为满嵌和局部镶嵌两大类，此在本卷报告第二章第二节"龛窟设置与布局"中作了统一介绍，且在各龛窟测绘图中加以标示。鉴于上述，为避免烦琐，在对各龛窟记录时，重点介绍嵌石的规格和造像情况，对于嵌石与砖壁的嵌砌关系，仅记录其满嵌或局部镶嵌的类别，未作过多的文字叙述，具体情况则可参见各龛窟测绘图。

对于嵌石造像的记录，一般情况下，按嵌石造像位置，从正壁、侧壁、顶部至龛窟外的顺序依次叙述。对于造像较多需编号者，除个别外，大多按从上至下、从左至右或从内至外的原则记述。对于每身造像的详细介绍，除特例外，均以体量、头部（头光、背光、发式、冠式）、面部、胸饰、衣饰、手姿、身姿、座台等为序记述。造像具体尺寸，均为可见或残毁后可辨识的部分。坐式造像的量度数据主要有坐高、头长、肩宽、胸厚等。坐高是自造像座台的台面至头顶、发髻顶部或冠顶的高度，不含座台和下垂的腿部；头长是自下颌底部至头顶、发髻顶部或冠顶的高度；肩宽是双肩水平向最大宽度；胸厚是指后背与前胸之间的最大厚度。立式造像的量度数据主要有通高、头长、肩宽、胸厚等。通高是自最低足底至头顶、发髻顶部或冠顶的高度，其余部位的量度数据取值与坐式造像同。

因造像为三维空间雕塑，且是手工雕凿，在水平和铅锤方向，几乎没有完全平直的线条，也因此几乎没有完全均等整齐的长宽高尺寸。本报告使用的量度数据，部分为人工量测，通常为约数，而测绘线图中的数据则是铅锤方向的正投影数据，为相对精确的数据。人工数据和测绘数据存在一定差异，除注明的以外，各量度数据的变化在测绘线图中有清楚显示，读者可清楚观察和实际量测。

铭文　本卷报告所称铭文是指刻写在龛窟、碑碣中的各种文字，如碑文、造像记、题记、榜题等。

（1）本卷报告铭文主要以1994年重庆大足石刻艺术博物馆拓片为底本实录，个别其后补拓者，已在文中注明；所有拓本录文均未据文献作校补；除个别漶蚀或原捶拓时依稀可辨者遵从《大足石刻铭文录》[6]外，其余均据拓片或现场辨识结果实录。

（2）除个别需按拓本格式实录外，其余一律分行横写，录文一行即为原文一行。为方便阅读，行前以阿拉伯数字标注行数；个

---

[5] 需要说明的是，塔内回廊壁面龛像应从下至上，以梯道出口为始点，沿顺时针方向编号为妥，塔身外壁龛像亦应从下至上编号为是，但鉴于1982、1997年的编号已广为使用，为不造成编号的混乱，故本卷报告仍按约定俗成的原则从之。

[6] 《大足石刻铭文录》由重庆大足石刻艺术博物馆组织编纂，重庆出版社1999年出版。以下正文中简称1999年《大足石刻铭文录》。

别铭文书写不规整、行文较为特殊者，因难以标注行数，其录文和图版则不予标注。

（3）铭文中的繁体字，除可能引起歧义者照录外，一律按照国家规范的简化字录写。铭文中出现的异体字（即字书中不常见的字、历史文献上的古体字、别字及石刻铭文作者的自造字等），根据辨识结果，录写为《现代汉语词典》、《汉语大字典》等工具书中的规范字。为求客观记录，方便读者自辨，在报告各章后，以尾注形式，将异体字拓片的照片辑出。为与说明性脚注相区别，尾注采用方括号"［ ］"加阿拉伯数字的形式标注，如［1］、［2］。

（4）凡铭文行文行中未刻字的空字位，一个字位书写一个三角符号"△"；漶灭字，一个字书写一个方框符号"□"，不明字数的在字里行间夹注"（漶）"字表示；依稀可辨的字，夹注在一般方括号"〔　〕"内。

（5）统计字数，以拓本或现场可辨识的字数为限。

晚期遗迹　指龛像完成后添加的遗迹。主要包括晚期妆绘、后世题记、构筑遗迹等。需要说明的是，由于妆绘遗迹较为复杂，在目前条件下，报告者对其层位、色彩、颜料、损毁程度等难以准确辨识记录，故仅在晚期遗迹项中作了概括性的介绍。

为客观反映大足石刻造像妆绘情况，本报告集第九卷《大足石刻专论》，特收录了《大足石刻彩绘颜料检测分析报告》。报告选择有代表性的石窟龛像中的标本，对包括颜料保存现状、成分、次第等情况作了检测分析，可参考。

三　测绘图

本卷报告的测绘图，共有两种。一是多宝塔总平面图、总立面图、总剖面图；二是各层级平面图和剖面图，各龛窟平、立、剖面图，以及部分等值线图等。

总立面、总平面、总剖面图　总立面图由武汉华宇世纪科技发展有限公司运用多基线数字近景摄影技术测绘完成。总平面图系根据武汉华宇世纪科技发展有限公司测绘成果，由课题组再次绘制完成。总剖面图、各层级平面图和剖面图系1997年由中国文物研究所李宏松、王金华等测绘完成。塔身各层级剖面图分为横剖面图、纵剖面图，沿水平方向者为横剖面，沿铅锤方向者为纵剖面。

龛窟平、立、剖面图　由武汉华宇世纪科技发展有限公司运用多基线数字近景摄影技术，按照考古线图测绘的总体要求，以及专门为此次测绘制订的技术规范和标准，在大足石刻考古学研究课题组的直接指导和参与下共同绘制而成。

平面图　将砖砌龛窟底的投影面作为基础，根据龛窟空间结构和嵌石造像布置情况，选取相应高程绘制水平断面，将不同高程的水平断面叠加在龛窟底的投影面上。平面图上以颜色区分不同高程的断面（以A、A'，B、B'，C、C'等英文大写字母标明），并标注剖面图剖视方向（以直角箭头"¯|"标注）。

立面图　包括龛窟外立面和镶嵌石材的各壁立面图。外立面图上标注平面图剖线所对应的不同高程，用英文字母加短横线（如A-、-A'，B-、-B'，C-、-C'）表示。

此外，所有洞窟绘制了窟顶仰视图，部分龛窟造像绘制了正视角度的等值线图等。

剖面图　沿龛窟纵深方向者为纵剖面，与纵剖面垂直的剖面为横剖面。原则上选择与龛窟底投影面相垂直的正壁主尊中轴线或正壁中轴线作为剖线，同时考虑查阅的直观性和简洁反映龛窟空间关系，将可见的侧壁以及龛窟口、龛窟顶、侧壁等内容投影在剖面上。

上述测绘图均配以方格网坐标尺。方格网依据正射影像生成，网格大小依据使用比例确定，标注数值以厘米为单位。全部测绘图均集中编印在本卷报告上册，即文本册内。

用线原则　龛窟形制、图像、残破等用实线表示；后期人为修补用圆点线表示；龛窟形制或造像复原用虚线表示；砖体砌筑缝隙用细灰线表示。此在每张测绘图图例中均有说明。

四　图版

本卷报告下册为图版册，分为图版Ⅰ、图版Ⅱ两个部分。

图版Ⅰ为摄影图版，大多为2013年用高清数字相机拍摄，部分为2014年补拍。拍摄时，力求全方位反映塔的形制结构、龛窟分布、壁面造像和其他晚期遗迹等原貌，但由于塔内龛窟环境非常受限，部分图版无法达到正投影的要求，且个别图版采用了数码拼接，此在图版说明中已注明。本卷报告的卫星图、航拍图均拍摄于2016年。

图版Ⅱ为铭文拓片图版，包括铭文实物照片和拓片照片两部分。其中，铭文实物照片均为2015年2月用高清数字相机拍摄；拓本均为1994年所拓，2013年装裱后拍摄[1]。

第五节　本卷报告的编写经过

北山多宝塔考古调查及本卷报告的编撰，从2013年2月开始，至2016年12月基本完成，历时近四年。主要经过了现场调查、图件测绘、图版拍摄、室内整理和报告编写等几个阶段。

现场调查　根据多宝塔龛像设置于塔内和塔外的实际情况，现场调查记录工作分为两个阶段进行。第一阶段，即2013年3—4月，主要完成了多宝塔内部结构和第一至八层龛像及铭文的调查记录工作；第二阶段，即2013年5—8月，为了对塔外龛像进行全面调查，特别是为了对其进行科学测绘、摄影，大足石刻研究院专门组织力量，自地坪向上八面搭架，搭架总高约30米。在此便利的条件下，文字记录、造像测绘、照片拍摄、铭文辨识等各项工作得以顺利开展。同时，还对多宝塔周边文物进行了专题调查。黄能迁、邓启兵、陈静、郭静、赵凌飞等具体参与了上述两个阶段的现场调查工作。

龛像测绘　2013年4月，在进行文字调查记录工作的同时，武汉华宇世纪科技发展有限公司（以下简称武汉公司）运用多基线数字近景摄影测绘技术，对多宝塔塔内廊道造像、塔身外壁龛像进行现场数据采集。随后，经过室内整理，按照本次考古线图测绘的总体要求，绘制出本次报告所需的测绘线图初稿。11月，武汉公司绘图人员将初稿带至现场，首先进行核图自查，在此基础上，再在大足石刻研究院课题组人员的直接参与下进行了不少于三次的现场核对、修改、完善，并最终形成定稿。

大足石刻研究院参加本卷报告测绘工作的有刘贤高、周颖、邓启兵、黄能迁等，主要负责制订和落实具体的考古测绘要求，以及测绘图的现场调绘。其中，周颖用力甚多，部分图件由其补充完善，全部测绘图的最终定稿也由其完成。武汉公司总经理黄莉萍女士、副总经理肖捷女士则负责协调己方的测绘工作，并自始至终全程参与；该公司工作人员张强、吕品等负责现场数据采集和室内整理，陈杰、潘春香、余倩倩等负责线图的绘制和修改。

本卷报告的示意图、造像效果图等主要由周颖绘制，部分图件由毛世福绘制。

造像图版　2013年6—8月，重庆出版集团美术中心副主任、主摄影师郑文武和助理摄影师周瑜进驻大足，充分利用天气好、日光足的自然条件，克服塔内回廊空间狭小的不便，完成了多宝塔远景、外立面、塔内和塔外龛像的拍摄工作。其后，又根据编撰工作需要，补拍了部分图版。

拓片图版　本卷报告中的拓片，多系1994年重庆大足石刻艺术博物馆（现大足石刻研究院前身）在进行多宝塔铭文收集时，由唐长清、唐毅烈所拓；少量由唐长清于2015年补拓。拓片拍摄由郑文武、周瑜完成。

报告编写　2013年10月，本卷报告进入室内整理和编写阶段。其中，2013年10—12月，邓启兵、黄能迁对现场调查文字进行了整理、现场校对和修改，赵凌飞对铭文作了校对。至2014年7月，邓启兵、黄能迁完成了报告文本初稿的编写。2014年10月，浙江大学李志荣教授对报告文本初稿进行了审阅，察看了部分测绘图件，并提出了修改建议。随后，邓启兵、黄能迁对文本初稿再次作了调整和修改。2015年2—5月，黎方银、黄能迁、邓启兵选配了本卷报告的图版、测绘图、示意图等。

在此基础上，2015年6—9月，黎方银在邓启兵、黄能迁、周颖的协助下，对本卷报告的全部文字、测绘图、图版等作了调整、润色、修改和审定。2016年5月，本卷报告校样稿呈送李志荣教授审定，李志荣教授对第一、二、十三章作了具体的修改，并对其他各章提出了原则性的修改意见。2016年12月，邓启兵、黄能迁按照李志荣教授的意见，再次对本卷报告进行了部分修改。其后，由黎方银审定并最终形成本卷报告定稿。

1　多宝塔外部分龛窟铭文已风蚀，不宜捶拓，仅以图版表现；附录中部分碑刻不便拍摄，仅以拓片展示。

第二章　多宝塔形制及龛像设置

第一节　形制

一　外部形制

多宝塔砌筑在北塔坡顶最高处的天然巨石（方言称为巨石堡）之上，平面呈八边形，外立面轮廓收分似梭形，通高约30.5米，系楼阁式砖塔。可分为塔基、塔身、塔刹三部分（图3、图4、图5、图6；图版Ⅰ：8）。

（一）塔基

塔基即天然巨石，呈缓坡状，比四周地表略高38—40厘米，经修整后平面呈八边形；外凸塔身约26—34厘米不等，每边长约415厘米。转角处皆就巨石刻为半身力士像，作平地涌出托举状。西北向、北向、东北向转角处力士像头毁，显露部分高约22厘米，衣饰不明，仅辨展臂托举的姿势；其余力士像全身皆毁，仅存轮廓（图版Ⅰ：9、图版Ⅰ：10、图版Ⅰ：11）。

（二）塔身

多宝塔八边形楼阁式塔身现存十二级[1]。第一级塔身以上逐级扩大，至第六级最大；自第七级起，逐级收分，至第十二级为最小；塔身轮廓呈梭形。第一、三、五、七、九、十一、十二级各面镶嵌砌筑像龛，第二、四、六、八、十级砌筑采光窗。第一级塔身转角砌石倚柱，其余各级无。各级塔身高度自底层向上，逐级降低。塔檐亦为十二重，砖砌叠涩出檐，檐口平直；下部檐与上部塔身之间，砌筑平座。

1. 第一级塔身

第一级塔身高192—207厘米[2]，面宽304—317厘米，外距塔基38—45厘米（图7、图8、图9、图10、图11、图12；图版Ⅰ：12、图版Ⅰ：13、图版Ⅰ：14、图版Ⅰ：15、图版Ⅰ：16、图版Ⅰ：17、图版Ⅰ：18、图版Ⅰ：19）。其转角处安置方形抹棱石倚柱，高135—150厘米，面宽约20厘米（图13、图14；图版Ⅰ：20、图版Ⅰ：21、图版Ⅰ：22、图版Ⅰ：23、图版Ⅰ：24、图版Ⅰ：25、图版Ⅰ：26、图版Ⅰ：27）。柱础大部毁，似作斗形。柱础间，天然巨石塔基上，横施三阶叠涩，绕塔身一周。叠涩通高约25厘米，外凸约20厘米。柱身浮雕蟠龙，现风化剥落甚重，仅辨其形。柱顶刻蹲坐力士像，齐肩卷发，戴圆形耳环，头顶仰莲台，台高13—15厘米，直径约40厘米。莲台上承横置的普拍枋，枋通高13厘米，外凸塔身11厘米，作两阶叠涩，绕塔身一周；再上即为第一重塔檐。力士像后腰处接外凸的叠涩横枋两列，似为阑额，绕塔一周；横枋通高12厘米，外凸塔身13厘米。

从南向塔身（塔门）右侧开始，沿顺时针方向，将方形抹棱石倚柱顶上蹲坐力士像依次编为第1—8像（图13、图14；图版Ⅰ：20—27）。其造像特征详见表1。

---

[1] 1940年1月，中国营造学社梁思成、刘敦桢等在大足调查后，认为多宝塔塔身为"八角十二层"；见梁思成：《梁思成全集》第三卷，中国建筑工业出版社2001年版，第237页。1945年大足石刻考察团认为该塔"共十三层"，见《民国重修大足县志》卷首《大足石刻图征初编·大足石刻考察团日记》。此外，先贤陈习删先生在《大足石刻志略》中认为多宝塔外作十三级，内作八级；见陈习删：《大足石刻志略》，1955年油印本，第93—99页。1997年塔架维修多宝塔时发现，塔刹下杂草掩饰、乱砖包藏着一级八边形塔心，故宋建塔檐原本应是十三级，现存十二级疑是清代维修不善造成；见陈明光：《大足多宝塔造像勘查简报》，重庆大足石刻艺术博物馆编：《2005年重庆大足石刻国际学术研讨会论文集》，文物出版社2007年版，第88页。

[2] 本报告所指塔身高度，系指塔檐之间的竖直部分，不包括塔檐。

图3 多宝塔及二佛立面图

表1　倚柱柱顶力士像特征表

编号	造像特征
1	坐高35厘米，头长15厘米；脸方正，面略残，戴耳环，上身斜披一带，略蚀；下着短裙。腕镯，左手握拳置膝上，右手撑腿，盘坐于仰莲台上。台高15厘米，直径55厘米，显露部分厚27厘米。
2	坐高38.5厘米，头长14厘米；圆脸，口半开，戴耳环，袒上身，下着短裙；双手腕镯，曲肘托仰莲台，盘腿坐于抹角方台上。方台高14厘米，边宽25厘米，显露部分厚23厘米。
3	坐高36厘米，头长13.5厘米，圆脸，眼大，阔口半开，双手置腹前，余与第2像略同。
4	坐高35厘米，头长13厘米，面部分残。自双肩下垂帛带，下着短裙。腕镯，双手曲于脑后作托举状，双膝残，足环，蹲于莲台上。台大部残，最宽31厘米。
5	坐高38厘米，头长13厘米，脸颊略宽，仰面，身残略重，姿态难辨；身下莲台大部毁，最宽34厘米。
6	头毁，残坐高34厘米，头顶莲台亦大部残，袒上身，左肩斜挂帛带，下着短裙。腕镯，左手置大腿上，右手握腰带置于腿上，盘腿坐于方台上。方台高15厘米，面宽23厘米，显露部分厚14厘米。
7	坐高38厘米，头长13.5厘米，面、身蚀，衣饰不明；左手曲肘按大腿，右手曲肘托莲台，似盘坐于方台上。方台高14厘米，面宽19厘米，显露部分厚22厘米。
8	坐高36厘米，头长14厘米，面圆，鼓眼，抿唇。袒上身，自右肩斜挂帛带，下着短裙；左手曲肘托仰莲，右手（部分残）似置于腿上，盘坐于仰莲台上。台高13厘米，直径37厘米，显露部分厚22厘米，部分残。

第一级塔身之上的第一重塔檐通高68.5厘米，出檐48厘米。塔檐下部为简洁的砖砌仿木结构铺作层，通高22.5厘米；上部为外挑的七阶叠涩，通高46厘米。自下而上，第三至第六阶叠涩抹棱。塔檐之上，为一层砖砌平座，高7厘米，较塔檐内收约8厘米（图15、图16；图版Ⅰ：28）。

第一级塔身转角处砌筑转角铺作，各面砌筑补间铺作。其中，南面左右端各施补间铺作两朵，中部因塔门洞上方普拍枋转折呈"凸"字形而安置四个散斗；散斗下部横向施翼形栱相接。其余各面皆施补间铺作五朵（图版Ⅰ：29）。转角铺作45°斜向雕刻，相邻转角铺作相接；最下刻栌斗，上承华栱，再上为梁头，最上置齐心斗。补间铺作最下为方形斗垫，其上结构同转角铺作；斗垫间施横枋，上部施舒脚平缓的人字栱相接（图17）。转角铺作和补间铺作构件尺寸详见表2、表3。

表2　第一重塔檐转角铺作构件尺寸[1]表（单位：厘米）

构件	高	宽	外凸塔身
栌斗	5.5	耳宽11、倚宽10	3
华栱	5	5	8.5
梁头	6	6	12
齐心斗	5	耳宽6、倚宽5.5	4

表3　第一重塔檐补间铺作构件尺寸表（单位：厘米）

构件	高	宽（长）	外凸塔身
斗垫	5	14	2
华栱	5	9.5	7
梁头	7.5	11	11.5
齐心斗	5.5	耳宽11、倚宽8.5	4.5
人字栱	11.5	24	2
横枋	5	44.5	2

---

[1] 因部分结构作简化处理，且破白灰膏涂抹，所列尺寸均为现场所能测量的部位尺寸，下同。

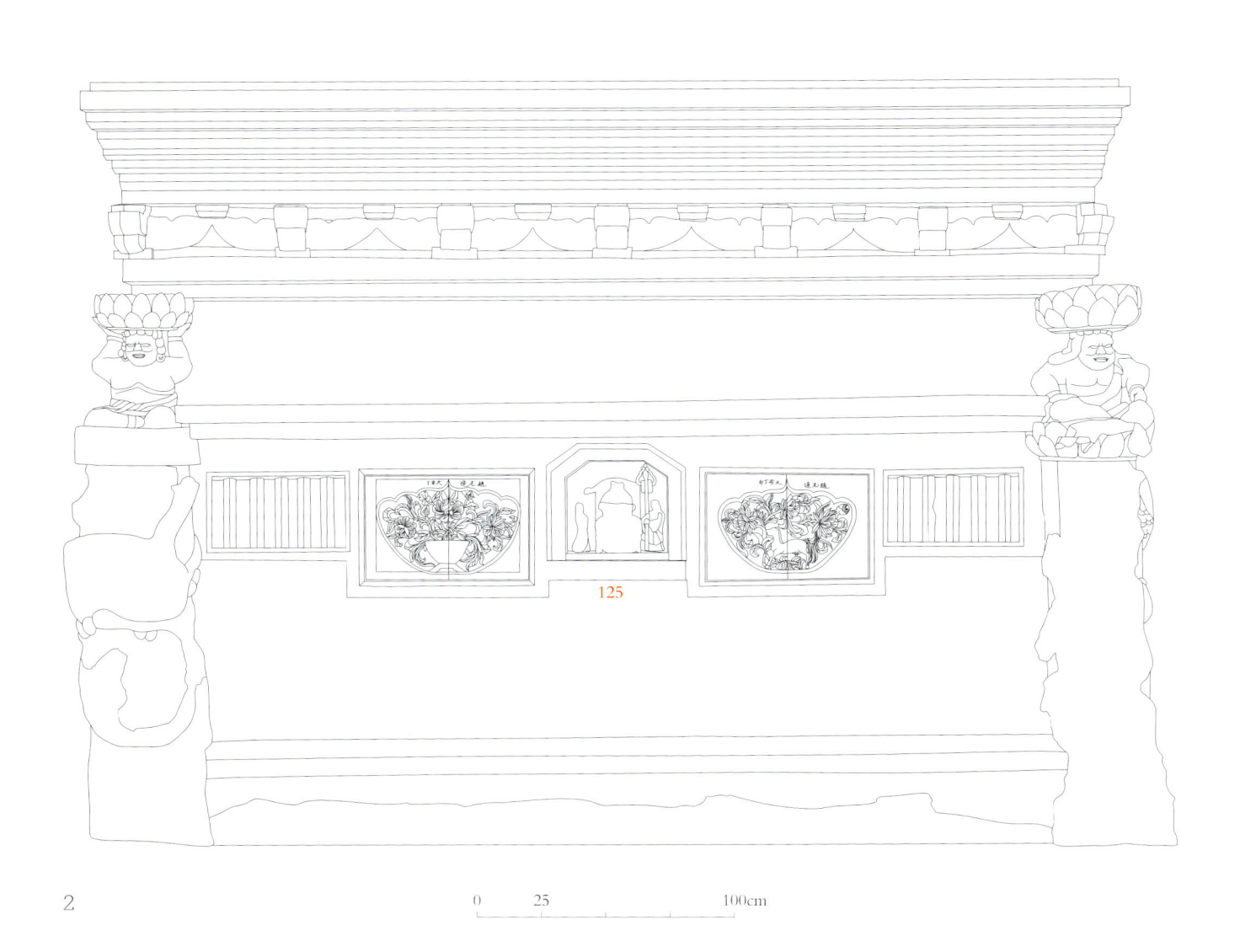

图 7 多宝塔第一级塔身南壁、西南壁立面图
1 南面 2 西南面

图 8　多宝塔第一级塔身西壁、西北壁立面图
1　西面　2　西北面

图 9 多宝塔第一级塔身北壁、东北壁立面图
1 北面 2 东北面

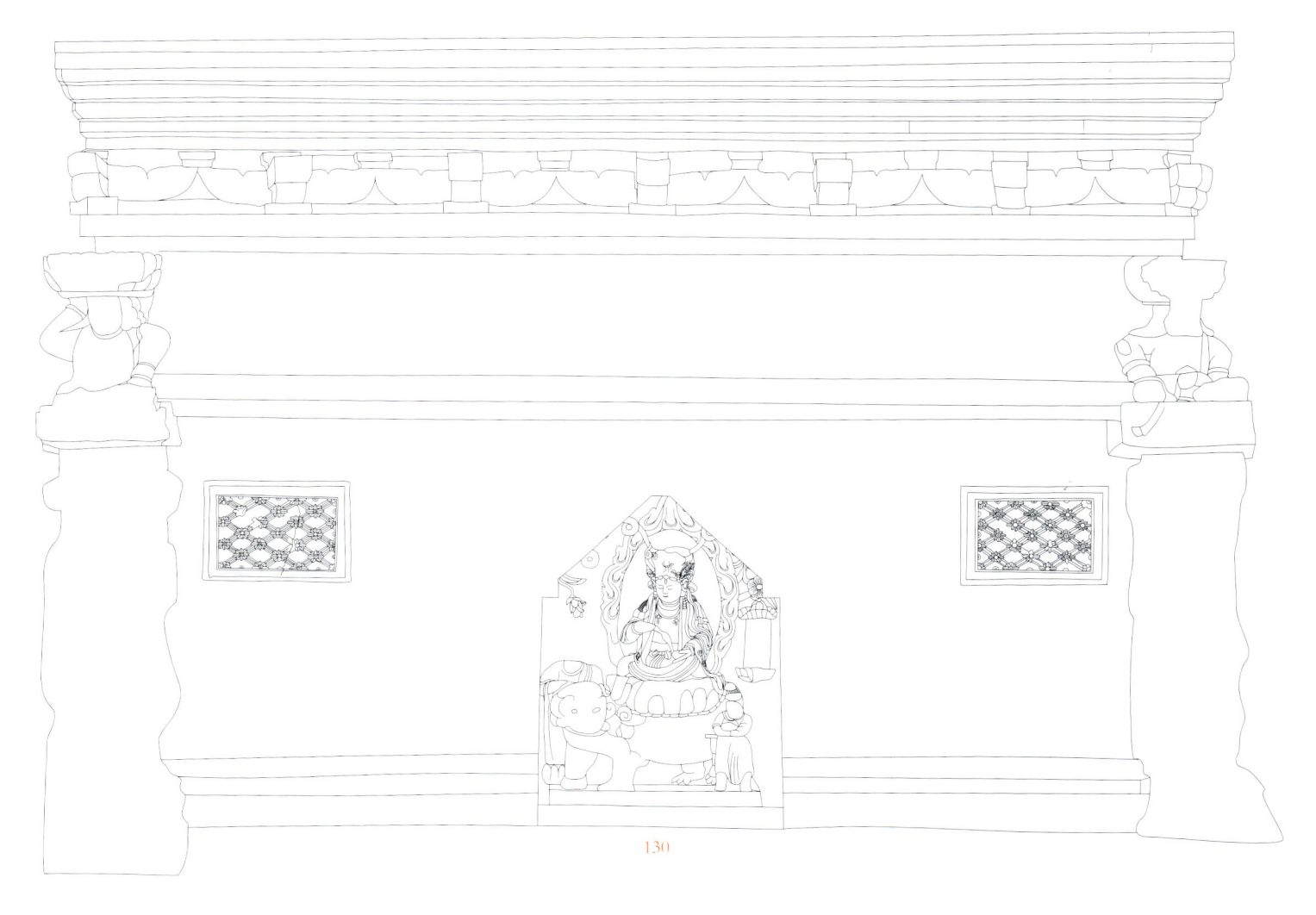

图10 多宝塔第一级塔身东壁、东南壁立面图
1 东面 2 东南面

第二章 多宝塔形制及龛像设置 19

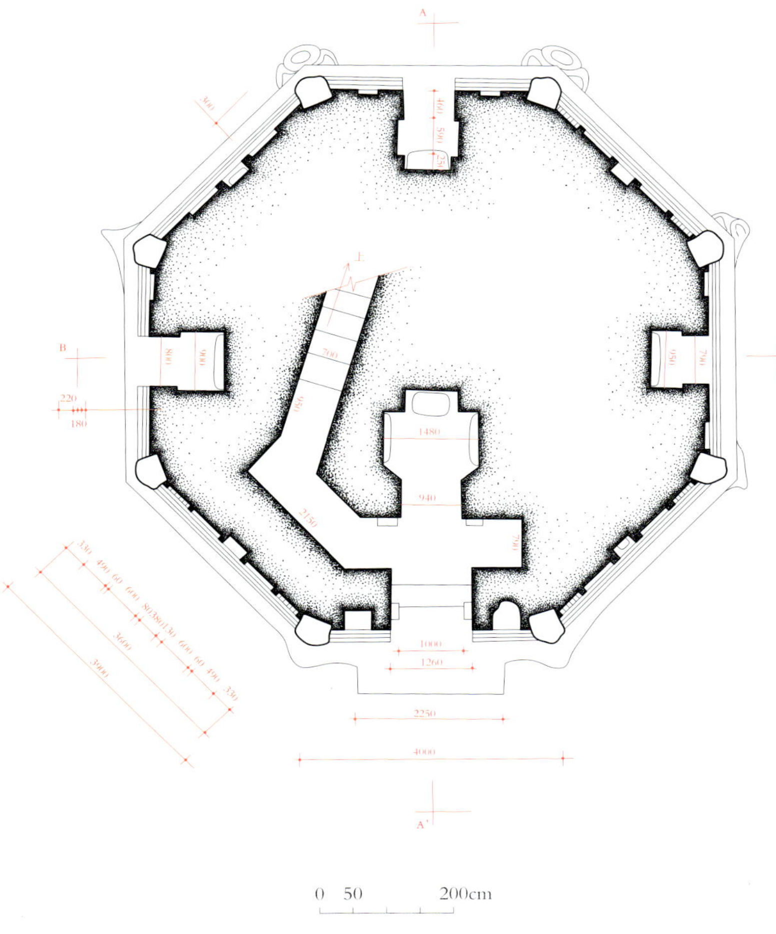

图11　多宝塔第一级塔身横剖面图

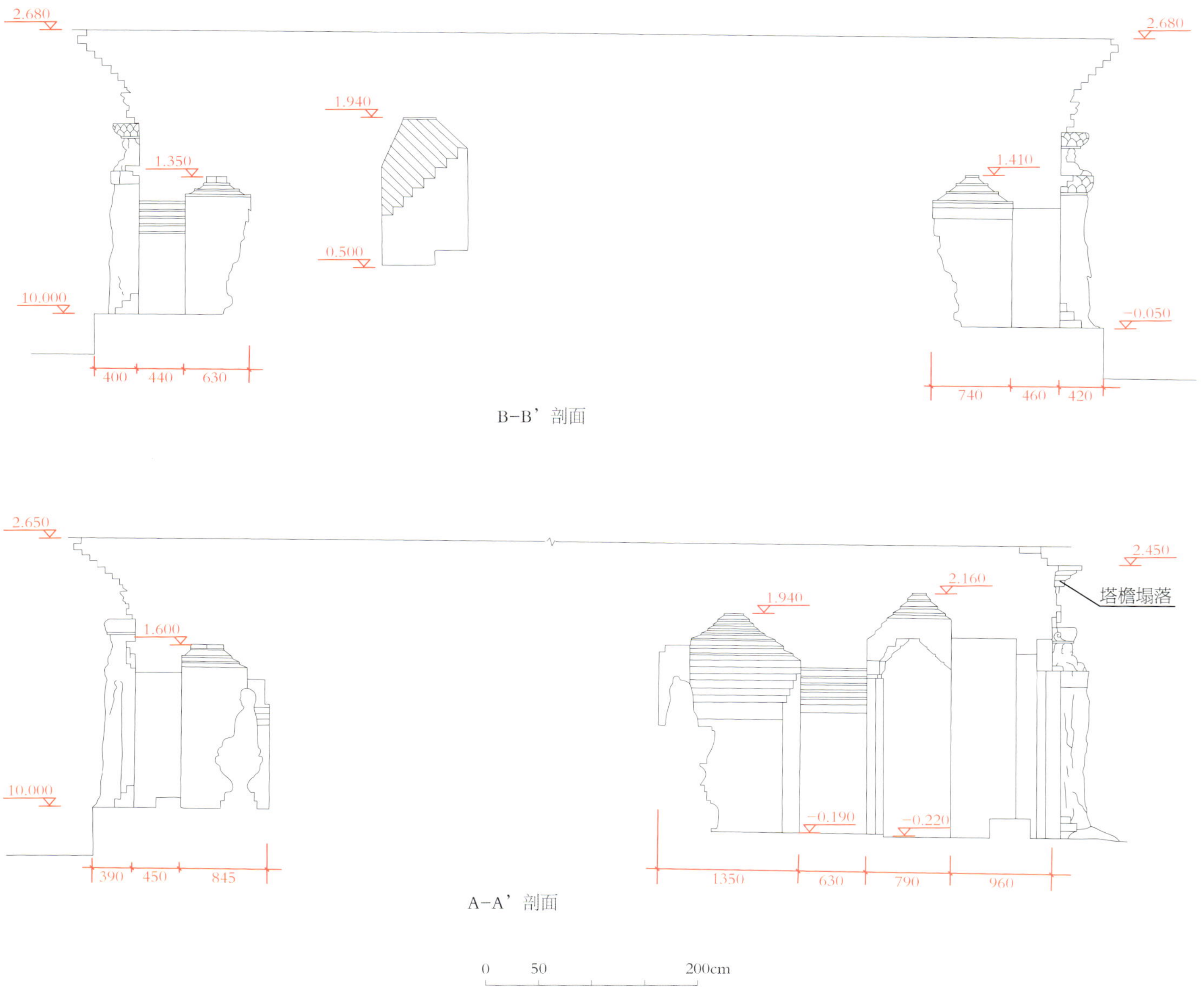

B-B'剖面

A-A'剖面

图12　多宝塔第一级塔身纵剖面图

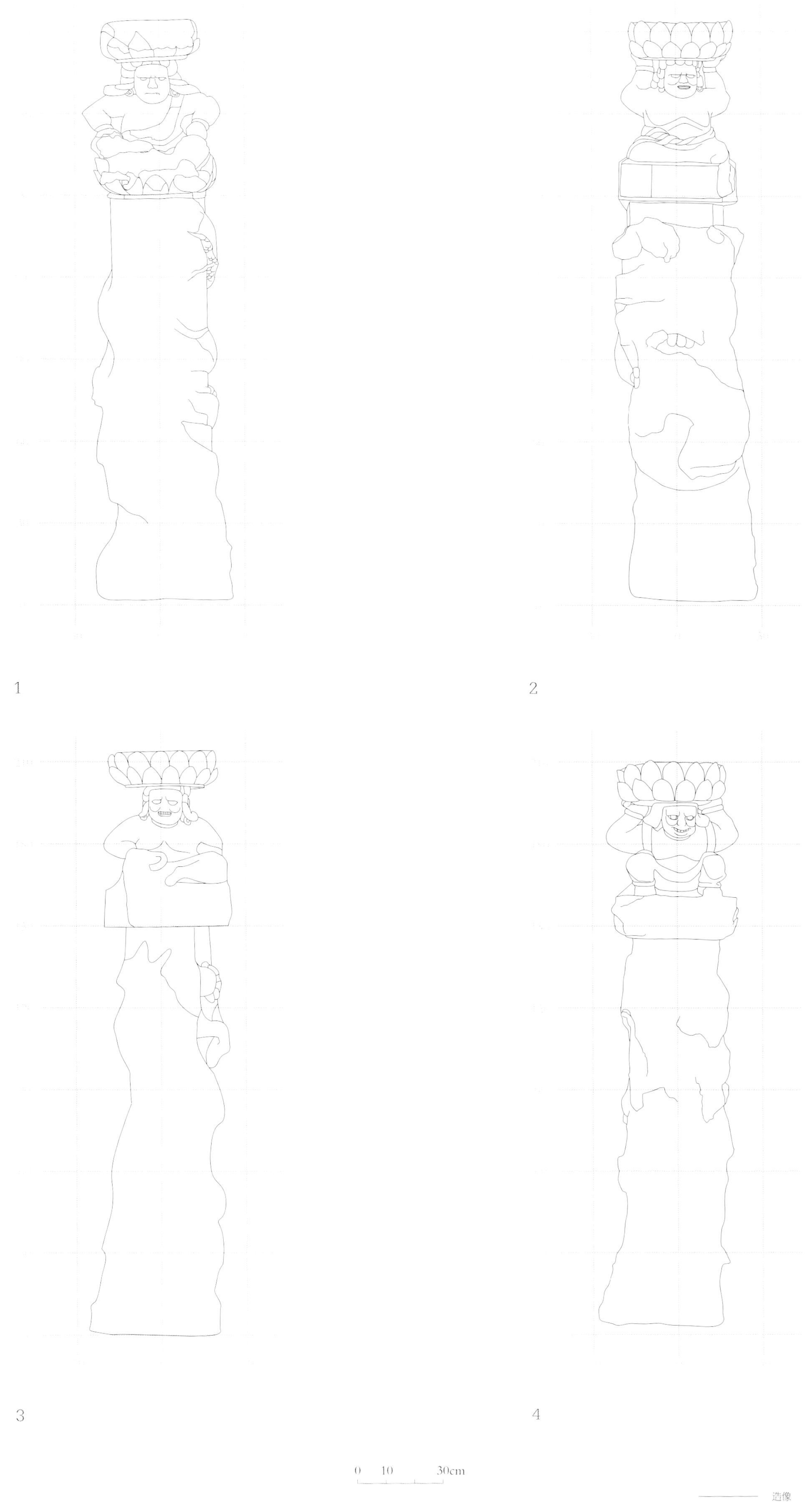

图 13　多宝塔第一级塔身倚柱立面图
1　南面与西南面相交处倚柱　2　西南面与西面相交处倚柱
3　西面与西北面相交处倚柱　4　西北面与北面相交处倚柱

1

2

3

4

0 10   30cm

—— 造像

图 14　多宝塔第一级塔身倚柱立面图
1　北面与东北面相交处倚柱　2　东北面与东面相交处倚柱
3　东面与东南面相交处倚柱　4　东南面与南面相交处倚柱

第一级塔身南壁中设塔门洞（图4、图7-1；图版Ⅰ：12）。洞口呈圆拱形，高197厘米，宽122厘米，深15.5厘米。洞口上方普拍枋转折呈"凸"字形，罩于洞口，形如华盖。洞口内侧左右立方形门柱石，柱顶置圆拱形门楣石，柱身后侧置方形门槛石，形成塔门。塔门高180厘米，宽96厘米。门柱石高151厘米，边宽27厘米。门楣石上下高15厘米，厚19厘米。门槛石高15厘米，宽127厘米，厚37厘米。门洞内侧的券顶中部一砖块竖刻"本院童行郑志领愿安乐"1行10字，刻石面高39厘米，宽5厘米，楷体，字径2.5厘米（图版Ⅱ：1）。铭文前端线刻一佛像，坐于祥云上，通高4厘米。其左侧比邻砖块线刻一龙纹，龙首朝向塔内，全长约35厘米（图版Ⅰ：30）。塔门洞左右各嵌上下二方框，呈对称布置。

第一级塔身西南壁中部设浅龛，左右侧各嵌二方框。西壁中部设窟，左右各嵌一方框。西北壁中部设浅龛，左右各嵌二方框。北壁中部设窟，窟口上方横枋上凸，形如窟楣；左右各嵌一方框。东北壁中部设浅龛，左右各嵌二方框。东壁中部设窟，左右各嵌一方框。东南壁中部设浅龛，左右各嵌二方框。各方框均砖砌，内刻直棂、花草、瑞兽、童子等图像。其具体特征详见表4。

表4　第一级塔身八面方框图像特征表

壁面	位置	特征
南壁 （图7-1； 图版Ⅰ：12）	左上框。上距横枋底部12厘米，下距下框3.5厘米，左距壁面边缘5.5厘米，右距塔门立柱7厘米。	方框外缘通高33厘米，宽60厘米，框沿宽2厘米，至后壁深5.5—6.5厘米。框内中部平行嵌入二砖块，通宽44厘米，高29厘米，素平；左右端各嵌入厚6厘米的竖砖1块，略低于方框1厘米。左端砖块正面线刻双线方框，内线刻卷草，略残；右端砖块表面以水泥涂抹（图版Ⅰ：31）。
	左下框。上距上框3.5厘米，下距塔身下部最上阶叠涩13厘米，左距壁面边缘13厘米，右距塔门立柱12厘米。	方框外缘高52厘米，宽47厘米，框沿宽2厘米。内侧另叠涩三重框沿，层层内收，通宽8厘米，至后壁深4厘米；框心嵌砖1块。砖面线刻双线边框，内减地平钑瑞兽衔长枝花卉图，瑞兽身高12厘米，略残。框左沿竖刻"本州何市瓦"5字，框右残存："（澉）造"1字，字径皆2厘米（图版Ⅰ：32；图版Ⅱ：2）。
	右上框。上距横枋底部16厘米，下距下框4厘米，左距塔门立柱6.5厘米，右距壁面边缘10厘米。	方框外缘高32厘米，宽62厘米，框沿宽1.5厘米，至后壁深4.5厘米。中嵌横砖1块，左下角残破；砖面线刻双线壸门，最高26厘米，最宽37.5厘米，内减地平钑卷草花卉。框心左右端各嵌入厚7厘米的竖砖1块，均线刻双线方框，内线刻卷草，部分残（图版Ⅰ：33）。
	右下框。上距上框4厘米，下距塔身下部最上阶叠涩12厘米，左距塔门立柱14厘米，右距壁面边缘18.5厘米。	方框外缘高49.5厘米，宽47厘米，框沿宽1.5厘米。内侧另叠涩三重框沿，层层内收，通宽7厘米，至后壁深3厘米；框心嵌砖1块。砖面双线边框，内减地平钑瑞兽衔花卉图。瑞兽高12厘米，略残。框左残存"（澉）市瓦"2字，框右存"（澉）造"1字，字径皆2厘米（图版Ⅰ：34；图版Ⅱ：3）。
西南壁 （图7-2； 图版Ⅰ：13）	左起第一框。上距横枋底部13.3厘米，下距塔身下部最上阶叠涩72厘米，左距壁面边缘5.5厘米，右距第二方框3厘米。	框外缘高29厘米，宽51厘米，框沿宽2厘米，至后壁深6厘米，内砖刻五枚破直棂。棂高25.5厘米，宽4.5厘米（图版Ⅰ：35）。
	左起第二框。上距横枋底部12厘米，下距塔身下部最上阶叠涩58厘米，左距第一方框3厘米，右距第125号龛4.3厘米。	框外缘高45厘米，宽64厘米，框沿宽2厘米，抹棱，至后壁深5.5厘米，内嵌砖2块。砖面刻双线壸门，壸门上下高35厘米，左右宽50厘米，内减地瑞兽一只及三朵长枝花卉。瑞兽部分残，身高16厘米，身长16厘米，着衔枝状。砖面上部左起横刻"赵瓦造大宋丁卯"7字，字径2厘米（图版Ⅰ：36；图版Ⅱ：4）。
	左起第三框。上距横枋底部11厘米，下距塔身下部最上阶叠涩59厘米，左距第125号龛4.5厘米，右距第四方框3.3厘米。	框外缘高45厘米，宽64厘米，框沿宽2厘米，抹棱，至后壁深6.5厘米，内嵌砖2块。砖面刻双线壸门，壸门上下高36厘米，左右宽53厘米，内减地盆栽花卉。盆通高12厘米，口径16.5厘米。砖面上部左起横刻"赵瓦造大宋丁卯"7字，字径2厘米（图版Ⅰ：37；图版Ⅱ：5）。
	左起第四框。上距横枋底部12厘米，下距塔身下部最上阶叠涩72厘米，左距第三方框3.3厘米，右距壁面边缘5厘米。	框外缘高30.5厘米，宽52.5厘米，框沿1.5厘米，至后壁深6.5厘米，内砖刻五枚破直棂。棂高25厘米，宽4.5厘米（图版Ⅰ：38）。 第125号龛和该四框下部壁面外凸2厘米，断面形如连续的"凸"字形。
西壁 （图8-1； 图版Ⅰ：14）	左框。上距横枋底部15厘米，下距塔身下部最上阶叠涩63.5厘米，左距壁面边缘7厘米，右距第126号窟54厘米。	框外缘高34厘米，宽45厘米，框沿宽2厘米，至后壁深5.5厘米，内嵌砖1块。砖面双线刻边框，内减地平钑菱形花卉图案（图版Ⅰ：39）。

续表4

壁面	位置	特征
西 壁 （图8-1； 图版Ⅰ：14）	右框。上距横枋底部15厘米，下距塔身下部最上阶叠涩63.5厘米，左距第126号龛64.5厘米，右距壁面边缘6厘米。	框外缘高34厘米，宽47厘米，框沿宽1.5厘米，至后壁深5.5厘米，内嵌砖1块。砖面双线刻边框，框内减地平钑菱形花卉图案（图版Ⅰ：40）。
西 北 壁 （图8-2； 图版Ⅰ：15）	左起第一框。上距横枋底部12.5厘米，下距塔身下部最上阶叠涩72厘米，左距壁面边缘6厘米，右距第二方框3.5厘米。	框外缘高30.5厘米，宽52厘米，框沿宽2厘米，至后壁深5厘米，内刻五枚破直棂。棂高26.7厘米，宽4厘米（图版Ⅰ：41）。
	左起第二框。上距横枋底部12.3厘米，下距塔身下部最上阶叠涩59厘米，左距第一方框3厘米，右距第127号龛4.6厘米。	框外缘高44厘米，宽63.8厘米，框沿宽2厘米，抹棱，至后壁深8厘米；内嵌砖2块。砖面刻双线壸门，壸门上下最高35厘米，左右最宽53厘米，内减地三朵长枝花卉。砖面中部上方左起竖刻"瓦造丨宋丁卯"2行5字，字径2厘米（图版Ⅰ：42；图版Ⅱ：6）。
	左起第三框。上距横枋底部12厘米，下距塔身下部最上阶叠涩58.7厘米，左距第127号龛4.5厘米，右距第四方框3.5厘米。	框外缘高44厘米，宽63厘米，框沿宽2厘米，抹棱，至后壁深7.5厘米；内嵌砖2块。左右砖面均刻双线边框，内各刻一长枝花卉，枝条间刻戏耍的童子像1身。左童子高11.5厘米，头残，戴项圈，衣饰不明。双手屈肘上举，握枝条，屈膝，双足绕扣于枝条上。右童子高8.5厘米，头略残，头向下，双腿向上，倒悬于枝条上，左手屈肘上举，握枝条；右手横于胸前握枝条（图版Ⅰ：43）。
	左起第四框。上距横枋底部12厘米，下距塔身下部最上阶叠涩72厘米，左距第三方框3.5厘米，右距壁面边缘6厘米。	框外缘高30.5厘米，宽51.5厘米，框沿宽2厘米，至后壁深5厘米，内刻五枚破直棂。棂高26.6厘米，宽4.5厘米（图版Ⅰ：44）。 第127号龛和此四框下部壁面外凸1.5厘米，断面形如连续的"凸"字形。
北 壁 （图9-1； 图版Ⅰ：16）	左框。上距横枋底部2厘米，下距塔身下部最上阶叠涩57厘米，左距壁面边缘47厘米，右距第128号窟35.5厘米。	框外缘高50厘米，宽36厘米，框沿宽1.5厘米，内侧另刻子桯，宽2厘米，至后壁深4厘米；框心嵌方砖1块。砖面刻边框，内刻武士像1身。像高35.5厘米，戴花冠，冠上部刻出火焰纹。面凶，戴耳环，似袒上身，身饰飘带，飘带于胸前相叠后上扬；下着短裙，腰带作结分两道长垂。臂钏，腕镯，左手下垂持剑，右手曲肘置于头后。足环，左腿屈膝，右足斜蹬，跣足立于山石上（图版Ⅰ：45）。
	右框。上距横枋底部2.5厘米，下距塔身下部最上阶叠涩58.5厘米，左距第128号窟34.5厘米，右距壁面边缘47厘米。	框外缘高49.5厘米，宽36厘米，框沿宽1.5厘米，内侧另刻子桯，宽2厘米，内嵌方砖1块。方砖刻边框，内刻武士像1身。像高36.5厘米，戴花冠，冠带作结后分两道上扬；面略蚀，可辨阔口微启，戴耳环，项圈下垂坠饰，袒上身，下着长短两层裙。腰系带，作结分两道长垂。身饰飘带，部分隐于身后，余皆于体侧上扬。臂钏，腕镯，左手于右腰际持剑，右手曲肘上扬持物，物难辨。足环，左腿斜蹬，右腿屈膝，跣足立于山石上（图版Ⅰ：46）。 砖面上方左起横刻"本州西方院砌塔邢先生小师周童造伏家"17字，字径1厘米（图版Ⅱ：7）。
东 北 壁 （图9-2； 图版Ⅰ：17）	左起第一框。上距横枋底部13厘米，下距塔身下部最上阶叠涩72厘米，左距壁面边缘5厘米，右距第二方框7厘米。	框外缘高29.5厘米，宽50.5厘米，框沿宽1.5厘米，至后壁深6厘米，框内刻五枚破直棂。棂高26厘米，宽4.5厘米（图版Ⅰ：47）。
	左起第二框。上距横枋底部8厘米，下距塔身下部最上阶叠涩58厘米，左距第一方框7厘米，右距第129号龛9厘米。	框外缘高47厘米，宽63.5厘米，框沿宽2厘米，抹棱，至后壁深5厘米，内嵌砖2块。二砖面刻宽4厘米的边框，内皆刻一朵长枝花卉和童子像1身。左童子高7.5厘米，圆脸，身下垂，双腿屈膝外展，双足勾挂于枝条上，双手胸前握枝条。右童子高9厘米，头略残，双手外展握枝条，屈膝斜坐于枝条上（图版Ⅰ：48）。
	左起第三框。上距横枋底部8厘米，下距塔身下部最上阶叠涩58厘米，左距第129号龛9厘米，右距第四方框7.5厘米。	框外缘高47.5厘米，宽66厘米，框沿宽2厘米，至后壁深6厘米，内嵌砖2块。砖面刻双线壸门，壸门上下最高34.5厘米，左右最宽53厘米，内刻三朵长枝花卉。砖面上部左起横刻"□□造大宋丁卯"7字，字径2厘米（图版Ⅰ：49；图版Ⅱ：8）。
	左起第四框。上距横枋底部15厘米，下距塔身下部最上阶叠涩70.6厘米，左距第三方框7.5厘米，右距壁面边缘5厘米。	框外缘高28.6厘米，宽50.3厘米，框沿宽1.5厘米，至后壁深5厘米，内刻五枚破直棂。棂高25.4厘米，宽4厘米（图版Ⅰ：50）。 第129号龛和此四框下部壁面外凸1.5厘米，断面形如连续的"凸"字形。
东 壁 （图10-1； 图版Ⅰ：18）	左框。上距横枋底部21厘米，下距底部叠涩上阶59厘米，左距转角龙柱7.5厘米，右距第130号窟58.5厘米。	框外缘高33厘米，宽48厘米，框沿宽1.5厘米，至后壁深6厘米，内嵌砖1块。砖面刻边框，宽2厘米，内减地平钑菱形花卉图案（图版Ⅰ：51）。

续表4

壁面	位置	特征
东 壁 （图10-1； 图版Ⅰ：18）	右框。上距横枋底部20厘米，下距底部叠涩上阶59.7厘米，左距第130号窟62厘米，右距转角龙柱6厘米。	框外缘高34厘米，宽48厘米，框沿宽2厘米，至后壁深6厘米，内嵌砖1块，砖面左侧存一道斜向裂隙。砖面刻双线边框，宽2厘米，内减地平钑菱形花卉图案（图版Ⅰ：52）。
东 南 壁 （图10-2； 图版Ⅰ：19）	左起第一框。上距横枋下部15.5厘米，下距壁面下部最上叠涩70厘米，左距壁面边缘7.5厘米，右距第二方框1.3厘米。	框外缘高29.5厘米，宽51厘米，框沿宽1厘米，至后壁深6厘米，内刻五枚破直棂。棂高26.3厘米，宽4厘米，其中，左起第五枚为后世修补完整（图版Ⅰ：53）。
	左起第二框。上距横枋下部7厘米，下距壁面下部最上叠涩55.6厘米，左距第一方框1.3厘米，右距第131号龛6厘米。	框外缘高52厘米，宽70厘米，框沿宽1.5厘米，内侧另刻子椠，宽3厘米，至后壁深7厘米；其内嵌砖2块。砖面刻双线壸门，壸门上下最高35.5厘米，左右最宽51厘米，内减地瑞兽一只及三朵长枝花卉。瑞兽高16厘米，身长19厘米，头顶刻双角，现四腿，短尾，着衔枝状。砖面中上部原刻铭文，已漶（图版Ⅰ：54）。
	左起第三框。上距横枋下部7.3厘米，下距壁面下部最上叠涩56.4厘米，左距第131号龛5.8厘米，右距第四方框2厘米。	框外缘高50厘米，宽68厘米，框沿宽1.5厘米，内侧另刻子椠，宽2.3厘米，至后壁深6厘米；内嵌砖2块。砖面刻双线壸门，壸门上下最高36.5厘米，左右最宽53厘米，内减地长枝花卉盆栽。盆通高11.5厘米，口径14厘米。砖面中上部左起横刻"□□□大宋丁卯"7字，字径2厘米（图版Ⅰ：55；图版Ⅱ：9）。
	左起第四框。上距横枋下部13.2厘米，下距壁面下部最上叠涩71.5厘米，左距第三方框2厘米，右距壁面边缘9.5厘米。	框外缘高29厘米，宽51厘米，框沿宽1.5厘米，至后壁深6厘米，内刻五枚破直棂。棂高25.5厘米，宽4厘米，其中，左起第1、2、5枚为后世修补（图版Ⅰ：56）。 第125号龛和此四框下部壁面外凸2厘米，断面形如连续的"凸"字形。

2. 第二级塔身

第二级塔身高148—150厘米，面宽346.5—357厘米，底部外距平座边缘约49—53厘米（图4、图18、图19、图20；图版Ⅰ：57、图版Ⅰ：58）。塔身南、西、北、东四正向壁面中部设圭形塔窗，与塔内第二级回廊相通；窗形制相近，高约128—131.5厘米，宽64—74.5厘米，深93—97厘米，内侧现安装钢条护栏。塔身东南、西南、西北、东北四侧向壁面素平[1]。塔身上部施外凸的两阶叠涩额枋，通高14厘米，外凸15厘米；额枋上方13厘米为第二重塔檐。

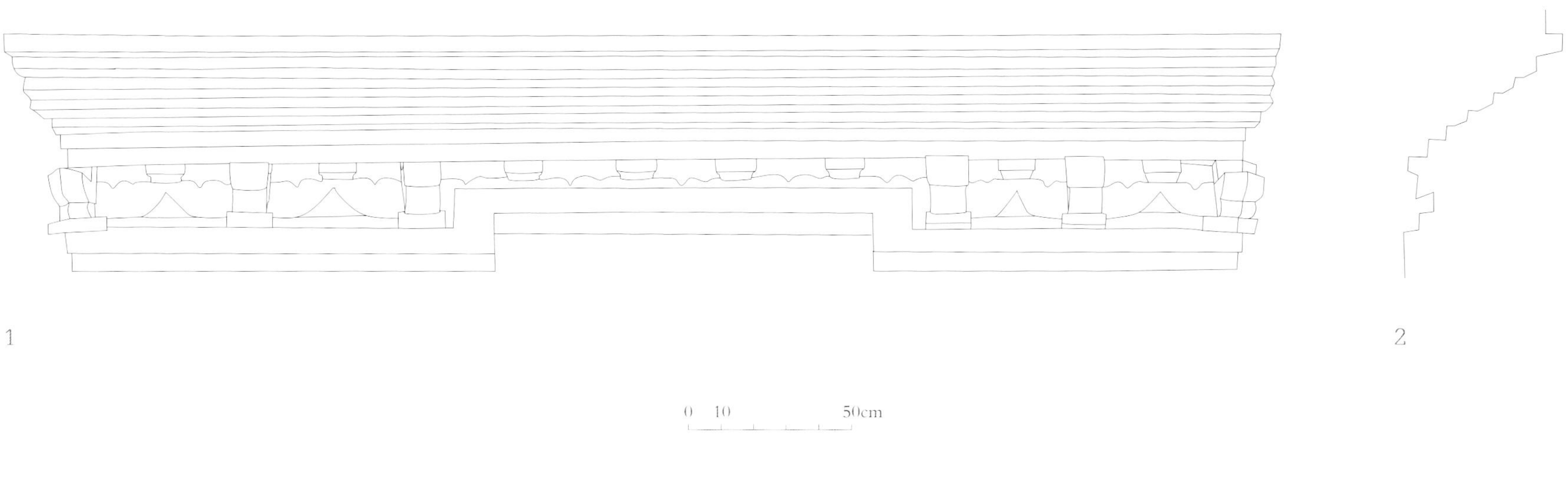

图15 多宝塔第一重塔檐立、剖面图
1 立面图 2 剖面图

---

[1] 多宝塔平面呈八边形，为区别壁面朝向，本次调查将塔身东、南、西、北四向壁面称为四正向壁面，东南、西南、西北、东北四向壁面称为四侧向壁面。

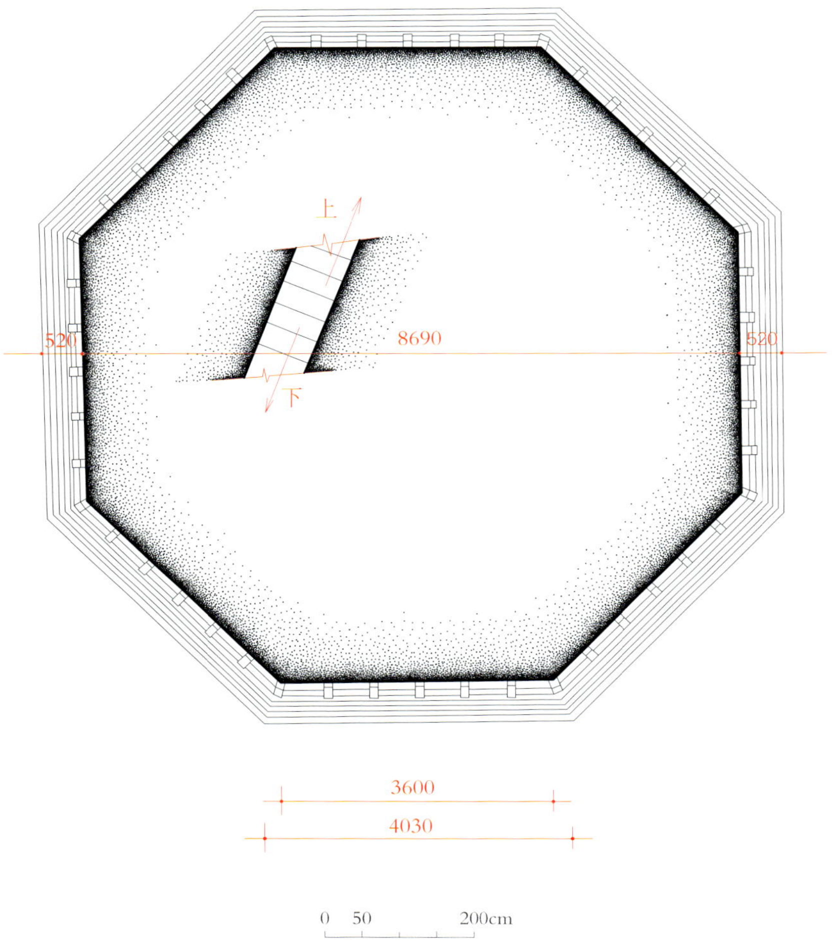

图16　多宝塔第一重塔檐仰视图

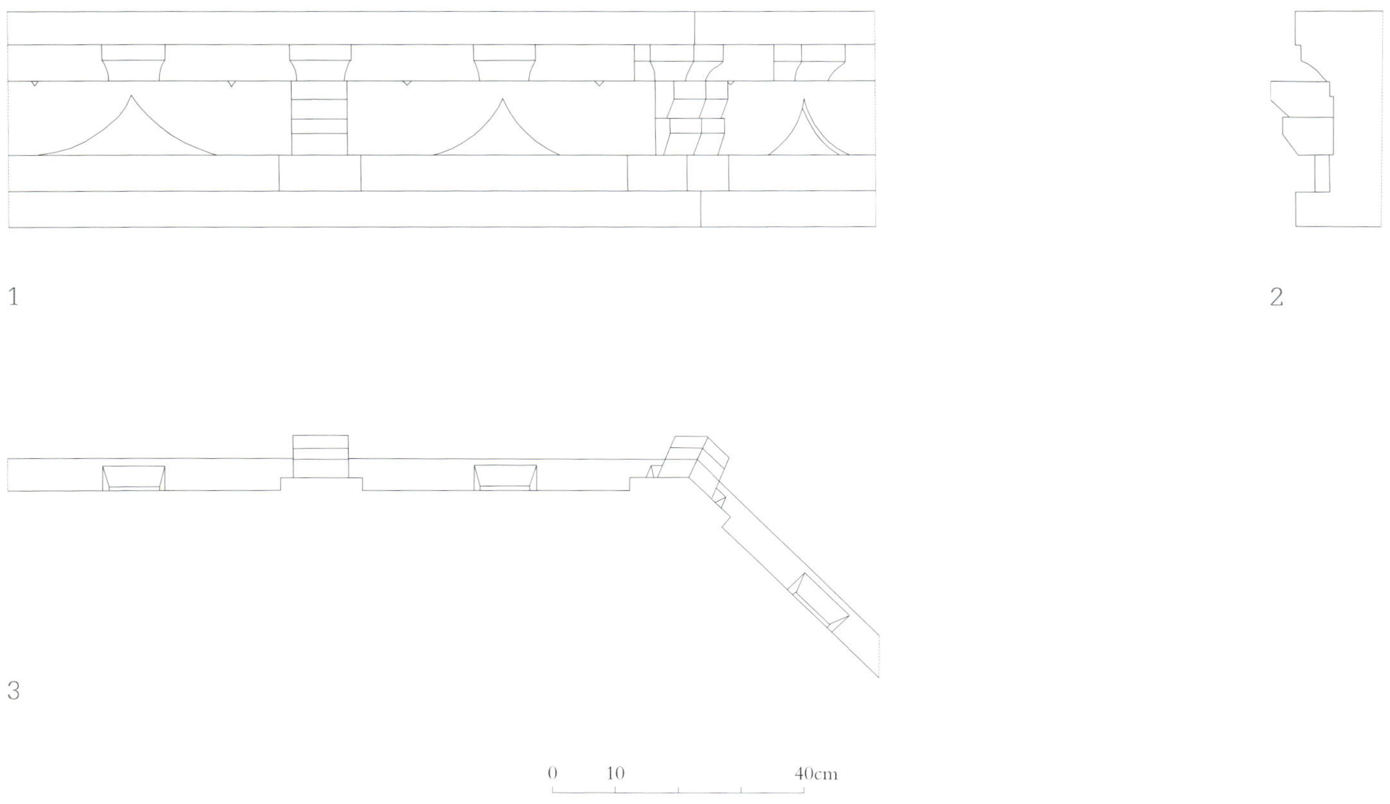

图17　多宝塔第一重檐下斗栱大样图
1　立面图　2　剖面图　3　平面图

第二重塔檐通高63厘米，叠涩出檐47厘米，外挑七阶；第三至第七阶抹棱；最上为一层砖砌平座，高6厘米，内收塔檐约7厘米（图21、图22；图版Ⅰ：59、图版Ⅰ：60）。

3. 第三级塔身

第三级塔身高124—125.5厘米，面宽346—357.5厘米，底部外距平座边缘约60—61厘米（图4、图23、图24、图25；图版Ⅰ：61、图版Ⅰ：62、图版Ⅰ：63、图版Ⅰ：64、图版Ⅰ：65、图版Ⅰ：66、图版Ⅰ：67、图版Ⅰ：68）。塔身南、西、北、东四正向壁面中部各设置一个深窟，东南、西南、西北、东北四侧向壁面均嵌二个方形浅龛。塔身上部设置外凸的额枋和普拍枋，各作两阶叠涩，二者竖直相距13厘米。额枋通高14厘米，外凸13.5厘米，除东西两面外，塔身其余各面窟龛上部内收一级，断面呈"凸"字形；宽出龛窟4—15厘米，形如龛窟楣。普拍枋通高14厘米，外凸14厘米，再上接第三重塔檐。

第三重塔檐通高76厘米，出檐50厘米；下部为铺作层，通高60厘米；上部为外挑的二阶叠涩，通高16厘米。最上为一层砖砌平座，高8厘米，内收塔檐约7厘米（图26、图27；图版Ⅰ：69）。

第三重塔檐下部砖砌的仿木结构铺作层作外挑的三层结构，形制、大小相近（图版Ⅰ：70）。转角铺作45°斜向雕刻，相邻铺作相接；最下刻栌斗，正面刻华栱，左右刻横栱，上承第一级横枋；再上为第二层、第三层相同的结构组合，层层外挑，最上接叠涩层。补间铺作五朵，结构与转角铺作相同（图28）。转角铺作和补间铺作构件尺寸详见表5、表6。

表5　第三重塔檐转角铺作构件尺寸表（单位：厘米）

构件	高	宽	外凸塔身
栌斗	6	耳宽6.5、倚宽6	5
华栱	14	8.5	11.5
横栱	14.5	18	4.5

表6　第三重塔檐补间铺作构件尺寸表（单位：厘米）

构件	高	宽	外凸塔身
散斗	5.5	耳宽9.5、倚宽7.5	5
华栱	14.5	10.5	12
横栱	14.5	21	4.5

4. 第四级塔身

第四级塔身高132—135厘米，面宽348—361厘米，底部外距塔檐73—78厘米（图4、图29、图30、图31；图版Ⅰ：71、图版Ⅰ：72）。塔身南、西、北、东四正向壁面中部设圭形塔窗，与塔内第三层回廊相通；窗形制相近，高约113.5—115.5厘米，宽62.5—66厘米，深97—98厘米；塔身东南、西南、西北、东北四侧向壁面素平。塔身上部设外凸的两阶叠涩额枋，通高14.5厘米，外凸塔身16厘米；额枋上方11.5厘米为第四重塔檐。

第四重塔檐通高50厘米，出檐59厘米，为叠涩出檐，外挑七阶；第三至第六阶抹棱。最上为一层砖砌平座，高8厘米，内收塔檐约7厘米（图32、图33；图版Ⅰ：73、图版Ⅰ：74）。

5. 第五级塔身

第五级塔身高131—136厘米，面宽344—368厘米，底部外距塔檐71.5—74厘米（图4、图34、图35、图36；图版Ⅰ：75、图版Ⅰ：76、图版Ⅰ：77、图版Ⅰ：78、图版Ⅰ：79、图版Ⅰ：80、图版Ⅰ：81、图版Ⅰ：82）。塔身南、西、北、东四正向壁面中部设一个深窟，其余东南、西南、西北、东北四侧向壁面中部各布置一个方形浅龛。塔身上部设外凸的两阶叠涩普拍枋，通高13.5

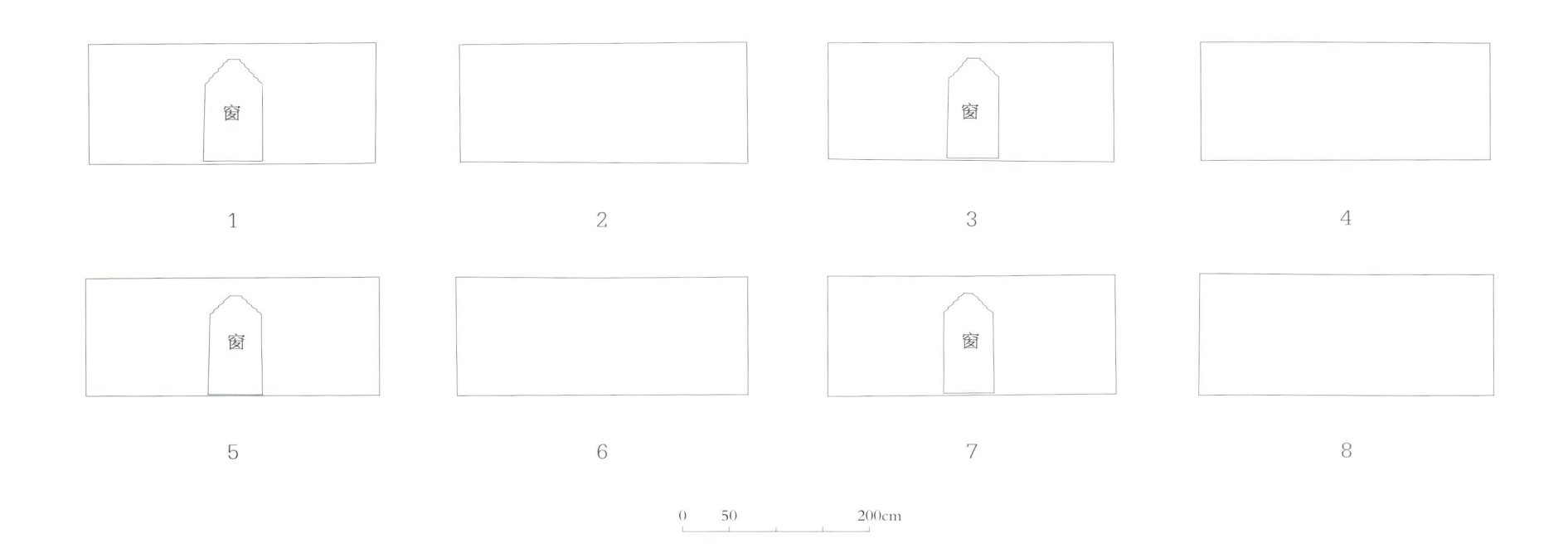

图18　多宝塔第二级塔身壁面立面图
1　南面　2　西南面　3　西面　4　西北面
5　北面　6　东北面　7　东面　8　东南面

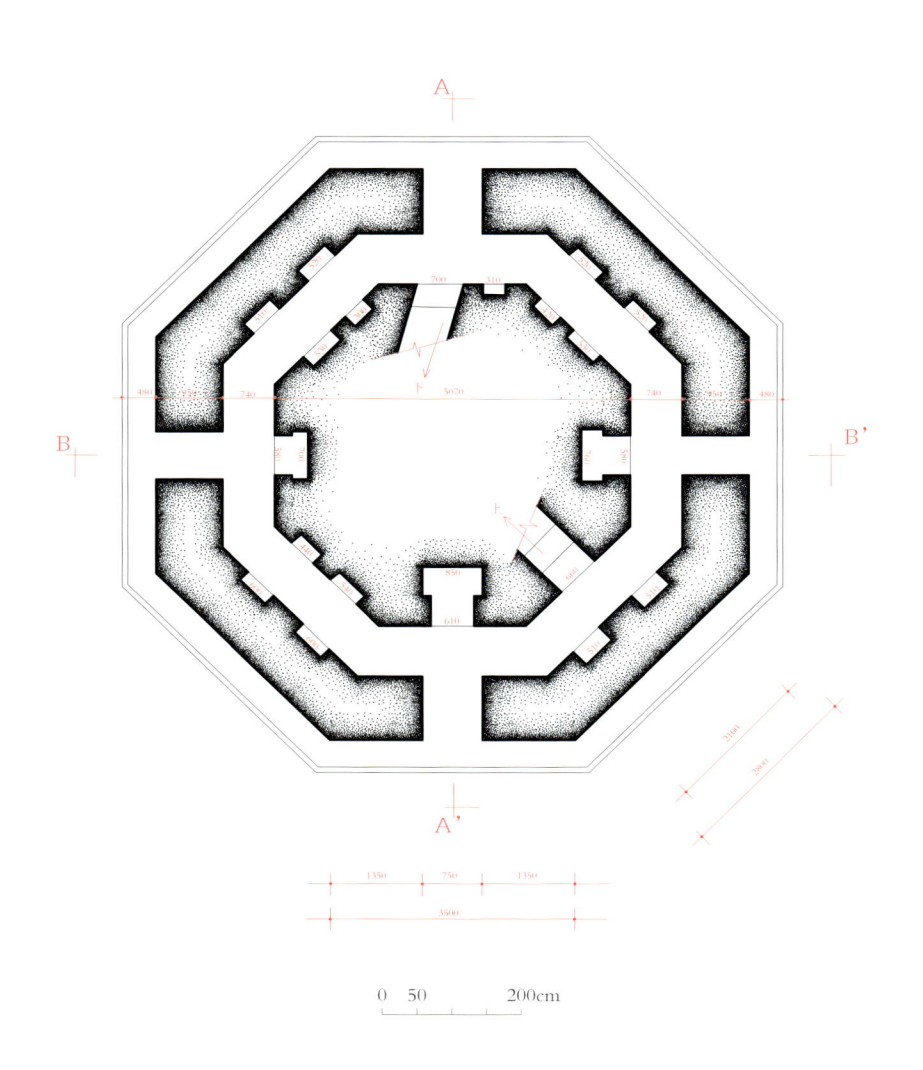

图19　多宝塔第二级塔身横剖面图

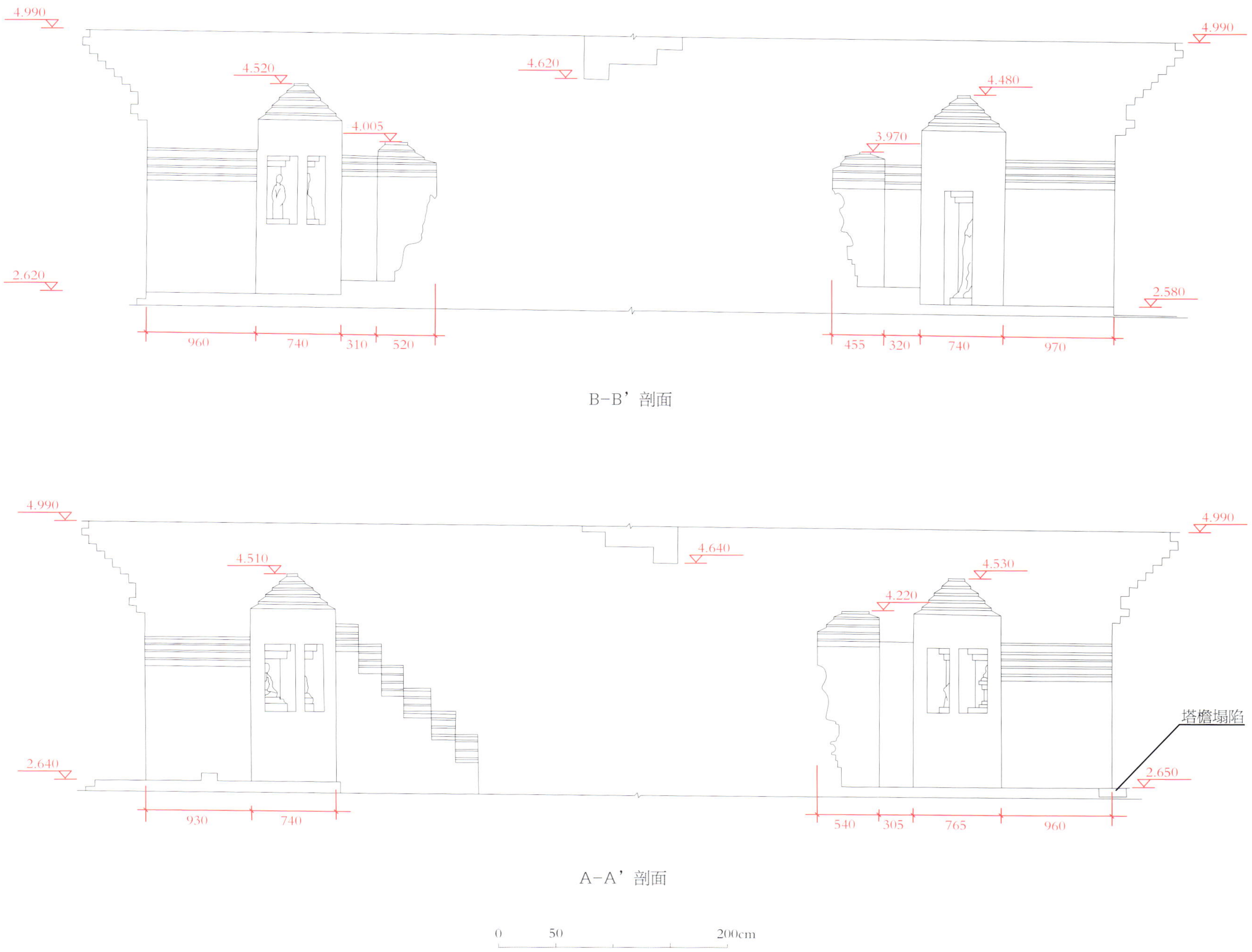

图20　多宝塔第二级塔身纵剖面图

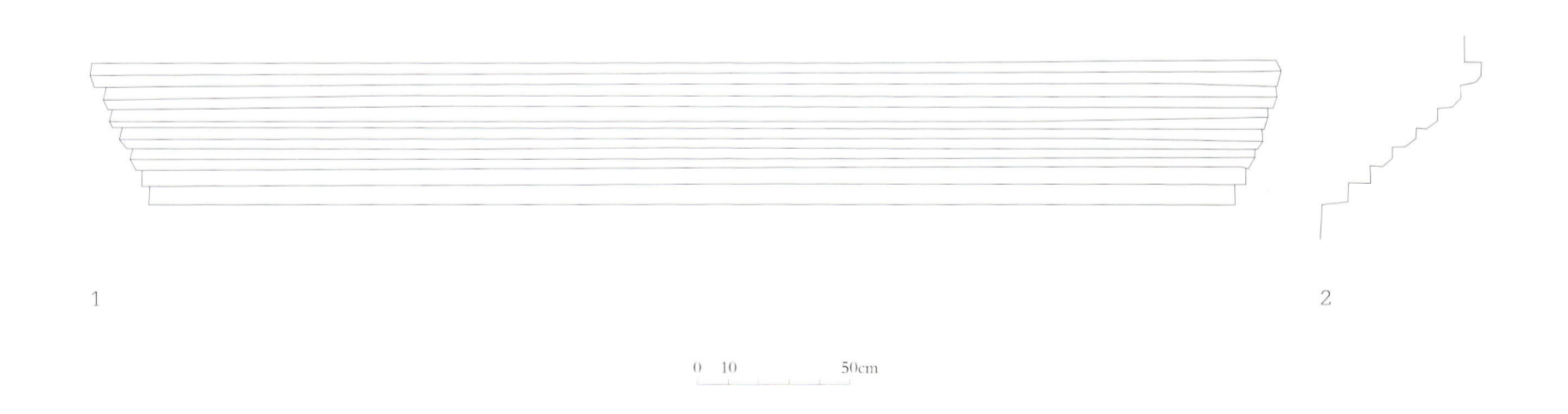

图21　多宝塔第二重塔檐立、剖面图
1　立面图　2　剖面图

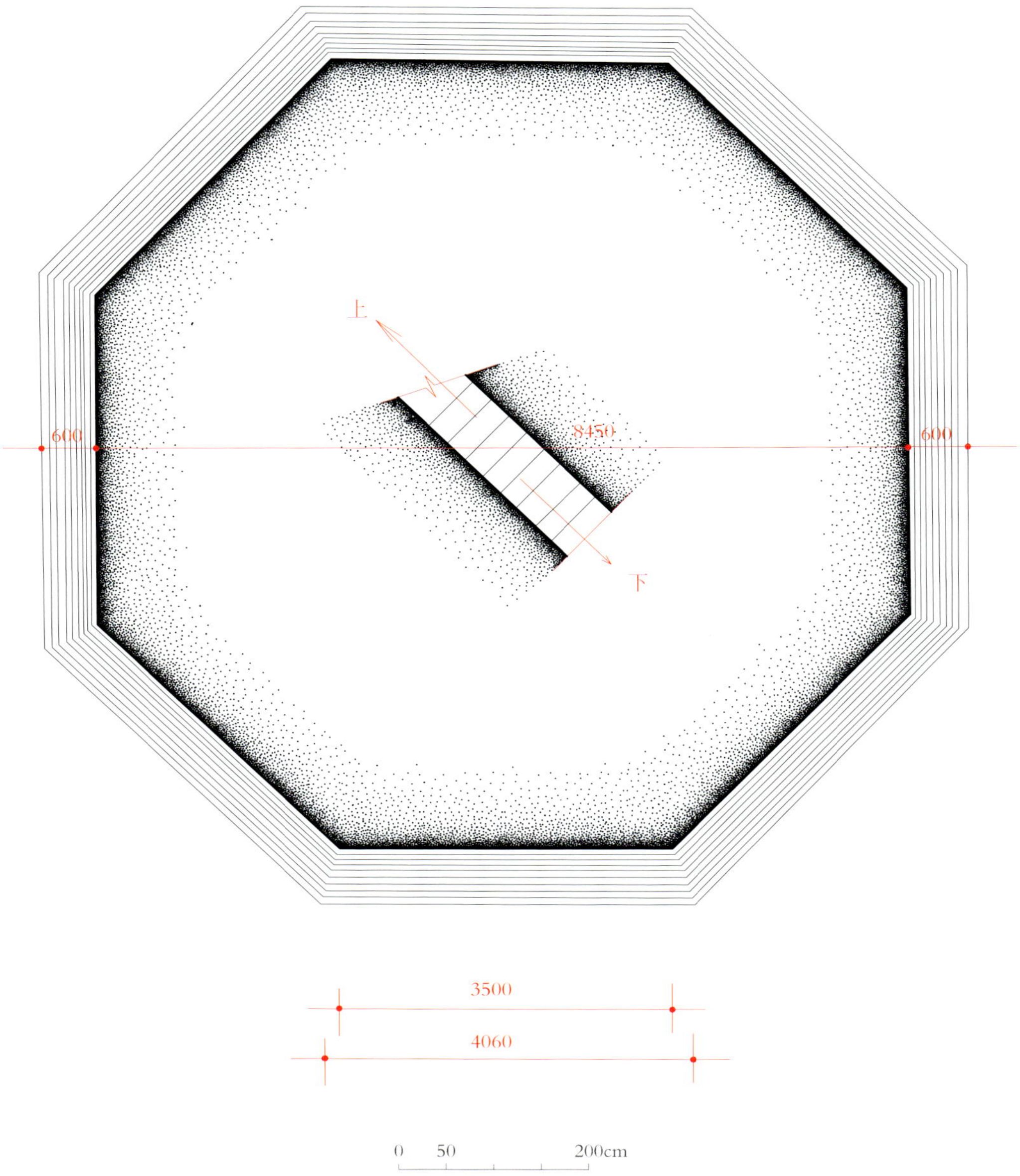

图22　多宝塔第二重塔檐仰视图

厘米，外凸13厘米，再上接第五重塔檐。普拍枋于南面、北面二深窟上方内收一级，形如窟楣；其余各面龛像上方未作处理。

第五重塔檐通高75厘米，出檐65厘米；下部为铺作层，通高28厘米；上部为外挑的六阶叠涩，通高47厘米，第二至第五阶抹棱。最上为一层砖砌平座，高7厘米，内收塔檐约9厘米（图37、图38；图版Ⅰ：83）。

塔身转角处砌筑转角铺作，各面施补间铺作五朵（图版Ⅰ：84）。转角铺作45°斜向雕刻，相邻转角铺作相接；最下刻栌斗，上承昂，最上刻华栱。补间铺作最下为散斗，其上结构同转角铺作；补间铺作间施人字栱相接。转角铺作和补间铺作构件尺寸详见表7、表8。

表7　第五重塔檐转角铺作构件尺寸表（单位：厘米）

构件	高	宽	外凸塔身
栌斗	6	耳宽8.5、倚宽7.5	4
昂	7	10	12
华栱	14	12	15

图23 多宝塔第三级塔身壁面立面图
1 南面 2 西南面 3 西面 4 西北面
5 北面 6 东北面 7 东面 8 东南面

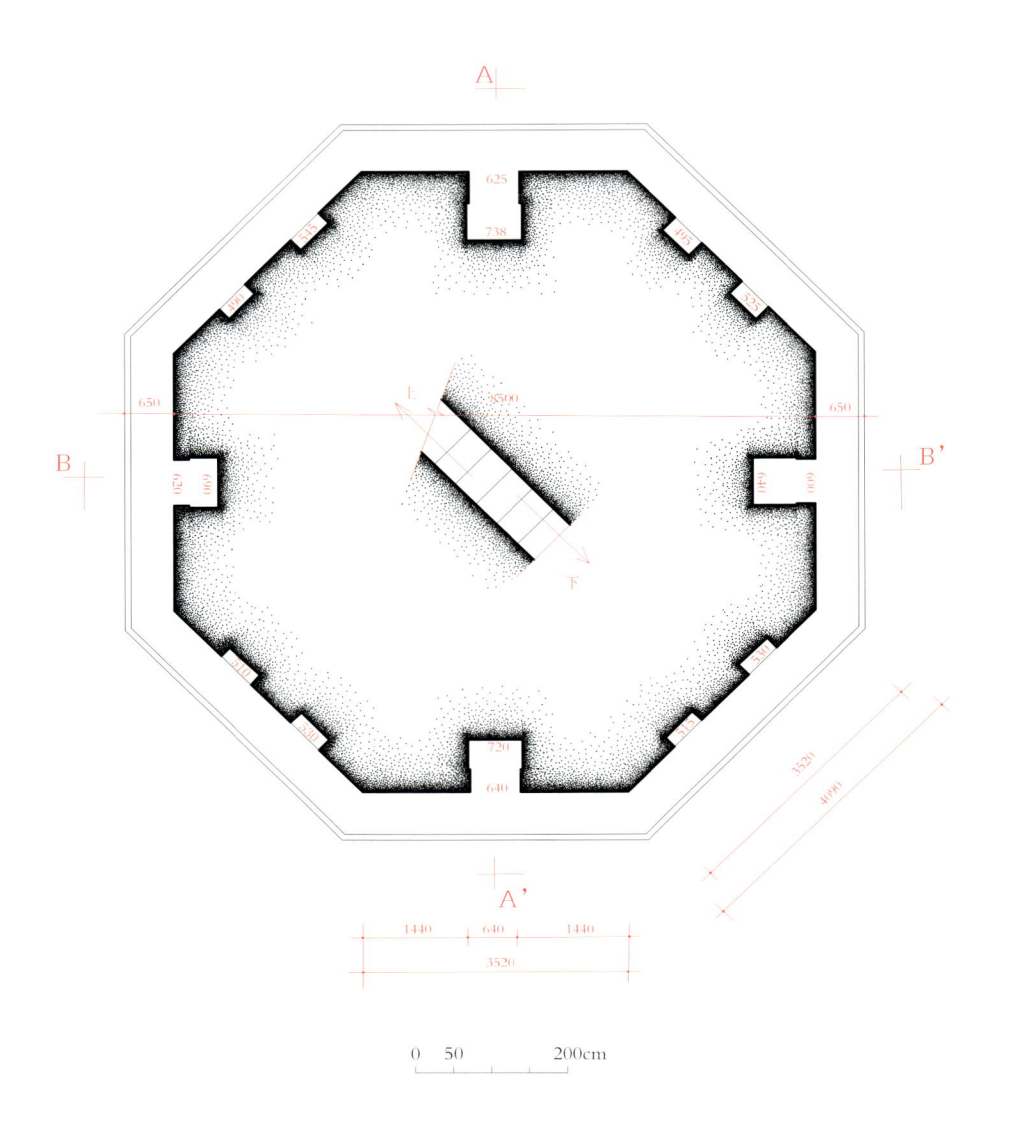

图 24　多宝塔第三级塔身横剖面图

图 25　多宝塔第三级塔身纵剖面图

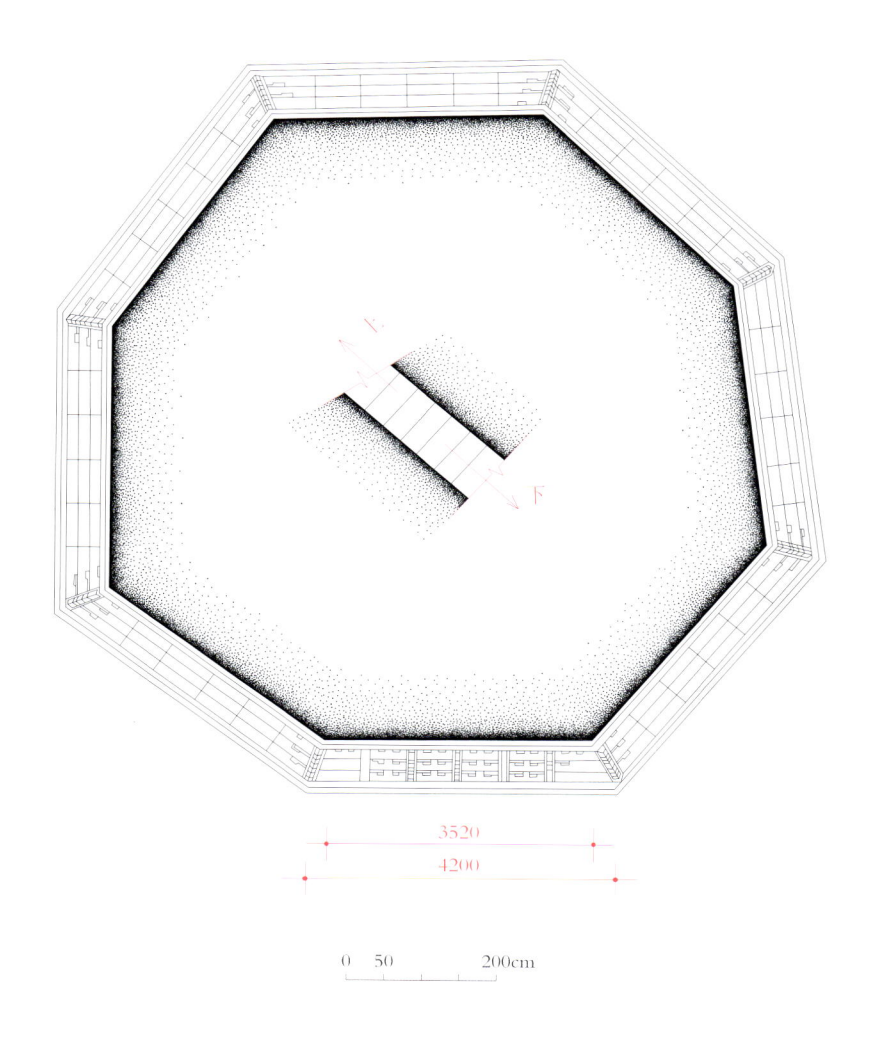

图 26　多宝塔第三重塔檐仰视图

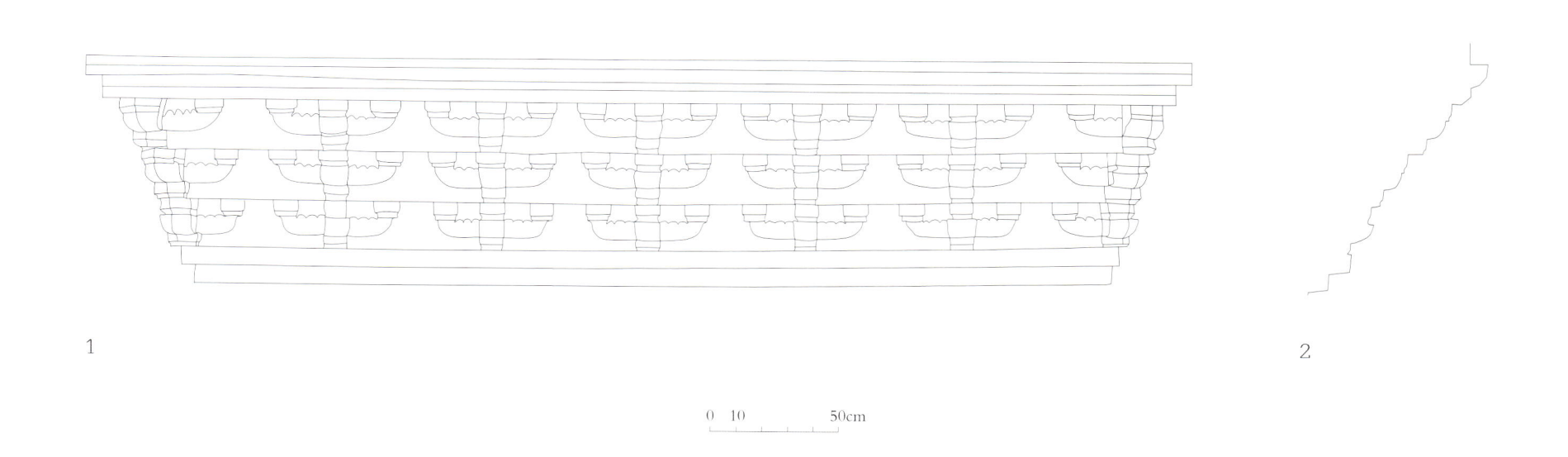

图 27　多宝塔第三重塔檐立、剖面图
1　立面图　2　剖面图

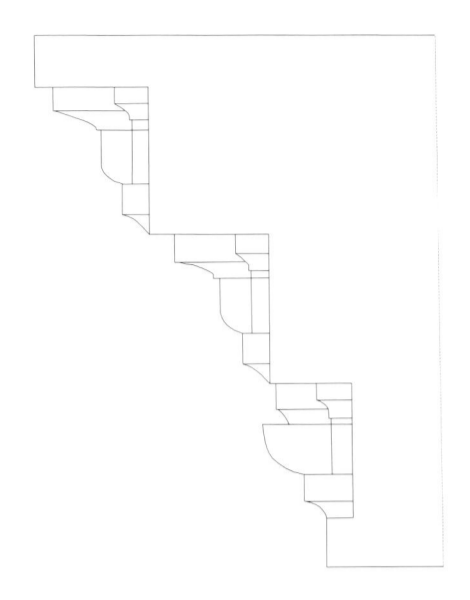

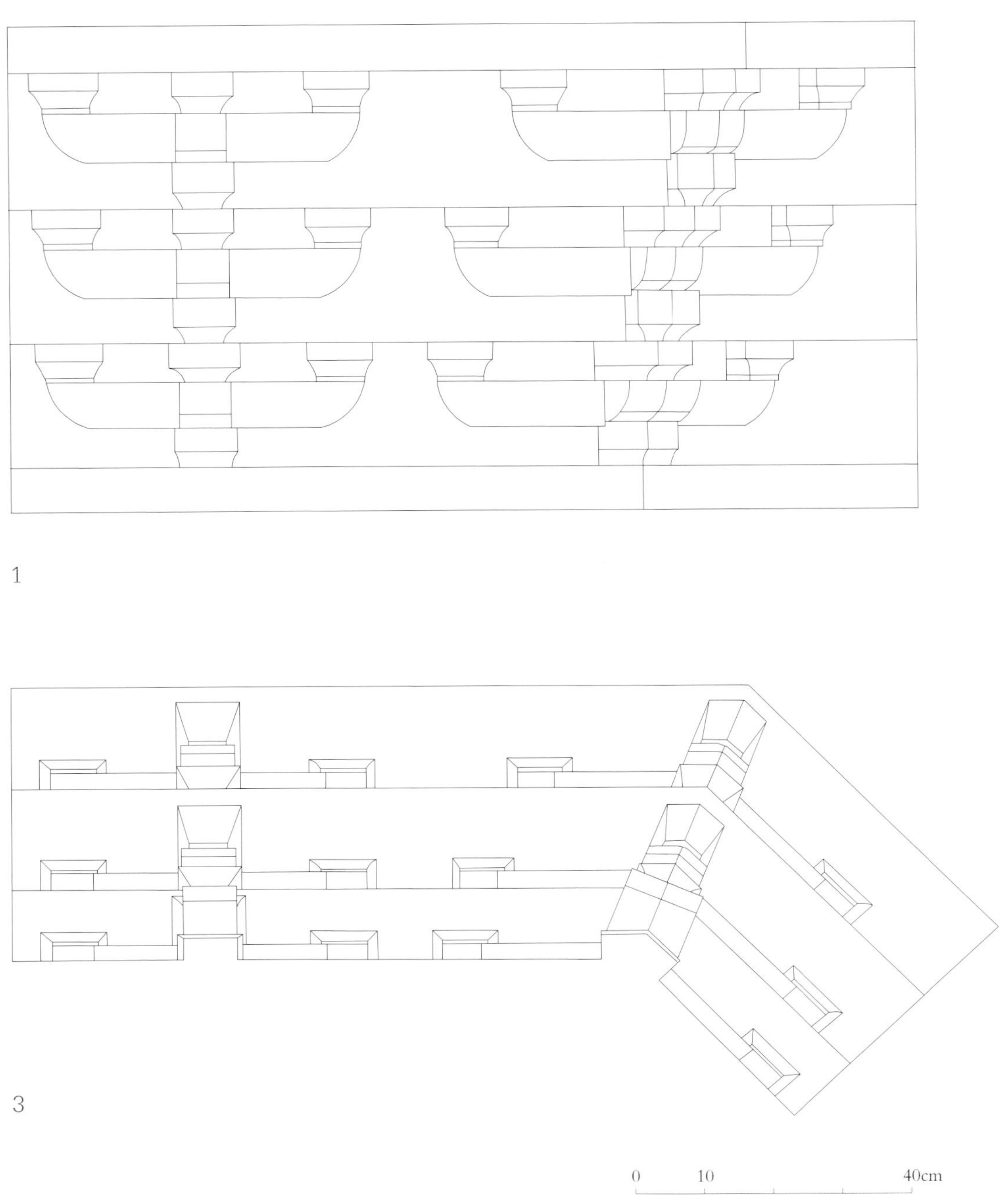

图 28　多宝塔第三重檐下斗栱大样图
1　立面图　2　剖面图　3　平面图

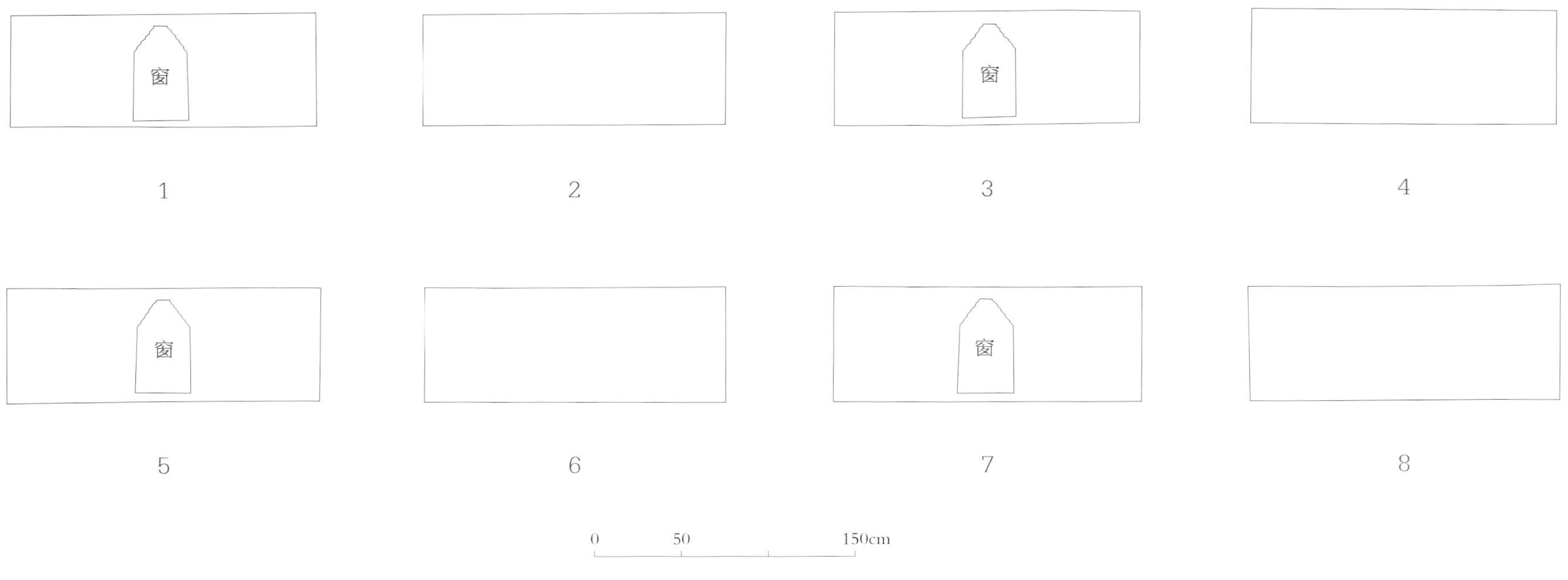

图 29　多宝塔第四级塔身壁面立面图
1　南面　2　西南面　3　西面　4　西北面
5　北面　6　东北面　7　东面　8　东南面

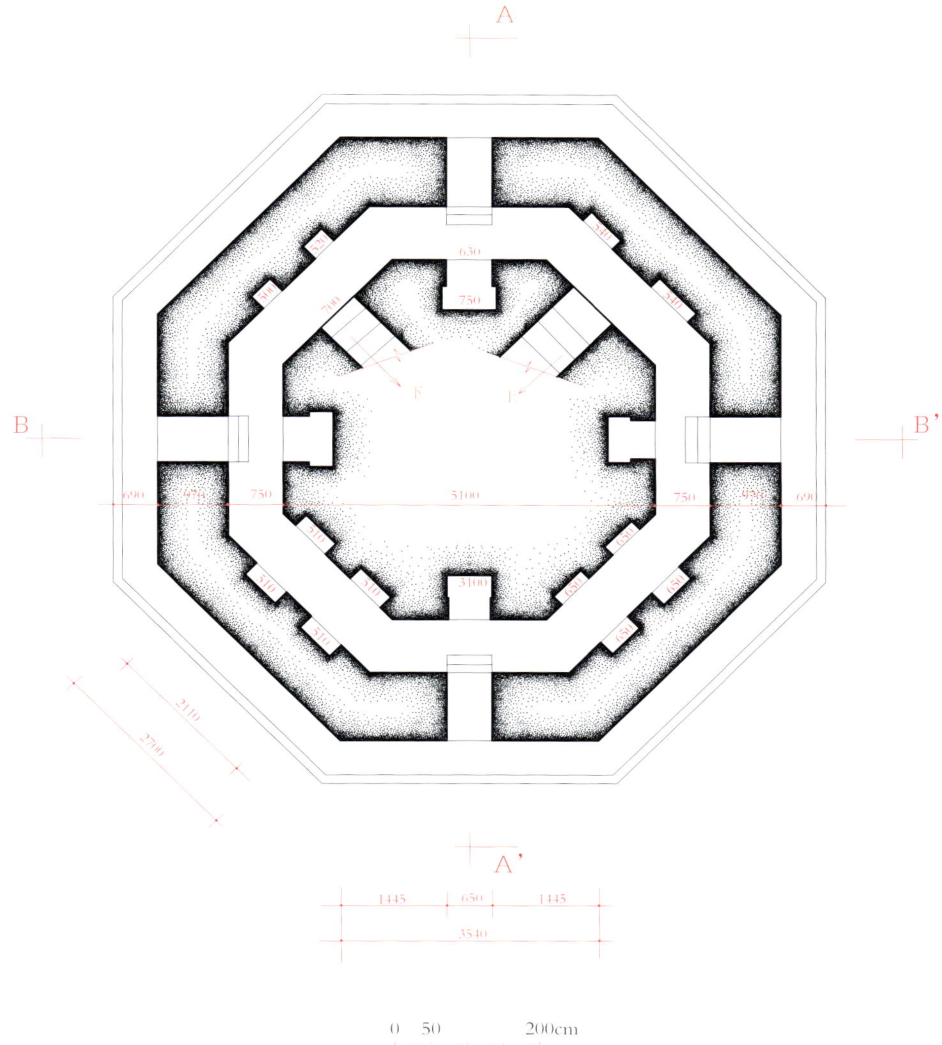

图 30 多宝塔第四级塔身横剖面图

图 31 多宝塔第四级塔身纵剖面图

第二章 多宝塔形制及龛像设置 35

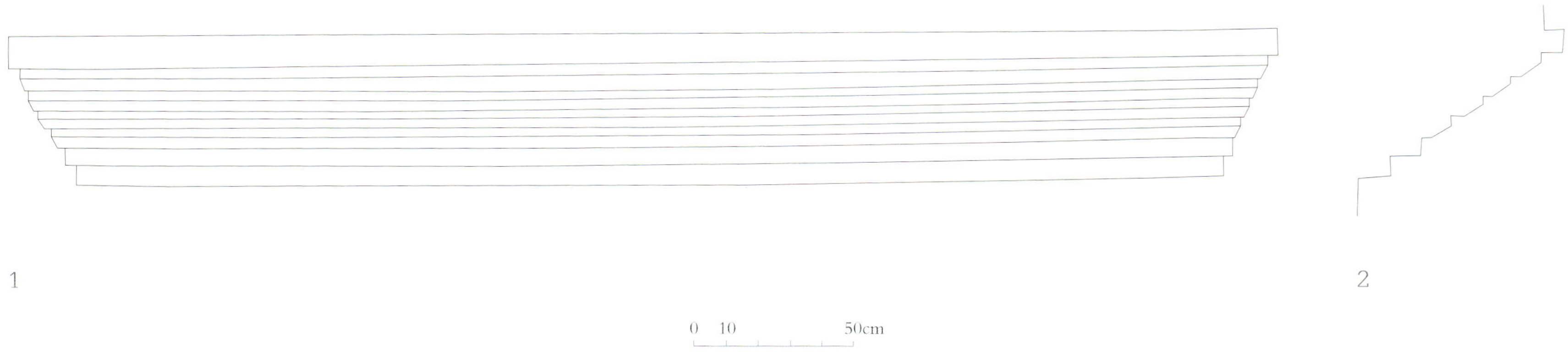

图 32　多宝塔第四重塔檐立、剖面图
1 立面图　2 剖面图

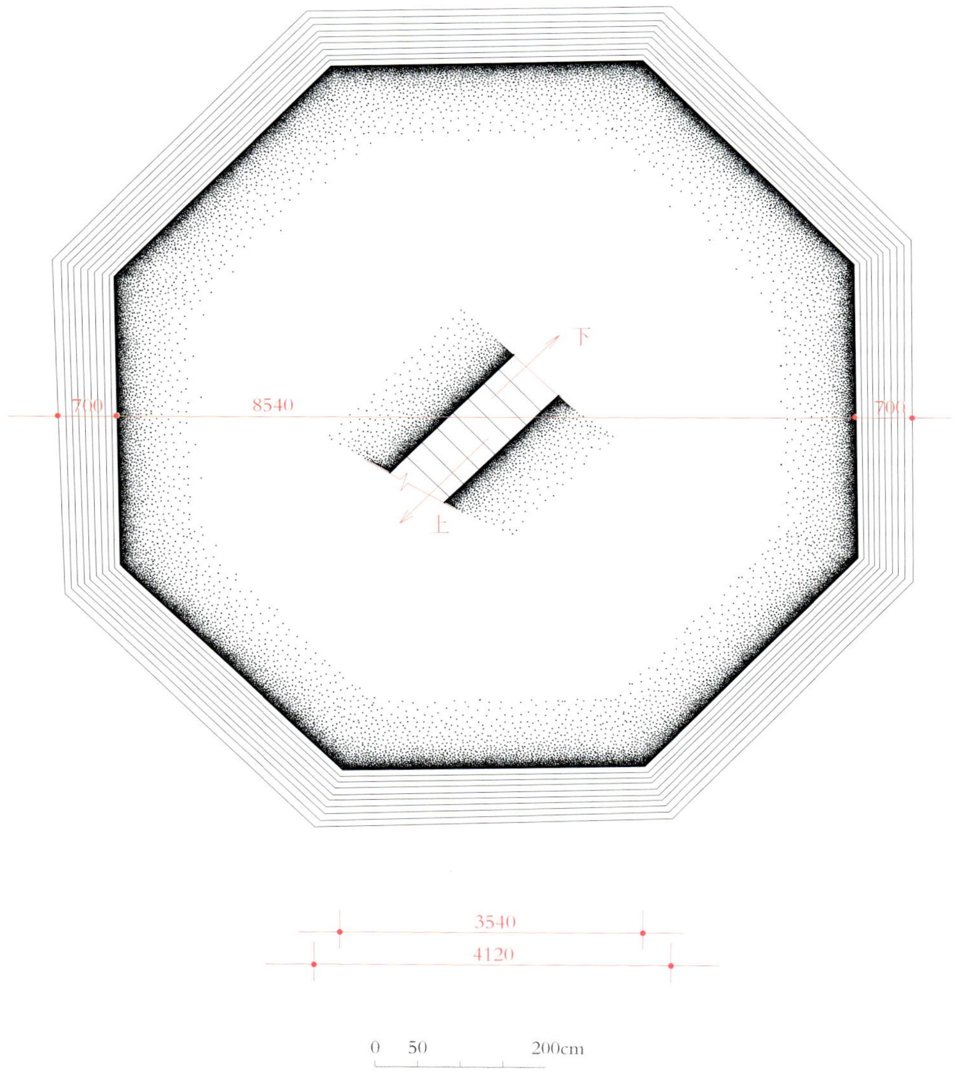

图 33　多宝塔第四重塔檐仰视图

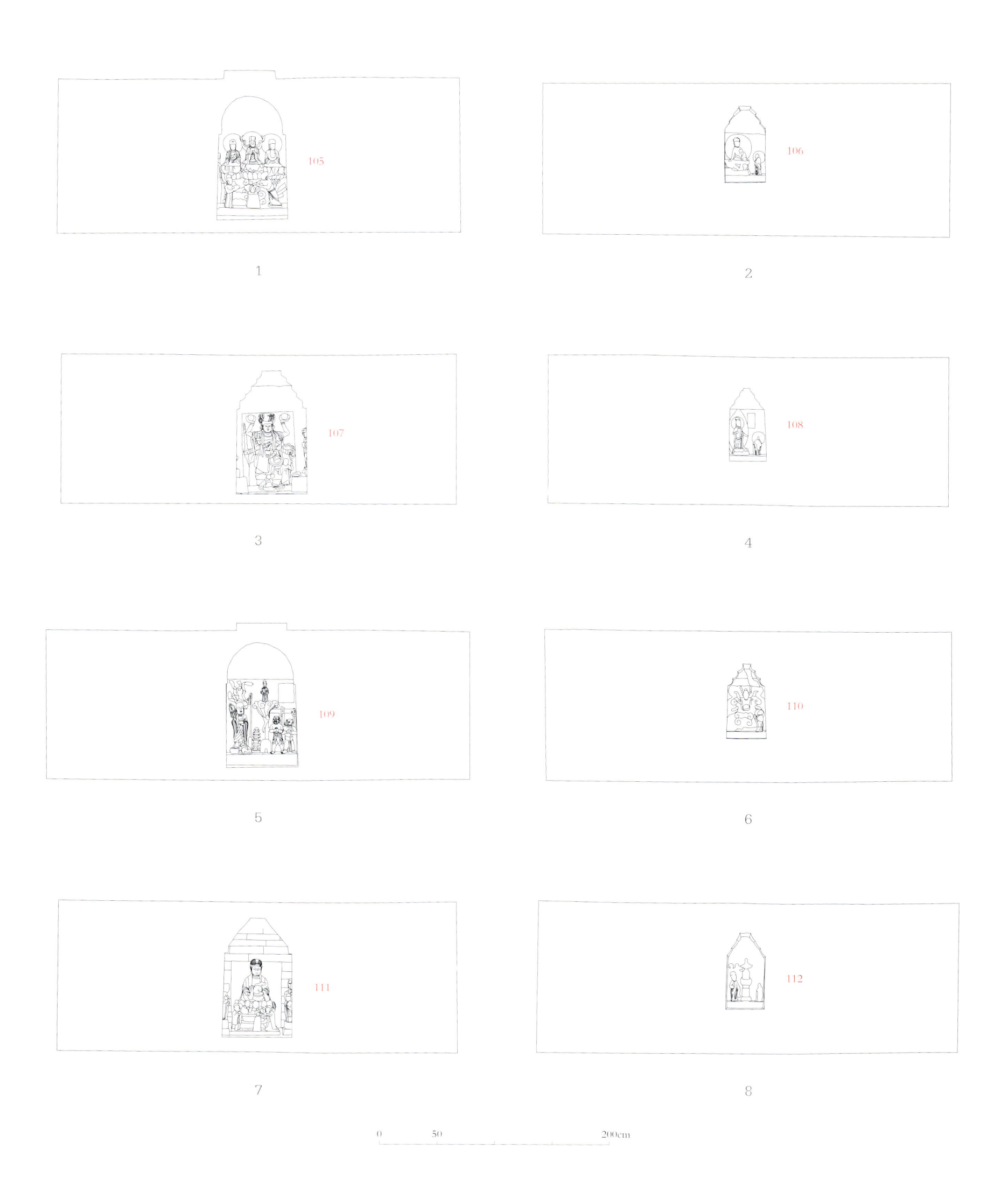

图34　多宝塔第五级塔身壁面立面图
1　南面　2　西南面　3　西面　4　西北面
5　北面　6　东北面　7　东面　8　东南面

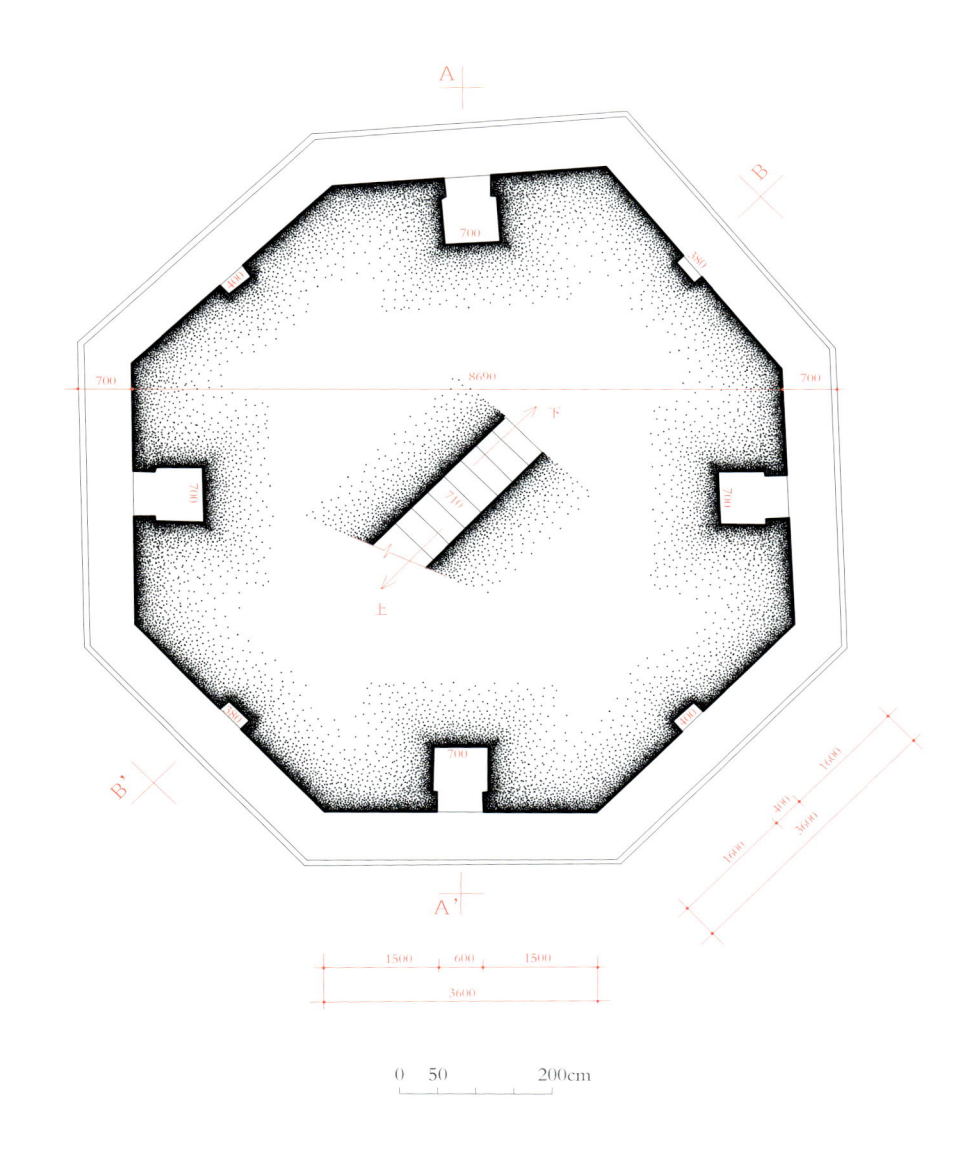

图 35　多宝塔第五级塔身横剖面图

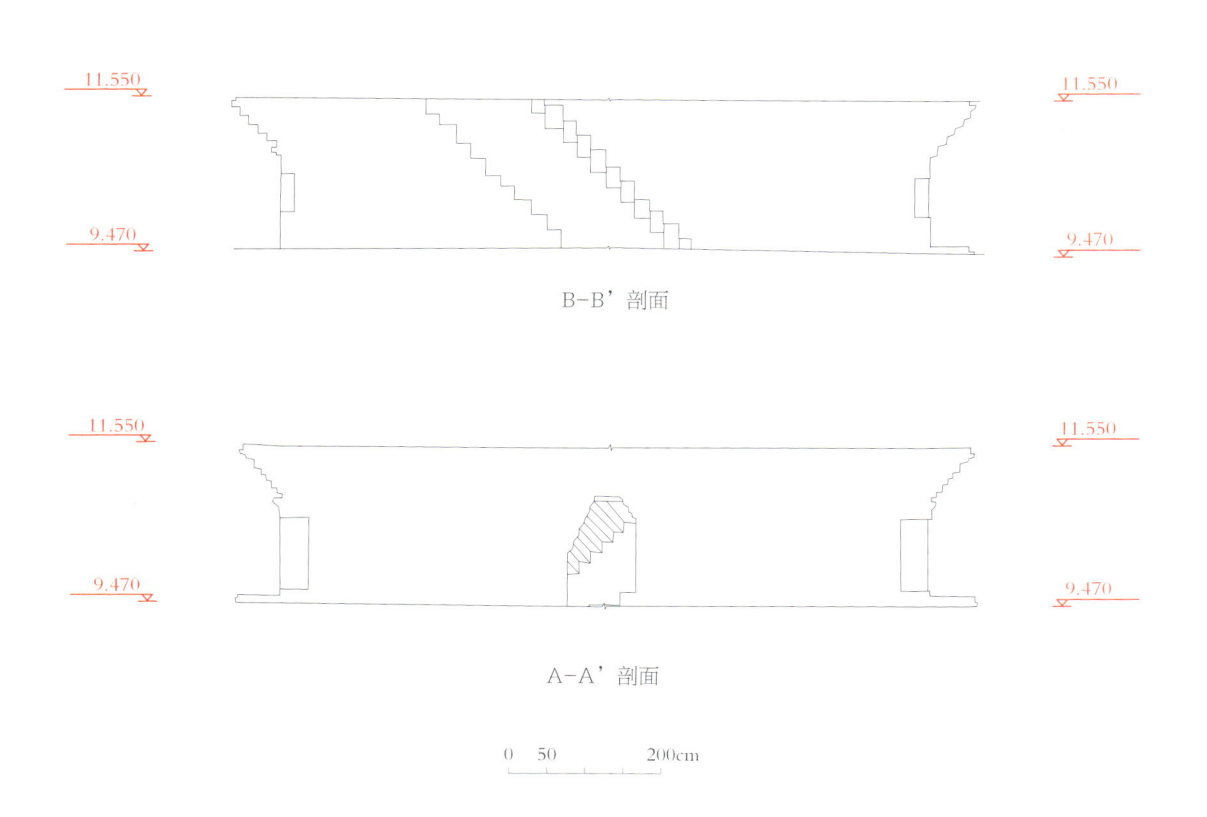

图 36　多宝塔第五级塔身纵剖面图

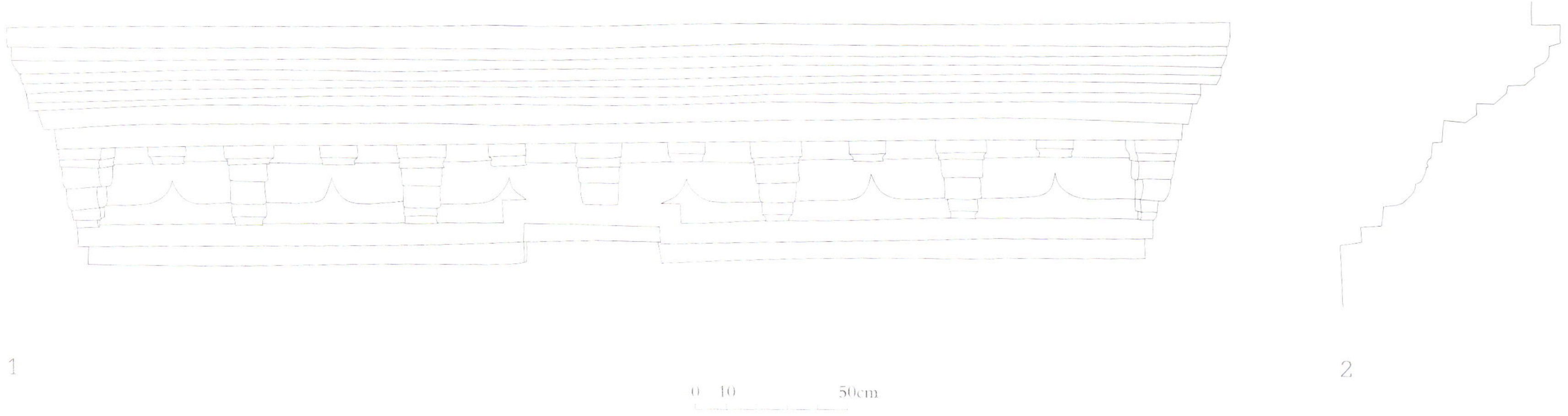

图 37　多宝塔第五重塔檐立、剖面图
1　立面图　2　剖面图

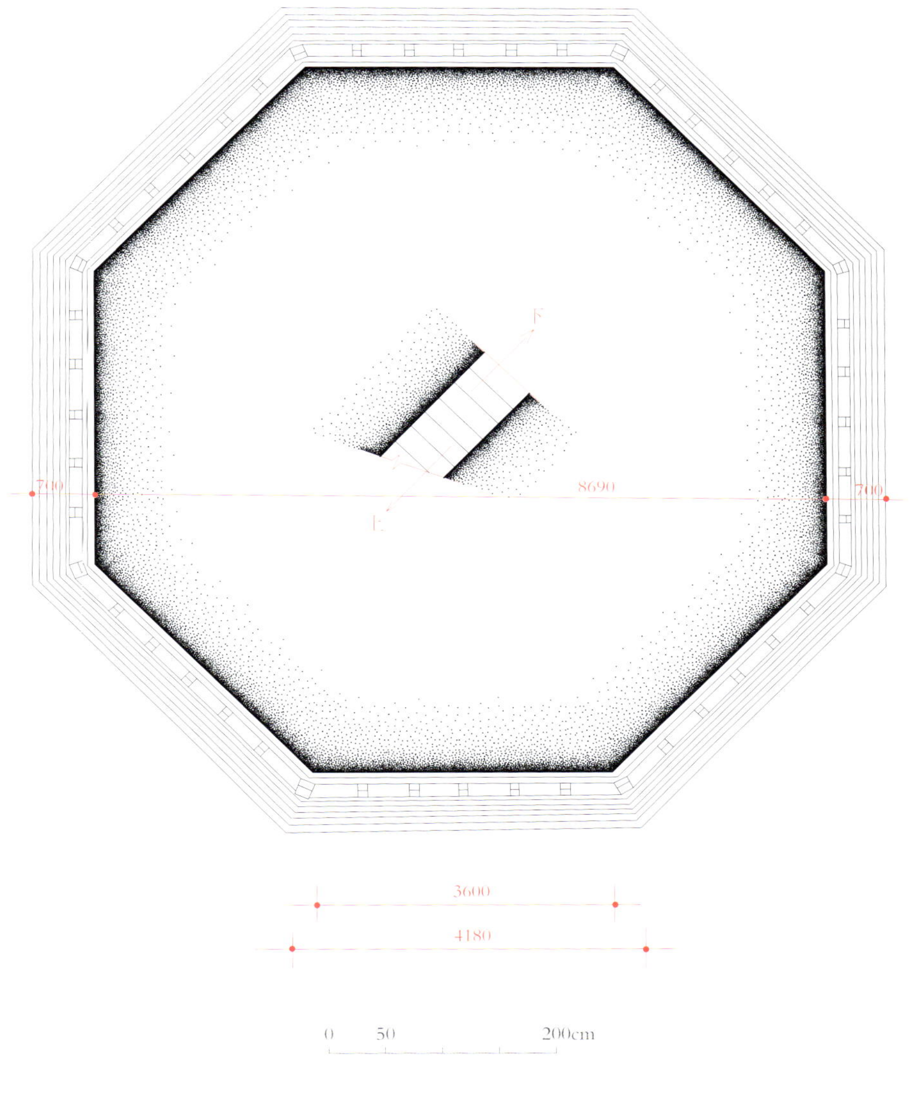

图 38　多宝塔第五重塔檐仰视图

第二章　多宝塔形制及龛像设置　39

表8　第五重塔檐补间铺作构件尺寸表（单位：厘米）

构件	高	宽	外凸塔身
散斗	7	耳宽11、倚宽9.5	4
昂	8	12	11.5
华栱	12.5	13	15
人字栱	20.5	41	3

6. 第六级塔身

第六级塔身高129.5—133厘米，面宽336—360.5厘米，底部外距塔檐69—81厘米（图4、图39、图40、图41；图版Ⅰ：85、图版Ⅰ：86）。塔身南、西、北、东四正向壁面中部设圭形塔窗，与塔内第四层回廊相通；窗形制相近，高约110—111厘米，宽60—62厘米，深104.5—106厘米；塔身东南、西南、西北、东北四侧向壁面素平。塔身上部设外凸的两阶叠涩额枋，通高13.5厘米，外凸16厘米；额枋上方6.5厘米为第六重塔檐。

第六重塔檐通高47厘米，出檐62厘米，为叠涩出檐，外挑七阶；第三至第六阶抹棱。最上为一层砖砌平座，高7厘米，内收塔檐约8.5厘米（图42、图43；图版Ⅰ：87、图版Ⅰ：88）。

7. 第七级塔身

塔身高120—123.5厘米，面宽329—347厘米，底部外距塔檐85—94厘米（图4、图44、图45；图版Ⅰ：89、图版Ⅰ：90、图版Ⅰ：91、图版Ⅰ：92、图版Ⅰ：93、图版Ⅰ：94、图版Ⅰ：95、图版Ⅰ：96）。塔身南、西、北、东四正向壁面中部设窟，布置造像；其余东南、西南、西北、东北四侧向壁面中部各布置一方形浅龛。塔身上部设外凸的两阶叠涩普拍枋，通高13厘米，外凸18.5厘米；于南面、北面窟龛上方内收一级，形如窟楣，高约6厘米，断面呈"凸"字形，宽约57厘米。普拍枋上承第七重塔檐。

第七重塔檐通高56厘米，出檐65厘米；下部为铺作层，通高17.5厘米；上部为外挑的四阶叠涩，通高38.5厘米，第二、三阶抹棱。最上为一层砖砌平座，高6厘米，内收塔檐约7厘米（图46、图47；图版Ⅰ：97）。

塔身转角处作转角铺作，各面施补间铺作五朵；结构与第五重塔檐同（图版Ⅰ：98）。转角铺作45°斜向雕刻，相邻转角铺作相接；最下刻栌斗，上承昂，最上刻华栱。补间铺作最下刻散斗，其上结构同转角铺作；补间铺作间刻人字栱相接。转角铺作和补间铺作构件尺寸详见表9、表10。

表9　第七重塔檐转角铺作构件尺寸表（单位：厘米）

构件	高	宽	外凸塔身
栌斗	6	耳宽8.5、倚宽7.5	4
昂	7	10	12
华栱	14	12	25

表10　第七重塔檐补间铺作构件尺寸表（单位：厘米）

构件	高	宽	外凸塔身
散斗	7	耳宽9.5、倚宽8.5	4
昂	7	10	11.5
华栱	14.5	13	8
人字栱	21	40	3

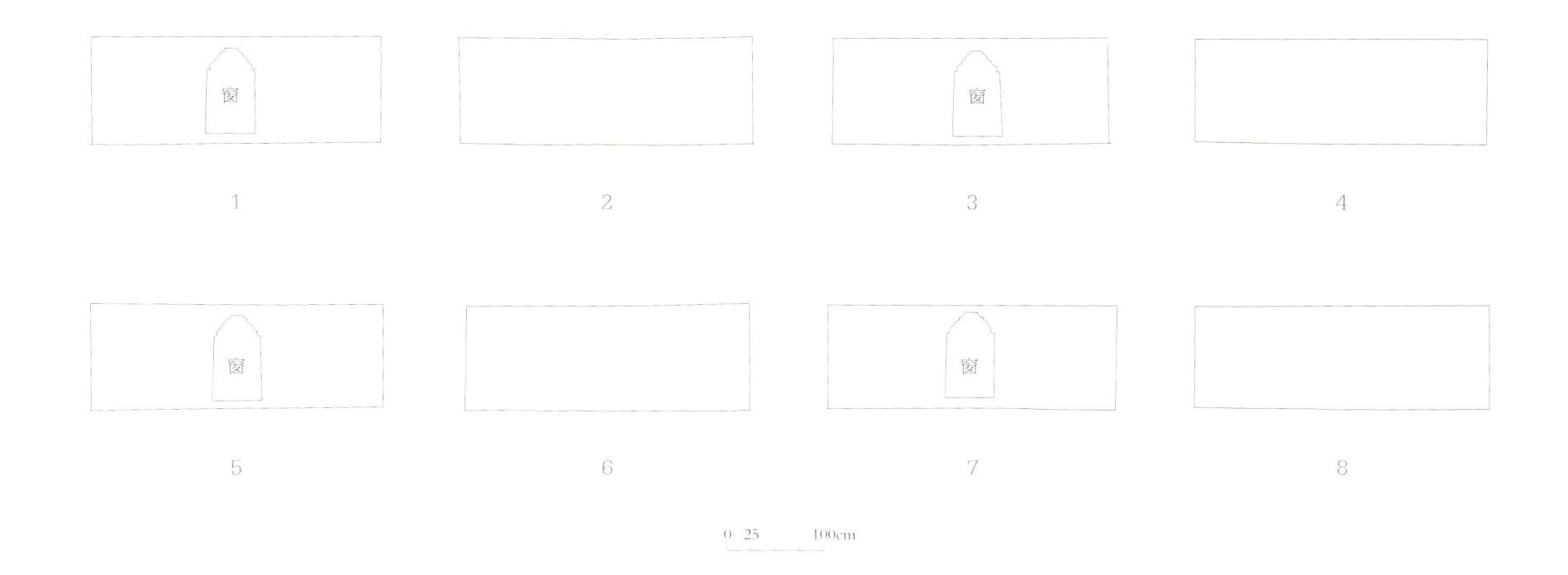

图 39 多宝塔第六级塔身壁面立面图
1 南面 2 西南面 3 西面 4 西北面
5 北面 6 东北面 7 东面 8 东南面

图 40 多宝塔第六级塔身横剖面图

第二章 多宝塔形制及龛像设置　41

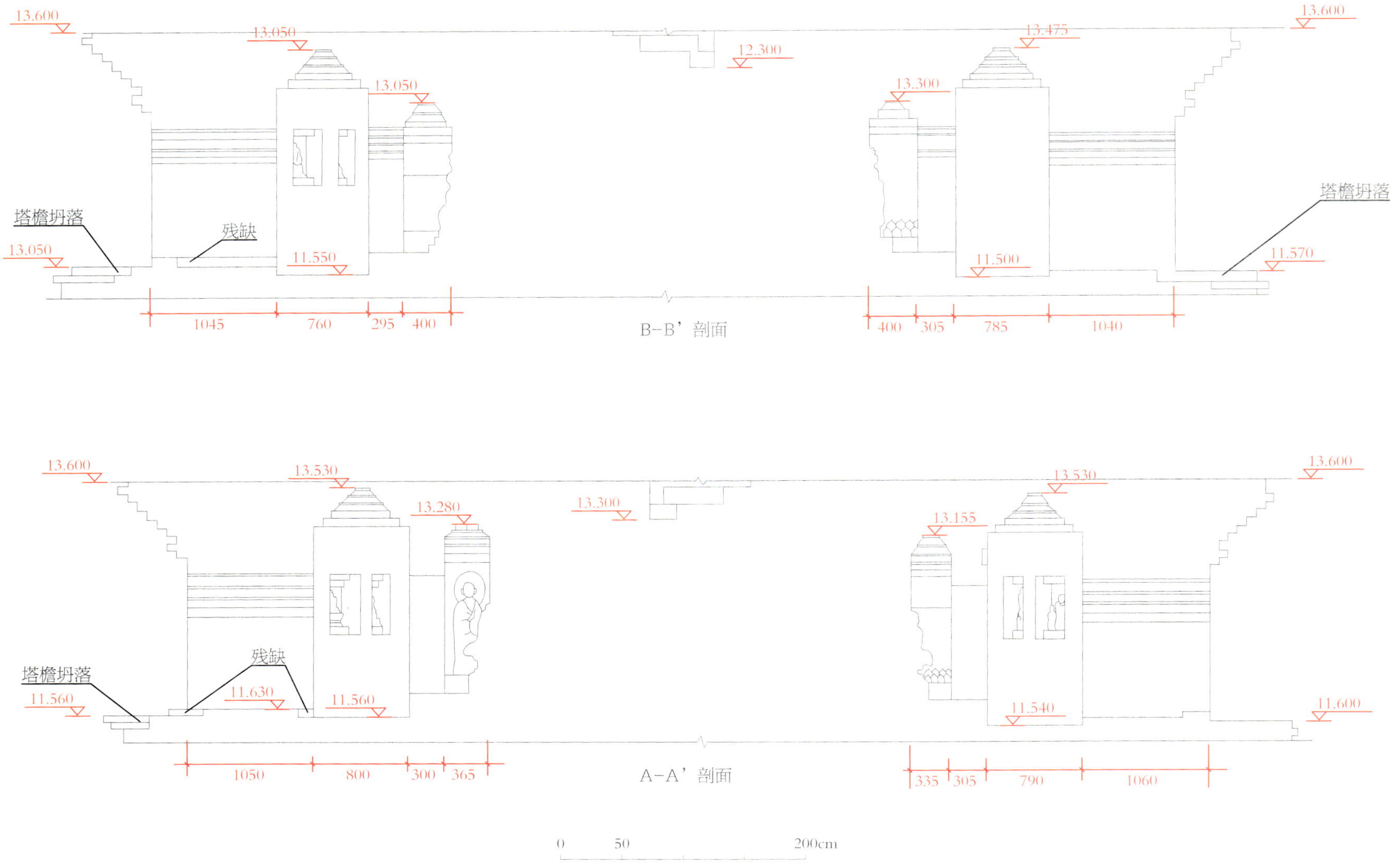

图41　多宝塔第六级塔身纵剖面图

8. 第八级塔身

第八级塔身高140—143厘米，面宽305—347厘米，底部外距平座边缘约59—76厘米（图4、图48、图49、图50；图版Ⅰ：99、图版Ⅰ：100）。塔身南、西、北、东四正向壁面中部设圭形塔窗，与塔内第五层回廊相通；窗形制相近，高约93—95.5厘米，宽61.5—66厘米，深96—99厘米。塔身东南、西南、西北、东北四侧向壁面素平。塔身上部设外凸的两阶叠涩额枋，通高14.5厘米，外凸15厘米；额枋上方8厘米为第八重塔檐。

第八重塔檐通高50厘米，出檐53厘米，为叠涩出檐，外挑七阶；第二至第六阶抹棱。最上为一层砖砌平座，高6厘米，内收塔檐约8厘米（图51、图52；图版Ⅰ：101、图版Ⅰ：102）。

9. 第九级塔身

第九级塔身高100—109厘米，面宽297—333厘米，底部外距平座边缘约63—88厘米（图4、图53、图54；图版Ⅰ：103、图版Ⅰ：104、图版Ⅰ：105、图版Ⅰ：106、图版Ⅰ：107、图版Ⅰ：108、图版Ⅰ：109、图版Ⅰ：110）。塔身南、西、北、东四正向壁面中部设一个深窟，其余东南、西南、西北、东北四侧向壁面中部各布置一个方形浅龛。塔身上部设外凸的两阶叠涩普拍枋，通高13厘米，外凸16厘米；再上接第九重塔檐。

第九重塔檐通高64厘米，出檐58厘米；下部为铺作层，通高23.5厘米；上部为外挑的五阶叠涩，通高40.5厘米，第二至第四阶抹棱。最上为一层砖砌平座，高6厘米，内收塔檐约7厘米（图55、图56；图版Ⅰ：111）。

塔身转角处作转角铺作，各面施补间铺作五朵（图版Ⅰ：112）。转角铺作45°斜向雕刻，相邻转角铺作相接；昂直接置于普拍枋上，再上刻华栱，最上刻矩形梁头。补间铺作结构同转角铺作，其间刻人字栱相接。转角铺作和补间铺作构件尺寸详见表11、表12。

图 42　多宝塔第六重塔檐立、剖面图
1　立面图　2　剖面图

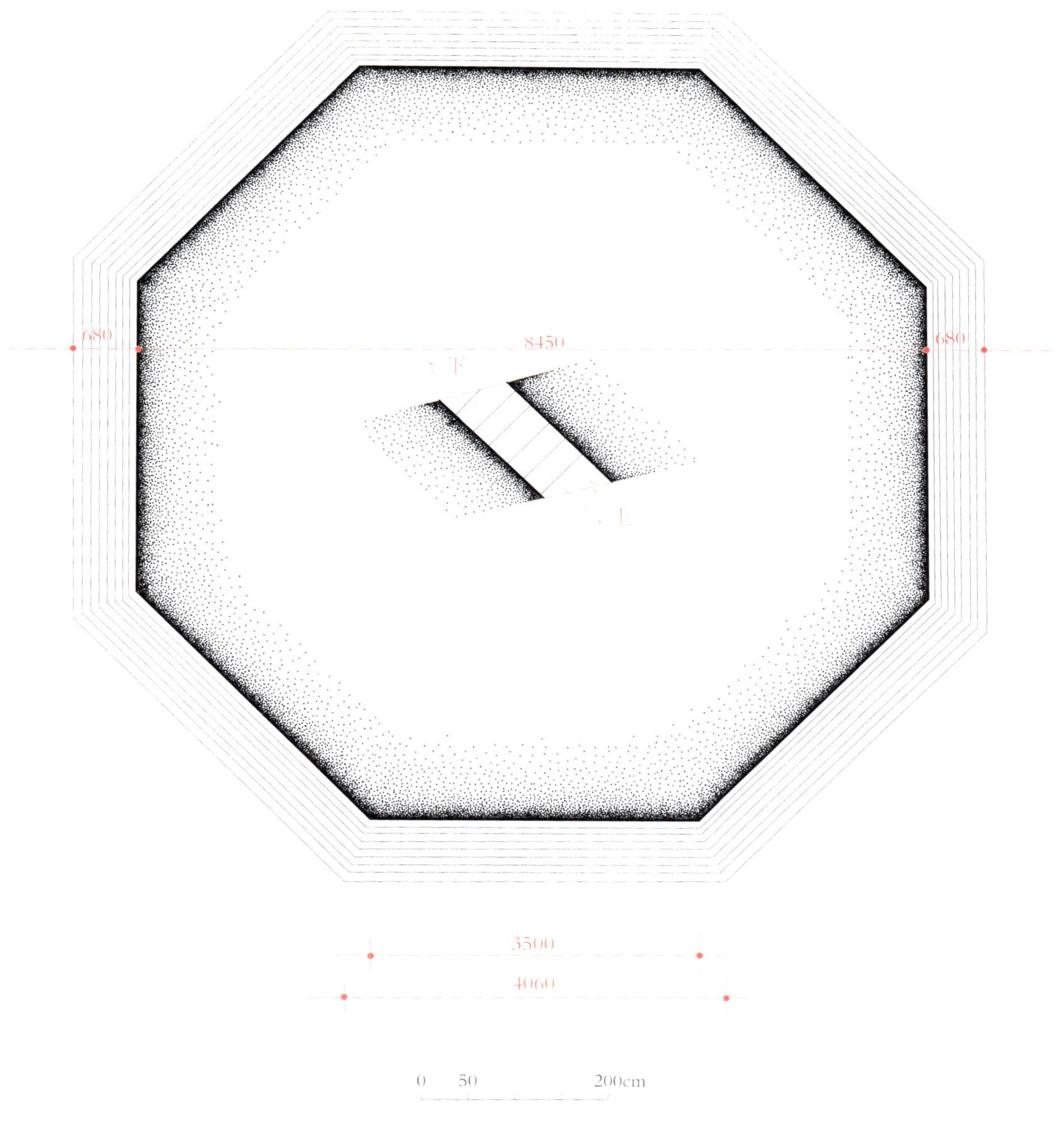

图 43　多宝塔第六重塔檐仰视图

第二章　多宝塔形制及龛像设置　　43

图 44　多宝塔第七级塔身立面图
1　南面　2　西南面　3　西面　4　西北面
5　北面　6　东北面　7　东面　8　东南面

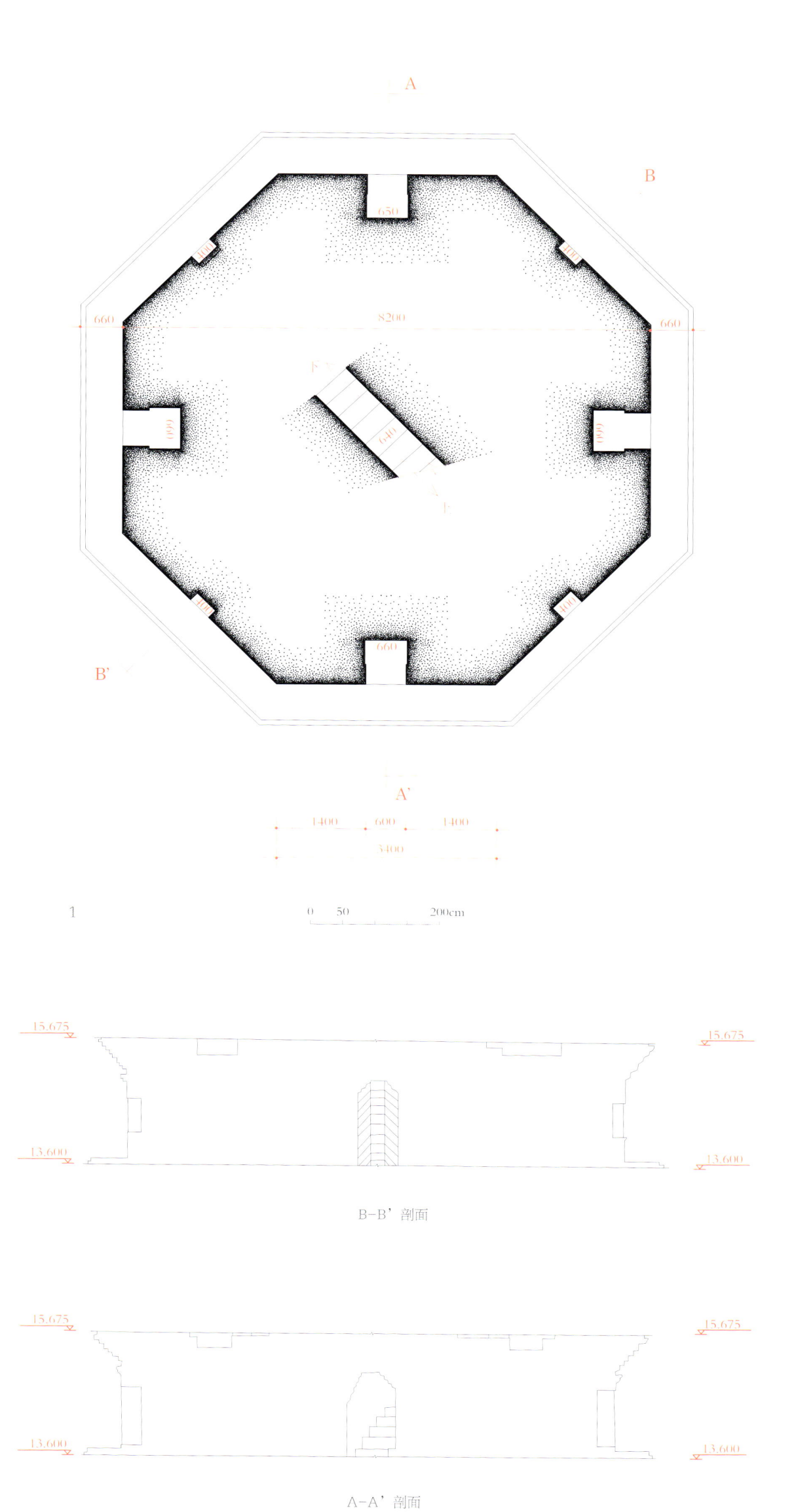

图45　多宝塔第七级塔身横剖面、纵剖面图
1　横剖面　2　纵剖面

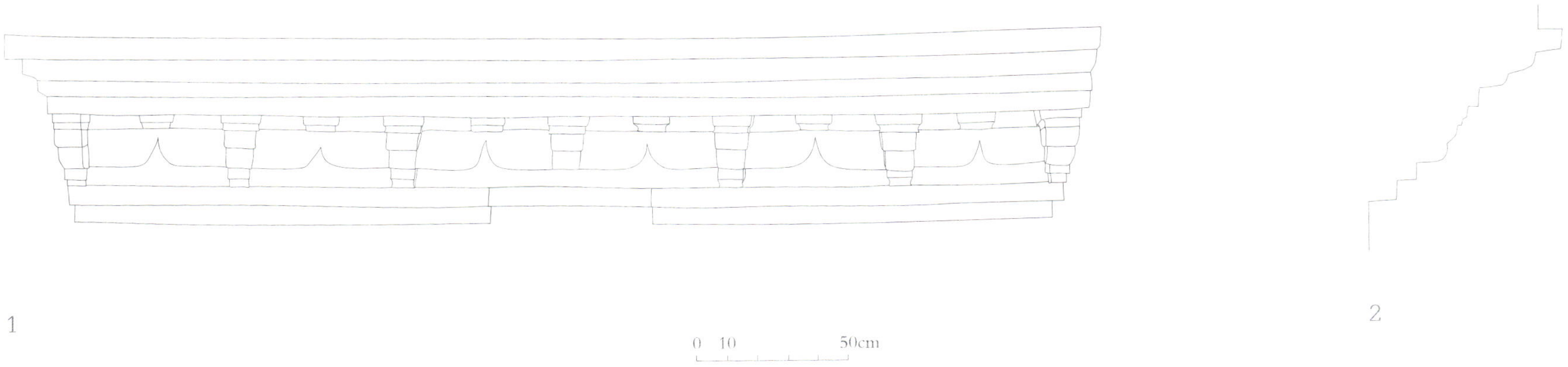

1

2

图 46　多宝塔第七重塔檐立、剖面图
1　立面图　2　剖面图

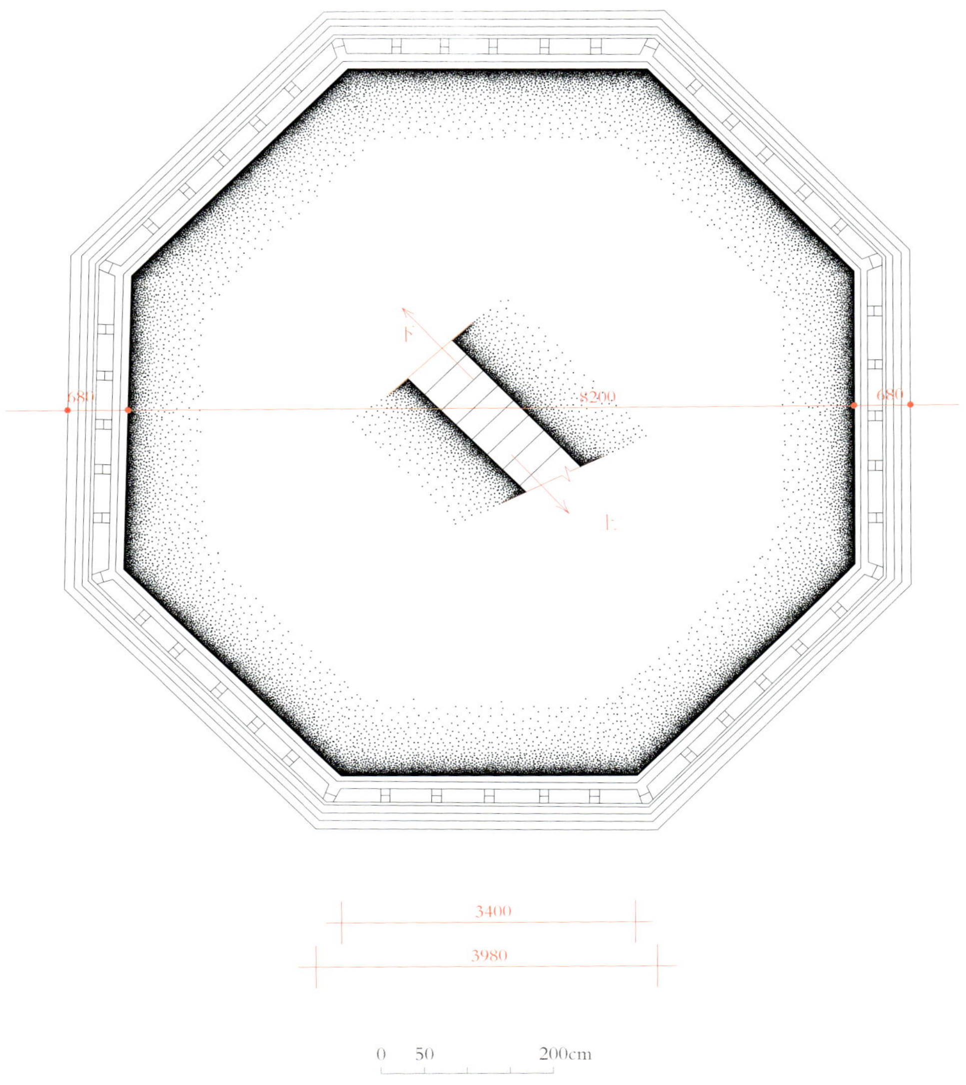

图 47　多宝塔第七重塔檐仰视图

表11　第九重塔檐转角铺作构件尺寸表（单位：厘米）

构件	高	宽	外凸塔身
昂	8	7	8
华栱	9	9	10
梁头	6	10	14

表12　第九重塔檐补间铺作构件尺寸表（单位：厘米）

构件	高	宽	外凸塔身
昂	8	9	8
华栱	9	11	10
梁头	6	12	14
人字栱	25	41	2

10. 第十级塔身

第十级塔身高114—119.5厘米，面宽277—315厘米，底部外距平座边缘约63—80厘米（图4、图57、图58、图59；图版Ⅰ：113、图版Ⅰ：114）。塔身南、西、北、东四正向壁面中部设圭形塔窗，与塔内第六层回廊相通；窗形制相近，高约88—95.5厘米，宽54—61厘米，深98—115厘米。塔身东南、西南、西北、东北四侧向壁面素平。塔身上方直接砌筑第十重塔檐。

第十重塔檐通高60厘米，出檐53厘米，为叠涩出檐，外挑八阶；第二至第七阶抹棱。最上为一层砖砌平座，高6厘米，内收塔檐约5厘米（图60、图61；图版Ⅰ：115、图版Ⅰ：116）。

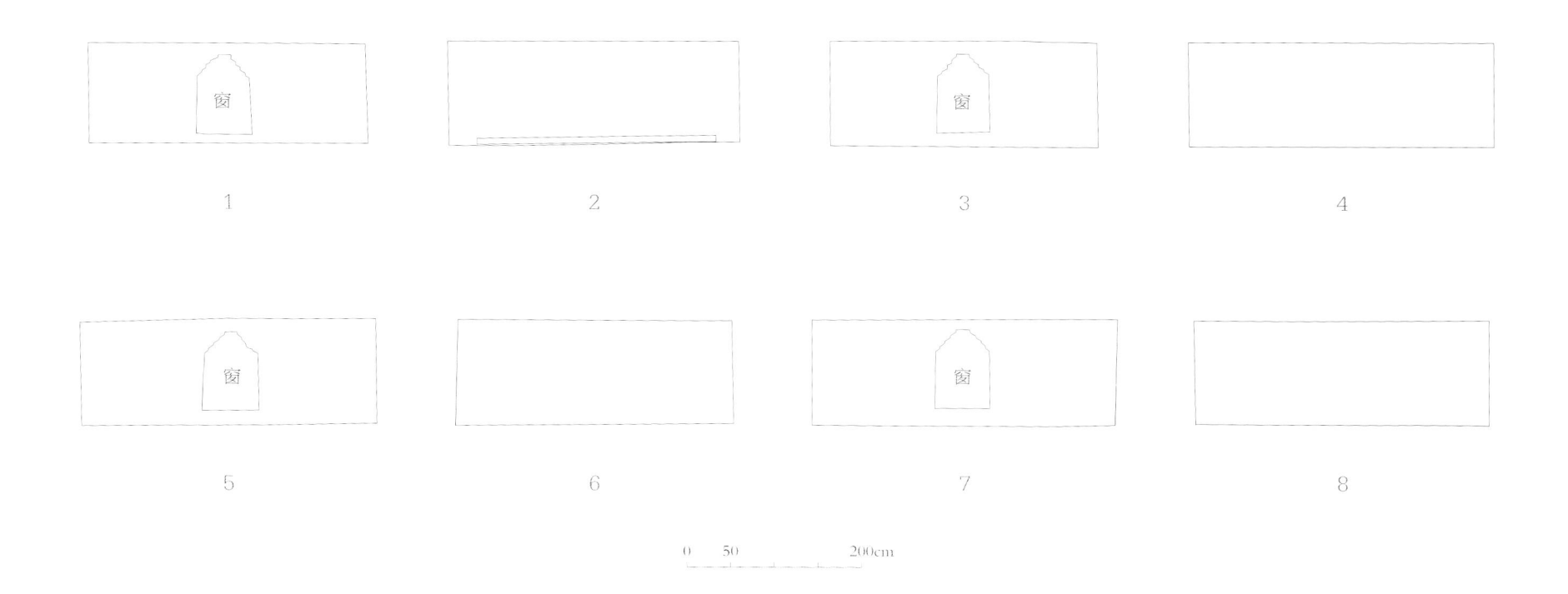

图48　多宝塔第八级塔身壁面立面图
1　南面　2　西南面　3　西面　4　西北面
5　北面　6　东北面　7　东面　8　东南面

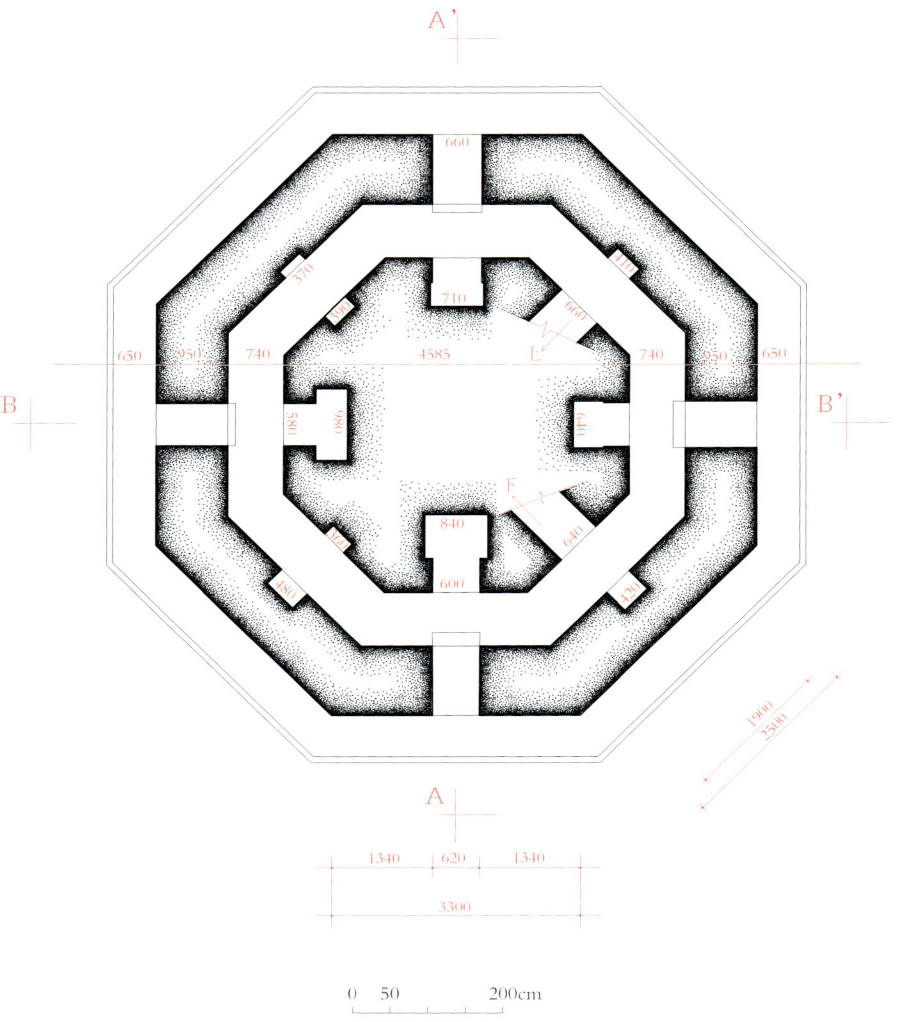

图 49　多宝塔第八级塔身横剖面图

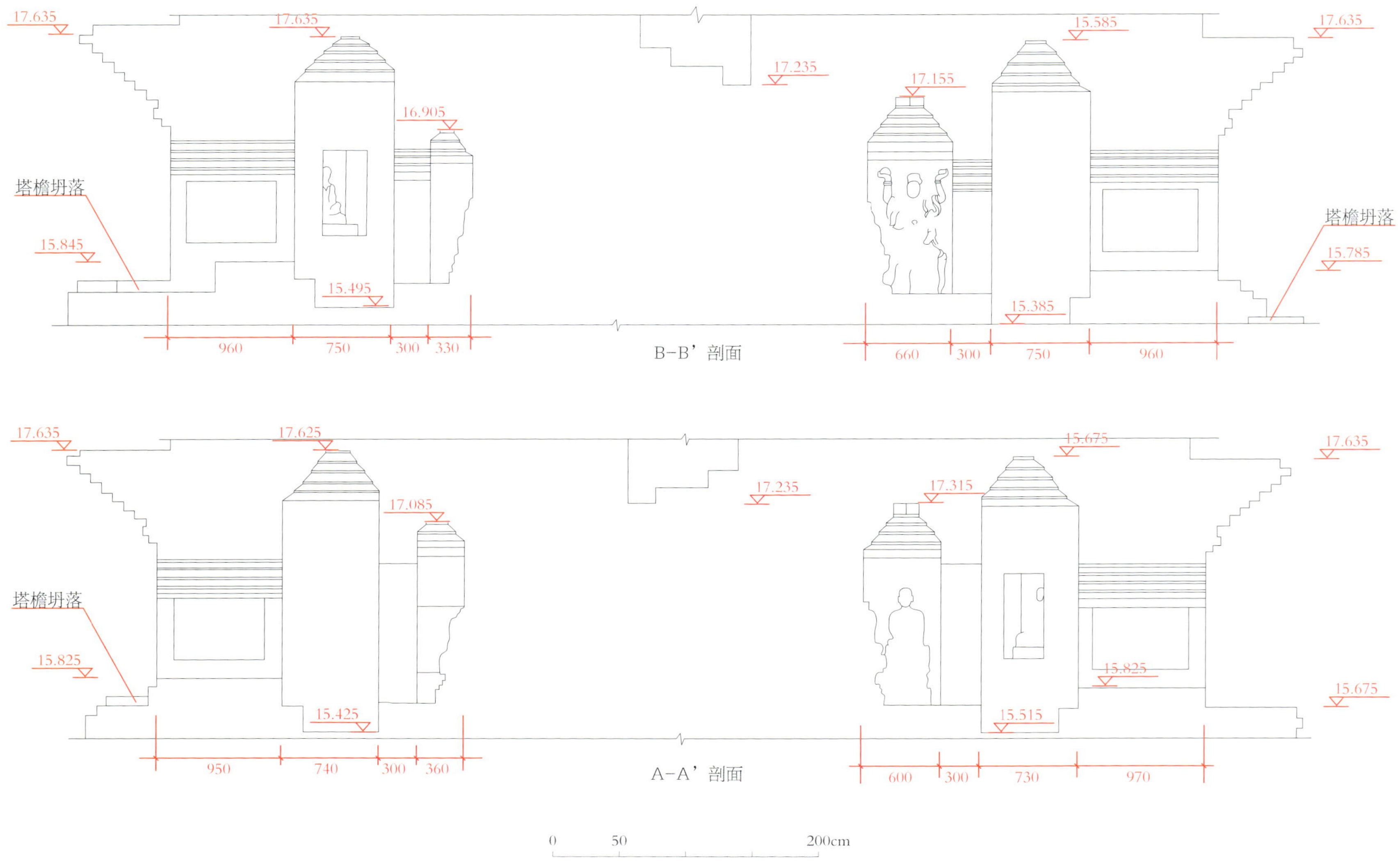

图 50　多宝塔第八级塔身纵剖面图

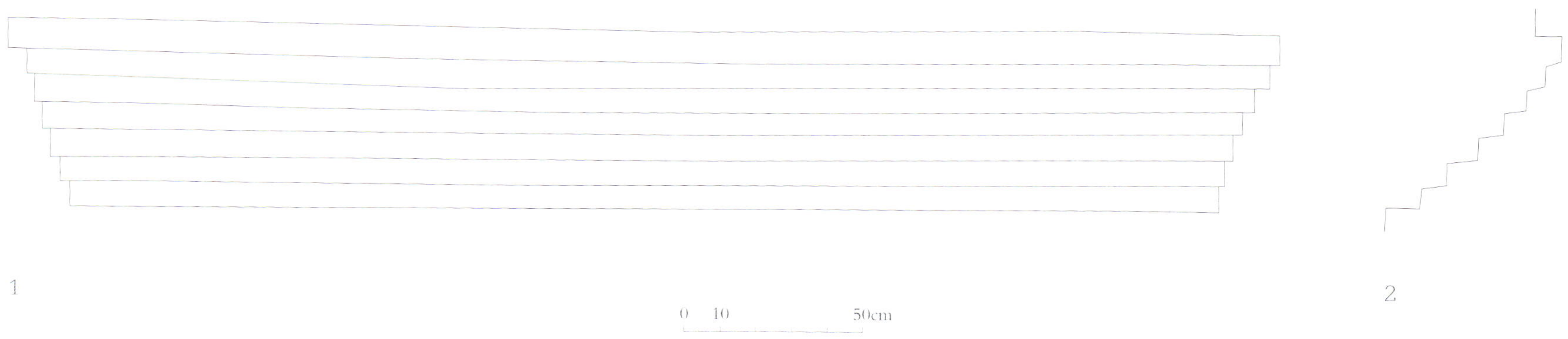

图 51　多宝塔第八重塔檐立、剖面图
1　立面图　2　剖面图

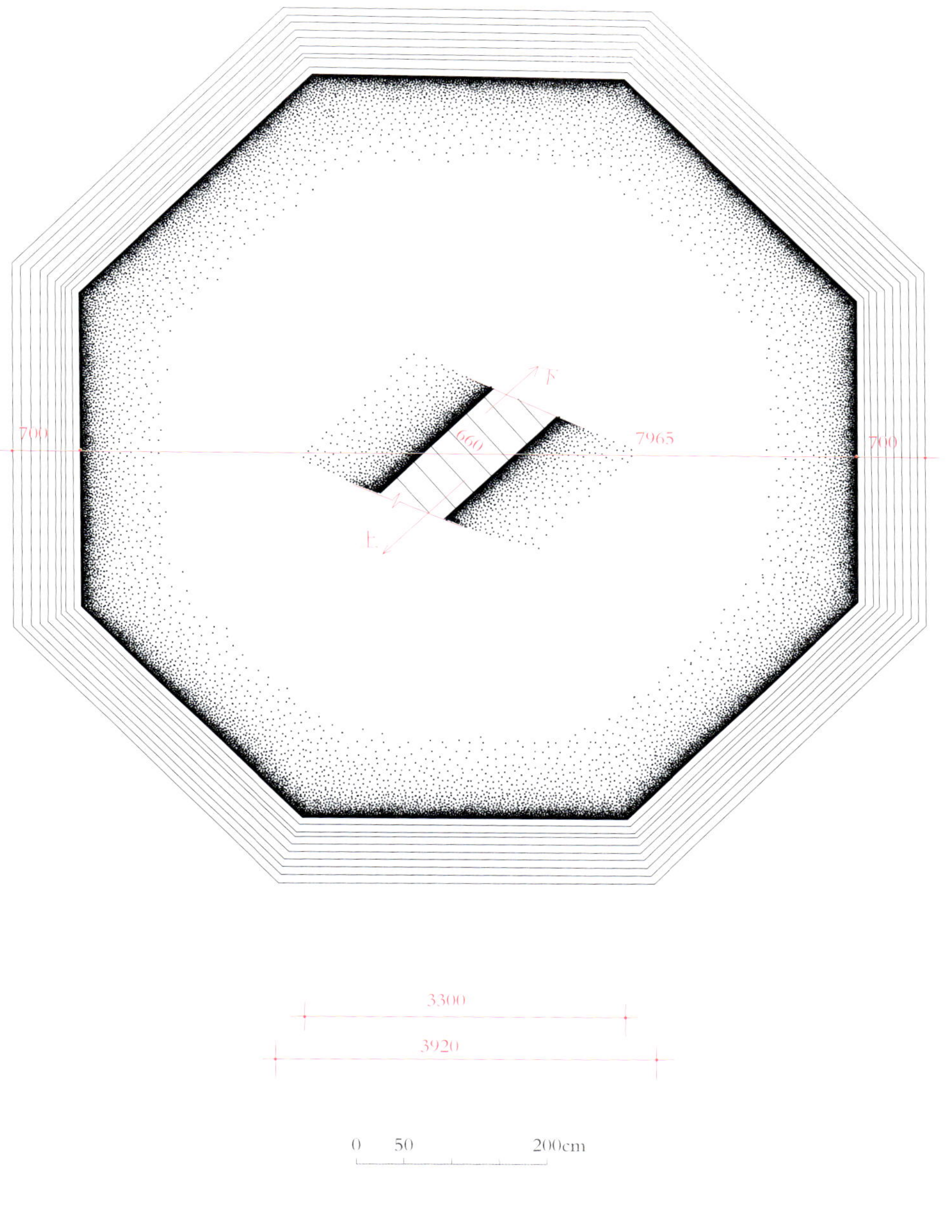

图 52　多宝塔第八重塔檐仰视图

第二章　多宝塔形制及龛像设置　49

图53　多宝塔第九级塔身壁面立面图
1　南面　2　西南面　3　西面　4　西北面
5　北面　6　东北面　7　东面　8　东南面

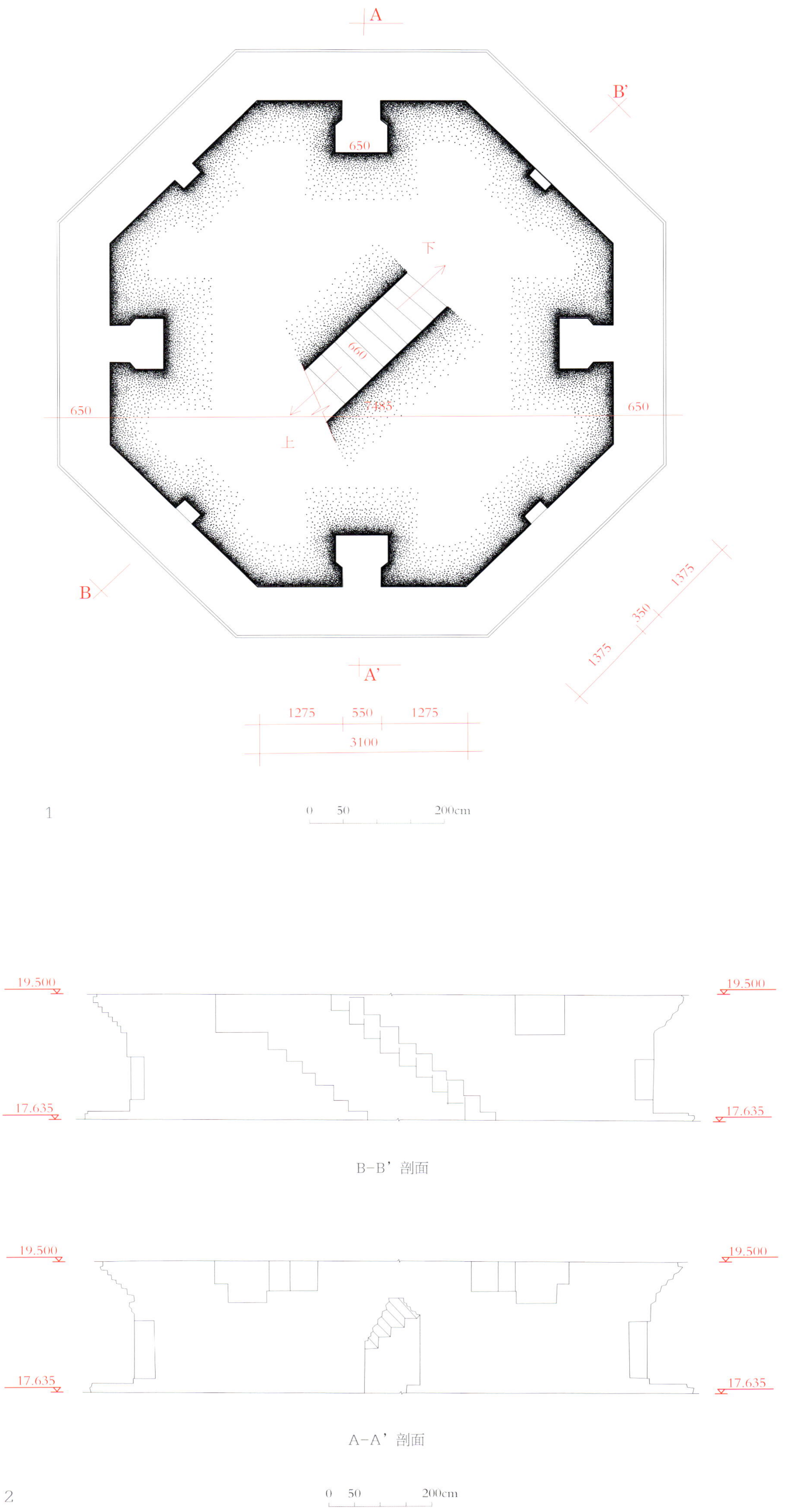

图54 多宝塔第九级塔身横剖面、纵剖面图
1 横剖面 2 纵剖面

第二章 多宝塔形制及龛像设置

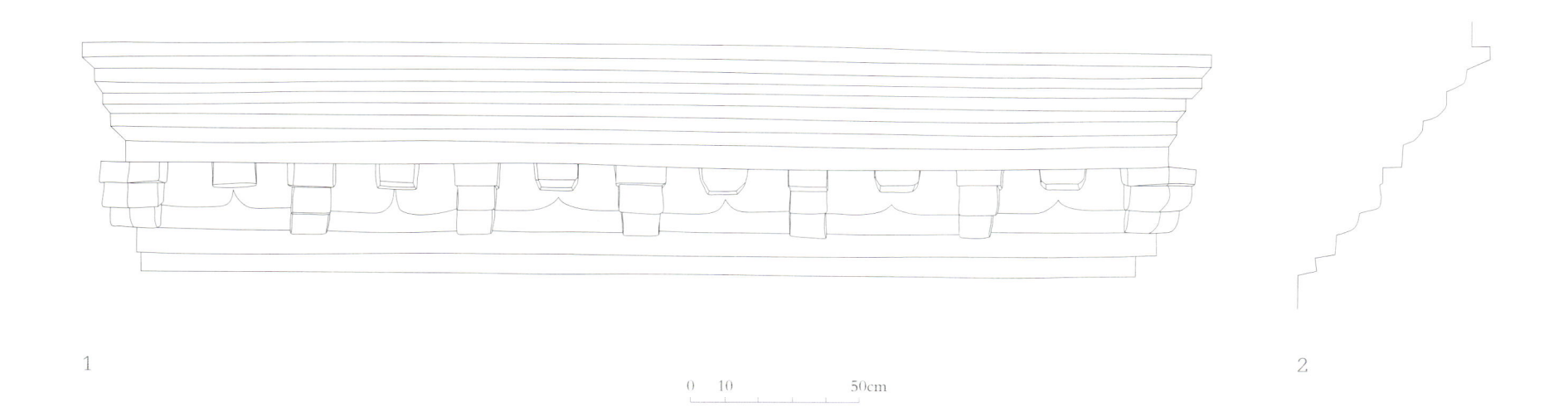

图 55　多宝塔第九重塔檐立、剖面图
1　立面图　2　剖面图

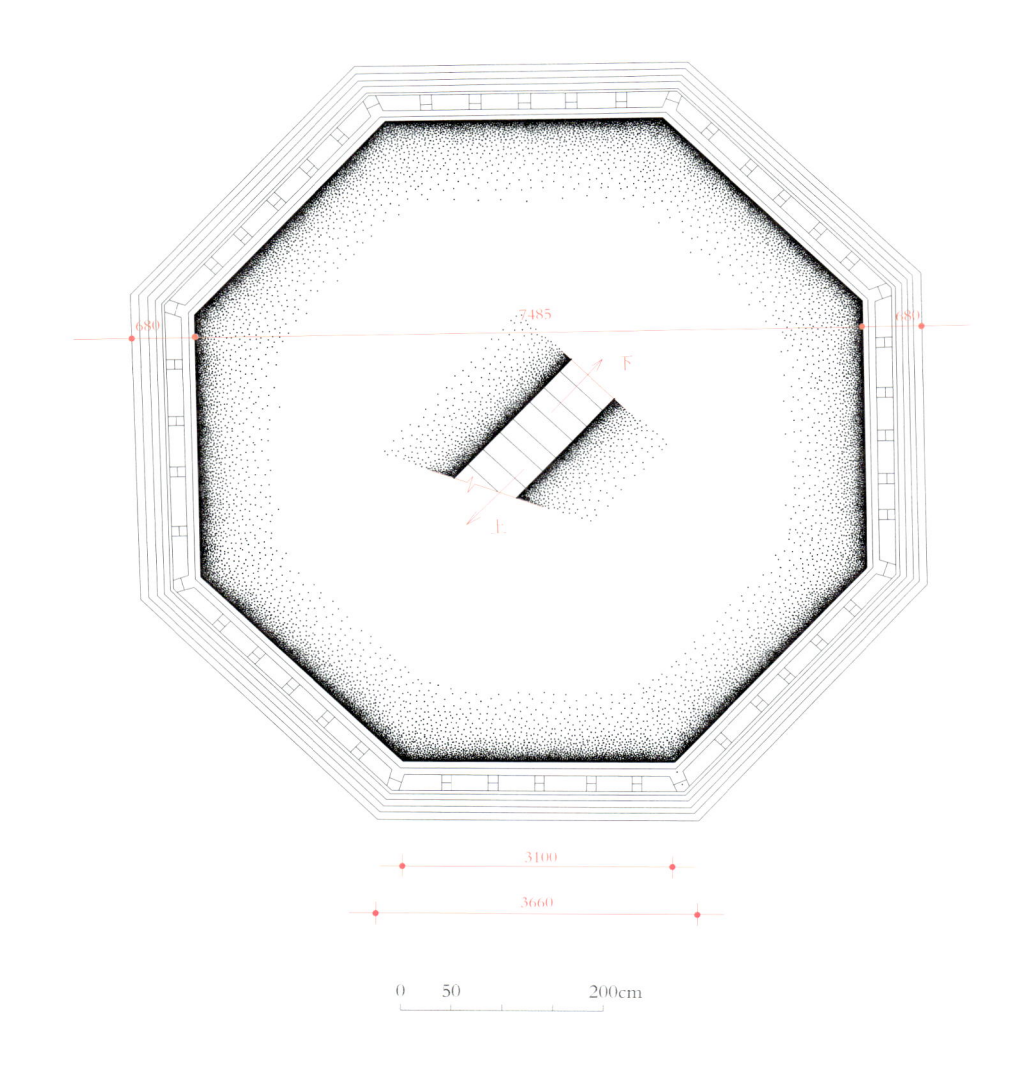

图 56　多宝塔第九重塔檐仰视图

11. 第十一级塔身

第十一级塔身高135—138厘米，面宽266—313厘米，底部外距塔檐65—71.5厘米（图4、图62、图63、图64；图版Ⅰ：117、图版Ⅰ：118、图版Ⅰ：119、图版Ⅰ：120、图版Ⅰ：121）。塔身西北壁、东北壁、东南壁中部各设置一个方形浅龛，南壁、西壁、北壁、东壁中部各开一塔窗，与塔内第七层回廊相通；窗形制相近，高约94—97厘米，宽50.5—55.5厘米，深88—99厘米；西南壁素平。塔身上部设外凸的一阶叠涩额枋和普拍枋，二者竖直相距14厘米。额枋通高7厘米，外凸4厘米；普拍枋通高6厘米，外凸5厘米，再上接第十一重塔檐。

第十一重塔檐通高56厘米，出檐40厘米，下部安设混菱两级，通高14厘米；上部为五阶叠涩外挑出檐，高42厘米，第二至第四阶抹棱。最上为一层砖砌平座，高7厘米，内收塔檐约7厘米（图65、图66；图版Ⅰ：122、图版Ⅰ：123）。

12. 第十二级塔身

第十二级塔身高141—145厘米，面宽245—294厘米，底部外距塔檐67—73厘米（图4、图67、图68、图69；图版Ⅰ：124、图版Ⅰ：125、图版Ⅰ：126、图版Ⅰ：127）。塔身西壁、北壁、东壁中部各设置一个方形深窟，其余各壁面中部设塔窗一户，与塔内第八层回廊相通；窗形制相近，高约101—103厘米，宽53.5—57厘米，深117—119厘米；明窗上部延至塔檐中下部。塔身上部设外凸的一阶叠涩额枋，通高8厘米，外凸4厘米；额枋上方13厘米为第十二重塔檐。

第十二重塔檐通高40厘米，出檐29厘米，为叠涩出檐，外挑六阶；第二至第四阶抹棱。再上为一层砖砌平座，高6厘米，内收塔檐约8厘米（图70、图71；图版Ⅰ：128、图版Ⅰ：129）。最上为塔刹。

上述多宝塔十二级塔身各壁面形制，以及各壁面所设塔窗、龛窟详情见表13。

表13 塔身各壁面、塔窗及龛窟信息表

层级	位置	壁面宽度	塔窗	备注
1	南壁	高207厘米，宽310厘米。		设塔门洞
	西南壁	高195厘米，宽312厘米，外距塔基边缘45厘米。		设第125号龛
	西壁	高192厘米，宽304厘米，外距塔基边缘45厘米。		设第126号龛
	西北壁	高192厘米，宽317厘米，外距塔基边缘43厘米。		设第127号龛
	北壁	高195厘米，宽314厘米，外距塔基边缘40厘米。		设第128号龛
	东北壁	高192厘米，宽317厘米，外距塔基边缘44厘米。		设第129号龛
	东壁	高195厘米，宽309厘米，外距塔基边缘40厘米。		设第130号龛
	东南壁	高193厘米，宽316厘米，外距塔基边缘42厘米。		设第131号龛
2	南壁	高150厘米，宽348厘米，外距第一重塔檐边缘51厘米。	塔窗呈圭形，高131.5厘米，宽74.5厘米，深96厘米；上距塔身上部叠涩底部18.5厘米，下与第一重塔檐顶部齐平；左距壁面左边缘135厘米，右距壁面右边缘140厘米。	
	西南壁	高150厘米，宽350厘米，外距第一重塔檐边缘51厘米。		素壁
	西壁	高149厘米，宽347厘米，外距第一重塔檐边缘53厘米。	塔窗呈圭形，高129.5厘米，宽65厘米，深97厘米；上距塔身上部叠涩底部19.5厘米，下与第一重塔檐顶部齐平；左距壁面左边缘139厘米，右距壁面右边缘143厘米。	
	西北壁	高149厘米，宽351.5厘米，外距第一重塔檐边缘53厘米。		素壁
	北壁	高148.5厘米，宽357厘米，外距第一重塔檐边缘52厘米。	塔窗呈圭形，高128厘米，宽67厘米，深94厘米；上距塔身上部叠涩底部20.5厘米，下与第一重塔檐顶部齐平；左距壁面左边缘143厘米，右距壁面右边缘147.5厘米。	

续表13

层级	位置	壁面宽度	塔窗	备注
2	东北壁	高148厘米，宽354厘米，外距第一重塔檐边缘49厘米。		素壁
	东壁	高149厘米，宽346.5厘米，外距第一重塔檐边缘53厘米。	塔窗呈圭形，高129.5厘米，宽64厘米，深93厘米；上距塔身上部叠涩底部19.5厘米，下与第一重塔檐顶部齐平；左距壁面左边缘145厘米，右距壁面右边缘138厘米。	
	东南壁	高150厘米，宽356.5厘米，外距第一重塔檐边缘53厘米。		素壁
3	南壁	高125厘米，宽352.5厘米，外距第二重塔檐边缘60厘米。		设第113号龛
	西南壁	高125厘米，宽350.5厘米，外距第二重塔檐边缘60厘米。		设第114、115号龛
	西壁	高124厘米，宽346厘米，外距第二重塔檐边缘60厘米。		设第116号龛
	西北壁	高125厘米，宽357.5厘米，外距第二重塔檐边缘61厘米。		设第117、118号龛
	北壁	高125厘米，宽357厘米，外距第二重塔檐边缘60厘米。		设第119号龛
	东北壁	高124厘米，宽354.5厘米，外距第二重塔檐边缘60厘米。		设第120、121号龛
	东壁	高125.5厘米，宽352厘米，外距第二重塔檐边缘61厘米。		设第122号龛
	东南壁	高124厘米，宽359厘米，外距第二重塔檐边缘61厘米。		设第123、124号龛
4	南壁	高133厘米，宽352厘米，外距第三重塔檐边缘77厘米。	塔窗呈圭形，高115.5厘米，宽66厘米，深98厘米；上距塔身上部叠涩底部13.5厘米，下距壁面底端4.5厘米；左距壁面左边缘146.5厘米，右距壁面右边缘142厘米。	
	西南壁	高132厘米，宽348厘米，外距第三重塔檐边缘78厘米。		素壁
	西壁	高133厘米，宽351厘米，外距第三重塔檐边缘78厘米。	塔窗呈圭形，高113.5厘米，宽62.5厘米，深97厘米；上距塔身上部叠涩底部13.5厘米，下距壁面底端6厘米；左距壁面左边缘142.5厘米，右距壁面右边缘146厘米。	
	西北壁	高133.5厘米，宽354厘米，外距第三重塔檐边缘73厘米。		素壁
	北壁	高133.5厘米，宽361厘米，外距第三重塔檐边缘76.5厘米。	塔窗呈圭形，高114厘米，宽64厘米，深97厘米；上距塔身上部叠涩底部13厘米，下距壁面底端6厘米；左距壁面左边缘149厘米，右距壁面右边缘149厘米。	
	东北壁	高134厘米，宽356厘米，外距第三重塔檐边缘75厘米。		素壁
	东壁	高135.5厘米，宽355厘米，外距第三重塔檐边缘77.5厘米。	塔窗呈圭形，高115厘米，宽66厘米，深97厘米；上距塔身上部叠涩底部13.5厘米，下距壁面底端7厘米；左距壁面左边缘147厘米，右距壁面右边缘145厘米。	
	东南壁	高135厘米，宽360厘米，外距第三重塔檐边缘76厘米。		素壁
5	南壁	高136厘米，宽347厘米，外距第四重塔檐边缘72厘米。		设第105号龛
	西南壁	高135.5厘米，宽353厘米，外距第四重塔檐边缘73厘米。		设第106号龛

续表13

层级	位置	壁面宽度	塔窗	备注
5	西壁	高134.5厘米，宽344厘米，外距第四重塔檐边缘73厘米。		设第107号龛
	西北壁	高131厘米，宽348.5厘米，外距第四重塔檐边缘74厘米。		设第108号龛
	北壁	高132.5厘米，宽368厘米，外距第四重塔檐边缘72厘米。		设第109号龛
	东北壁	高131厘米，宽352厘米，外距第四重塔檐边缘71.5厘米。		设第110号龛
	东壁	高131厘米，宽348厘米，外距第四重塔檐边缘74厘米。		设第111号龛
	东南壁	高132厘米，宽366厘米，外距第四重塔檐边缘73厘米。		设第112号龛
6	南壁	高131厘米，宽352厘米，外距第五重塔檐边缘74.5厘米。	塔窗呈圭形，高110厘米，宽62厘米，深105厘米；上距塔身上部叠涩底部13.5厘米，下距壁面底端7厘米；左距壁面左边缘152.5厘米，右距壁面右边缘137厘米。	
	西南壁	高132厘米，宽358厘米，外距第五重塔檐边缘78厘米。		素壁
	西壁	高131厘米，宽336厘米，外距第五重塔檐边缘69厘米。	塔窗呈圭形，高111厘米，宽61.5厘米，深106厘米；上距塔身上部叠涩底部13.5厘米，下距壁面底端5.5厘米；左距壁面左边缘129厘米，右距壁面右边缘147厘米。	
	西北壁	高133厘米，宽360.5厘米，外距第五重塔檐边缘81厘米。		素壁
	北壁	高130厘米，宽360厘米，外距第五重塔檐边缘76厘米。	塔窗呈圭形，高110厘米，宽60厘米，深105厘米；上距塔身上部叠涩底部13厘米，下距壁面底端6厘米；左距壁面左边缘152厘米，右距壁面右边缘150厘米。	
	东北壁	高131厘米，宽348厘米，外距第五重塔檐边缘79厘米。		素壁
	东壁	高129.5厘米，宽352.5厘米，外距第五重塔檐边缘80厘米。	塔窗呈圭形，高110厘米，宽61厘米，深104.5厘米；上距塔身上部叠涩底部13厘米，下距壁面底端6.5厘米；左距壁面左边缘148厘米，右距壁面右边缘142厘米。	
	东南壁	高130厘米，宽358.5厘米，外距第五重塔檐边缘80.5厘米。		素壁
7	南壁	高121.5厘米，宽329厘米，外距第六重塔檐边缘85厘米。		设第97号龛
	西南壁	高122.5厘米，宽340.5厘米，外距第六重塔檐边缘85厘米。		设第98号龛
	西壁	高118厘米，宽326厘米，外距第六重塔檐边缘88.5厘米。		设第99号龛
	西北壁	高118.5厘米，宽347厘米，外距第六重塔檐边缘88.5厘米。		设第100号龛
	北壁	高120厘米，宽345.5厘米，外距第六重塔檐边缘87厘米。		设第101号龛
	东北壁	高123厘米，宽329厘米，外距第六重塔檐边缘89.5厘米。		设第102号龛

续表13

层级	位置	壁面宽度	塔窗	备注
7	东壁	高121厘米，宽340厘米，外距第六重塔檐边缘94厘米。		设第103号窟
	东南壁	高123.5厘米，宽344厘米，外距第六重塔檐边缘89厘米。		设第104号龛
8	南壁	高140厘米，宽315厘米，外距第七重塔檐边缘74.5厘米。	塔窗呈圭形，高95厘米，宽63.5厘米，深96厘米；上距塔身上部叠涩底部12厘米，下距壁面底端13厘米；左距壁面左边缘134厘米，右距壁面右边缘124厘米。	
	西南壁	高142厘米，宽334厘米，外距第七重塔檐边缘76厘米。壁面底端设一级低台，长272厘米，高7.5厘米，深18.5厘米。		素壁
	西壁	高141厘米，宽305厘米，外距第七重塔檐边缘76厘米。	塔窗呈圭形，高95厘米，宽61.5厘米，深99厘米；上距塔身上部叠涩底部12.5厘米，下距壁面底端14厘米；左距壁面左边缘123厘米，右距壁面右边缘121厘米。	
	西北壁	高144厘米，宽347厘米，外距第七重塔檐边缘65厘米。		素壁
	北壁	高141厘米，宽336厘米，外距第七重塔檐边缘59厘米。	塔窗呈圭形，高93厘米，宽66厘米，深98厘米；上距塔身上部叠涩底部12厘米，下距壁面底端13.5厘米；左距壁面左边缘135厘米，右距壁面右边缘136厘米。	
	东北壁	高141厘米，宽315.5厘米，外距第七重塔檐边缘68厘米。		素壁
	东壁	高143厘米，宽343厘米，外距第七重塔檐边缘73厘米。	塔窗呈圭形，高95.5厘米，宽64厘米，深96厘米；上距塔身上部叠涩底部12厘米，下距壁面底端14.5厘米；左距壁面左边缘140厘米，右距壁面右边缘137厘米。	
	东南壁	高142厘米，宽337厘米，外距第七重塔檐边缘69厘米。		素壁
9	南壁	高100厘米，宽297厘米，外距第八重塔檐边缘66厘米。		设第89号窟
	西南壁	高100厘米，宽320厘米，外距第八重塔檐边缘72厘米。		设第90号龛
	西壁	高104厘米，宽297厘米，外距第八重塔檐边缘74厘米。		设第91号龛
	西北壁	高109厘米，宽320厘米，外距第八重塔檐边缘63厘米。		设第92号龛
	北壁	高109厘米，宽321厘米，外距第八重塔檐边缘70厘米。		设第93号窟
	东北壁	高109厘米，宽307厘米，外距第八重塔檐边缘79厘米。		设第94号龛
	东壁	高104厘米，宽333厘米，外距第八重塔檐边缘88厘米。		设第95号窟
	东南壁	高103厘米，宽315厘米，外距第八重塔檐边缘70厘米。		设第96号龛

续表13

层级	位置	壁面宽度	塔窗	备注
10	南壁	高114厘米，宽284厘米，外距第九重塔檐边缘76厘米。	塔窗呈圭形，高94厘米，宽55厘米，深104厘米；上距塔檐13厘米，下距壁面底端5厘米；左距壁面左边缘125厘米，右距壁面右边缘104厘米。	
	西南壁	高115厘米，宽306厘米，外距第九重塔檐边缘68厘米。		素壁
	西壁	高117厘米，宽288厘米，外距第九重塔檐边缘63厘米。	塔窗呈圭形，高93.5厘米，宽54厘米，深115厘米；上距塔檐15厘米，下距壁面底端6厘米；左距壁面左边缘131厘米，右距壁面右边缘104厘米。	
	西北壁	高115厘米，宽314厘米，外距第九重塔檐边缘76厘米。		素壁
	北壁	高115厘米，宽315厘米，外距第九重塔檐边缘76厘米。	塔窗呈圭形，高88厘米，宽59.5厘米，深105厘米；上距塔檐21厘米，下距壁面底端5厘米。左距壁面左边缘121厘米，右距壁面右边缘133厘米。	
	东北壁	高114厘米，宽288厘米，外距第九重塔檐边缘70厘米。		素壁
	东壁	高118厘米，宽315厘米，外距第九重塔檐边缘80厘米。	塔窗呈圭形，高95.5厘米，宽61厘米，深98厘米；上距塔檐21厘米，下距壁面底端4厘米；左距壁面左边缘129厘米，右距壁面右边缘127厘米。	
	东南壁	高119.5厘米，宽277厘米，外距第九重塔檐边缘78厘米。		素壁
11	南壁	高138厘米，宽280厘米，外距第十重塔檐边缘67厘米。	塔窗呈圭形，高97厘米，宽55.5厘米，深98厘米；左距壁面左边缘112厘米，右距壁面右边缘115厘米，下距壁面底部6厘米；上距横枋下部12厘米。	
	西南壁	高138厘米，宽299厘米，外距第十重塔檐边缘65厘米。		原设第85号窟
	西壁	高136厘米，宽266厘米，外距第十重塔檐边缘67厘米。	塔窗呈圭形，高94厘米，宽54厘米，深99厘米；左距壁面左边缘102厘米，右距壁面右边缘111厘米，下距壁面底部5.5厘米；上距横枋下部14厘米。	
	西北壁	高135厘米，宽313厘米，外距第十重塔檐边缘65厘米。		设第86号龛
	北壁	高137厘米，宽289厘米，外距第十重塔檐边缘68厘米。	塔窗呈圭形，高95厘米，宽50.5厘米，深98厘米；左距壁面左边缘120厘米，右距壁面右边缘121厘米，下距壁面底部6.5厘米；上距横枋下部13.5厘米。	
	东北壁	高137厘米，宽274厘米，外距第十重塔檐边缘69厘米。		设第87号龛
	东壁	高137厘米，宽299厘米，外距第十重塔檐边缘71.5厘米。	塔窗呈圭形，高94.5厘米，宽52厘米，深88厘米；左距壁面左边缘121厘米，右距壁面右边缘128厘米，下距壁面底部6厘米；上距横枋下部14厘米。	
	东南壁	高138厘米，宽284厘米，外距第十重塔檐边缘68厘米。		设第88号龛
12	南壁	高144厘米，宽257厘米，外距第十一重塔檐边缘71厘米。	塔窗呈圭形，高102厘米，宽55厘米，深117厘米；左距壁面左边缘104厘米，右距壁面右边缘99厘米，下距壁面底部64厘米；上与塔檐第四级叠涩下部齐平。	原设第81号龛
	西南壁	高144厘米，宽274厘米，外距第十一重塔檐边缘70厘米。	塔窗呈圭形，高101厘米，宽57.5厘米，深118厘米；左距壁面左边缘107厘米，右距壁面右边缘109厘米，下距壁面底部64厘米；上与塔檐第四级叠涩下部齐平。	

续表13

层级	位置	壁面宽度	塔窗	备注
12	西壁	高144厘米，宽247厘米，外距第十一重塔檐边缘71厘米。		设第82号窟
	西北壁	高141厘米，宽294厘米，外距第十一重塔檐边缘72厘米。	塔窗呈圭形，高101厘米，宽57厘米，深119厘米；左距壁面左边缘123厘米，右距壁面右边缘114厘米，下距壁面底部63厘米；上与塔檐第四级叠涩下部齐平。	
	北壁	高142厘米，宽262厘米，外距第十一重塔檐边缘69厘米。		设第83号窟
	东北壁	高144厘米，宽253厘米，外距第十一重塔檐边缘72厘米。	塔窗呈圭形，高103厘米，宽53.5厘米，深119厘米；左距壁面左边缘105厘米，右距壁面右边缘94.5厘米，下距壁面底部64厘米；上与塔檐第四级叠涩下部齐平。	
	东壁	高145厘米，宽245厘米，外距第十一重塔檐边缘67厘米。		设第84号窟
	东南壁	高145厘米，宽270.5厘米，外距第十一重塔檐边缘73厘米。	塔窗呈圭形，高103厘米，宽57.5厘米，深118厘米；左距壁面左边缘99厘米，右距壁面右边缘105厘米，下距壁面底部63.5厘米；上与塔檐第四级叠涩下部齐平。	

（三）塔刹

原塔刹已毁[1]。现塔刹系1997年4—10月落架维修的状况[2]。表面以水泥涂抹（图72、图73、图74；图版Ⅰ：130），为八面攒尖顶，通高约485.5厘米；由下至上大致可分作底部、中部、上部三部分。

底部外距塔檐边缘约34.5厘米，为八面锥形台基，通高约190厘米，各面宽度不一，作叠涩上收，共26阶，最下一阶叠涩高6厘米，深20厘米，以上叠涩每阶高约6厘米，深5—7厘米。基台各面底部和顶部宽度尺寸详见表14。

表14　塔刹台基各面底部和顶部宽度尺寸表（单位：厘米）

位置	底部宽	顶部宽
南面	267	92
西南面	265	91
西面	250	89
西北面	277	96
北面	255	92
东北面	238	88
东面	271	104
东南面	259	89

---

1 "塔顶之刹久毁，现存砖顶，乃清代建"。梁思成：《梁思成全集》第三卷，中国建筑工业出版社2001年版，第238页。
2 参见陈明光：《大足石刻考察与研究》，中国三峡出版社2001年版，第401—403页。

塔刹中部为八面金刚座，通高约126厘米，面宽约82厘米。底部作四阶叠涩，逐级上收，级高约7厘米，深8厘米。中部束腰部分作八边形，高约30.5厘米，宽（以蜀柱中线计）63厘米。顶部仍以四阶叠涩外挑，级高约7厘米，深5—6.5厘米。各面转角处设方砧，分作四级，逐级上收，通高约37厘米。方砧上置方形蜀柱，高29厘米，宽14厘米。柱顶置梁头，断面呈矩形，高7.5厘米，宽15.5厘米，外挑7.5厘米；上承第三阶叠涩，再上承八面方台，台高38厘米，面宽82厘米。

　　塔刹上部仍为八面金刚座，通高约128厘米，形制与中部金刚座相近，仅底部作六阶叠涩，方砧分作两级，下起第二阶叠涩，梁头上承第二阶叠涩。各主要构件尺寸详见表15。

表15　塔刹上部金刚座主要构件尺寸表（单位：厘米）

构件	尺寸
下部叠涩	级高6—8，深5—7
中部束腰台	高8，面宽57
方砧	通高23
蜀柱	高28.5，宽14
梁头	高8，宽16，外挑2.5—6
束腰上部叠涩	级高6—7.5，深4.5—6.5
上部方台	高21.5，宽67

　　1997年，于塔刹之上砌筑八面锥形台，各面均作六级叠涩，通高约41.5厘米，各面下部宽约52厘米，外距金刚座边缘约6厘米，上部宽约24.5厘米。台面中部设桃形珠，高22厘米，直径24厘米，安插竖直的避雷针。

二　内部形制

　　多宝塔内建塔心砖柱，从底至顶，外设八层回廊。其中，中部层级高差较大，底部及顶部层级高差较小。回廊高187—215厘米（从回廊地坪至回廊券顶最高点距离），宽73—80厘米，内、外壁竖直，顶为叠涩券顶（图75、图76；图版Ⅰ：131）。

　　除第一层外，第二至第八层沿回廊均可绕塔心一周。外壁皆开设采光的塔窗，洞穿外壁，其厚度即是回廊外壁与塔身外壁之间的距离。其中，第二至第七层塔窗开设于东、南、西、北四面，第八层开设于正南、东南、西北、东北、西南五面；总计塔窗29户。塔窗大小略有差异，设置高度亦有不同。在回廊内、外壁面，砌龛建窟，嵌入石刻造像。

　　从第一层塔身南面塔门进入，即为塔内第一层回廊。此部分回廊仅设置南、西南两段。从西南段末端开始，各层配置叠涩拱形梯道，共七段，斜向穿过塔心，拾级而上即可至第八层回廊（图77、图78；图版Ⅰ：132、图版Ⅰ：133、图版Ⅰ：134）。

　　第一段梯道（连接第一层与第二层回廊）自西南—北向穿过塔心，进入第二层回廊；由此出口绕塔心沿顺时针旋转约125°进入第二段梯道（连接第二层与第三层回廊）入口，自东南—西北向穿过塔心，进入第三层回廊；由此出口绕塔心沿顺时针方向旋转90°进入第三段梯道（连接第三层与第四层回廊）入口，自东北—西南向穿过塔心，进入第四层回廊；由此出口绕塔心沿顺时针旋转90°进入第四段梯道（连接第四层与第五层回廊）入口，自西北—东南向穿过塔心，进入第五层回廊；由此出口绕塔心沿顺时针旋转约270°进入第五段梯道（连接第五层与第六层回廊）入口，自东北—西南向穿过塔心，进入第六层回廊；由此出口绕塔心沿顺时针旋转90°进入第六段梯道（连接第六层与第七层回廊）入口，自西北—东南向穿过塔心，进入第七层回廊；由此出口绕塔心沿顺时针旋转90°进入第七段梯道（连接第七层与第八层回廊）入口，自西南—东北向穿过塔心，最后进入第八层回廊。

　　此外，在第三层回廊外壁设置的四个塔窗上方、第四层与第五层间梯道的入口上方、第六层与第七层间梯道的出口上方、第七层与第八层间梯道的入口上方，皆设置覆斗顶与回廊顶相接（图版Ⅰ：135、图版Ⅰ：136、图版Ⅰ：137、图版Ⅰ：138）。上述覆斗

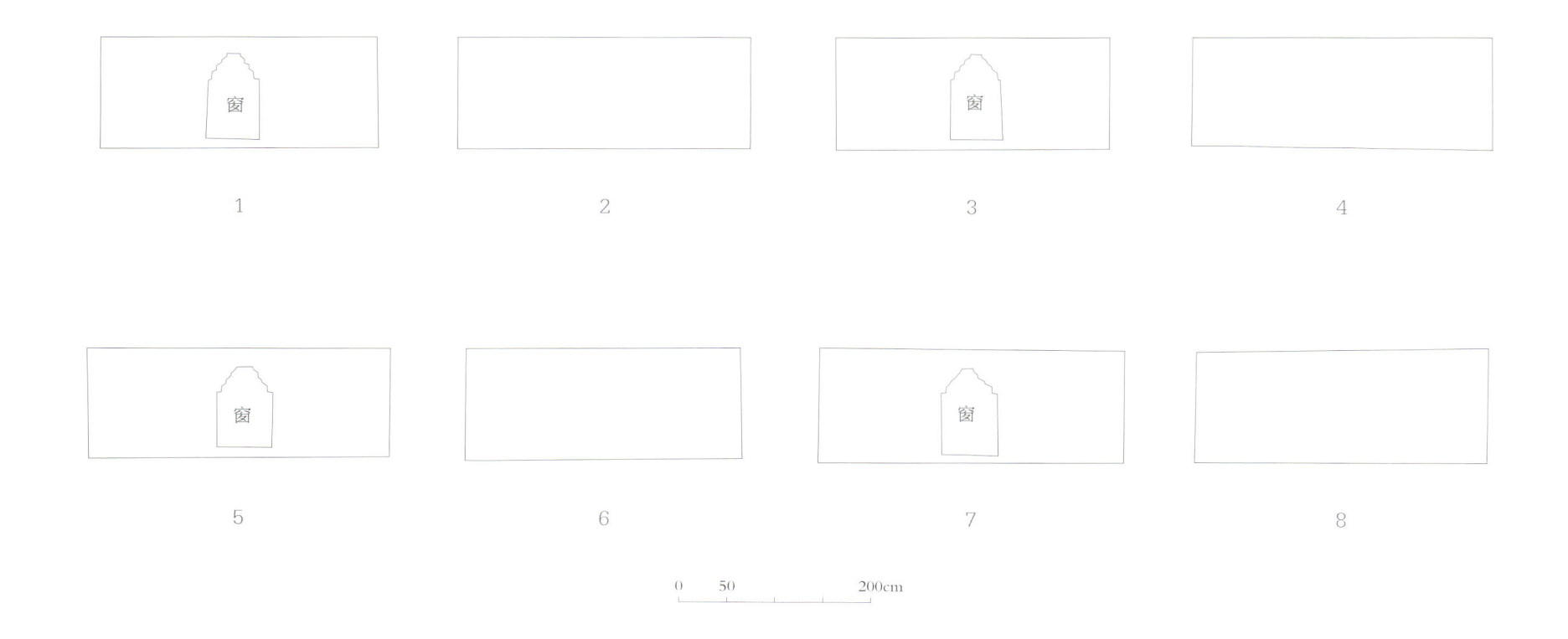

图 57　多宝塔第十级塔身壁面立面图
1　南面　2　西南面　3　西面　4　西北面
5　北面　6　东北面　7　东面　8　东南面

图 58　多宝塔第十级塔身横剖面图

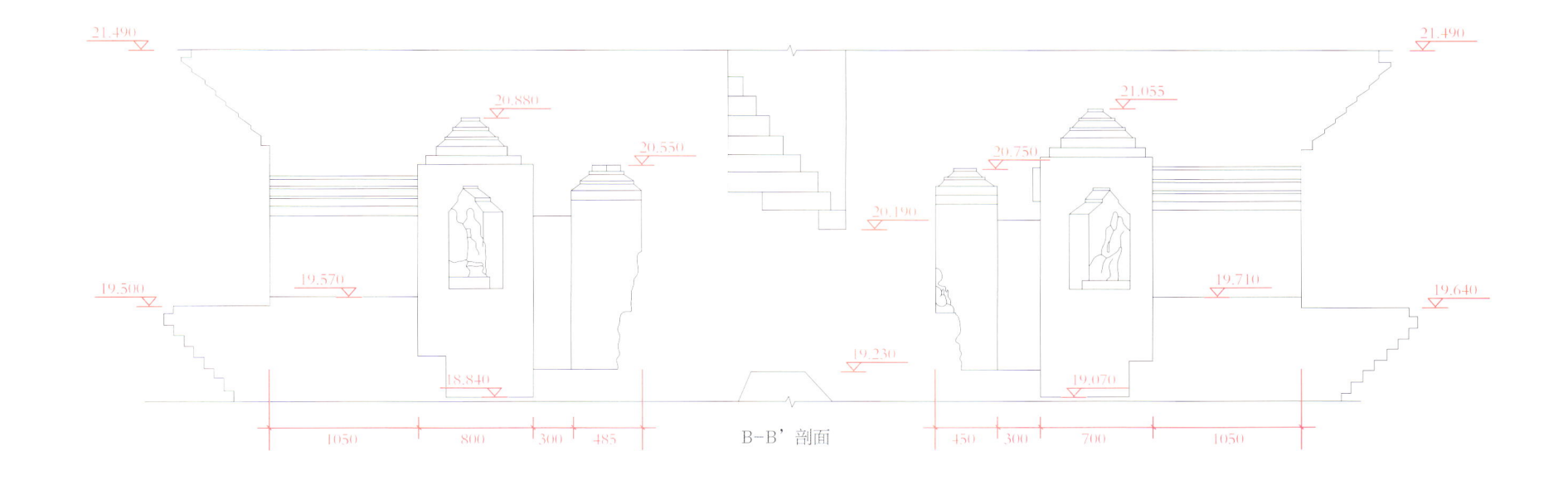

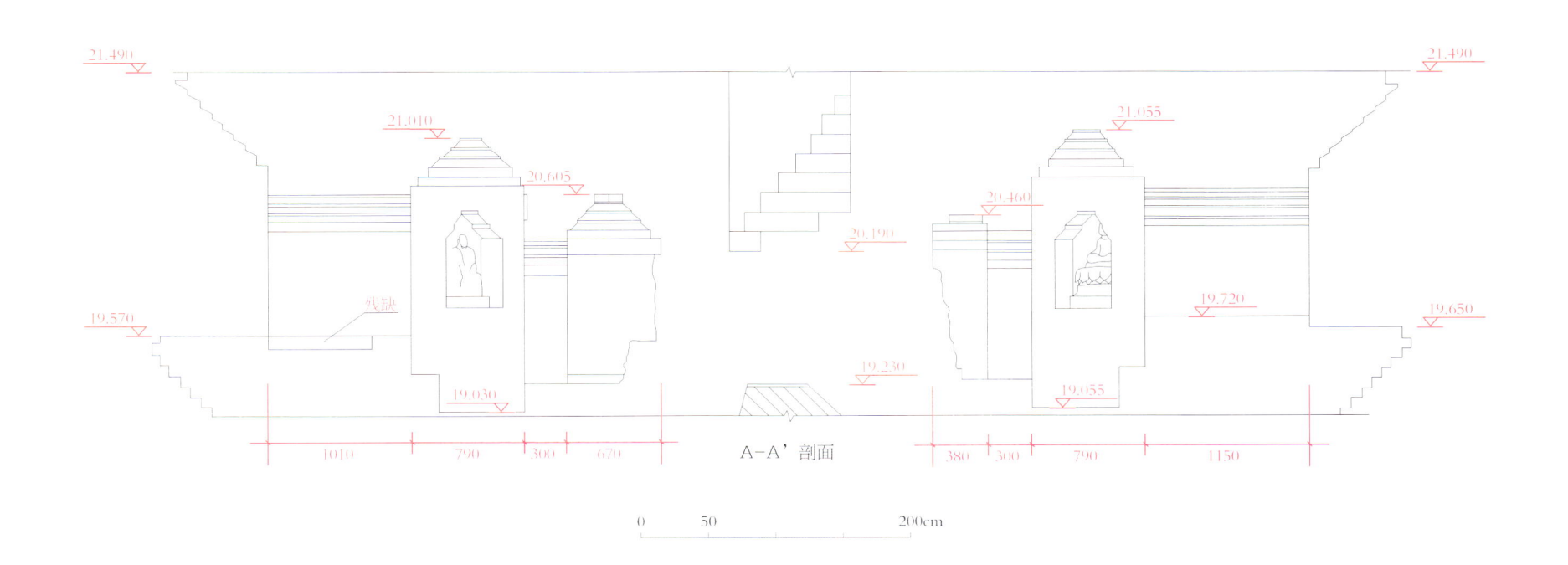

图59 多宝塔第十级塔身纵剖面图

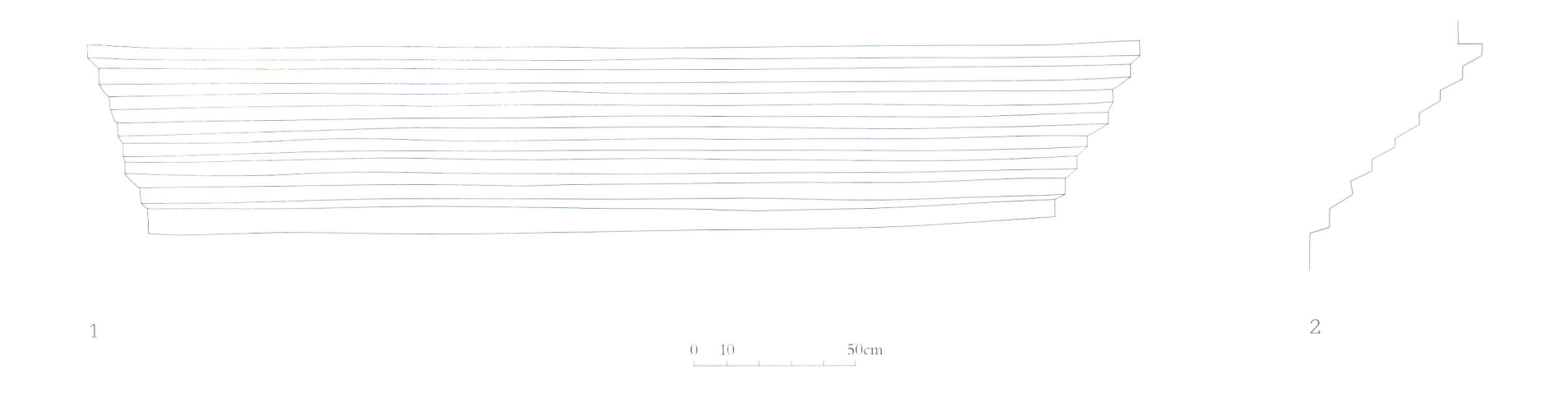

图60 多宝塔第十重塔檐立、剖面图
1 立面图 2 剖面图

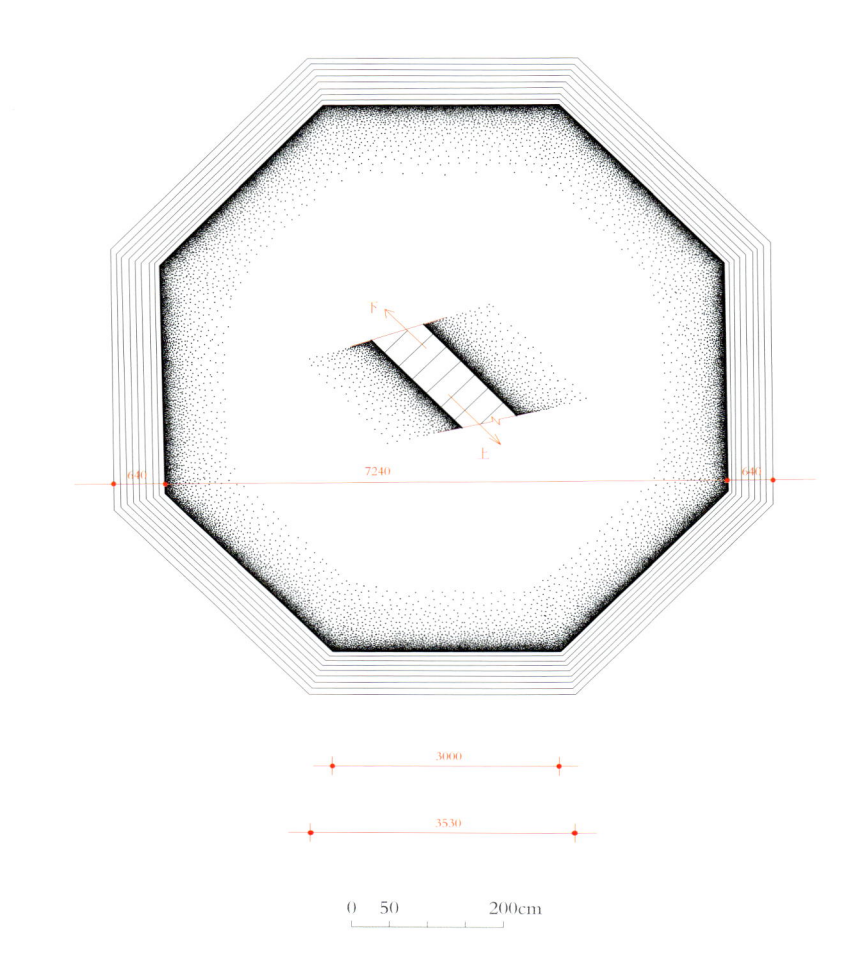

图 61　多宝塔第十重塔檐仰视图

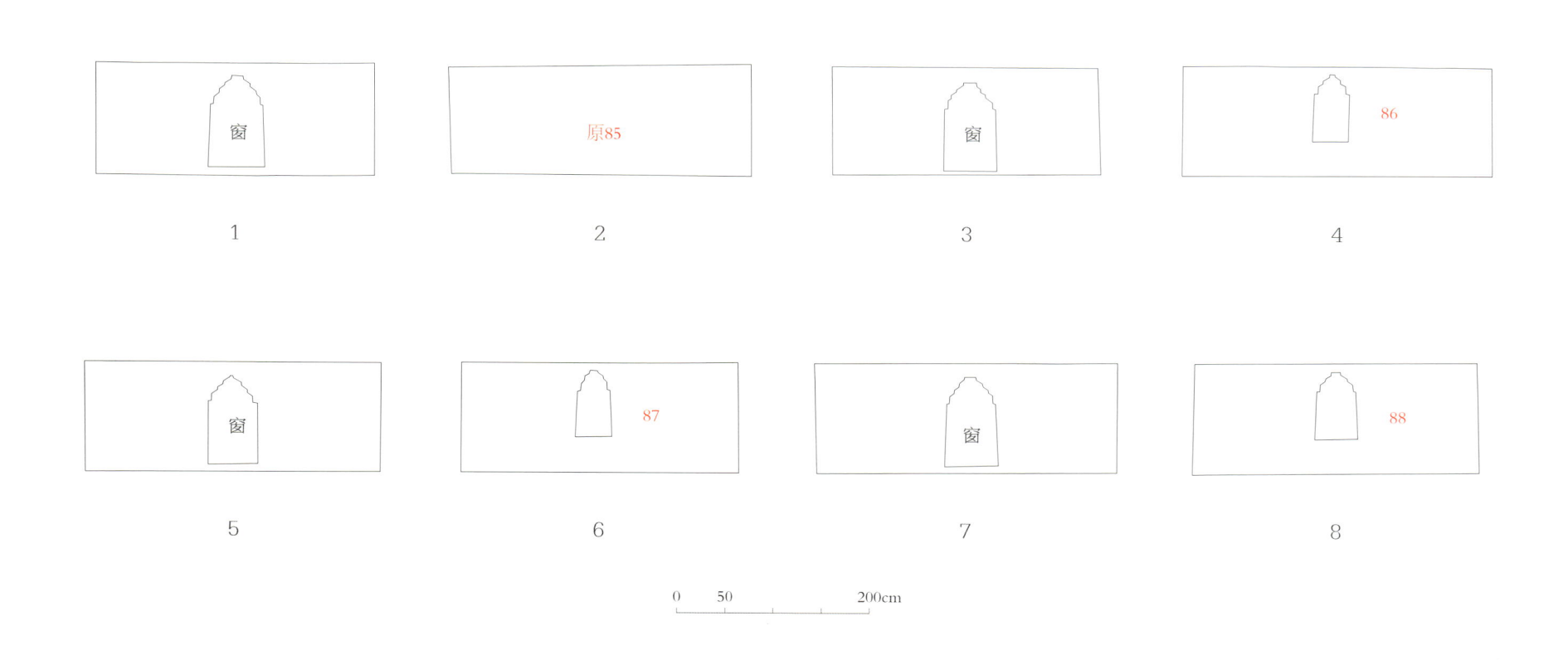

图 62　多宝塔第十一级塔身壁面立面图
1　南面　2　西南面　3　西面　4　西北面
5　北面　6　东北面　7　东面　8　东南面

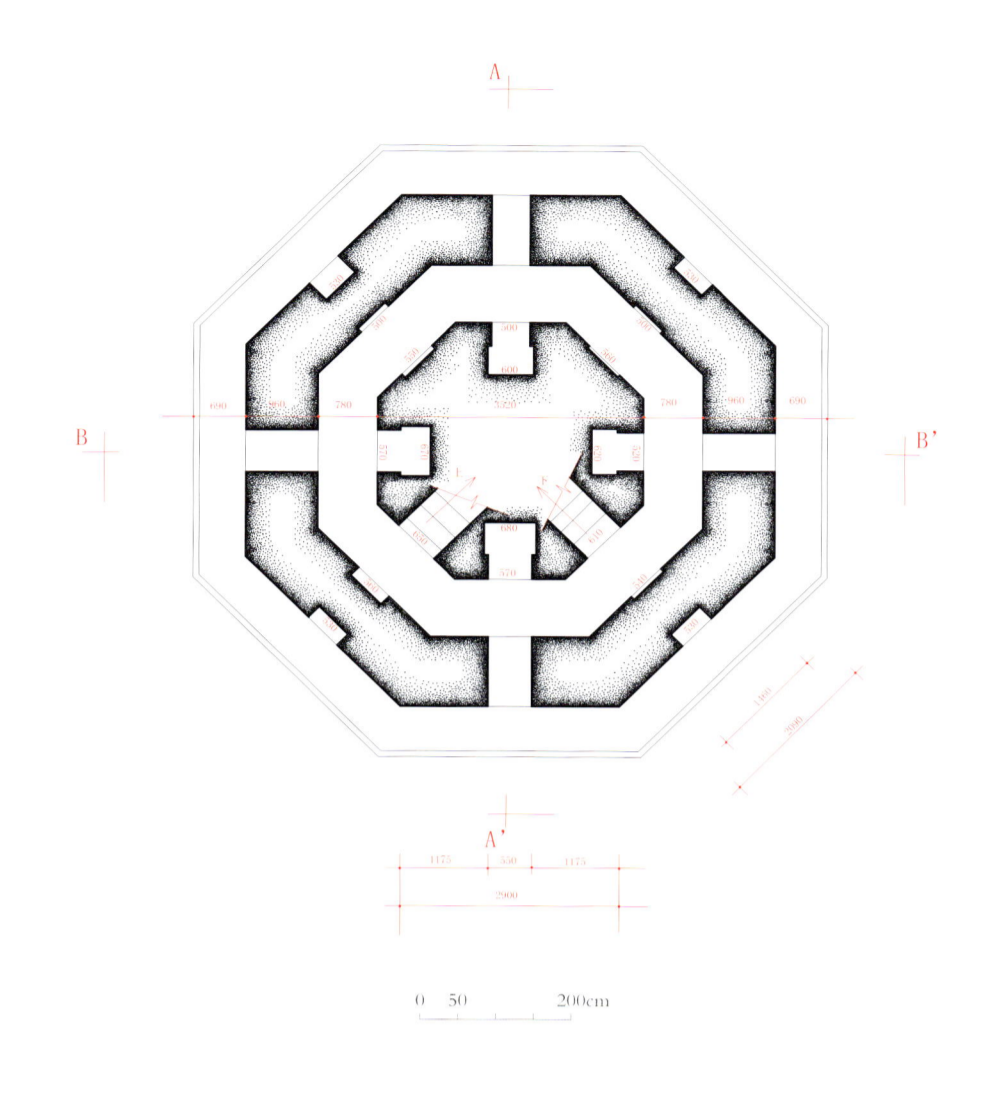

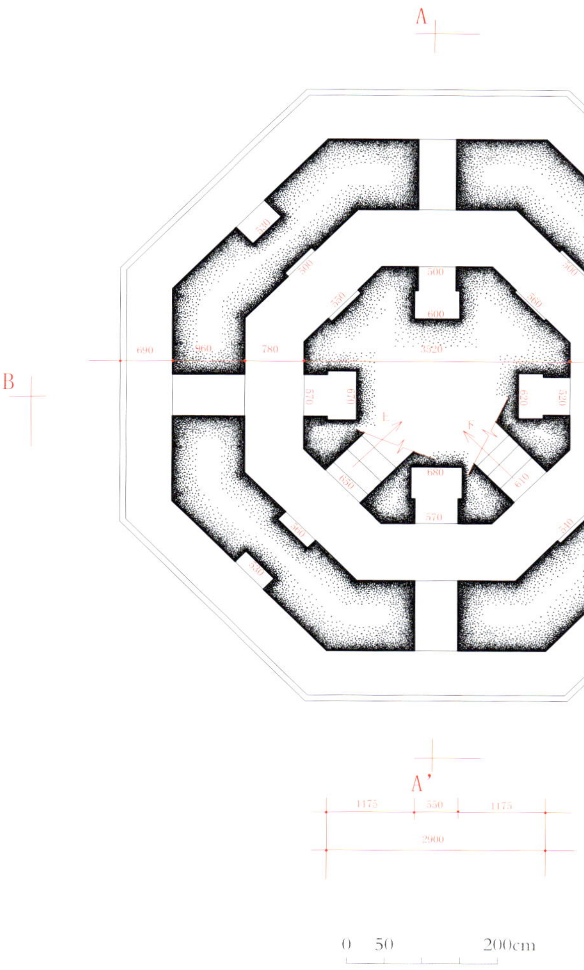

图 63　多宝塔第十一级塔身横剖面图

图 64　多宝塔第十一级塔身纵剖面图

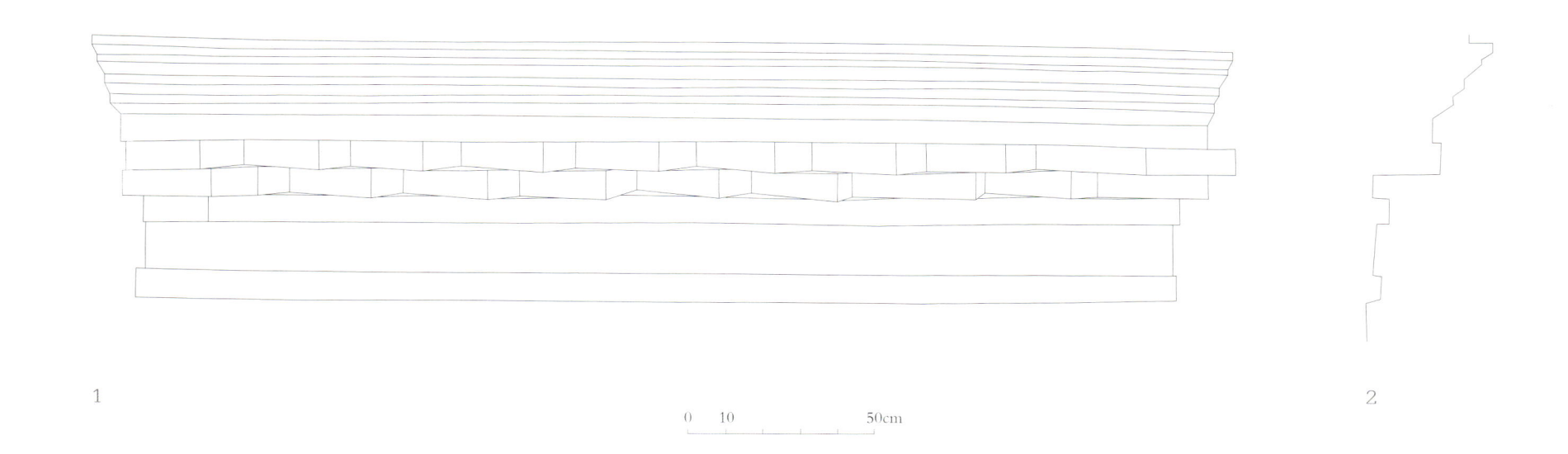

图 65　多宝塔第十一重塔檐立、剖面图
1　立面图　2　剖面图

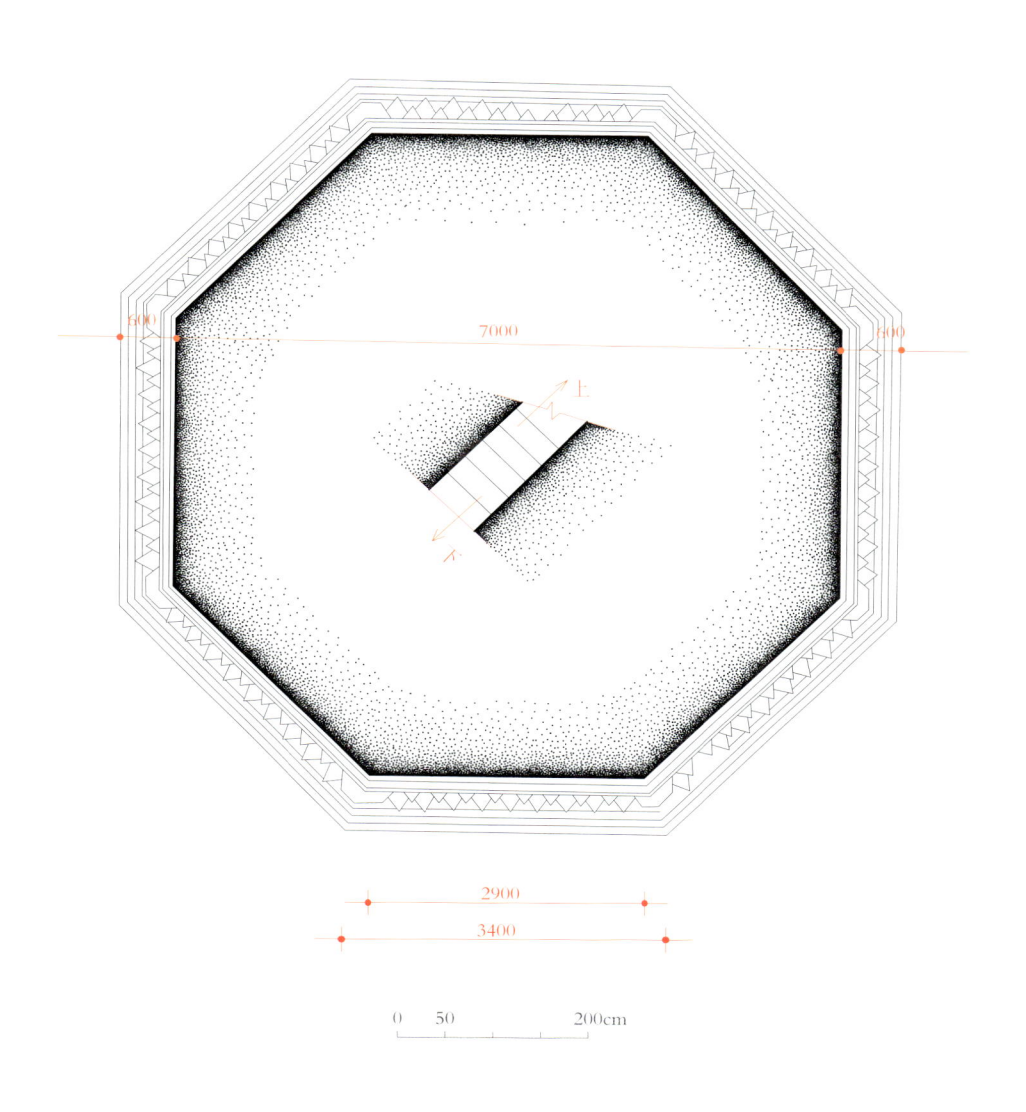

图 66　多宝塔第十一重塔檐仰视图

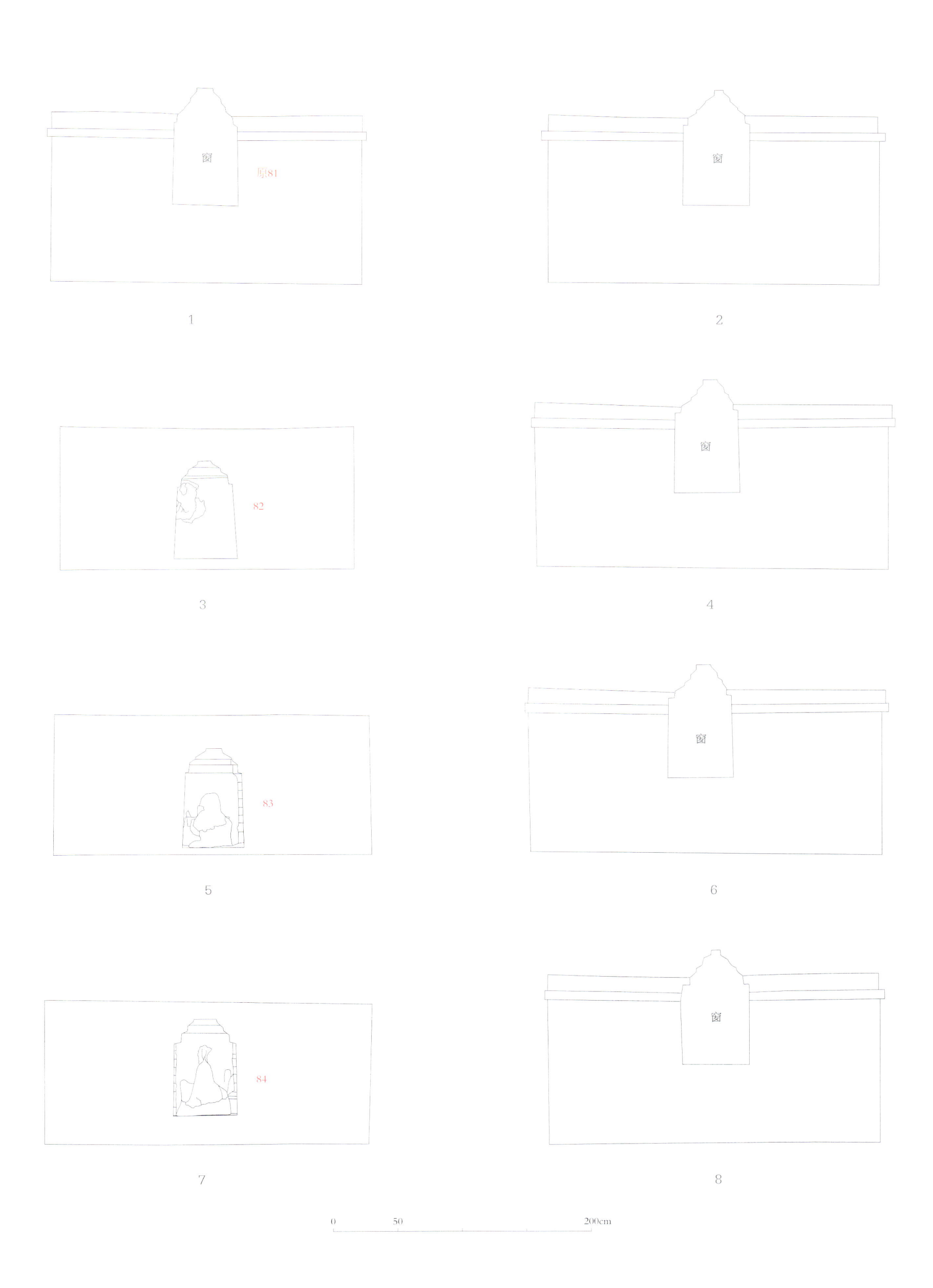

图 67 多宝塔第十二级塔身壁面立面图
1 南面 2 西南面 3 西面 4 西北面
5 北面 6 东北面 7 东面 8 东南面

第二章 多宝塔形制及龛像设置

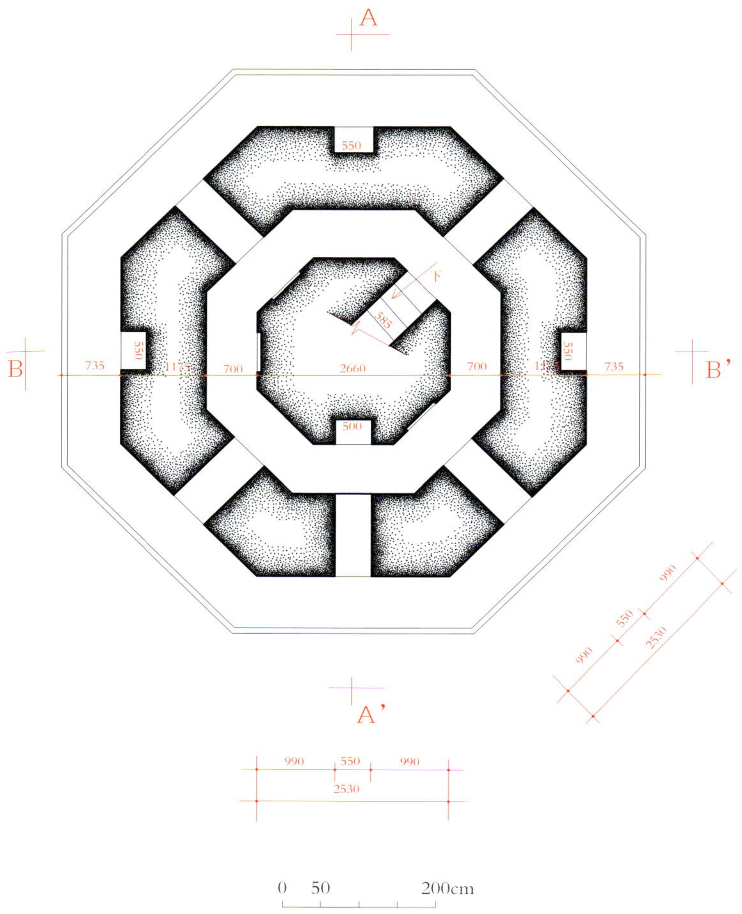

图 68　多宝塔第十二级塔身横剖面图

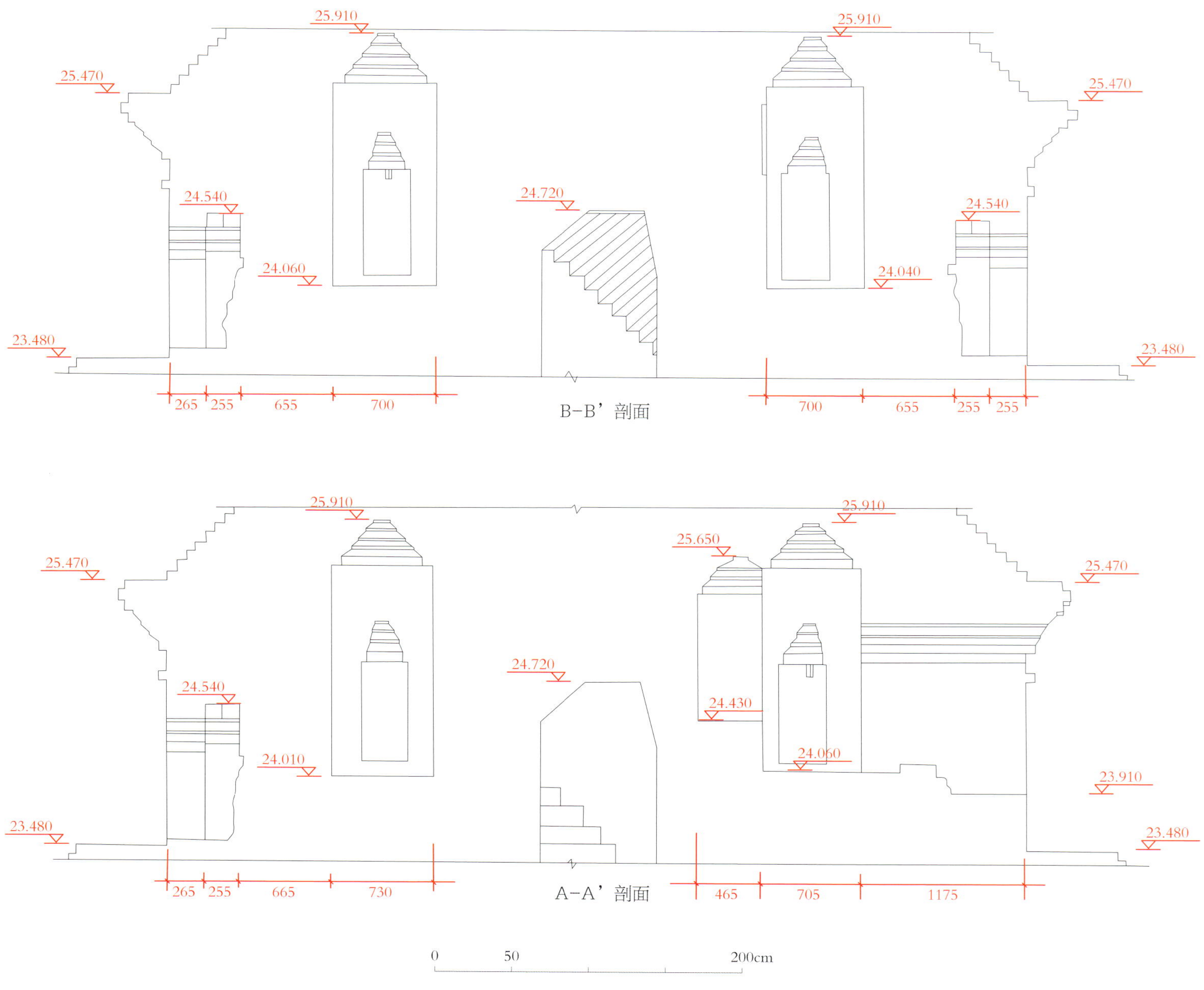

图 69　多宝塔第十二级塔身纵剖面图

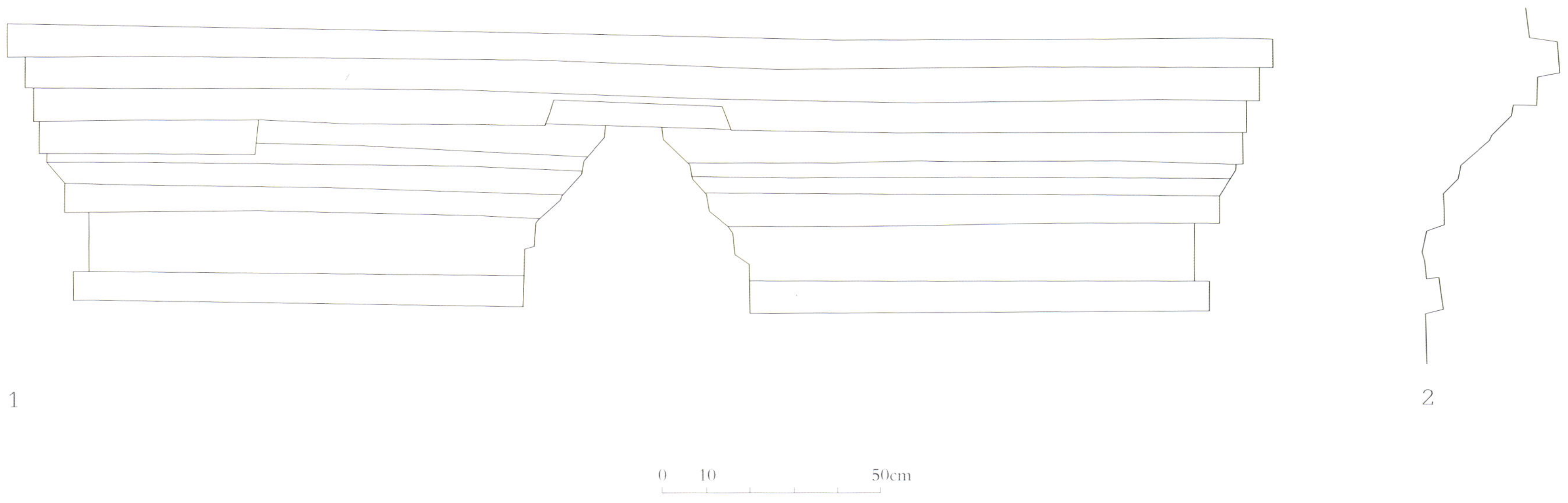

图 70　多宝塔第十二重塔檐立、剖面图
1　立面图　2　剖面图

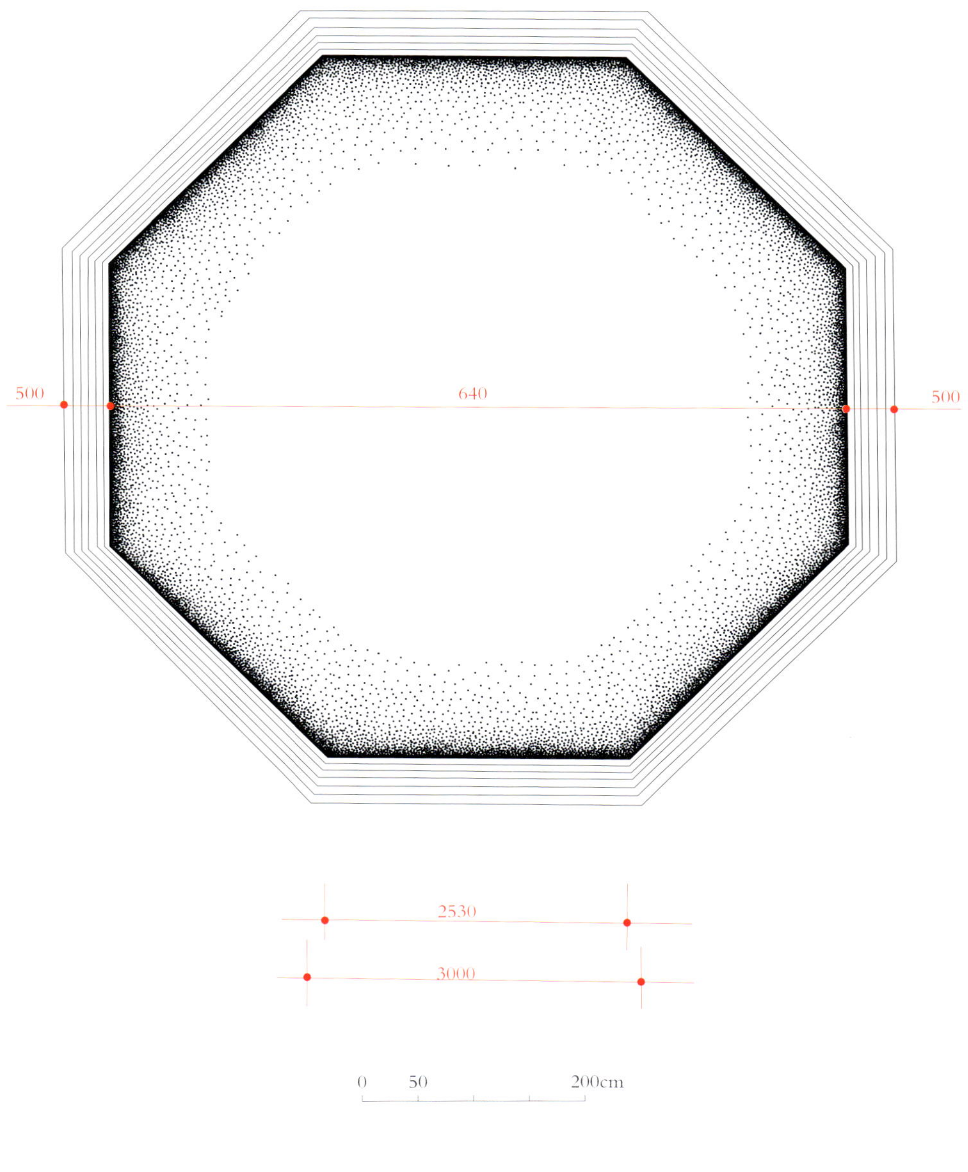

图 71　多宝塔第十二重塔檐仰视图

第二章　多宝塔形制及龛像设置　67

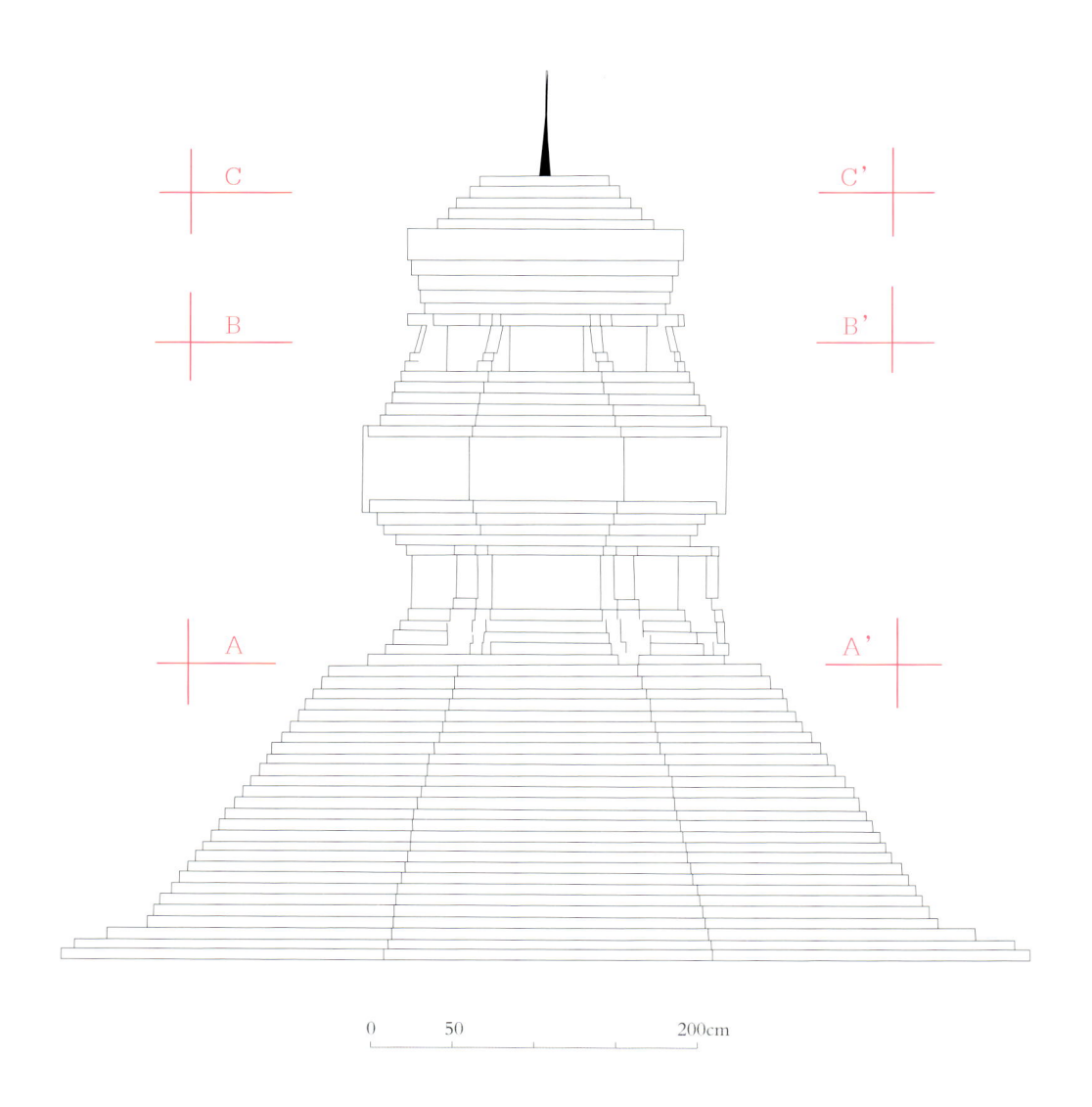

图 72　多宝塔塔刹立面图

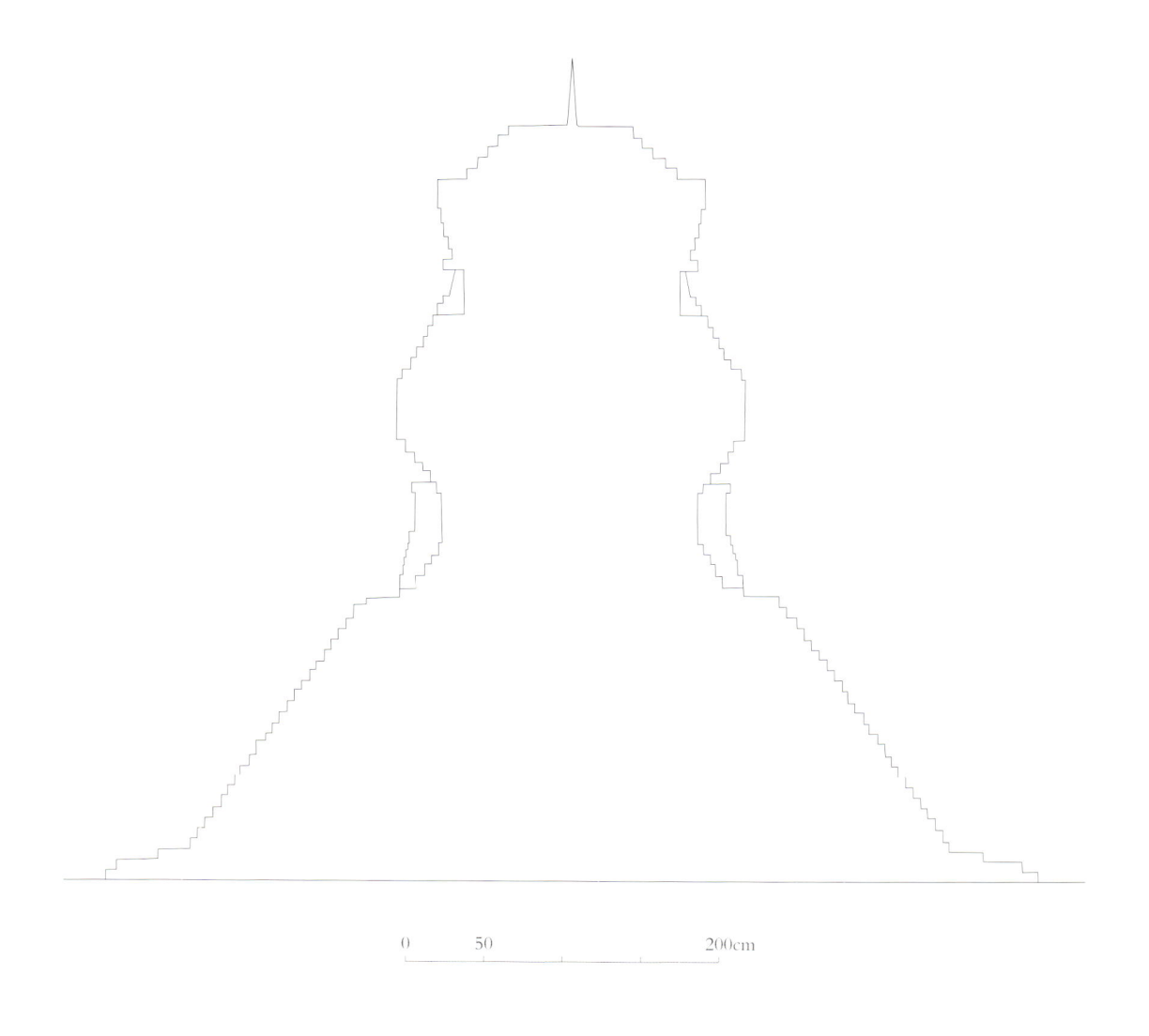

图 73　多宝塔塔刹纵剖面图

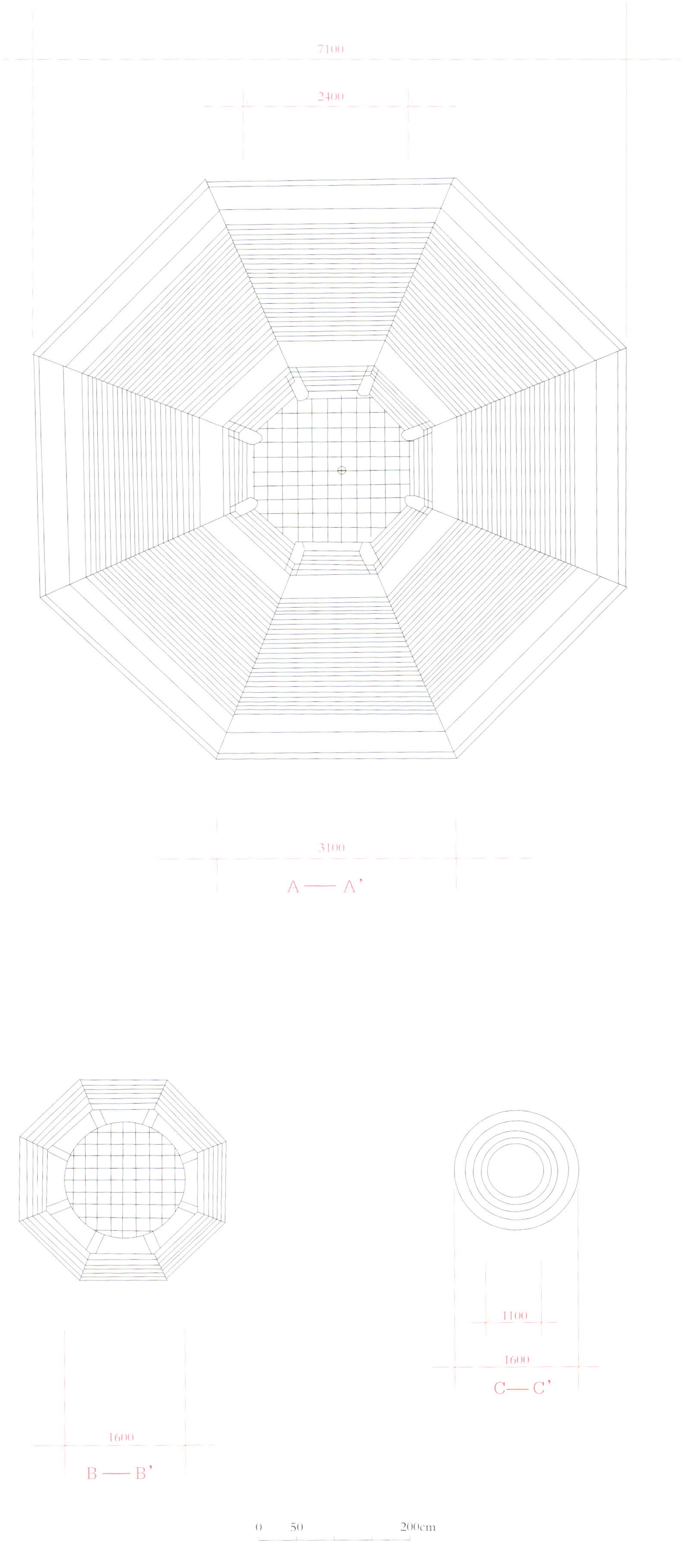

图 74　多宝塔塔刹横剖面图

顶底部皆与各层回廊等宽，回廊地坪至覆斗顶高约213—233厘米。塔内各层层高[1]、梯道走向及梯道长度和梯道口规格，塔内各层回廊内、外壁面高度和宽度，以及塔内各层回廊规格、窗户规格及设置数量等详见表16、表17、表18。

表16　塔内各层层高、梯道走向及梯道口尺寸表（单位：厘米）

层级	层高	梯道走向	梯道长度	梯道口规格（高×宽）	备注
第1→2层	265	西南→北	444	入口：149×68 出口：142×71	南面开设塔门。
第2→3层	398	东南→西北	644	入口：152×66 出口：157×68	自出口顺时针旋转约125°设置下一梯道入口。
第3→4层	492	东北→西南	720	入口：165×70 出口：155×64	自出口顺时针旋转约90°设置下一梯道入口。
第4→5层	402	西北→东南	606	入口：168×64 出口：153×62	自出口顺时针旋转约90°设置下一梯道入口。
第5→6层	350	东北→西南	552	入口：163×67 出口：161×64	自出口顺时针旋转约270°设置下一梯道入口。
第6→7层	242	西北→东南	423	入口：161×67 出口：165×60	自出口顺时针旋转约90°设置下一梯道入口。
第7→8层	257	西南→东北	387	入口：172×64 出口：139×58	自出口顺时针旋转约90°设置下一梯道入口。

表17　塔内各层回廊内、外壁面宽度尺寸表（单位：厘米）

塔层	内壁宽度（以壁面朝向）	外壁宽度（以壁面朝向）	内外壁高度[2]
1	南　壁：250	北　壁：275	内壁高150，外壁高154。
1	西南壁：178	东北壁：215	
2	北　壁：216	南　壁：266	158
2	西北壁：218	东南壁：266	
2	西　壁：205	东　壁：266	
2	西南壁：205	东北壁：272	
2	南　壁：207	北　壁：277	
2	东南壁：212	西北壁：272	
2	东　壁：206	西　壁：268	
2	东北壁：207	西南壁：267	

1　层高是指上下回廊地面间的竖直距离。
2　塔内回廊内、外壁高度是指回廊地坪至回廊券顶下缘的距离。

续表17

塔层	内壁宽度（以壁面朝向）	外壁宽度（以壁面朝向）	内外壁高度
3	北　壁：214	南　壁：277	175
	西北壁：218	东南壁：271	
	西　壁：208	东　壁：274	
	西南壁：204	东北壁：270	
	南　壁：215	北　壁：278	
	东南壁：210	西北壁：275	
	东　壁：213	西　壁：273	
	东北壁：212	西南壁：261	
4	北　壁：204	南　壁：256	168
	西北壁：209	东南壁：274	
	西　壁：194	东　壁：270	
	西南壁：198	东北壁：255	
	南　壁：190	北　壁：272	
	东南壁：217	西北壁：278	
	东　壁：207	西　壁：246	
	东北壁：194	西南壁：267	
5	北　壁：190	南　壁：239	内壁高191，外壁高181。
	西北壁：210	东南壁：260	
	西　壁：180	东　壁：262	
	西南壁：184	东北壁：235	
	南　壁：190	北　壁：254	
	东南壁：198	西北壁：271	
	东　壁：202	西　壁：240	
	东北壁：160	西南壁：248	
6	北　壁：143	南　壁：212	165
	西北壁：153.5	东南壁：210	
	西　壁：149	东　壁：216	
	西南壁：149	东北壁：212	
	南　壁：148	北　壁：216	
	东南壁：154	西北壁：211	

续表17

塔层	内壁宽度（以壁面朝向）	外壁宽度（以壁面朝向）	内外壁高度
6	东　壁：149	西　壁：219	165
	东北壁：149	西南壁：217	
7	北　壁：135	南　壁：199	172
	西北壁：169	东南壁：213	
	西　壁：132	东　壁：214	
	西南壁：142	东北壁：202	
	南　壁：132	北　壁：200	
	东南壁：156	西北壁：232	
	东　壁：142	西　壁：188	
	东北壁：145	西南壁：210	
8	北　壁：94	南　壁：164	152
	西北壁：127	东南壁：162	
	西　壁：94	东　壁：169	
	西南壁：102	东北壁：157	
	南　壁：110	北　壁：157	
	东南壁：106	西北壁：190	
	东　壁：108	西　壁：148	
	东北壁：107	西南壁：164	

表18　塔内各层回廊[1]、窗户规模及设置数量（单位：厘米）

塔层	回廊 （高×宽）	窗户设置	窗户规格 （高×宽×深）	备注
1	187×78			无窗（南面开塔门洞）。
2	188×73	4户，设置于东、南、西、北四向壁面。	129×（65—76）×（94—97）	窗户下缘与回廊地坪齐平。
3	214×77	4户，设置于东、南、西、北四向壁面。	（114—116）×（63—65）×97	窗户下距回廊地坪80—84厘米。窗下皆设二级梯步，通高约55厘米，与窗等宽。
4	199×78	4户，设置于东、南、西、北四向壁面。	（115—118）×62×（104—114）	窗户下距回廊地坪约7厘米。

1　各层回廊高是指从回廊地坪至回廊券顶最高点的距离，宽是指内、外壁之间的距离。

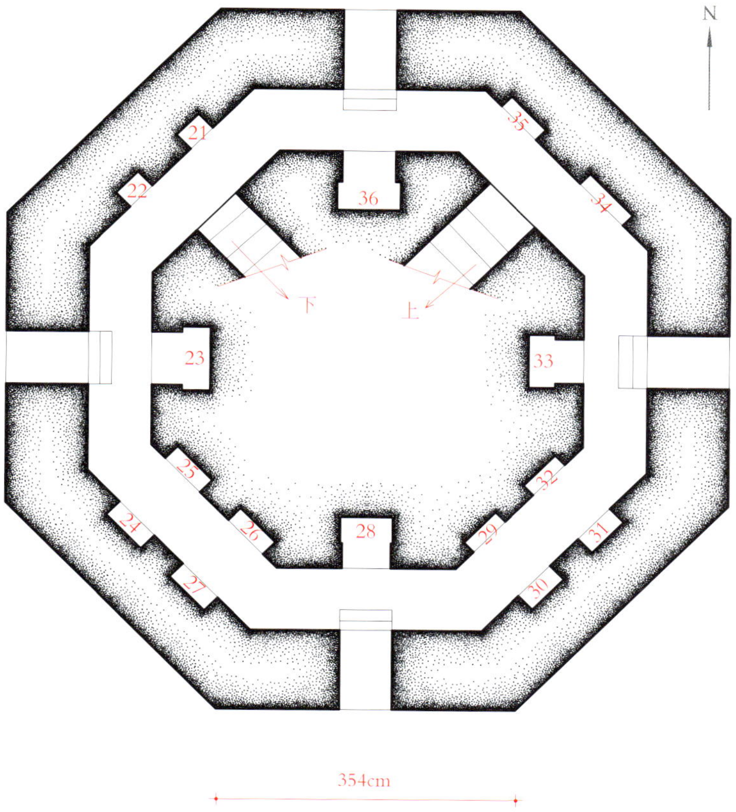

3 第三层回廊

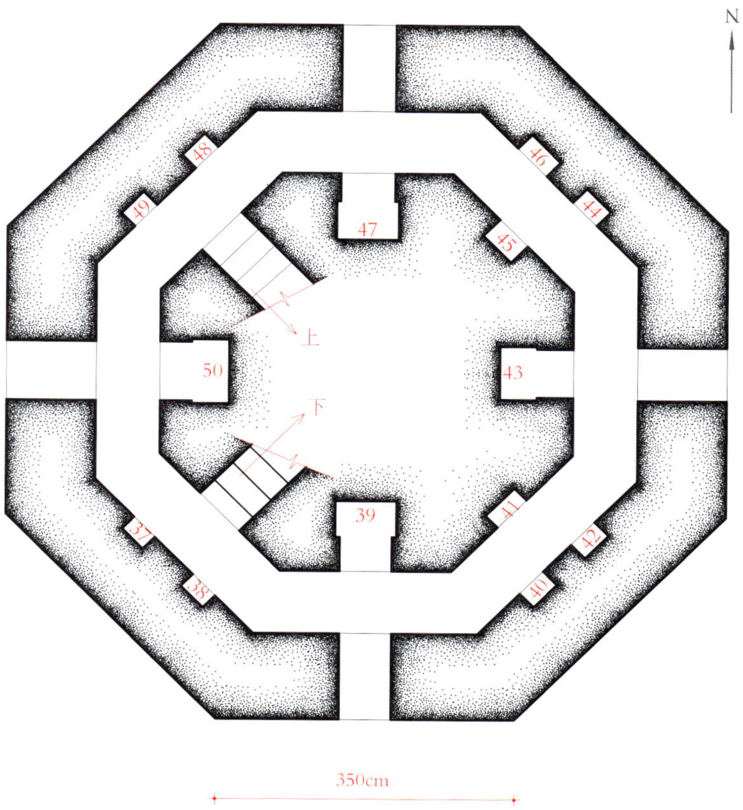

4 第四层回廊

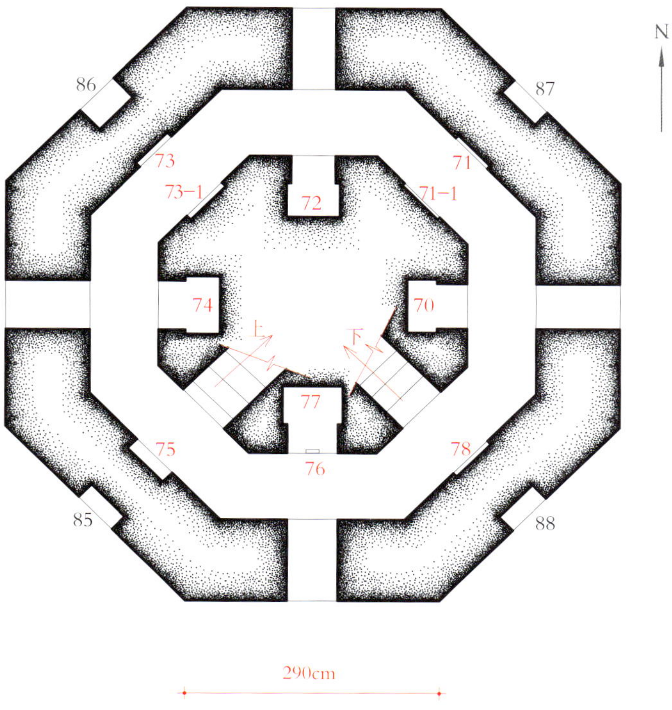

7 第七层回廊

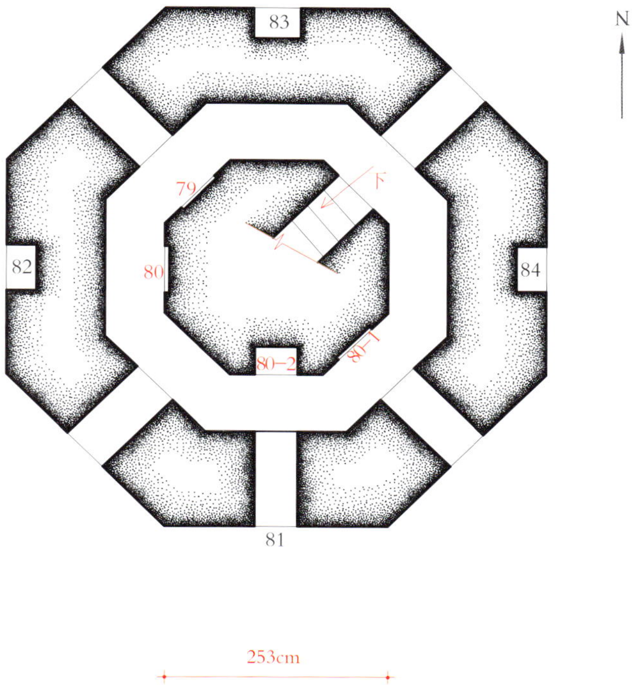

8 第八层回廊

图 76　多宝塔内第一至八层回廊平面及龛窟分布图

续表18

塔层	回廊 （高×宽）	窗户设置	窗户规格 （高×宽×深）	备注
5	215×73	4户，设置于东、南、西、北四向壁面。	（95—97）×（62—66）×98	窗户下距回廊地坪40—42厘米。窗下皆设一级梯步，高20—21厘米，与窗等宽。窗户左右内侧壁面皆开设有方形浅龛，大小相近。浅龛高46厘米，宽66.5厘米，深5厘米。浅龛用途不明。
6	204×80	4户，设置于东、南、西、北四向壁面。	（87—95）×（55—59）×（102—113）	窗户下距回廊地坪60—71厘米。窗下皆设一级梯步，高27—29厘米，与窗等宽。
7	210×80	4户，设置于东、南、西、北四向壁面。	96×（50—57）×（87—99）	窗户下距回廊地坪7厘米。
8	190×79	5户，设置于正南、东南、西北、东北、西南五向壁面。	（101—105）×（53—56）×（117—119）	窗户下距回廊地坪7厘米。

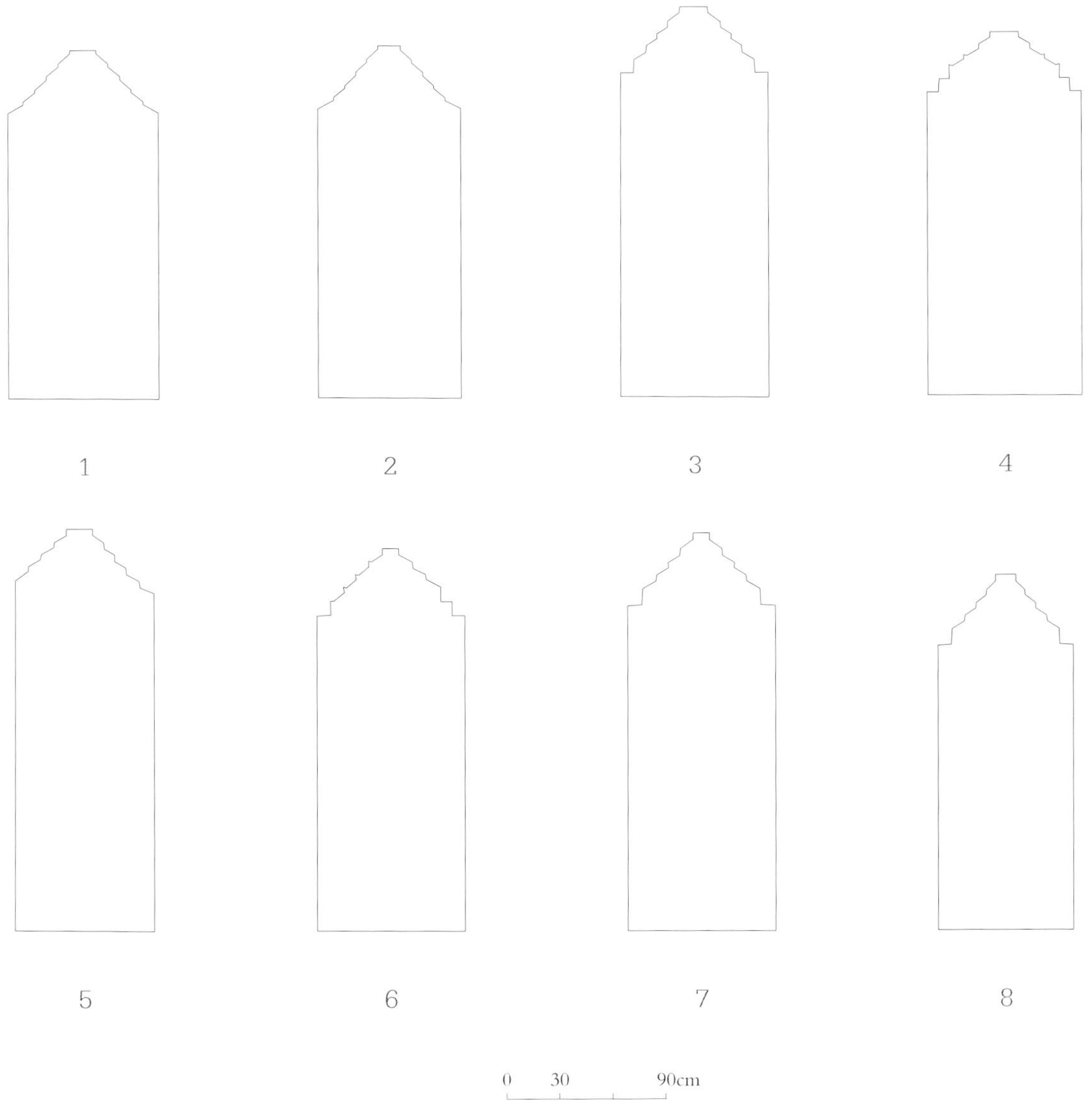

图75　多宝塔内第一至八层回廊纵剖图
1　第一层　2　第二层　3　第三层　4　第四层
5　第五层　6　第六层　7　第七层　8　第八层

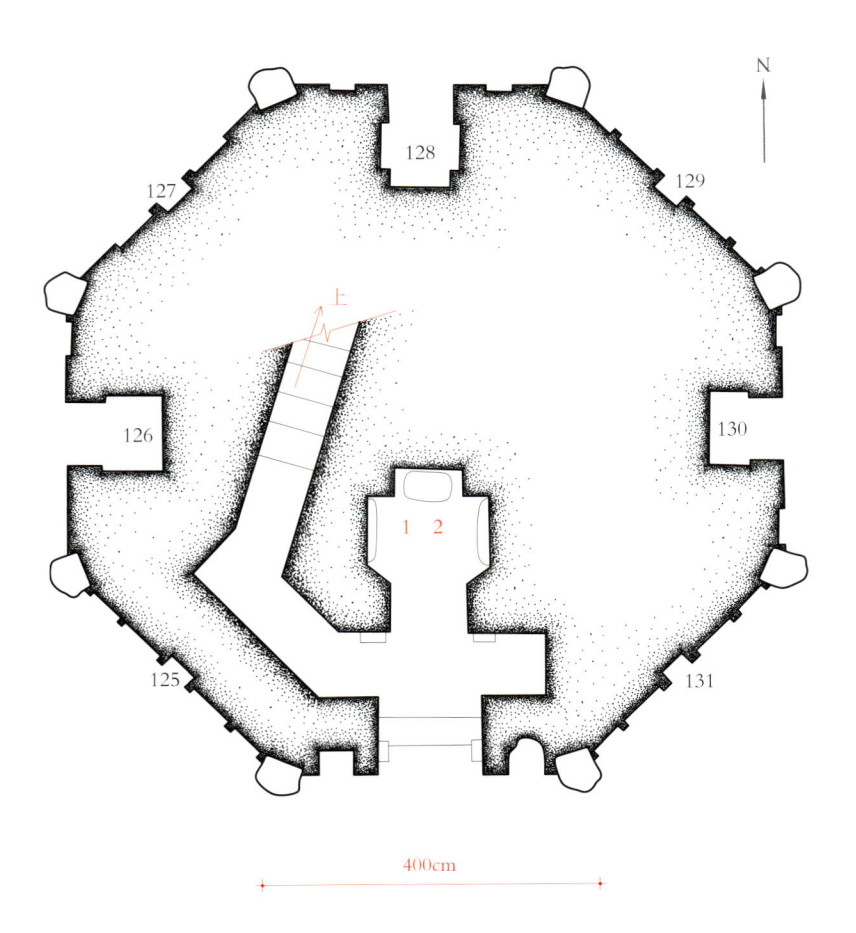

1　第一层回廊

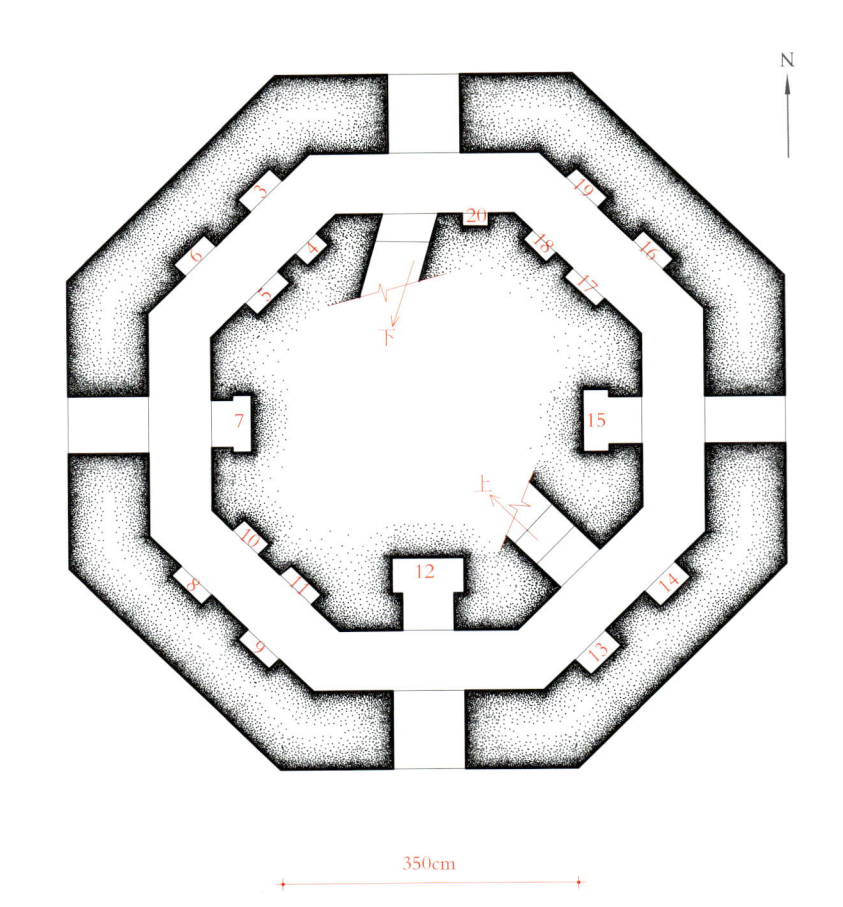

2　第二层回廊

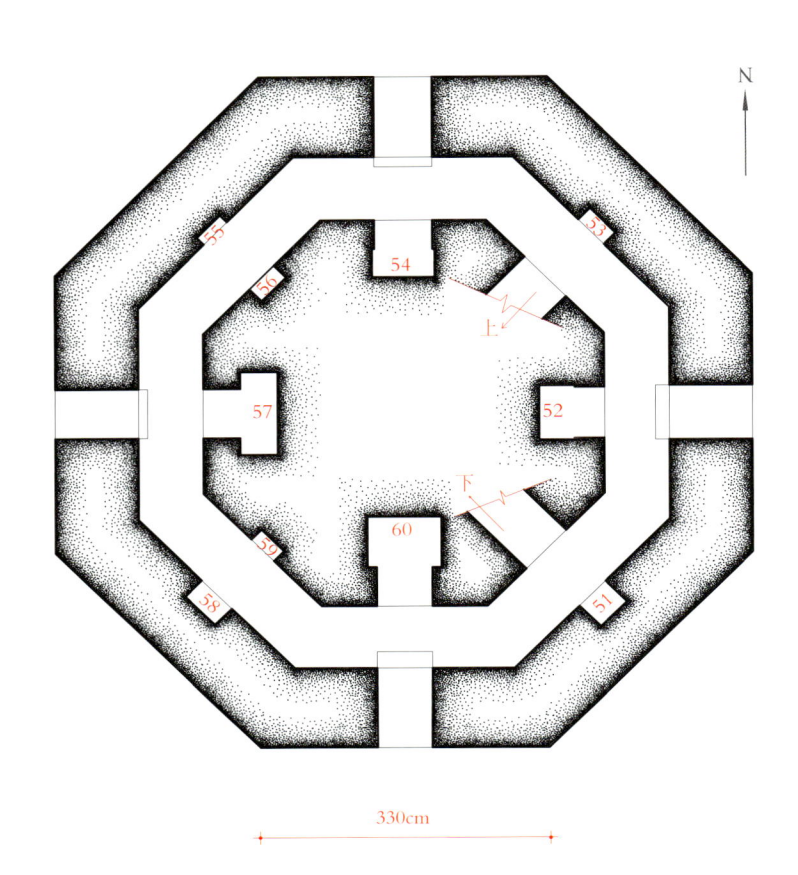

5　第五层回廊

6　第六层回廊

图 77　多宝塔内回廊间第一至七段梯道纵剖图
1　第一、二层回廊间　2　第二、三层回廊间　3　第三、四层回廊间　4　第四、五层回廊间
5　第五、六层回廊间　6　第六、七层回廊间　7　第七、八层回廊间

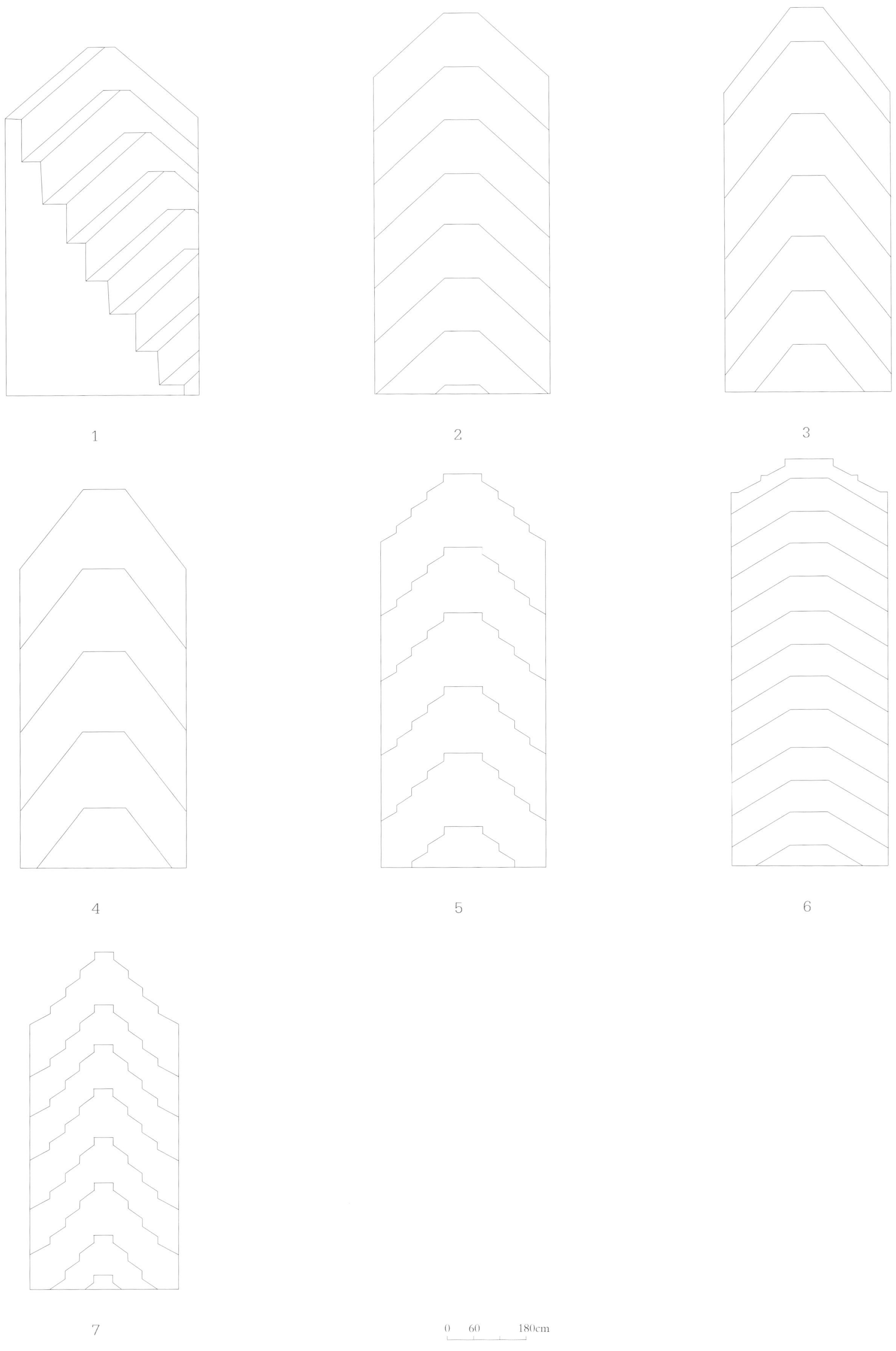

图 78　多宝塔内回廊间第一至七段梯道出口立面图
1　第一段　2　第二段　3　第三段　4　第四段
5　第五段　6　第六段　7　第七段

第二节　龛窟设置与布局

一　龛窟设置

多宝塔龛窟布置于塔内第一至第八层回廊内、外壁面和塔外第一、三、五、七、九、十一、十二级的塔身外壁。调查发现，多宝塔龛窟设置主要有两种形式[1]：一是在塔体适当的位置以砖块砌筑龛窟立体空间，并预留嵌石位置，再将精细雕凿的造像石材或铭刻砖材镶嵌入壁面，形成完整的造像龛窟；二是于砖块砌筑洞窟后，壁面未预留嵌石位置，直接安置独立圆雕造像石材，亦形成完整的造像龛窟。

（一）镶嵌造像石

造像石材镶嵌于浅龛正壁和窟内三壁，镶嵌形式主要有满嵌和局部镶嵌两种情形。根据龛窟形制，满嵌形式有四种，局部镶嵌有两种。

1. 满嵌

四种。

第一种　方形浅龛，造像石材与龛正壁大小一致，满嵌壁面。如第125号龛（图79）。

第二种　方形浅龛，正壁上部设外挑的砖块叠涩至顶，下部壁面满嵌造像石材。如第5号龛（图80）。

第三种　圭形浅龛，正壁上部收分呈圭形，下部方形壁面满嵌造像石材。如第75号龛（图81）。

第四种　深窟，方形造像石材镶嵌壁面，下起窟底，左右齐抵壁面边缘，上部齐抵窟顶叠涩下皮或存留少许砖壁。如第12号窟（图82）。

2. 局部镶嵌

两种。

第一种　浅龛，造像石材小（窄）于正壁，镶嵌壁面后其上方或左侧存留部分空余砖壁。如第25号龛（图83）。

第二种　深窟，造像石材镶嵌窟正壁，或下起窟底，或下设砖块低坛，其石材左右外侧和上部外侧皆存留空余砖壁。如第50号窟（图84）。

（二）安置圆雕石

第1、2号和第128号窟正壁未留设嵌石位置，于窟内安置独立的圆雕造像石材（图85）。

二　塔内龛窟布局

塔内龛窟布置于第一至第八层回廊内、外壁面，共84个编号83个龛窟[2]，包括25个窟和58个龛。其中，第一层布置第1、2号（图76-1），第二层布置第3—20号（图76-2），第三层布置第21—36号（图76-3），第四层布置第37—50号（图76-4），第五层布置第51—60号（图76-5），第六层布置第61—69号（图76-6），第七层布置70—78号和第71-1号、第73-1号（图76-7），第八层布置第79、80号和第80-1号、第80-2号（图76-8）。各层龛窟布置及编号情况详见表19。

1　造像石主要镶嵌于龛窟正壁，其情形具有代表性。报告中，造像石镶嵌窟内壁面情形的统计和表述以其镶嵌正壁的情形为准。此外，部分洞窟左右壁亦镶嵌造像石，其嵌入方式与正壁相同。
2　第1、2号实为同一个洞窟，故84个编号仅有83个龛窟，详见本册第三章第二节关于此问题的注释。

正壁立面

纵剖面

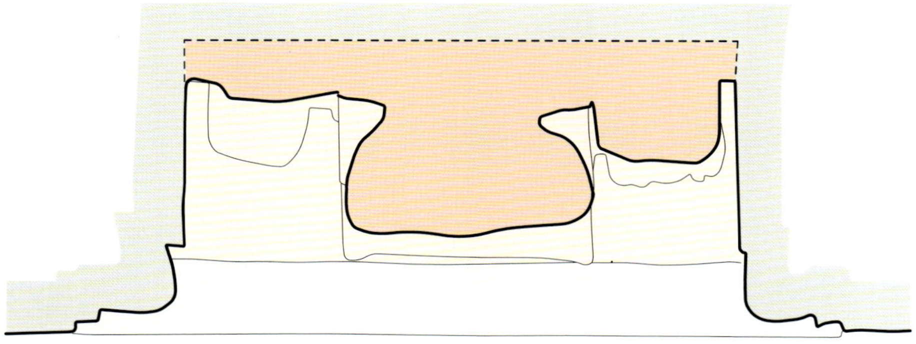

横剖面

石材投影面
石材剖面
砖材投影面
砖材剖面

图 79　多宝塔龛窟造像石材第一种满嵌示意图

正壁立面

纵剖面

横剖面

石材投影面
石材剖面
砖材投影面
砖材剖面

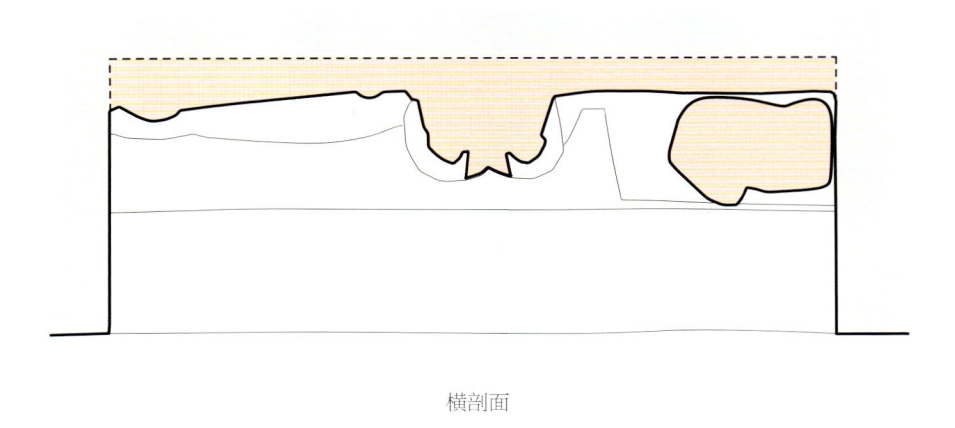

图 80　多宝塔龛窟造像石材第二种满嵌示意图

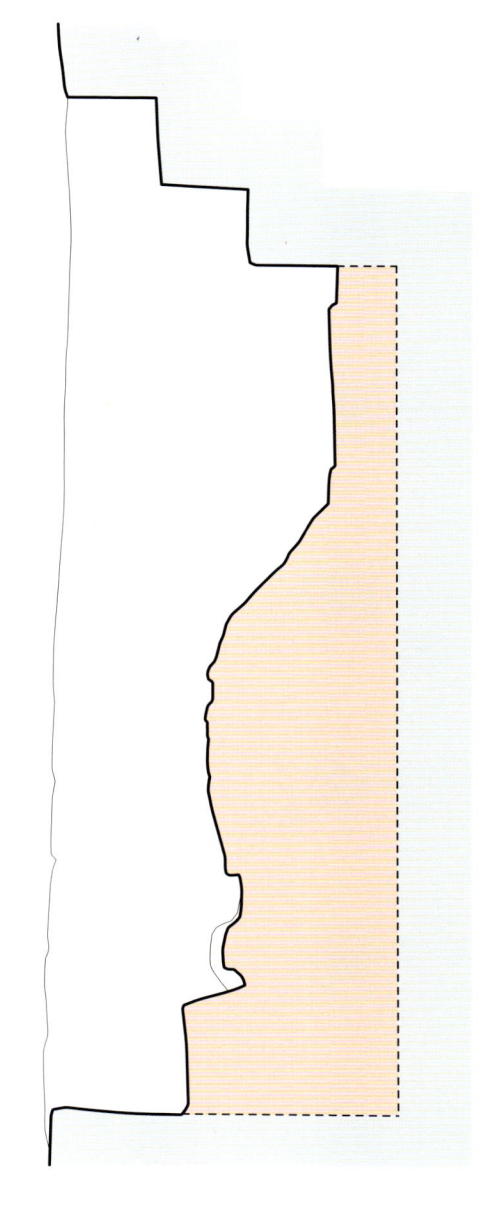

第二章　多宝塔形制及龛像设置　79

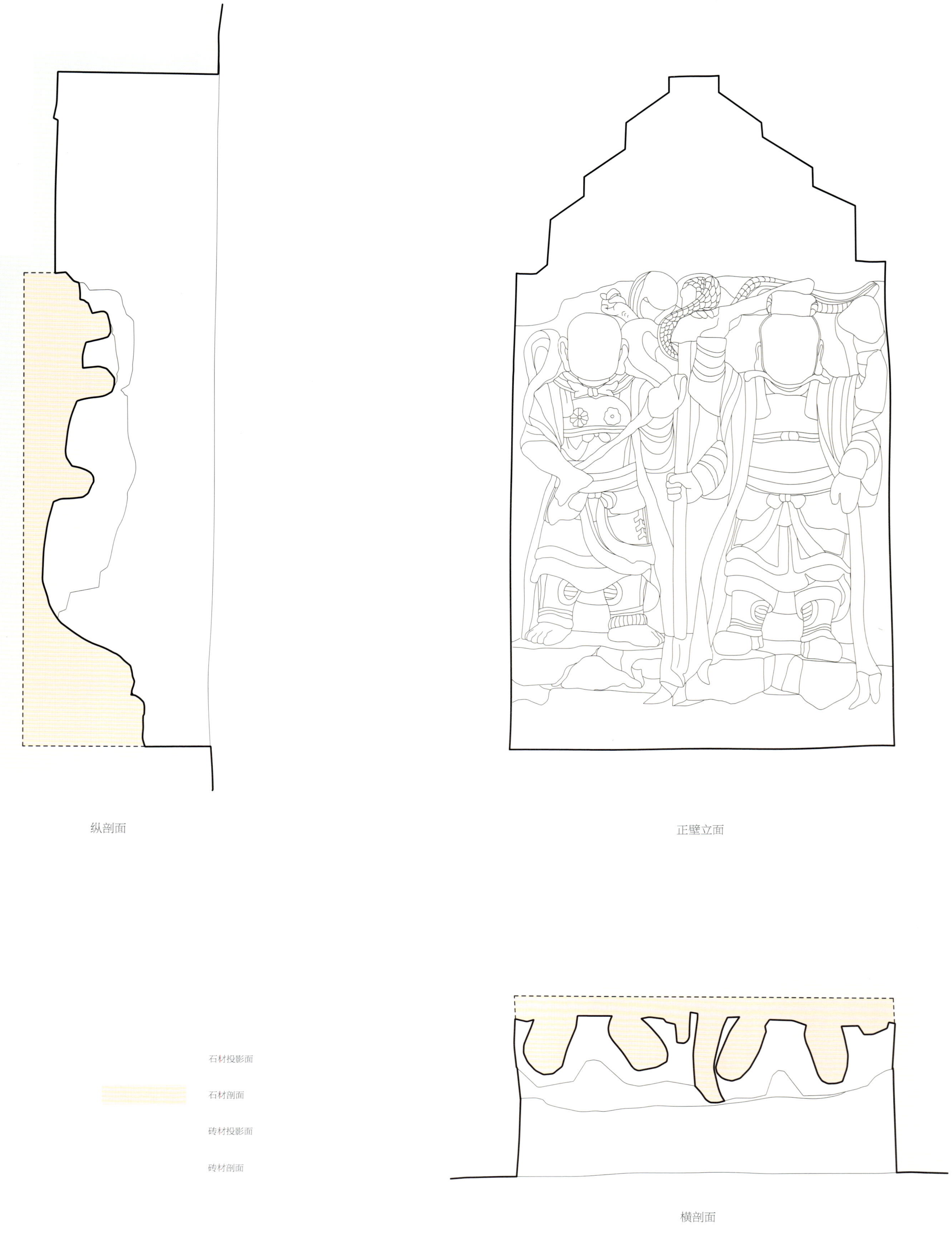

纵剖面

正壁立面

石材投影面
石材剖面
砖材投影面
砖材剖面

横剖面

图 81　多宝塔龛窟造像石材第三种满嵌示意图

80　大足石刻全集　第四卷（上册）

纵剖面

正壁立面

石材投影面

石材剖面

砖材投影面

砖材剖面

横剖面

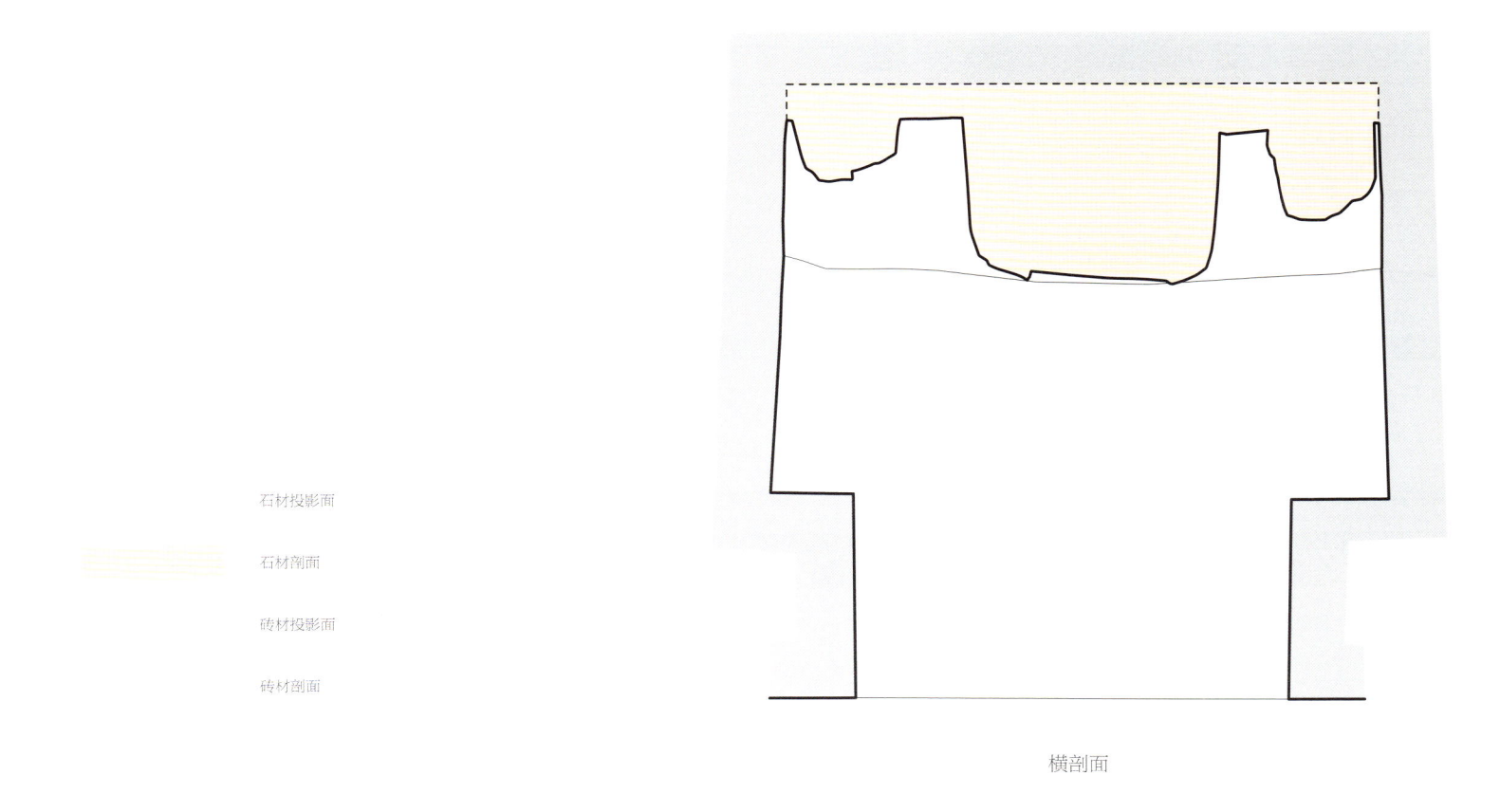

图 82　多宝塔龛窟造像石材第四种满嵌示意图

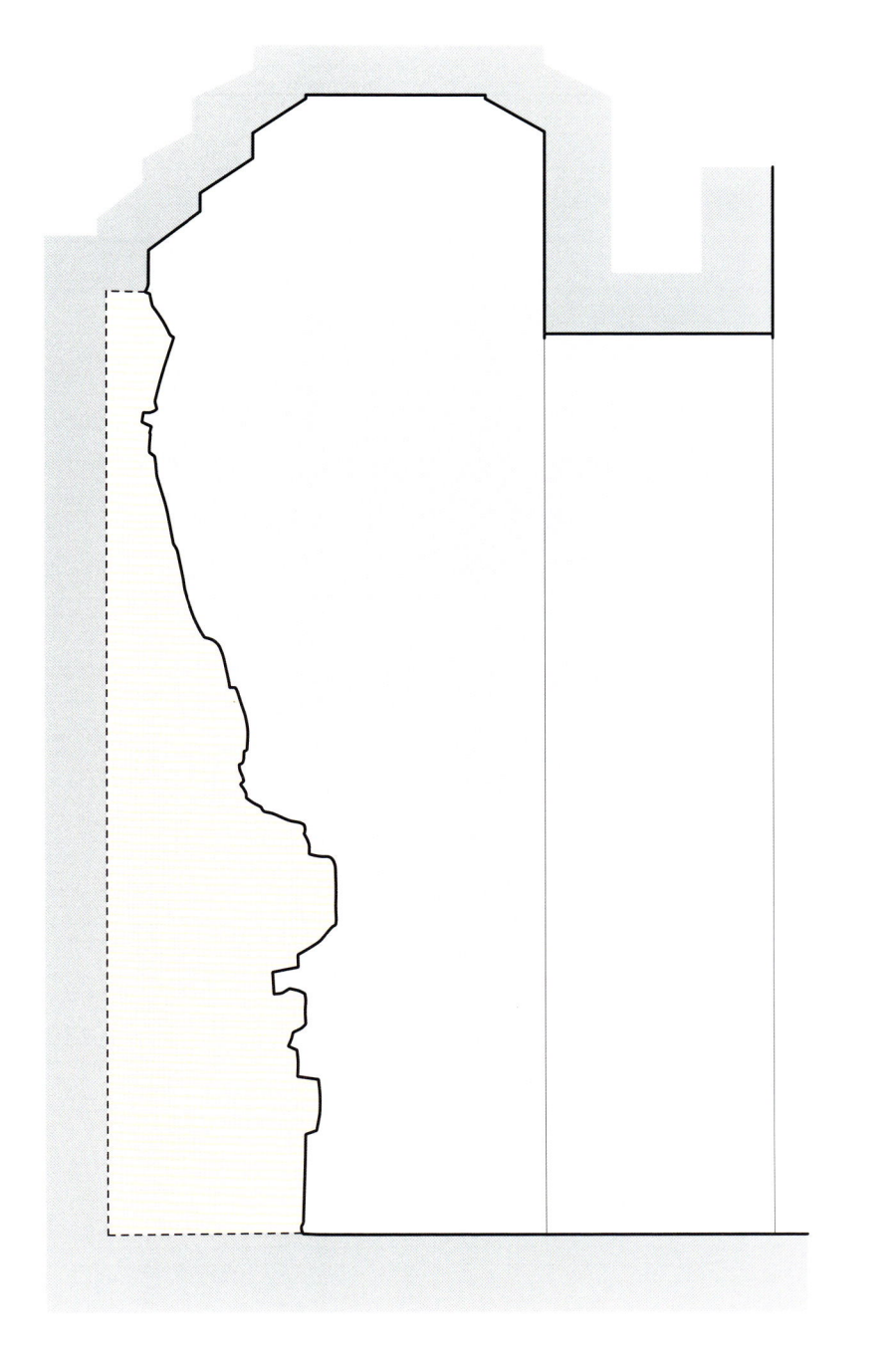

第二章　多宝塔形制及龛像设置　81

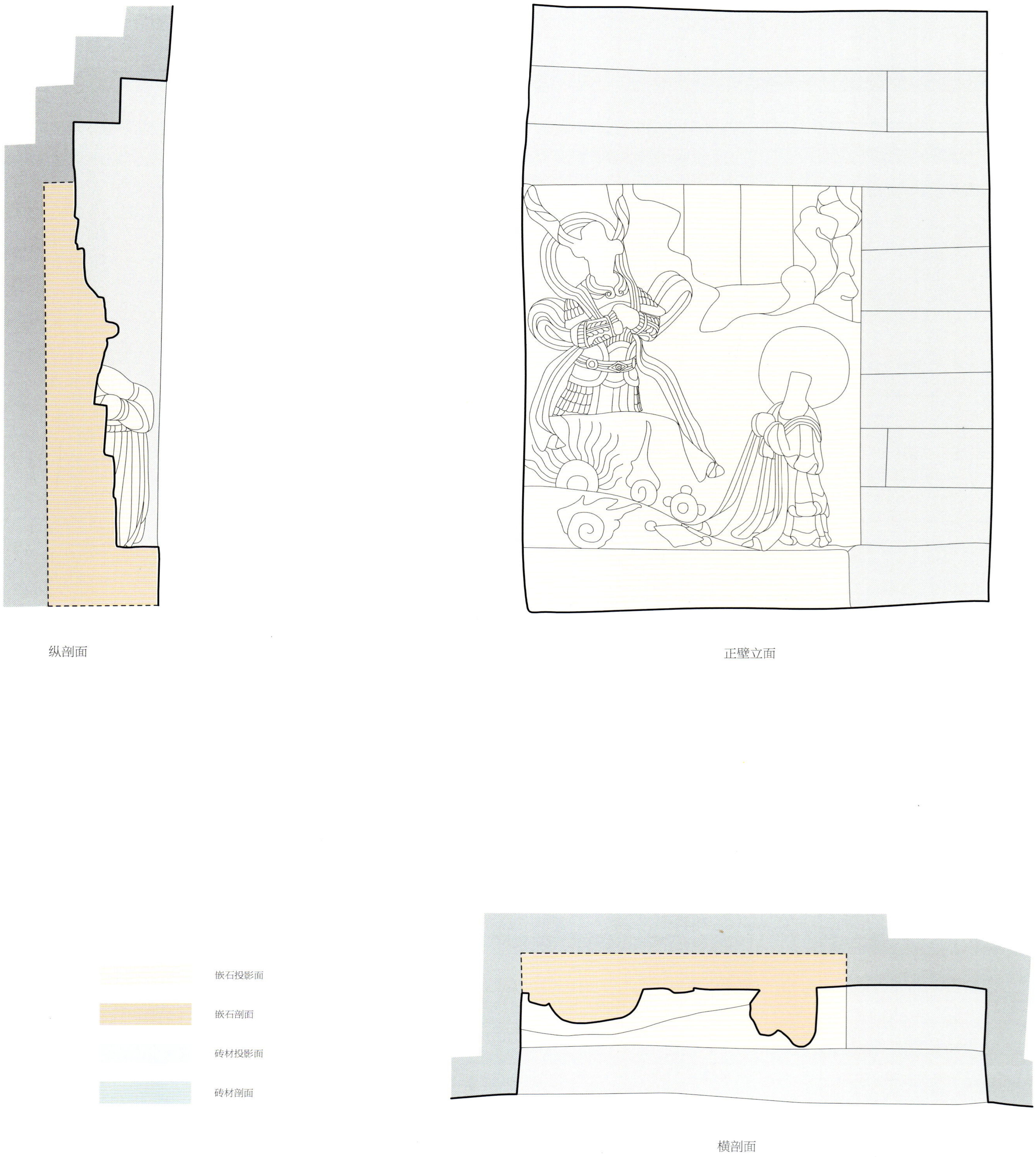

纵剖面

正壁立面

嵌石投影面
嵌石剖面
砖材投影面
砖材剖面

横剖面

图83　多宝塔龛窟造像石材第一种局部镶嵌示意图

正壁立面

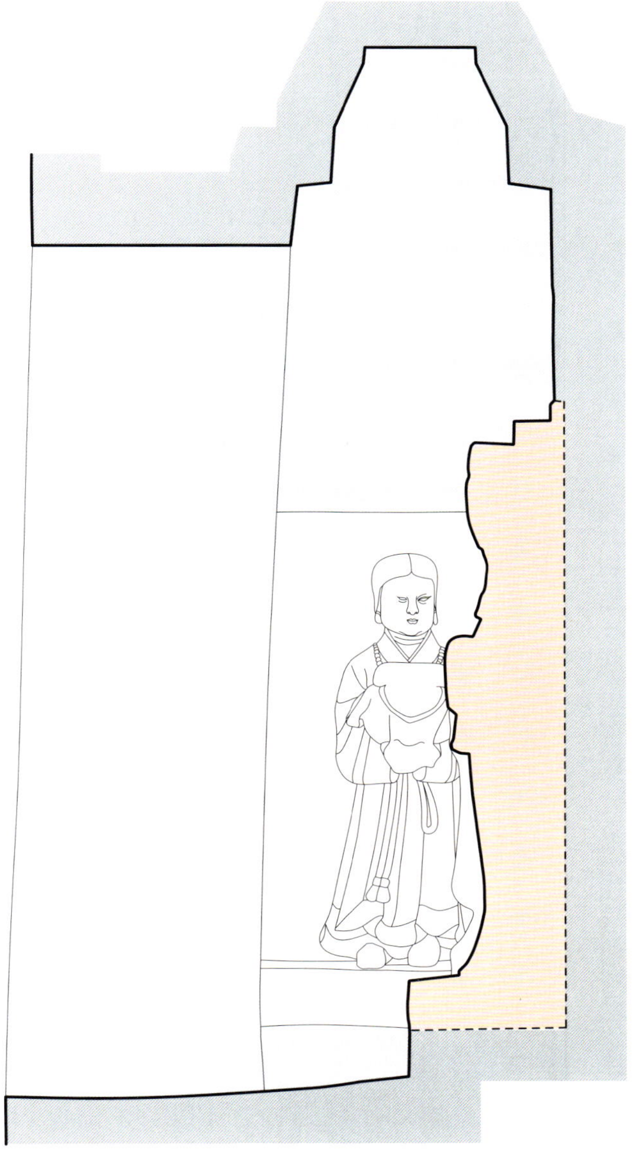

纵剖面

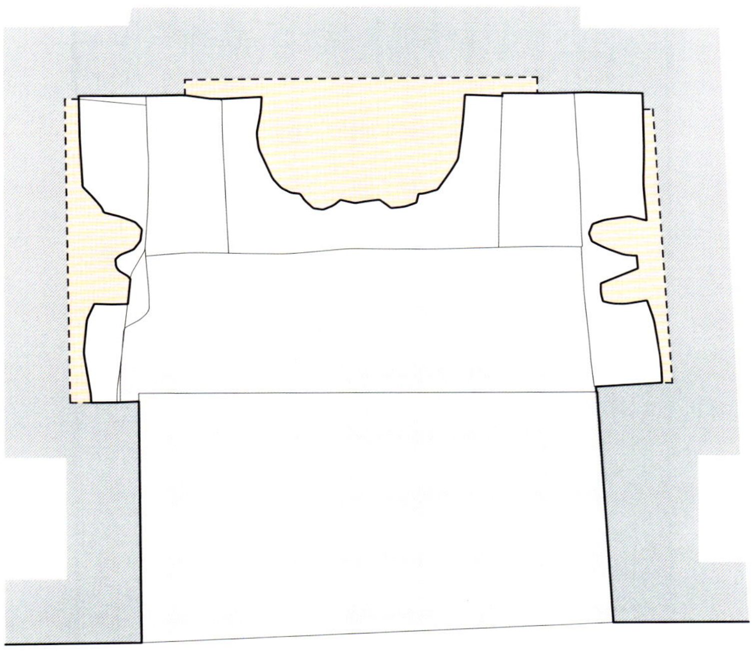

横剖面

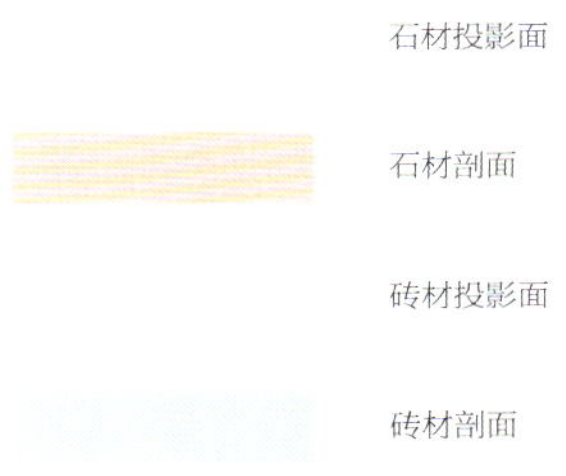

石材投影面
石材剖面
砖材投影面
砖材剖面

图 84　多宝塔龛窟造像石材第二种局部镶嵌示意图

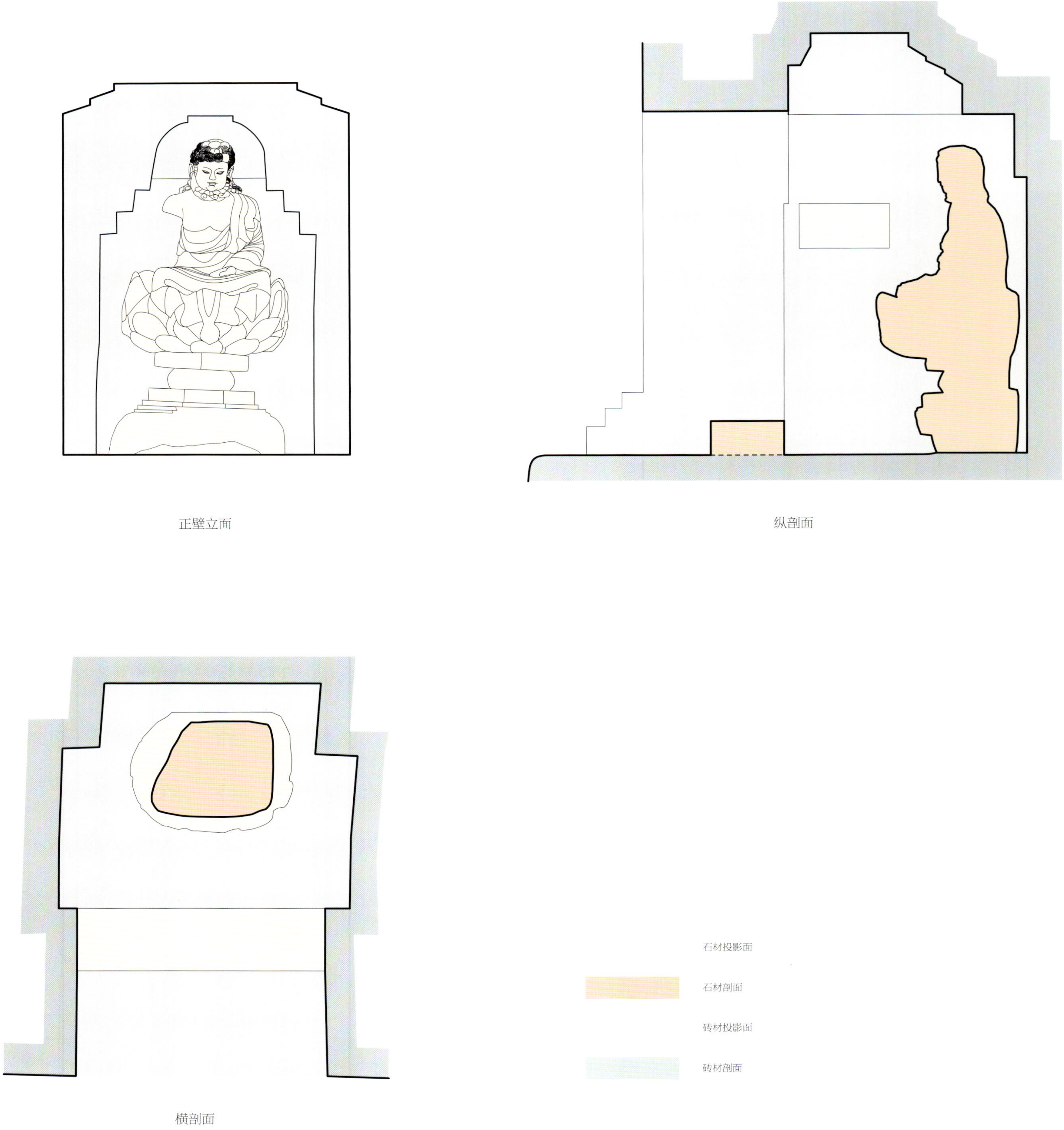

正壁立面

纵剖面

横剖面

石材投影面
石材剖面
砖材投影面
砖材剖面

图 85　多宝塔窟内圆雕造像石与砖壁关系示意图

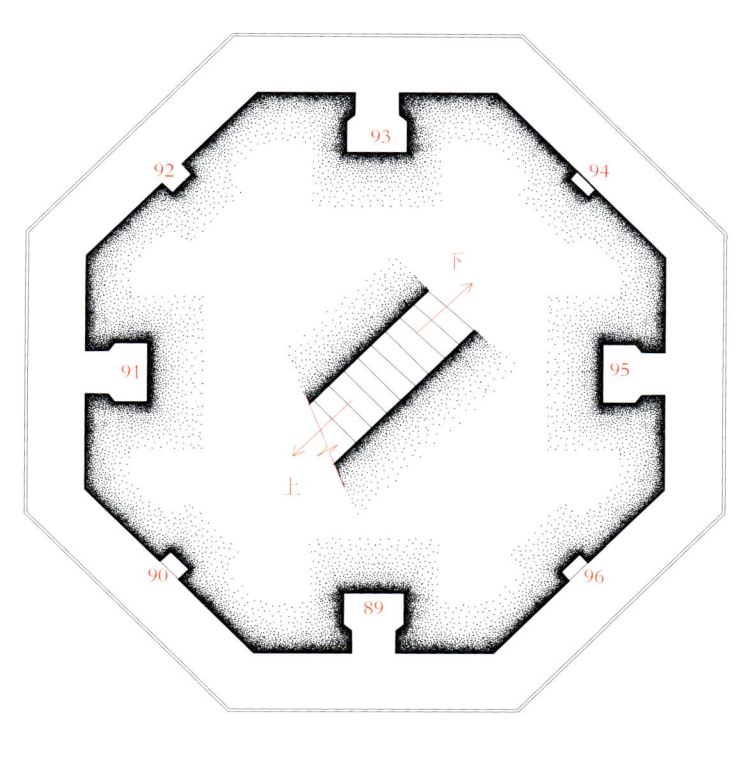

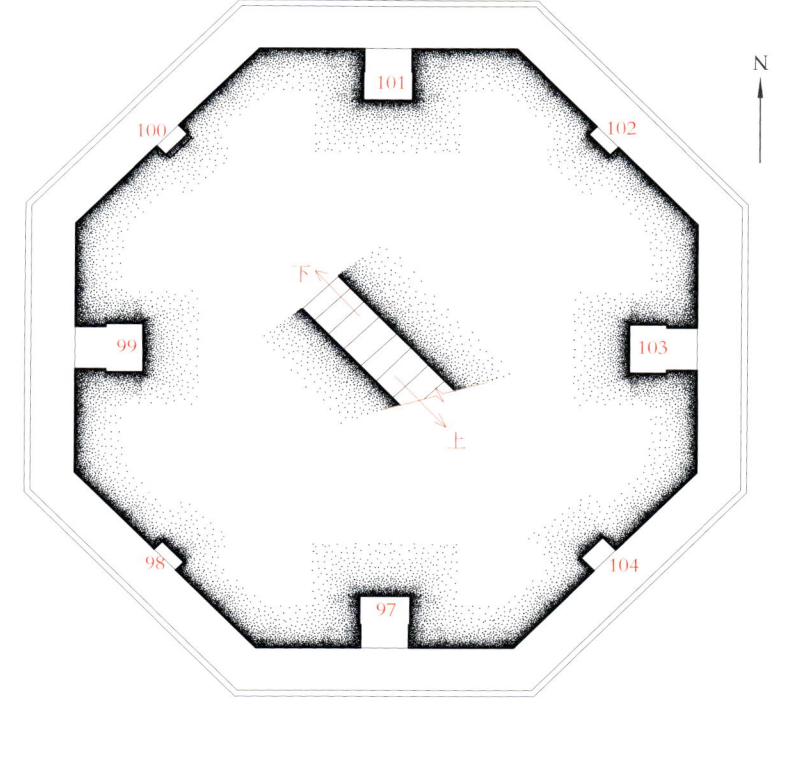

第九级塔身

第七级塔身

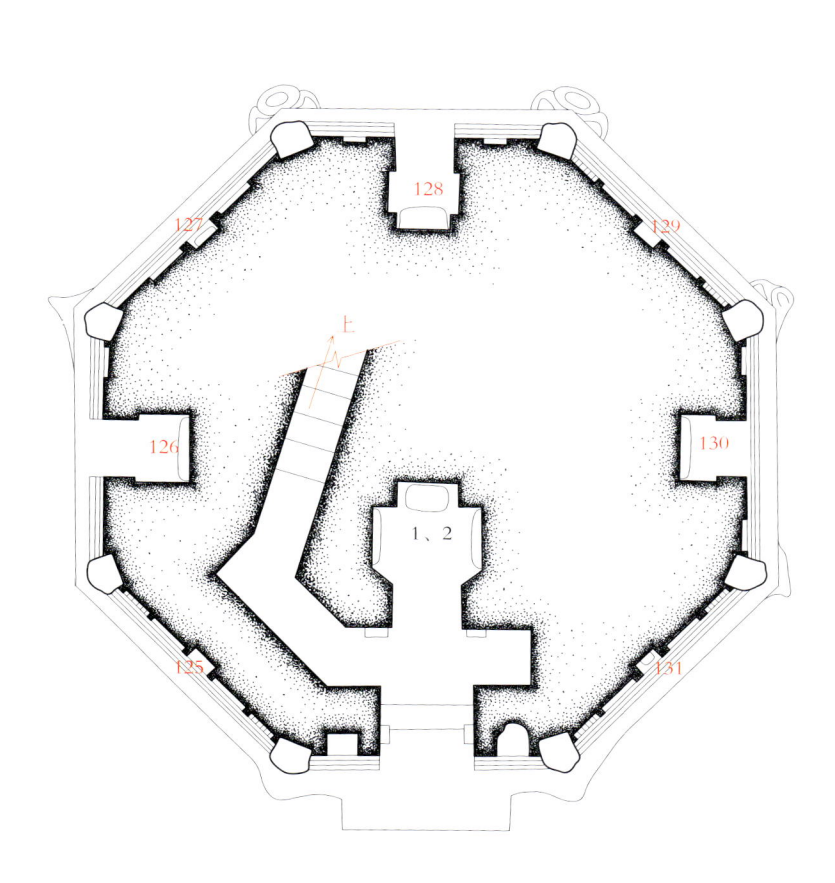

第一级塔身

图 86　多宝塔塔身龛窟分布图

表19　多宝塔塔内龛窟布置统计表

回廊	龛窟编号	数量（个）	龛+窟
第一层	1、2	1	1窟
第二层	3—20	18	15龛3窟
第三层	21—36	16	12龛4窟
第四层	37—50	14	10龛4窟
第五层	51—60	10	6龛4窟
第六层	61—69	9	5龛4窟
第七层	70—78、71-1、73-1	11	7龛4窟
第八层	79、80、80-1、80-2	4	3龛1窟
合计	84	83	58龛25窟

三　塔外龛窟布局

塔外龛窟布置在第一、三、五、七、九、十一、十二级塔身，共计51个编号51个龛窟，包括23个窟和28个龛，集中于第三至第九级塔身。其中，第十二级塔身布置第81—84号，第十一级塔身布置第85—88号，第九级塔身布置第89—96号，第七级塔身布置第97—104号，第五级塔身布置第105—112号，第三级塔身布置第113—124号，第一级塔身布置第125—131号（图4、图86）。各层龛窟布置及编号情况详见表20。

表20　多宝塔塔外龛窟布置统计表

层级	龛窟编号	数量（个）	龛+窟
第十二层	81—84	4	1龛3窟
第十一层	85—88	4	3龛1窟
第九层	89—96	8	4龛4窟
第七层	97—104	8	4龛4窟
第五层	105—112	8	4龛4窟
第三层	113—124	12	8龛4窟
第一层	125—131	7	4龛3窟
合计	51	51	28龛23窟

第十二级塔身

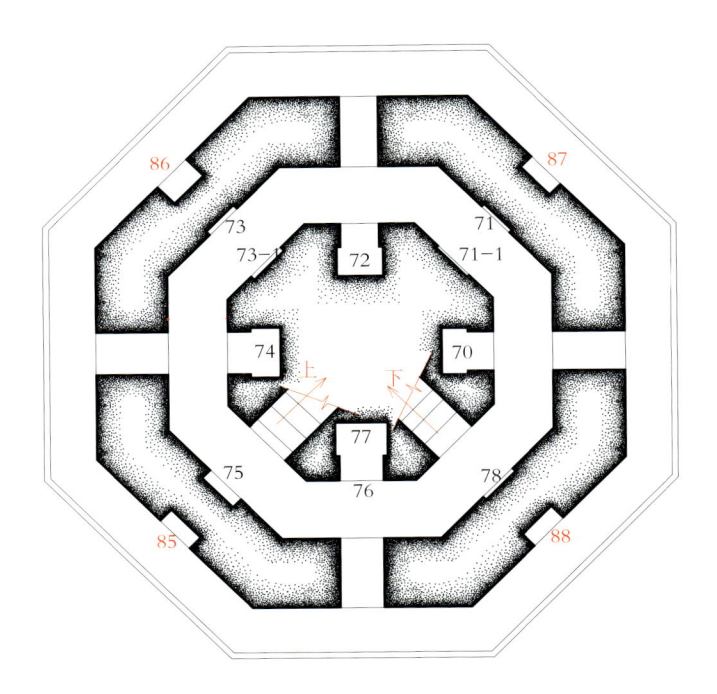

第十一级塔身

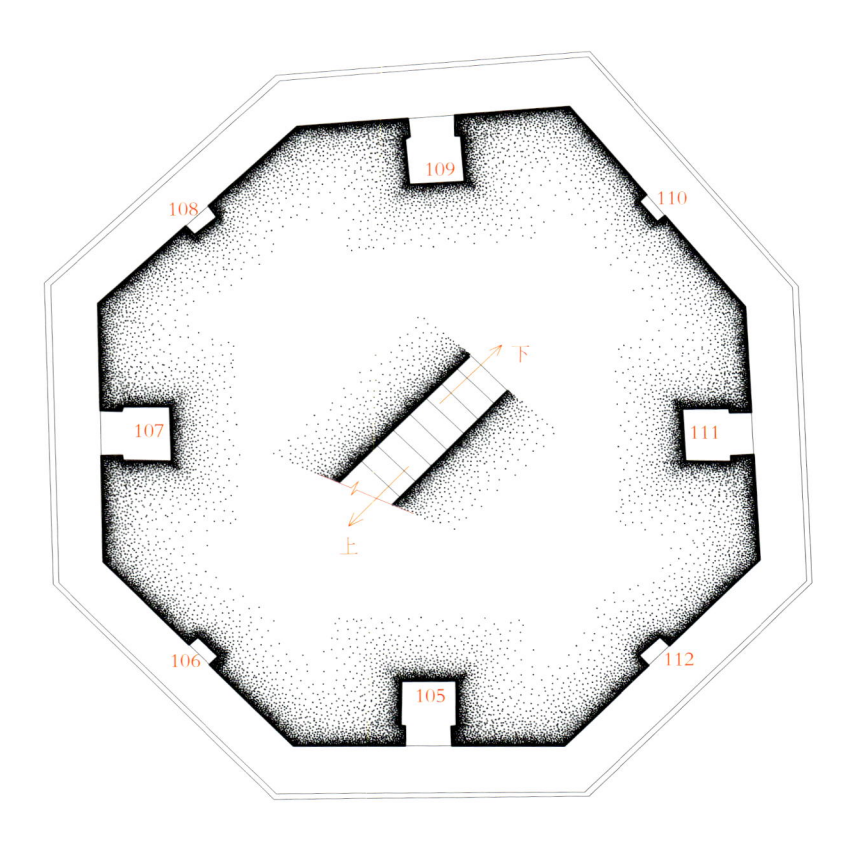

第五级塔身

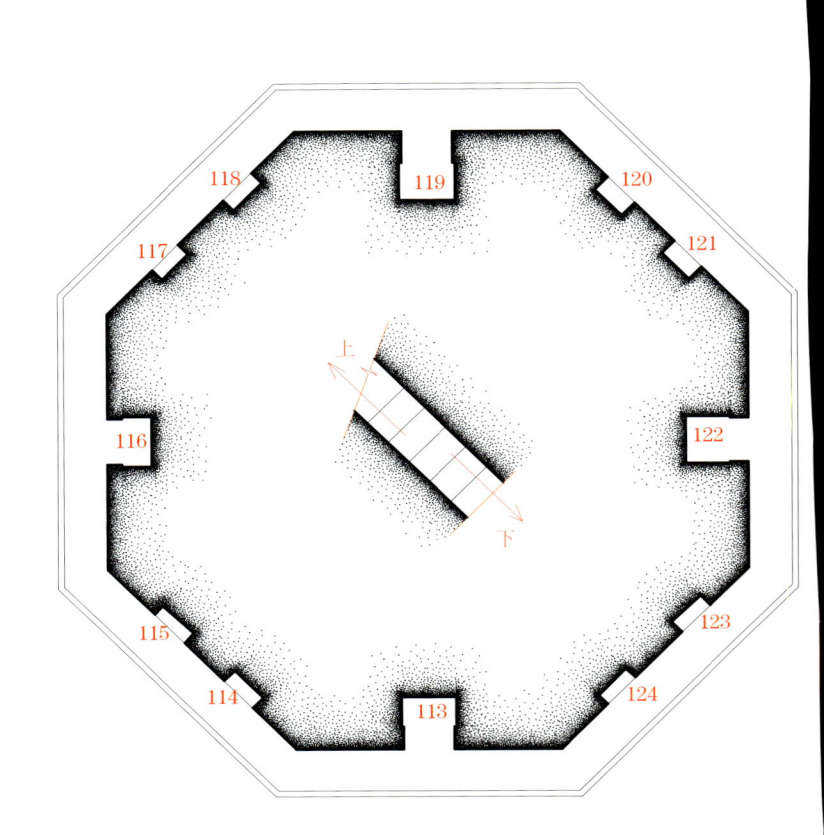

第三级塔身

0　50　　200cm

第三章　塔内第一、二层造像
（第1—20号）

第一节　位置及相互关系

本章介绍的龛窟像包括第1—20号。其中，第1号位于多宝塔内第一层回廊内壁南向壁面，与塔门相对，相距137厘米。第2号位于第1号左、右侧壁，二壁面相距152厘米；第2号壁面与第1号正壁垂直相交（图87、图88）。

第1号右外侧为回廊内壁西南向壁面。该壁面右端为连接进入塔内第二层回廊的梯道入口。

第二层回廊内壁北向壁面设第一段梯道出口，与回廊外壁塔窗相对。龛像以此梯道口为始，沿逆时针方向内外壁交错编号。其中，内壁西北向壁面并列第4、5号，与外壁并列的第3、6号相对；内壁西向壁面为第7号，与回廊外壁塔窗相对；内壁西南向壁面并列为第10、11号，与回廊外壁并列的第8、9号相对；内壁南向壁面为第12号，与回廊外壁塔窗相对；内壁东南向壁面为进入第三层回廊的梯道入口，与回廊外壁并列的第13、14号相对；内壁东向壁面为第15号，与回廊外壁塔窗相对；内壁东北向壁面并列为第17、18号，与回廊外壁并列的第16、19号相对。第20号位于回廊内壁北向壁面，左侧紧邻进入第二层回廊的梯道入口（图89、图90）。

第二节　第1、2号[1]

一　位置

位于第一层回廊内壁南向壁面。上距回廊券顶下沿19.5厘米，下接地坪；左距壁面最左端92厘米，右距壁面转折边缘61厘米。窟口与塔门相对，相距138厘米。

窟口南向，方向180°。

二　形制

圭形藻井顶窟（图91、图92、图93、图94、图95；图版Ⅰ：139、图版Ⅰ：140、图版Ⅰ：142、图版Ⅰ：143）。

窟口　呈圭形，至顶点高160厘米，竖直部分高117厘米，宽95厘米，深63厘米。窟口外左右5厘米处，各置一抹棱方柱。柱身下起回廊地坪，未见柱础，显露部分高156厘米，宽18厘米；外凸壁面17厘米。柱顶置栌斗，大部残；斗与回廊顶部下沿相接。

窟底　略呈方形，宽152厘米，深107厘米，至窟顶顶部高约215厘米。

窟壁　正壁竖直，通高185厘米；中设圆拱形浅龛，龛高179厘米，宽86厘米，深34厘米；其上砖壁高6厘米。正壁顶部外挑横砖一块，与龛顶相接。左、右壁竖直，通高185厘米；下部各满嵌造像石一块，均下起窟底；嵌石大小一致，皆高109.5厘米，宽88厘米，厚度不明；上部皆作八阶叠涩，与窟顶相接。左、右壁与窟口成斜面相交。

窟顶　藻井顶，呈八边形，为五重叠压砖结构，通高30厘米；其中，上部两重为八边形叠压砖，下部为三重方形叠压砖。

---

[1] 第1、2号实为一个方形砖砌斗形洞窟中的三壁造像。1954年调查时把正壁造像编为第1号，左右两壁造像合编为第2号。1985年《大足石刻内容总录》把塔外底层檐下壁的3个窟，即本报告所述的第126、128、130号纳入塔内造像，合编为第1号，而把此斗形洞窟中的三壁造像合编为第2号。为不打乱塔内外已有造像编号顺序，且考虑到洞窟造像的相关性，本报告仍从1954年编号，但将其纳入一个整体统一介绍。

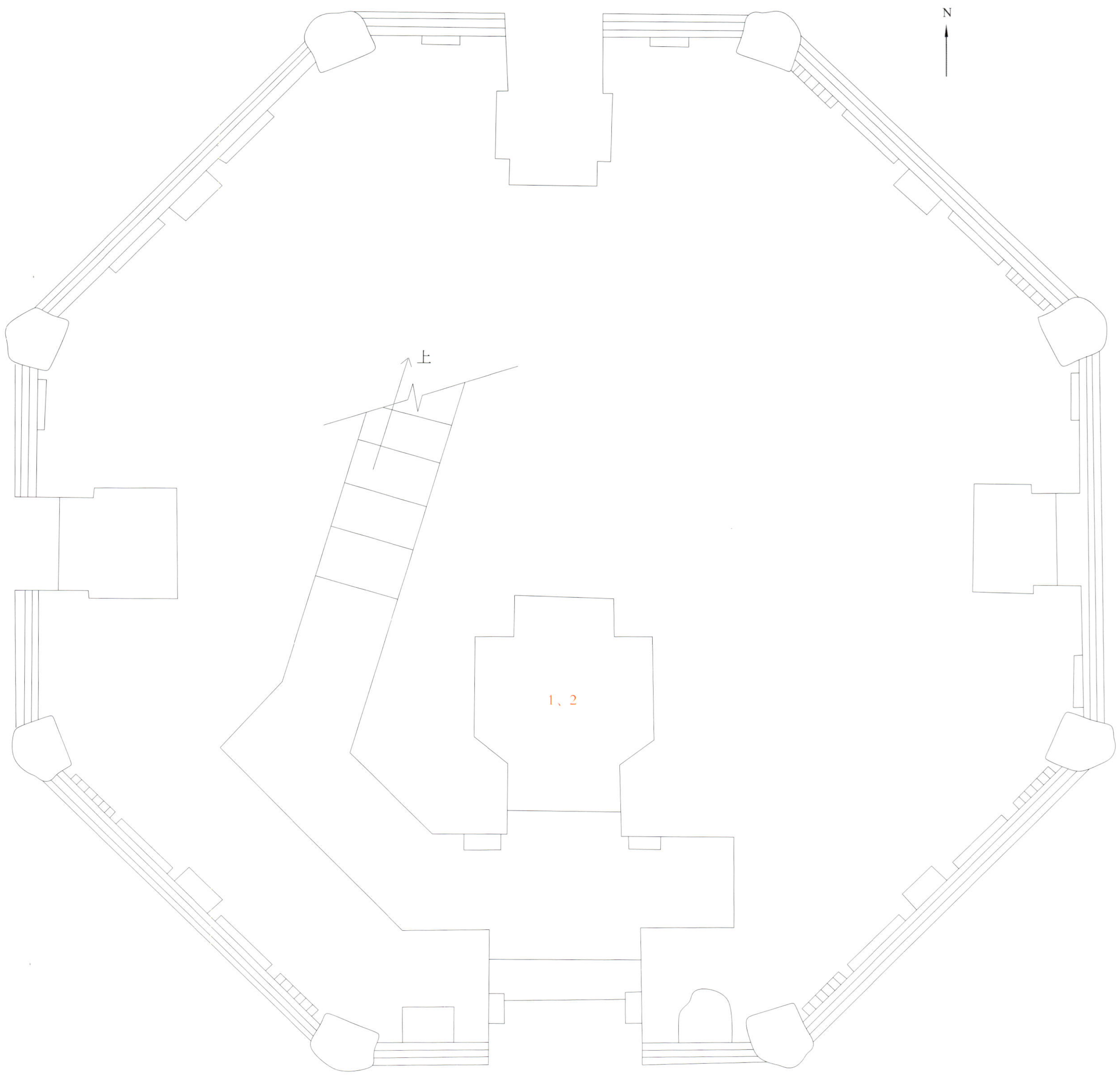

图 87　第一层回廊龛窟像分布图

1　　　　　　　西南壁　　　　　　　　　　　　　　　　　南壁

1、2

2　　　　　　　东北壁　　　　　　　　　　　　　　　　　北壁

塔门

图88　第一层回廊内、外壁展开图
1　内壁　2　外壁

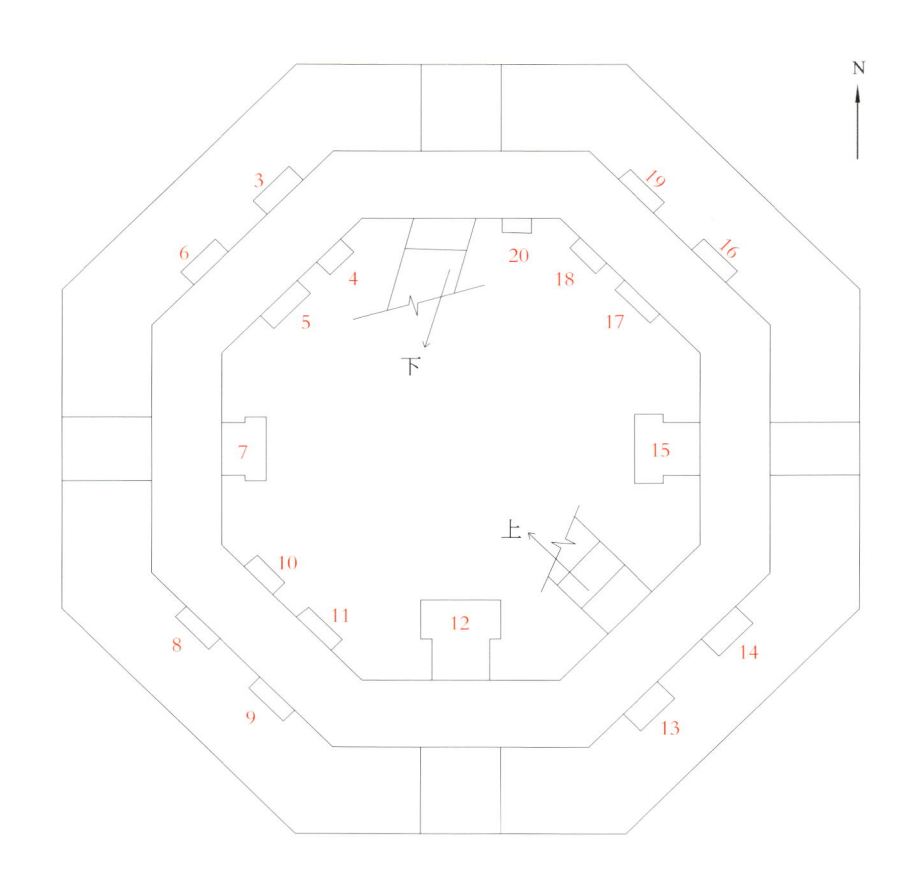

图 89　第二层回廊龛窟像分布图

图 90　第二层回廊内、外壁展开图
1　内壁　2　外壁

东壁　　　　　东北壁

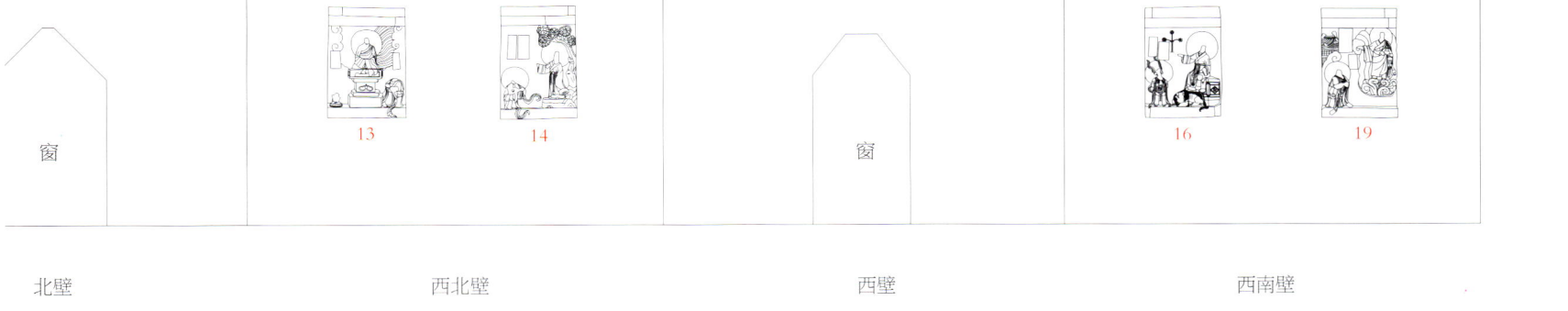

北壁　　　　　西北壁　　　　　西壁　　　　　西南壁

第三章　塔内第一、二层造像（第1—20号）　91

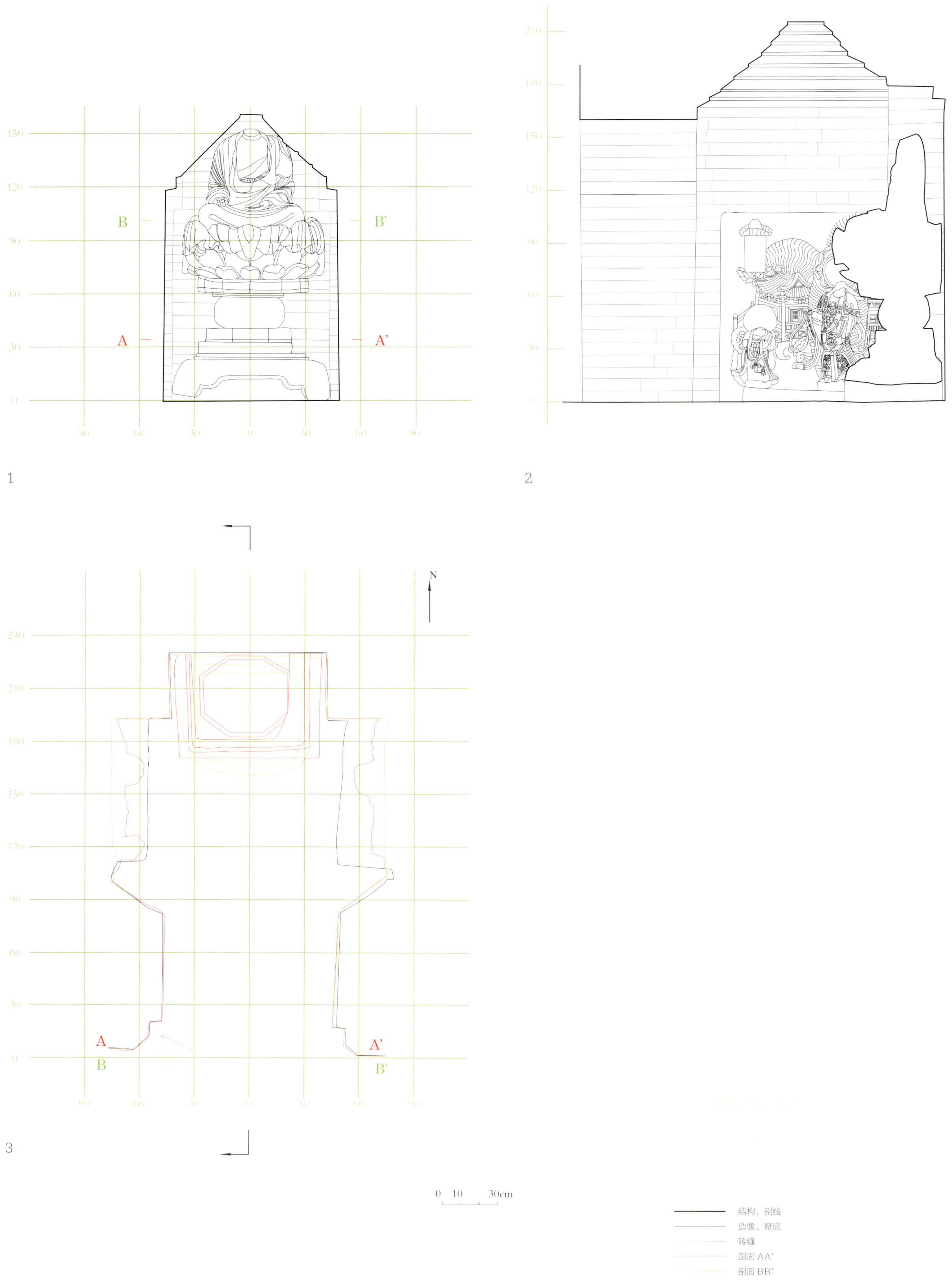

图91 第1、2号窟平、立、剖面图
1 立面图　2 剖面图　3 平面图

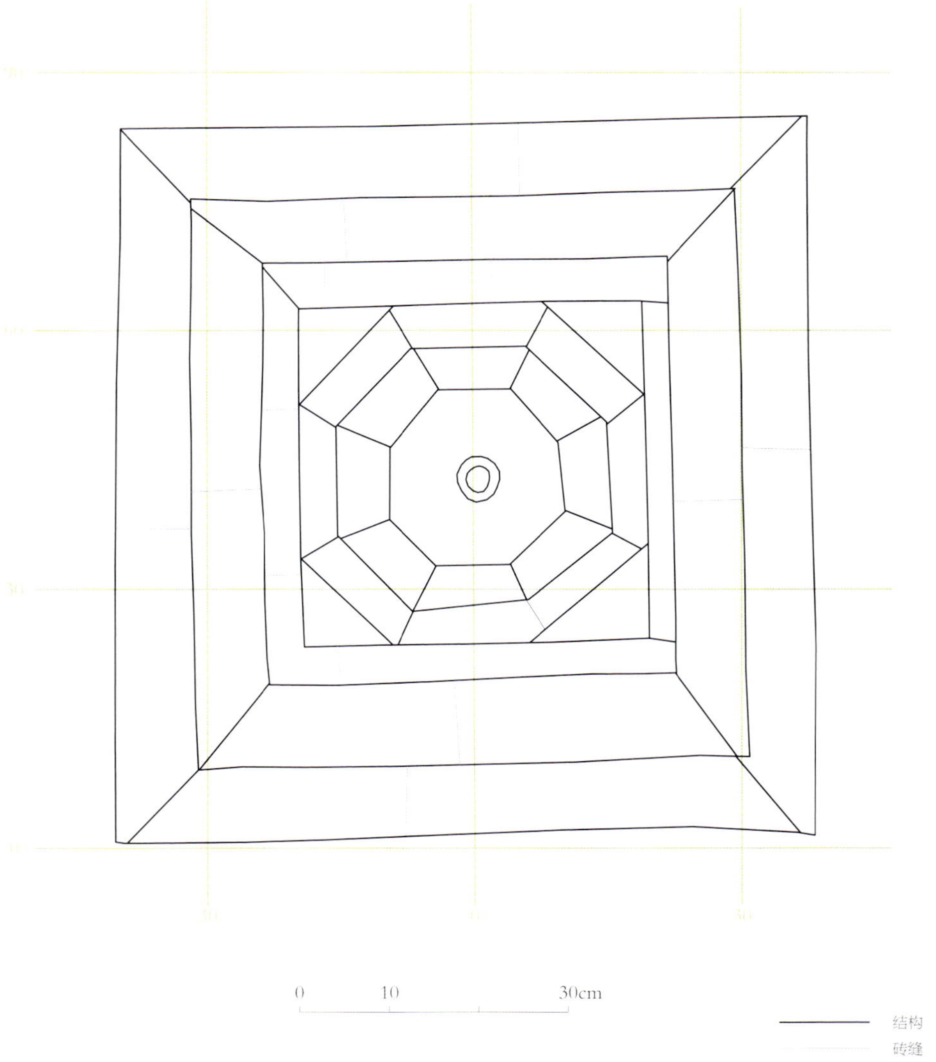

图 92　第 1、2 号窟窟顶仰视图

三　造像

造像5身，其中正壁1身，左壁、右壁各2身（参见图版Ⅰ：139）。

（一）正壁

圆拱浅龛内置圆雕坐像1身，与龛壁分离（图93；图版Ⅰ：141）。

坐像高55厘米，肩宽40厘米，胸厚17厘米。头不存[1]。内着僧祇支，系带作结；外披双领下垂式袈裟，下着裙，袈裟及裙摆覆于座台；左手结印[2]，右手抚膝，皆略残；结跏趺坐于束腰仰莲座上。座通高102厘米，上部为三层仰莲台，高30厘米，直径75厘米；中部为束腰圆台，高17厘米，直径37厘米；下部为两阶方台叠涩，上阶方台呈八边形，面宽44厘米，高7.5厘米，下阶方台呈方形，面宽47.5厘米，高6厘米；最下为圭脚，高21厘米，最宽84厘米。

（二）左壁

造像2身。中刻主尊立像1身，左下刻跪像1身，皆置于低台上，台高8厘米，宽84厘米，深29厘米；前端部分残（图94；图版Ⅰ：142）。

主尊像　立像残高51厘米。头毁，右肩残。浮雕圆形头光及椭圆形身光，略剥蚀；头光直径18.5厘米，身光最宽30厘米。头光边缘饰火焰纹，身光线刻放射状毫光。内着僧祇支，系带作结，外披袒右式袈裟，下着裙，腰带垂露于双足间。左手残，垂体侧；右手

---

[1] 此佛头，于1995年6月5日晚被盗刻，同年7月1日案件侦破，佛头追回，现存于大足石刻博物馆。参见陈明光：《大足石刻档案（资料）》，重庆出版社2012年版，第199—200页。
[2] 现场观察，发现该手系水泥补塑，时代不明。

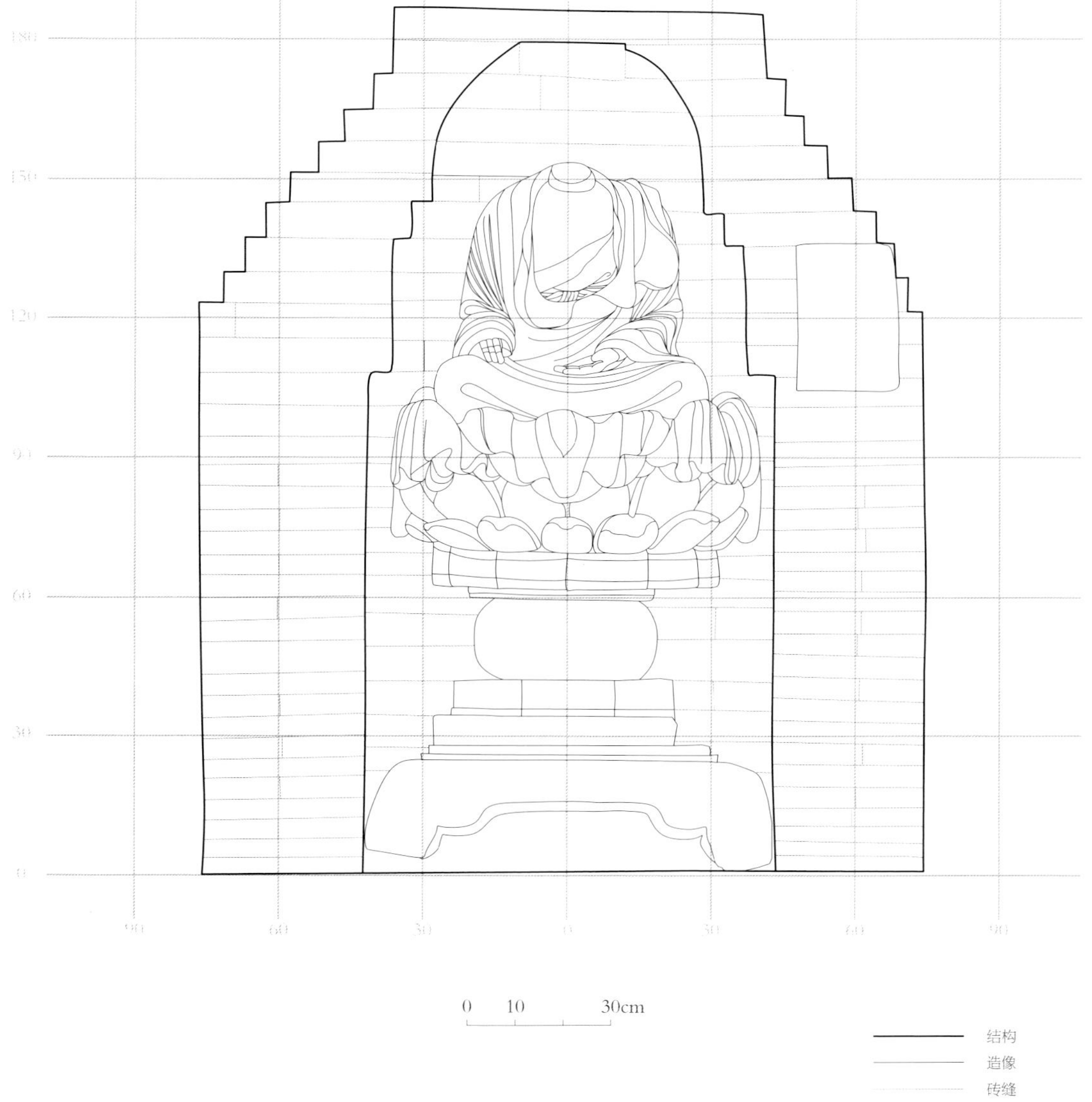

图 93　第 1、2 号窟正壁立面图

毁。跣足立于圆台上。台高5.5厘米，宽27厘米，深14.5厘米。

跪像　头、身残蚀较重，跪身长25厘米。上身衣饰不明，下着裙，双手置身前，前额触地，右向跪拜于低台上。

二像身后，刻建筑两座。左侧建筑为单层歇山式楼阁，通高40厘米，剥蚀较重，细节不明。屋面刻有瓦垄瓦沟，正脊左右端存鸱尾遗迹。屋身前侧刻有斜向的梯道，两侧设置勾栏，皆残蚀甚重。右侧建筑亦剥蚀甚重，可辨两重檐，通高57厘米。底层屋身柱间设门，门洞半开，内刻立像一身，残高12厘米，似有椭圆形背光。

二建筑左侧存少许云纹，上方另存线刻的斜飘毫光。

（三）右壁

造像2身。左刻主尊立像1身，右刻立式童子像1身，均置于低台上。台高8厘米，宽73厘米，深17厘米，略残（图95；图版Ⅰ：143）。

主尊像　头毁，立身残高56厘米，肩宽17厘米，胸厚10厘米。浮雕圆形素面头光及椭圆形身光。头光横径17厘米，其上缘中部刻一粒放焰珠，身光最宽33厘米；头光、身光装饰与左壁主尊同。头后存斜垂的冠带，颈部残毁，存不规则的圆孔，肩部刻作结披覆的垂发。胸饰璎珞，内着僧祇支，系带作结，外着披巾，下着长短两层裙，腰带作结长垂足间。披巾腹前交叠，再向上敷搭前臂，垂飘体侧。披巾及裙摆饰菱形璎珞。自后腰斜出一段飘带，于膝间交绕后，垂于小腿外侧。左手曲肘横置，自前臂毁；右手曲肘外展，食指中指直伸，余指曲握作指引状。跣足分踏仰莲台，左足及莲台部分残。

此像身后左侧，刻重檐歇山式楼阁一座，呈45°斜向布置。显露部分通高60厘米。底层屋身前侧刻一段勾栏，部分残，可见少许直棂。底层屋身山墙设双扇门，柱上置横枋，柱头铺作显露少许。补间铺作下刻散斗，上置一斗三升。铺作上承横枋，枋上刻一列蜀

图 94　第 1、2 号窟左壁立面图

图 95　第 1、2 号窟右壁立面图

第三章　塔内第一、二层造像（第 1—20 号）

柱，上接第一层屋顶。屋面刻出瓦垄瓦沟，屋脊上为平座层，其间刻出铺作结构，其结构与底层铺作同。平座边缘设勾栏，屋身山墙设双扇门，可见左侧角柱，柱身方形，柱间施阑额，柱顶置栌斗，上承一斗三升；补间铺作与角铺作同。最上为第二层屋顶。屋面刻出瓦垄瓦沟，正脊端头饰鸱尾，左鸱尾毁；中部饰脊珠。屋顶后侧刻出呈放射状的毫光。建筑左侧及下部刻有云纹。

童子像　头毁，立身残高28厘米，肩宽16厘米，胸厚9厘米。浮雕圆形素面头光，直径18.5厘米。上着宽博披巾，下着裙；披巾腹前交叠后，敷搭前臂垂于体侧；双手毁，似置胸前，立于圆台上。双足及台大部残。

此像身后，亦刻单层歇山式楼阁一座，呈45°斜向布置，显露部分通高44厘米。屋身前侧设勾栏，望柱略蚀，桿杖盆唇间立蜀柱，盆唇地栿间施华板，内刻菱形框。屋身正面两柱一间，面阔17厘米。柱间设双扇门，山墙处亦设双扇门。立柱略蚀，柱间施阑额一道，柱顶置栌斗，上承一斗三升，上接撩檐枋，再上为屋顶，屋身正面及山墙各施补间铺作一朵，结构与角铺作同。屋身正面阑额上另刻有两粒放焰珠。屋顶为歇山式，翼角起翘。屋面刻出瓦垄瓦沟。正脊左右端饰鸱尾，左鸱尾已毁；中部存脊珠遗迹。屋顶后侧刻放射状毫光，略呈扇面。建筑前侧饰云纹。

四　铭文

2则。

第1则

蔡元志镌造释迦佛龛镌记，南宋绍兴十七年至二十五年（1147—1155年）[1]。位于正壁圆拱浅龛外左侧中部嵌石上，高31厘米，宽20厘米，厚4厘米，文左起，竖刻8行，存48字，楷体，字径1—2厘米（图版Ⅱ：10）。

01　在城左厢界小东〔门〕居住奉佛蔡元志□
02　□李氏念九娘男绅新□〔梁氏惠〕三〔娘〕（漶）
03　〔刘〕保娘次孙女（漶）
04　一级内镌造（漶）
05　一尊（漶）
06　斋表庆讫（漶）
07　孙荣贵（漶）
08　（漶）

第2则

冯善元镌装善财参礼文殊龛镌记，南宋绍兴十七年至二十五年（1147—1155年）。位于右壁右上角方碑内。碑通高38厘米，宽21厘米，形制与第1则碑式同。文左起，竖刻3行，存21字，楷体，字径2厘米（图版Ⅱ：11）。

01　文殊指善财童子
02　南行〔冯善元〕命工
03　镌妆一〔身〕经庆题

五　晚期遗迹

（一）铭文

付觉明等在塔内宿题名，万历元年（1573年）。位于左壁左上角方碑内。碑通高34厘米，宽20厘米。碑首为覆莲状，大部残，

---

[1] 多宝塔造像镌记多无纪年。但据纪年镌记推断，多宝塔建于南宋绍兴十七年至二十五年（1147—1155年），故本卷报告将无纪年的造像镌记上石年代定为多宝塔的建造年代，以下不再一一注明。关于多宝塔建造年代的推断，请详见本册第十三章结语之年代分析部分。

碑身方形，碑座为仰莲台。文左起，竖刻，存30字，楷体，字径1.5厘米，行文不规范，按文意整理后录文（图版Ⅱ：12）。

万历元年十二月初一日念佛在塔内宿〔善〕信付觉[1]明罗道书黎汉爵魏天祺

（二）维修及妆绘

左壁主尊、右壁主尊及童子像颈部残毁断面处皆凿有圆孔，大小相近；孔径2.5—4厘米，深2.5—4厘米。

窟内保存红色、蓝色、绿色、黑色、金色、灰白色等六种涂层。

第三节　第3号

一　位置

位于第二层回廊外壁东南向壁面左侧。上距回廊券顶下沿7.7厘米，下距地坪74厘米；左距壁面转折边缘53厘米，右距第6号龛59.5厘米。

龛口东南向，方向138°。

二　形制

单层方形龛（图96；图版Ⅰ：144）。

龛口呈方形，高77厘米，宽53厘米，至后壁深17厘米。龛底呈长方形。龛正壁竖直，满嵌造像石，下起龛底，高62厘米，宽53厘米；其上部叠涩两列横砖与龛顶相接，横砖通高14厘米，共外挑12厘米。左右壁为竖直砖壁。龛顶为方形平顶。

三　造像

正壁嵌石刻立像2身（图96-2；图版Ⅰ：144）。右上刻主尊立像1身，左下刻童子立像1身，皆置于低台上。低台高7厘米，深8.5厘米，与龛口等宽；其左端刻山石。

主尊像　头毁，立身残高29厘米，肩宽8.5厘米，胸厚4厘米。浮雕圆形素面头光，直径17厘米。内着双层交领服，外披袒右式袈裟；袈裟于左肩系带作结，下着裙。左手曲肘前伸，食指中指平伸，余指相捻，作指引状；右手横置胸前，食指前伸，余指曲握；着鞋立于云头上。云头高15厘米，最宽23.5厘米，厚10厘米；自云头升起云纹背屏，刻于主尊身后。

童子像　大部毁，存轮廓。残高25厘米。浮雕圆形素面头光，直径16厘米。可辨裙摆、足间腰带及小腿外侧的飘带，跣足立于山石台上。

四　铭文

2则。为"邢信道镌造善财参礼海云比丘龛题记"，南宋绍兴十七年至二十五年（1147—1155年）。

第1则

位于正壁左上方左侧方框内。框高16.5厘米，宽6.5厘米。文左起，竖刻3行33字，楷体，字径1.5厘米（图版Ⅱ：13）。

1　此"觉"字《大足石刻铭文录》录为"齐"。重庆大足石刻艺术博物馆编：《大足石刻铭文录》，重庆出版社1999年版，第449页。

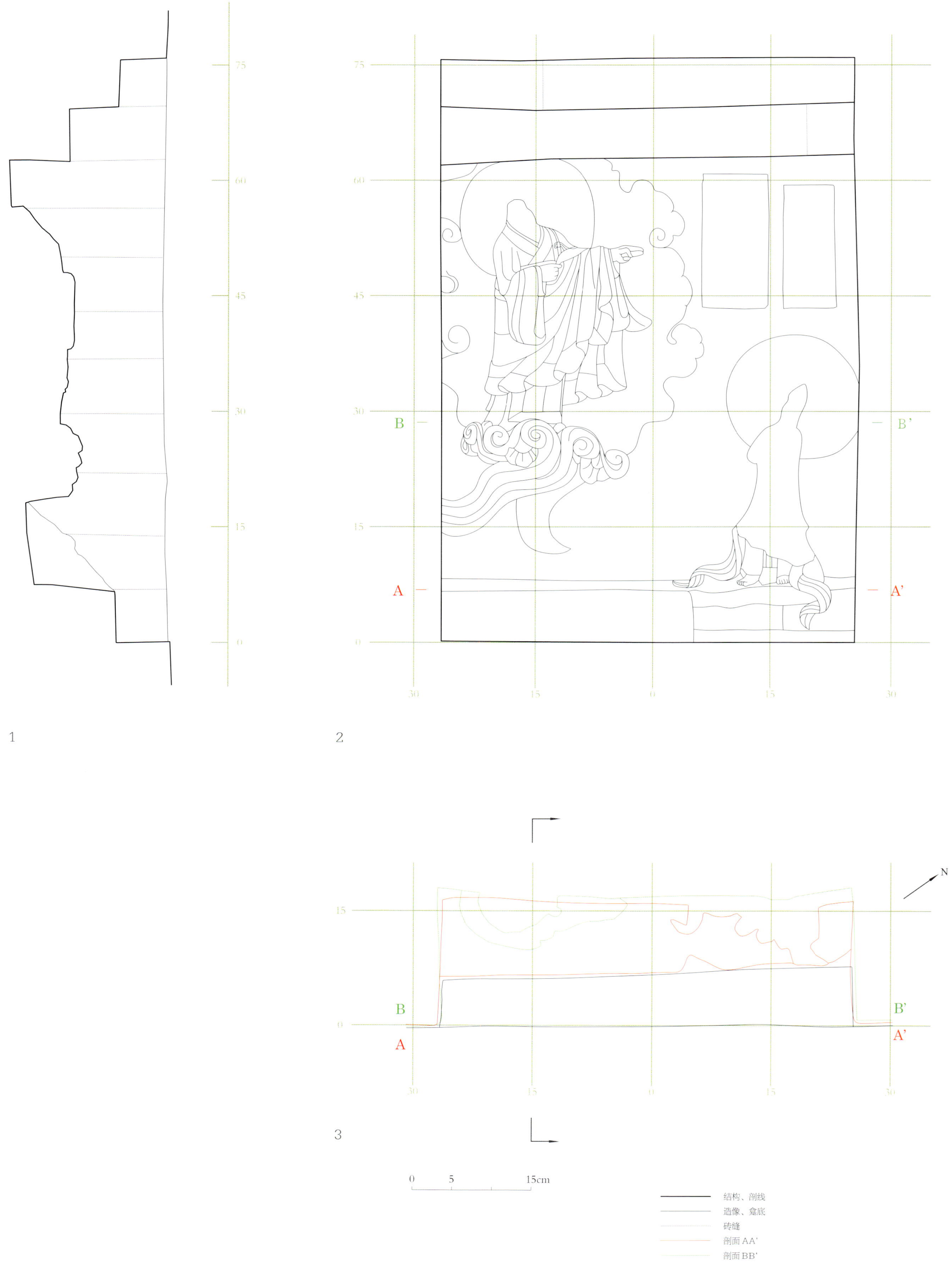

图 96　第 3 号龛平、立、剖面图
1　剖面图　2　立面图　3　平面图

01　砌塔道人邢信道为母亲王氏
02　二娘自备钱慕工镌五十三位
03　善知识愿母生于佛地

第2则

位于正壁左上方右侧方框内。框高18厘米，宽8.5厘米。文左起，竖刻2行，存15字，楷体，字径2厘米（图版Ⅱ：14）。

01　海〔门〕国海云比丘住〔治地〕□
02　得普眼法门

五　晚期遗迹

龛内保存灰白色、红色、绿色、黄色等四种涂层。

第四节　第4号

一　位置

位于第二层回廊内壁西北向壁面右侧。上距回廊券顶下沿26厘米，下距地坪71.5厘米；左距第5号龛40厘米，右距壁面转折边缘46厘米。

龛口西北向，方向312°。

二　形制

单层方形龛（图97；图版Ⅰ：145）。

龛口方形，高60厘米，宽30厘米，至后壁深22厘米。龛底呈长方形。龛正壁竖直，满嵌造像石，下起龛底，高47厘米，与龛口等宽；其上部叠涩两列横砖，通高12.5厘米，共外挑13厘米，与龛顶相接。左右壁为竖直砖壁。龛顶为方形平顶。

三　造像

正壁嵌石刻像2身（图97-2；图版Ⅰ：145）。中刻主尊坐像1身，左刻供养人立像1身，皆置于低台上。台高8厘米，深8.5厘米，与龛口等宽。

主尊像　坐像高23厘米。头大部残，冠带沿肩下垂，于双腋处挽结后敷搭双手前臂，再垂于体侧，肩部外侧刻作结披覆的垂发。胸饰璎珞，外披双领下垂式袈裟，下着裙，腰带作结并垂搭座前。腕镯，左手置左膝上握持袈裟，右手持念珠；斜竖左腿，盘右腿，跣足坐于山石台上。台通高14厘米，最宽23.5厘米，深9厘米。

该像左肩外侧刻一朵祥云，高4.5厘米，宽8.5厘米。云头竖刻一只净瓶，瓶通高7.5厘米，内插柳枝。

供养人像　立像残高16.5厘米，头大部残，存幞头展脚，着圆领宽袖长服，腰束带，双手胸前持笏，着鞋站立。

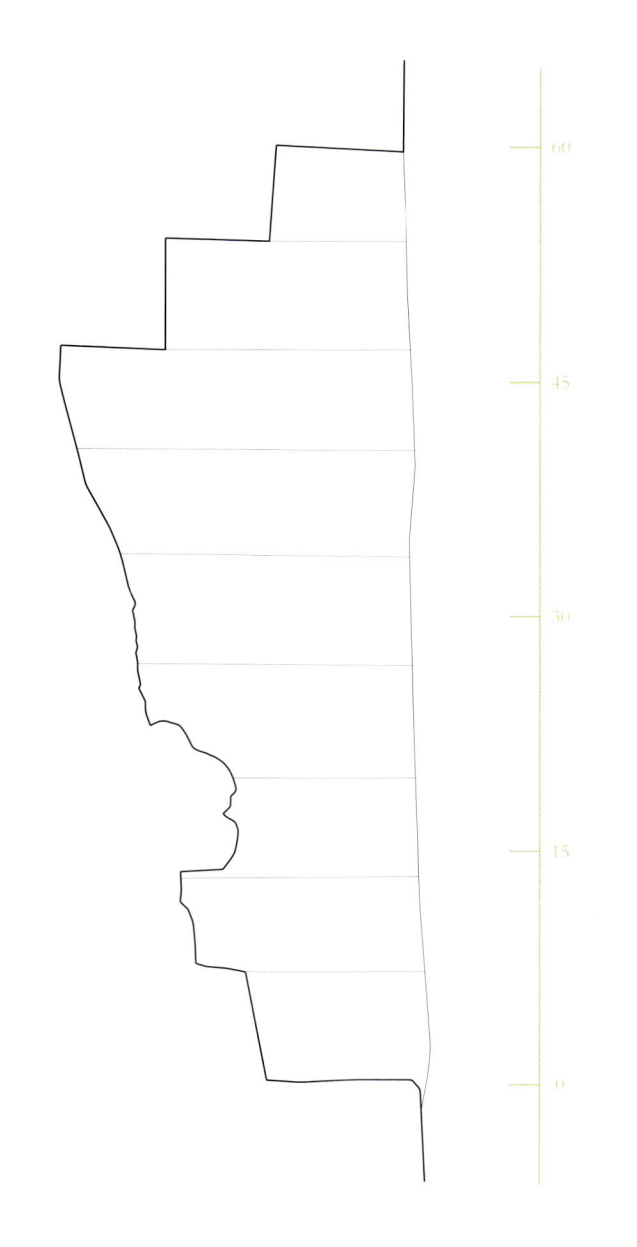

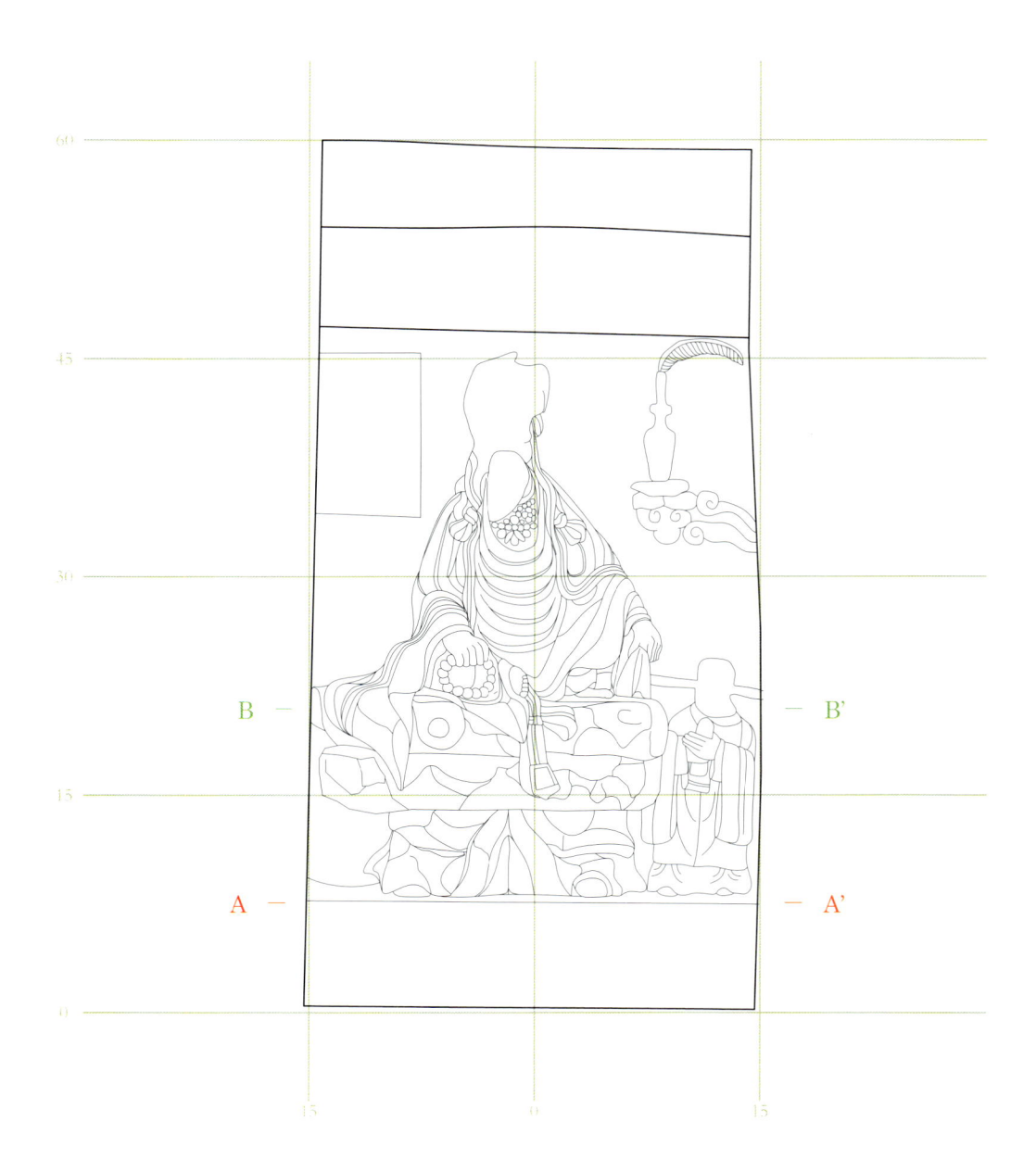

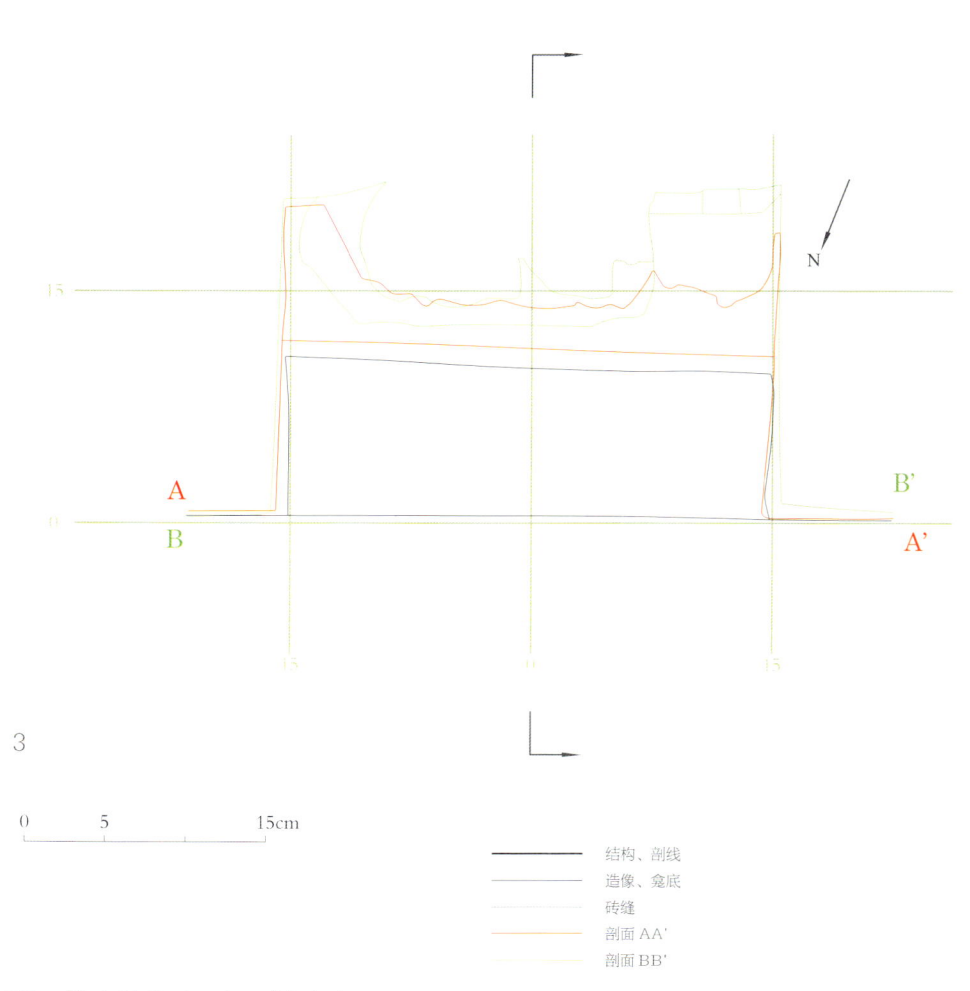

图 97　第 4 号龛平、立、剖面图
1　剖面图　2　立面图　3　平面图

四　铭文

正壁右上角刻一方框，高11.5厘米，宽7厘米，内素平。

五　晚期遗迹

龛内保存黑色、绿色、灰白色三种涂层。

第五节　第5号

一　位置

位于第二层回廊内壁西北向壁面左侧。上距回廊券顶下沿6厘米，下距地坪73厘米；左距壁面转折边缘47厘米，右距第4号龛40厘米。

龛口西北向，方向313°。

二　形制

单层方形龛（图98、图99；图版Ⅰ：146）。

龛口方形，高78厘米，宽54厘米，至后壁深20厘米。龛底长方形。龛正壁竖直，满嵌造像石，下起龛底，高65.5厘米，宽54厘米；其上部叠涩两列横砖，通高12厘米，共外挑13厘米，与龛顶相接。左右壁为竖直砖壁。龛顶为方形平顶。

三　造像

正壁嵌石刻像4身（图98；图版Ⅰ：146）。中刻主尊立像1身，其身右建筑内刻像2身；龛左下方刻跪伏的童子像1身。主尊及童子像均置于低台上。台高9厘米，深8厘米，与龛口等宽。主尊像身后左右各刻一座建筑。

主尊像　头大部毁，立身残高32厘米，肩宽7.5厘米，胸厚4厘米（图100）。浮雕圆形素面头光和舟形背光。头光直径13厘米，边缘饰火焰纹；背光下起仰莲，通高48厘米，最宽22厘米，线刻放射状毫光。内着僧祇支，系带作结，外披偏衫式袈裟，下着裙，腰带垂露于双足间。袈裟一角于左肩以绳带系于方环上。左手下垂，齐腕毁，右手曲置胸前，自前臂残毁；跣足分踏双层仰莲台上。莲台高5厘米，直径7厘米。

主尊像身后左侧，刻一座重檐歇山式楼阁，显露部分通高27厘米。楼阁山墙略向外，呈45°斜向布置。屋身正面线刻板门，山墙刻方框，显露部分。角柱方形，柱上置普拍枋。角铺作刻出三重斗相叠的结构（由下至上，呈二、三、四的组合）。补间铺作结构及组合与角铺作同。铺作间的普拍枋上刻一放焰珠。最上为歇山式屋顶，屋面刻出斜向的瓦垄瓦沟。正脊左右端刻鸱尾。

主尊像身后右侧，亦刻一座重檐歇山式楼阁，显露部分通高37厘米。楼阁山墙略向外，呈45°斜向布置。底层屋身山墙素平，左侧角柱柱身方形，上置普拍枋。角铺作为三重斗相叠的结构（由下至上，呈一、二、三的组合）。补间铺作结构及组合与角铺作同。铺作间普拍枋上置一粒放焰珠。再上为第一重屋檐，屋面刻出瓦垄瓦沟及圆形瓦当。屋顶上为平座层，平座上承第二层屋身。屋身中部刻出横枋，枋内线刻方框纹。横枋上下以铺作相接，铺作结构略同，为三重斗相叠的结构（由下至上，呈二、三、四的组合）。铺作间亦刻出放焰珠。最上为歇山式屋顶，翼角起翘，屋面刻瓦垄瓦沟。正脊左右端鸱尾略残。

此楼阁底层山墙前刻出慢道，左右各刻一段栏杆，望柱柱首呈宝塔形，柱身方形，柱间刻出寻杖、盆唇、地栿。楼阁前侧刻有云纹，以示其置于云间。

图 98 第 5 号龛立面图

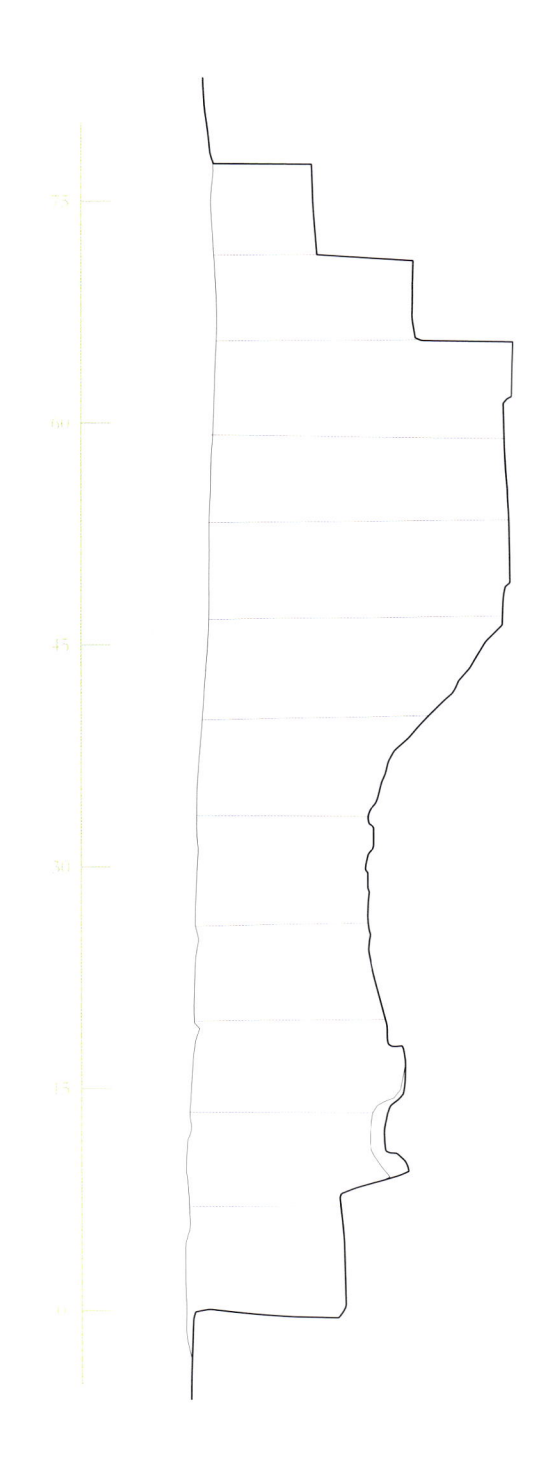

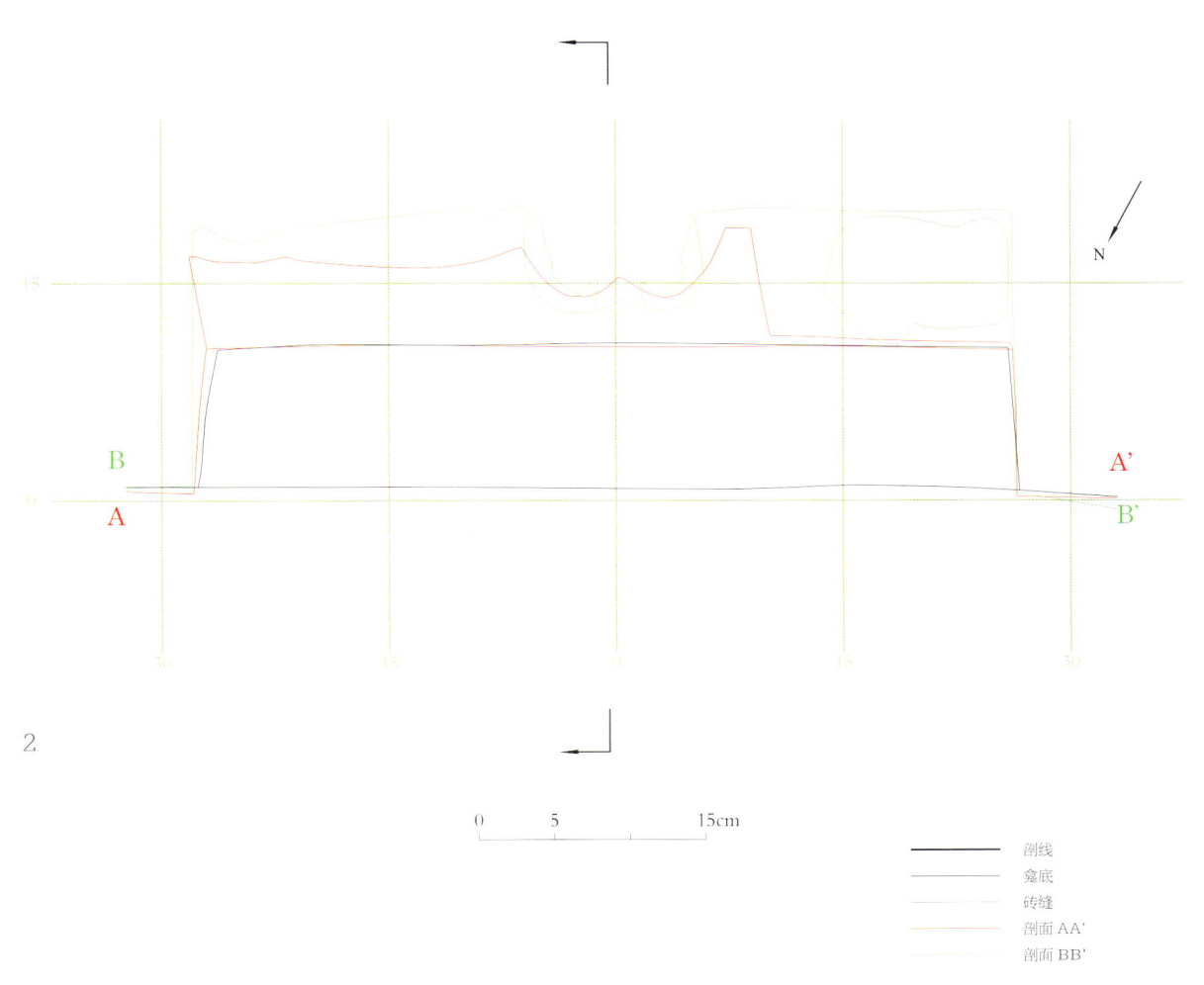

图 99　第 5 号龛平、剖面图
1　剖面图　2　平面图

图100　第5号龛主尊像效果图

楼阁底层屋身山墙处刻立像1身，高9厘米。浅浮雕圆形素面头光和椭圆形背光，头光直径4厘米，背光最宽6厘米。头大部残，着双领下垂式袈裟，下着裙。左手置于体侧，掌心向外，五指直伸，右手残，置胸前，双足不现。像身前慢道内刻童子立像1身，高10厘米，浅浮雕圆形素面头光，直径4.5厘米；头大部残，上着宽博披巾，披巾敷搭前臂下垂体侧，下着长短两层裙，双手合十，侧身向上方立像礼拜，双足不现。

童子像　头毁，身残长16厘米，上着宽博披巾，下着长短两层裙，腕镯，两手触地，掌心向上，双膝触地，面向主尊作跪拜状。该像置于方台上，台高2.5厘米，宽16厘米，深7.5厘米。

四　铭文

2则。为"邢信道镌造善财参礼弥勒菩萨龛题记"，南宋绍兴十七年至二十五年（1147—1155年）。

第1则

位于正壁左下方左侧方框内。框高16厘米，宽5厘米。文左起，竖刻2行16字，楷体，字径1厘米（图版Ⅱ：15）。

01　弥勒弹指楼阁门开
02　善财得会三世[2]因果

第2则

位于正壁左下方右侧方框内。框高16厘米，宽6厘米。文左起，竖刻3行32字，楷体，字径1厘米（图版Ⅱ：16）。

01　砌塔道人邢信道为母亲王氏
02　二娘自备钱镌五十三位善
03　知识愿母亲超生佛地

五　晚期遗迹

龛内保存灰白色、黑色、黄色、红色等四种涂层。

第六节　第6号

一　位置

位于第二层回廊外壁东南向壁面右侧。上距回廊券顶下沿7.5厘米，下距地坪66厘米；左距第3号龛59.5厘米，右距壁面转折边缘56厘米。

龛口东南向，方向137°。

二　形制

单层方形龛（图101；图版Ⅰ：147）。

龛口方形，高76.5厘米，宽52厘米，至后壁深20.5厘米。龛底长方形。龛正壁竖直，满嵌造像石，下起龛底，高62厘米，与龛口等宽；其上方叠涩横砖两列与龛顶相接，通高14.5厘米，共外挑14厘米。左右侧壁为竖直砖壁。龛顶为方形平顶。

三　造像

正壁嵌石造像2身（图101-1；图版Ⅰ：147）。左刻主尊立像1身，其身右下刻童子立像1身。

主尊像　头毁，立身残高29厘米，肩宽10厘米，胸厚5厘米。内着双层交领服，外披袒右式袈裟，下着裙，袈裟一角系于左肩哲那环上；左手残，置胸前，右臂前伸，手部分残；着鞋立于山石台上。台高26厘米，宽28厘米，深14厘米。山石间饰七粒放焰珠。

童子像　头毁，立身残高23厘米，肩宽9厘米，胸厚6厘米。浅浮雕圆形素面头光，直径16厘米。胸饰璎珞，外着披巾，披巾下垂腹前相绕后，向上敷搭前臂，垂于体侧；下着长短两层裙，腰带垂于足间。腕镯，双手残，置于胸前，跣足，左向侧身，立于低台上。台高6厘米，宽25厘米，深8.5厘米。

二像间浮雕一云朵。

四　铭文

2则。为"邢信道镌造善财参礼德云比丘龛题记"，南宋绍兴十七年至二十五年（1147—1155年）。

第1则

位于正壁左上角方框内。框高17厘米，宽7厘米。文左起，竖刻3行32字，楷体，字径1.5厘米（图版Ⅱ：17）。

01　砌塔道人邢信道为母亲王氏
02　二娘自备钱募工镌五十三

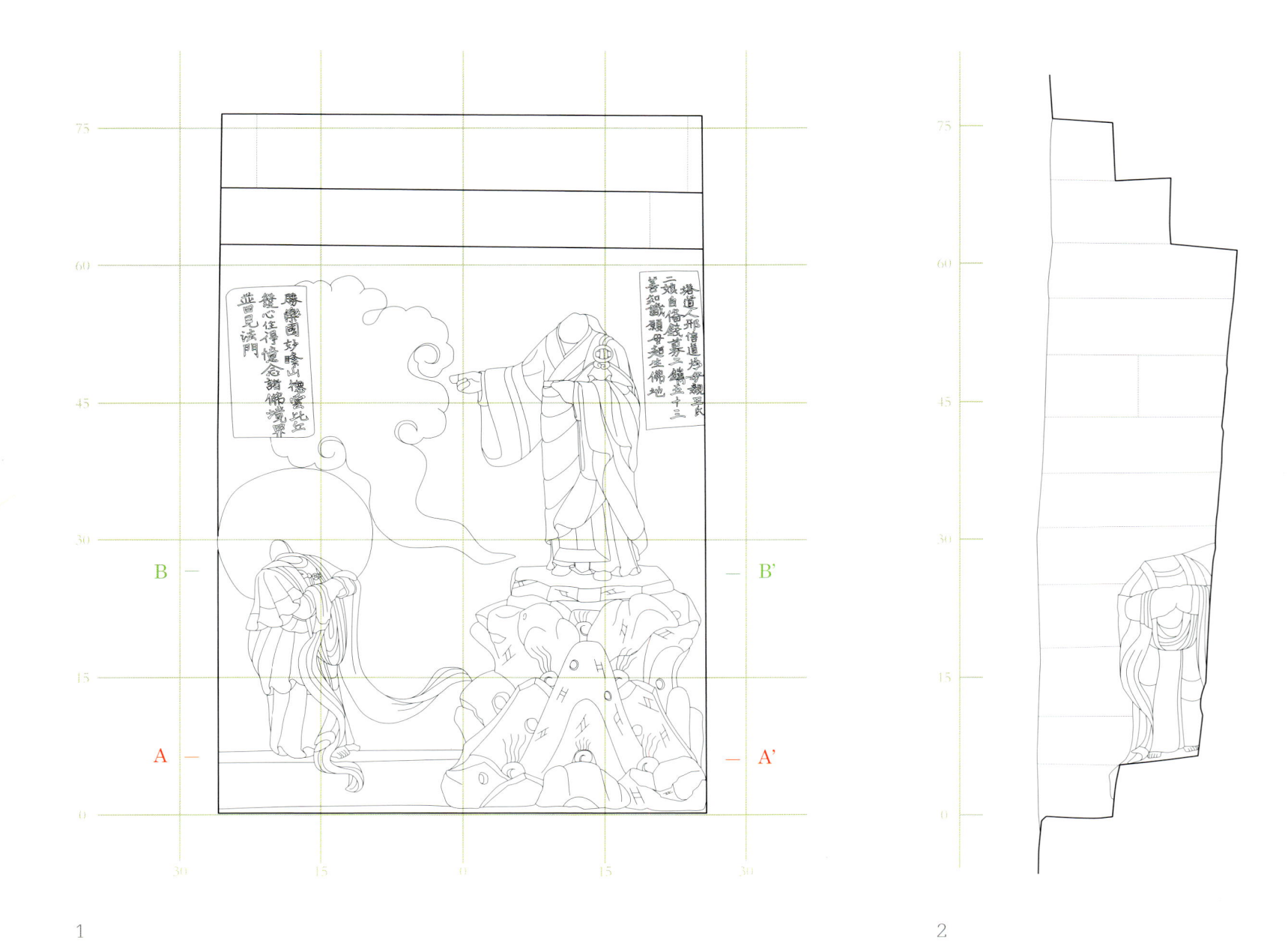

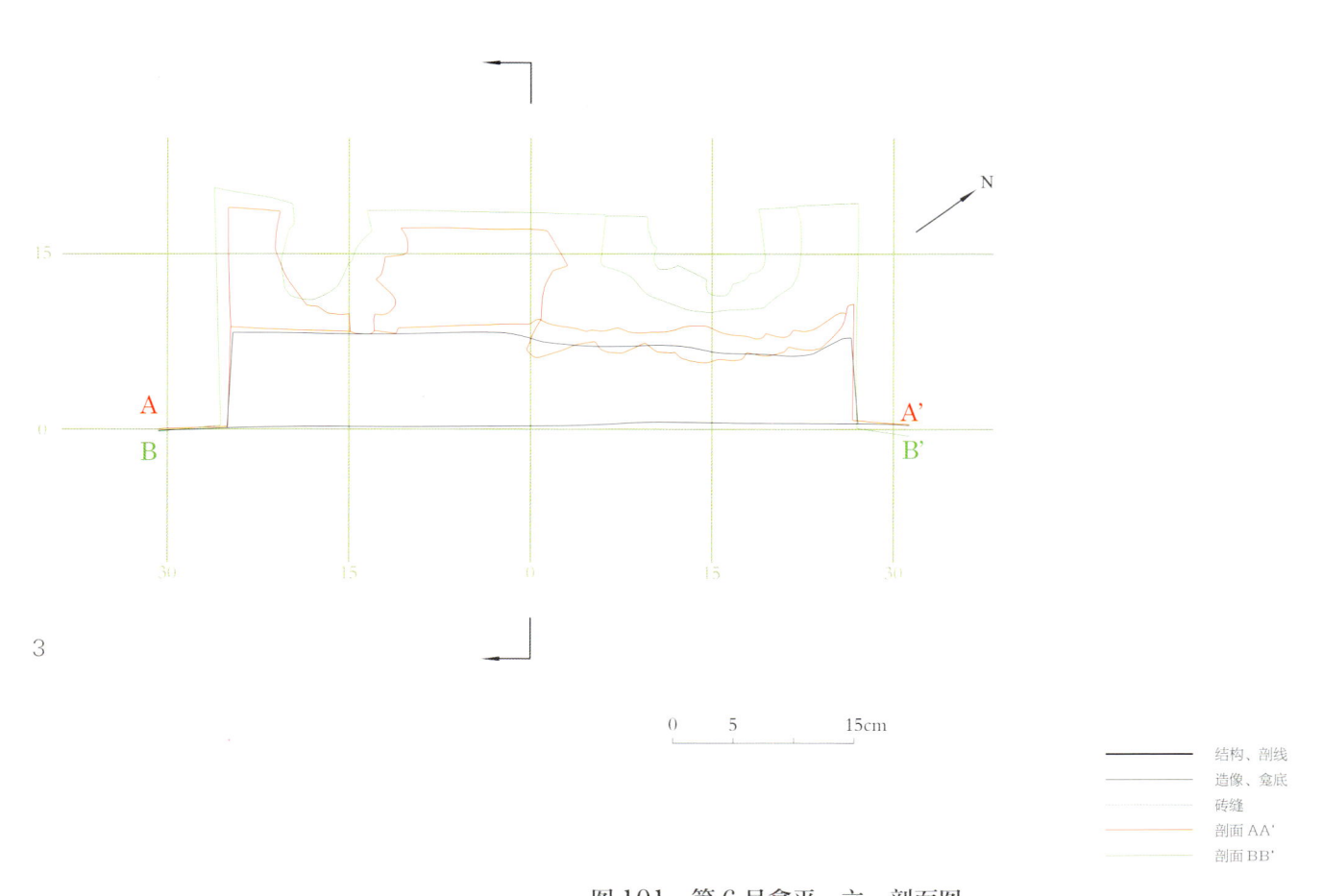

图101 第6号龛平、立、剖面图
1 立面图 2 剖面图 3 平面图

03　善知识愿母超生佛地

第2则

位于正壁右上角方框内。框高17厘米，宽8厘米。文左起，竖刻3行24字，楷体，字径1.5厘米（图版Ⅱ：18）。

01　胜乐国妙峰山德云比丘
02　发心住得忆念诸佛境界
03　普见法门

五　晚期遗迹

龛内保存绿色、黑色、黄色、灰白色等四种涂层。

第七节　第7号

一　位置

位于第二级回廊内壁西向壁面。上距回廊券顶下沿32厘米，下距地坪14厘米；左距壁面转折边缘73.5厘米，右距壁面转折边缘73.5厘米。

窟口西向，方向270°。

二　形制

圭形覆斗顶窟（图102、图103、图104、图105、图107；图版Ⅰ：148、图版Ⅰ：149、图版Ⅰ：150）。

窟口　呈圭形，高111厘米，宽59厘米，深30厘米；竖直部分高约90厘米。

窟底　呈方形，宽72厘米，深44厘米，至窟顶高127厘米。

窟壁　正壁竖直，通高106厘米；满嵌造像石，石高101厘米，宽73厘米；其上存留高5厘米的砖壁。左右壁均通高106厘米，其中左壁素面砖壁，右壁上部局部镶嵌造像石，石高21厘米，宽30厘米。左右壁上部外挑两阶叠涩，与窟顶相接。

窟顶　覆斗顶，呈方形，为三重叠压砖结构与窟壁相接，通高约21厘米。

三　造像

正壁嵌石刻像9身（图105；图版Ⅰ：150）。中刻主尊菩萨坐像1身，左右及座前共刻供养人立像8身；像置低台上。台高10厘米，深27厘米，与窟底等宽。

菩萨像　坐高48厘米，头长19厘米，肩宽15厘米，胸厚7厘米（图106）。浮雕圆形素面背光，直径50厘米。梳髻，鬓发绕耳，垂发作结覆肩。戴花冠，冠带作结沿肩下垂，于两腋处再次作结后，折叠敷搭前臂并下垂座前。脸形长圆，眉间刻白毫，略蚀；戴圆环耳饰，颈刻三道肉褶线，胸饰璎珞，内着僧祇支，系带作结，外披双领下垂式袈裟，下着裙；袈裟及裙摆覆于座上。腕镯，左手持法轮，右手稍残，于胸前结印；结跏趺坐于须弥座上。座通高37厘米，最宽49厘米，深25厘米。

供养人像　8身，均为立像。座台左右各2身，正面4身。将座台左右侧立像从左至右，从上至下编为第1—4像，将座台正面立像从左至右编为第5—8像。各像特征列入表21。

图 102　第 7 号窟立面图

图 103　第 7 号窟平、剖面图
1　剖面图　2　平面图

第三章　塔内第一、二层造像（第 1—20 号）

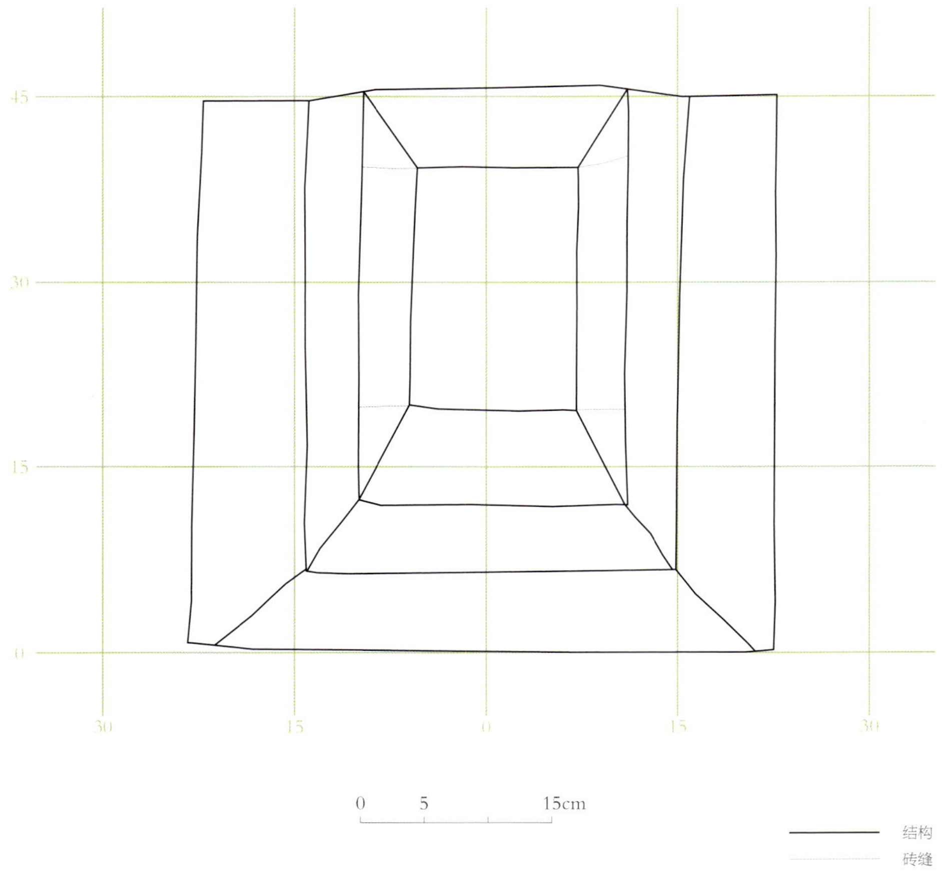

图104　第7号窟窟顶仰视图

表21　第7号窟正壁供养人特征简表

编号	位置	造像特征
1	左上方	头毁，残高39厘米；存幞头展脚，着圆领宽袖服，腰系带；双手胸前持笏，笏略残，着鞋立于山石台上。台高7厘米，宽13.5厘米，深5厘米。
2	左下方	高20厘米。光头，面残，着圆领窄袖长服，腰系带作结；双手置胸前，略残，足残，立于低台上。
3	右上方	高39厘米。头大部残，左耳刻下垂的珠串耳饰；内着抹胸，外着对襟窄袖长服，下着裙。披帛自身后绕上臂后敷搭前臂下垂体侧。双手合十，略残，着鞋立于山石台上。台高5厘米，宽14厘米，深6厘米。
4	右下方	高17.5厘米。梳双髻，面蚀；内着抹胸，外着对襟窄袖服，下着裙；双手胸前笼袖内，足残，立于低台上。
5	正面	高20厘米。头毁，着对襟窄袖长服，披帛自身后绕臂下垂足间。双手胸前笼袖内，足鞋，右向侧身立于低台上。其右肩与主尊座台间刻云纹相接。
6	正面	头毁，残高31厘米，存幞头展脚，着圆领宽袖长服，腰系带；双手胸前似持物，物残；身略右侧，着鞋立于低台上。
7	正面	高32.5厘米。戴展脚幞头，面蚀，身略左侧；余与第6像略同。
8	正面	头毁，残高20厘米，着对襟窄袖服，臂间刻绕臂披帛；双手胸前似持一物，物残；其上刻长垂敷搭的帛带，着鞋立于低台上。

四　铭文

3则。

第1则

位于正壁左上角方框内。框高21厘米，宽9厘米，内素平。

第2则

位于正壁右上角方框内。框高20.5厘米，宽11.5厘米，内素平。

图 105 第 7 号窟正壁立面及供养人编号图

图106　第7号窟正壁主尊等值线图

第3则

刘升等镌造如意轮像龛题记，南宋绍兴二十年（1150年）。位于右壁上部嵌石内。文左起，竖刻13行140字，楷体，字径1厘米（图107；图版Ⅱ：19）。

01　本州在郭右厢界正北街居住
02　奉佛进士刘升同室袁氏万一娘
03　弟进士刘陟弟妇于氏庆二娘暨
04　在堂母亲王氏念九娘子膝下
05　长男松年女二桂娘三桂娘合宅
06　人眷等先于戊辰载为故父
07　摄本州助教刘揆存日发心
08　镌造此
09　如意轮菩萨一龛自后未能
10　妆[1]饰但延今则命匠彩[2]銮上
11　件圣容祈冀过往生天见存
12　获福时以绍兴二十△年△月
13　△△△日命僧看经庆赞谨记[3]

五　晚期遗迹

窟内保存灰白色、黑色等两种涂层。

1　此"妆"字《大足石刻铭文录》录为"装"。重庆大足石刻艺术博物馆编：《大足石刻铭文录》，重庆出版社1999年版，第445页。
2　此"彩"字《大足石刻铭文录》录为"采"。同前引。

112　大足石刻全集　第四卷（上册）

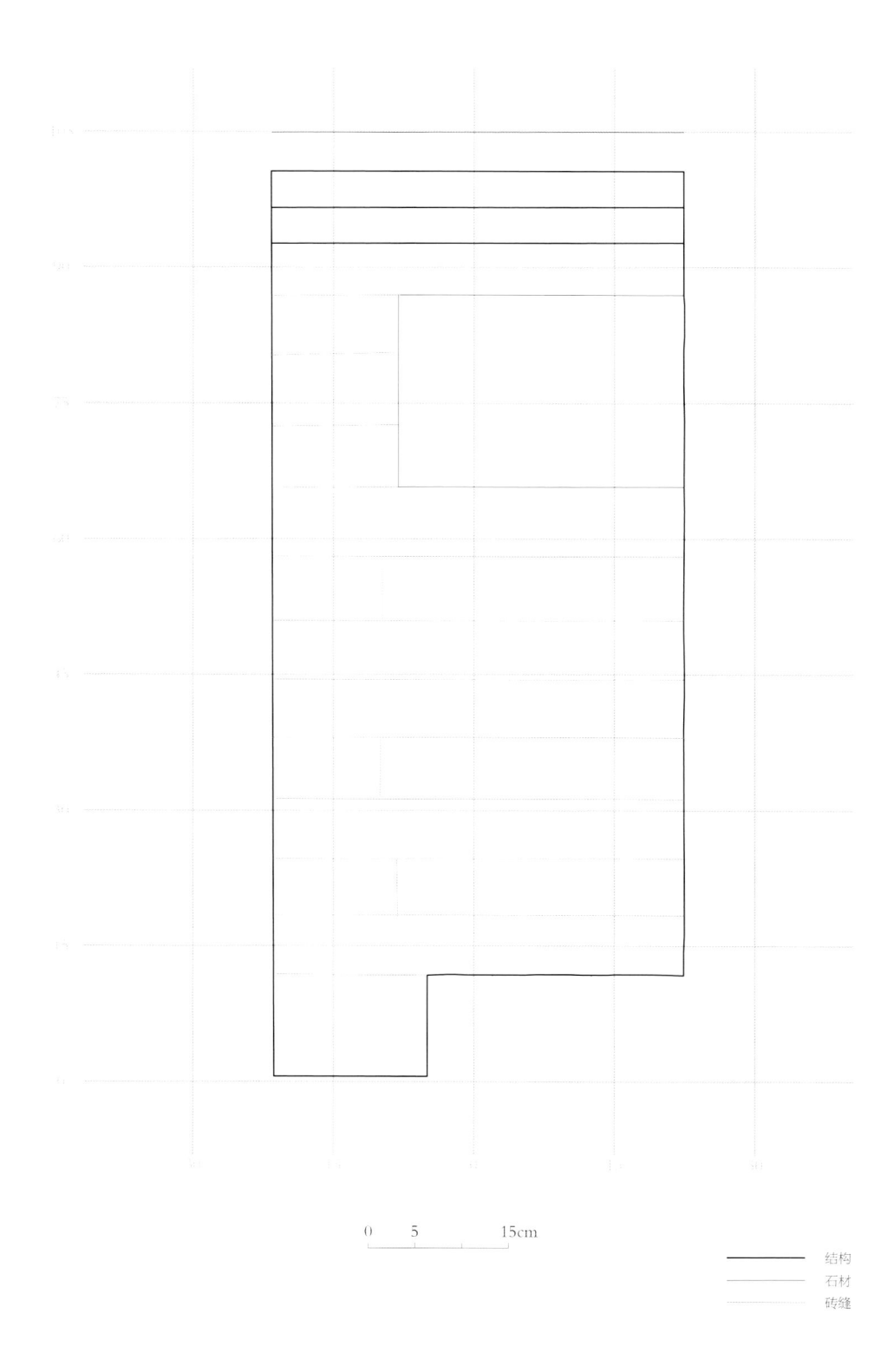

图107　第7号窟右壁立面图

第八节　第8号

一　位置

位于第二层回廊外壁东北向壁面左侧。上距回廊券顶下沿59厘米，下与地坪相接，左距壁面转折边缘59.5厘米，右距第9号龛31.5厘米。

龛口东北向，方向45°。

二　形制

单层方形龛（图108、图109；图版Ⅰ：151）。

龛口方形，高98厘米，宽61厘米，至后壁深19厘米。龛底方形，与回廊地坪齐平。龛正壁竖直，满嵌造像石，下起龛底，高83.5厘米，与龛口等宽；其上部叠涩两列横砖与龛顶相接，通高14厘米，共外挑10.5厘米。左右壁为竖直砖壁。龛顶为方形平顶。

图 108　第 8 号龛立面图

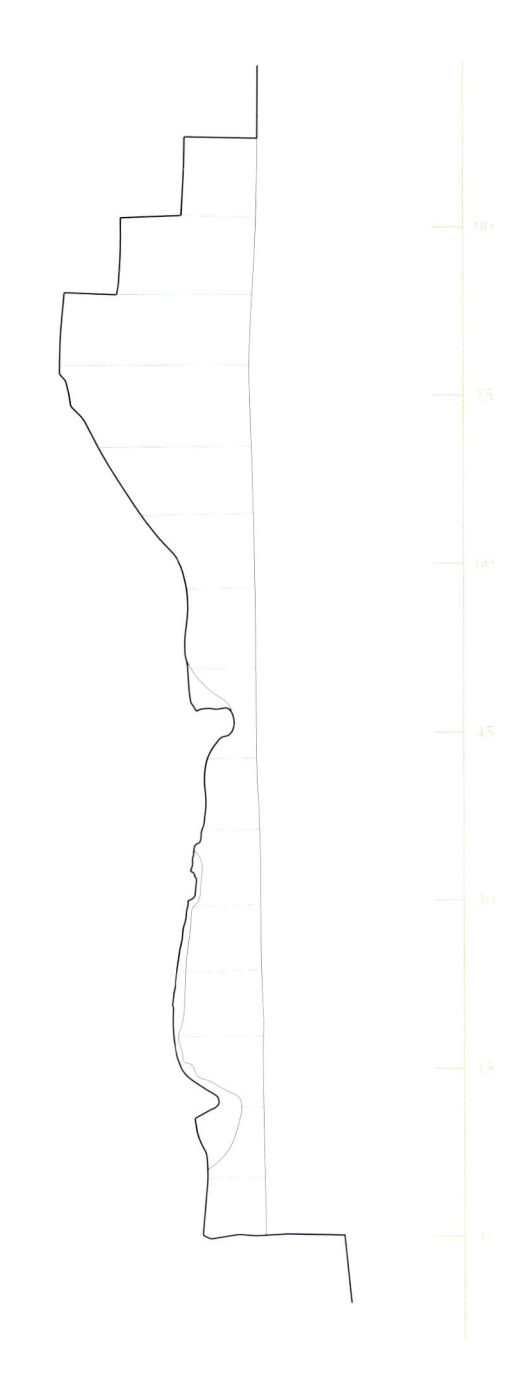

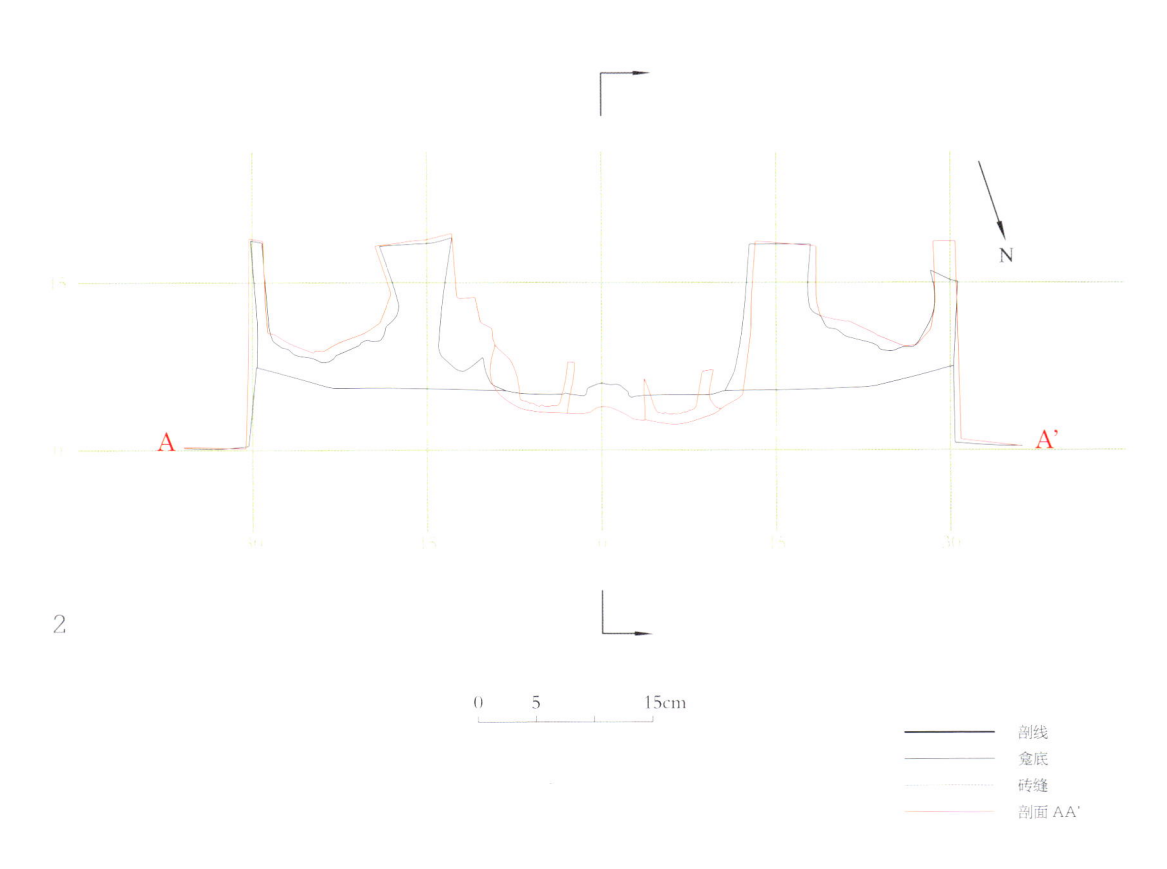

图109　第8号龛平、剖面图
1　剖面图　2　平面图

第三章　塔内第一、二层造像（第1—20号）

三　造像

正壁嵌石刻立像3身（图108；图版Ⅰ：151）。中刻主尊菩萨像1身，左右各刻供养人像1身；皆置于低台上。台高9厘米，深14厘米，与龛口等宽。

菩萨像　头大部毁，立身残高63厘米，肩宽17厘米，胸厚11厘米。浮雕素面圆形头光及椭圆形身光。头光直径31厘米，身光最宽35厘米。头后存四道冠带，两道呈"U"形上扬，两道下垂身后；垂发及耳饰及肩。胸饰璎珞，中间一道长垂足间，外披宽博披巾，下着长短两层裙，腰带长垂台前；披巾腹前交叠，再敷搭前臂，沿体侧下垂，止于龛底。自后腰斜出一道飘带，于大腿间交绕后斜垂。腕镯，左手横置腹前，似持净瓶，瓶残，仅辨残痕；右手胸前持柳枝；跣足分踏双层仰莲台上。台高4厘米，直径12厘米。

菩萨像头光左右对称浮雕一长枝花卉。

供养人像　左像头大部毁，残高38厘米，着圆领窄袖长服，腰系带；双手胸前持长柄香炉，手及香炉略残，着鞋直立。右像头毁，残高36.5厘米，当胸刻下垂的珠串耳饰；内着抹胸，外披对襟窄袖服，下着裙，披帛自身后绕臂下垂，双手合十，着鞋站立。

四　铭文

何正言镌造观音龛题记，南宋绍兴十八年（1148年）。分别位于正壁嵌石左、右侧对称线刻方框内及框外。刻石面皆高8.5厘米，宽4.5厘米。左线框内左起竖刻2行10字；右线框内左起竖刻2行10字，另框外并列竖刻1行4字，共5行24字，楷体，字径1.5厘米（图版Ⅱ：20、图版Ⅱ：21）。

大北街居住
佛子何正言（左）
同室杨氏戊
辰绍兴拾捌（右）
四月初捌（框外）

五　晚期遗迹

龛内保存灰白色、黑色两种涂层。

第九节　第9号

一　位置

位于第二层回廊外壁东北向壁面右侧。上距回廊券顶下沿59.5厘米，下与地坪相接；左距第8号龛31.5厘米，右距壁面转折边缘56厘米。

龛口东北向，方向43°。

二　形制

单层方形龛（图110、图111；图版Ⅰ：152）。

龛口方形，高97厘米，宽60厘米，至后壁深19厘米。龛底方形，与地坪齐平。龛正壁竖直，满嵌造像石，下起龛底，通高83厘米，

图110 第9号龛立面图

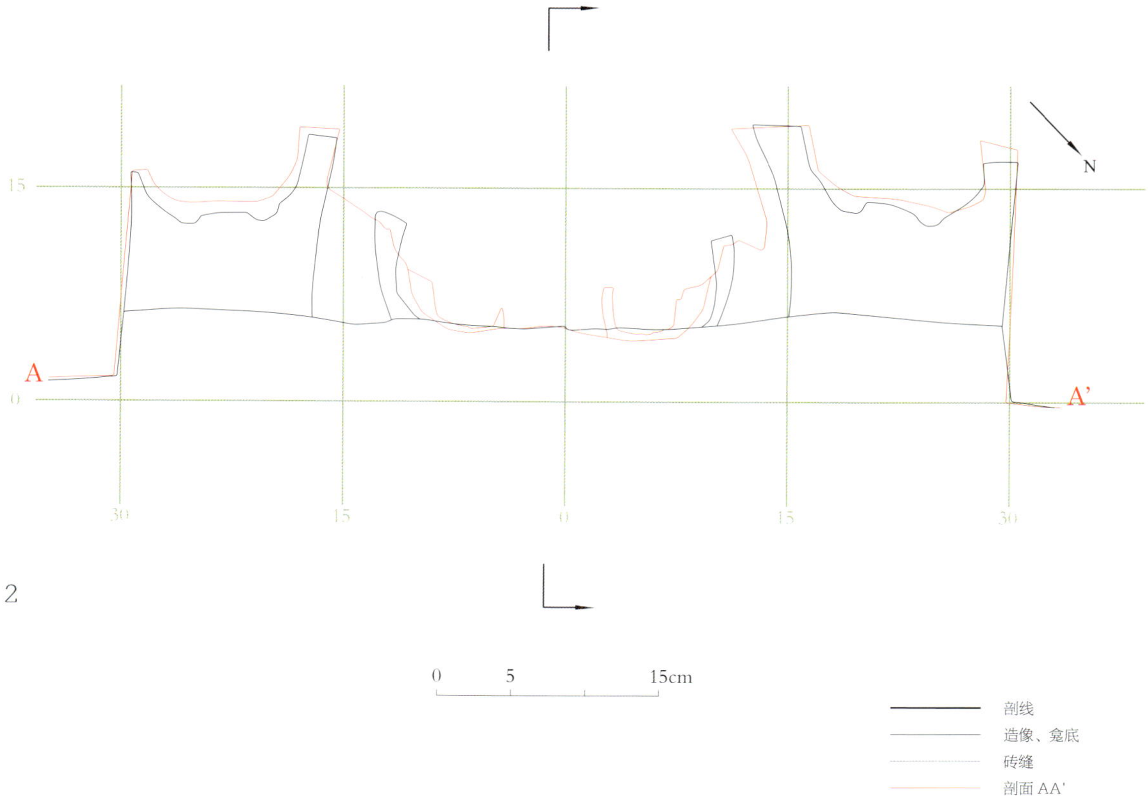

图111 第9号龛平、剖面图
1 剖面图 2 平面图

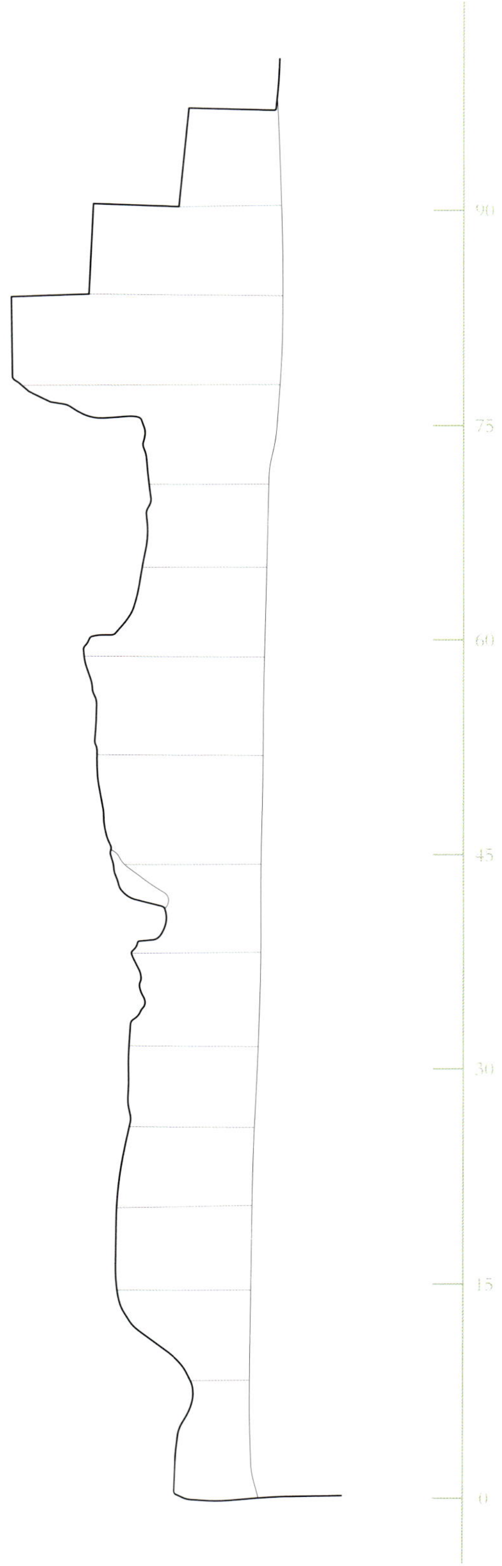

118 大足石刻全集 第四卷（上册）

宽60厘米；其上部外挑横砖两列与龛顶相接，通高14厘米，共外挑11厘米。左右壁为竖直砖壁。龛顶为方形平顶。

三　造像

正壁嵌石刻立像3身（图110；图版Ⅰ：152）。中刻主尊菩萨像1身，左右各刻供养人像1身；皆置于低台上。台高7厘米，深15厘米，与龛口等宽。

菩萨像　立像高68厘米，肩宽20厘米，胸厚10厘米。浮雕圆形素面头光及椭圆形身光，头光直径33厘米，身光最宽33厘米。梳髻，鬓发绕耳，垂发披肩。戴冠，冠带作结下垂后分作四道，两道呈"U"形上扬，两道垂于身侧。戴圆环耳饰，面蚀，胸饰璎珞，外披宽博披巾，下着长短两层裙，腰带长垂足间。披巾两端腹前交绕后敷搭前臂垂于体侧。自腰间斜出一道飘带，于大腿间交绕后斜垂。腕镯，双手胸前共持一物，手及物残；跣足分踏双层仰莲台上。台高5厘米，直径11厘米。

菩萨像头光左右对称浮雕一长枝花卉。

供养人像　左像立身高41厘米。梳髻，饰珠串发饰；面长圆，略残，戴珠串耳饰，下垂胸前；内着抹胸，外披对襟窄袖长服，下着裙。臂间刻出披帛，敷搭左前臂后下垂体前。双手残，置胸前，似合十；着鞋站立。右像头大部残，残高31厘米。存幞头展脚，着圆领宽袖长服，腰系带，双手合十，手略残，着鞋站立。

四　铭文

何浩镌造观音龛题记，南宋绍兴十七年至二十五年（1147—1155年）。并列位于正壁嵌石左右两侧方框内，皆高8.5厘米，宽4.5厘米，内均左起竖刻2行10字，楷体，字径1.5厘米（图版Ⅱ：22、图版Ⅱ：23）。

何正言继母
冯氏四娘子（左）
何正言长男
乡贡进士浩（右）

五　晚期遗迹

龛内保存灰白色、黑色两种涂层。

第十节　第10号

一　位置

位于第二层回廊内壁西南向壁面右侧。上距回廊券顶下沿6厘米，下距地坪74厘米；左距第11号龛30厘米，右距壁面转折边缘39厘米。

龛口西南向，方向226°。

二　形制

单层方形龛（图112、图113；图版Ⅰ：153）。

龛口方形，高78厘米，宽43.5厘米，至后壁深23.5厘米。龛底方形。龛正壁竖直，满嵌造像石，下起龛底，高59厘米，与龛口等宽；其上部外挑三列横砖与龛顶相接，通高19厘米，共外挑17.5厘米。左右壁为竖直砖壁。龛顶为方形平顶。

三　造像

正壁嵌石刻像3身（图112-1；图版Ⅰ：153）。中刻主尊坐佛1身，左右各刻供养人立像1身；均置于低台上。台高8.5厘米，深13厘米，与龛口等宽。

佛像　坐高15厘米，头长10.5厘米，肩宽10厘米，胸厚4.5厘米（图114）。顶有肉髻，自髻珠发出两道毫光，交绕后各绕三匝，水平向外飘出。脸形方圆，面蚀，内着僧祇支，外着双领下垂式袈裟，下着裙；袈裟及裙摆悬垂座前。腕镯，左手腹前托钵，右手胸前似结印，略残，结跏趺坐于束腰须弥座上。座通高20厘米；上部为仰莲台，高6厘米，直径18厘米；中部束腰部分为圆台，高4厘米，直径11厘米；下部为四阶叠涩，通高10厘米。

供养人像　左像立高25.5厘米。裹巾，脸形方圆，面老，额刻两道皱纹，下颌残，着双层交领窄袖服，腰束带，双手拱于胸前，着鞋而立。右像立高27厘米，方面略蚀，颈下悬挂一条念珠；余与左供养人像略同。

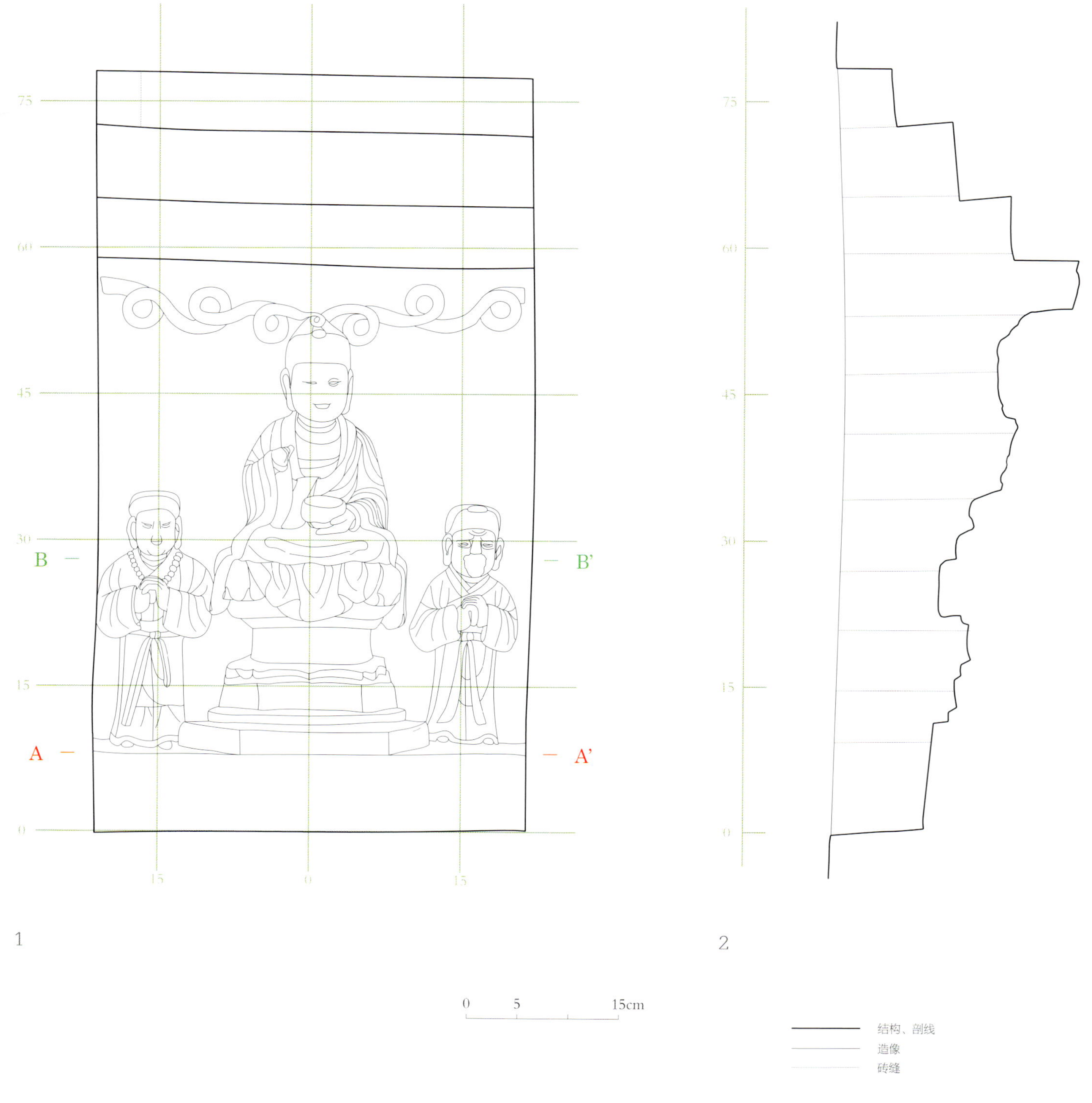

图112　第10号龛立、剖面图
1　立面图　2　剖面图

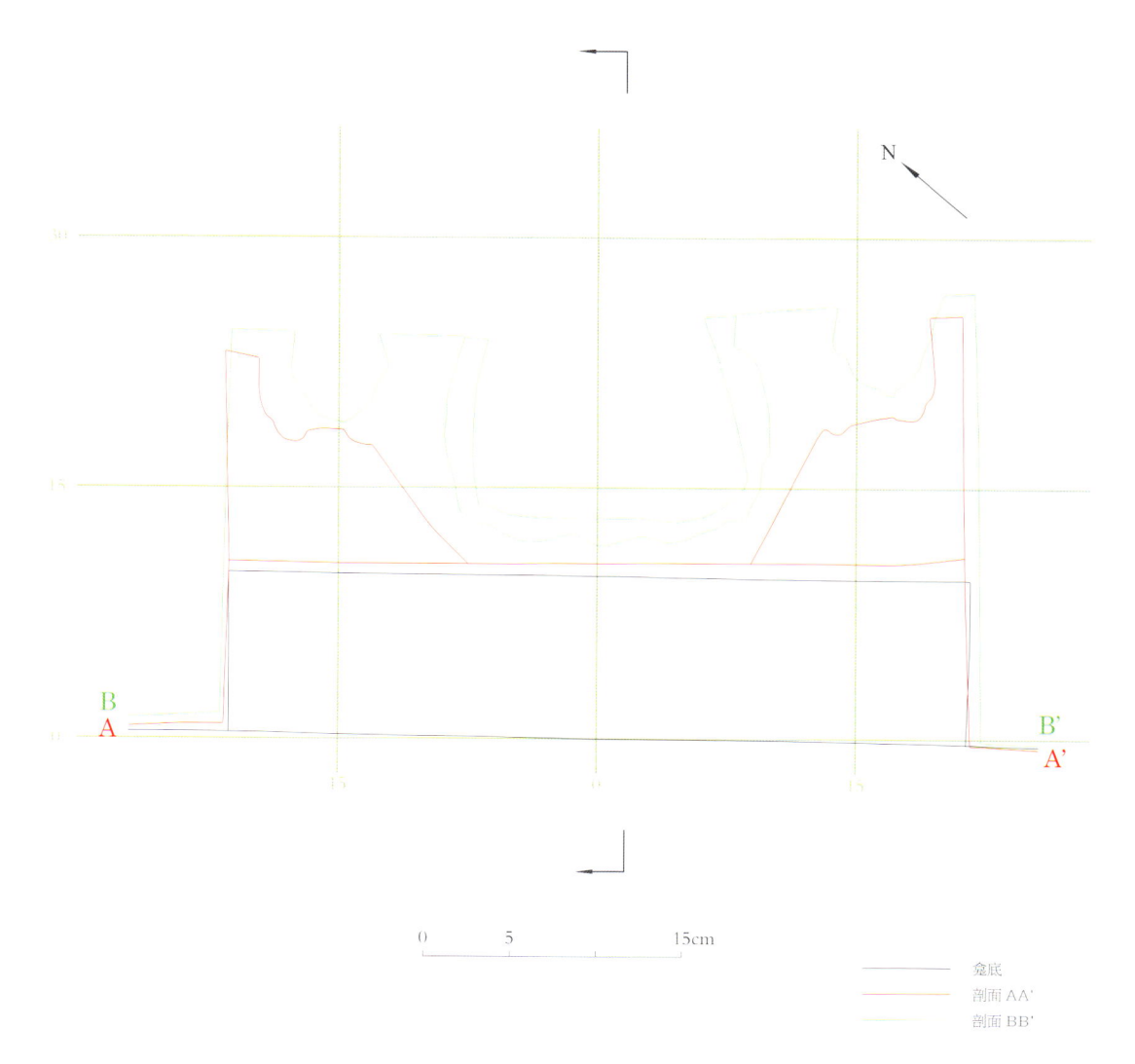

图113　第10号龛平面图

图114　第10号龛正壁佛像等值线图

四　晚期遗迹

龛内保存黑色、红色、灰白色三种涂层。

第十一节　第11号

一　位置

位于第二层回廊内壁西南向壁面左侧。上距回廊券顶下沿6.5厘米，下距地坪73厘米；左距壁面转折边缘38厘米，右距第10号龛30厘米。

龛口西南向，方向227°。

二　形制

单层方形龛（图115、图116；图版Ⅰ：154）。

龛口方形，高78.5厘米，宽55厘米，至后壁最深22厘米。龛底方形。龛正壁竖直，满嵌造像石，下起龛底，高65厘米，与龛口等宽；其上部外挑两列横砖与龛顶相接，通高13.5厘米，共外挑15厘米。左右壁为竖直砖壁。龛顶为方形平顶。

三　造像

正壁嵌石刻像3身（图115；图版Ⅰ：154）。中刻主尊立像1身，左刻狮奴立像1身，右刻童子立像1身；均置于低台上。台高9厘米，深10厘米，与龛口等宽。

主尊像　头大部毁，立身残高32厘米。浮雕圆形素面头光，直径11.5厘米，边缘刻火焰纹。双肩刻下垂的冠带及垂发。胸饰璎珞，外着宽博披巾，下着长短两层裙，腰带于膝间作结下垂。披巾两端于腹前交叠后，敷搭前臂垂飘体侧，止于莲台外侧。左手胸前持物，物呈方条状，残损难辨；右手屈肘前伸，手残，似抚右侧童子头顶；跣足分踏两层仰莲台。台高6厘米，直径6厘米。其身后刻舟形背光，下起低台，高54厘米，最宽29厘米；内线刻放射状毫光。

狮奴像　头大部毁，立身残高21厘米，着圆领窄袖短衫，腰束带，系抱肚，下着裤；双手握缰绳，着齐膝短靴，立于低台上。其身后刻一狮，身长21厘米，高12厘米；狮头扭向龛外，略蚀，阔口闭合，曲颈，尾卷曲上竖，现三腿直立。

童子像　头毁，立身残高18厘米，袒上身，下着长短两层裙，腰带作结长垂足间；披帛绕后颈，经双肩飘垂体侧。左手腕镯，右前臂大部毁，双手似合十，跣足立于双层仰莲台上。台高7厘米，直径7厘米。

四　铭文

2则。为"邢信道镌造善财再会文殊龛题记"，南宋绍兴十七年至二十五年（1147—1155年）。

第1则

位于正壁左上角方框内。框高15厘米，宽8.5厘米。文左起，竖刻4行33字，楷体，字径1.5厘米（图版Ⅱ：24）。

01　砌塔道人邢信道为母
02　亲王氏二娘自备钱镌
03　五十三位善知识愿母超生

图 115　第 11 号龛立面图

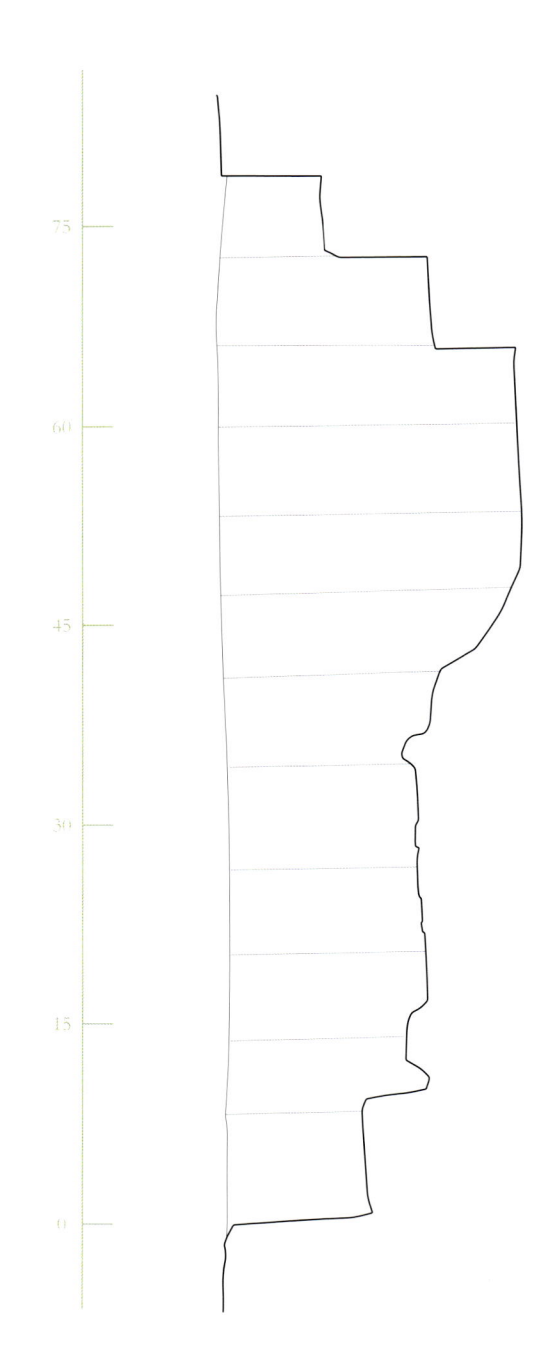

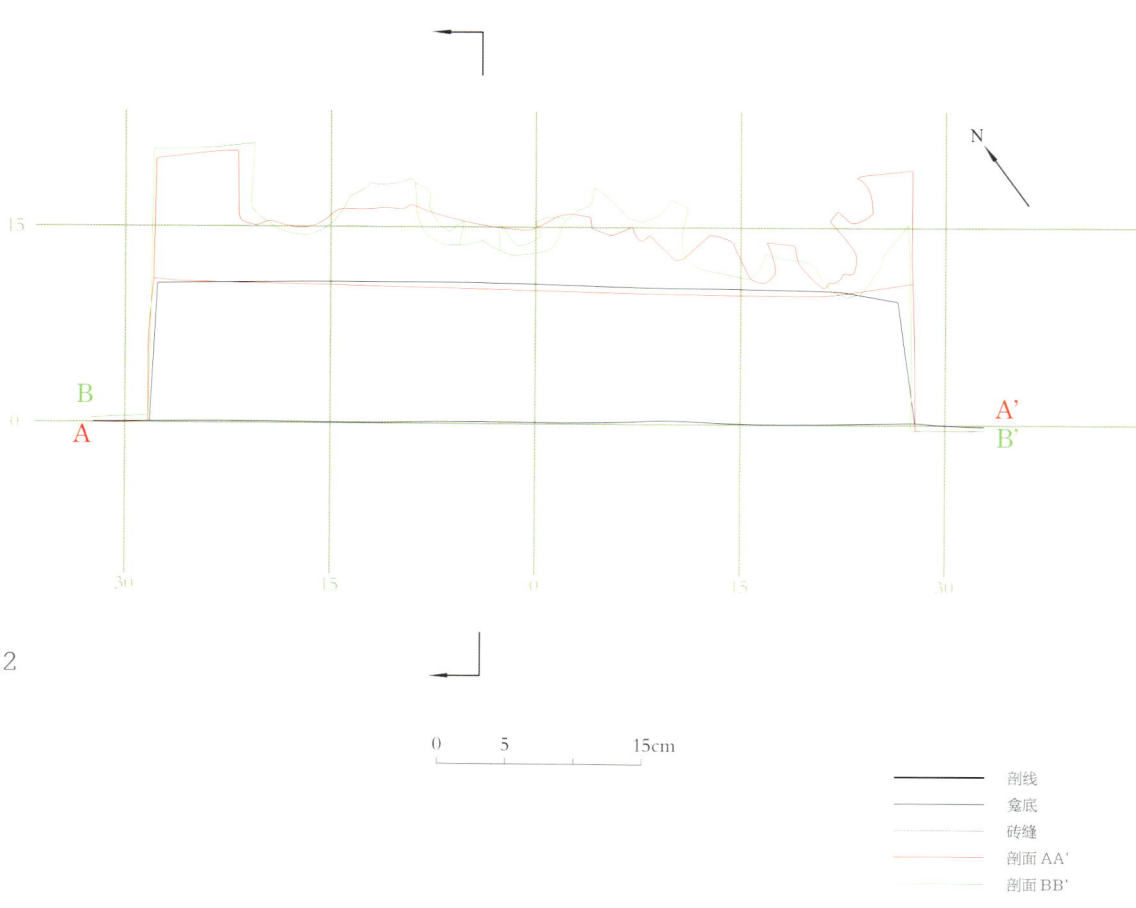

图116 第11号龛平、剖面图
1 剖面图 2 平面图

04　佛地谨施

第2则

位于正壁右上角方框内。框高15厘米，宽8.5厘米。文左起，竖刻2行12字，楷体，字径1.5厘米（图版Ⅱ：25）。

01　善财童子再会文殊
02　菩萨之处

五　晚期遗迹

龛内保存灰白色、黄色、黑色等三种涂层。

第十二节　第12号

一　位置

位于第二层回廊内壁南向壁面。上距回廊券顶下沿27厘米，下与地坪相接；左距壁面转折边缘70厘米，右距壁面转折边缘75厘米。

窟口南向，方向179°。

二　形制

圆拱形覆斗顶窟（图117、图118、图119；图版Ⅰ：155、图版Ⅰ：156、图版Ⅰ：157）。

窟口　呈圆拱形，高131厘米，宽61.5厘米，深31厘米，竖直部分高约105厘米。

窟底　呈方形，宽86厘米，深54.5厘米，至窟顶顶部158厘米。

窟壁　正壁竖直，通高136厘米；下部满嵌造像石，下起窟底，高133厘米，宽86厘米；其上存留高约3厘米的砖壁。左右壁为素面砖壁；皆通高约136厘米，上部作两阶叠涩，与窟顶相接。

窟顶　覆斗顶，呈方形，为三重叠压砖结构与窟壁相接，通高约25厘米。

三　造像

正壁嵌石刻像5身（图119；图版Ⅰ：157）。中刻坐佛像1身，左右后侧各刻菩萨立像1身，左右前侧各刻供养人立像1身；皆置于低台上。台高16厘米，深20厘米，与窟底等宽。

佛像　坐高50厘米，肩宽19厘米，胸厚11厘米。浮雕椭圆形背光，最宽28厘米，边缘饰火焰纹，焰尖略残。头大部毁，自头顶刻出四道毫光，两道斜向上飘，两道各绕两匝后水平外飘。身着双领下垂式袈裟，下着裙，袈裟一角系于左肩哲那环上；袈裟及裙摆覆于座前。双手残，置胸前，似持物；结跏趺坐于束腰仰莲座上。座通高40厘米；上部为双层仰莲台，高14厘米，直径40厘米；中部束腰刻盘龙，龙首略残，刻于正面，左前侧刻一粒放焰珠，现两腿；下部为两阶方台叠涩，通高11.5厘米，上阶正面宽33.5厘米，下阶正面宽43厘米。

主尊像背光左右上部对称浮雕一长枝花卉。

左菩萨像　立像高49.5厘米。梳髻，鬓发绕耳，垂发披肩；戴冠，冠带作结后沿胸下垂，敷搭前臂后垂于袈裟袖摆外侧。面圆，

图117 第12号窟平、立、剖面图
1 剖面图 2 立面图 3 平面图

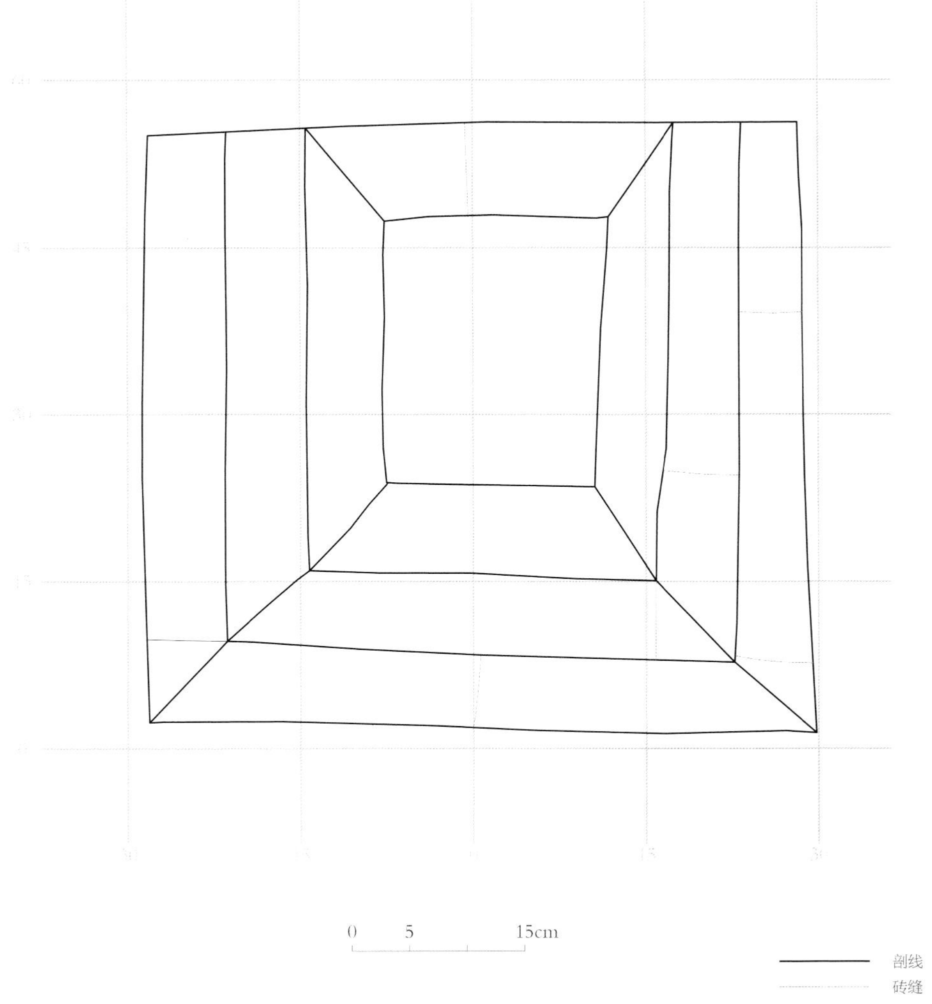

图118 第12号窟窟顶仰视图

略蚀，胸饰璎珞，外披双领下垂式袈裟，下着裙，腹前袈裟衣纹呈纵向连续的"U"形；双手覆巾置于胸前托物，物残难辨；双足不现，立于双层仰莲台上。台高8.5厘米，直径14厘米。

右菩萨像　立像高53.5厘米。头、面部分残，双手置胸前，毁；余特征略同左菩萨像。

左供养人像　头毁，残高49厘米。着圆领窄袖长服，腰束带，下着裙，双手（残）置胸前；着鞋侧身而立。

右供养人像　头毁，残高20厘米。上着对襟窄袖长服，下着裙，腰带垂于足间；披帛自臂间绕出，下垂体侧，双手胸前笼袖内，着鞋侧身直立。

四　铭文

2则。

第1则

位于左菩萨像头顶上部方框内。框高17.5厘米，宽13厘米，内素平。

第2则

位于右菩萨像头顶上部方框内。框高17厘米，宽15厘米，内素平。

五　晚期遗迹

龛内保存灰白色、红色两种涂层。

图 119　第 12 号窟正壁立面图

第十三节　第13号

一　位置

位于第二层回廊外壁西北向壁面左侧。上距回廊券顶下沿6厘米，下距地坪70厘米；左距壁面转折边缘53厘米，右距第14号龛60厘米。

龛口西北向，方向314°。

二　形制

单层方形龛（图120；图版Ⅰ：158）。

龛口方形，高78厘米，宽53厘米，至后壁深18厘米。龛底方形。龛正壁竖直，满嵌造像石，下起龛底，高65厘米，与龛口等宽；其上部外挑两列横砖与龛顶相接，通高13厘米，共外挑14厘米。左右壁为竖直砖壁。龛顶为方形平顶。

三　造像

正壁嵌石刻像3身（图120；图版Ⅰ：158）。中刻主尊坐像1身，左刻童子立像1身，右像大部毁。

主尊像　头大部毁，残坐高22厘米，肩宽10厘米，胸厚4厘米。浮雕圆形素面背光，直径20厘米。内着交领宽袖服，外披袒右式袈裟；双手腹前笼袖内，结跏趺坐于束腰须弥座上。座通高26.5厘米；上部为两阶方台叠涩，上阶方台高5厘米，面宽20厘米，下阶方台高2厘米，面宽15.5厘米；中部为方台，高7厘米，面宽12厘米，正面刻壸门；下部亦为两阶方台叠涩，上阶方台高3厘米，面宽16厘米，下阶方台高7厘米，面宽21厘米。

该像背光左侧线刻外飘的毫光，背光左右外端另线刻云纹。

左童子像　头毁，立身残高20厘米，上着宽博披巾，下着长短两层裙，腰带长垂；披巾绕颈后经胸前敷搭前臂，再飘垂体侧；双手残，横置胸前，身微躬，右向侧身直立。

右像　已毁，仅存覆莲台。台高3厘米，直径8厘米，台面残毁处凿有方孔。

四　铭文

2则。为"邢信道镌造善财参礼海幢比丘龛题记"，南宋绍兴十七年至二十五年（1147—1155年）。

第1则

位于龛正壁左侧方框内。框高12厘米，宽5厘米。文左起，竖刻2行，存13字，楷体，字径1.5厘米（图版Ⅱ：26）。

01　（漶）海幢比丘

02　心住得般若光明法门

第2则

位于龛正壁右侧方框内。框高12.5厘米，宽7厘米。文左起，竖刻2行15字，楷体，字径1.5厘米（图版Ⅱ：27）。

01　砌塔道人邢信道为

02　母王氏二娘谨施

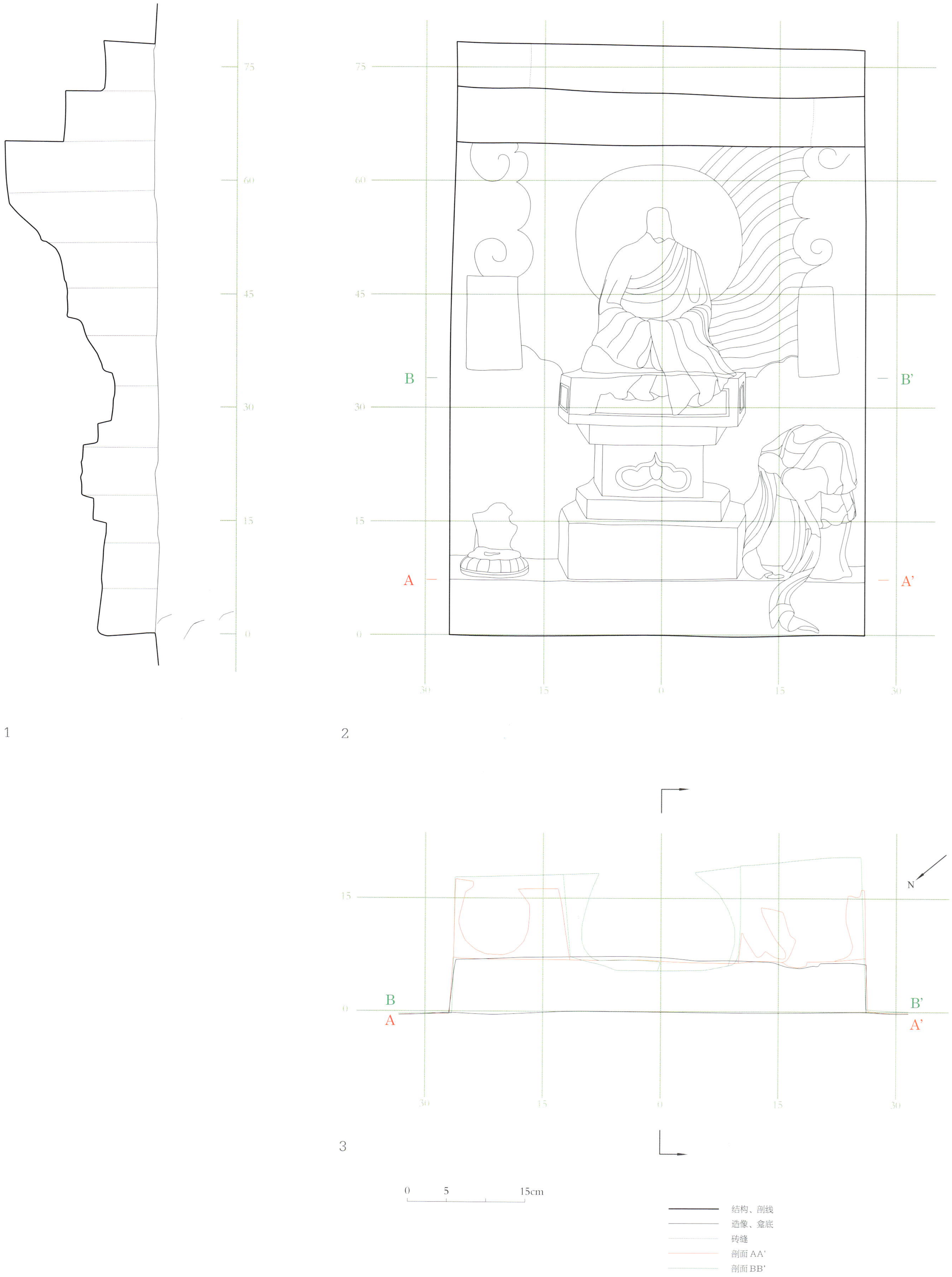

图 120 第 13 号龛平、立、剖面图
1 剖面图　2 立面图　3 平面图

五 晚期遗迹

主尊像颈部残毁处凿一圆孔,直径1厘米,深1厘米。右像覆莲台台面凿一方孔,长2厘米,宽2厘米,深1.8厘米。龛内保存灰白色、黑色、红色、黄色等四种涂层。

第十四节 第14号

一 位置

位于第二层回廊外壁西北向壁面右侧。上距回廊券顶下沿6厘米,下距地坪71.5厘米;左距第13号龛60厘米,右距壁面转折边缘55厘米。

龛口西北向,方向314°。

二 形制

单层方形龛(图121;图版Ⅰ:159)。

龛口方形,高79厘米,宽52厘米,至后壁深22厘米。龛底方形。龛正壁竖直,满嵌造像石,下起龛底,高66厘米,与龛口等宽;其上部外挑两列横砖与龛顶相接,通高13厘米,共外挑15厘米。左右壁为竖直砖壁。龛顶为方形平顶。

三 造像

正壁嵌石刻像2身(图121-1;图版Ⅰ:159)。左刻主尊立像1身,右刻童子立像1身,皆置低台上。台高7.5厘米,深8厘米,与龛口等宽。

主尊像 头大部毁,立身残高34厘米,肩宽10厘米,胸厚4.5厘米。浅浮雕圆形素面头光,直径20厘米。着双层交领窄袖长服,腰带作结垂于身前,左手笼袖内垂于体侧,右手上抬外展,手残,似作指引状,着鞋立于山石台上。台高7厘米,宽22厘米,深7.5厘米。

该像身后刻一树,枝干遒劲,树冠覆于头顶。

童子像 头毁,立身残高20厘米。浮雕圆形素面头光,直径19厘米。右肩残,可辨上着宽博披巾,下着长短两层裙,腰带垂于身前。双手置胸前,毁;身微躬,面向主尊作礼拜状,跣足而立。

四 铭文

2则。为"邢信道镌造善财参礼解脱长者龛题记",南宋绍兴十七年至二十五年(1147—1155年)。

第1则

位于童子像头顶上方左侧方框内。框高17厘米,宽7.5厘米。文左起,竖刻3行,存32字,楷体,字径1厘米(图版Ⅱ:28)。

01　〔砌塔道〕人邢信道为母亲王氏
02　二〔娘自备钱镌五十三善〕
03　知〔识愿母亲〕超佛地〔谨〕施

图 121　第 14 号龛平、立、剖面图
1　立面图　2　剖面图　3 平面图

第2则

位于童子像头顶上方右侧方框内。框高17厘米，宽6.5厘米。文左起，竖刻2行17字，楷体，字径1.5厘米（图版Ⅱ：29）。

01　住林城解脱长者具

02　足方便住得无碍法门

五　晚期遗迹

龛内保存红色、绿色、灰白色等三种涂层。

第十五节　第15号

一　位置

位于第二层回廊内壁东向壁面。上距回廊券顶下沿30厘米，下距地坪14厘米；左距壁面转折边缘77厘米，右距壁面转折边缘73厘米。

窟口东向，方向92°。

二　形制

圭形覆斗顶窟（图122、图123、图124；图版Ⅰ：160、图版Ⅰ：161、图版Ⅰ：162）。

窟口　呈圭形，高113厘米，宽57.5厘米，深31厘米；竖直部分高88厘米。

窟底　呈方形，宽76厘米，深51厘米，至窟顶顶部高128厘米。

窟壁　正壁竖直，通高108厘米；满嵌造像石，下起窟底，高93.5厘米，宽与正壁同，其上存留高约14.5厘米的砖壁。左右壁为素面砖壁，均高约108厘米；上部作两阶叠涩，通高14.5厘米，与窟顶相接。

窟顶　覆斗顶，呈方形，为三重叠压砖结构，通高约20厘米。

三　造像

正壁嵌石刻像3身（图124；图版Ⅰ：162）。中刻主尊菩萨坐像1身，左右各刻供养人立像1身，皆置于低台上。台高9厘米，深32厘米，与窟底等宽。

菩萨像　头大部毁，残坐高47厘米，肩宽13.5厘米，胸厚7.5厘米。浮雕圆形素面背光，直径52厘米。头后存四道冠带，两道斜垂双肩外侧，两道沿肩下垂，作结后绕前臂体侧。胸饰璎珞，上身斜披络腋，正面饰一道璎珞，下着长短两层裙，腰带作结下垂。自后腰斜出一道披帛，于腿间交绕后斜垂。臂钏，腕镯，左手直伸撑台，右手置右膝上，自前臂残断。垂左腿，竖右腿，跣足坐于山石座上；左足踏仰莲。座通高26厘米，宽45.5厘米，深30厘米；座前刻并蒂仰莲，左莲高8.5厘米，直径11厘米，右莲大部毁。

该像背光左侧刻云纹，内刻山石，石上置一只净瓶，通高17.5厘米，瓶内插柳枝。

供养人像　左像头大部毁，残高33厘米。下颌刻连鬓胡须，着圆领窄袖长服，腰束带，双手胸前持长柄香炉，手及香炉部分残，着鞋站立。右像立身高37厘米。梳髻，脸形长圆，面略蚀，戴珠串耳饰；上着对襟长服，下着裙，腰带垂于身前。自臂间绕出披帛，敷搭前臂后垂于体侧。双手覆巾，置于胸前托圆状物，物残难辨；双足不现。

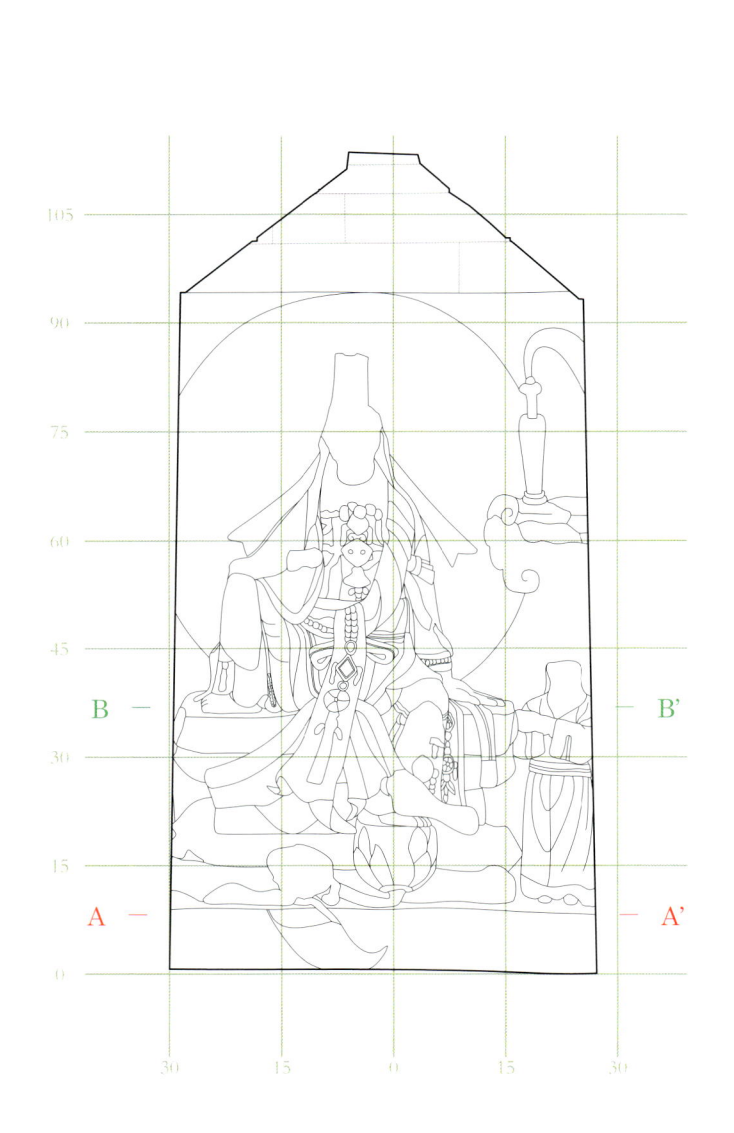

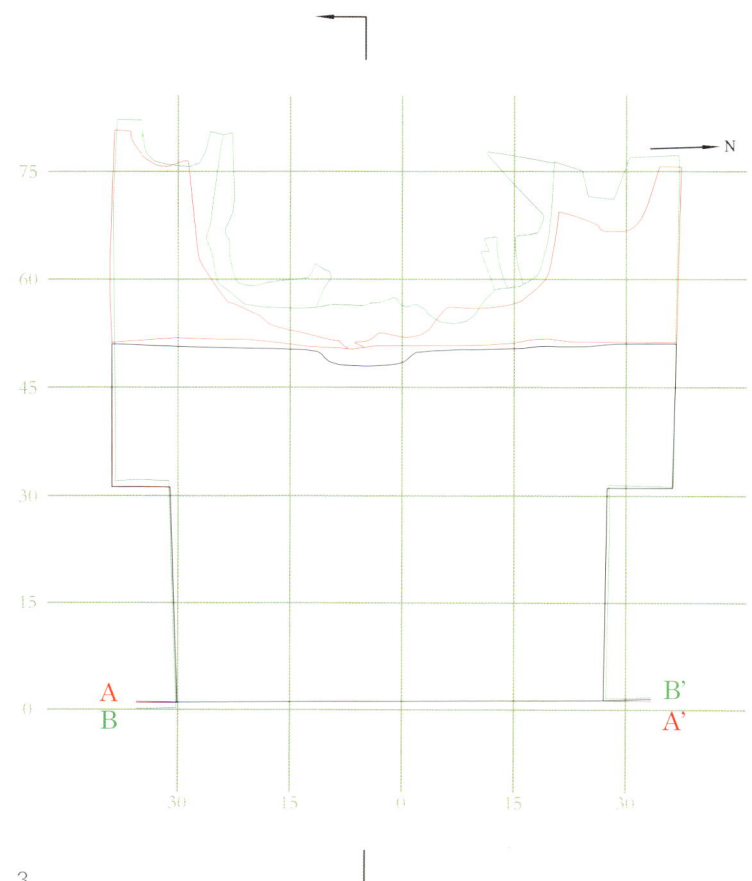

图 122　第 15 号窟平、立、剖面图
1　立面图　2　剖面图　3　平面图

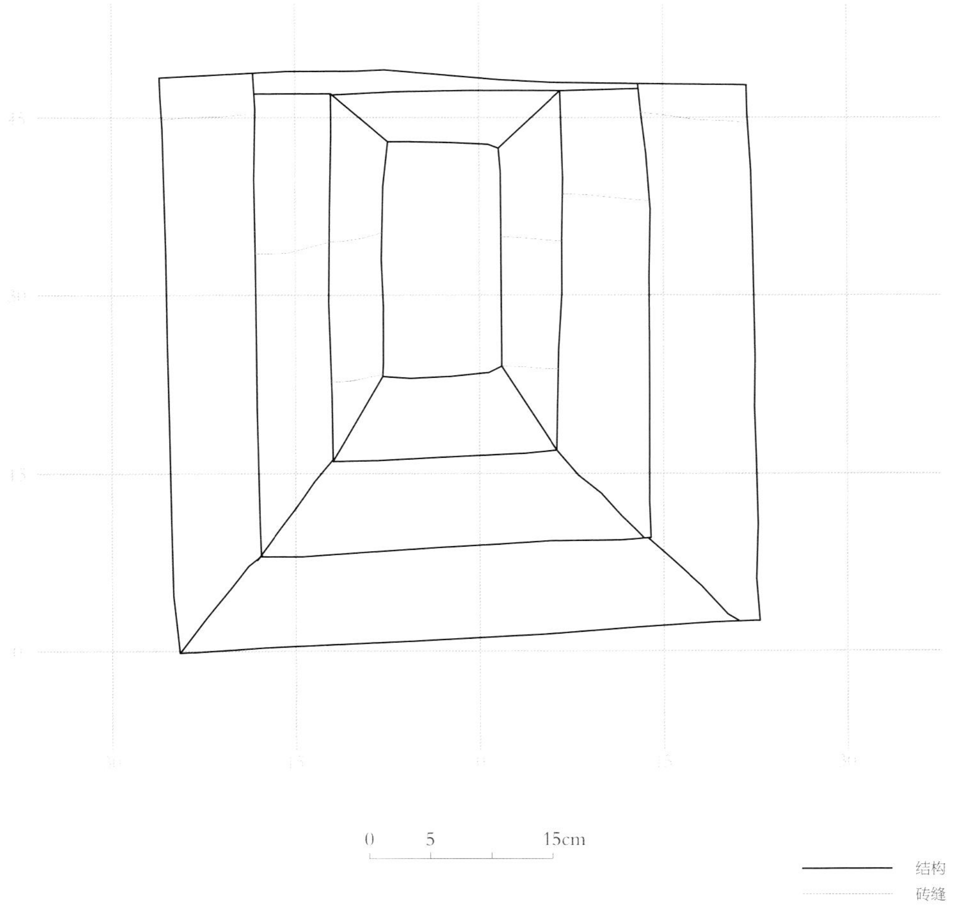

图 123　第 15 号窟窟顶仰视图

四　晚期遗迹

（一）铭文

2则。

第1则

付觉明等题名，万历元年（1573年）。位于窟口外正上方。刻石面高18厘米，宽16厘米。文左起，竖刻14字，楷体，字径2.5厘米（图版Ⅱ：30）。

　　信善付〔觉[1]〕明
　　　罗道书
　　　黎汉爵
　　　魏添祺

第2则

悟春等题名，万历元年（1573年）。位于窟口外侧右上方。刻石面高18厘米，宽10厘米。文左起，竖刻，存20字，楷体，字径1.5—2.5厘米。其行文不规范，按其意录文（图版Ⅱ：31）：

　　万□元年十二月初一日
　　住持悟春悟景
　　徒本刚本孝

---

[1] 此"觉"字《大足石刻铭文录》录为"齐"。重庆大足石刻艺术博物馆编：《大足石刻铭文录》，重庆出版社1999年版，第449页。

图 124　第 15 号窟正壁立面图

（二）维修及妆绘

主尊像颈部残毁处凿一圆孔，直径4.5厘米，深4厘米。

龛内保存灰白色涂层。

第十六节　第16号

一　位置

位于第二层回廊外壁西南向壁面左侧。上距回廊券顶下沿6.5厘米，下距地坪72厘米；左距壁面转折边缘53.5厘米，右距第19号龛60厘米。

龛口西南向，方向227°。

二　形制

单层方形龛（图125；图版Ⅰ：163）。

龛口方形，高78厘米，宽52.5厘米，至后壁深19厘米。龛底方形。龛正壁竖直，满嵌造像石，下起龛底，高64厘米，宽50.5厘米；其上部外挑两列横砖与龛顶相接，通高14厘米，共外挑14厘米。左右壁为竖直砖壁。龛顶为方形平顶。

三　造像

正壁嵌石刻像2身（图125-1；图版Ⅰ：163）。左刻主尊坐像1身，右刻童子立像1身，皆置于抹角低台上。台高8厘米，深9厘米，与龛口等宽。

主尊像　头大部毁，残坐高33厘米，肩宽10厘米，胸厚4.5厘米。浮雕圆形素面头光，直径21.5厘米。上着双层交领窄袖长服，下着裙，胸际系带，作结后垂于身前；左手置大腿上，右臂抬举前伸，手大部残；倚坐于方台上，着鞋踏狮背。台高19厘米，宽19厘米，深13厘米。正面及左侧面线刻方框，框内刻菱形纹，纹内饰花卉。座前刻一伏狮，身长24厘米，高13厘米，头略残，扭颈向龛外；头伏于前腿上，蜷身蹲卧，狮尾长垂、分叉。

主尊像左手前侧上方刻一株棕榈树，树干纤细，顶部分出三细枝，树叶略呈太阳花。

童子像　头大部毁，立身残高25厘米。浮雕圆形素面头光，直径18厘米。头巾上飘，颈戴项圈，垂挂璎珞，袒上身，下着长短两层裙，腰带作结长垂足间。披巾环绕后背，沿胸下垂，于腹前交叠后，再敷搭前臂飘垂体侧，止于低台。臂环，腕镯，双手合十，略残，跣足直立。

四　铭文

2则。为"邢信道镌造善财参礼弥伽长者龛题记"，南宋绍兴十七年至二十五年（1147—1155年）。

第1则

位于童子像头顶上部左方框内。框高13厘米，宽7厘米。文左起，竖刻2行17字，楷体，字径1.2厘米（图版Ⅱ：32）。

01　达〔里鼻〕荼国弥伽长

图 125　第 16 号龛平、立、剖面图
1　立面图　2　剖面图　3　平面图

02　者生贵住得妙音[1]法门

第2则

位于童子像头顶上部右方框内。框高14厘米，宽6厘米。文左起，竖刻3行31字，楷体，字径1.5厘米（图版Ⅱ：33）。

01　砌塔道人邢信道为母王氏
02　二〔娘自〕备钱镌五十三位善
03　〔知识〕愿〔母〕亲超〔生〕佛地

五　晚期遗迹

龛内保存绿色、黄色、黑色、灰白色等四种涂层。

第十七节　第17号

一　位置

位于第二层回廊内壁东北向壁面右侧。上距回廊券顶下沿7厘米，下距地坪73厘米；左距第18号龛33厘米，右距壁面转折边缘38厘米。

龛口东北向，方向43°。

二　形制

单层方形龛（图126、图127；图版Ⅰ：164）。

龛口方形，高76.5厘米，宽53.5厘米，至后壁深18厘米。龛底方形。龛正壁竖直，满嵌造像石，下起龛底，高63厘米，与龛口等宽；其上部外挑两列横砖与龛顶相接，通高13.5厘米，共外挑12厘米。左右壁为竖直砖壁。龛顶为方形平顶。

三　造像

正壁嵌石刻像2身（图126；图版Ⅰ：164）。左刻主尊立像1身，右刻童子立像1身，二像身后各刻一座建筑，置于云纹内。造像置于低台上，台高7厘米，深6厘米，与龛口等宽。

主尊像　头大部残，立身残高29厘米，肩宽9厘米，胸厚4厘米。浮雕椭圆形素面头光，最宽9厘米，边缘刻火焰纹。头巾飘垂身后，端头呈"U"形上扬，肩部刻垂发，胸饰璎珞，上着宽博披巾，下着长短两层裙，腰带作结后，下垂至双膝间再作结下垂，止于低台。披巾两端交垂腹前，再敷搭前臂后飘垂体侧，止于低台。腕镯，左手曲于胸前持棍状物，手及物残，右手曲肘外展，食指前伸，余指相捻，作指引状；跣足分踏双层仰莲台上。台高3厘米，直径5.5厘米。

该像身后刻叶形背光，下起莲台，高39厘米，最宽17.5厘米，内线刻毫光。

该像身后左侧刻一座重檐歇山式楼阁，显露部分高41厘米。屋身底层前侧刻出勾栏，栿杖盆唇间线刻直棖，盆唇地栿间刻出栏

---

[1] 此"音"字《大足石刻铭文录》未录。重庆大足石刻艺术博物馆编：《大足石刻铭文录》，重庆出版社1999年，第451页。

图 126　第 17 号龛立面图

图 127　第 17 号龛平、剖面图
1　剖面图　2　平面图

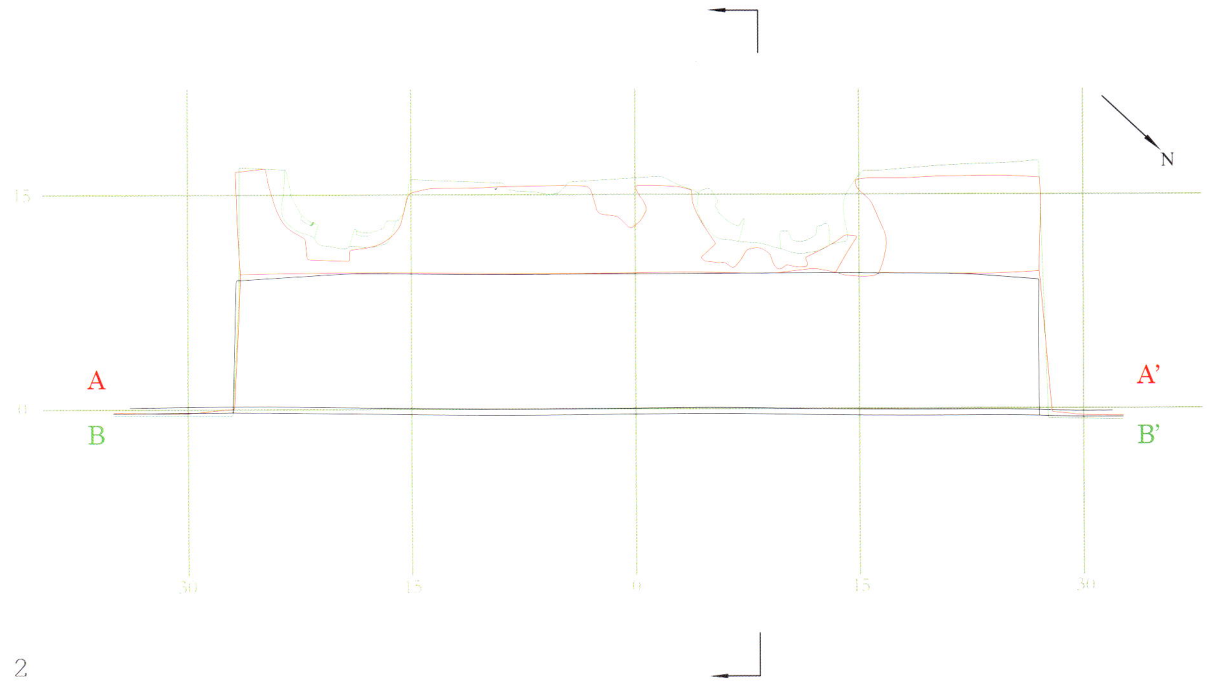

第三章　塔内第一、二层造像（第 1—20 号）

板。底层屋身可见两柱一间，柱间刻出双扇门。柱身方形，柱上置普拍枋，枋间饰一粒放焰珠。柱头铺作为三重斗的组合（由下至上作二、三、三的结构）。再上为第一层屋顶，屋面刻出斜向的瓦垄瓦沟。屋脊左右刻出铺作层，其结构组合与底层屋身角铺作同，仅尺寸略大，铺作间饰一粒放焰珠。再上为第二层屋身，屋身前侧刻出勾栏，显露部分，望柱刻于屋身右端。望柱柱身方形，柱首作宝珠形。勾栏结构与底层屋身前侧的勾栏同。第二层屋身可见两间，结构、装饰与底层屋身略同。最上为歇山式屋顶，翼角起翘，屋顶略左侧，可见山花，屋面刻出瓦垄瓦沟，正脊左右端刻出略大的鸱尾。

童子像　头大部毁，立身残高23厘米。浮雕圆形素面头光，直径12厘米。上着宽博披巾，下着长短两层裙，腰带作结长垂足间，止于低台；披巾两端腹前相绕，再敷搭前臂后飘飞于身后。双手残，置胸前；跣足分踏单层仰莲台上。台高2.5厘米，直径4厘米。

该像身后左侧刻单重歇山式楼阁一座，显露部分高22厘米。屋身右端刻出栏杆，显露部分。望柱柱身方形，柱首作宝珠形。屋身两柱一间，柱间线刻方框，框内刻出方格。山墙显露部分，内刻双扇门。立柱方形，柱间施普拍枋，转角铺作为三重斗的组合（从下至上为二、三、四的组合结构），补间铺作与角铺作同。枋上饰两粒放焰珠。铺作上承歇山式屋顶，翼角起翘。屋面刻出瓦垄瓦沟。正脊左右端饰略大的鸱尾。

四　铭文

2则。为"邢信道镌造善财参礼文殊龛题记"，南宋绍兴十七年至二十五年（1147—1155年）。

第1则

位于龛正壁中部方框内。框高14厘米，宽7厘米。文左起，竖刻2行16字，楷体，字径1.5厘米（图版Ⅱ：34）。

01　文殊师利童子出善
02　住楼阁指善财南行

第2则

位于正壁右上角方框内。框高14厘米，宽8厘米。文左起，竖刻4行32字，楷体，字径1.5厘米（图版Ⅱ：35）。

01　砌塔道人邢信道为母
02　亲王氏二娘自备钱镌
03　五十三位善知识愿母
04　亲超生净土

五　晚期遗迹

龛内保存黑色、绿色、黄色、灰白色等四种涂层。

第十八节　第18号

一　位置

位于第二层回廊内壁东北向壁面左侧。上距回廊券顶下沿14厘米，下距地坪71厘米；左距壁面转折边缘39厘米，右距第17号龛33厘米。

龛口东北向，方向43°。

二　形制

单层方形龛（图128；图版Ⅰ：165）。

龛口方形，高69厘米，宽43厘米，至后壁深18厘米。龛底方形。龛正壁竖直，满嵌造像石，下起龛底，高55厘米，与龛口等宽；其上部外挑两列横砖与龛顶相接，通高14厘米，共外挑13厘米。左右壁为竖直砖壁。龛顶为方形平顶。

三　造像

正壁嵌石刻像3身（图128-1；图版Ⅰ：165）。中刻主尊坐佛1身，左右各刻供养人立像1身，置于低台上。台高7.5厘米，深13.5厘米，与龛口等宽。

佛像　头大部残，残坐高24厘米，肩宽12厘米，胸厚7厘米。身躯壮硕，上着双领下垂式袈裟，下着裙，袈裟及裙摆垂搭座前；双手腹前结印，结跏趺坐于束腰仰莲座上。座通高22厘米；上部为两层仰莲台，高10厘米，直径25厘米；中部为束腰圆台，高3厘米，直径13.5厘米，其下刻覆莲瓣一周；最下为八面方台，高5厘米，面宽17.5厘米。

供养人像　左为男像，高23厘米。头巾，方面略残，着双层交领窄袖长服，腰系带，双手拱于胸前，着鞋站立。右为女像，高23厘米。梳髻，圆脸略残，着双层交领窄袖长服，腰带作结后垂于身前，双手拱于胸前，悬挂一条念珠，着鞋而立。

四　铭文

2则。

第1则

位于正壁左上方框内。框高14.5厘米，宽10.5厘米，内素平。

第2则

位于正壁右上方框内。框高14厘米，宽10.5厘米，内素平。

五　晚期遗迹

龛内保存黑色、红色、灰白色等三种涂层。

第十九节　第19号

一　位置

位于第二层回廊外壁西南向壁面右侧。上距回廊券顶下沿6.5厘米，下距地坪73厘米；左距第16号龛60厘米，右距壁面转折边缘55厘米。

龛口西南向，方向227°。

二　形制

单层方形龛（图129、图130；图版Ⅰ：166）。

图 128　第 18 号龛平、立、剖面图
1　立面图　2　剖面图　3　平面图

144　大足石刻全集　第四卷（上册）

图 129　第 19 号龛立面图

图130 第19号龛平、剖面图
1 剖面图　2 平面图

图 131　第 19 号龛正壁主尊像效果图

龛口方形，高77厘米，宽52.5厘米，至后壁深16厘米。龛底方形。龛正壁竖直，满嵌造像石，下起龛底，高63厘米，宽51.5厘米；其上部外挑两列横砖与龛顶相接，通高14厘米，共外挑13厘米。左右壁为竖直砖壁。龛顶为方形平顶。

三　造像

正壁嵌石刻像2身（图129；图版Ⅰ：166）。左刻主尊立像1身，右下刻童子立像1身；童子像身后上方显露建筑一座。造像置于低台上，台高7厘米，深5.5厘米，与龛口等宽。

主尊像　头大部毁，立身残高34厘米（图131）。浮雕圆形素面头光，直径15厘米。内着交领宽袖服，外披袒右式袈裟，下着裙，袈裟一角系结于左肩；左手垂于体侧，五指并拢，掌心向外；右臂曲肘外展，齐腕残毁，着鞋立于云头。云头高12厘米，最宽25厘米，厚8厘米，云尾沿主尊身后上飘。

童子　头大部毁，立身残高27厘米。浮雕圆形素面头光，直径17厘米。颈刻项饰，上着宽博披巾，下着长短两层裙，腰带垂于足间；披巾腹前交叠后，再敷搭前臂垂于体侧，止于低台。双手残，置于胸前；跣足侧身而立。

该像上方刻一座单重歇山式楼阁，仅露少许屋身及部分屋顶，显露部分高24厘米。屋身结构不明。屋顶为歇山式，屋面刻出瓦垄瓦沟，略剥蚀，正脊两端饰鸱尾，部分残损。屋身前侧饰云纹。

四　铭文

2则。为"邢信道镌造善财参礼善住比丘龛题记"，南宋绍兴十七年至二十五年（1147—1155年）。

第1则

位于楼阁建筑左侧方框内。框高17厘米，宽9厘米。文左起，竖刻2行18字，楷体，字径1.5厘米（图版Ⅱ：36）。

01　〔海岸聚落〕善住比丘修行

02　住得究竟无碍法门[1]

第2则[2]

位于童子像头光左侧方框内。框高11厘米，宽6厘米。框蚀文漶。现据《大足石刻铭文录》补录。

砌塔道人邢信道为母

亲王氏二娘自备钱镌

五十三位善知识愿母成道

五　晚期遗迹

龛内保存绿色、黑色、灰白色等三种涂层。

第二十节　第20号

一　位置

位于第二层回廊内壁北向壁面右侧。上距回廊券顶下沿38厘米，下距地坪72厘米；左距梯道口31厘米，右距壁面转折边缘31厘米。

龛口北向，方向359°。

二　形制

单层方形龛（图132、图133；图版Ⅰ：167）。

龛口方形，高47厘米，宽31.5厘米，至后壁深7厘米。龛底方形。龛正壁竖直，满嵌砖块，下起龛底，高43厘米，与壁面等宽；其上部外挑一列石材与龛顶相接，高4厘米，外挑3.5厘米。左右壁为竖直砖壁。龛顶为方形平顶。

---

[1]　《大足石刻铭文录》将此句录为"住得究竟地无碍法门"。重庆大足石刻艺术博物馆编：《大足石刻铭文录》，重庆出版社1999年版，第452页。

[2]　《大足石刻铭文录》据邓之金20世纪50年代调查记录补录。同前引。

三　题刻

正壁嵌石刻出方框，框高34厘米，宽25.5厘米，内减地平钑"佛"字，楷体，字径30厘米。框上方另刻一狭长方框，高2.5厘米，宽23.5厘米，框内左起横刻"砌塔邢先生小师周童镌造记"1行12字，楷体，字径1.5厘米（图版Ⅰ：167；图版Ⅱ：37）。

四　晚期遗迹

龛内保存黑色涂层。

图132　第20号龛立面图

图 133　第 20 号龛平、剖面图
1　剖面图　2　平面图

注释：

［1］ 此"觉"字，铭文为：

［2］ 此"世"字，铭文为：

［3］ 本则铭文第10行第1字"妆"；第10行第9字"彩"；第11行第5字"冀"；第12行第1字"获"；第12行第4字"以"，铭文分别为：

第四章　塔内第三层造像
（第21—36号）

第一节　位置及相互关系

本章介绍的第21—36号等16个龛窟像，分布于多宝塔内第三层回廊内、外壁面。其中，回廊内、外壁面各设8个龛窟（图134、图135）。

内壁西北向壁面为第二层梯道的出口，梯道口与外壁并列的第21、22号相对。内壁西向壁面的第23号，与外壁塔窗相对。内壁西南向壁面并列的第25、26号，与外壁并列的第24、27号相对。内壁南向壁面的第28号，与外壁塔窗相对。内壁东南向壁面并列的第29、32号，与外壁并列的第30、31号相对。内壁东向壁面的第33号，与外壁塔窗相对。内壁东北向壁面设置第三段梯道的入口，梯道口与外壁并列的第34、35号相对。第36号位于内壁北向壁面，与外壁塔窗相对。

图134　第三层回廊内、外壁展开图
1　内壁　2　外壁

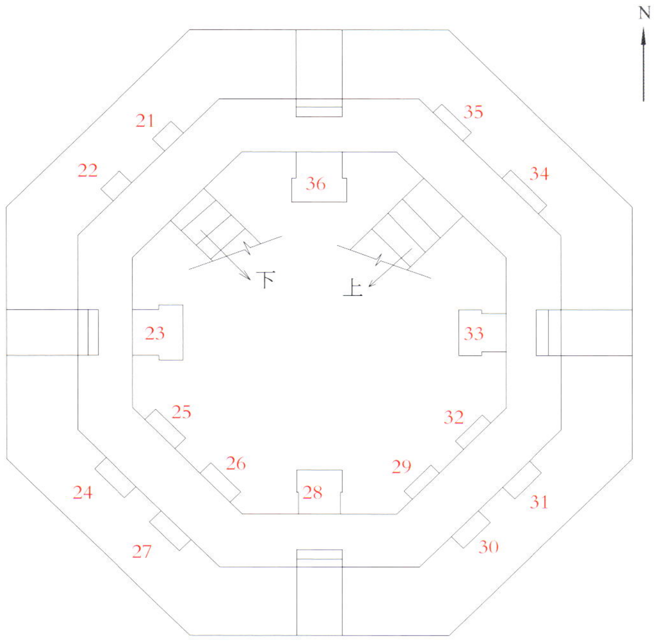

图 135　第三层回廊龛窟像分布图

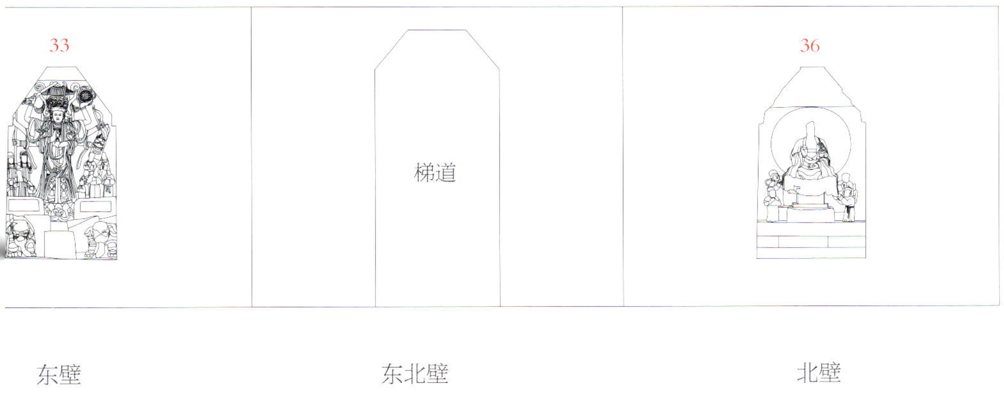

东壁　　　　　东北壁　　　　　北壁

西北壁　　　　西壁　　　　　西南壁　　　　南壁

第四章　塔内第三层造像（第 21—36 号）　　153

第二节　第21号

一　位置

位于第三层回廊外壁东南向壁面左侧。上距回廊券顶下沿33厘米，下距地坪75厘米；左距壁面转折边缘58厘米，右距第22号龛58厘米。

龛口东南向，方向139°。

二　形制

单层方形龛（图136、图137；图版Ⅰ：168）。

龛口方形，高68厘米，宽52厘米，至后壁深13厘米。龛底方形。龛正壁竖直，满嵌造像石，下起龛底，高62厘米，宽51厘米；其上方外挑一列横砖与龛顶相接，砖高6厘米，外挑6厘米。左右壁为竖直砖壁。龛顶为方形平顶。

图136　第21号龛立面图

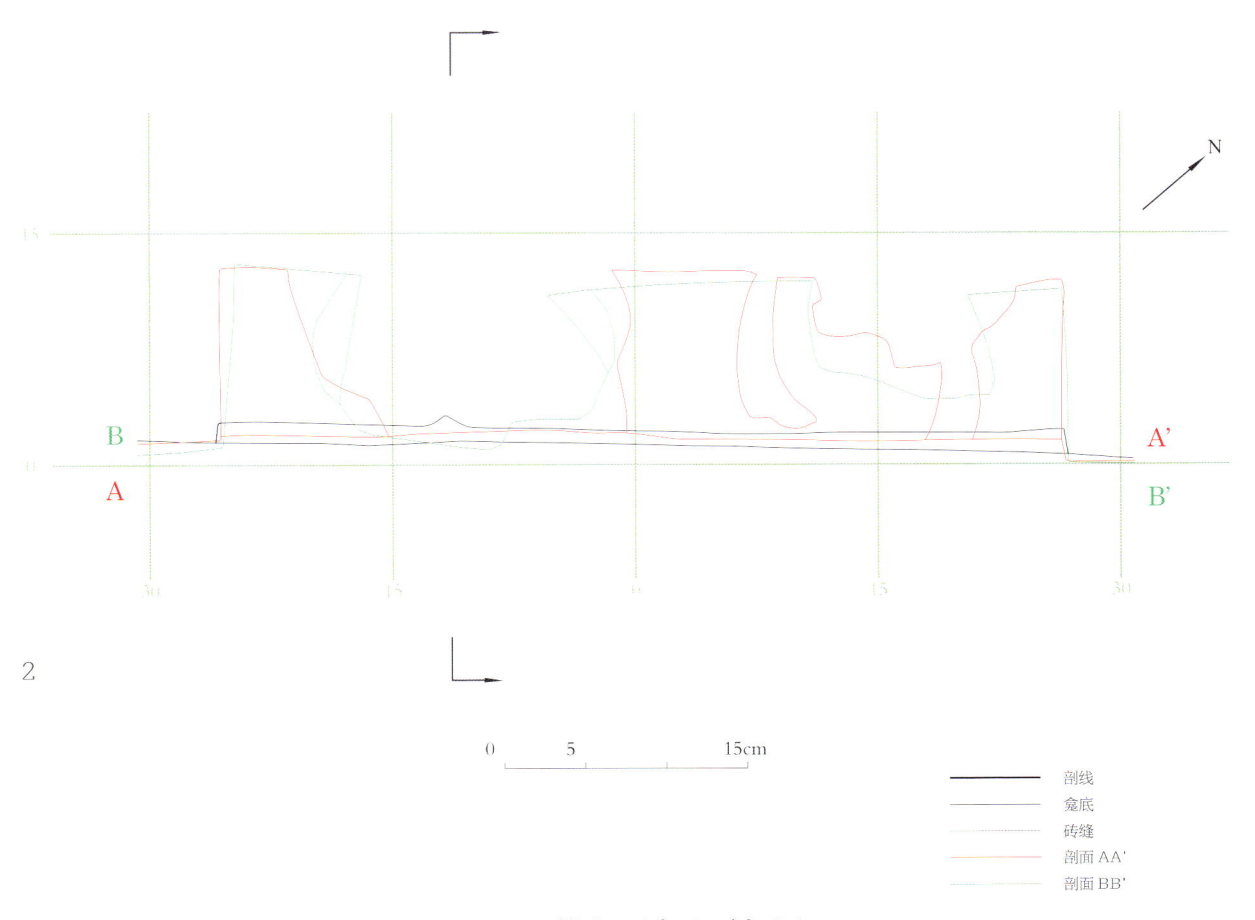

图137 第21号龛平、剖面图
1 剖面图 2 平面图

三　造像

正壁嵌石刻像2身（图136；图版Ⅰ：168）。右刻主尊坐像1身，左刻立像1身，置于低台上。台高9.5厘米，宽51厘米，深11厘米。

主尊像　头大部残，残坐高21厘米，肩宽9厘米，胸厚5厘米。头后两侧存下垂的头巾，着窄袖长服，腰系带作结。左手屈肘外展，食指、中指前伸（略残），余指弯曲，作指引状；右手抚右腿。垂左腿，盘右腿，坐于圆台座上。足残，左足踏方形踏几。座高13厘米，最宽20厘米，深8厘米；踏几高4.5厘米，宽14.5厘米，深3厘米。

该像头顶上方横刻飘飞的一朵云纹。

左立像　头大部残，残高约25厘米。浮雕圆形素面头光，直径16厘米。头巾斜向上扬，上着宽博披巾，下着长短两层裙，腰带长垂；披巾于腹前交绕后，敷搭前臂再下垂体侧，止于低台；双手大部残，似置胸前，跣足直立。

四　铭文

2则。

第1则

位于左立像头顶上部方框内。框高14厘米，宽5.5厘米，内素平。

第2则

位于主尊像左手上部方框内。框高16厘米，宽7厘米，内素平。

五　晚期遗迹

龛内保存黄色、灰白色等两种涂层。

第三节　第22号

一　位置

位于第三层回廊外壁东南向壁面右侧。上距回廊券顶下沿33厘米，下距地坪75厘米；左距第21号龛58厘米，右距壁面转折边缘57厘米。

龛口东南向，方向131°。

二　形制

单层方形龛（图138；图版Ⅰ：169）。

龛口方形，高67.5厘米，宽50厘米，至后壁深13厘米。龛底方形。龛正壁竖直，满嵌造像石，下起龛底，高61厘米，宽50厘米；其上部外挑一列横砖（中部毁）与龛顶相接，高6.5厘米，外挑7厘米。左右壁为竖直砖壁。龛顶为方形平顶，左端部分残。

三　造像

正壁嵌石刻像4身（图138-1；图版Ⅰ：169）。右刻主尊坐像1身，座右下刻童子立像1身，座左下方刻施刑者和受刑者各1身；均置于低台上。台高6厘米，宽50厘米，深8厘米。

图 138　第 22 号龛平、立、剖面图
1　立面图　2　剖面图　3　平面图

第四章　塔内第三层造像（第 21—36 号）

主尊像　头大部毁，残坐高约21厘米，肩宽10厘米，胸厚4.5厘米。内着翻领窄袖服，外着交领宽袖长服，下着裙，胸系带，作结下垂小腿间。左手曲肘外展，食指、中指前伸，余指相捻，作指引状；右手持方形物置于大腿上，着鞋坐方台。身后刻三联屏风，通高30厘米，宽27厘米，左右上角抹角。

童子像　头毁肩残，残高约18.5厘米。浮雕圆形素面头光，直径11厘米。上身似着交领服，下着长短两层裙，腰带长垂，身饰披帛，绕于后腰，两端垂于体侧；双手残，置胸前；跣足，侧身立于方台上。台高4厘米，宽10.5厘米，深3.5厘米。

施刑者　头大部毁，残高23厘米。上着圆领紧袖服，下着裤，腰系宽带，带头垂于腹前。左手前伸，抓提绳索；右手举持条状物，手及物均残，叉腿跣足，蹲身作抽打状。像右腿外侧刻一方形枷锁和一镣铐。枷锁高7厘米，宽10厘米，厚2.5厘米，由两块方板拼扣而成，中部凿圆孔，直径2厘米，左右外侧刻出栓头。镣铐全长9厘米，两端凿圆孔，中部束扎。

受刑者　头毁，残坐高约10厘米，颈部似套系绳索，系于立柱上。上身衣饰不明，腰系带，下着犊鼻裈，四肢捆系于身前立柱上，侧身蜷坐于低台上。立柱高24.5厘米，宽2厘米。

四　铭文

2则。为"邢信道镌造善财参礼无厌足王龛题记"，南宋绍兴十七年至二十五年（1147—1155年）。并列位于正壁左上角。

第1则

位于正壁左上角左侧方框内。框高320厘米，宽8厘米。文左起，竖刻2行18字，楷体，直径1.5厘米（图版Ⅱ：38）。

01　多罗憧城无厌足王无着
02　行得如幻解脱法门

第2则

位于正壁左上角右侧方框内。框高20厘米，宽8厘米。文左起，竖刻3行34字，楷体，直径1.5厘米（图版Ⅱ：39）。

01　〔砌塔道〕人〔邢信道〕为母亲王氏
02　二娘自备钱镌五十三位〔善知〕
03　识愿母亲超生佛地谨施

五　晚期遗迹

龛内保存灰白色、黄色两种涂层。

第四节　第23号

一　位置

位于第三层回廊内壁西向壁面。上距回廊券顶下沿54厘米，下距地坪27.5厘米；左距壁面转折边缘72厘米，右距壁面转折边缘75厘米。

窟口西向，方向272°。

二 形制

圭形覆斗顶窟（图139、图140、图141、图142；图版Ⅰ：170、图版Ⅰ：171、图版Ⅰ：172）。

窟口　呈圭形，高112.5厘米，宽61厘米，深29厘米；竖直部分高76厘米。

窟底　呈方形，宽72厘米，深50厘米，至窟顶高133厘米。

窟壁　正壁竖直，通高106厘米；满嵌造像石，下起窟底，高80厘米，宽71厘米，其上存留砖壁高26厘米。左右壁为素面砖壁，均高106厘米；上部皆作一阶叠涩，高6厘米，与窟顶相接。

窟顶　覆斗顶，呈方形，为四重叠压砖结构与窟壁相接，通高27厘米。

三 造像

正壁嵌石刻像8身，大致可分为中部、左上方、右上方、下部造像四部分（图142；图版Ⅰ：172）。

（一）中部

刻主尊坐像1身。头大部毁，残坐高32厘米，肩宽15厘米，胸厚7厘米。浮雕圆形素面背光，直径44厘米。头顶上方左右各出两道毫光，向上斜飘，下部毫光绕圈一匝。像内着僧祇支，系带作结，外着双领下垂式袈裟，下着裙，袈裟袖摆及裙摆覆于座前；双手腹前结印，结跏趺坐于束腰仰莲座上。座通高27.5厘米；上部为仰莲台，高10厘米，直径31厘米；中部为圆台，高5厘米，直径16厘米；下部为两阶八面方台叠涩，上阶高1.5厘米，正面宽16厘米，下阶高5厘米，正面宽19厘米。

（二）左上方

刻菩萨坐像和童子立像各1身。

菩萨像　头大部毁，残坐高13厘米。浮雕圆形素面头光，直径11厘米。胸饰璎珞，上着宽博披巾，下着裙，腰系带；披巾腹前交绕后，再敷搭前臂下垂体侧。腕镯，左手抚膝，右手腹前持如意，略蚀；结跏趺坐于狮身背负的仰莲台上。莲台高7厘米，直径10厘米。狮身高12厘米，身长19厘米，头向窟外，颈下系铃，背刻鞯，尾上竖，四腿粗短，踏于祥云上。云头外凸于壁面，云尾竖直上飘。

童子像　立于狮头右侧，头大部残，残高14厘米。浮雕圆形素面头光，直径8厘米。头右倾微仰，上着宽博披巾，下着裙，腰系带；披巾两端腹前交绕后，向上敷搭前臂，再飘垂体侧。双手拱于胸前，跣足立于圆台上。台高3厘米，略蚀。

（三）右上方

刻菩萨坐像和童子立像各1身，与左上方造像呈对称布置。

菩萨像　头大部毁，残坐高14厘米。浮雕圆形素面头光，直径11厘米。左手托贝叶经，右手抚膝，坐于大象背负的仰莲台上。菩萨衣饰、莲台规格等与左菩萨像略同。大象高11厘米，身长17厘米，头向窟外低伏，长鼻低垂，六牙，戴络头，背覆鞯，臀部刻鞦，现四腿，立于云台上。云头外凸于壁面，云尾竖直上飘。

童子像　立于象头左侧，头微上仰，略残，高约11.5厘米。浮雕圆形素面头光，直径9厘米；跣足立于单层仰莲台上，余略同左童子像。台高3厘米。

（四）下部

刻供养人像3身，均立于低台上。台高8.5厘米，宽65厘米，深19.5厘米。其中，主像座左侧1身，右侧2身。从左至右，依次编为第1—3像。

第1像　男像，头毁，残高约27厘米。着圆领窄袖长服，腰系带，双手持长柄香炉，炉身部分残，着鞋站立。

第2像　女像，头大部残，高约25厘米。上着对襟窄袖长服，下着裙；披帛自臂间绕出，覆盖双手，下垂足间；着鞋直立。

第3像　女像，头大部残，高约26厘米。披帛自臂间绕出，于腹前交绕后，向上敷搭前臂，再下垂体侧；双手覆巾置于胸前，托

图 139　第 23 号窟立面图

图 140　第 23 号窟平、剖面图
1　剖面图　2　平面图

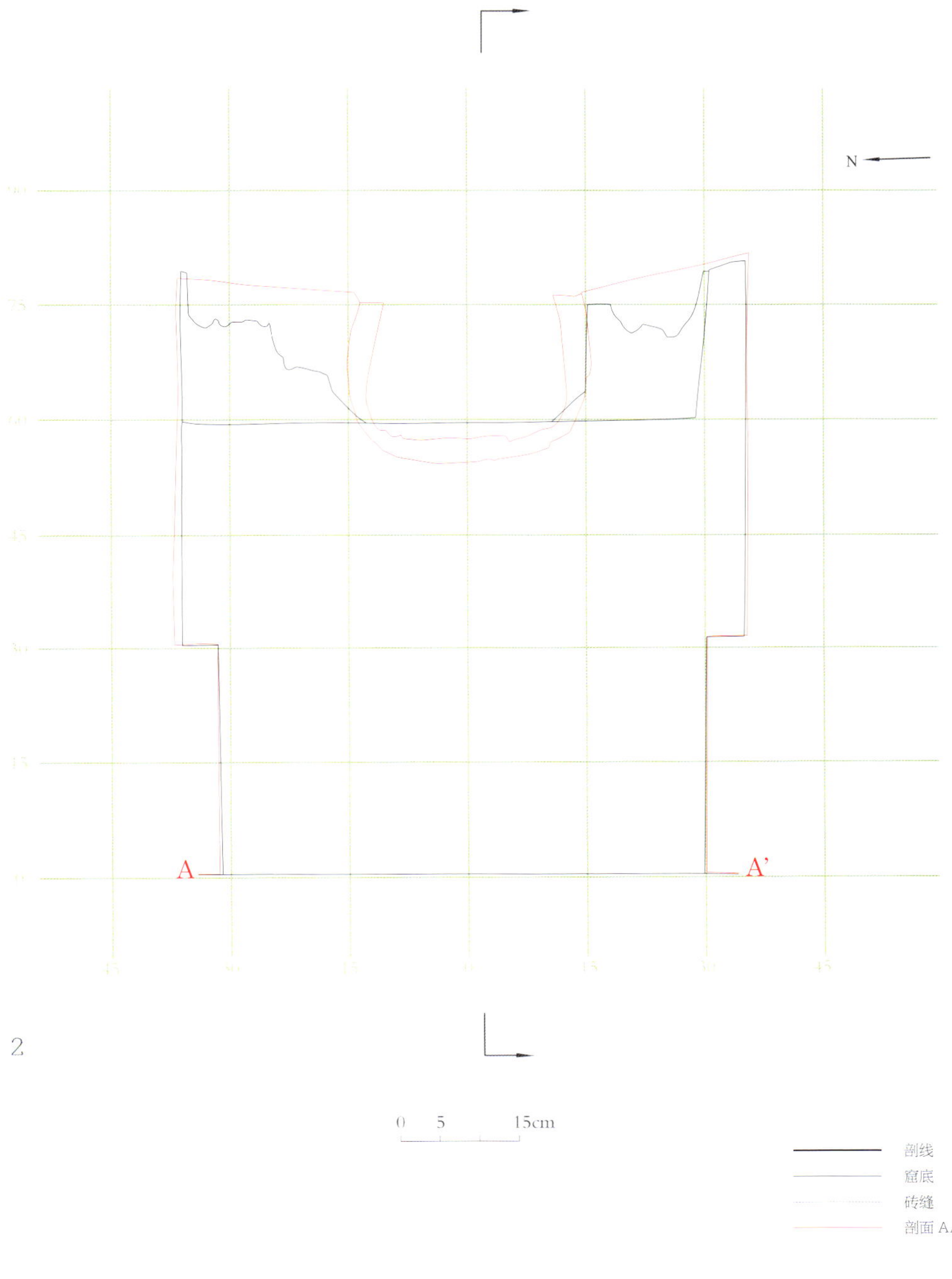

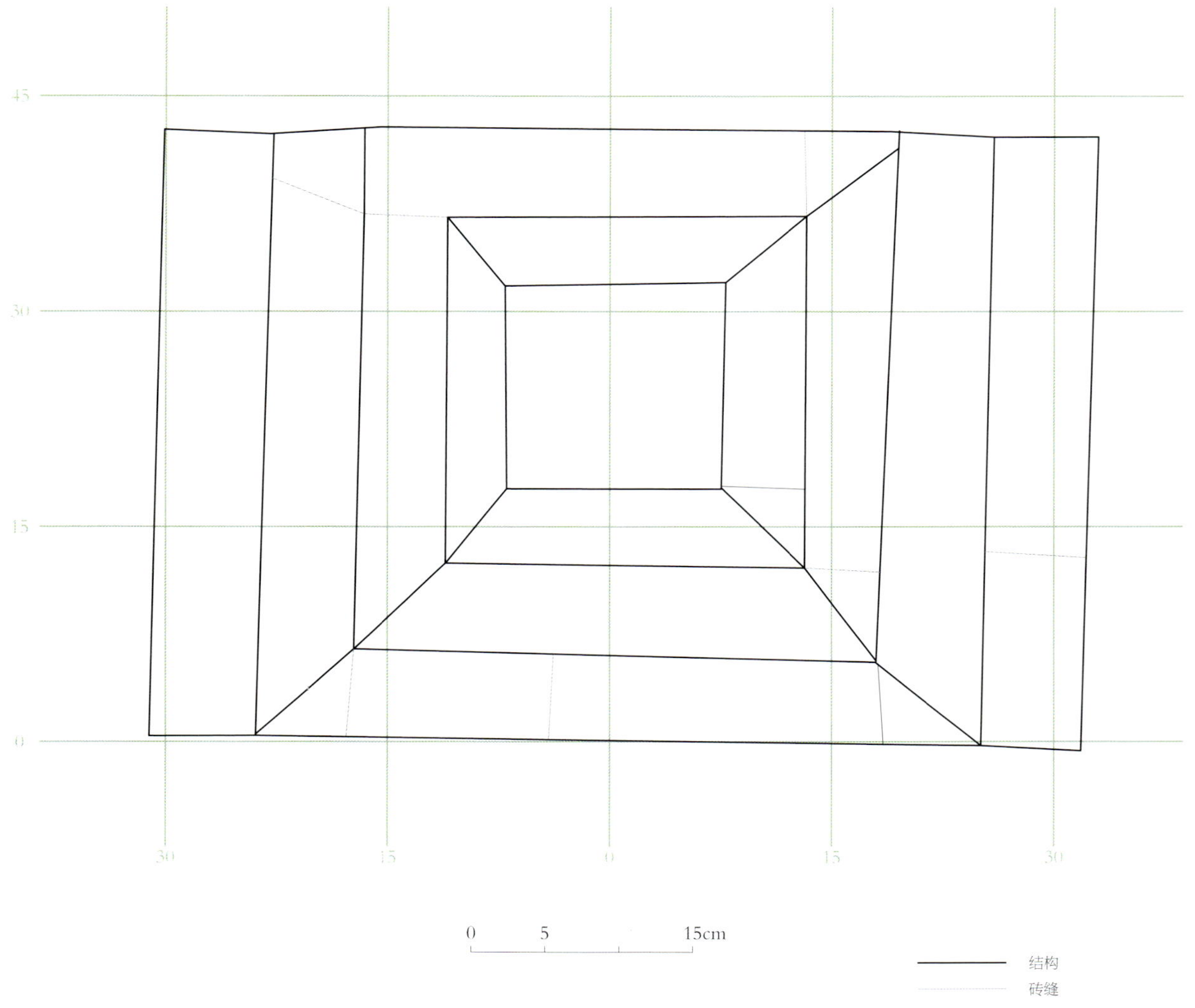

图141　第23号窟窟顶仰视图

持一物，物残；余与第2像略同。

四　铭文

2则。为"□于滨镌造西方三圣龛题记"，南宋绍兴二十一年（1151年）。

第1则

位于正壁左下角方框内。方框高32厘米，宽8厘米。文左起，竖刻2行，存23字，楷体，字径1.5厘米（图版Ⅱ：40）。

01　奉佛信士□于滨舍财建造祈
02　乞□□〔安乐〕时辛未年正月初十立

第2则

位于正壁右下角。刻石面高26厘米，宽6厘米。文右起，竖刻2行，存1字，楷体，字径1.5厘米。

（泄）
　同

五　晚期遗迹

窟内保存灰白色涂层。

图 142　第 23 号窟正壁立面图

第四章　塔内第三层造像（第 21—36 号）　163

第五节　第24号

一　位置

位于第三层回廊外壁东北向壁面左侧。上距回廊券顶下沿28厘米，下距地坪74.5厘米；左距壁面转折边缘54.5厘米，右距第27号龛53厘米。

龛口东北向，方向40°。

二　形制

单层方形龛（图143；图版Ⅰ：173）。

龛口方形，高73厘米，宽52厘米，至后壁深13厘米。龛底方形。龛正壁竖直，满嵌造像石，下起龛底，高67厘米，宽51厘米。其上部施外挑的一列横砖与龛顶相接，高6厘米，外挑6厘米。左右壁为竖直砖壁。龛顶为方形平顶。

三　造像

正壁嵌石浮雕造像2身（图143-1；图版Ⅰ：173）。其中，中刻主尊立像1身，其左刻一塔；右刻童子立像1身。造像均置于低台上，台高13厘米，深7厘米，与龛口等宽。

主尊像　头大部毁，立身残高32厘米，存头巾遗迹；上着双层交领窄袖服，下着裙，腰带作结下垂；左手曲肘外展，食指、中指前伸，余指相捻，作指示状；右手笼袖内，垂贴体侧，着鞋站立。

该像左侧刻密檐式塔一座，下部刻云纹，云纹高10厘米，宽23厘米，深7厘米。塔身显露部分，通高43厘米，其左侧被高44厘米、宽8厘米的素面方条遮挡。第一级塔身高11厘米，宽13厘米，倚柱方形，柱间线刻阑额；再上刻出四重素面密檐，翼角略翘，塔身转角处檐下刻简单的构件；再上未见刻出。

童子像　头大部毁，立身残高20厘米。浮雕圆形素面头光，直径12.5厘米。上着宽博披巾，披巾两端沿胸下垂于体侧，下着长短两层裙，腰带作结长垂足间；腕镯，双手残，置胸前，侧身跣足直立。

四　铭文

2则。为"邢信道镌造善财参礼宝髻长者龛题记"，南宋绍兴十七年至二十五年（1147—1155年）。

第1则

位于正壁右上方左侧方框内。框高13厘米，宽8.5厘米，文左起，竖刻3行20字，楷体，字径1.5厘米（图版Ⅱ：41）。

01　师子宫城宝髻长者
02　离痴乱行得无量福
03　德藏法门

第2则

位于正壁右上方右侧方框内。框高13厘米，宽8.5厘米。文左起，竖刻4行36字，楷体，字径1.5厘米（图版Ⅱ：42）。

01　砌塔道人邢信道为母亲

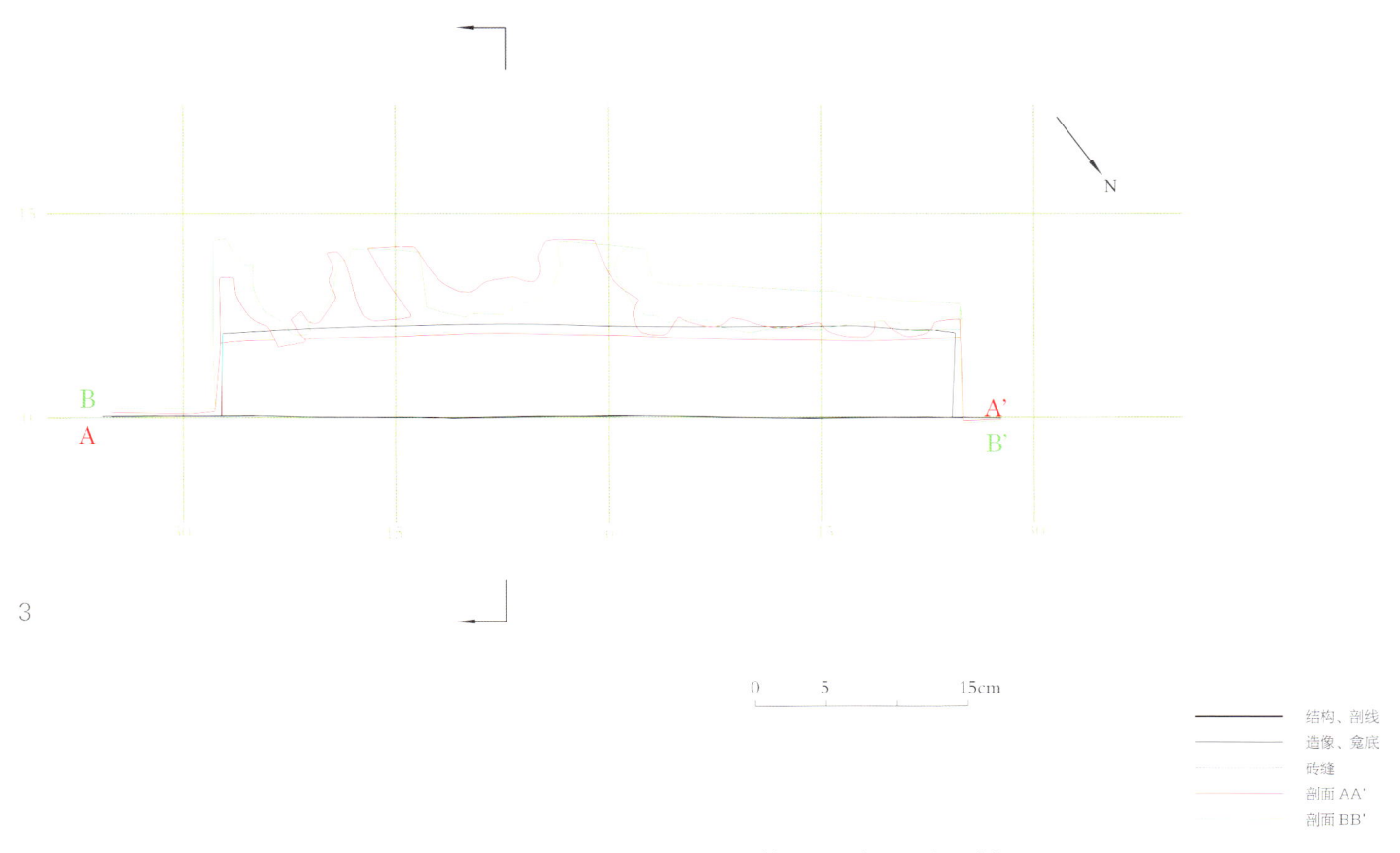

图143 第24号龛平、立、剖面图
1 立面图 2 剖面图 3 平面图

第四章 塔内第三层造像（第21—36号）

02　　王氏二娘自备钱募工镌

03　　五十三位善知识愿母亲

04　　超生佛地谨施

五　晚期遗迹

龛内保存红色、灰白色、黑色、黄色等四种涂层。

第六节　第25号

一　位置

位于第三层回廊内壁西南向壁面右侧。上距回廊券顶下沿34厘米，下距地坪74厘米；左距第26号龛34厘米，右距壁面转折边缘33厘米。

龛口西南向，方向222°。

二　形制

单层方形龛（图144；图版Ⅰ：174）。

龛口方形，高67厘米，宽50.5厘米，至后壁深12厘米。龛底方形。龛正壁竖直，高60.5厘米，右侧局部满嵌造像石，下起龛底，高47厘米，宽36厘米，上部存留高12.5厘米的砖壁；再上施外挑的一列横砖，砖高6.5厘米，外挑6厘米，与龛顶相接。左右壁为竖直砖壁。龛顶为方形平顶。

三　造像

正壁嵌石浮雕造像2身（图144-2；图版Ⅰ：174）。右刻主尊半身立像1身，左刻童子立像1身，皆置于龛下部外凸的低台上。台高6.5厘米，宽36厘米，深6厘米，其左侧另用砖砌成低台，并与之相接。

主尊像　半身，头大部毁，残高约22厘米。头巾斜向上飘，罩披膊，内着袍服，袖摆宽大上扬；外着甲衣，刻臂甲；腰系带，束抱肚、圆护，下着腿裙。身饰飘带，环于头后沿胸下垂于体侧。双手残，置胸前。双膝以下没入山石内。山石通高15厘米，最宽19.5厘米，正面饰放焰珠、云纹、菱形物、花钿等。

该像身后遍饰云纹；其上缘另刻一座山石，通高15.5厘米。

童子像　头大部毁，立身残高19厘米。浅浮雕圆形素面头光，直径9.5厘米。上着披巾，下着长短两层裙，腰带长垂身前；披巾沿胸下垂体前，止于低台。腕镯，双手残，置胸前，侧身直立。

四　铭文

位于正壁中上部并列的二方框内。方框均高11厘米，左框宽5.5厘米，右框宽6厘米；皆素面。

五　晚期遗迹

龛内保存有灰白色、红色、黑色、黄色等四种涂层。

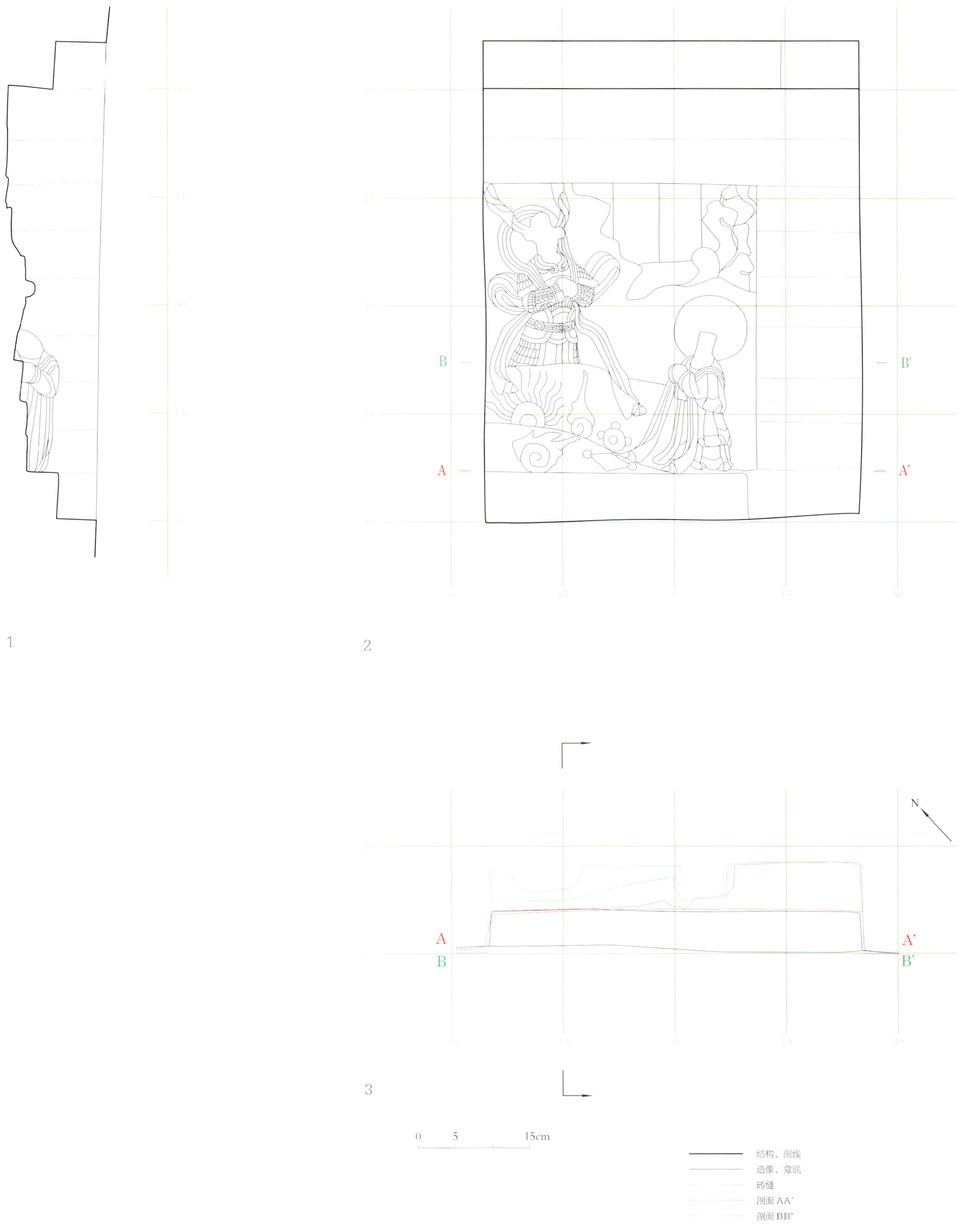

图 144　第 25 号龛平、立、剖面图
1　剖面图　2　立面图　3　平面图

第七节　第26号

一　位置

位于第三层回廊内壁西南向壁面左侧。上距回廊券顶下沿35厘米，下距地坪75厘米；左距壁面转折边缘34.5厘米，右距第25号龛34厘米。

龛口西南向，方向227°。

二　形制

单层方形龛（图145；图版Ⅰ：175）。

龛口方形，高68厘米，宽50.5厘米，至后壁深13厘米。龛底方形。龛正壁满嵌造像石，下起龛底，高61厘米，宽50厘米；其上部外挑一列横砖，砖高7厘米，外挑6厘米，与龛顶相接。左右侧壁为竖直砖壁。龛顶为方形平顶。

三　造像

正壁嵌石浮雕造像2身（图145-2；图版Ⅰ：175）。右刻主尊坐像1身，身后刻建筑1座；左刻童子立像1身；像均置于低台上。台高7厘米，宽50厘米，深10.5厘米。

主尊像　头大部残，坐高21厘米，肩宽6厘米，胸厚5厘米。头部左右存下垂的头巾，上着双层交领窄袖服，下着裙，裙腰上束至胸，腰带作结长垂足间；披帛自后颈绕出，沿双腋下垂敷搭座前，其端头呈三角形。左手曲于体侧前伸，作指示状，手指略残；右手抚大腿，倚坐于须弥座上，着鞋踏足踏。须弥座斜置，通高12.5厘米，宽17.5厘米，深10厘米，上下枋线刻方框。足踏方形，覆帷幔，高4厘米，宽13.5厘米，深2.5厘米。

主尊像身后另刻云纹，形如背屏，通高27.5厘米，最宽23厘米。云纹上方刻一座单层歇山式楼阁，显露角柱及屋顶；显露部分通高29厘米。角柱方形，柱上置出头的普拍枋，枋上刻栌斗，斗上并列三斗，再上置四斗，构成角铺作结构。再上为屋顶，可见右侧山花，翼角起翘，屋面刻出斜向的瓦垄、瓦沟。正脊左右存鸱尾遗迹。

童子像　头毁，立身残高18.5厘米。浮雕圆形素面头光，直径12.5厘米。头巾上扬，上身衣饰难辨，下着长短两层裙，腰带垂于足间；飘带环于身后，自双肩下垂，于腹前交绕后，向上敷搭前臂再贴体下垂，止于低台。臂环，腕镯，双手（残）置胸前；右向侧身站立。

四　铭文

2则。为"邢信道镌造善财参礼婆须密女龛题记"，南宋绍兴十七年至二十五年（1147—1155年）。并列于正壁左上方。

第1则

位于正壁左上方左侧方框内。框高19厘米，宽7厘米。文左起，竖刻3行21字，楷体，字径1.5厘米（图版Ⅱ：43）。

01　险难国婆须密女无尽
02　功德藏回向得离贪欲际
03　法门

第2则

位于正壁左上方右侧方框内。框高19厘米，宽8.5厘米。文左起，竖刻3行34字，楷体，字径1—2厘米（图版Ⅱ：44）。

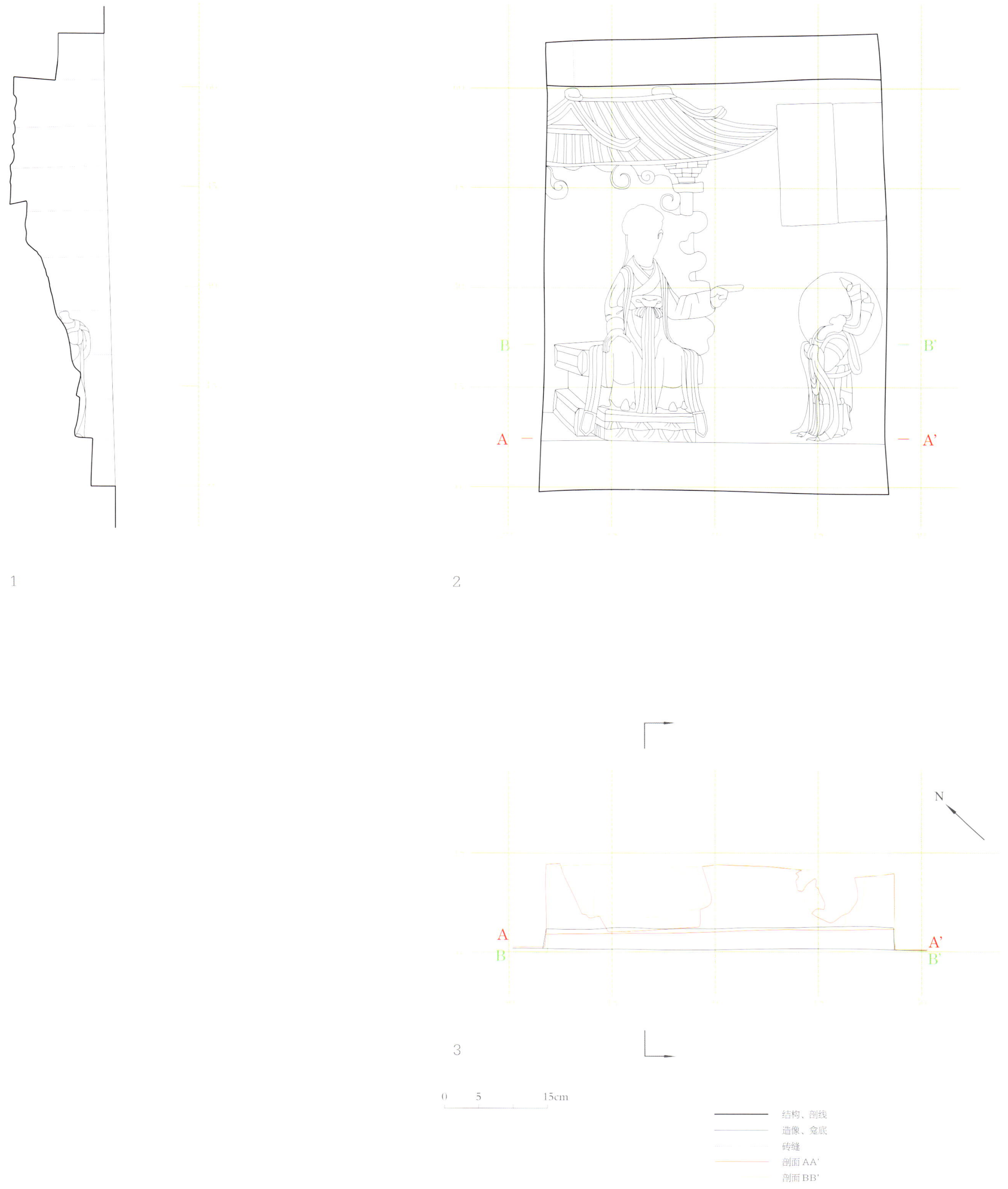

图 145　第 26 号龛平、立、剖面图
1　剖面图　2　立面图　3　平面图

01 砌塔道人邢信道为母亲王氏

02 二娘自备钱镌五十三位善知

03 识愿母亲超生净土谨施

五　晚期遗迹

龛内保存绿色、黑色、黄色、红色、灰白色等五种涂层。

第八节　第27号

一　位置

位于第三层回廊外壁东北向壁面右侧。上距回廊券顶下沿33.5厘米，下距地坪75厘米；左距第24号龛53厘米，右距壁面转折边缘52厘米。

龛口东北向，方向48°。

二　形制

单层方形龛（图146、图147；图版Ⅰ：176）。

龛口方形，高68厘米，宽51厘米，至后壁深13.5厘米。龛底方形。龛正壁竖直，满嵌造像石，下起龛底，高61厘米，宽51厘米；其上部外挑一列横砖，砖高7厘米，外挑7厘米，与龛顶相接。左右壁为竖直砖壁。龛顶为方形平顶。

三　造像

正壁嵌石刻像2身（图146；图版Ⅰ：176）。右刻主尊坐像1身，左刻童子立像1身，置于低台上。台高12.5厘米，宽51厘米，深8.5厘米，台面左端略低。

主尊像　头大部毁，残坐高23厘米，肩宽8厘米，胸厚4厘米。上着双层交领窄袖服，腰束带，作结下垂足间；左手抚膝，右手残，置胸前；倚坐于须弥座上，着鞋踏足踏。须弥座通高15厘米，宽22厘米，深4厘米，上下枋正面线刻方框。足踏高5厘米，宽14厘米，深3厘米，正面线刻几脚。

主尊像右侧刻一树，下起低台，通高48厘米，花叶四朵，覆于头顶。

童子像　头大部残，立身残高23.5厘米。浮雕圆形素面头光，直径14.5厘米。胸饰璎珞，上着宽博披巾，下着长短两层裙，腰带长垂足间；披巾两端腹前交绕后，向上敷搭前臂飘垂身前；腕镯，双手残，置胸前；右向侧身站立。

四　铭文

童子像头顶上方并列刻二方框，皆高16厘米，宽7.5厘米，内素面。

五　晚期遗迹

龛内保存黄色、灰白色、黑色、红色等四种涂层。

图 146　第 27 号龛立面图

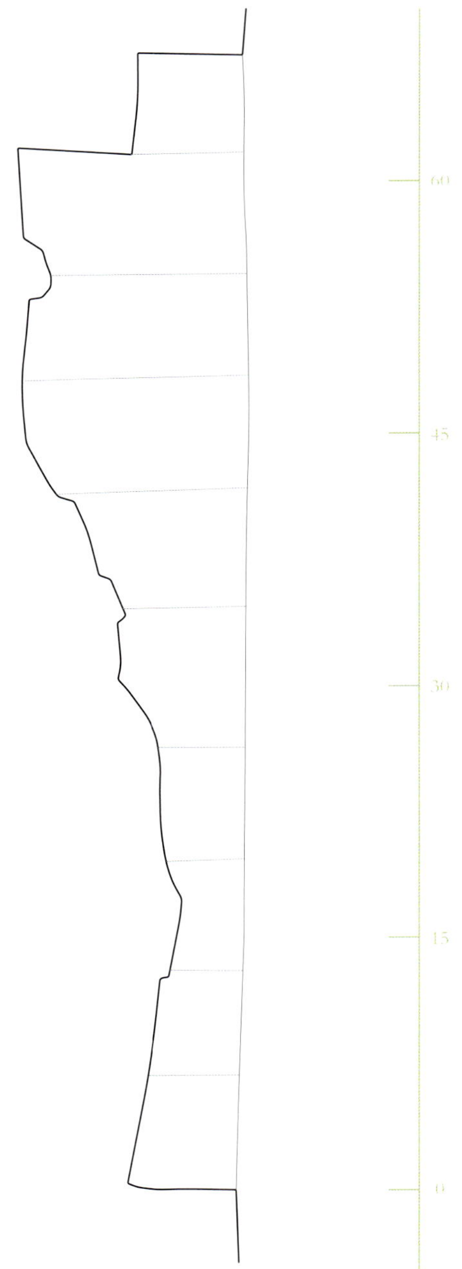

图147 第27号龛平、剖面图
1 剖面图 2 平面图

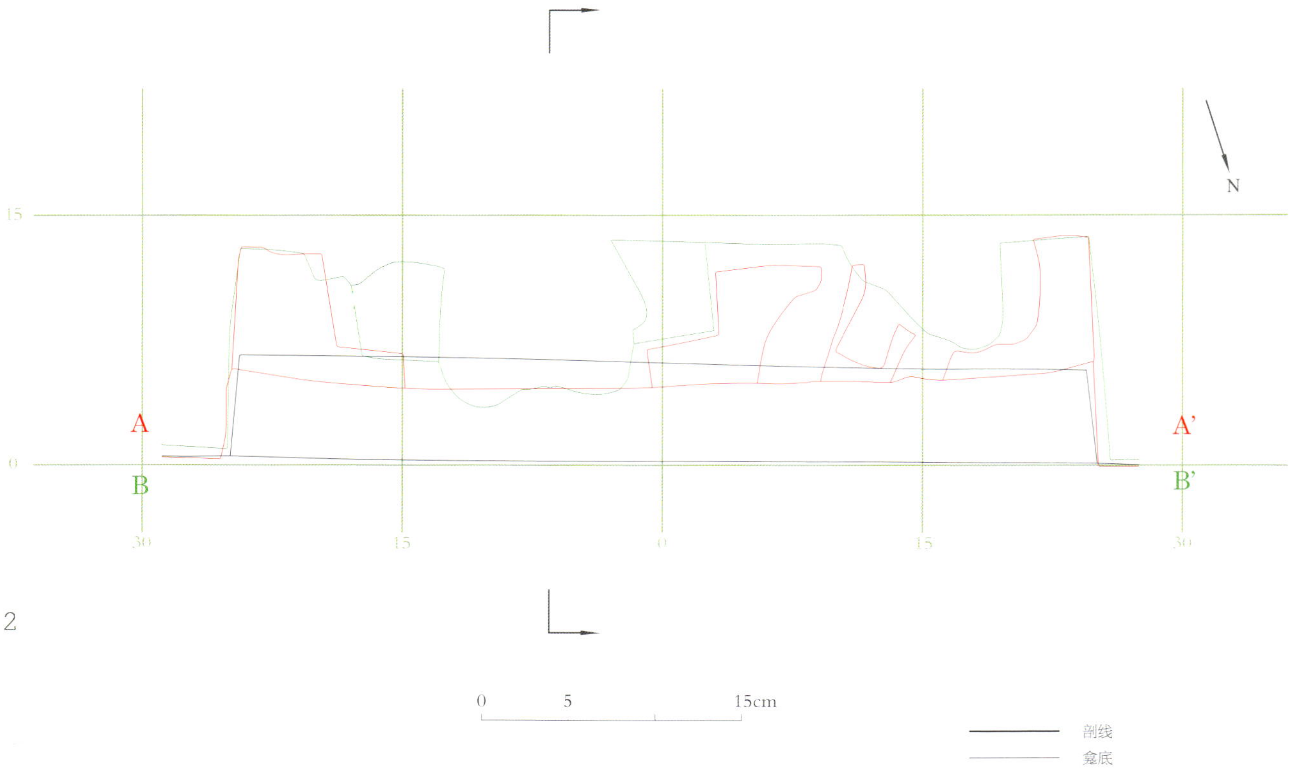

第九节　第28号

一　位置

位于第三层回廊内壁南向壁面。上距壁面边缘59厘米，下距地坪28厘米；左距壁面转折边缘78厘米，右距壁面转折边缘73厘米。窟口南向，方向171°。

二　形制

圆拱形覆斗顶窟（图148、图149、图150；图版Ⅰ：177、图版Ⅰ：178、图版Ⅰ：179）。

窟口　呈圆拱形，高112.5厘米，宽62厘米，深31厘米；竖直部分高约87厘米。窟口上方22厘米处，凿一方框，高11厘米，宽26厘米，深2.5厘米，内嵌石。

窟底　呈方形，宽74厘米，深45厘米，至窟顶顶部高152厘米。

窟壁　正壁竖直，通高131厘米；下部满嵌造像石，下起窟底，高92厘米，宽71厘米；其上存留砖壁高391厘米。左右壁为素面砖壁，均高131厘米；上方外挑两阶叠涩，通高9厘米，与窟顶相接。

窟顶　覆斗顶，呈方形，为三重叠压砖结构与窟壁相接，通高约21厘米。

三　造像

正壁嵌石造像6身（图150；图版Ⅰ：179）。中刻主尊坐佛1身，左右共刻立式供养人5身，均置于低台上。台高9.5厘米，深10厘米，与龛底等宽，前端略残。

主尊像　坐高45厘米，头长15厘米，肩宽18厘米，胸厚10厘米。浮雕椭圆形背光，最宽40厘米；其装饰分三层，内层素面，最宽18厘米；中层宽6厘米，线刻毫光，内缘饰均匀布置的六粒圆珠；外层刻火焰纹，宽5厘米。头有螺髻，肉髻凸起，自髻珠升起四道毫光，分作两组于头顶交绕后，再各绕两匝水平斜飘。面大部残。内着僧祇支，系带作结，外披双领下垂式袈裟，下着裙，腰带长垂座前，袈裟及裙摆覆于座上。腕镯，双手腹前结印，结跏趺坐于束腰须弥座上。座通高30厘米，宽41厘米，深18厘米，正面残；束腰部分正面线刻方框。

供养人像　5身，立像。座左侧2身，右侧3身。由左至右，从上至下，编为第1—5像。

第1像　头大部毁，残高25.5厘米。着双层交领窄袖长服，腰系带；左前臂悬挂一条珠串，双手置胸前，似持物，手残，物难辨。

第2像　立高33厘米，头巾（部分残），着圆领窄袖长服，腰系带；腕镯，双手合十，略残，着鞋立于低台上。

第3像　立高30厘米，蓄齐耳短发，圆脸，着双层交领窄袖长服，双手胸前覆巾，托持方形物。

第4像　立高24厘米，头巾，面蚀，着圆领窄袖长服，双手合十。

第5像　立高33厘米，头部分残，梳髻，罩巾，巾带下垂及胸；上身似着对襟窄袖衫，下着裙，披帛自臂间绕出下垂体侧；双手置胸前，上覆长垂的帛带，着鞋直立。

四　铭文

3则。

第1则

位于正壁左上方框内。框高21厘米，宽11厘米，内素面。

图 148 第 28 号窟平、立、剖面图
1 剖面图 2 立面图 3 平面图

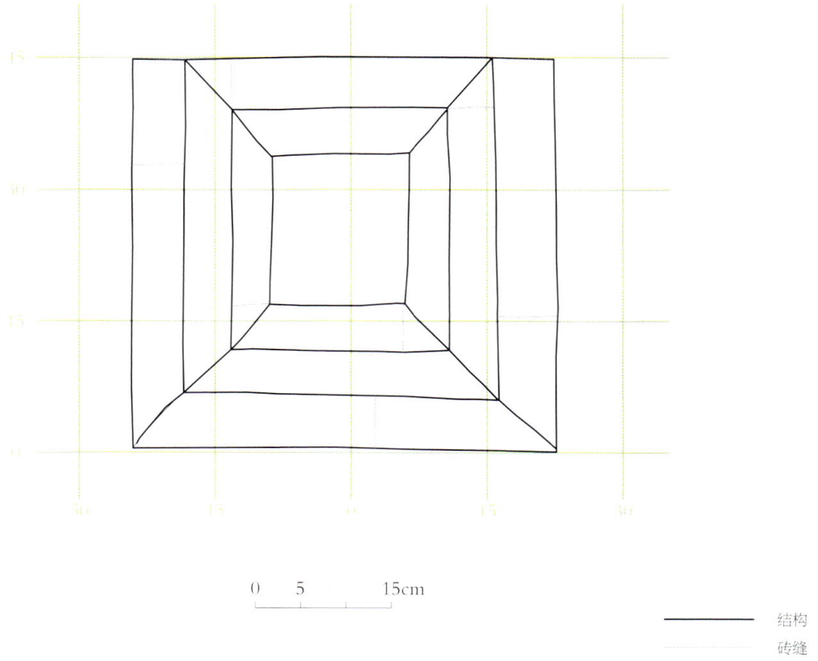

图 149　第 28 号窟窟顶仰视图

第2则

位于正壁右上方框内。框高14厘米，宽14厘米，内素面。

第3则

佚名镌造阿弥陀佛龛题记，南宋绍兴十七年至二十五年（1147—1155年）。位于窟口上方方框嵌石内，文左起，竖刻11行，存32字，楷体，字径2厘米（图版Ⅱ：45）。

01　宝塔既终

02　必生高贵

03　□□如是

04　辄忌错认

05　内习外舍

06　高贵自生

07　不得其内

08　〔不舍〕其外

09　（漶）

10　（漶）

11　七日（漶）

五　晚期遗迹

窟内保存灰白色、黑色两种涂层。

图 150　第 28 号窟正壁立面图

第十节 第29号

一 位置

位于第三层回廊内壁东南向壁面右侧。上距回廊券顶下沿34.5厘米，下距地坪75厘米；左距第32号龛34厘米，右距壁面转折边缘34厘米。

龛口东南向，方向135°。

二 形制

单层方形龛（图151、图152；图版Ⅰ：180）。

龛口方形，高70厘米，宽54厘米，至后壁深13.5厘米。龛底方形。龛正壁竖直，满嵌造像石，下起龛底，高63厘米，宽53.5厘米；其上部施外挑的一列横砖，砖高7厘米，外挑6厘米，与龛顶相接。左右壁为竖直砖壁。龛顶为方形平顶。

图151　第29号龛立面图

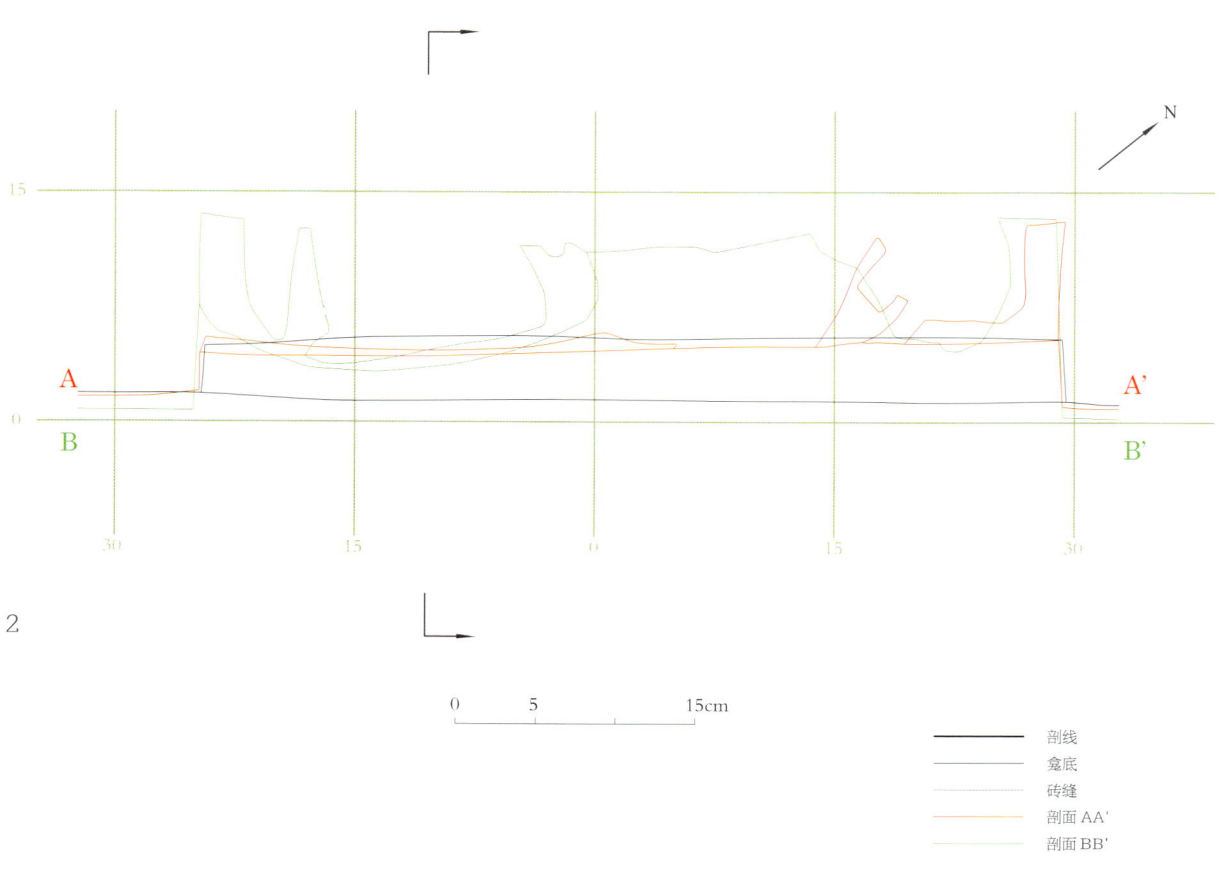

图 152 第 29 号龛平、剖面图
1 剖面图 2 平面图

三　造像

正壁嵌石造像2身（图151；图版Ⅰ：180）。右刻主尊坐像1身，左刻童子立像1身，均置于低台上。台高11厘米，深8厘米，与龛口等宽。

主尊像　头毁，残坐高23.5厘米，肩宽9厘米，胸厚5厘米。存头巾遗迹，着双层交领窄袖服，胸系带，作结后分两组斜向下垂。左手屈于体侧，食指、中指前伸，余指相捻，右手抚膝，结跏趺坐于激流中的船舱内。像身后刻一方形背屏，高24厘米，宽11厘米，厚1厘米。船呈椭圆形，显露部分高4.5厘米，最宽25厘米，船后侧设竹篷，篷口呈圆拱形，篷顶线刻斜向交错的条纹，篷顶边缘与篷口之间刻出固定的结口；篷置于主尊上方，高34厘米。篷外左侧刻出云纹。

童子像　头残，立身残高26厘米。浅浮雕圆形素面头光，直径13厘米。上着宽博披巾，下着长短两层裙，腰带长垂身前；披巾两端腹前交绕后，向上敷搭前臂下垂身前；双手残，置胸前；双足不现，右向侧身立于低台上。

四　铭文

位于正壁上部并刻的二方框内。左框宽7.5厘米，右框宽7.5厘米；均高17厘米；内皆素面。

五　晚期遗迹

龛内保存灰白色、黄色两种涂层。

第十一节　第30号

一　位置

位于第三层回廊外壁西北向壁面左侧。上距回廊券顶下沿27厘米，下距地坪77厘米；左距壁面转折边缘54厘米，右距第31号龛54厘米。

龛口西北向，方向320°。

二　形制

单层方形龛（图153；图版Ⅰ：181）。

龛口方形，高77厘米，宽54厘米，至后壁深13厘米。龛底方形。龛正壁竖直，满嵌造像石，下起龛底，高63厘米，宽53.5厘米；其上方外挑两列横砖，通高14厘米，共外挑11厘米，与龛顶相接。左右壁为竖直砖壁。龛顶为方形平顶。

三　造像

正壁嵌石刻像2身（图153-2；图版Ⅰ：181）。左刻主尊像1身，右刻童子立像1身，均置于低台上。台高11.5厘米，深7.5厘米，与龛口等宽。

主尊　头残，显露部分残高18厘米，肩宽9厘米，胸厚4厘米。存头巾遗迹，着双层交领窄袖服，腰系带；腕镯，双手残，置胸前；下半身不现。身后刻出一门扇，高27厘米，宽20厘米；门面线刻边框和格扇。

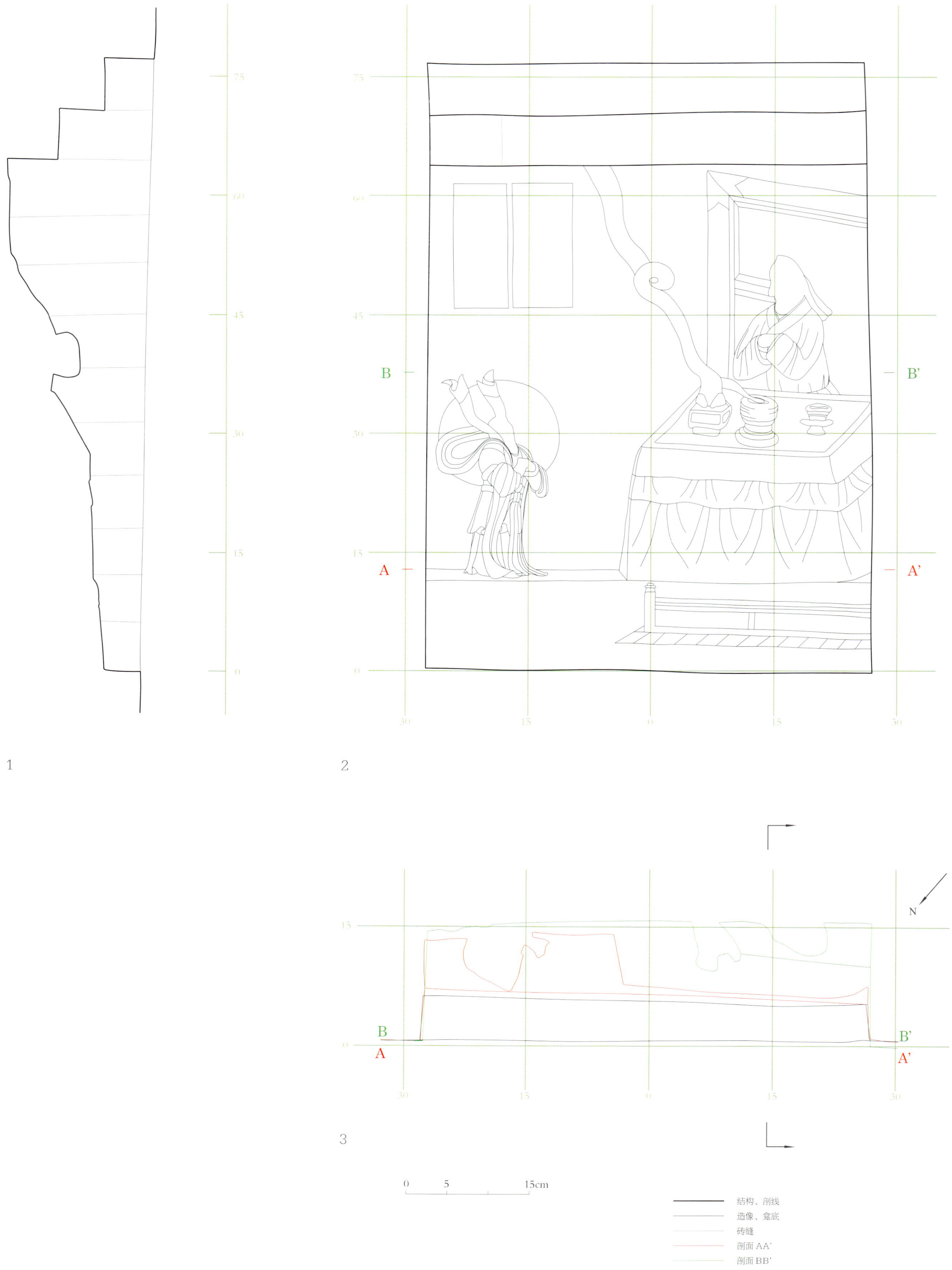

图153 第30号龛平、立、剖面图
1 剖面图 2 立面图 3 平面图

180　大足石刻全集　第四卷（上册）

主尊像身前刻一方形案台，台高17厘米，宽24.5厘米，厚10厘米，覆坠地帷幔。台面有三件器物，左为烛台；中为束腰圆形香炉，自炉内升起一道香烟，斜向上飘，绕匝后延至龛顶；右为方盒，上置山石。案台下方低台正面线刻两段勾栏，长27.5厘米，高4.5厘米。勾栏右端刻望柱，柱间刻出栱杖、盆唇、地栿，盆唇与地栿之间刻方形蜀柱；勾栏下部刻斜向的菱形纹，以示台沿。

童子像　头毁，立身残高20厘米。浅浮雕圆形素面头光，直径14.5厘米。头巾上扬，上身衣饰不明，下着长短两层裙，腰带作结下垂身前。头后环绕披帛，沿胸下垂，折叠敷搭前臂后，再下垂体侧。臂环、腕镯，双手残，置胸前；双足不现，左向侧身站立。

四　铭文

位于正壁右上方并列的二方框内。左框宽7厘米，右框宽6.5厘米，均高15.5厘米，内皆素面。

五　晚期遗迹

龛内保存黑色、黄色、灰白色等三种涂层。

第十二节　第31号

一　位置

位于第三层回廊外壁西北向壁面右侧。上距回廊券顶下沿26厘米，下距地坪76厘米；左距第30号龛54厘米，右距壁面转折边缘55厘米。

龛口西北向，方向318°。

二　形制

单层方形龛（图154；图版Ⅰ：182）。

龛口方形，高78厘米，宽54.5厘米，至后壁深14厘米。龛底方形。龛正壁竖直，满嵌造像石；下起龛底，高64厘米，宽54厘米；其上方外挑两列横砖，通高14厘米，共外挑12厘米，与龛顶相接。左右壁为竖直砖壁。龛顶为方形平顶。

三　造像

正壁嵌石刻像2身（图154-1；图版Ⅰ：182）。右下刻主尊跪像1身，左上刻童子立像1身，均置于低台上。台高12.5厘米，深9厘米，与龛口等宽。

主尊像　头及身右侧大部毁，残高19厘米。上身饰披帛，披帛从左肩绕背至右肋出，并挽结下垂体前；下着裙。臂环、腕镯，左手屈肘微上举，食指、中指前伸，余指相捻（略残），指前方须弥山上的童子；右手虎口张开，置于右腿上，跣足，侧身斜跪。

童子像　头大部毁，残高22厘米。上着宽博披巾，两端于腹前交绕后向上敷搭手肘，再垂于体侧；下着长短两层裙，腰带长垂。腕镯，双手残，置胸前；右向侧身立于须弥山石台上。台高21厘米，宽24厘米，深10厘米，中部束腰。

龛正壁右上方，饰刻祥云，斜向延至上部边缘。云端现半圆轮，直径9厘米；轮中一只三足乌作展翅飞翔状。

图 154　第 31 号龛平、立、剖面图
1　立面图　2　剖面图　2　平面图

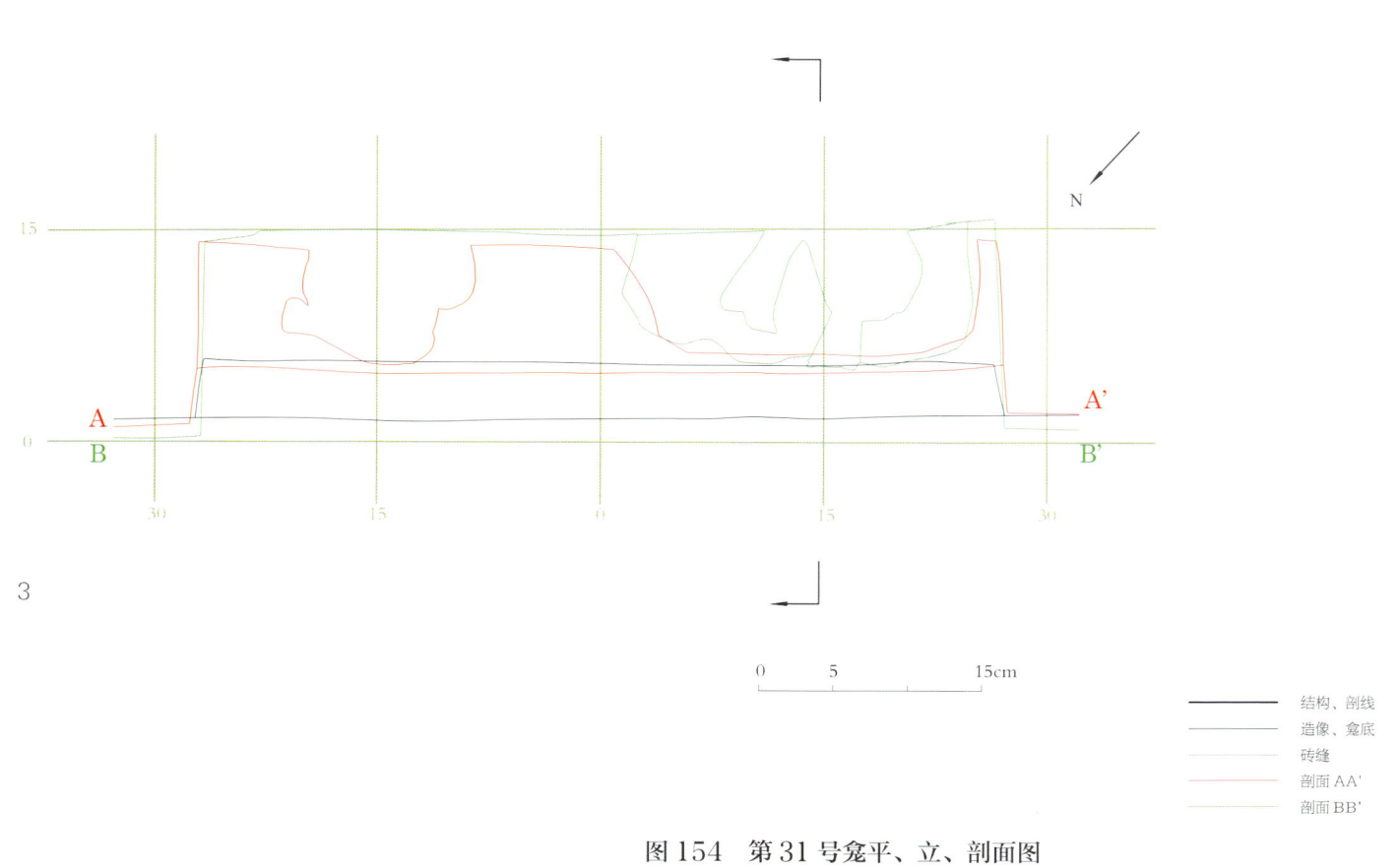

182　大足石刻全集　第四卷（上册）

四 铭文

2则。

第1则

位于正壁童子立像左上方框内，高13厘米，宽6厘米，内素平。

第2则

位于正壁主尊像左手上部方框内，高14厘米，宽8厘米，内素平。

五 晚期遗迹

龛内保存黄色、灰白色、红色等三种涂层。

第十三节 第32号

一 位置

位于第三层回廊内壁东南向壁面左侧。上距回廊券顶下沿34厘米，下距地坪75厘米；左距壁面转折边缘34厘米，右距第29号龛34厘米。

龛口东南向，方向136°。

二 形制

单层方形龛（图155；图版Ⅰ：183）。

龛口方形，高69.5厘米，宽54.5厘米，至后壁深14厘米。龛底方形。龛正壁竖直，满嵌造像石，下起龛底，高62.5厘米，宽54厘米；其上部外挑一列横砖，砖高7厘米，外挑8厘米，与龛顶相接。左右壁为竖直砖壁。龛顶为方形平顶。

三 造像

正壁嵌石刻像2身（图155-2；图版Ⅰ：183）。左刻主尊坐像1身，右刻童子立像1身，均置于低台上。台高9厘米，深10厘米，与龛口等宽。主尊像身后另刻一座建筑。

主尊像 头大部毁，坐高24厘米，肩宽9厘米，胸厚4厘米。头梳髻，上着双层交领窄袖服，下着裙，裙腰上束至胸，腰带作结下垂足间；身后环绕披帛，沿胸下垂，止于低台；端头呈三角形，饰圆珠。双手笼袖内，置于左大腿，倚坐于圆台上，足鞋，略残，踏方形足踏。圆台通高14厘米，覆有帏垫。足踏高5厘米，宽12.5厘米，厚4厘米，覆两重帷幔。

主尊像身后刻一座单檐歇山式楼阁，通高62厘米。屋身四柱三间，左次间隐于外凸的石条内，显露部分宽45厘米；明间宽23厘米，内未见雕刻；右次间宽9厘米，线刻格扇，上部格扇内线刻方格纹，下部格扇素平。立柱方形，高33厘米，宽2.5厘米。柱下刻圆鼓状柱础。柱间施一道阑额，上下高2厘米。柱上置出头的普拍枋，上下高2.5厘米。柱上置栌斗，栌斗左右刻出砍杀的替木，斗上刻并列的二斗，再上为屋顶。明间上方普拍枋上刻一粒放焰珠。屋顶高10.5厘米，翼角起翘，屋面刻出瓦垄、瓦沟，瓦当呈圆形。正脊左端残，右端装饰难辨，脊中部存遗迹。

童子像 头毁，立身残高20.5厘米。浮雕圆形素面头光，直径13.5厘米。上着披巾，下着长短两层裙，腰带作结长垂；披巾两端于腹前交绕后，向上敷搭前臂，再下垂体侧；双手残，置胸前，跣足，左向侧身直立。

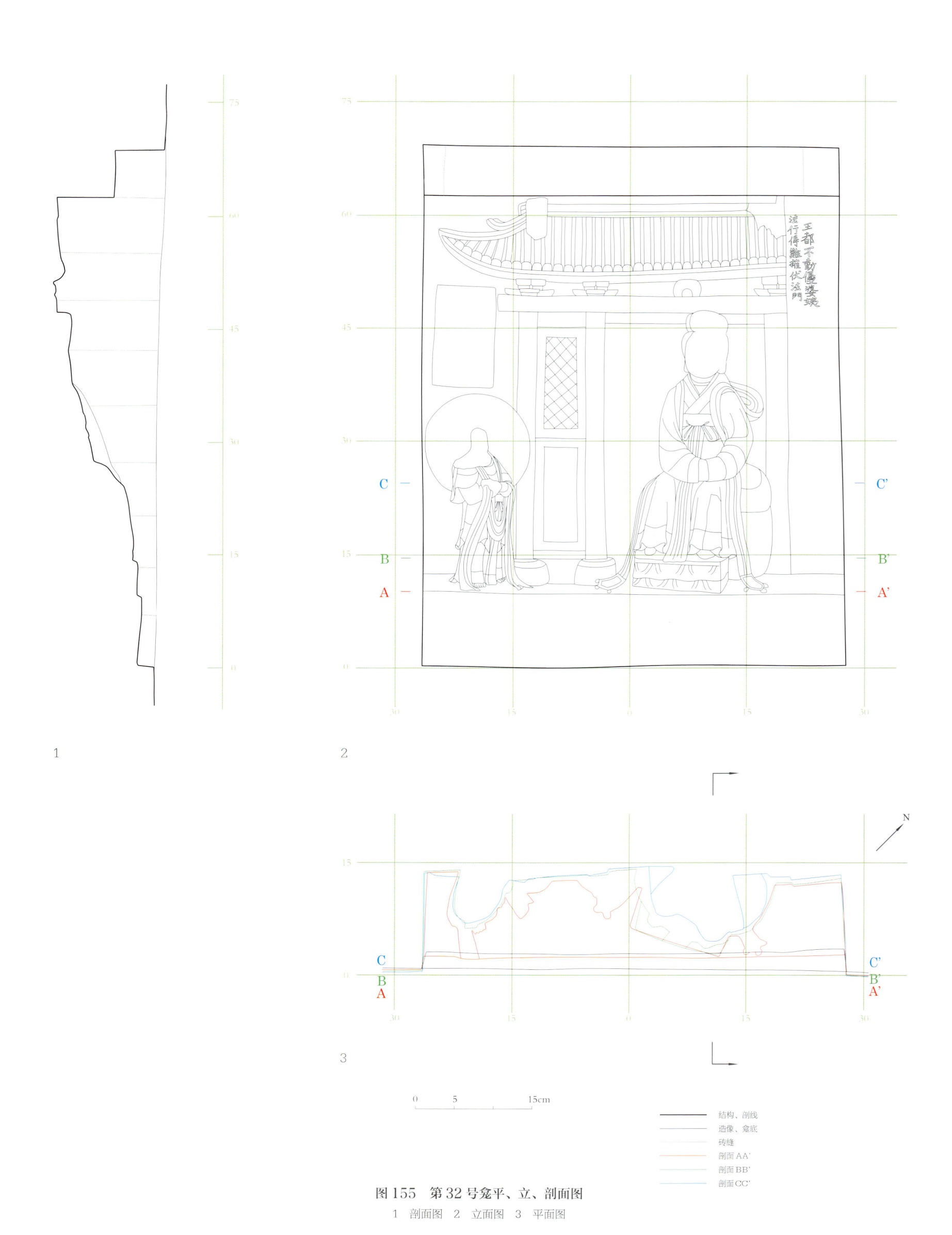

图155 第32号龛平、立、剖面图
1 剖面图 2 立面图 3 平面图

四 铭文

2则。为"邢信道镌造善财参礼不动优婆姨龛题记",南宋绍兴十七年至二十五年(1147—1155年)。

第1则

位于主尊头部左侧石条上部。刻石面高15厘米,宽6厘米。文左起,竖刻2行18字,楷体,字径1.5厘米(图版Ⅱ:46)。

01　安住王都不动优婆姨
02　善[1]法行得难摧伏法门

第2则

位于童子像头顶上部方框内。框高13厘米,宽8厘米。文左起,竖刻4行36字,楷体,字径1.5厘米(图版Ⅱ:47)。

01　砌塔道人邢信道为母亲
02　王氏二娘自备钱募工镌
03　五十三位善知识愿母亲[2]
04　超生佛地谨施

五 晚期遗迹

龛内保存黑色、黄色、红色等三种涂层。

第十四节　第33号

一 位置

位于第三层回廊内壁东向壁面。上距壁面边缘55厘米,下距地坪27.5厘米;左距壁面转折边缘73厘米,右距壁面转折边缘74厘米。

窟口东向,方向90°。

二 形制

圭形藻井顶窟(图156、图157、图158、图159;图版Ⅰ:184、图版Ⅰ:185、图版Ⅰ:186)。

窟口　呈圭形,高118.5厘米,宽65厘米,深31厘米;竖直部分高82厘米。

窟底　呈方形,宽74.5厘米,深64厘米,至窟顶顶部高155厘米。

窟壁　正壁竖直,通高119厘米;下部局部镶嵌造像石,下起窟底,高105厘米,宽70厘米,其上存留砖壁高14厘米。左、右壁为素面砖壁,均高约119厘米,上部皆作一阶叠涩与窟顶相接,高7厘米。

窟顶　藻井顶,呈方形,为五重叠压砖结构与窟壁相接,通高36厘米;其中,上部为两重呈45°错角叠压砖。

---

[1] 此"善"字《大足石刻铭文录》未辨识。重庆大足石刻艺术博物馆编:《大足石刻铭文录》,重庆出版社1999年版,第454页。
[2] 此"亲"字《大足石刻铭文录》未录入。同前引。

三　造像

正壁嵌石刻像12身（图159、图160；图版Ⅰ：186）。其中，中刻主尊立像1身，左右共刻供养人像11身。

主尊像　立高64厘米，头长16厘米，肩宽15厘米，胸厚8厘米。梳髻，鬓发绕耳，垂发作结覆肩。头冠，冠带作结后分作四道，两道上扬，两道下垂于肩后，再分作三道：上道经上臂绕于身后，中道于体侧敷搭前臂后下垂，下道于身前折叠后敷搭手臂下垂体侧。三面，正面长圆，略蚀；左右面较圆，五官可辨。戴耳饰，胸饰璎珞，上着宽博披巾，下着长短两层裙，腰带于膝部系环后垂于足间；披巾于腹前相叠后敷搭前臂后长垂。自后腰斜出一段披帛，腹前交绕后垂于体侧。身八臂，皆腕镯；左上手屈肘托法轮，轮径8厘米，边缘饰火焰纹；右上手屈肘持剑，剑身略残，全长21.5厘米。左中手持弓，右中手持矢。左下手持兽面旁牌，高22.5厘米，宽7.5厘米，厚3厘米；右下手持戟，全长46厘米。当胸两手结印，略残。跣足立于战车厢体的仰莲台上。台高11厘米，直径21厘米，正面饰如意头云纹。

图156　第33号窟立面图

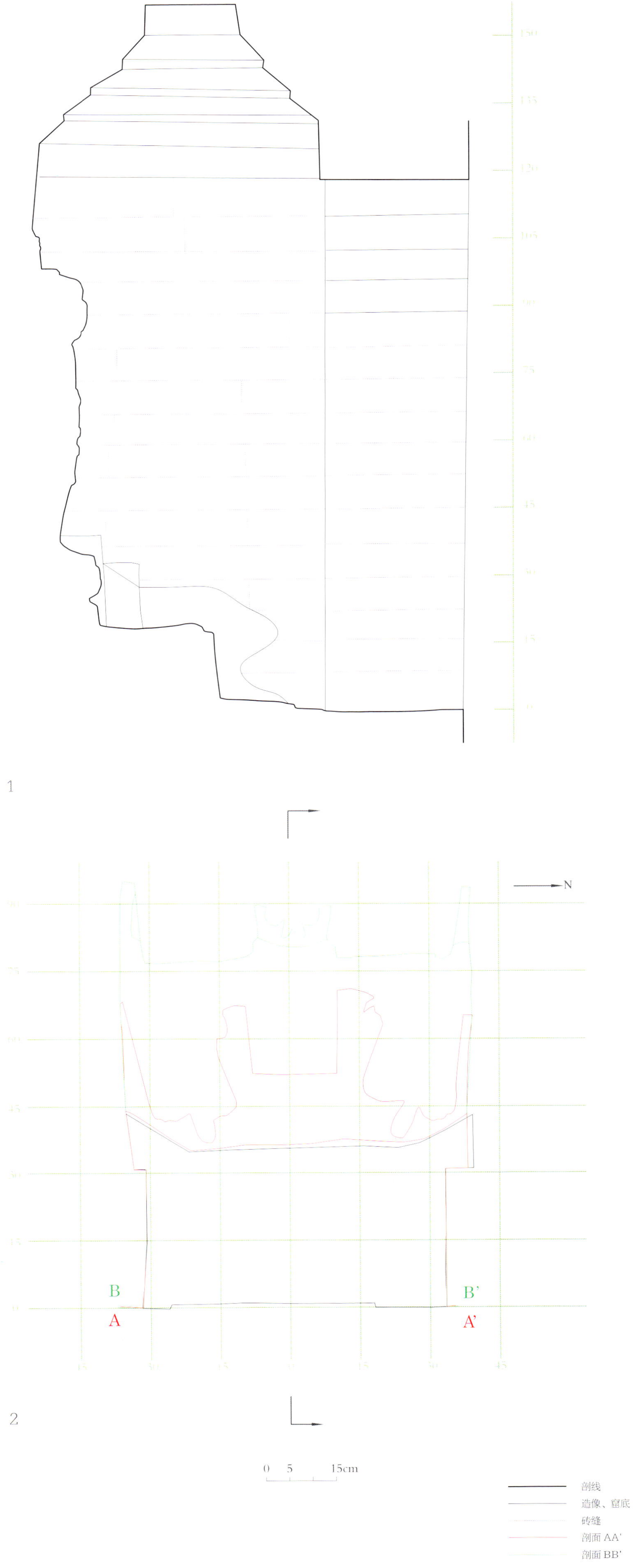

图157　第33号窟平、剖面图
1　剖面图　2　平面图

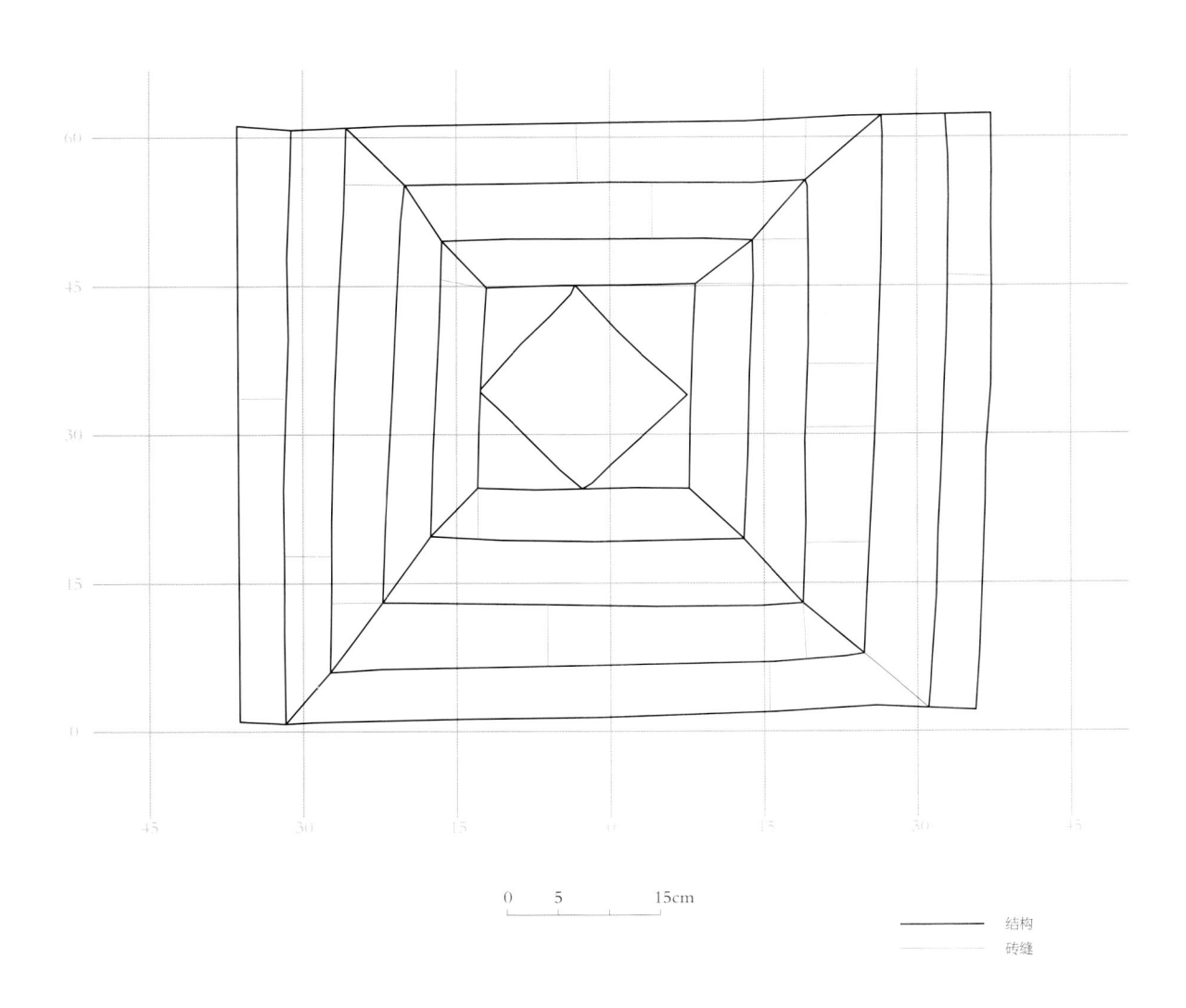

图158　第33号窟窟顶仰视图

　　车厢方形，高15厘米，宽66厘米，深16厘米；厢体正面中部开口，左右刻出方框，内素平；车厢左右外侧刻车轮，显露少许。车厢前端左、右各刻挽辕大象1头。象部分残，体量相近，高24厘米，身长40厘米，刻络头，颈负辕，背刻鞯，尾不现，现出两前腿，垂鼻前行。

　　车厢前，两象之间另刻有一方台，高16厘米，宽17厘米，深16厘米；台上置物，难辨。

　　主尊像头后，刻重檐庑殿顶建筑一座，通高24厘米，显露部分。底层屋身四柱三间，面阔19厘米，进深2厘米，左右次间横刻阑额，其下现部分直棂窗。底层屋顶高约10厘米，屋面刻出瓦垄瓦沟。上层屋身结构与底层屋身同，面阔13厘米，进深1.5厘米；上层屋顶高8厘米，正脊中刻一粒放焰珠，左右端头刻反卷的鸱尾。

　　供养人像　11身。车厢左前端立6身，右前端立5身。从左至右，从上及下编为第1—11像。

　　第1像　高15厘米，头大部残，着圆领服，双手胸前合十，略残。

　　第2像　高13.5厘米，头大部残，着圆领宽袖服，腰系带，双手胸前合十。

　　第3像　头毁，残高17厘米，着圆领宽袖长服，腰系带；双手笼袖内托圆状物，物残，足不现。

　　第4像　头毁，残高19厘米，着圆领长服，腰系带，双手置胸前，手残，足不现。

　　第5像　高14.5厘米，光头，面蚀，身略右侧，着交领窄袖长服，双手合十。足不现。

　　第6像　高14厘米，光头，面蚀，身右侧，衣饰不明。双手合十，足不现。

　　第7像　高18厘米，梳髻戴冠，面蚀，戴耳饰；着窄袖长服，披帛自臂间绕出，下垂体侧。双手置胸前覆帛带，帛带下垂身前。

　　第8像　高23厘米，特征与第7像略同。

　　第9像　高13厘米，头大部残，身左侧，着对襟长服，下着裙，双手笼袖内。

　　第10像　头毁，残高18厘米，身姿及装束与第7像同。

　　第11像　高13厘米，梳髻，面蚀；身左侧，着对襟长服，下着裙；左手不现，右手持衣襟，足不现。

　　窟内造像皆置于抹角低台上。台显露部分高2厘米。

图 159　第 33 号窟正壁立面及供养人像编号图

图 160　第 33 号窟正壁造像等值线图

四　铭文

位于正壁右上角方框内。框高17厘米，宽7厘米，内素平。

五　晚期遗迹

窟口左右内侧底端各凿一凹槽。左凹槽高8厘米，宽2厘米，深1.5厘米；右凹槽高5厘米，宽3厘米，深1.5厘米。用途皆不明。龛内保存红色、灰白色、黄色、黑色等四种涂层。

第十五节　第34号

一　位置

位于第三层回廊外壁西南向壁面左侧。上距回廊券顶下沿32.5厘米，下距地坪76厘米；左距壁面转折边缘53厘米，右距第35号龛55厘米。

龛口西南向，方向223°。

二　形制

单层方形龛（图161；图版Ⅰ：187）。

龛口方形，高69厘米，宽53厘米，至后壁深11.5厘米。龛底方形。龛正壁竖直，满嵌造像石，下起龛底，高62厘米，宽53.5厘米。其上部外挑一列横砖，高7厘米，外挑6厘米，与龛顶相接。左右壁为竖直砖壁。龛顶为方形平顶。

三　造像

正壁嵌石刻像2身（图161-2；图版Ⅰ：187）。右刻主尊坐像1身，左刻童子立像1身，均置于低台上。台高8厘米，深9厘米，与龛口等宽。

主尊像　头大部毁，残坐高24厘米，肩宽8厘米，胸厚4厘米。内着双层交领窄袖服，外披袒右式袈裟，袈裟一角作结系于左肩，下着裙；袈裟袖摆及裙摆敷搭座台上。左手抚膝，右手残，横置胸前；结跏趺坐于须弥座上。座高18.5厘米，宽22厘米，深7.5厘米，束腰正面线刻方框，内刻壶门；上枋各面线刻方框，下枋略残，正面刻壶门。

像身后刻屏风，现出两联，下起低台，通高46厘米，宽23厘米，左上角抹角。

童子像　头大部毁，立身残高23厘米。浮雕圆形素面头光，直径13.5厘米；存下垂的头巾遗迹，上着宽博披巾，下着长短两层裙，腰带长垂身前；披巾两端腹前交绕，敷搭前臂下垂体侧，双手残，置胸前，右向侧身站立。

四　铭文

2则。为"邢信道镌造善财参礼师子频呻比丘龛题记"，南宋绍兴十七年至二十五年（1147—1155年）。并列位于童子像头顶上部。

第1则

位于童子像头顶上部左侧方框内。框高16厘米，宽8厘米。文左起，竖刻2行20字，楷体，字径1.5厘米（图版Ⅱ：48）。

01　迦陵迦城师子频呻比丘
02　一切佛回向得清净法门

第2则

位于童子像头顶上部右侧方框内。框高16厘米，宽10厘米，文左起，竖刻4行36字，楷体，字径1.5厘米（图版Ⅱ：49）。

01　砌塔道人邢信道为母亲
02　王氏二娘自备钱募工镌
03　五十三位善知识愿母亲
04　超生佛地谨施

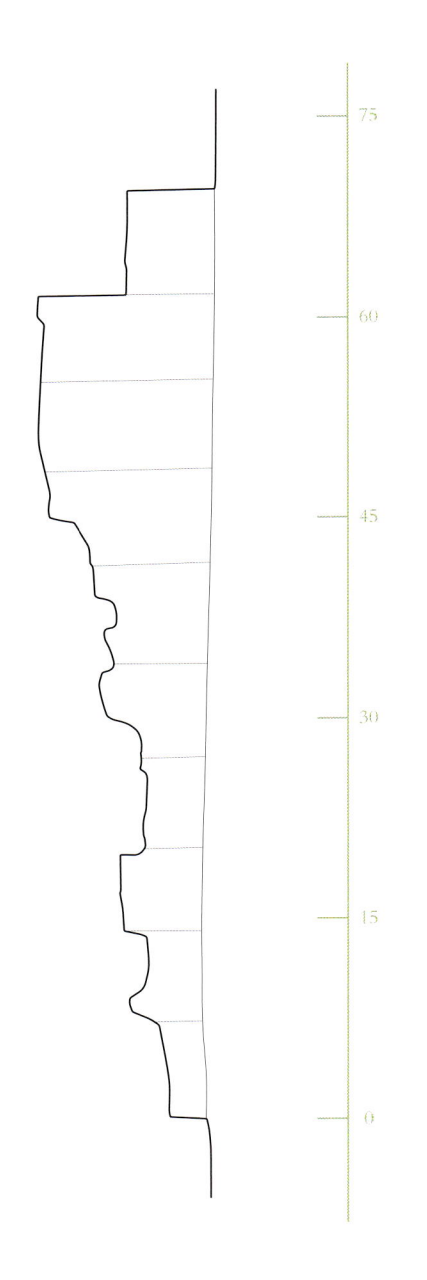

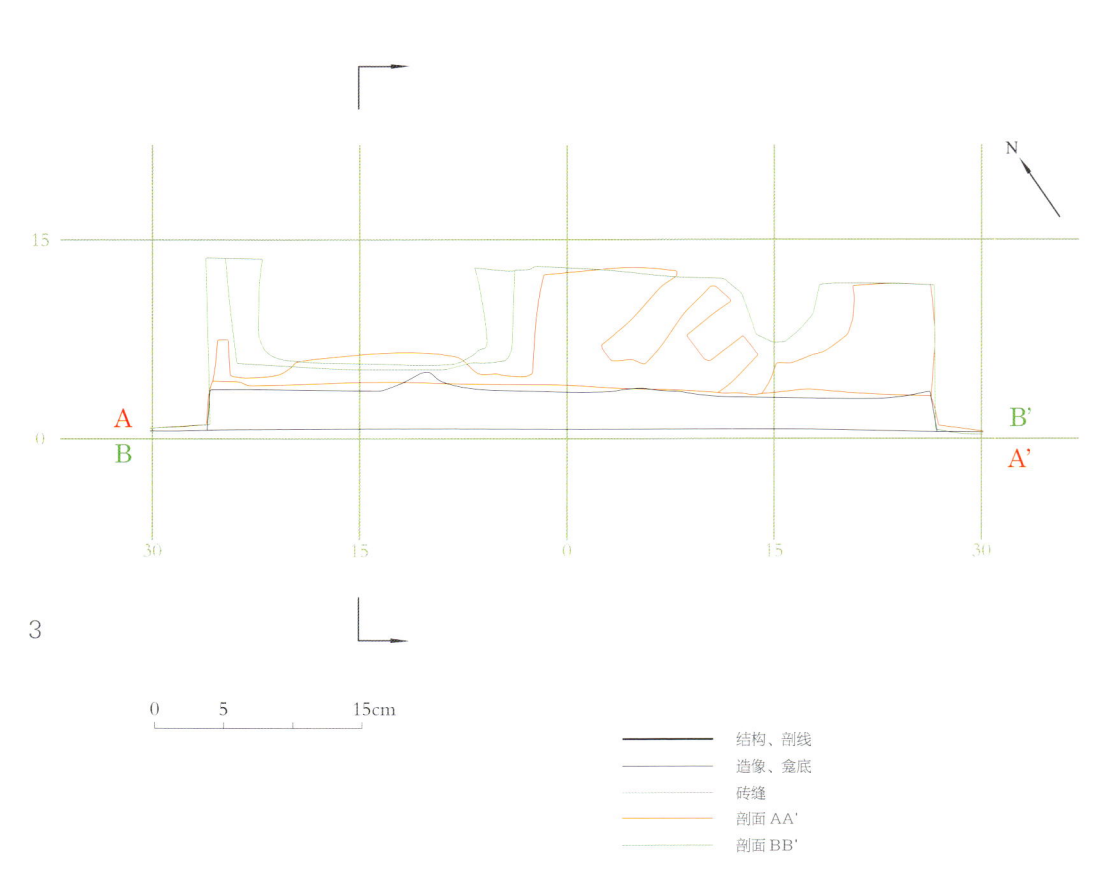

图 161　第 34 号龛平、立、剖面图
1　剖面图　2　立面图　3　平面图

五　晚期遗迹

龛内保存灰白色、黄色两种涂层。

第十六节　第35号

一　位置

位于第三层回廊外壁西南向壁面右侧。上距回廊券顶下沿32厘米，下距地坪75厘米；左距第34号龛55厘米，右距壁面转折边缘54厘米。

龛口西南向，方向230°。

二　形制

单层方形龛（图162、图163；图版Ⅰ：188）。

龛口方形，高69厘米，宽54.5厘米，至后壁深16厘米。龛底方形。龛正壁竖直，满嵌造像石，下起龛底，高63厘米，宽53厘米。其上部外挑一列横砖，高6厘米，外挑8厘米，大部残，与龛顶相接。左右壁为竖直砖壁。龛顶为方形平顶，左侧残毁。

三　造像

正壁嵌石刻像2身（图162；图版Ⅰ：188）。右刻主尊坐像1身，身后显露建筑1座，左刻童子立像1身；造像皆置于低台上。台高9厘米，深10.5厘米，与龛口等宽，右前端毁。

主尊像　头大部残，残坐高2厘米，肩宽9.5厘米，胸厚5厘米；内着翻领窄袖服，外着交领宽袖服，下着裙，腰带作结下垂座前。双手腹前笼袖内，结跏趺坐于束腰须弥座上。座通高14厘米，上部为圆台，高2.5厘米，饰刻下垂的褶边；下部为束腰圆台，高11.5厘米，最大直径约24厘米，略残。像身后浮雕不规则的云纹，最高51厘米，最宽39厘米。

主尊像身后云纹左侧刻一座单层歇山顶楼阁，显露部分高37.5厘米。屋身可见左次间及角柱。次间线刻一双扇格子门，角柱方形，上置出头的普拍枋，枋上饰放焰珠。角铺作为两重并列的三斗组合。次间柱头铺作显露部分，结构与角铺作略同。再上为歇山式屋顶，屋顶略向右旋转，可见山花、悬鱼。翼角起翘，屋面刻出瓦垄瓦沟。正脊左右端存鸱尾遗迹。屋顶后侧线刻放射状的毫光数道。

童子像　头毁，立身残高20.5厘米。浅浮雕圆形素面头光，直径13厘米。上身袒，披帛环后背于腹前交绕，向上敷搭前臂后下垂体侧，下着长短两层裙，腰带长垂；臂环、腕镯，双手置胸前，手残，双足不现，侧身站立。

四　铭文

2则。为"邢信道镌造善财参礼大光王龛题记"，南宋绍兴十七年至二十五年（1147—1155年）。

第1则

位于童子像头光上方方框内。框高15厘米，宽7厘米。框内文左起，竖刻2行18字，楷体，字径1.5厘米（图版Ⅱ：50）。

01　妙光城大光王难得行
02　得随顺世间三昧法门

图 162　第 35 号龛立面图

194　大足石刻全集　第四卷（上册）

图 163　第 35 号龛平、剖面图
1　剖面图　2　平面图

第2则

位于主尊像右上方框内。框高12厘米，宽8厘米。框内文左起，竖刻4行，存22字，楷体，字径1.5厘米（图版Ⅱ：51）。

01　（漶）道人邢信道为母亲
02　（漶）备钱募工镌
03　（漶）三位善知识愿母
04　（漶）〔谨施〕

五　晚期遗迹

主尊像头、颈残毁，断面各凿一圆形孔洞，大小相近，直径1.5厘米，深1厘米。

龛内保存红色、黄色、灰白色等三种涂层。

第十七节　第36号

一　位置

位于第三层回廊内壁北向壁面。上距壁面边缘52.5厘米，下距地坪27厘米；左距壁面转折边缘74厘米，右距壁面转折边缘75厘米。窟口北向，方向0°。

二　形制

圭形藻井顶窟（图164、图165、图166、图167、图168；图版Ⅰ：189、图版Ⅰ：190、图版Ⅰ：191、图版Ⅰ：192、图版Ⅰ：193）。

窟口　呈圭形，高116.5厘米，宽53.5厘米，深31厘米；竖直部分高79厘米。

窟底　呈方形，宽73.5厘米，深65厘米，至窟顶顶部高143厘米。

窟壁　正壁竖直，通高108厘米；砖砌低坛一级，高16厘米，宽55厘米，深17厘米。坛上壁面局部镶嵌造像石，高79厘米，宽61厘米，其上存留高7厘米的砖壁；再上为一列外挑横砖与窟顶相接，横砖高6厘米。左、右壁通高108厘米；均局部镶嵌造像石，下起窟底。左壁嵌石高89厘米，宽43厘米；右壁石高87.5厘米，宽51厘米。再上作一阶叠涩（与正壁叠涩环壁相接）与窟顶相接。

窟顶　藻井顶，呈方形，为五重叠压砖结构与窟壁相接，通高35厘米；其中，上部为两重呈45°错角叠压砖。

三　造像

根据造像布置，分为正壁、左壁、右壁三部分。

（一）正壁

嵌石刻像7身（图166；图版Ⅰ：191）。中刻主尊坐像1身，左右各刻供养人立像3身，皆置于低台上。台高9厘米，宽54厘米，深17厘米。

主尊　头毁，残坐高33厘米，肩宽16.5厘米，胸厚10厘米。浮雕圆形素面背光，直径47厘米。内着僧祇支，外着双领下垂式袈裟，袈裟一角系于左肩胛那环上，下着裙；袈裟及裙覆于座上。腕镯，左手置腹前，右手胸前结印，皆略残，结跏趺坐于须弥座上。

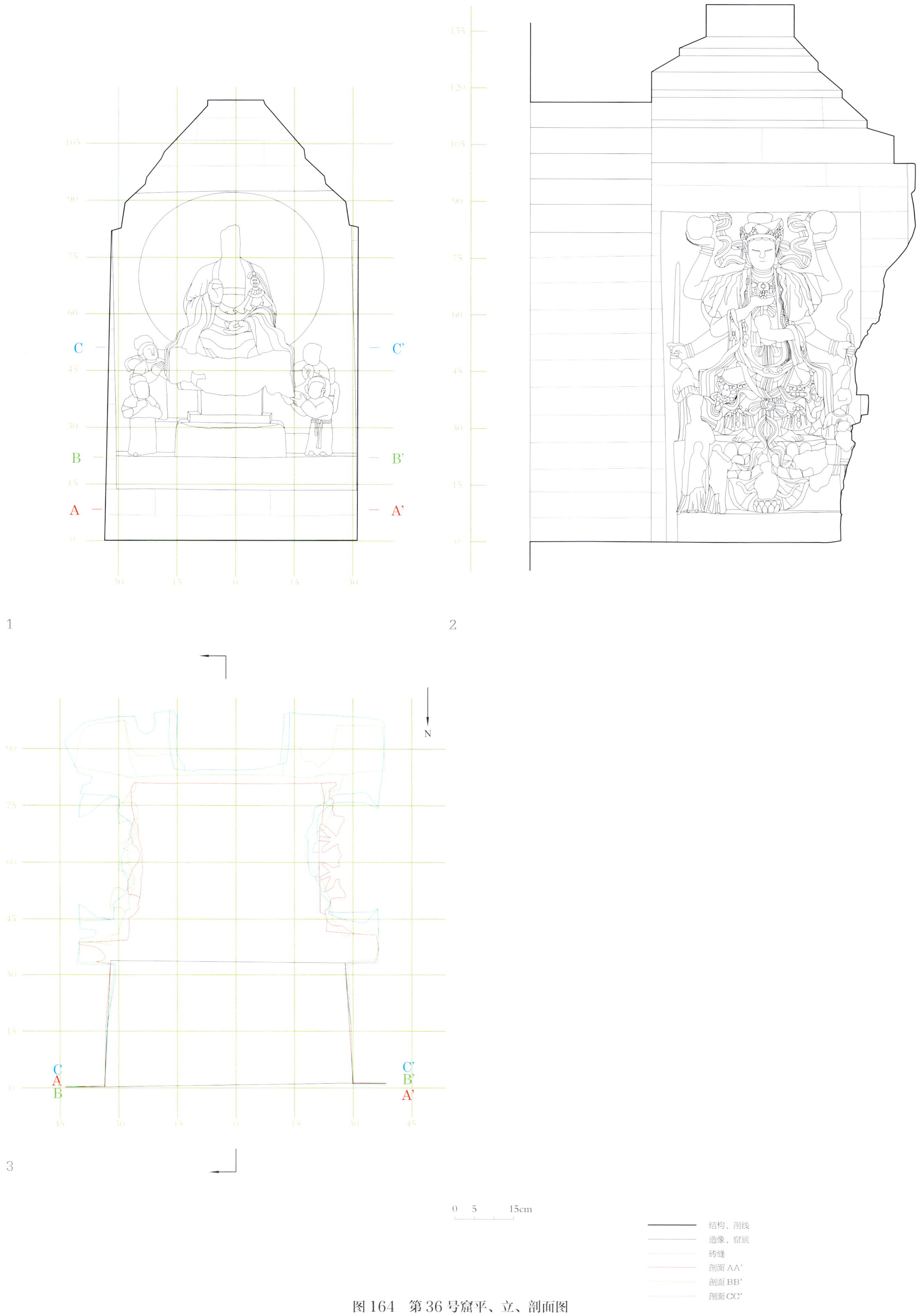

图 164 第 36 号窟平、立、剖面图
1 立面图 2 剖面图 3 平面图

第四章 塔内第三层造像（第 21—36 号） 197

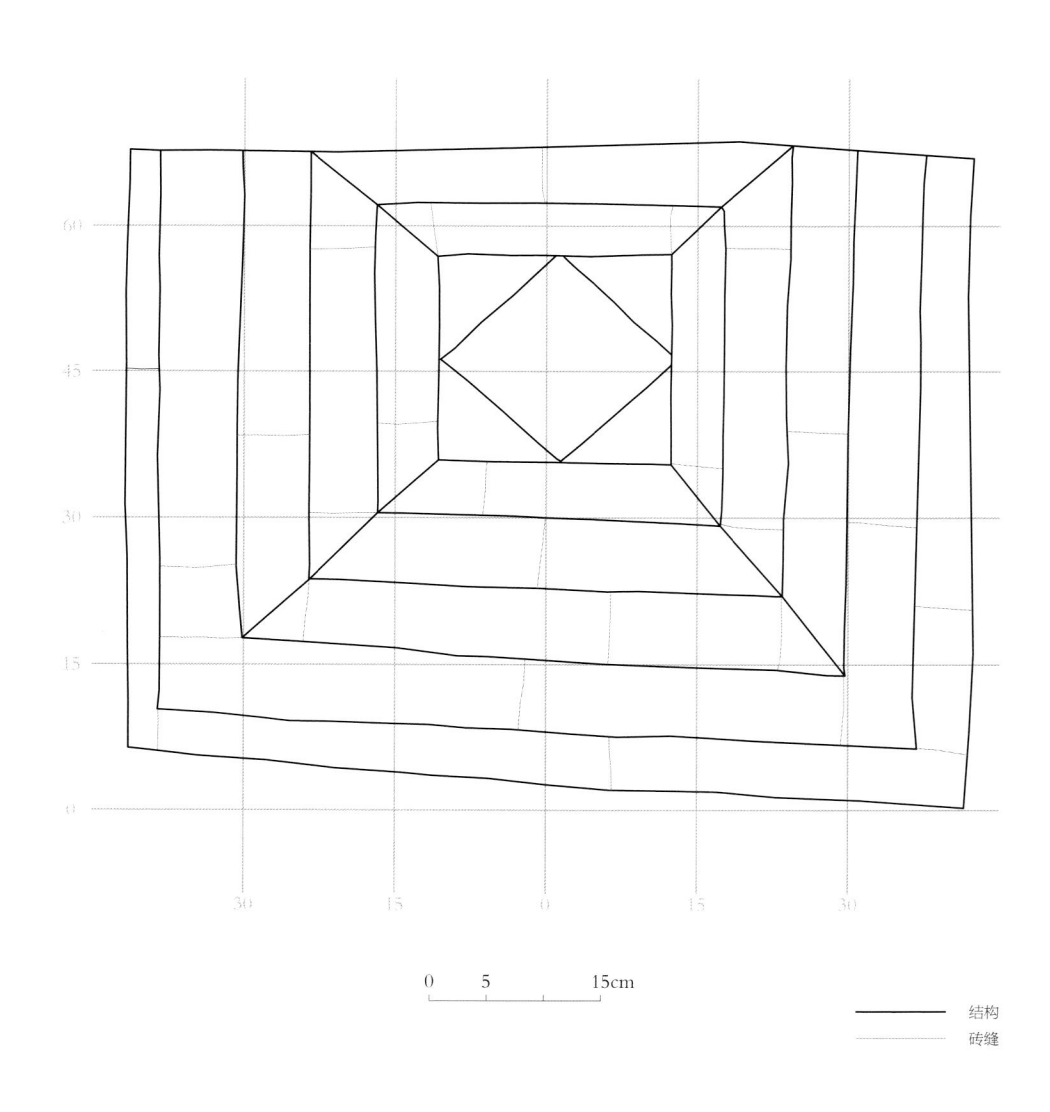

图 165　第 36 号窟窟顶仰视图

座通高30厘米，宽31厘米，深17厘米，下部残蚀。

供养人像　6身。从左至右，从上至下通编为左第1—3像和右第1—3像。

左第1像　立身高18厘米。头大部残，身部分隐于左第2像身后，可辨身着窄袖长服，腰系带；左手笼袖内下垂，双足不现，立于方台上。台高5.5厘米，宽11.5厘米，深6.5厘米。

左第2像　头毁，半身残高25厘米，着窄袖服，双手拱于胸前。

左第3像　立身高22厘米。光头，面蚀，着窄袖长服，腰系带作结长垂，双手托盘，内置圆形颗状物，侧身向右，着鞋站立。

右第1像　立身高24厘米。梳高髻，面微扬，身略左侧，可辨着窄袖长服，双手合十，双足不现，立于方台上。台高8.5厘米，宽12.5厘米，深10厘米。

右第2像　部分隐于右第1像身后，显露部分高18厘米。梳髻，头微扬，面略蚀，着窄袖长服，腰束带，右手笼于袖内，着鞋立于方台上。

右第3像　立身高22.5厘米。梳髻，面残，着窄袖长服，右臂刻环绕的披帛，双手置胸前，手残，着鞋站立。

（二）左壁

嵌石刻像3身（图167；图版Ⅰ：192）。中刻主尊菩萨坐像1身，左右下方各刻供养人立像1身，置于低台上。台高8.5厘米，宽42厘米，深15厘米，部分残。

主尊像　坐高40厘米，头长16厘米，肩宽17厘米，胸厚7厘米。梳髻，鬓发绕耳，垂发作结后分二缕下垂。戴冠，冠带作结后或垂于肩后，或经前臂绕于身后，或垂至座前。面长圆，脸颊丰满，眉间刻白毫，耳饰珠串，胸饰璎珞，内着僧祇支，系带作结，外披宽博披巾，于腹前交叠后，敷搭前臂，下垂座侧；下着长短两层裙，腰带下垂座前。身四臂，腕镯，两上手屈肘托圆状物，物部分残；左下手于左腿处持物，手及物残；右下手于右腿上持细棍状物（似莲茎）；结跏趺坐于孔雀背负的双层仰莲台上，台后侧刻支撑的山石。莲台高17厘米，直径37厘米。孔雀头毁，颈残，胸剥落，展翅直立；爪现三趾。山石通高25厘米。

198　大足石刻全集　第四卷（上册）

图 166　第 36 号窟正壁立面图

第四章　塔内第三层造像（第 21—36 号）

图 167　第 36 号窟左壁立面图

供养人像　左像残毁甚重，残高23.5厘米，仅辨足鞋。右像高26厘米。梳髻，戴团冠，面蚀，内着抹胸，外着对襟窄袖长服，下着裙；臂间绕出披帛，下垂体侧，双手覆巾，于胸前托方形物，足鞋。

（三）右壁

嵌石刻像9身（图168；图版Ⅰ：193）。中刻主尊菩萨坐像1身，座前刻坐式童子1身；菩萨像左右共刻供养人像7身。

主尊像　坐高40厘米，头长14厘米，肩宽20厘米，胸厚5厘米。梳髻，鬓发绕耳，垂发作结后分三缕覆肩。头冠，冠带作结上扬。脸长圆，略蚀，胸饰璎珞，内着僧祇支，系带作结，外披宽博披巾，下着长短两层裙，腰带于腿间作结后作两段下垂；披巾于腹前交叠后，向上敷搭胸前双手前臂，再下垂体侧；长裙于两小腿处饰繁复的璎珞。自后腰斜出一段飘带，于小腿间相绕后飘于体侧。身六臂，腕镯，上两手屈肘举托圆状物，物径7厘米；当胸两手持物，手及物残；左下手持羂索，右下手持剑，剑长26厘米；倚坐于方座上，跣足分踏三层仰莲台。座通高17.5厘米，宽34厘米，深9.5厘米；莲台高10厘米，直径12厘米。

主尊像足下仰莲间刻一身童子像，剥蚀较重，残高10厘米，可辨跏趺坐于双层仰莲台上。台高3厘米，直径6厘米；身后刻一闭合的莲叶。

供养人像7身，左侧纵向3身，右侧纵向4身。从左至右，从上至下通编为左第1—3像和右第1—4像。

左第1像　大部残，残高19厘米，可辨身着长服，立于方台上。

左第2像　头毁，显露半身，残高10厘米，着窄袖服，双手合十。

左第3像　高20厘米。头梳髻，面残，戴珠串耳饰，内着抹胸，外披对襟服，双手置胸前，手上覆帛巾；下身残毁较重。

右第1像　头大部残，残高18厘米，着窄袖服，胸系带，下着裙，双手胸前笼袖内，着鞋立于方台上。台高27厘米，显露宽3厘米，厚8厘米。

右第2像　显露半身，残毁较重，残高14厘米，可辨身着对襟服，左臂间刻出披帛，双手胸前笼袖内；下身隐于右第3像身后。

右第3像　头毁，残高17厘米，着对襟长服，披帛自双肩绕出，于腹前交绕后，向上敷搭前臂，下垂体侧；下着裙。双手腹前托钵，着鞋站立。

右第4像　残毁甚重，残高18厘米，可辨身着长服，立于低台上。

四　铭文

窟口外侧上方20厘米处嵌石，高21厘米，宽30厘米。现石蚀字漶。嵌石下方的横砖上刻"□狐琳书镌造释迦佛龛题记"，上石于南宋绍兴二十年（1150年）。刻字幅面高6厘米，宽22厘米。文左起，竖刻8行，存22字，楷体，字径1.5厘米[1]（图版Ⅱ：52）。

01　（漶）宗同妻

02　（漶）娘发心

03　（漶）结二圣

04　（漶）永登

05　（漶）泰大小

06　（漶）叶庆

07　（漶）兴二十

08　（漶）狐琳书

五　晚期遗迹

窟内保存黑色、黄色、灰白色等三种涂层。

---

[1] 估计系最初工匠对铭文的字数估算出现偏差，无奈之下只能利用相邻砖块刻写铭文所致。在北山佛湾第155号龛中，镌匠题名的刻写亦超出了既定的方框范围，出现在方框的上部。

图 168　第 36 号窟右壁立面图

第五章　塔内第四层造像

（第37—50号）

第一节　位置及相互关系

本章介绍的第37—50号等14个龛窟像，分布于多宝塔内第四层回廊内、外壁面。其中，回廊内壁设6个龛窟，外壁设8个龛窟（图169、图170）。

内壁西南向壁面设置第三段梯道出口，梯道口与外壁并列的第37、38号相对。内壁南向壁面的第39号，与外壁塔窗相对。内壁东南向壁面的第41号，与外壁并列的第40、42号相对。内壁东向壁面的第43号，与外壁塔窗相对。内壁东北向壁面的第45号，与外壁并列的第44、46号相对。内壁北向壁面的第47号，与外壁塔窗相对。内壁西北向壁面设第四段梯道的入口，梯道口与外壁并列的第48、49号相对。第50号位于内壁西向壁面，与外壁塔窗相对。

第二节　第37号

一　位置

位于第四层回廊外壁东北向壁面左侧。上距回廊券顶35厘米，下距地坪78厘米；左距壁面转折边缘66厘米，右距第38号龛65.5厘米。

龛口东北向，方向43°。

二　形制

单层方形龛（图171、图172；图版Ⅰ：194）。

龛口方形，高54.5厘米，宽37厘米，至后壁深15厘米。龛底方形。龛正壁竖直，满嵌造像石，下起龛底，高47.5厘米，宽35厘米。其上部外挑一列横砖，高7厘米，外挑7厘米，与龛顶相接。左右壁为竖直砖壁。龛顶为方形平顶。

三　造像

正壁嵌石刻像2身（图171；图版Ⅰ：194）。右刻主尊立像1身，左刻跪式童子像1身，皆置于低台上。台高10厘米，深7.5厘米，与龛口等宽；正面中部线刻横向条状带，其上线刻几何纹样。

主尊像　头大部毁，残高28.5厘米。披云肩，上着交领宽袖长服，腰带长垂，下着裙。左手曲肘前伸，食指中指前伸，余指相捻，作指示状；右手残，曲肘举胸前；身略左侧，着鞋立于云台上。台高8厘米，宽15厘米，厚6厘米。

主尊身前线刻一方台，高11厘米，宽7厘米；台上置盆景，盆作五阶不规则的圆台叠涩，盆内刻两株植物，枝条顶部作圆球形。植物下方线刻云纹。

童子像　跪身高15.5厘米。浮雕圆形素面头光，直径10厘米。头及左肩残，上着宽博披巾，于腹前交绕后敷搭前臂下垂体侧，下着长短两层裙。腕镯，双手残，置胸前似作拱，侧身向右，跪于低台上。

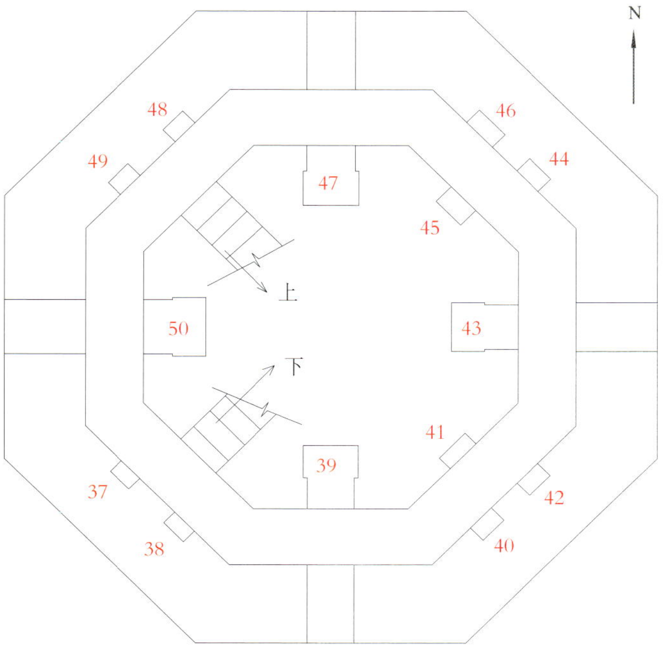

图 169　多宝塔第四层回廊龛窟像分布图

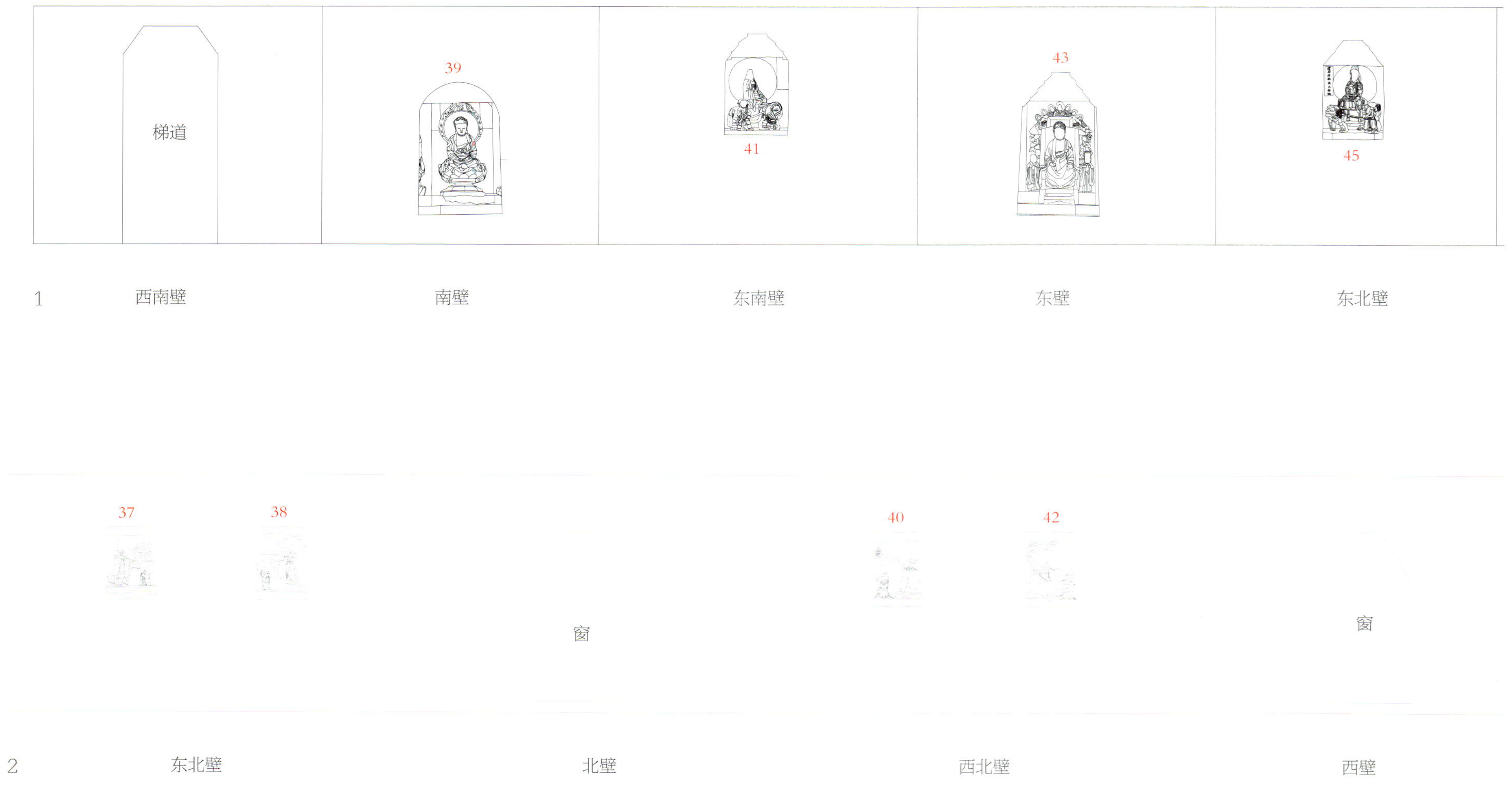

图 170　多宝塔第四层回廊内、外壁展开图
1　内壁　2　外壁

47　　　　　　　　　　　　　　　　　　50

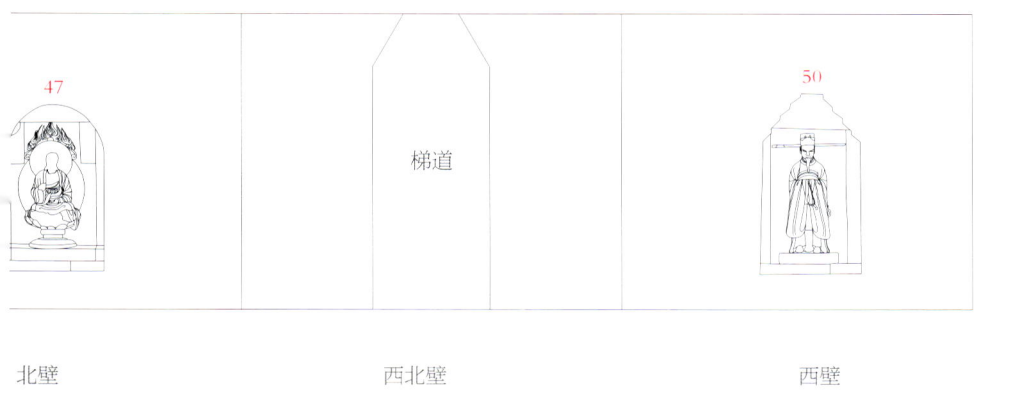

梯道

北壁　　　　　　　西北壁　　　　　　西壁

44　46　　　　　　　　　　　　　　　48　49

窗　　　　　　　　　　　　　窗

西南壁　　　　　　南壁　　　　　　东南壁　　　　　　东壁

四 铭文

邢信道镌造善财参礼婆珊婆演底夜神龛题记，南宋绍兴十七年至二十五年（1147—1155年）。位于正壁主尊像左上方方框内。框高10.5厘米，宽7厘米。文右起，竖刻5行32字，楷体，字径1.5厘米（图版Ⅱ：53）。

01　婆〔珊〕婆演底夜〔神〕
02　破众生废暗法门〔砌〕
03　塔道人邢信道为〔母〕
04　亲王氏二娘造此
05　功德

五 晚期遗迹

龛内保存黄色、红色、灰白色等三种涂层。

图171 第37号龛立面图

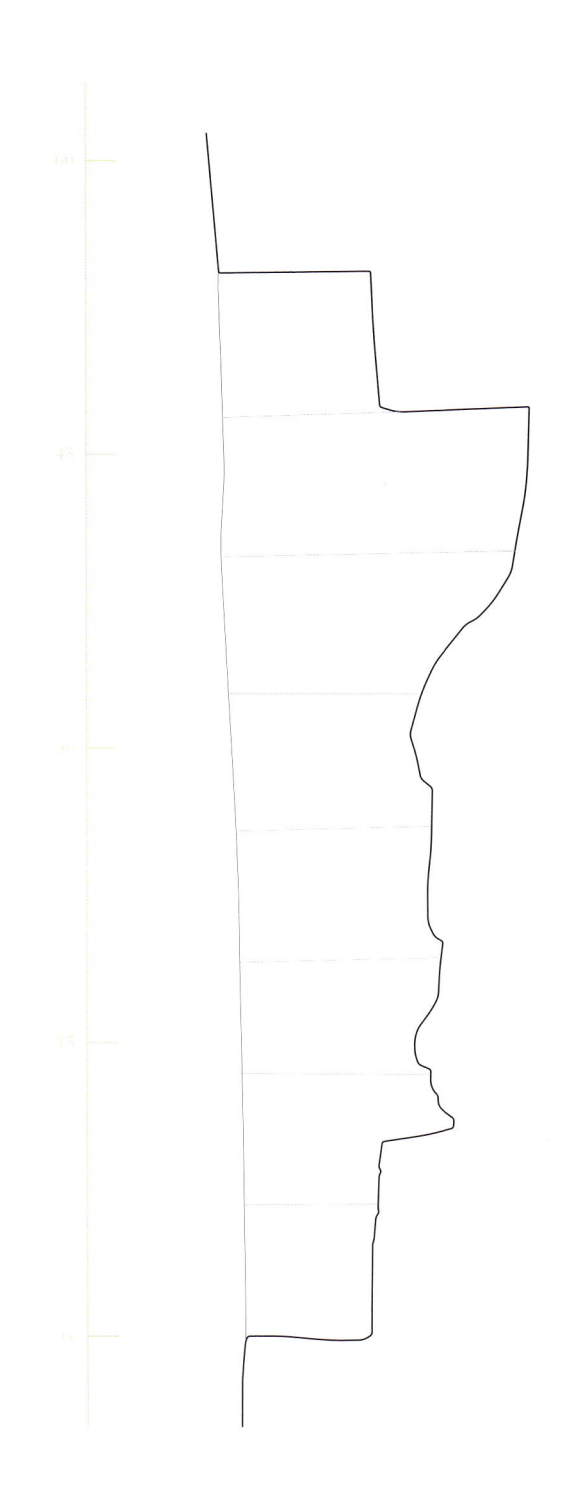

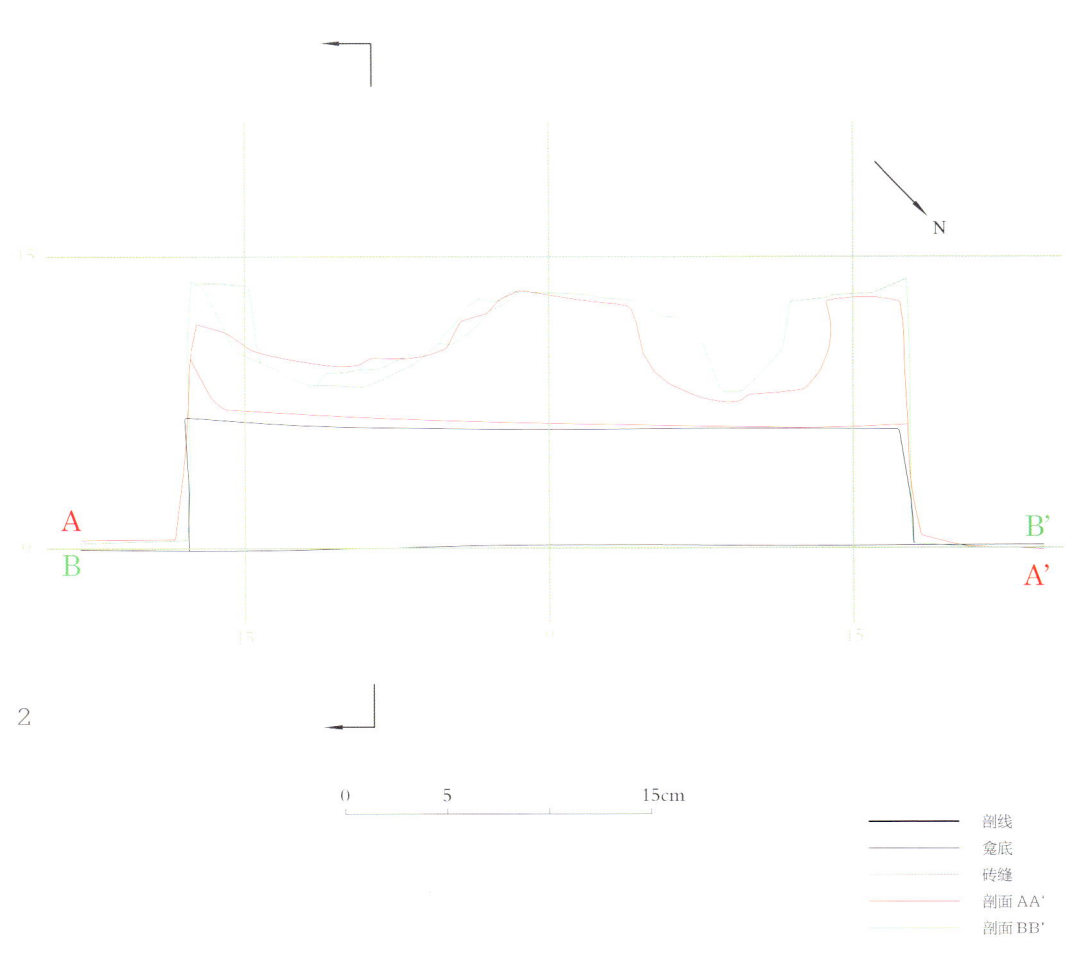

图 172　第 37 号龛平、剖面图
1　剖面图　2　平面图

第五章　塔内第四层造像（第 37—50 号）

第三节　第38号

一　位置

位于第四层回廊外壁东北向壁面右侧。上距回廊券顶下沿35厘米，下距地坪79厘米；左距第37号龛65.5厘米，右距壁面转折边缘64厘米。

龛口东北向，方向43°。

二　形制

单层方形龛（图173；图版Ⅰ：195）。

龛口方形，高55厘米，宽36.5厘米，至后壁深15厘米。龛底方形。龛正壁竖直，满嵌造像石，下起龛底，高48厘米，宽36厘米。正壁上部外挑一列横砖，高7厘米，外挑7.5厘米，与龛顶相接。左右侧壁为竖直砖壁。龛顶为方形平顶。

三　造像

正壁嵌石刻像2身（图173-2；图版Ⅰ：195）。左刻主尊立像1身，右刻童子立像1身，置于低台上。台高6厘米，深7厘米，与龛口等宽。

主尊像　头大部残，立身残高30厘米。披云肩，内着翻领窄袖服，外着交领宽袖长服，下着裙，腰束带，带长垂，身前刻出蔽膝。左手笼袖内垂于体侧，右手前伸，似作指点状；侧身向右，着鞋立于方台上。台高4.5厘米，宽15.5厘米，深5厘米。像身后遍饰云纹，形如背屏，下起方台，高34厘米，最宽25厘米；云纹上方线刻斜向毫光数道。

童子像　头大部残，立身残高17.5厘米。浮雕圆形素面头光，直径9.5厘米。上着宽博披巾，两端敷搭前臂下垂体侧，下着长短两层裙，腰带长垂足间。腕镯，双手胸前似合十，略残。身左侧，跣足直立。

四　铭文

2则。为"邢信道镌造善财参礼普德净光夜神龛题记"，南宋绍兴十七年至二十五年（1147—1155年）。并列于正壁右上方。

第1则

位于正壁右上方左框内。框高14厘米，宽6厘米。文右起，竖刻2行16字，楷体，字径1.5厘米（图版Ⅱ：54）。

01　砌塔道人邢信道
02　为母亲王氏二娘子施

第2则

位于正壁右上方右框内。框高14厘米，宽6厘米。文右起，竖刻2行12字，楷体，字径2厘米（图版Ⅱ：55）。

01　普德净光夜神
02　普游[1]勇猛法门

五　晚期遗迹

龛内保存黑色、黄色、红色、灰白色等四种涂层。

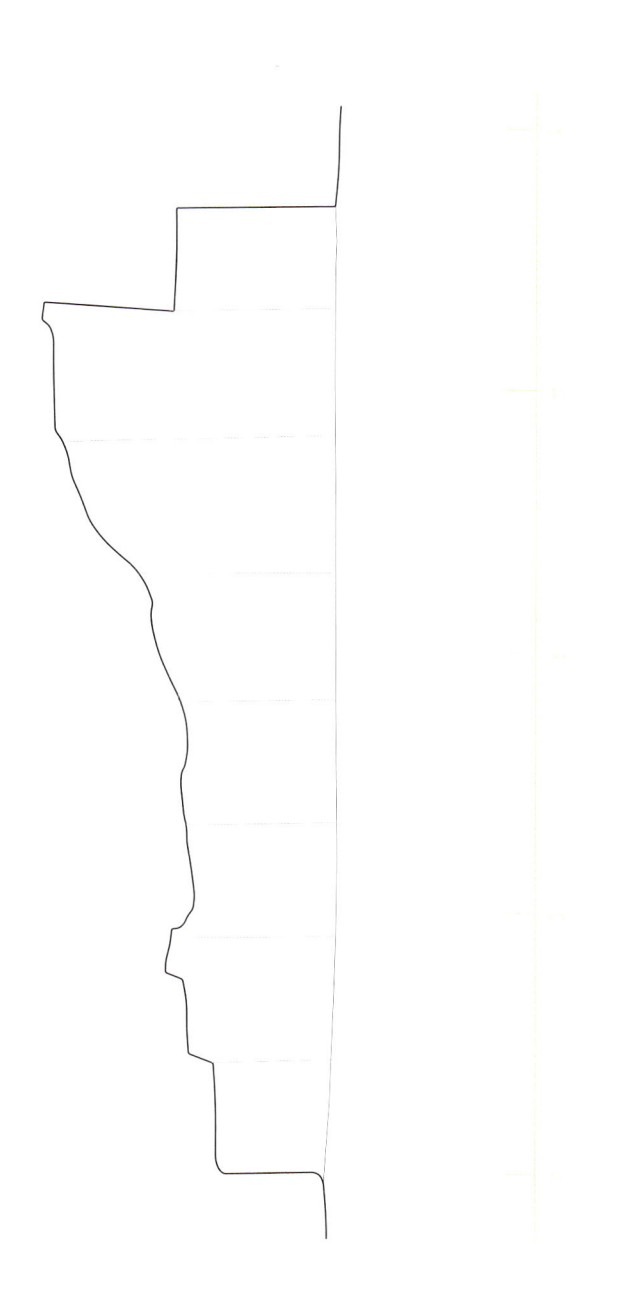

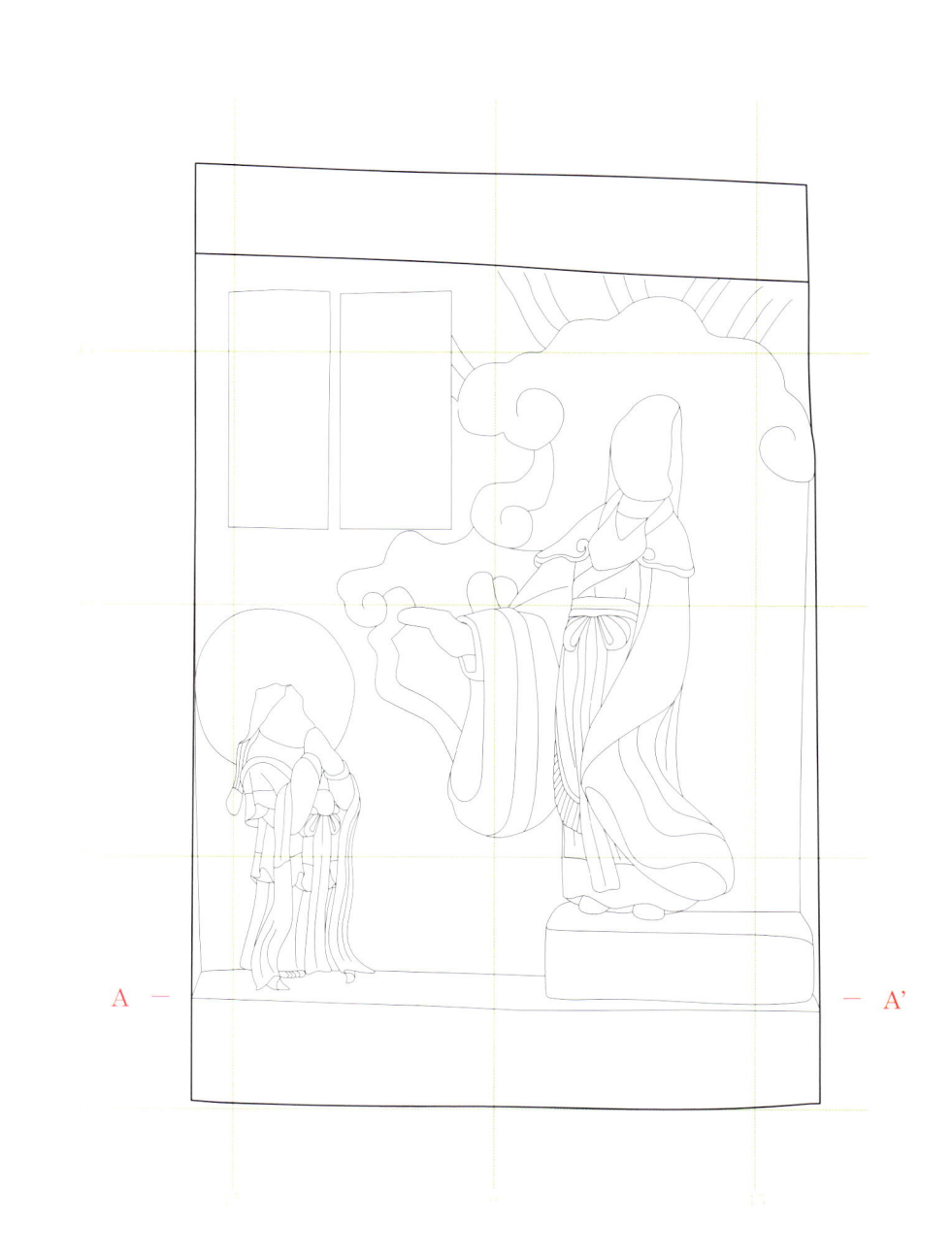

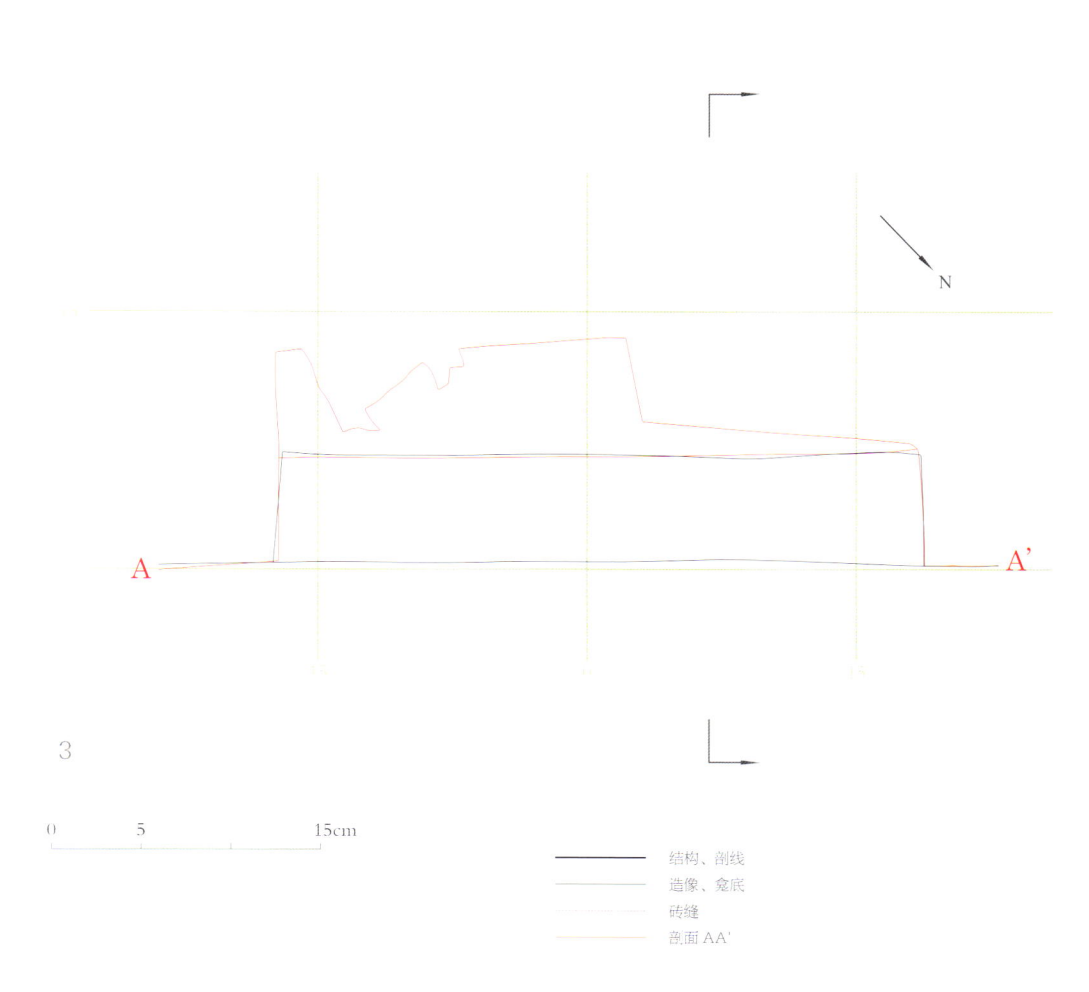

图173 第38号龛平、立、剖面图
1 剖面图 2 立面图 3 平面图

第四节　第39号

一　位置

位于第四层回廊内壁南向壁面。上距回廊券顶下沿46厘米，下距地坪21厘米；左距壁面转折边缘64厘米，右距壁面转折边缘66厘米。

窟口南向，方向179°。

二　形制

圆拱形覆斗顶窟（图174、图175、图176、图177、图179、图181；图版Ⅰ：196、图版Ⅰ：197、图版Ⅰ：198、图版Ⅰ：199、图版Ⅰ：200）。

窟口　呈圆拱形，高98厘米，宽59厘米，深30厘米；竖直部分高75厘米。

窟底　呈方形，宽72厘米，深36厘米，至窟顶顶部高140厘米。窟底环壁砖砌一级低坛，高6厘米。

窟壁　正壁竖直，通高125厘米，局部镶嵌造像石，高78.5厘米，宽42厘米，其上存留高40.5厘米的砖壁。左右壁均高125厘米，各局部镶嵌造像石，皆下起低坛。左壁石高67.5厘米，宽36厘米；右壁石高71厘米，宽32厘米。左右壁上部收分，作三阶叠涩，与窟顶相接。

窟顶　覆斗顶，呈方形，为两重叠压砖结构与窟壁相接，通高约15厘米。

三　造像

窟内嵌石刻像3身。正壁刻坐佛1身，左右壁各刻立式菩萨像1身。

佛像　坐高36厘米，头长13.5厘米，肩宽19厘米，胸厚9厘米（图177、图178；图版Ⅰ：198）。浮雕圆形素面头光，直径25厘米，边缘刻火焰纹。头刻螺发、髻珠，略蚀。面圆，耳垂肥大，颈刻三道肉褶线。内着僧祇支，系带作结，外披双领下垂式袈裟，下着裙；袈裟及裙摆覆于座前。双手腹前结印，略残，结跏趺坐于束腰仰覆莲座上。座通高25.5厘米，上部为三层仰莲台，高13.5厘米，直径33厘米；中部束腰为圆台，高2厘米，直径12厘米；下部为覆莲台，高4.5厘米，直径29厘米。座置于"凸"形低台上，台最高9.5厘米，宽42厘米，深15厘米。

左壁菩萨像　头毁，存轮廓。立身残高51.5厘米，肩宽12厘米，胸厚4厘米（图179、图180；图版Ⅰ：199）。浮雕圆形素面头光，直径21厘米。头后左右各刻三道冠带，一道曲向上扬，一道沿胸斜飘体侧，一道环于身侧，绕前臂后下垂。垂发及肩，耳饰下垂胸前。胸饰璎珞，上身斜披络腋，下着长短两层裙。自后腰斜出飘带，于膝间交绕后下垂。臂钏，左手残，置腹前，似持物；右手残，于胸前持柳枝；跣足立于双层仰莲台上。台高6厘米，直径21厘米，前端残。

右壁菩萨像　立身高52厘米，肩宽12厘米，胸厚7厘米（图181；图版Ⅰ：200）。浮雕圆形素面头光，直径26厘米。头、面残，梳髻，垂发披肩，头冠，大部残；腕镯，左手下垂，握持披巾，右手胸前持带茎莲苞、莲叶，手及莲梗部分残，跣足立于单层仰莲台上；余特征与左菩萨像略同。台高5.5厘米，直径21厘米。

四　铭文

6则。为"冯大学镌造西方三圣窟题刻"，南宋绍兴十七年至二十五年（1147—1155年）。

第1则

位于正壁嵌石左上角框内。框高19.5厘米，宽8.5厘米。文竖刻1行6字，楷体，字径3厘米（图版Ⅱ：56）。

1　　　　　　　　　　　　　　2

图 174　第 39 号窟立、剖面图
1　立面图　2　剖面图

泸南安抚都铃[1]

第2则

位于正壁嵌石右上角方框内。框高21厘米，宽6厘米。文竖刻1行7字，楷体，字径2厘米（图版Ⅱ：57）。

冯大学施此圣容

第3则

位于左壁嵌石左上方框内。框高19.5厘米，宽8.5厘米。文竖刻1行7字，楷体，字径2.5厘米（图版Ⅱ：58）。

---

[1]《大足石刻铭文录》将本窟中的"铃"字录为"铃"。此外，第43号窟、第47号窟、第50号窟中的"铃"也录为"铃"。重庆大足石刻艺术博物馆编：《大足石刻铭文录》，重庆出版社1999年版，第456页。

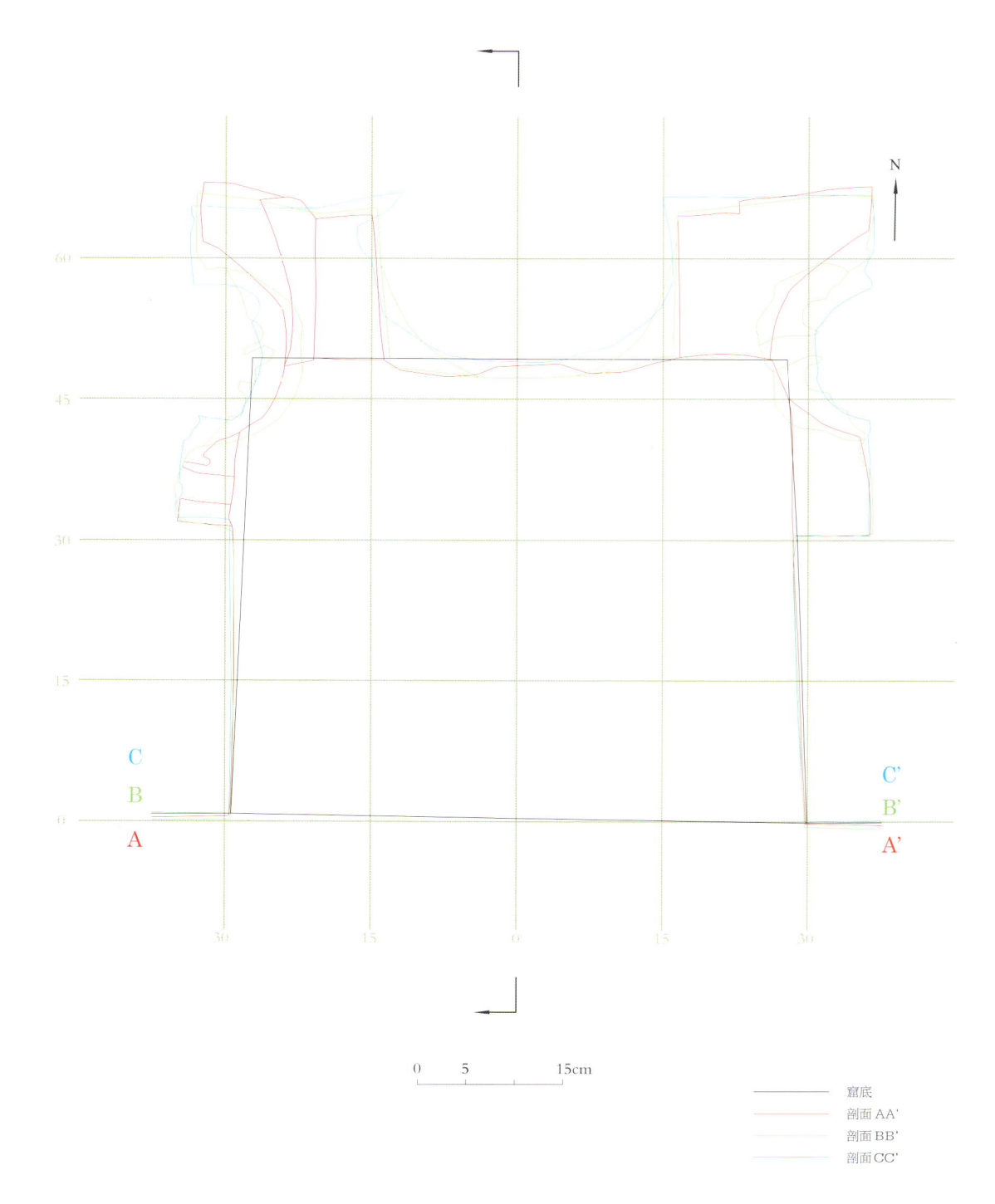

图 175　第 39 号窟平面图

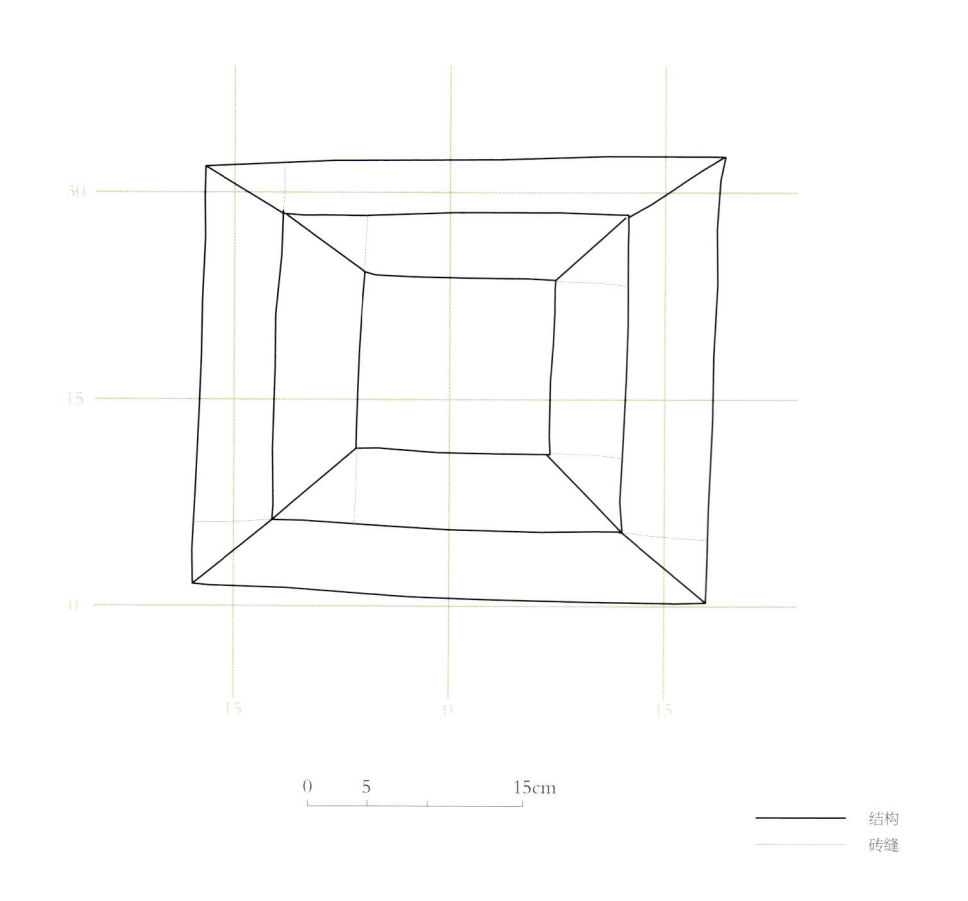

图 176　第 39 号窟窟顶仰视图

图 177　第 39 号窟正壁立面图

图 178　第 39 号窟正壁主尊像等值线图

泸南安抚都铃辖

第4则

位于左壁嵌石右上角。刻石面高19厘米，宽3厘米。文竖刻1行7字，楷体，字径2.5厘米（图版Ⅱ：59）。

冯大学供养圣容

第5则

位于右壁嵌石左上角。刻石面高19厘米，宽3厘米。文竖刻1行7字，楷体，字径2.5厘米（图版Ⅱ：60）。

泸南安抚都铃辖

图179　第39号窟左壁立面图

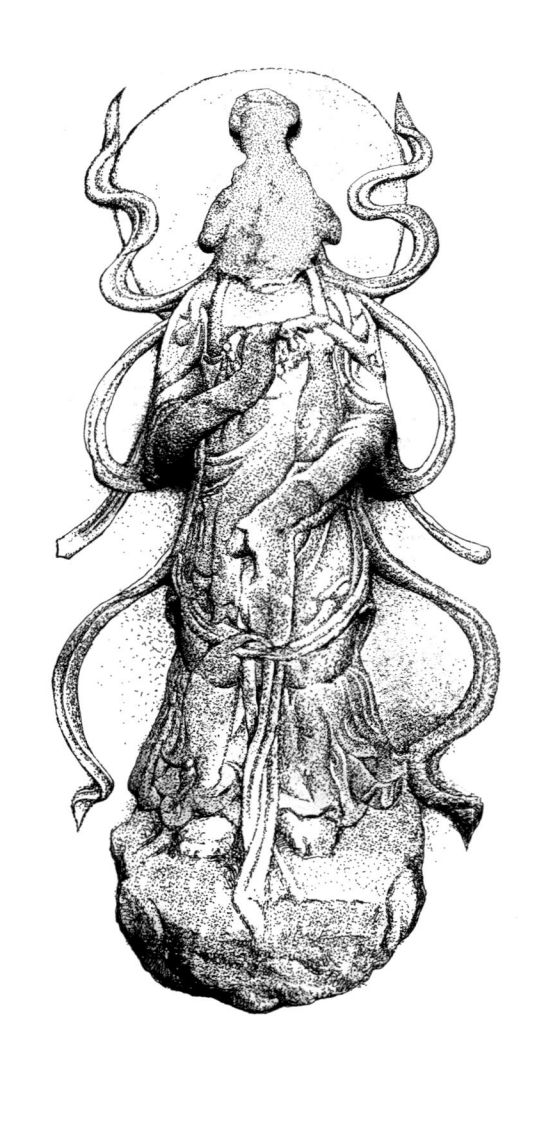

图180　第39号窟左壁菩萨像效果图

214　大足石刻全集　第四卷（上册）

图181 第39号窟右壁立面图

第6则

位于右壁嵌石右上角。刻石面高21厘米，宽3厘米。文竖刻1行7字，楷体，字径2.5厘米（图版Ⅱ：61）。

冯大学供养圣容

五 晚期遗迹

窟底前侧左右端各凿一不规则方孔，大小相近，孔长4厘米，宽5厘米，深2厘米；用途不明。
窟内侭存灰白色、黄色、红色等三种涂层。

第五节　第40号

一　位置

位于第四层回廊外壁西北向壁面左侧。上距回廊券顶下沿35厘米，下距地坪75厘米；左距壁面转折边缘66厘米，右距第42号龛66.5厘米。

龛口西北向，方向320°。

二　形制

单层方形龛（图182；图版Ⅰ：201）。

龛口方形，高55厘米，宽38厘米，至后壁深13厘米。龛底方形。龛正壁竖直，满嵌造像石，下起龛底，高47.5厘米，宽38厘米，与龛口等宽。其上方外挑一列横砖，高7.5厘米，外挑8厘米，与龛顶相接。左右壁为竖直砖壁。龛顶为方形平顶。

三　造像

正壁嵌石刻像3身（图182-2；图版Ⅰ：201）。壁左刻主尊坐像1身，其右毫光中刻坐佛1身；壁右刻立式童子像1身。主尊及童子像皆置于抹角低台上。台高6.5厘米，深9厘米，与龛口等宽。

主尊像　头毁，残坐高25厘米，肩宽11厘米，胸厚5.5厘米。内着翻领窄袖服，外着交领宽袖长服，下着裙，腹胸间系带，作结长垂；双手于腹前笼袖内，侧身坐于方台上，足鞋。方台仅刻出左侧少许，显露部分高3厘米，最宽18厘米，深7.5厘米；台下刻八面方台，高3厘米，正面宽13厘米。

自主尊像右肘升起毫光两道，斜向飘至右上方，下道毫光前端刻坐佛1身。坐佛高5.5厘米，浮雕圆形头光和身光，直径分别为5厘米、8厘米；可辨身着双领下垂式袈裟，双手腹前笼袖内，结跏趺坐于仰莲台上。

童子像　头大部毁，立身残高22.5厘米。上着宽博披巾，披巾腹前交叠后，向上敷搭前臂，再下垂体侧；下着长短两层裙，腰带长垂。双手胸前似合十，身左侧，跣足站立。

四　铭文

邢信道镌造善财参礼精进力夜神龛题记，南宋绍兴十七年至二十五年（1147—1155年）。位于正壁嵌石中上部。刻石面高10厘米，宽10厘米。文左起，竖刻6行33字，楷体，字径1.4厘米（图版Ⅱ：62）。

01　〔精〕进力夜〔神〕
02　〔教〕化众生〔令生善〕
03　〔根〕法门[1]
04　〔砌塔〕道人邢信道
05　为母〔亲〕王氏二娘
06　施此功德

1　第2、3行《大足石刻铭文录》录为"〔教〕化众生〔命〕□□□"、"〔推〕法门"。重庆大足石刻艺术博物馆编：《大足石刻铭文录》，重庆出版社1999年版，第456页。

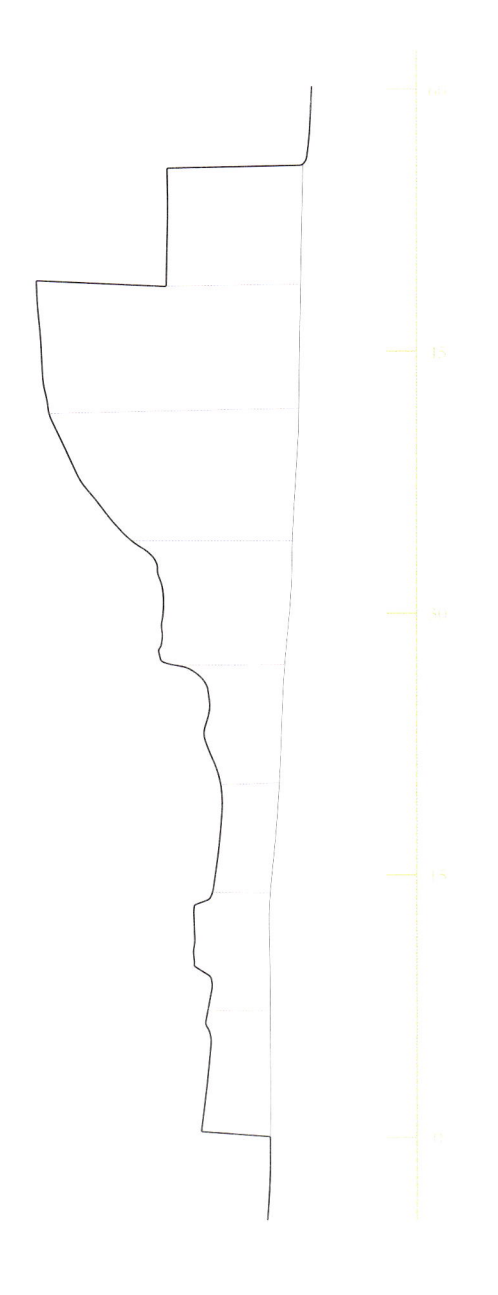

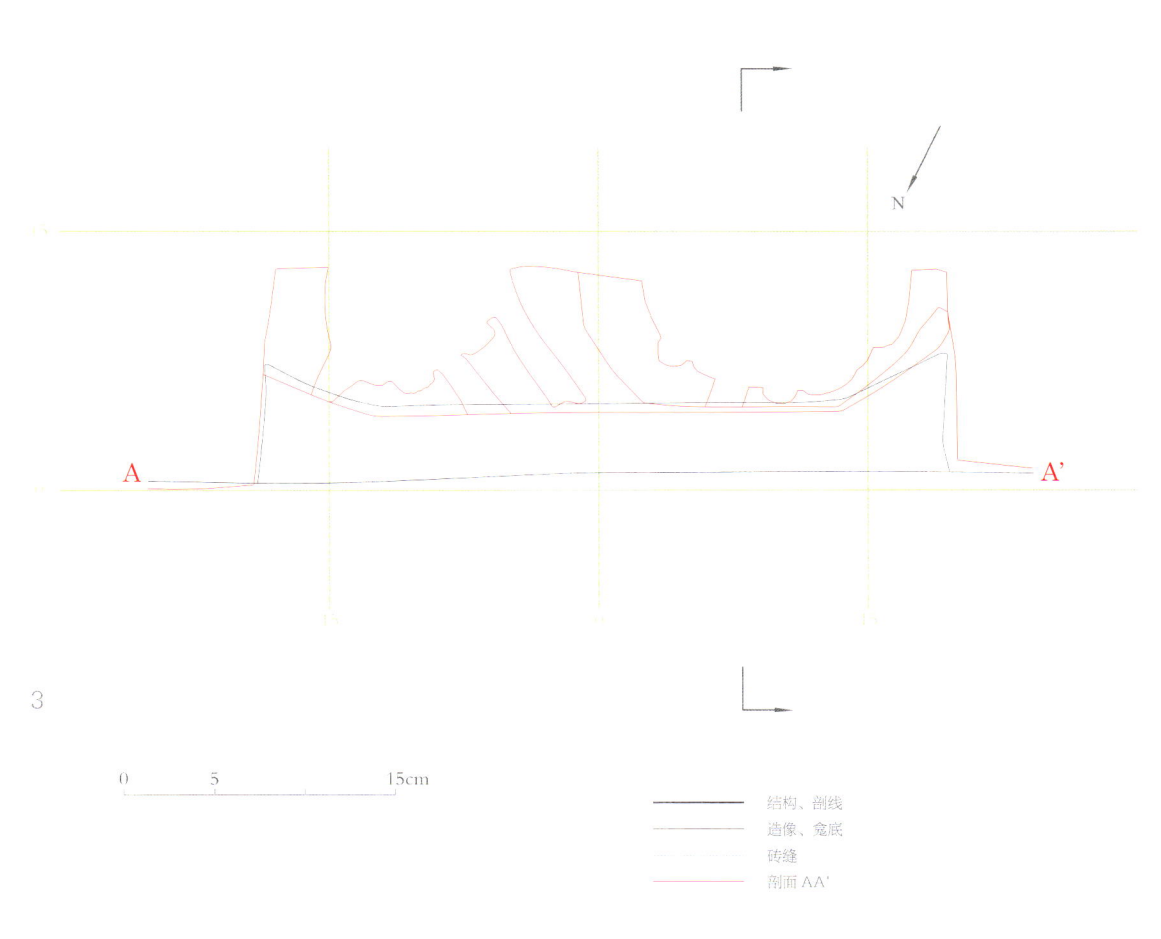

图 182　第 40 号龛平、立、剖面图
1　剖面图　2　立面图　3　平面图

五　晚期遗迹

龛内保存红色、黄色、灰白色等三种涂层。

第六节　第41号

一　位置

位于第四层回廊内壁东南向壁面。上距回廊券顶下沿12.5厘米，下距地坪77厘米；左距壁面转折边缘84厘米，右距壁面转折边缘85厘米。

龛口东南向，方向136°。

二　形制

单层圭形龛（图183；图版Ⅰ：202）。

龛口呈圭形，高76.5厘米，宽47厘米，至后壁深26厘米。龛底方形。龛正壁竖直，通高76.5厘米；满嵌造像石，下起龛底，高59厘米，宽46厘米，其上存留砖壁高17.5厘米。左、右壁中下部竖直，高53厘米，上部作三阶叠涩，与龛顶相接，叠涩通高23.5厘米。龛顶为方形平顶。

三　造像

正壁嵌石刻像2身（图183-2；图版Ⅰ：202）。中刻主尊菩萨坐像1身，座下刻象奴1身，置于低台上。台高3.5厘米，深21厘米，与龛口等宽。

主尊像　头毁，残坐高22厘米，肩宽12厘米，胸厚6厘米。浮雕圆形素面背光，直径34厘米。胸饰璎珞，上着双领下垂式袈裟，下着裙，腰带覆于象头上。腕镯，左手腹前持经函，部分残，右手胸前似结印，侧身结跏趺坐于大象背负的双层仰莲台上。莲台高7厘米，直径21厘米。象高21厘米，身长38厘米；鼻毁，残毁处刻云纹与低台相接；头向左，络头，攀胸，背鞯，臀部刻鞦，尾长垂，现三腿直立。

象奴立于象身右后侧，高23厘米。头大部残，卷发齐肩，上身斜披络腋，下着短裙，腰系带，作结后飘垂于低台上，腕镯，双手握缰绳作牵扯状，足饰环，跣足站立。

四　铭文

冯大学施造普贤菩萨龛题记，南宋绍兴十七年至二十五年（1147—1155年）。位于正壁嵌石左上角方框内。框高24厘米，宽8.5厘米。文竖刻1行8字，楷体，字径2.5厘米（图版Ⅱ：63）。

泸南安抚冯大学施

五　晚期遗迹

龛内存黄色、黑色、灰白色等三种涂层。

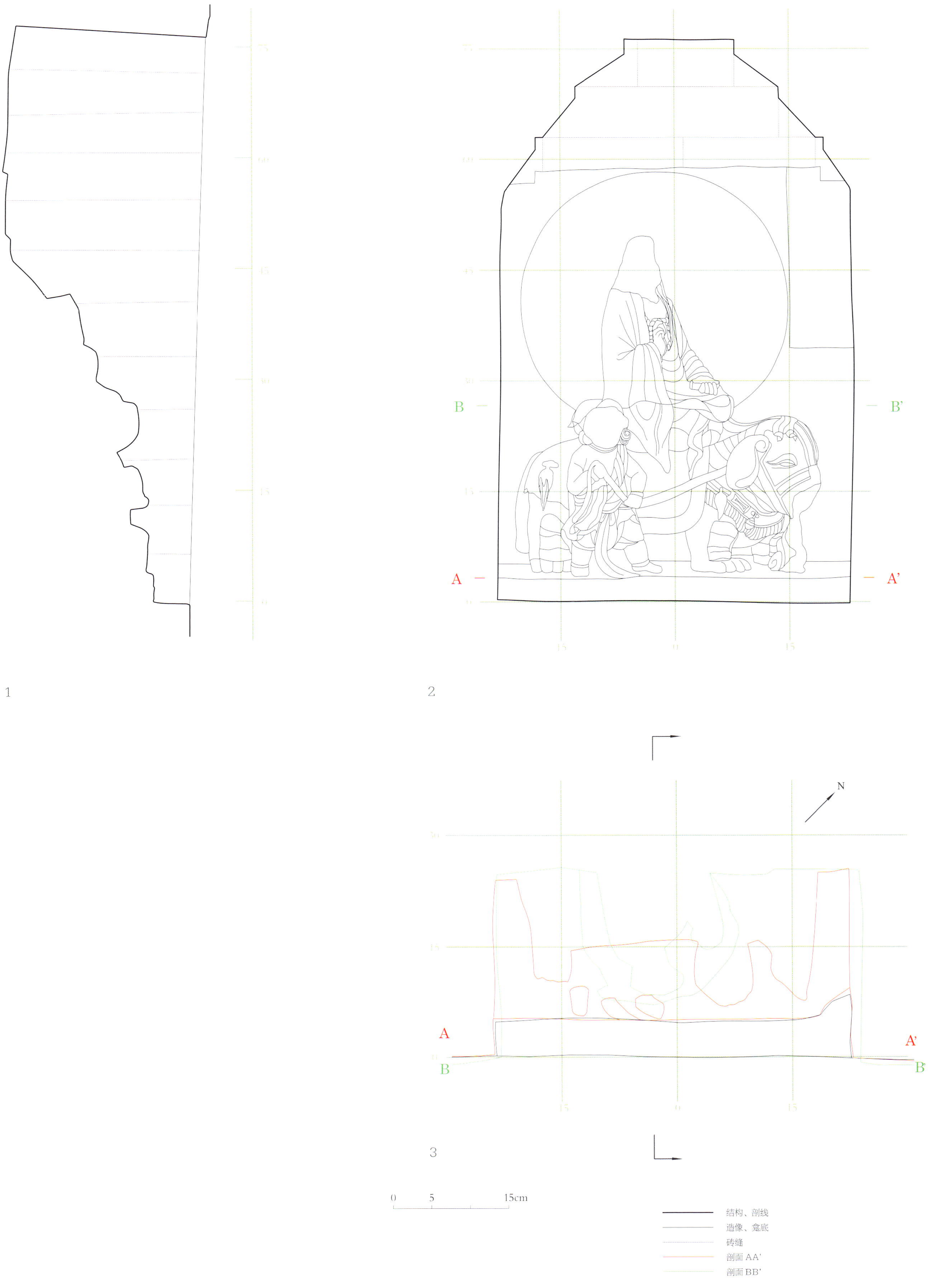

图183　第41号龛平、立、剖面图
1　剖面图　2　立面图　3　平面图

第七节　第42号

一　位置

位于第四层回廊外壁西北向壁面右侧。上距回廊券顶下沿35厘米，下距地坪76厘米；左距第40号龛66.5厘米，右距壁面转折边缘65厘米。

龛口西北向，方向320°。

二　形制

单层方形龛（图184；图版Ⅰ：203）。

龛口方形，高55厘米，宽37厘米，至后壁深13厘米。龛底方形。龛正壁竖直，满嵌造像石，下起龛底，高48.5厘米，宽36厘米。其上部外挑一列横砖，高6.5厘米，外挑7厘米，与龛顶相接。左右壁为竖直砖壁。龛顶为方形，平顶。

三　造像

正壁嵌石刻像2身（图184-2；图版Ⅰ：203）。右刻主尊坐像1身，左刻童子立像1身，置于低台上。台高6.5厘米，深8厘米，与龛口等宽；其左侧略低。

主尊像　头大部残，残坐高25厘米，肩宽11厘米，胸厚5厘米。梳髻，罩云肩，内着翻领窄袖服，外着交领宽袖长服，臂间刻出半袖，胸系带作结长垂。下着长裙，身前刻蔽膝。左手屈于体侧外展持物，手及物残，右手抚膝；侧身坐于方台上，足覆鞋。方台显露少许。

像身后刻一树，通高41厘米，树冠掩于头顶。

童子像　头毁，残高22厘米。上着宽博披巾，下着长短两层裙，腰带长垂足间；披巾腹前相绕后向上敷搭前臂垂于体侧；双手残，置胸前，跣足站立。

四　铭文

邢信道镌造善财参礼树花夜神龛题记，南宋绍兴十七年至二十五年（1147—1155年）。位于正壁嵌石左上方。刻石面高13厘米，宽8厘米。文左起，竖刻4行32字，楷体，字径1.5厘米（图版Ⅱ：64）。

01　佛会中树花夜神
02　得喜光明解脱法门
03　砌塔道人邢信道
04　为母王氏二娘施此功德

五　晚期遗迹

窟内保存红色、黑色、黄色、灰白色等四种涂层。

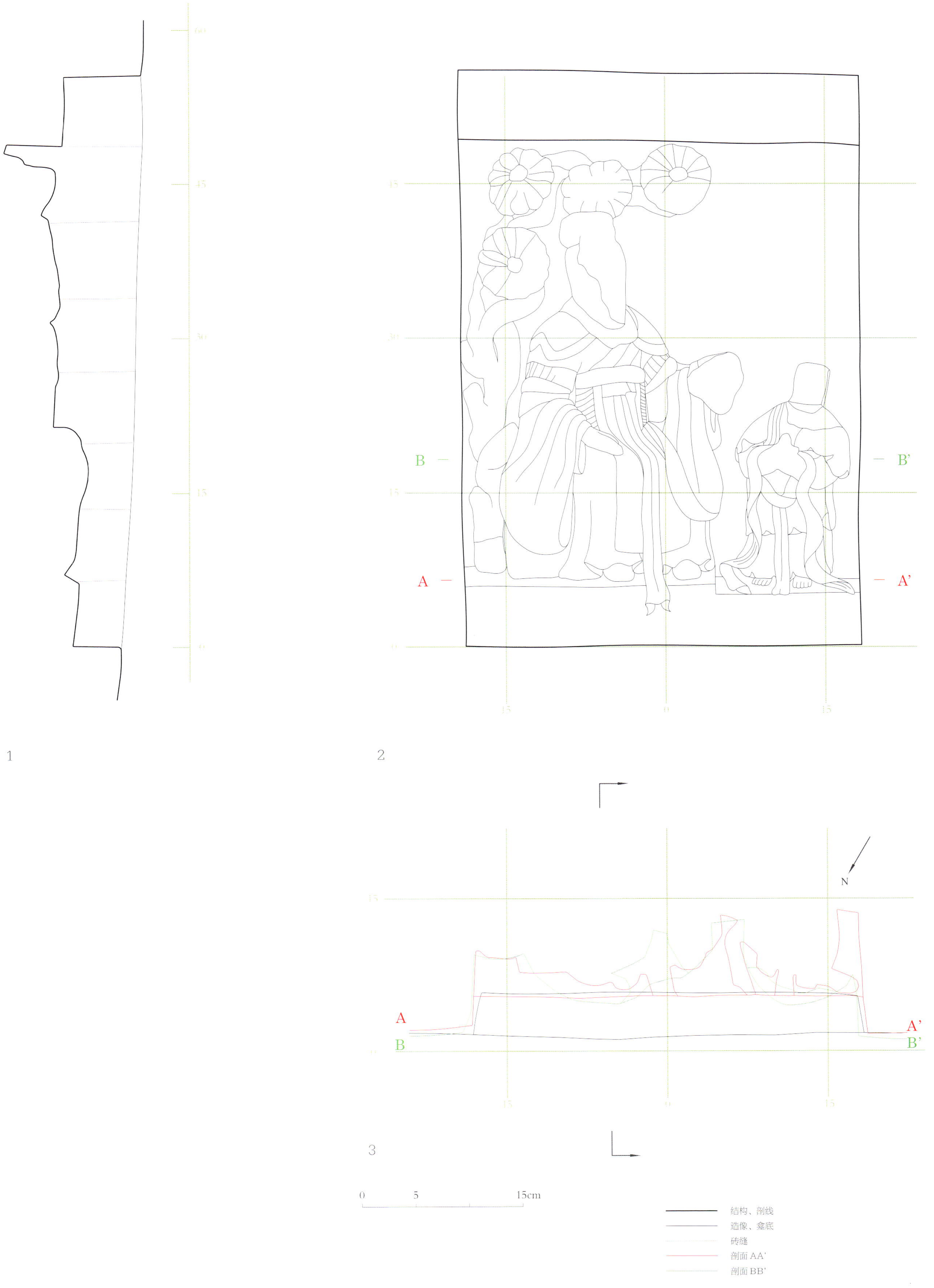

图 184　第 42 号龛平、立、剖面图
1　剖面图　2　立面图　3　平面图

第五章　塔内第四层造像（第 37—50 号）　221

第八节　第43号

一　位置

位于第四层回廊内壁东向壁面。上距回廊券顶下沿35厘米，下距地坪20厘米；左距壁面转折边缘77厘米，右距壁面转折边缘66.5厘米。

窟口东向，方向86°。

二　形制

圭形覆斗顶窟（图185、图186、图187、图189、图190；图版Ⅰ：204、图版Ⅰ：205、图版Ⅰ：206）。

窟口　呈圭形，高107厘米，宽56.5—58厘米，厚29.5厘米；竖直部分高80厘米。

窟底　呈方形，宽66厘米，深38.5厘米，至窟顶顶部高130厘米。窟底正面砖砌低坛一级，高7厘米，深18厘米，与窟底等宽。

窟壁　正壁竖直，通高110厘米；局部镶嵌造像石，下起窟底，高78厘米，宽48厘米，再上存留砖壁高25厘米；其左右外侧纵向嵌砖块，使嵌石与壁面衔接齐平。左右壁均通高110厘米；中部亦局部镶嵌造像石，左壁石高48厘米，宽37厘米，右壁石高49厘米，宽39厘米。左右壁上部作两阶叠涩与窟顶相接。

窟顶　覆斗顶，呈方形，为三重叠压砖结构与窟壁相接，通高约21厘米。

三　造像

正壁嵌石刻像3身（图188、图189；图版Ⅰ：206）。中刻主尊坐像1身，左右各刻立像1身。左右壁嵌石镌刻铭文（图190）。

佛像　坐高35厘米，头长13厘米，肩宽16厘米，胸厚6厘米。头布螺发、髻珠，面残。内着僧祇支，系带作结，外着双领下垂式袈裟，下着裙。左手抚膝，右手置膝上，手残，似结印；倚坐于束腰须弥座上，跣足踏双层足踏上。座通高27厘米，宽28厘米，深9厘米；足踏通高12厘米，宽20厘米，深7厘米；下层足踏正面刻壸门。

主尊身后刻龙头靠背，下起须弥座，通高30厘米。靠背左右下部各刻一仰莲，其上刻骑兽童子1身，兽残蚀甚重，可辨跃起的姿势；童子身躯剥蚀，可辨上身斜披络腋，下着短裙，手持物（残），骑跨于兽背上。靠背上部左右端出龙首，龙首内侧对称刻出一只鸟禽，单腿直立，作回首状。靠背中部刻方形头衬，向上凸起，内线刻边框；头衬上方中置一粒放焰珠，左右刻云纹。靠背后侧上方浮雕扇面云纹，上缘外突七个云峰，内各刻结跏趺坐小佛像1身，佛像皆残蚀略重，可辨轮廓。

左立像　立身高31厘米。戴冠，下颌系带，面长圆，略蚀。内着宽袖长服，腰束带，下着裙。双手胸前持笏，略残。足残，立于低台上。台高9厘米，宽12厘米，深8厘米。

右立像　头大部残，立身残高27厘米。内着交领宽袖服，外披袒右式袈裟，下着裙。双手似合十，略残，足残，立于低台上。台高10厘米，宽10厘米，深8厘米。

四　铭文

2则。为"任亮刊刻冯大学施钱造塔记"，南宋绍兴二十二年（1152年）。

第1则

位于左壁中部嵌石上。刻石面高48厘米，宽37厘米，文左起，竖刻11行146字，楷体，字径3厘米（图版Ⅱ：65）。

01　敷文阁直学士左中奉大夫潼川府

图 185　第 43 号窟立面图

第五章　塔内第四层造像（第 37—50 号）　223

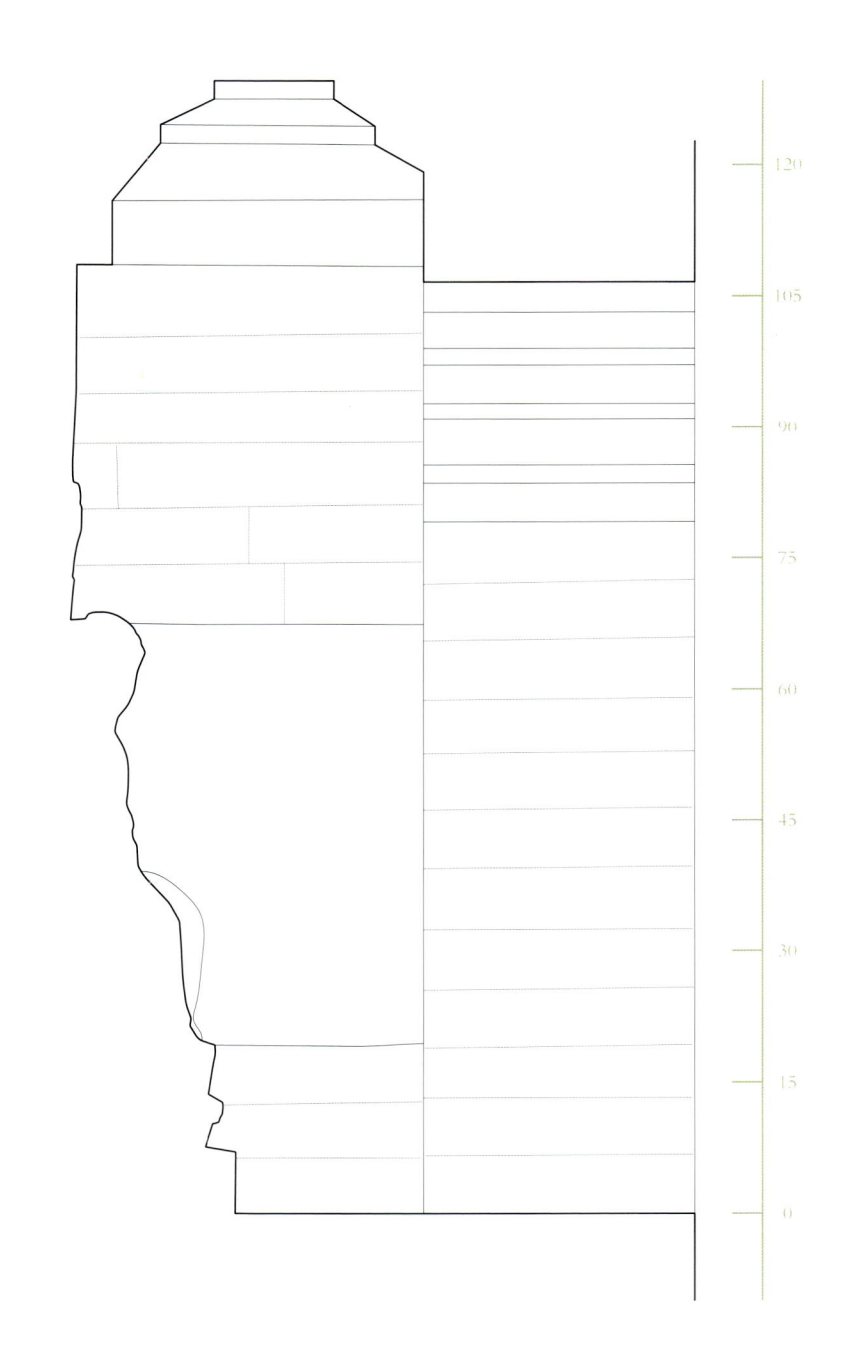

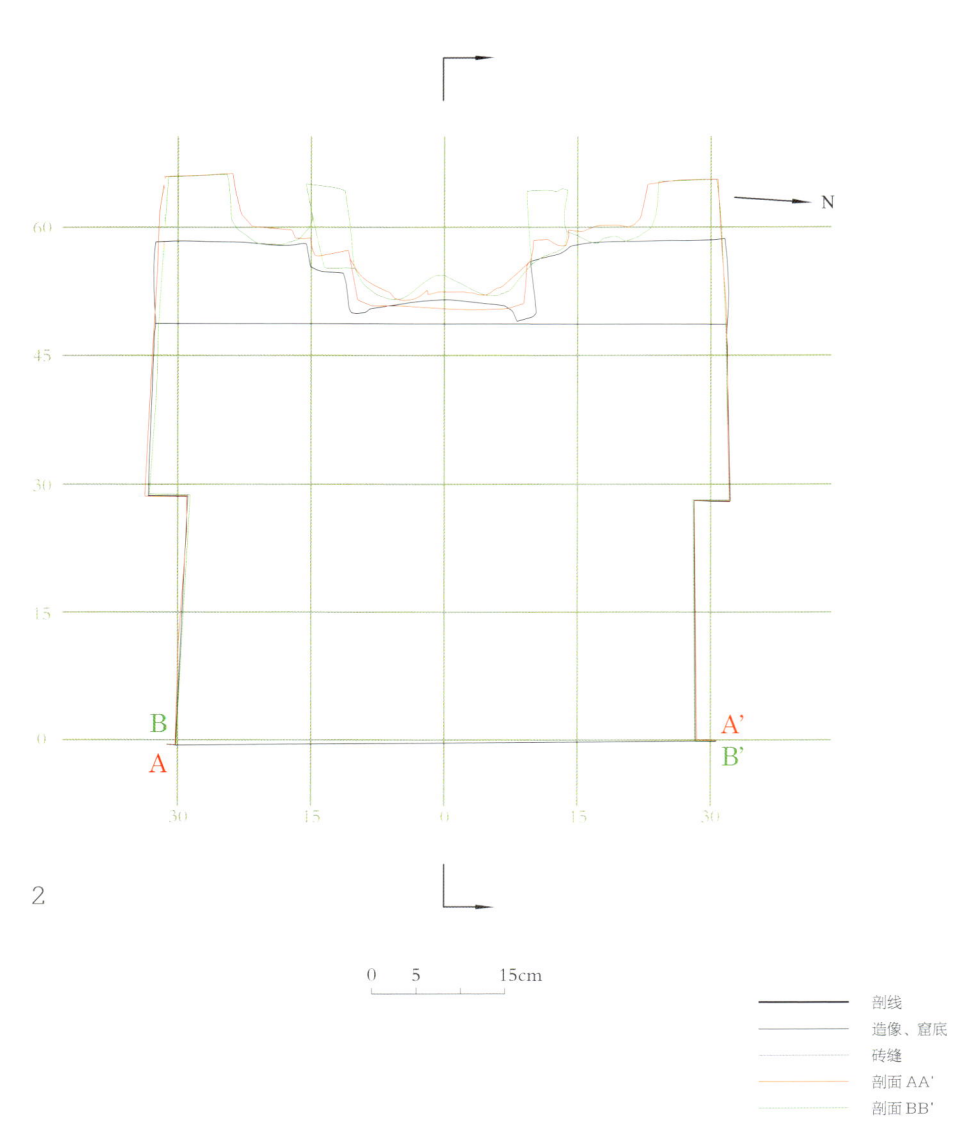

图186 第43号窟平、剖面图
1 剖面图 2 平面图

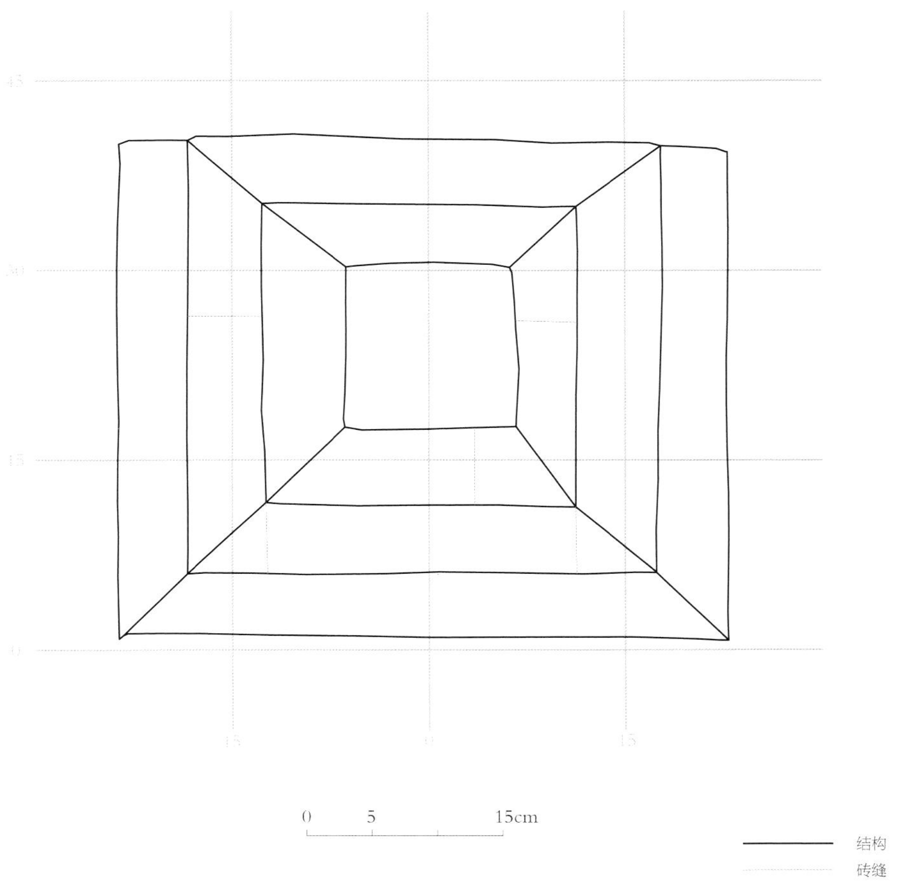

图 187　第 43 号窟窟顶仰视图

图 188　第 43 号窟正壁造像等值线图

第五章　塔内第四层造像（第 37—50 号）　225

图 189　第 43 号窟正壁立面图

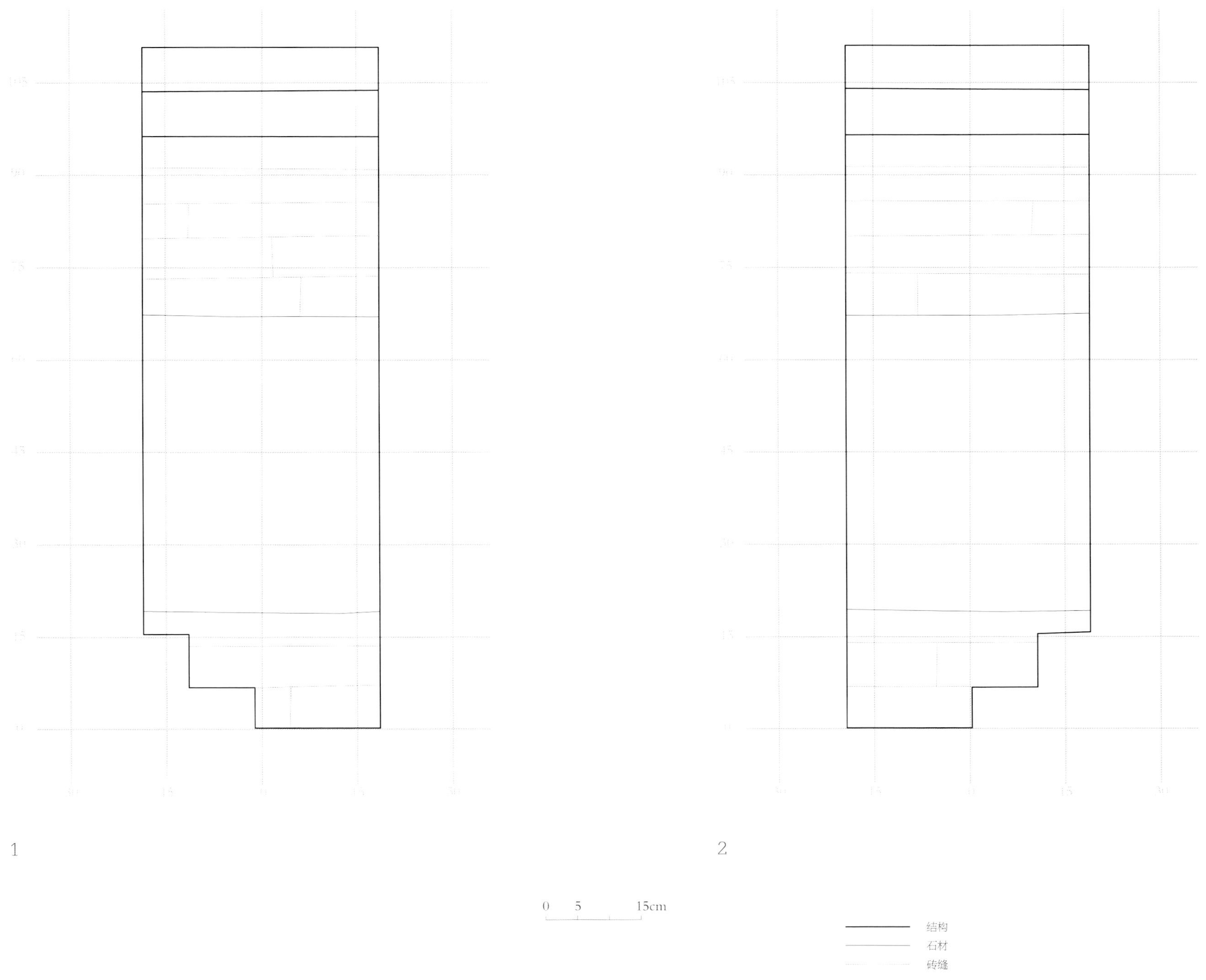

1　　　　　　　　　　　　　　　　2

图 190　第 43 号窟左右壁立面图
1　左壁　2　右壁

02	路兵马都钤辖泸南沿边安抚使知
03	泸州军州提举学事兼管内劝农使
04	文安县开国伯食邑九伯[1]户赐紫金
05	鱼袋冯△今于昌州多宝塔内施钱
06	肆百贯文足造第陆层塔壹级全用
07	银合内盛华严感应舍利壹百贰拾
08	粒安于其中祈乞禄寿绵远进道无
09	魔眷属康安子孙蕃衍尽此报身同
10	生极乐绍兴壬申岁仲春旦日
11	修塔化首任亮刊石立[2]

第2则

位于右壁中部嵌石上。刻石面高38.5厘米，宽39厘米。文已漶，现据《民国重修大足县志》录文[2]。

敷文阁直学士左中奉大夫潼川府路兵马都钤辖泸南沿边安抚使知泸州军州提举学事兼管内劝农使文安县开国伯食邑九百户赐紫金鱼袋冯大学年七十八岁男右承奉郎泸南安抚使司主管机宜文字冯觉年三十二岁男右迪功郎前成都府路提刑司干办公事冯觉年三十二岁新妇机宜孺人徐氏年三十四岁提干孺人邓氏年二十六岁孙男登仕郎洞祖年九岁登仕郎继祖年六岁杨僧年三岁佛保年三岁佛儿年二岁孙女闰师年七岁女童妙明年一十五岁妙悟年二十五岁黄法智年十岁法慧年十四岁奶子等任氏二娘年二十五岁达祢吴氏年二十岁虎祢□氏年三十六岁佛保奶王氏年二十八岁杨僧奶文氏年二十六岁闰师奶王氏年三十岁佛儿奶邓氏年二十八岁达奴唐氏年二十七岁奇奴姚氏年二十七岁慧奴丁氏年二十六岁秋喜赵氏年三十三岁绍兴壬申岁仲春旦日建塔化首任亮刊石立

五 晚期遗迹

龛内保存灰白色涂层。

第九节 第44号

一 位置

位于第四层回廊外壁西南向壁面左侧。上距回廊券顶下沿26.5厘米，下距地坪76.5厘米；左距壁面转折边缘67.5厘米，右距第46号龛43厘米。

龛口西南向，方向226°。

二 形制

单层方形龛（图191、图192；图版Ⅰ：207）。

龛口方形，高61.5厘米，宽38.5厘米，至后壁深12.5厘米。龛底方形。龛正壁竖直，局部镶嵌造像石，下起龛底，高51厘米，宽37.5厘米；石材上部以高3.5厘米的砖块填塞补实，再上砌筑外挑的一列横砖，高7厘米，外挑6厘米，与龛顶相接。左右壁为竖直砖壁。龛顶为方形平顶。

1　"伯"字为工匠误刻，应为"佰"。
2　《大足石刻铭文录》亦据《民国重修大足县志》所载文字，共录写328字。重庆大足石刻艺术博物馆编：《大足石刻铭文录》，重庆出版社1999年版，第446页。

图 191　第 44 号龛立面图

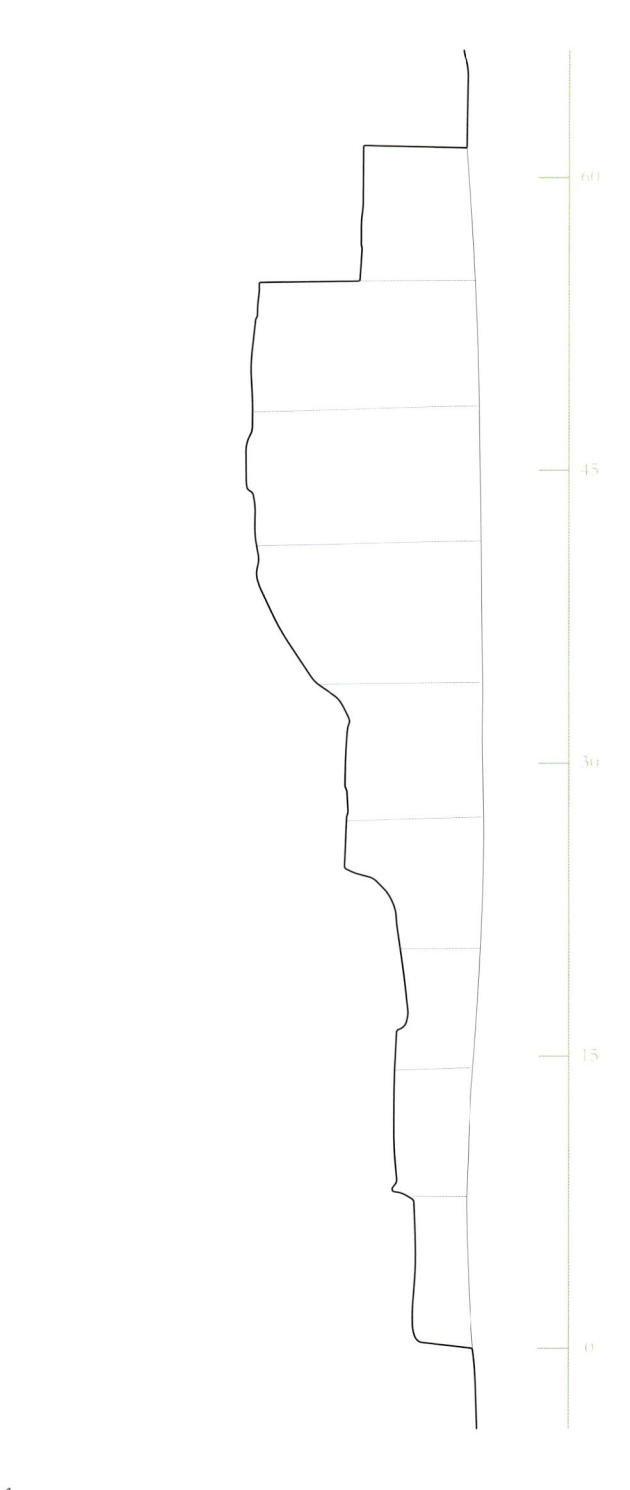

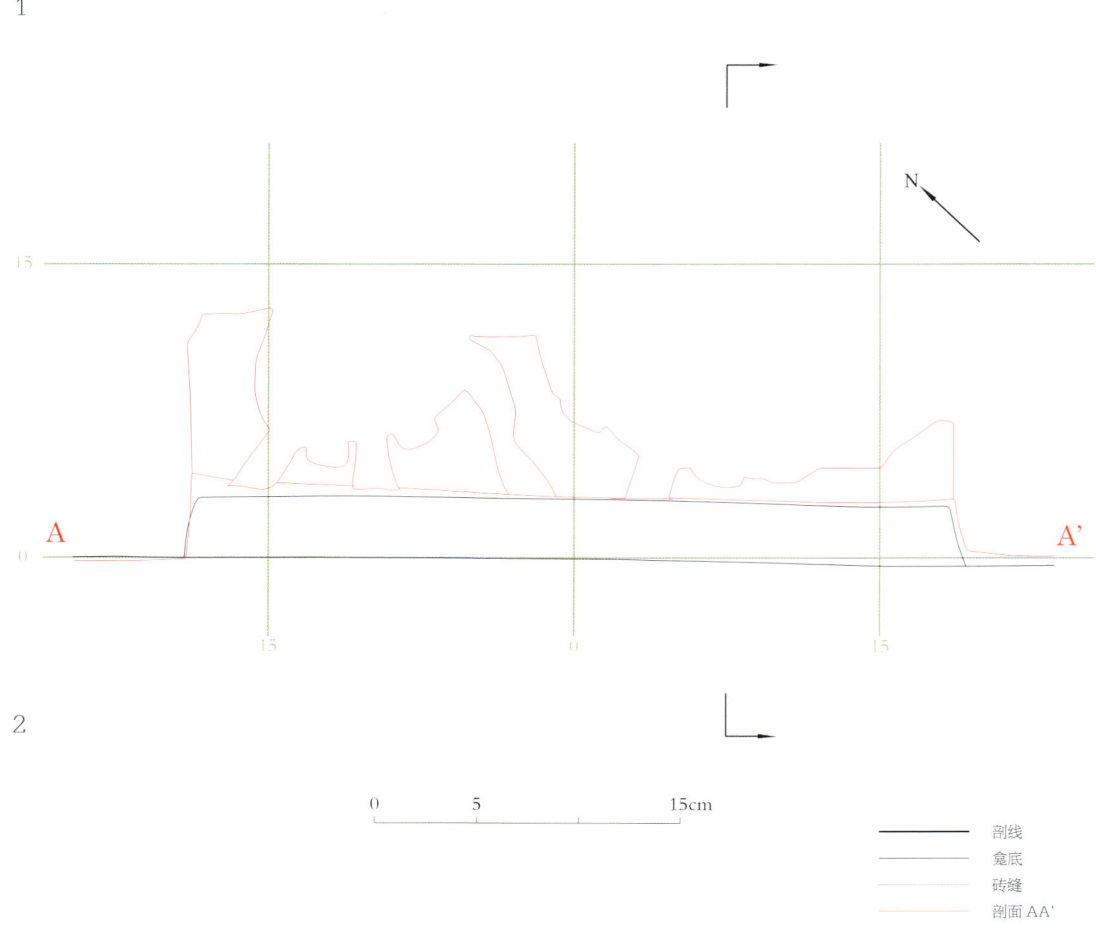

图 192　第 44 号龛平、剖面图
1　剖面图　2　平面图

230　大足石刻全集　第四卷（上册）

三　造像

正壁嵌石刻像2身（图191；图版Ⅰ：207）。左刻主尊坐像1身，右刻童子立像1身，皆置于低台上。台高8厘米，深8.5厘米，与龛口等宽。

主尊像　头毁，残坐高23厘米，肩宽10厘米，胸厚6厘米。披云肩，内着翻领窄袖服，外着交领宽袖服，臂间刻出半袖，胸系带，作结长垂，下着裙，身前刻出蔽膝。左手抚膝，右手屈肘前伸，手残；着鞋侧身而坐。像身后刻出三道斜向上升的毫光，保存部分。

童子像　头大部残，立身残高26厘米。上着宽博披巾，披巾腹前交叠后向上敷搭前臂，再下垂体侧；下着长短两层裙，腰带长垂足间；双手部分残，于胸前似合十，跣足站立。

四　晚期遗迹

龛内保存灰白色、黄色两种涂层。

第十节　第45号

一　位置

位于第四层回廊内壁东北向壁面。上距回廊券顶下沿12.5厘米，下距地坪74.5厘米；左距壁面转折边缘73厘米，右距壁面转折边缘75厘米。

龛口东北向，方向43°。

二　形制

单层圭形龛（图193；图版Ⅰ：208）。

龛口呈圭形，高75.5厘米，宽45厘米，至后壁深21厘米。龛底方形。龛正壁竖直，满嵌造像石，下起龛底，高55.5厘米，宽43.5厘米，其上砖壁高20厘米。左右壁中下部竖直，高约52厘米，上部作三列叠涩砖与龛顶相接，通高23.5厘米。龛顶为方形平顶。

三　造像

正壁嵌石刻像2身（图193-1；图版Ⅰ：208）。中刻主尊菩萨坐像1身，左下刻狮奴立像1身，均置于抹角低台上。台高5厘米，深13厘米，与龛口等宽。

主尊像　坐高24.5厘米，头长11.5厘米，肩宽10厘米，胸厚6.5厘米。浮雕圆形素面背光，直径32厘米。梳髻，髻上刻角梳，部分残，垂发作结覆肩；戴冠，冠带作结沿肩下垂，再作结后敷搭前臂下垂座侧。面残，戴圆形耳饰，胸饰璎珞，上着宽博披巾，披巾腹前交叠后，敷搭前臂下垂体侧；下着长短两层裙，腰带长垂。自后腰斜出飘带，于腿间相绕后，垂于座前。腕镯，左手置腹前，右手举于胸前，共持如意，略残；身右侧，结跏趺坐于狮背托负的莲台上。莲台高7厘米，直径19.5厘米。狮高21厘米，身长40厘米，头向右，阔口半开，体健，背刻鞯，尾卷曲，四腿直立。

狮奴像　头毁，立身残高23厘米，存下垂至胸的巾带带头；着窄袖长衫，腰系革带，束抱肚，革带之下再系腰带，腰带作结长垂；双手握持缰绳作牵引状，足鞋。

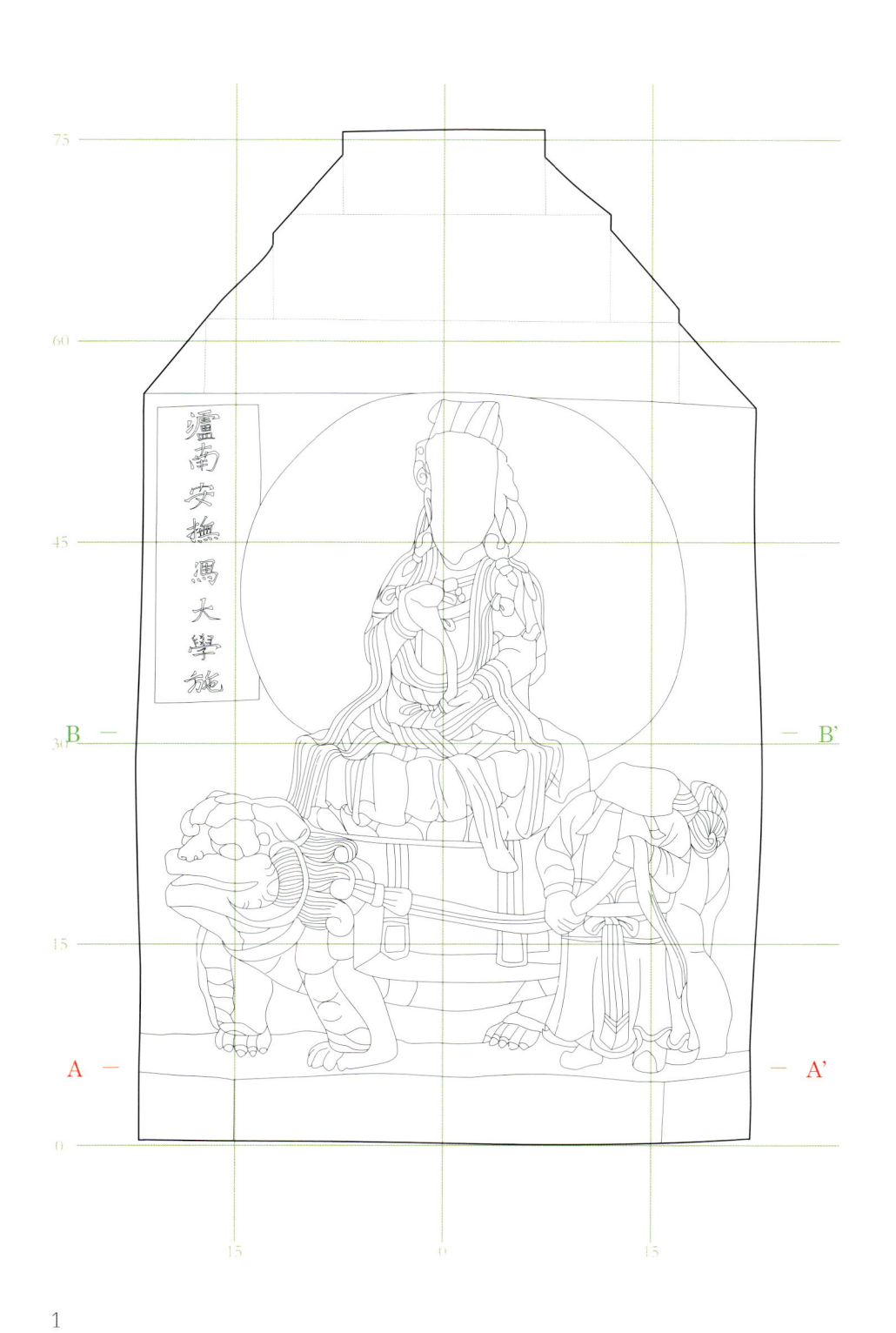

图 193 第 45 号龛平、立、剖面图
1 立面图 2 剖面图 3 平面图

四　铭文

冯大学镌造文殊菩萨龛题记，南宋绍兴十七年至二十五年（1147—1155年）。位于正壁嵌石右上方框内。刻石面高22厘米，宽7.5厘米。文竖刻1行8字，楷体，字径2.5厘米（图版Ⅱ：66）。

泸南安抚冯大学施

五　晚期遗迹

龛内保存红色、灰白色、黄色等三种涂层。

第十一节　第46号

一　位置

位于第四层回廊外壁西南向壁面右侧。上距回廊券顶下沿26.5厘米，下距地坪75.5厘米；左距第44号龛43厘米，右距壁面转折边缘61厘米。

龛口西南向，方向222°。

二　形制

单层方形龛（图194；图版Ⅰ：209）。

龛口方形，高62厘米，宽47厘米，至后壁深12厘米。龛底方形。龛正壁竖直，满嵌造像石，下起龛底，高56厘米，宽45.5厘米。其上部外挑一列横砖，高6厘米，外挑6厘米，与龛顶相接。左右壁为竖直砖壁。龛顶为方形平顶。

三　造像

正壁嵌石刻像4身（图194-1；图版Ⅰ：209）。中刻主尊坐像1身，其两侧各刻立像1身，左前侧刻童子立像1身。造像均置于低台上，台高5厘米，深11厘米，与龛口等宽。

主尊像　头大部残，残坐高26.5厘米，肩宽12.5厘米，胸厚7厘米。内着翻领服，外着交领宽袖服，罩披肩，胸系带作结下垂，下着裙；袖摆及裙摆覆于座前，双手腹前笼袖内，结跏趺坐于束腰仰莲座上。座通高21.5厘米，上部为仰莲台，高10厘米，直径20厘米；中部束腰为方台，高4厘米，面宽12厘米；下部为圭脚，高4厘米，最宽21.5厘米；正面刻壸门。

主尊左右侧像头皆毁。左像残高28.5厘米，着圆领宽袖长服，腰系带，双手合十，着鞋站立。右像高31厘米，内着窄袖服，外着交领宽袖长服，下着裙，腰带长垂；双手合十，足鞋。

童子像　立身高24厘米。光头，面残，上着宽博披巾，披巾腹前交叠后，敷搭前臂下垂体侧，下着长短两层裙，腰带下垂足间；双手残，置胸前，似合十，跣足站立。

四　晚期遗迹

龛内保存灰白色、黄色、红色等三种涂层。

图 194　第 46 号龛平、立、剖面图
1　立面图　2　剖面图　3　平面图

第十二节　第47号

一　位置

位于第匹层回廊内壁北向壁面。上距回廊券顶下沿44.5厘米，下距地坪21厘米；左距壁面转折边缘71厘米，右距壁面转折边缘71厘米。

窟口北向，方向3°。

二　形制

圆拱形藻井顶窟（图195、图196、图197、图198、图199；图版Ⅰ：210、图版Ⅰ：211、图版Ⅰ：212、图版Ⅰ：213、图版Ⅰ：214）。

窟口　呈圆拱形，高99厘米，宽59厘米，深30厘米；竖直部分高70厘米。

窟底　呈方形，宽48厘米，深20厘米，至窟顶顶部高148厘米。环壁砖砌一级低坛，高6厘米，深5.5—19厘米。

窟壁　正壁竖直，通高132厘米。局部镶嵌造像石，高84.5厘米，宽47厘米，其上砖壁高41.5厘米。左右壁均通高132厘米，亦局部镶嵌造像石，左壁石高64厘米，宽34.5厘米；右壁石高68厘米，宽35厘米。左右壁上部作三阶叠涩，与窟顶相接。

窟顶　藻井顶，呈方形，为两重45°错角叠压砖，与窟壁相接，通高约16厘米。

三　造像

窟内刻像3身。正壁嵌石中刻主尊坐像1身，左右壁嵌石各刻立像1身。

主尊像　头大部毁，残坐高15.5厘米，肩宽16厘米，胸厚9厘米（图197；图版Ⅰ：212）。浮雕圆形素面头光及椭圆形身光，头光直径25厘米，身光最宽38厘米；头光上方饰一圆珠及火焰纹。内着僧祇支，系带作结，外披双领下垂式袈裟，下着裙，袈裟及裙摆覆于座前。左手腹前结印，右手残，置胸前，结跏趺坐于束腰仰莲座上。座通高22.5厘米，上部为三重仰莲台，高11厘米，直径31厘米；中部束腰为圆台，高2厘米，直径10.5厘米；下部为覆盆台，高5厘米，直径26厘米。座置于低台上，台高7厘米，宽47厘米，深18厘米。

左壁立像　头毁，残高48厘米（图198；图版Ⅰ：213）。浮雕圆形素面头光，直径21.5厘米。内着交领宽袖服，外披袒右式袈裟，下着裙，腰带长垂足间；双手置胸前，似持物，手及物残，着鞋立于低台上。台高9厘米，宽37.5厘米，深8.5—10厘米。

右壁立像　高49厘米（图199；图版Ⅰ：214）。浮雕圆形素面头光，直径21厘米。光头，面残，内着交领宽袖服，外披袒右式袈裟，袈裟一角以绳系于左胸，下着裙，腰带长垂足间；双手残，置胸前，似合十，着鞋立于低台上。台高8.5厘米，深6.5—11厘米，宽38厘米。

四　铭文

2则。为"冯大学造第陆层宝塔壹级镌记"，南宋绍兴十七年至二十五年（1147—1155年）。

第1则

位于正壁嵌石左上角方框内。框高14.5厘米，宽9厘米。内竖刻1行9字，楷体，字径2.5厘米（图版Ⅱ：67）。

泸南安抚都铃冯大学

第2则

位于正壁嵌石右上角方框内。框高15厘米，宽8厘米。内竖刻1行，存7字，楷体，字径2.5厘米（图版Ⅱ：68）。

图 195　第 47 号窟平、立、剖面图
1　立面图　2　剖面图　3　平面图

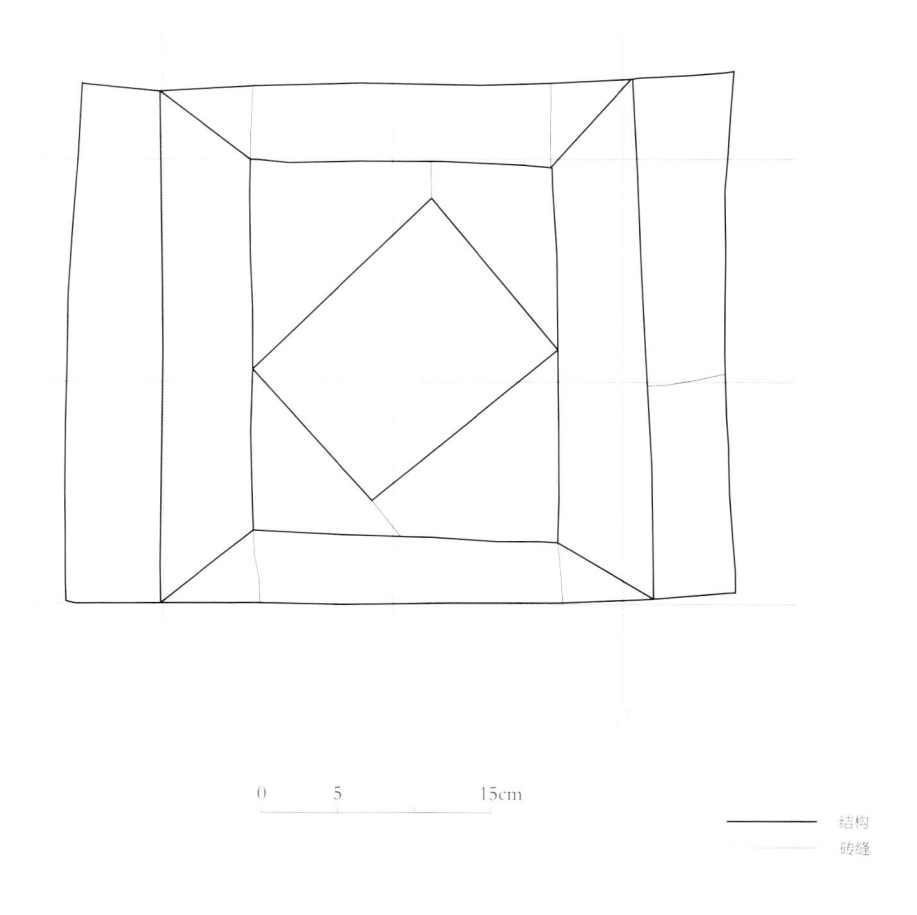

图 196　第 47 号窟窟顶仰视图

图 197　第 47 号窟正壁立面图

第五章　塔内第四层造像（第 37—50 号）

图 198　第 47 号窟左壁立面图 　　　　　　　　　　　图 199　第 47 号窟右壁立面图

（漶）陆层宝塔壹级全

五　晚期遗迹

窟内保存灰白色涂层。

第十三节　第48号

一　位置

位于第四层回廊外壁东南向壁面左侧。上距回廊券顶下沿35厘米，下距地坪75.5厘米；左距壁面转折边缘68厘米，右距第49号龛69厘米。

龛口东南向，方向129°。

二　形制

单层方形龛（图200、图201；图版Ⅰ：215）。

龛口方形，高54厘米，宽36厘米，至后壁深12.5厘米。龛底方形。龛正壁竖直，满嵌造像石，下起龛底，高47厘米，宽35厘米。其上部外挑一列横砖，高7厘米，外挑6厘米，与龛顶相接。左右壁为竖直砖壁。龛顶为方形平顶。

图 200　第 48 号龛立面图

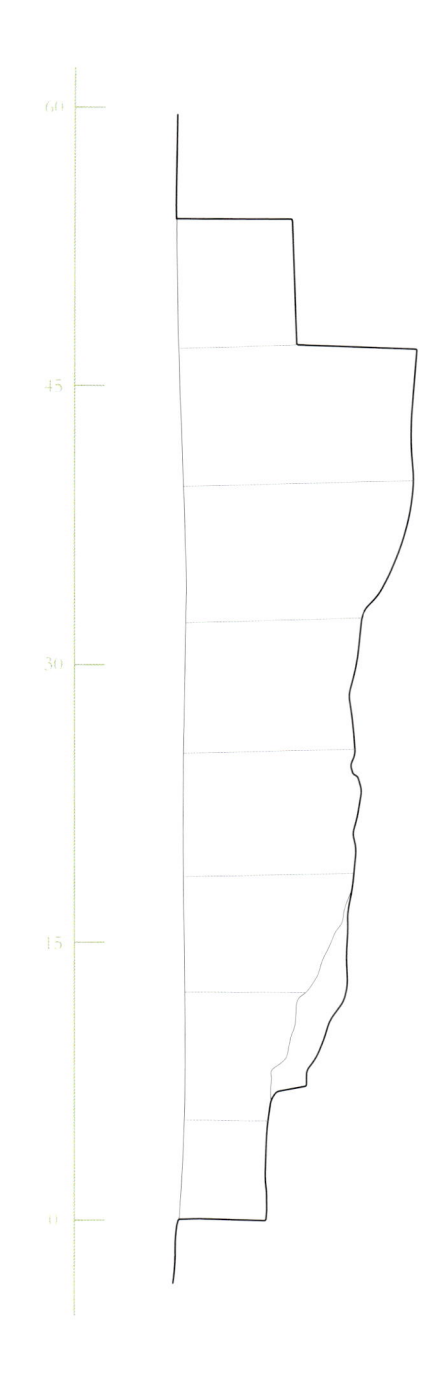

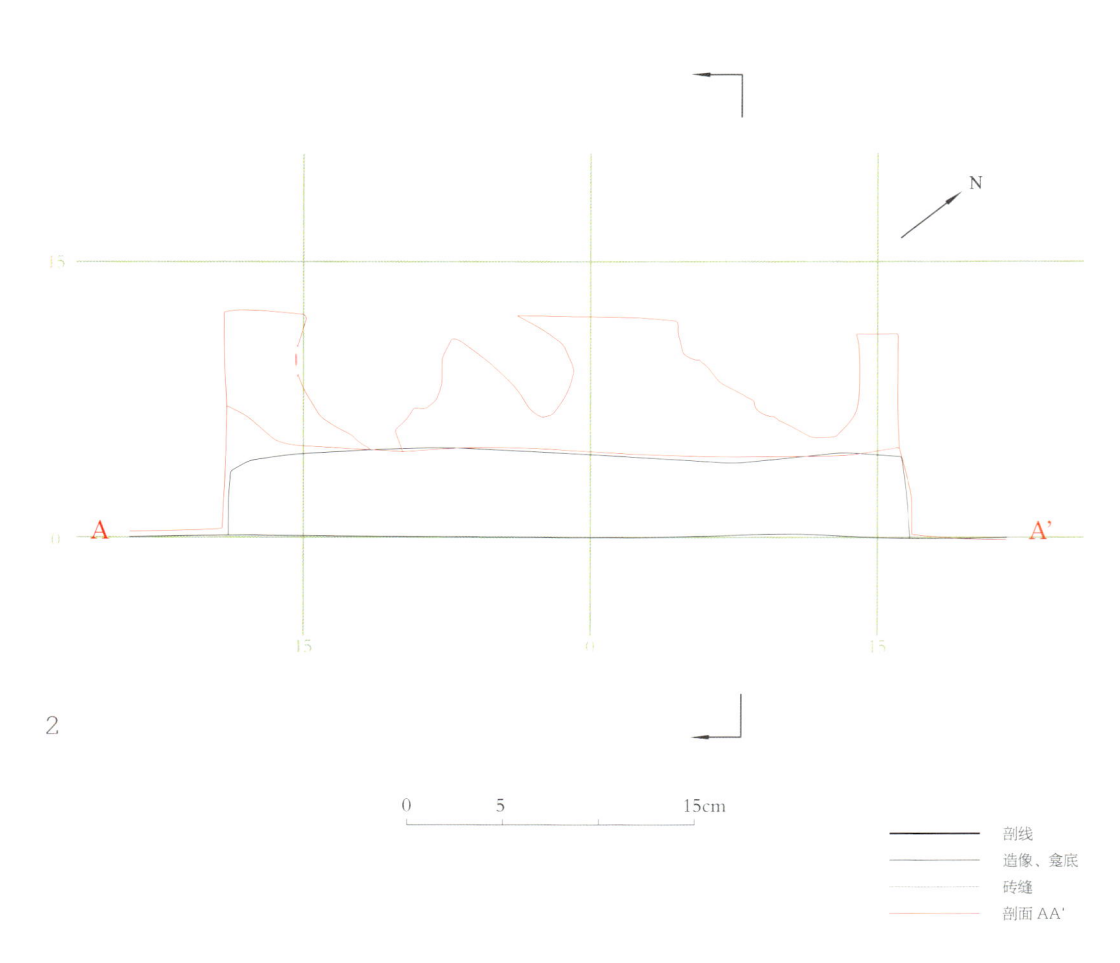

图 201　第 48 号龛平、剖面图
1　剖面图　2　平面图

240　　大足石刻全集　第四卷（上册）

三　造像

正壁嵌石刻像2身，相对立于低台上（图200；图版Ⅰ：215）。台高7.5厘米，深8厘米，与龛口等宽。

左像　头及身躯大部残，残高32厘米。头后存巾带遗迹，可辨着宽袖长服，下着裙，刻有蔽膝及下垂的腰带，双手毁，足鞋。

右像　头及躯体大部残，残高20厘米。浮雕圆形素面头光，直径9厘米。上身衣饰不明，腰系带，下着长短两层裙；体侧有下垂的飘带，双手毁，侧身跣足站立。

四　晚期遗迹

龛内保存黄色、灰白色等两种涂层。

第十四节　第49号

一　位置

位于第四层回廊外壁东南向壁面右侧。上距回廊券顶下沿34厘米，下距地坪76厘米；左距第48号龛69厘米，右距壁面转折边缘68厘米。

龛口东南向，方向130°。

二　形制

单层方形龛（图202；图版Ⅰ：216）。

龛口方形，高54厘米，宽36厘米，至后壁深11厘米。龛底方形。龛正壁竖直，满嵌造像石，下起龛底，高47厘米，宽35厘米；其上部外挑一列横砖，高7厘米，外挑6厘米，与龛顶相接。左右壁为竖直砖壁。龛顶为方形平顶。

三　造像

正壁嵌石刻像2身（图202-2；图版Ⅰ：216）。右刻主尊菩萨坐像1身，左刻童子立像1身，均置于低台上。台高7厘米，深7.5厘米，与龛口等宽。

主尊像　坐高22.5厘米。头部分残，可辨梳髻戴冠，冠带作结下垂；罩云肩，着宽袖长服，胸系带，长垂身前；下着裙，裙摆覆于座上；左手无膝，右手（残）置胸前；结跏趺坐于狮背负的双层仰莲台上。莲台高7.5厘米，直径15厘米。狮高11厘米，身长22厘米。头左侧，扭颈回首，阔口半张，颈系铃，背刻鞯，尾上竖，蹲伏于低台上。

主尊身后刻云纹背屏，左肩处刻向上飘飞的三道毫光。

童子像　头毁，立身残高19.5厘米。浮雕圆形素面头光，直径10厘米。存巾带遗迹，上着宽博披巾，披巾腹前交叠，敷搭前臂后垂于体前；腰系带，下着长短两层裙；双手置胸前，手残，立于低台上。

四　铭文

2则。为"邢信道镌造善财参礼□生夜神龛题记"，南宋绍兴十七年至二十五年（1147—1155年）。

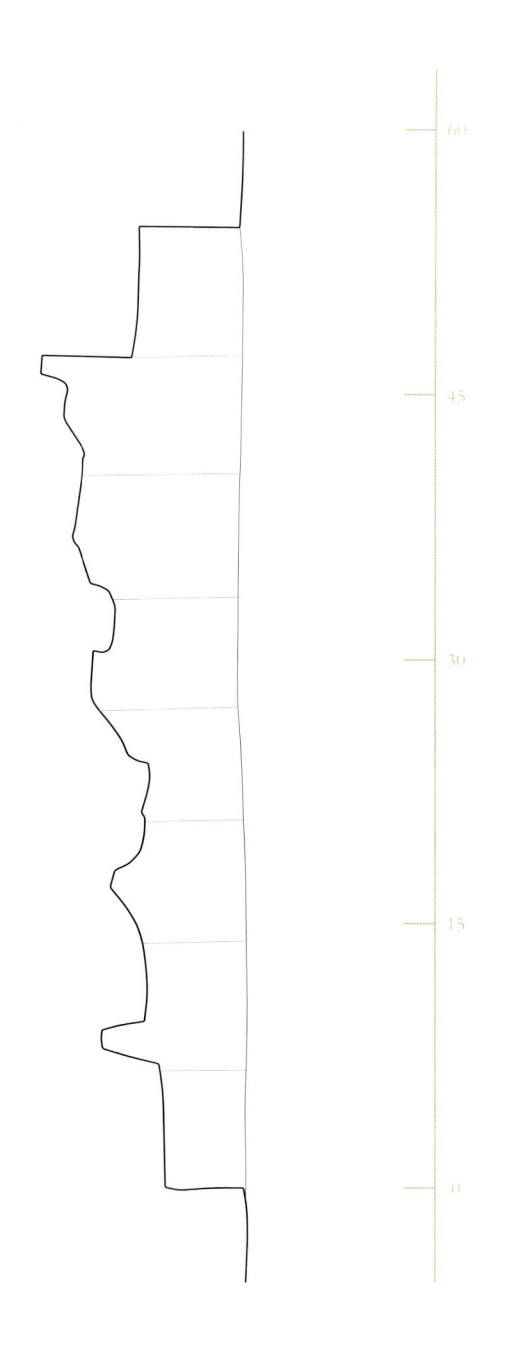

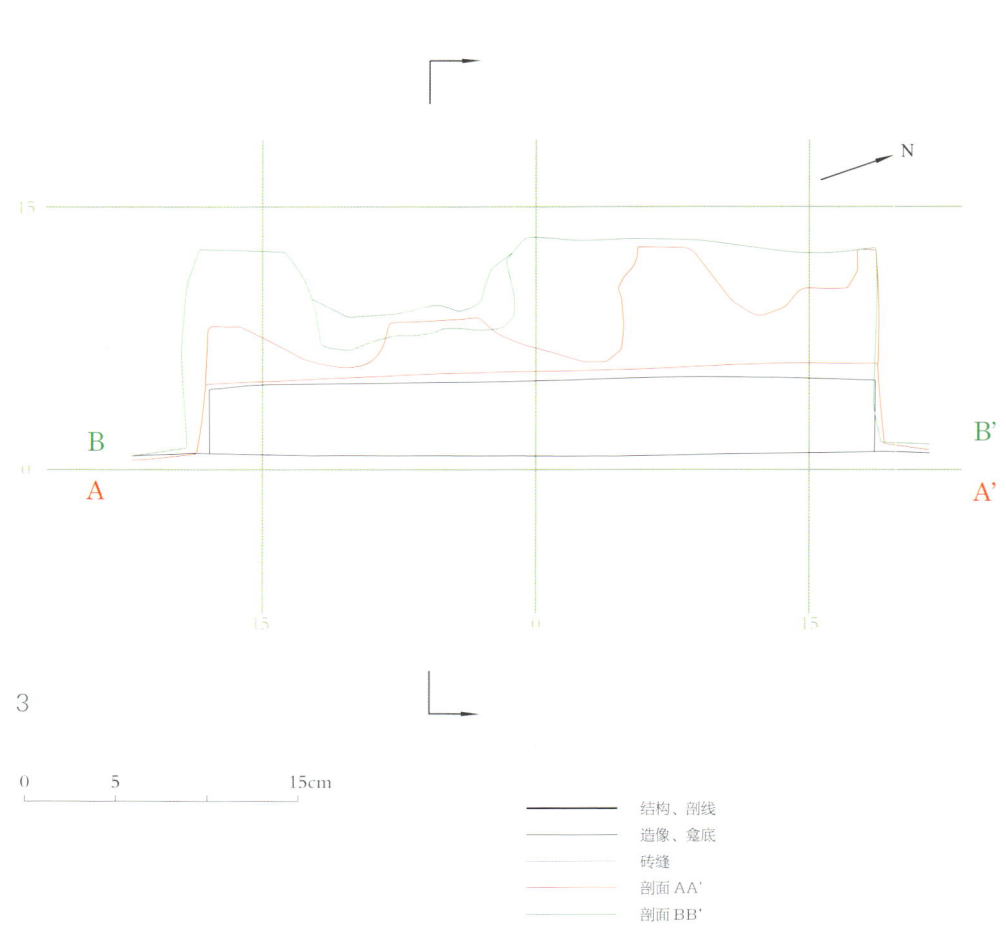

图202　第49号龛平、立、剖面图
1　剖面图　2　立面图　3　平面图

第1则

位于童子头顶上方左侧方框内。框高13厘米，宽7厘米。文右起，竖刻2行15字，楷体，字径2厘米（图版Ⅱ：69）。

01　砌塔道人邢信道
02　为母王氏二娘子施

第2则

位于童子头顶上方右侧方框内。框高13厘米，宽7厘米。文右起，竖刻2行，存6字，楷体，字径2厘米（图版Ⅱ：70）。

01　（漶）生夜神
02　（漶）力法门

五　晚期遗迹

龛内保存黄色、红色、灰白色等三种涂层。

第十五节　第50号

一　位置

位于第四层回廊内壁西向壁面。上距回廊券顶下沿35厘米，下距地坪19.5厘米；左距壁面转折边缘57厘米，右距壁面转折边缘77厘米。

窟口西向，方向265°。

二　形制

圭形覆斗顶窟（图203、图204、图205、图206、图207、图208；图版Ⅰ：217、图版Ⅰ：218、图版Ⅰ：219、图版Ⅰ：220、图版Ⅰ：221）。

窟口　呈圭形，高108厘米，宽58厘米，深30厘米；竖直部分高79厘米。

窟底　呈方形，宽72厘米，深39厘米，至窟顶顶部高131厘米。窟底环壁砖砌一级低坛，高7厘米，深8—20厘米；低坛右侧部分残。

窟壁　正壁竖直，通高115厘米；局部镶嵌造像石，高82.5厘米，宽44厘米，其上砖壁高25.5厘米。左右壁通高115厘米，亦局部镶嵌造像石，下起低坛。左壁嵌石高67厘米，宽34厘米；右壁嵌石高68厘米，宽36厘米。左右壁上部作三阶叠涩，与窟顶相接。

窟顶　覆斗顶，呈方形，为两重叠压砖，与窟壁相接，通高约16厘米。

三　造像

窟内刻像3身。正壁刻立式主尊像1身，左右壁各刻立像1身。

主尊像　高74厘米，头长17厘米，肩宽18厘米，胸厚10厘米（图206；图版Ⅰ：219）。戴展脚幞头，幞脚与嵌石等宽，面圆，略蚀，下颌刻须一缕，垂至胸前，内着交领窄袖服，外着圆领宽袖长服，胸束带，下着裙，左腰垂挂鱼符，双手胸下笼袖内，悬挂一

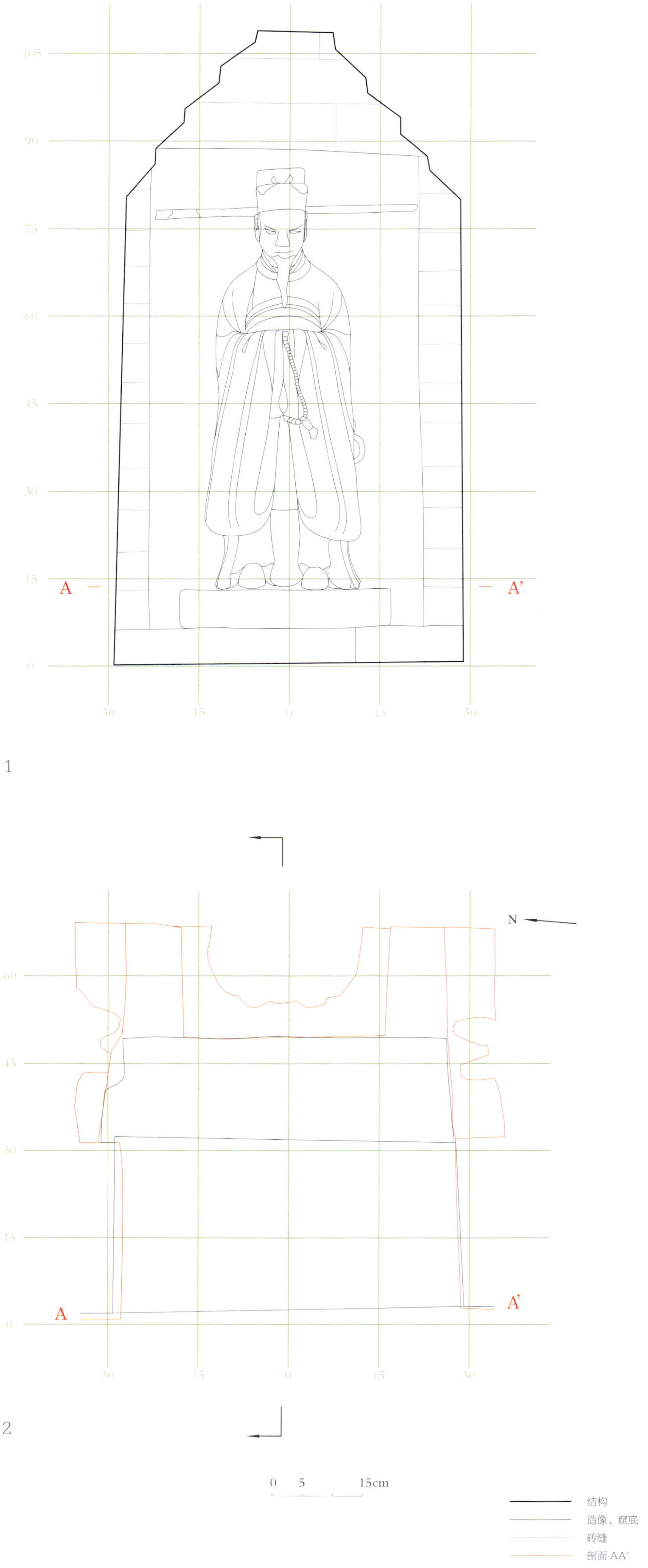

图203 第50号窟平、立面图
1 立面图 2 平面图

图 204　第 50 号窟剖面图

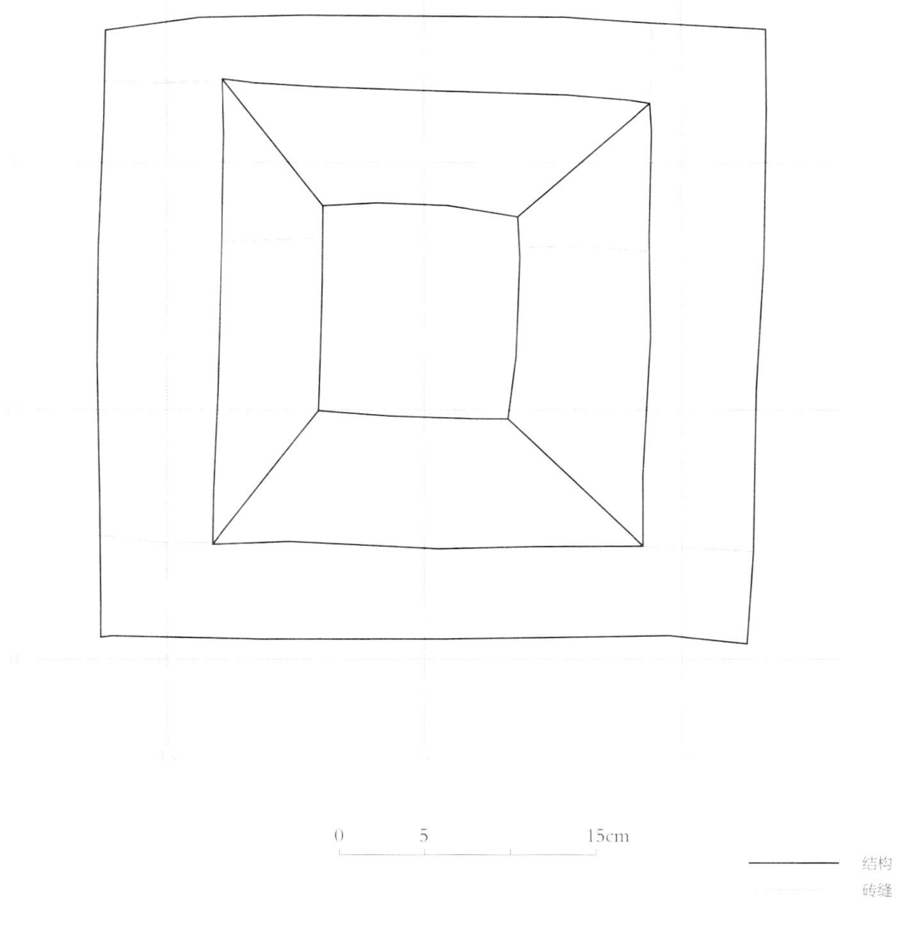

图 205　第 50 号窟窟顶仰视图

图 206　第 50 号窟正壁立面图

串念珠，足鞋，稍残；立于低台上。台高6.5厘米，宽35厘米，深19厘米。

左壁立像　头毁，残高56厘米，肩宽15厘米，胸厚8厘米（图207；图版Ⅰ：220）。颈系念珠，着双层交领长服，腰带垂于体前，双手于左胸处托笏，笏高16厘米，宽3厘米，上端套有"V"形装饰。着鞋，立于低台上。台高7厘米，宽36厘米，深8.5厘米。

该像右肩外侧竖刻榜题，存"妙悟"2字，字径3厘米（图版Ⅱ：71）。

右壁立像　高54.5厘米，头长11厘米，肩宽15厘米，胸厚6厘米（图208、图209，图版Ⅰ：221）。梳齐耳短发，面丰圆，略蚀，颈挂珠串，着双层交领长服，腰带垂于体前；双手覆巾，胸前托举圆形物，物残；着鞋（右足部分残）立于低台上。台高7厘米，宽36厘米，深8.5厘米，部分残。

该像左肩外侧竖刻"女童妙明"4字，字径3厘米（图版Ⅱ：72）。

图 207　第 50 号窟左壁立面图

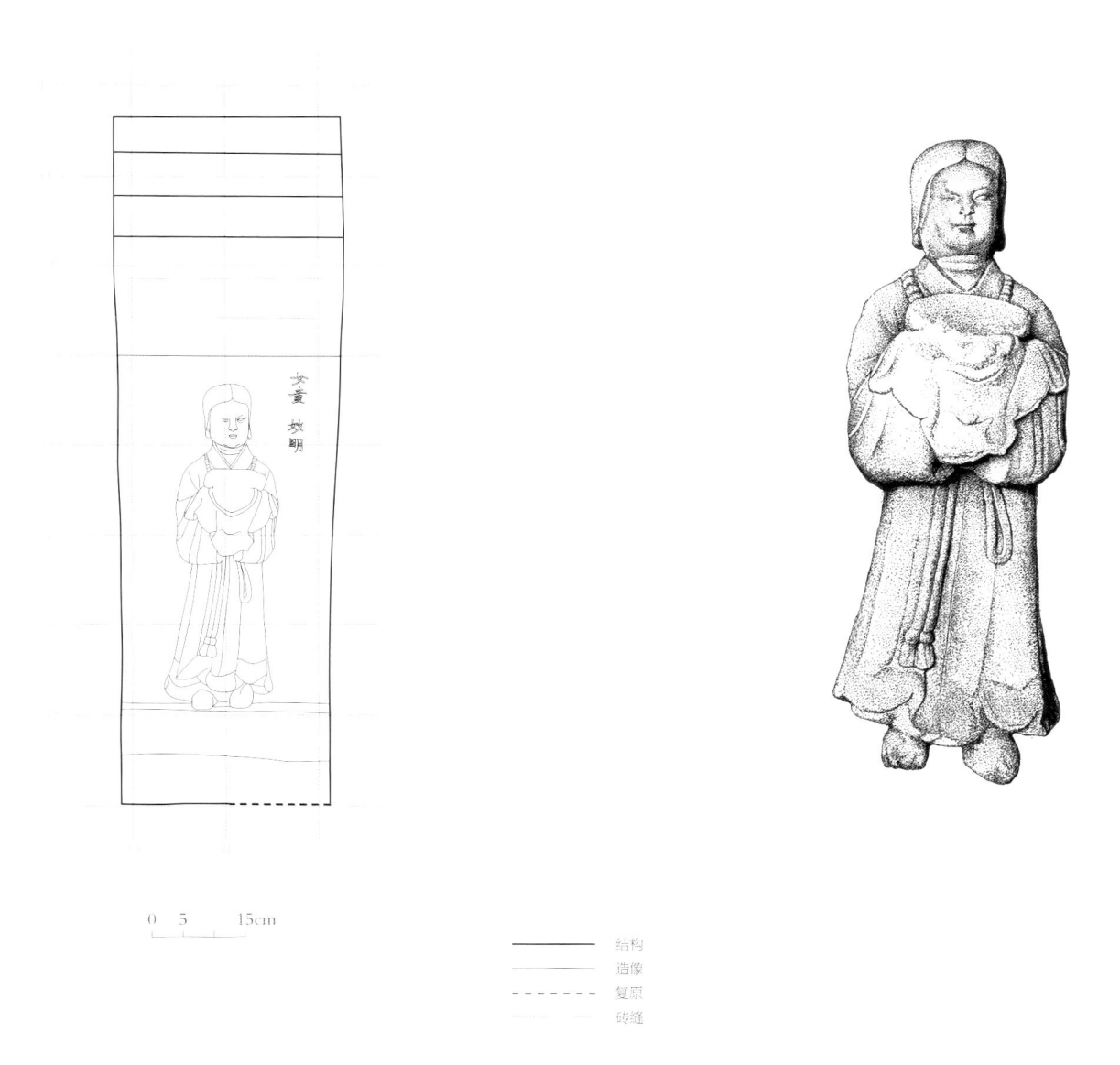

图 208　第 50 号窟右壁立面图　　　　　　　　图 209　第 50 号窟右壁立像效果图

第五章　塔内第四层造像（第 37—50 号）

四　铭文

冯大学造第陆层宝塔及造像全堂题记，南宋绍兴十七年至二十五年（1147—1155年）。位于正壁嵌石左、右上角，皆左起竖刻2行。左侧刻石面高35厘米，宽5厘米；右侧刻石面高25厘米，宽5厘米；共存71字，楷体，字径1.5厘米（图版Ⅱ：73、图版Ⅱ：74）。

敷文阁直学士左中奉大夫潼川〔府〕路兵马都〔钤辖泸南沿边〕
安抚使知泸州军州提举学事兼管内劝农使文安县开（左）
国伯食邑九百户赐紫金鱼袋冯□
〔谨施第〕陆层〔宝塔〕兼〔造像全堂〕□□□□（右）

五　晚期遗迹

窟内保存黄色、灰白色、黑色等三种涂层。

注释：

［1］　此"游"字，铭文为：

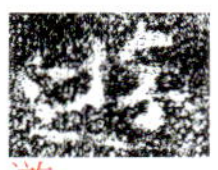

［2］　本则铭文第2行第9字"沿"；第3行第9字"兼"；第4行第13字"紫"；第5行第5字、第8行第3字"于"；第7行第4字"盛"；第7行第13字"贰"；第9行第11字"此"；第11行第1字"修"，铭文分别为：

第六章　塔内第五层造像

（第51—60号）

第一节　位置及相互关系

本章介绍的第51—60号等10个龛窟像，分布于多宝塔内第五层回廊内、外壁面。其中，回廊内壁设6个龛窟，外壁设4个龛窟（图210、图211）。

内壁东南向壁面设置第四段梯道的出口，梯道口与外壁设置的第51号相对。内壁东向壁面的第52号，与外壁塔窗相对。内壁东北向壁面设置第五段梯道的入口，梯道口与外壁设置的第53号相对。内壁北向壁面的第54号，与外壁塔窗相对。内壁西北向壁面的第56号，与外壁设置的第55号相对。内壁西向壁面的第57号，与外壁塔窗相对。内壁西南向壁面的第59号，与外壁设置的第58号相对。第60号位于内壁南向壁面，与外壁塔窗相对。

第二节　第51号

一　位置

位于第五层回廊外壁西北向壁面。上距回廊券顶下沿33厘米，下距地坪82厘米；左距壁面转折边缘112.5厘米，右距壁面转折边缘107厘米。

龛口西北向，方向302°。

二　形制

单层圭形龛（图212；图版Ⅰ：222）。

龛口圭形，高64.5厘米，宽42厘米，至后壁深23厘米。龛底方形，右前端毁，后世以砖块修补平整。龛正壁竖直，满嵌造像石，高52厘米，宽42.5厘米，其上存留高12.5厘米的砖壁。左右壁中下部为竖直砖壁，高约50厘米，上部作两阶叠涩与龛顶相交；叠涩砖块抹角，通高14.5厘米。龛顶为平顶方形。

三　造像

正壁嵌石刻像4身（图212-1；图版Ⅰ：222）。中刻主尊坐像1身，座前刻立像1身，左右各刻供养人像1身。

主尊像　头大部毁，残坐高25厘米，肩宽11.5厘米，胸厚4.5厘米。浮雕圆形素面背光，直径31厘米。内着僧祇支，外着双领下垂式袈裟，下着裙，袈裟及裙摆覆于座前；裙摆之下刻出腰带带头。左手腹前托物，物残；右手腕镯，胸前持物，手及物残；结跏趺坐于束腰莲座上。座通高20厘米，上部为三层仰莲台，高9.5厘米，直径22厘米；中部为圆台，显露部分；下部右侧大部毁。座前刻圆形香炉，现两足，通高8厘米。上覆巾，置盏，盏高0.5厘米，直径4厘米，内盛物，物残。

座前立像头、颈及左肩毁，残高15厘米。上着袈裟，下着裙，左手抓握右手袖摆，手残；右手前伸，置于盏沿，手残；足鞋，侧身而立。

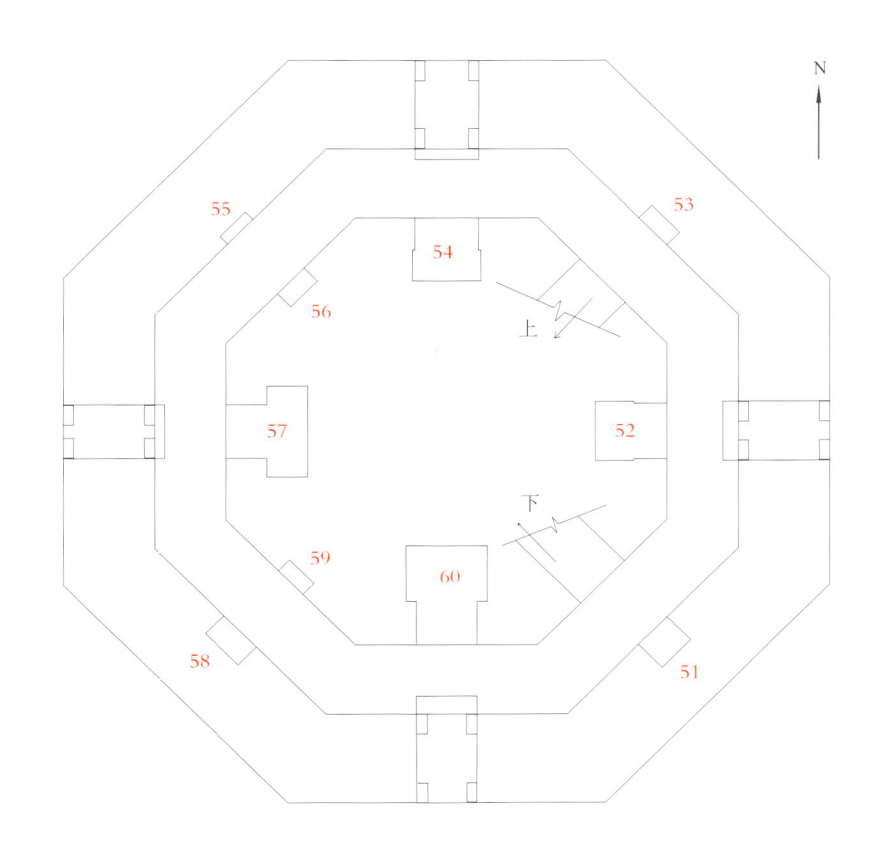

图 210　多宝塔第五层回廊龛窟像分布图

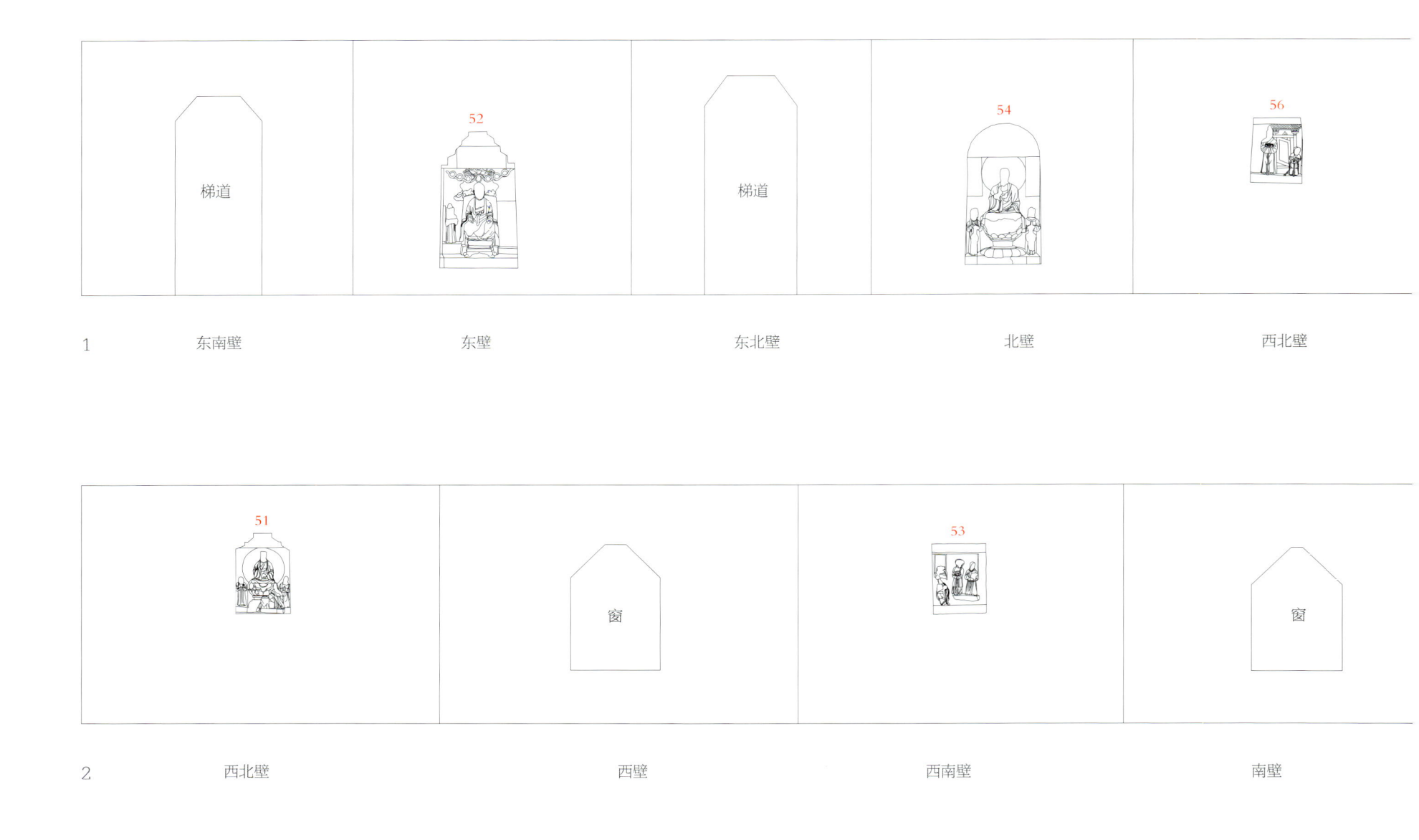

1　东南壁　　东壁　　东北壁　　北壁　　西北壁

2　西北壁　　西壁　　西南壁　　南壁

图 211　多宝塔第五层回廊内、外壁展开图
1　内壁　2　外壁

250　大足石刻全集　第四卷（上册）

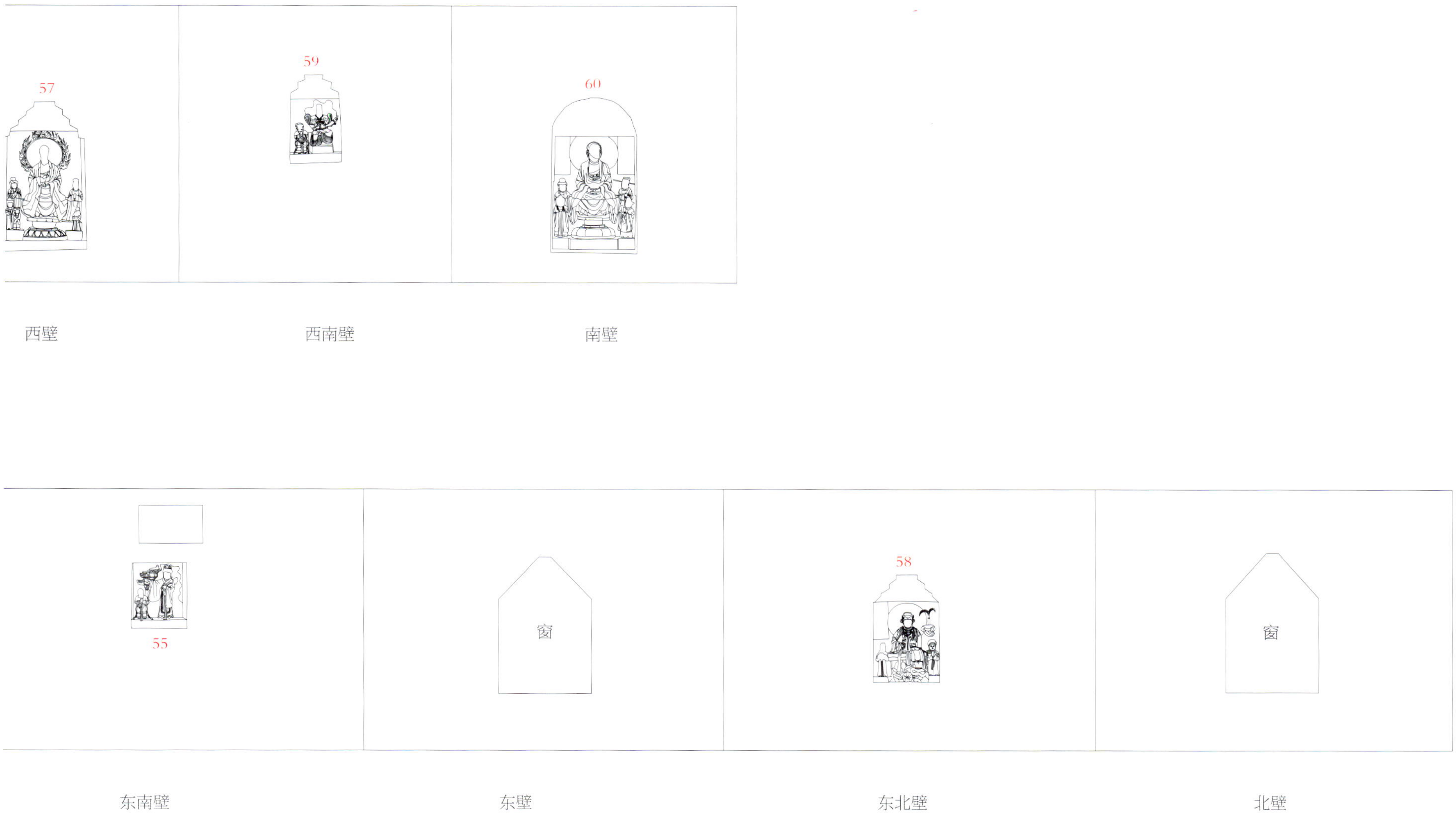

西壁　　　　　　　　　西南壁　　　　　　　　南壁

东南壁　　　　　　　　东壁　　　　　　　　　东北壁　　　　　　　　北壁

第六章　塔内第五层造像（第51—60号）

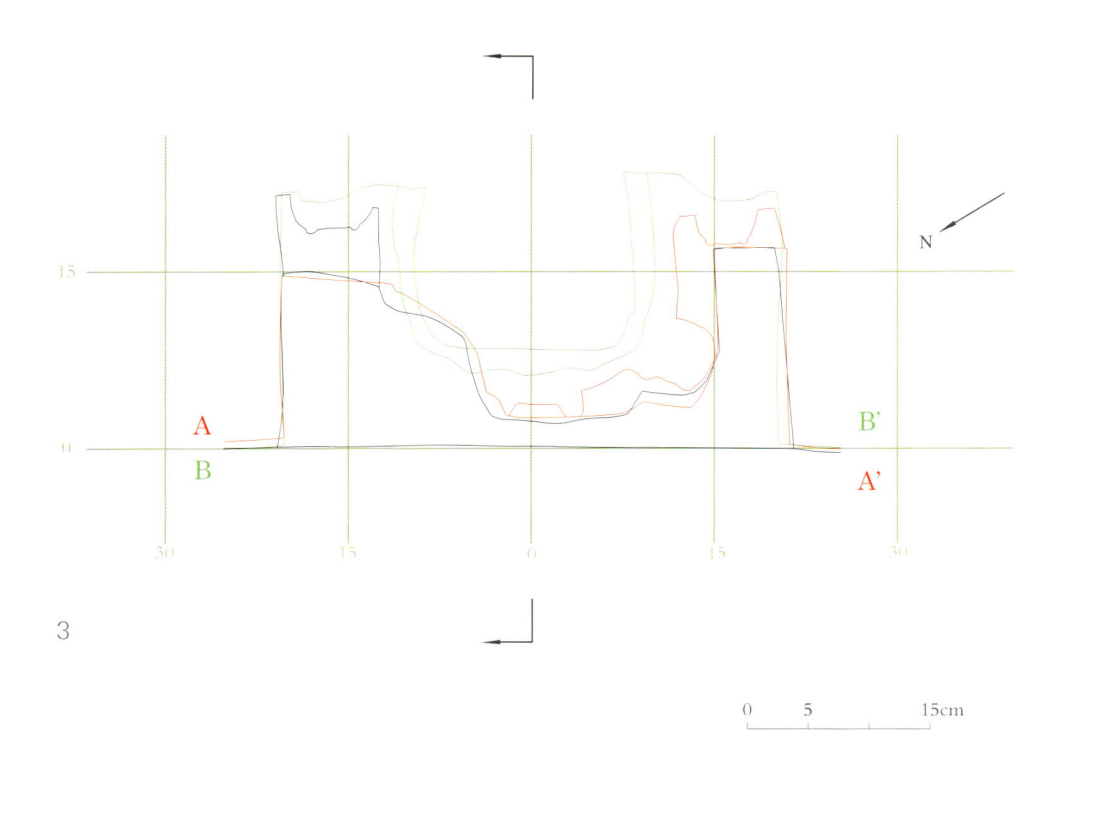

图 212　第 51 号龛平、立、剖面图
1　立面图　2　剖面图　3　平面图

252　大足石刻全集　第四卷（上册）

供养人像　二像皆头残。左像残高25厘米，着圆领宽袖服，腰系带，双手合十，着鞋站立。右像残高23厘米，内着抹胸，外着对襟窄袖长服，下着裙，臂间斜出披帛于腹前相叠后敷搭横置胸下的双手，下垂体前；着鞋而立。

左右供养人像所立低台与龛口等宽，高5厘米，深8厘米。

四　铭文

刘睒镌造释迦佛龛题记，南宋绍兴十七年至二十五年（1147—1155年）。位于正壁嵌石右上角。刻石面高20厘米，宽5厘米。文右起，竖刻2行16字，楷体，字径2厘米（图版Ⅱ：75）。

01　〔奉〕佛弟子刘睒夫妇
02　造此圣容祈求安乐[1]

五　晚期遗迹

龛内保存绿色、黄色、红色等三种涂层。

第三节　第52号

一　位置

位于第五层回廊内壁东向壁面。上距回廊券顶下沿62厘米，下距地坪20厘米；左距壁面转折边缘82厘米，右距壁面转折边缘63厘米。

窟口东向，方向91°。

二　形制

圭形覆斗顶窟（图213、图214、图215；图版Ⅰ：223、图版Ⅰ：224、图版Ⅰ：225）。

窟口　呈圭形，高107厘米，宽57.5厘米，深29厘米；竖直部分高80厘米。

窟底　呈方形，宽65.5厘米，深37厘米，至窟顶顶部高120厘米。

窟壁　正壁竖直，通高99厘米；局部镶嵌上下两块造像石，再上存留高7.5厘米的砖壁。上部石高14.5厘米，宽36厘米；下部石高77厘米，宽52厘米。下部嵌石左侧中下部被部分凿毁，凿毁面呈方形；中下部与龛壁间的砌砖已毁。左、右壁为素面砖壁，均通高99厘米；上部为一阶叠涩砖与窟顶相接。

窟顶　覆斗顶，呈方形，为三重叠压砖结构与窟壁相接，部分残，通高21厘米。

三　造像

正壁下部嵌石存像2身（图213；图版Ⅰ：225）。其中，中刻主尊坐佛1身，右下侧存侍者立像1身[1]。

佛像　坐高31厘米，头长13.5厘米，肩宽17厘米，胸厚7厘米。头布螺髻，面残。头顶升起两道毫光，环状交绕后，再各绕三匝向左右斜飘。内着僧祇支，系带作结，外着双领下垂式袈裟；下着裙，腰带长垂足踏。左手抚膝，右手置膝上结印；倚坐于龙头靠背

1　视其造像布局，嵌石左下侧原应有与右下侧相对应的造像一身，现已不存。

图 213　第 52 号窟立面图

254　大足石刻全集　第四卷（上册）

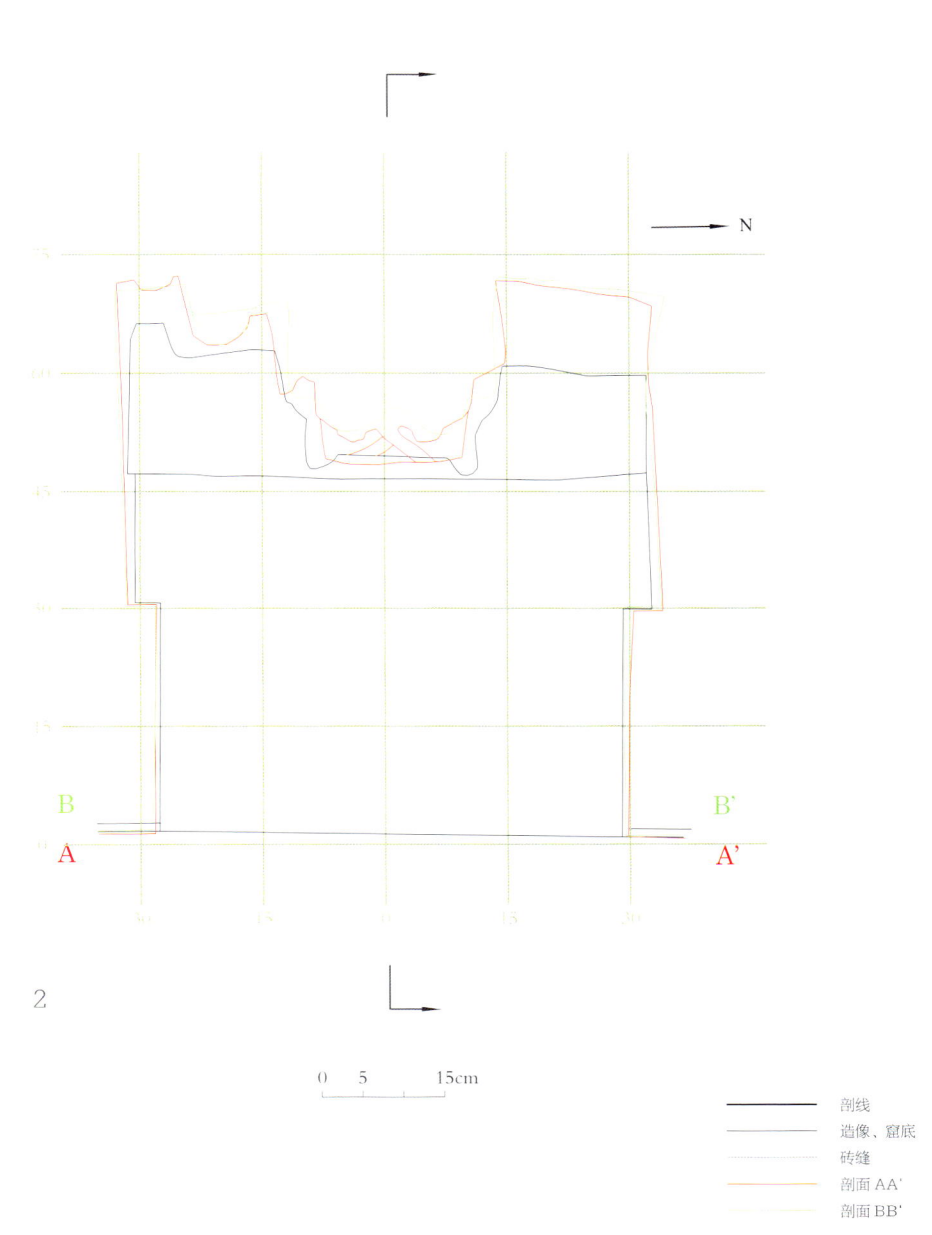

图 214 第 52 号窟平、剖面图
1 剖面图 2 平面图

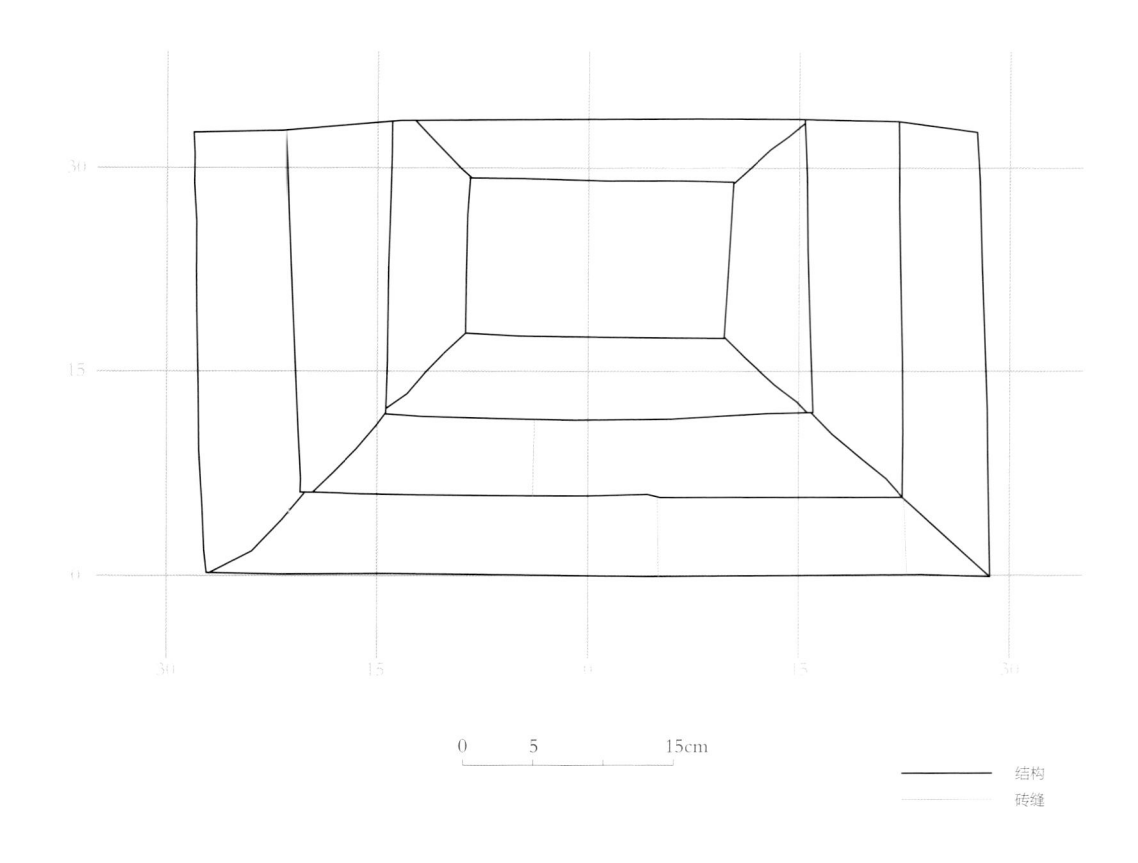

图215　第52号窟窟顶仰视图

椅上，跣足踏足踏。椅通高66厘米，椅背上部左右端刻外凸的龙首，左龙首毁；龙首内侧各刻蹲立的一只鸟禽。椅背上方浮雕多边不规则头衬背屏，顶部饰花卉。足踏刻四足，通高13厘米，最宽22厘米，深10厘米。靠椅及足踏皆置于低台上，低台高7.5厘米，宽54厘米，深17厘米。

侍者像　上身大部毁，立身残高30厘米。可辨身着长服，左前臂敷搭帛带，双足不现，立于低台上。台高7.5厘米，宽13厘米，深4厘米。

四　铭文

位于正壁上部嵌石内。文残蚀不辨，依稀可辨竖刻16行。

五　晚期遗迹

正壁下部嵌石左侧中下部被部分凿毁，凿面呈方形，高36.5厘米，宽20厘米，深4厘米。

立像右侧及相邻右侧壁亦被凿出一方形面，高27厘米，宽12厘米，深4厘米。

窟内保存灰白色涂层。

第四节　第53号

一　位置

位于第五层回廊外壁西南向壁面。上距回廊券顶下沿46厘米，下距地坪82.5厘米；左距壁面转折边缘97.5厘米，右距壁面转折边缘97.5厘米。

龛口西南向，方向224°。

二 形制

单层方形龛（图216、图217；图版Ⅰ：226）。

龛口方形，高54厘米，宽49厘米，至后壁深13厘米。龛底方形。龛正壁竖直嵌石，高46厘米，与龛口等宽，其上存留砖壁高4厘米。上部外挑一列横砖，高5厘米，外挑6厘米，与龛顶相接。左右壁为竖直砖壁。龛顶为方形平顶。

三 造像

正壁嵌石刻像3身（图216；图版Ⅰ：226）。其中，中部刻立像2身，右下方刻立式童子像1身。

左像 头大部残，立身残高25.5厘米。着圆领窄袖长服，腰系带，左臂大部毁，双手胸前似合十，膝微曲，着鞋站立。

右像 立身高27厘米。梳髻，面残，内着抹胸，外着对襟齐膝衫，下着裙，腰带垂于足间，双手腹前笼袖内，着鞋站立。

该二像立于外凸的石台上。石台高4.5厘米，宽19厘米，深5厘米。

童子像 头毁，右肩残，立身残高21厘米。上着宽博披巾，两端腹前交绕后敷搭前臂，下垂体侧；下着长短两层裙，腰系带长垂足间。腕镯，双手残，置胸前，跣足侧身立于低台上，身微躬，似向右侧二像作礼拜状。低台高7.5厘米，深6.5厘米，与龛口等宽。

童子像上方壁面剥蚀甚重，从轮廓看，似有一坐像，像后似刻背屏。

另左上角存有纵向的条状遗迹。

图216 第53号龛立面图

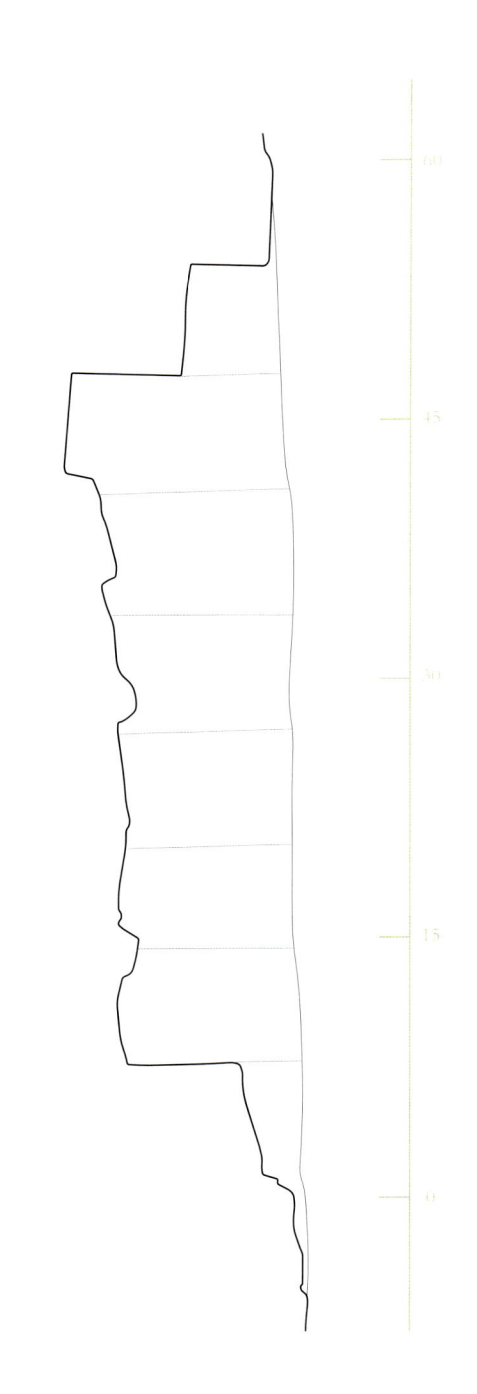

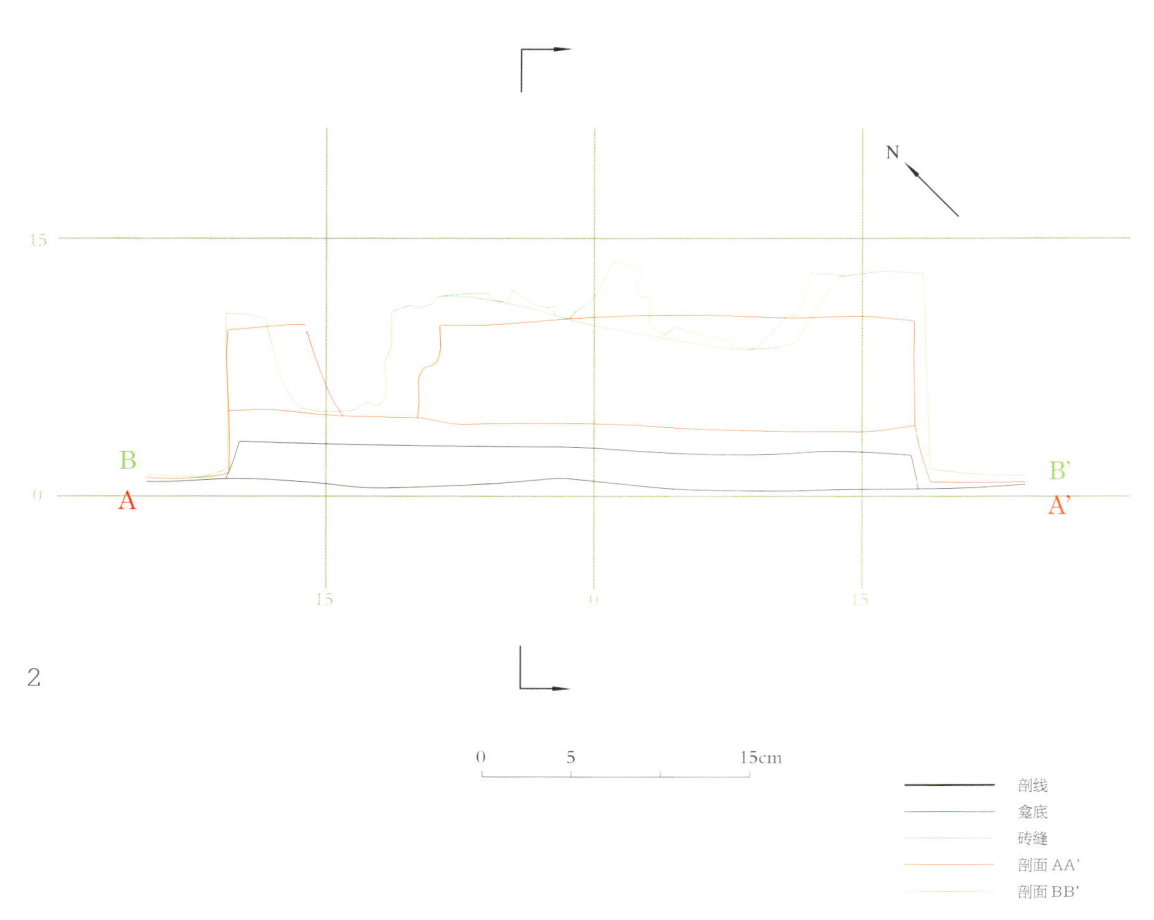

图 217　第 53 号龛平、剖面图
1　剖面图　2　平面图

四　晚期遗迹

龛内保存黄色、红色、灰白色等三种涂层。

第五节　第54号

一　位置

位于第五层回廊内壁北向壁面。上距回廊券顶下沿57厘米，下距地坪23厘米；左距壁面转折边缘63厘米，右距壁面转折边缘67厘米。

窟口北向，方向10°。

二　形制

圆拱形覆斗顶窟（图218、图219、图220、图221、图222；图版Ⅰ：227、图版Ⅰ：228、图版Ⅰ：229）。

窟口　呈圆拱形，高110.5厘米，宽57.5厘米，深29厘米；竖直部分高84厘米。

窟底　呈方形，宽64.5厘米，深36.5厘米，至窟顶顶部高143厘米。

窟壁　正壁竖直，通高128厘米，局部嵌石，下起窟底，高82.5厘米，宽56.5厘米；其上砖壁高45.5厘米。左右壁竖直，通高128厘米，亦局部嵌石。左壁嵌石高53.5厘米，宽35厘米；上部与壁面齐平，下部隐进壁面约2厘米。右壁嵌石高53.5厘米，宽34厘米；处理方式与左壁同。左右壁上部作两阶叠涩砖，与窟顶相接。

窟顶　覆斗顶，呈方形，为两重叠压砖结构与窟壁相接，通高15厘米。

三　造像

正壁嵌石刻像5身（图220；图版Ⅰ：229）。中刻主尊坐像1身，左右各刻前后布置的供养人立像2身，置于低台上。台高6厘米，宽56.5厘米，深25厘米，前端外凸，略残。

主尊像　头面大部毁，坐高37.5厘米，肩宽20厘米，胸厚12厘米。浮雕圆形素面头光，直径33厘米。内着僧祇支，系带作结，外披双领下垂式袈裟，袈裟袖摆覆于座侧；左手腹前结印，右手置胸前，手残；双腿部分残，结跏趺坐于束腰莲座上。座通高31厘米，上部为三层仰莲台，前侧毁，通高17厘米，直径33厘米；中部为圆台，高4厘米，直径14厘米；下部为覆莲台，高6厘米，直径33厘米。

供养人像　4身。从左至右，从上至下通编为第1—4像。

第1像　头残，高35厘米，着圆领窄袖长服，腰系带，双手合十，部分残，着鞋立于低台上。

第2像　残毁甚重，残高19厘米，仅辨足鞋。

第3像　高35厘米。头、面残，戴耳饰，内着抹胸，外着对襟窄袖长服，下着裙；双手合十，部分残，着鞋立于低台上。

第4像　残高21厘米，保存状况、服饰与第2像略同。

四　铭文

4则。其中第1、2则为"王堂镌造释迦佛题记"，第3则为"王堂化众舍钱建塔第八级镌记及功德主题名"，第4则为"第八级宝塔上舍钱施主题名"，均刻于南宋绍兴二十二年（1152年）。

图 218　第 54 号窟平、立、剖面图
1　立面图　2　剖面图　3　平面图

260　大足石刻全集　第四卷（上册）

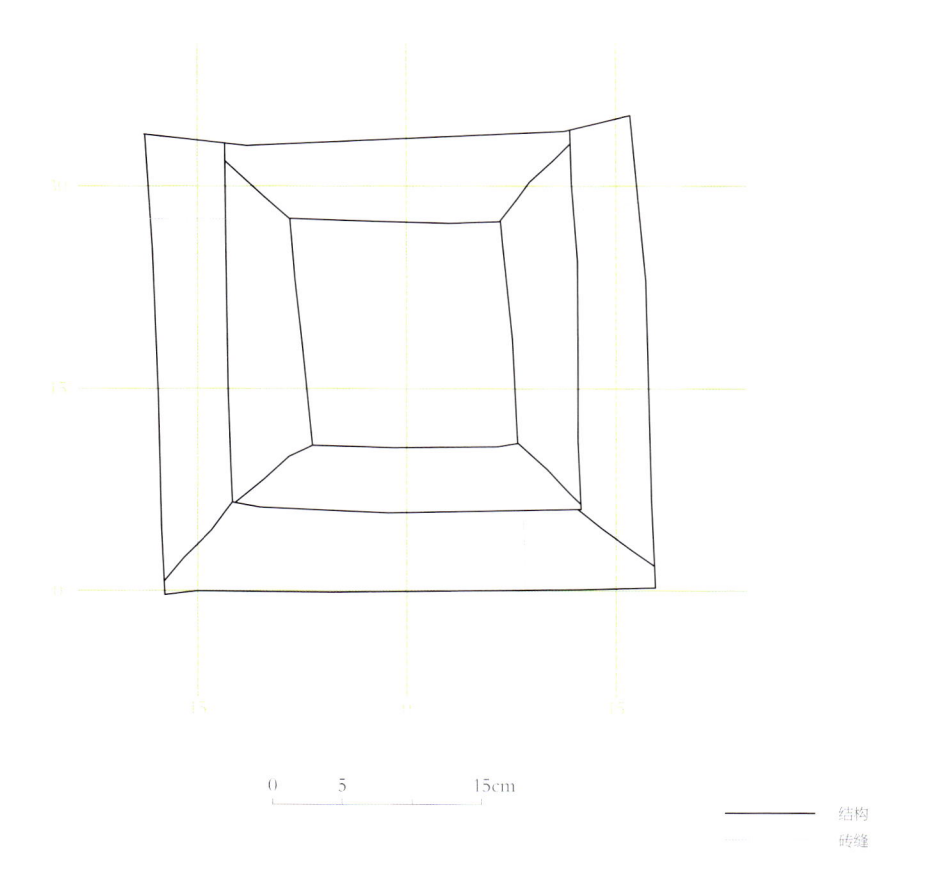

图 219　第 54 号窟窟顶仰视图

第1则

位于正壁嵌石左上方框内。框高31厘米，宽12厘米。刻石面高29厘米，宽6厘米。文左起，竖刻2行，存22字，楷体，字径2.5厘米（图版Ⅱ：76）。

01　奉佛圖通善人王堂男□一郎
02　同政女弟子赵氏女大二娘

第2则

位于正壁嵌石右上方框内。框高30.5厘米，宽12厘米。刻石面高21厘米，宽6厘米。文左起，竖刻2行，存10字，楷体，字径2.5厘米（图版Ⅱ：77）。

01　造此圣容祈求安乐（漶）
02　（漶）友同（漶）

第3则[1]

位于左壁嵌石上（图221）。嵌石左、右及下部边缘线刻宽1厘米的边框。框内中上部以阴刻线条作分界线，将框内壁面分作上、下两部分。上部，中为线刻的立像1身，左右竖刻铭文。立像高23厘米，头巾，面长圆，着交领宽袖长服，腰系带下垂体前，双手笼袖内，足不现，向窟外站立。下部，遍刻铭文（图版Ⅱ：78）。

上部左铭文　文左起，竖刻29字，楷体，字径2.5厘米。

何通进王安邦各施二道

---

[1] 本次调查根据铭文实际位置排列情况，将本则铭文分为上部和下部两部分记录，与1999年《大足石刻铭文录》录文略异。重庆大足石刻艺术博物馆编：《大足石刻铭文录》，重庆出版社1999年版，第447页。

图 220　第 54 号窟正壁立面图

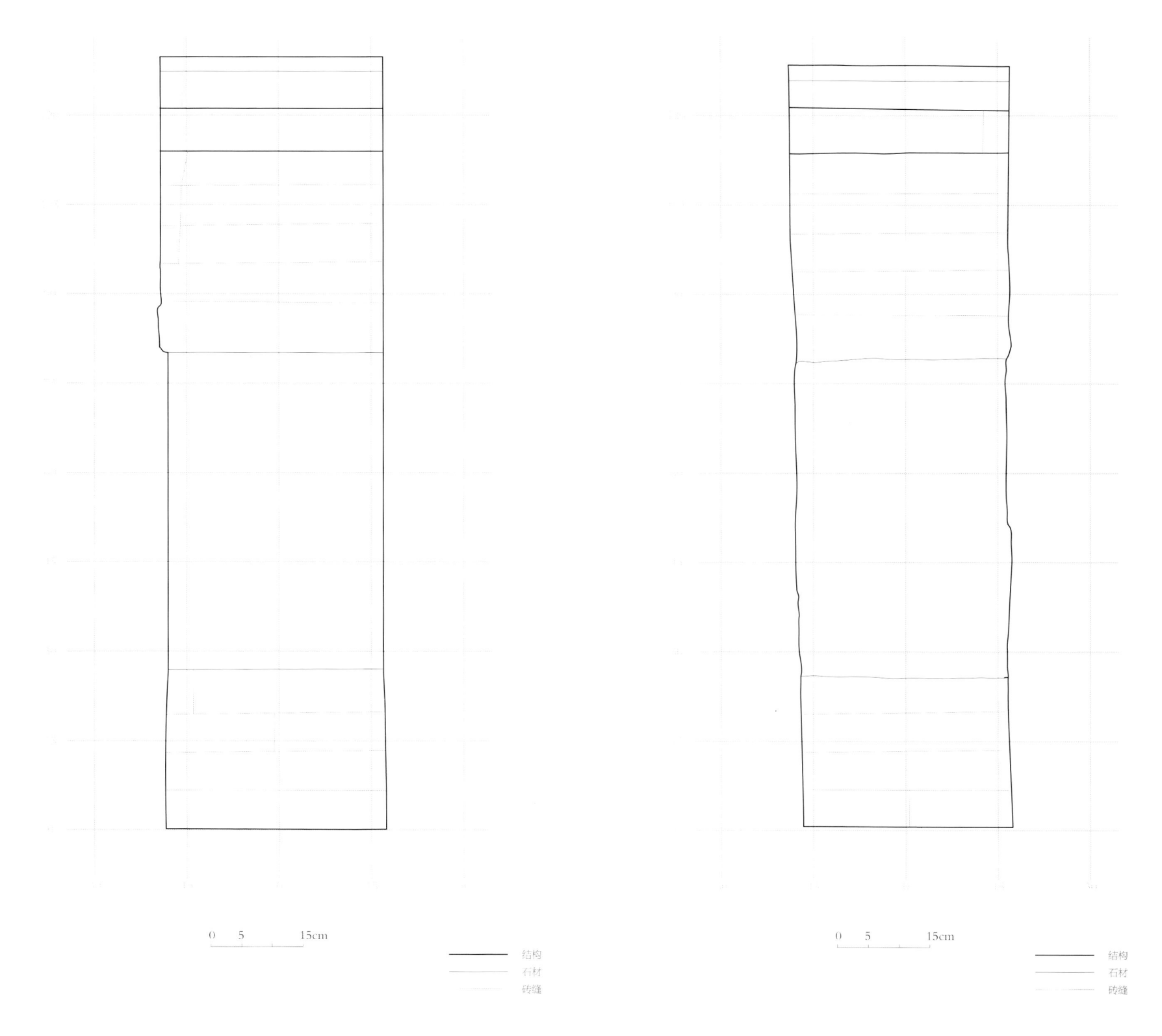

图 221　第 54 号窟左壁立面图　　　　　　　　　　　　　　　图 222　第 54 号窟右壁立面图

斯逢男大年大言崔雅

圀[2]通善友王堂永远供养

上部右铭文　文右起，竖刻36字，楷体，字径2.5厘米。

大足县王伯宁高祖贤

夏仲宁王伯周各施钱引十道

王褒任泰斯大猷

康普苟[1]宇各施伍道

下部铭文　文左起，竖刻，存121字，楷体，字径2.5厘米。其中，第1—10行为"王堂化众舍钱建塔第八级镌记"，再后行数不

1　此"苟"字《大足石刻铭文录》录为"荀"。重庆大足石刻艺术博物馆编：《大足石刻铭文录》，重庆出版社1999年版，第447页。

第六章　塔内第五层造像（第51—60号）　263

规整，为"功德主题名"。

  昌州在城圜通善友王堂
  化众舍钱引三百道安砌
  第八级共谐胜□□□□
  县施主钱引二百二十二
  道堂舍施七十八道都共
  三百道送入塔库满酬志愿
  右伏冀迪诚愿海一一悉
  成众力善心人人具足仰惟
  三宝咸愿印知普接群生
  俱成正觉癸酉中[1]冬立石
  罗先古贯之斯迪男大成
  昌元县冯拯安王氏施钱引二道[3]

第4则

位于右壁嵌石上。嵌石左右及下部边缘线刻宽1厘米的边框，框内刻铭文。文左起，竖刻12行，211字，楷体，字径2.5厘米（图222；图版Ⅱ：79）。

01 第八级宝塔上舍钱施主芳衔如后
02 昌元县王景恩冯忠信各舍施大钱引壹拾道
03 张伯宣黄玠[2]杨高冯绘各施大钱引伍道
04 杜宗旦王伯通郑嗣宗黄辂王泽胡考宁
05 王思志王旦各施叁道张汝霖弟汝明各施贰道
06 永川县斯完与男奉先彦先几先共施壹拾伍道
07 杜详李明道梁嗣宗王信言罗觉各施伍道
08 斯逸与男大明大受赵忠直男运各施拾道
09 解陈男三捷李京浦明张元隆与男逸
10 王诏苟元友李元爱庞广爱弟顺宗王才志弟才胜
11 李承法兄弟各施伍道杜世高施两道瞿光远一道
12 李咸兄弟施桐油伍十斤各愿世世生生共同佛会[4]

五 晚期遗迹

窟内保存灰白色、黑色等两种涂层。

---

1 此"中"字《大足石刻铭文录》录为"仲"。重庆大足石刻艺术博物馆编：《大足石刻铭文录》，重庆出版社1999年版，第447页。
2 此"玠"字《大足石刻铭文录》录为"介"。同前引。

第六节　第55号

一　位置

位于第五层回廊外壁东南向壁面。上距回廊券顶下沿50.5厘米，下距地坪83.5厘米；左距壁面转折边缘116厘米，右距壁面转折边缘119厘米。

龛口东南向，方向131°。

二　形制

单层方形龛（图223；图版Ⅰ：230）。

龛口方形，高48.5厘米，宽37厘米，至后壁深12厘米。龛底方形。龛正壁竖直，满嵌造像石，与龛口大小一致，厚度不明。左右壁为竖直砖壁，与龛顶垂直相交。龛顶为方形平顶。

三　造像

正壁嵌石刻像2身（图223-1；图版Ⅰ：230）。左刻主尊立像1身，身后刻建筑1座；右刻童子立像1身。像皆置于低台上，台高6.5厘米，宽36.5厘米，深8厘米。

主尊像　立身高40.5厘米。梳高髻、戴冠，脸形长圆，面略蚀，左肩残，着交领长服，胸系带，长垂足间，身前刻出蔽膝。左手胸前持细棍状物，物部分残，右臂平伸，手残，似作指引状，着鞋站立。像身后遍饰云纹，与像等高，最宽约23.5厘米。

主尊像右后侧刻一座山墙向外的重檐歇山顶楼阁，显露部分高24厘米，进深18厘米。屋身底层角柱呈方形，柱顶置栌斗，上承一斗三升，再上为第一重屋顶。翼角起翘，屋面刻出瓦垄、瓦沟，略剥蚀。屋顶右端刻并列的三散斗，中部刻宝珠（显露部分）；再上为第二重屋顶。屋面刻瓦垄、瓦沟，略蚀；正脊左右存鸱尾遗迹。

童子像　立于主尊像右侧，头大部残，残高21.5厘米。上着宽博披巾，下着长短两层裙，腰带长垂足间；披巾腹前交绕后向上敷搭前臂，飘垂体侧，止于低台；腕镯，双手合十，部分残，跣足直立。

四　铭文

汉卿等认砌第十一级宝塔镌记，南宋绍兴二十五年（1155年）。位于龛口外侧上方13厘米处嵌入的石材内。石材高26厘米，宽42.5厘米，厚度不明；文左起，竖刻15行，存148字，楷体，字径2厘米（图版Ⅱ：80）。

01　大宋昌州永川县使汉卿本
02　师庞上明与祖母胡氏三娘为
03　永世□发心认砌第十一级全
04　本意父世□启愿后仪□遐
05　年大明田□人□愿在遂布
06　施大钱五百贯为了前愿
07　□异先亡祖□各乞
08　生天见在支罗成永岁
09　乙亥绍兴廿五年六月吉日立石

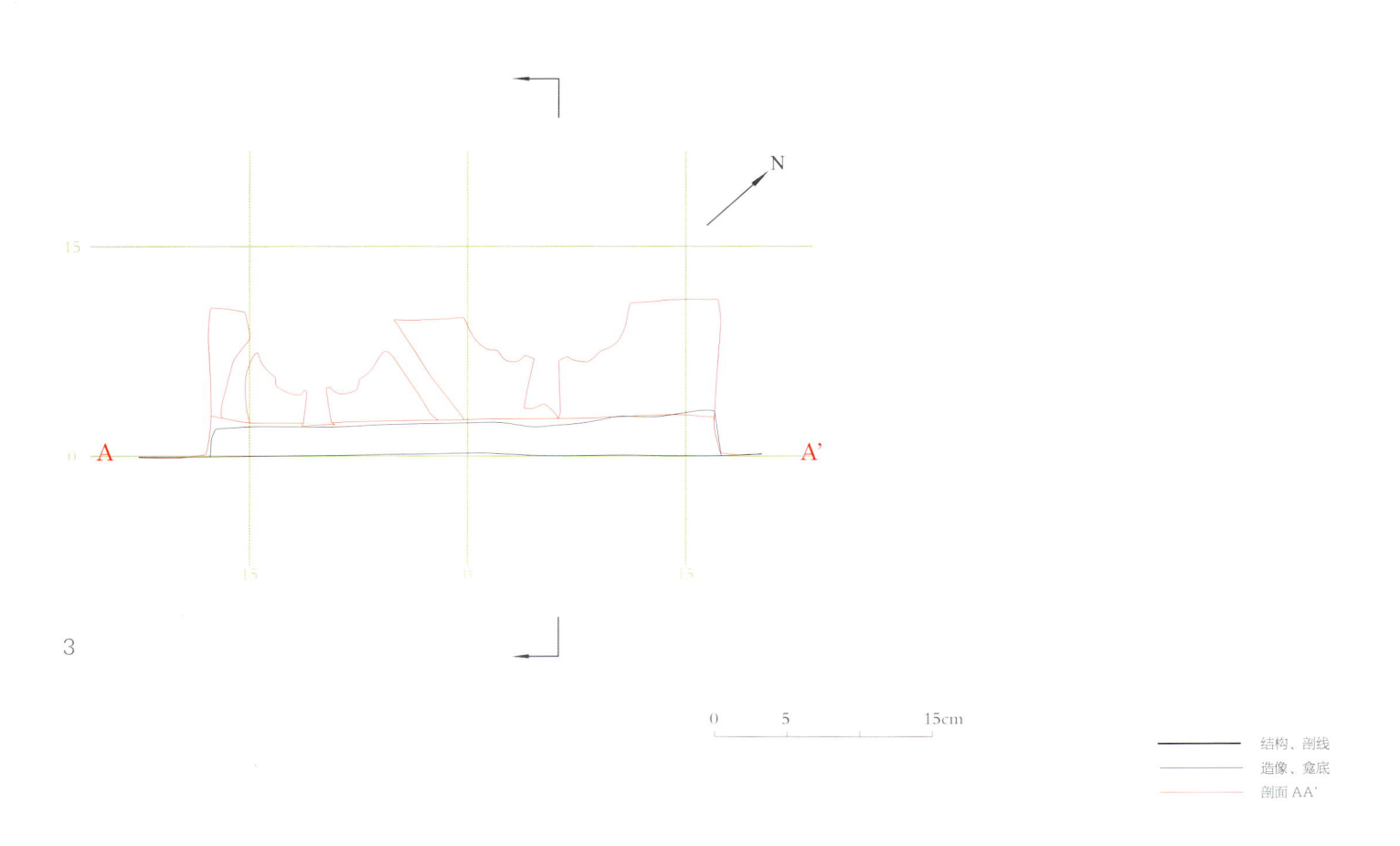

图 223　第 55 号龛平、立、剖面图
1　立面图　2　剖面图　3　平面图

10　故曾祖忠义曾祖婆仲氏
11　故祖父士文在堂母杨氏三娘
12　新妇刘氏五娘男国光
13　弟大方新妇杨氏十二娘侄梳保
14　弟大年□□□娘七三娘七四娘
15　执日首□□□□□昌[1]

五　晚期遗迹

龛内保存黄色、黑色、红色等三种涂层。

第七节　第56号

一　位置

位于第五层回廊内壁西北向壁面。上距回廊券顶下沿53厘米，下距地坪82.5厘米；左距壁面转折边缘85厘米，右距壁面转折边缘84厘米。

龛口西北向，方向321°。

二　形制

单层方形龛（图224；图版Ⅰ：231）。

龛口方形，高52.5厘米，宽39.5厘米，至后壁深9厘米。龛底方形。龛正壁竖直，满嵌造像石，高46.5厘米，宽38厘米；其上部外挑一列横砖，高6厘米，外挑5厘米，与龛顶相接。左右壁为竖直砖壁。龛顶为方形平顶。

三　造像

正壁嵌石刻像2身（图224-1；图版Ⅰ：231）。右刻主尊立像1身，身左侧刻建筑1座及童子立像1身，皆置于低台上。台高7厘米，宽38厘米，深7.5厘米。

主尊像　头毁，残高35厘米，肩宽11厘米，胸厚5厘米；着交领宽袖长服，胸系带，作结下垂足间，双手笼袖内，着鞋站立。

主尊像身左侧刻一座建筑，显露两柱一间，通高39.5厘米，面阔18.5厘米。屋身立柱呈方形，柱身下部设一道门槛，柱间线刻一扇半开的板门。柱身上部施一道阑额，额上装饰一粒放焰珠。柱顶置栌斗，上置一斗三升，再上为屋顶。屋顶显露部分，屋面刻出斜向的瓦垄、瓦沟。

童子像　立于主尊像左侧建筑前，高23厘米。光头，面残，上着宽博披巾，下着长短两层裙，腰带长垂足间；披巾腹前交绕后敷搭两前臂，下垂体侧；双手合十，跣足直立。

---

[1] 本则铭文现已湮灭。邓之金20世纪50年代曾录文，见重庆大足石刻艺术博物馆编：《大足石刻铭文录》，重庆出版社1999年版，第447页。邓氏录文时未分行，现据《大足石刻铭文录》转录，并据拓片，分为15行。

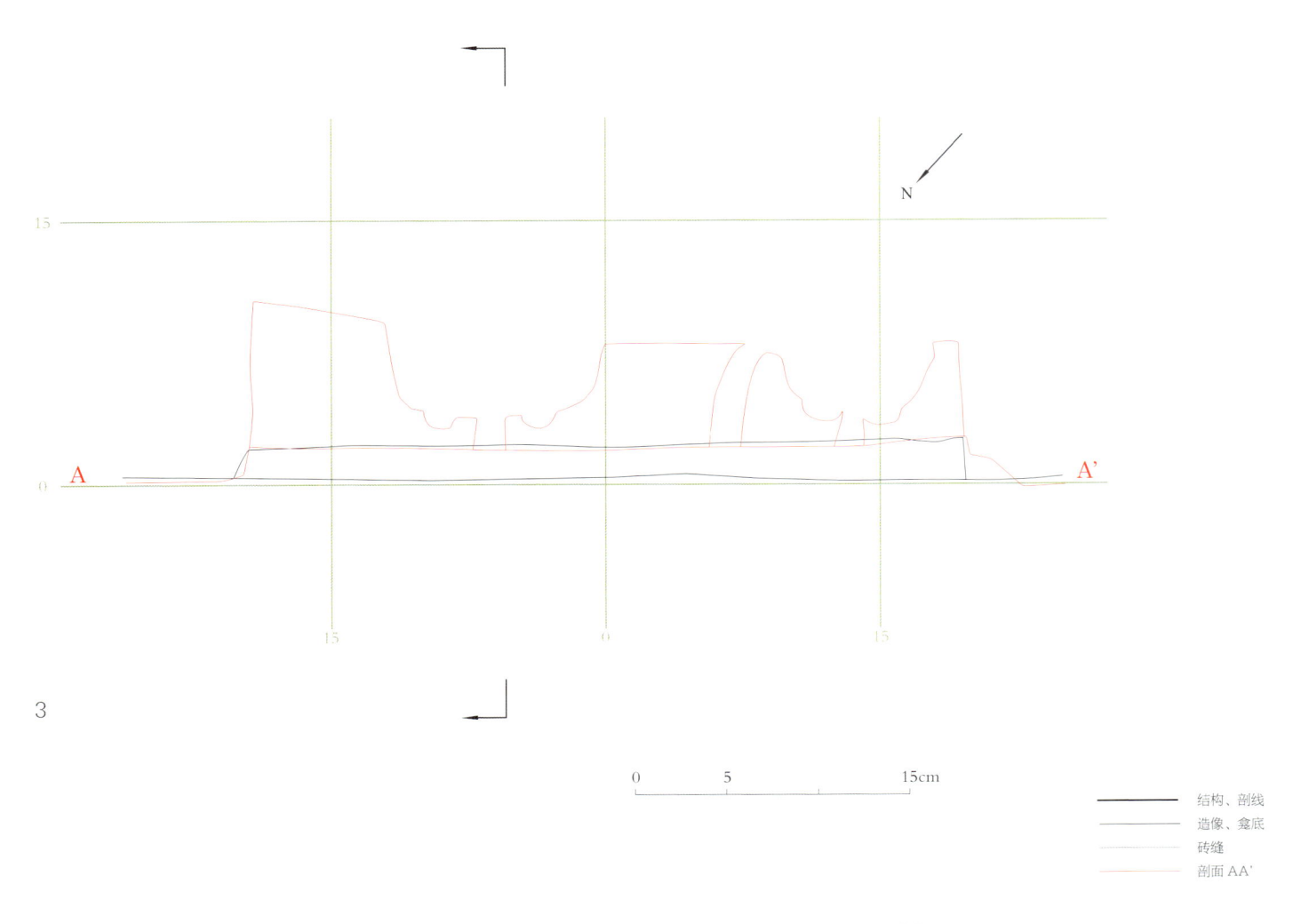

图 224 第 56 号龛平、立、剖面图
1 立面图 2 剖面图 3 平面图

四　铭文

邢信道镌造善财参礼贤圣优婆夷龛题记，南宋绍兴十七年至二十五年（1147—1155年）。位于主尊像头部右上角。刻石面高9.5厘米，宽6厘米。文左起，竖刻3行，存17字，楷体，字径1.5厘米（图版Ⅱ：81）。

01　□圣优婆夷
02　□塔道人邢信道
03　□母亲王氏二娘施

五　晚期遗迹

龛内保存黄色、红色两种涂层。

第八节　第57号

一　位置

位于第五层回廊内壁西向壁面。上距回廊券顶下沿62厘米，下距地坪21厘米；左距壁面转折边缘60厘米，右距壁面转折边缘76厘米。

窟口西向，方向265°。

二　形制

圭形藻井顶窟（图225、图226、图227、图228、图229、图230；图版Ⅰ：232、图版Ⅰ：233、图版Ⅰ：234、图版Ⅰ：235、图版Ⅰ：236）。

窟口　呈圭形，高107厘米，宽57.5厘米，深30.5厘米；竖直部分高76厘米。

窟底　呈方形，宽87.5厘米，深65厘米，至窟顶顶部高155厘米。

窟壁　正壁竖直，通高125厘米；局部镶嵌造像石，下起窟底，高80.5厘米，宽51厘米，其上砖壁高44.5厘米。左壁竖直，通高125厘米；上下镶嵌两块石材，上部嵌石高15厘米，宽39厘米；下部嵌石下起窟底，高70厘米，宽54.5厘米。右壁竖直，通高125厘米；局部镶嵌造像石，下起窟底，高69厘米，宽50.5厘米。左右壁上部作两阶叠涩，与窟顶相接。

窟顶　藻井顶，呈方形，为五重叠压砖结构，通高30厘米；其中，上部两重呈45°错角叠压。

三　造像

刻像15身。分为正壁、左壁、右壁三部分。

（一）正壁

6身。中部刻主尊坐像1身，左右侧共刻供养人立像5身（图228；图版Ⅰ：234）。

主尊像　头毁，残坐高38厘米，肩宽18厘米，胸厚7.5厘米。浮雕圆形素面头光，直径26厘米，边缘饰火焰纹。内着僧祇支，系带作结；外着双领下垂式袈裟，下着裙；袈裟及裙摆覆于座台。双手胸下结印，部分残，结跏趺坐于束腰仰覆莲座上。座通高30厘米，上部为三层仰莲台，高13厘米，直径32厘米；中部为圆轮台，高5厘米，直径16厘米；下部为单层覆莲台，高5厘米，直径29厘米。

供养人像　5身，立式，左侧2身，右侧3身。从左至右，从上至下，通编为第1—5像。

图 225　第 57 号窟立面图

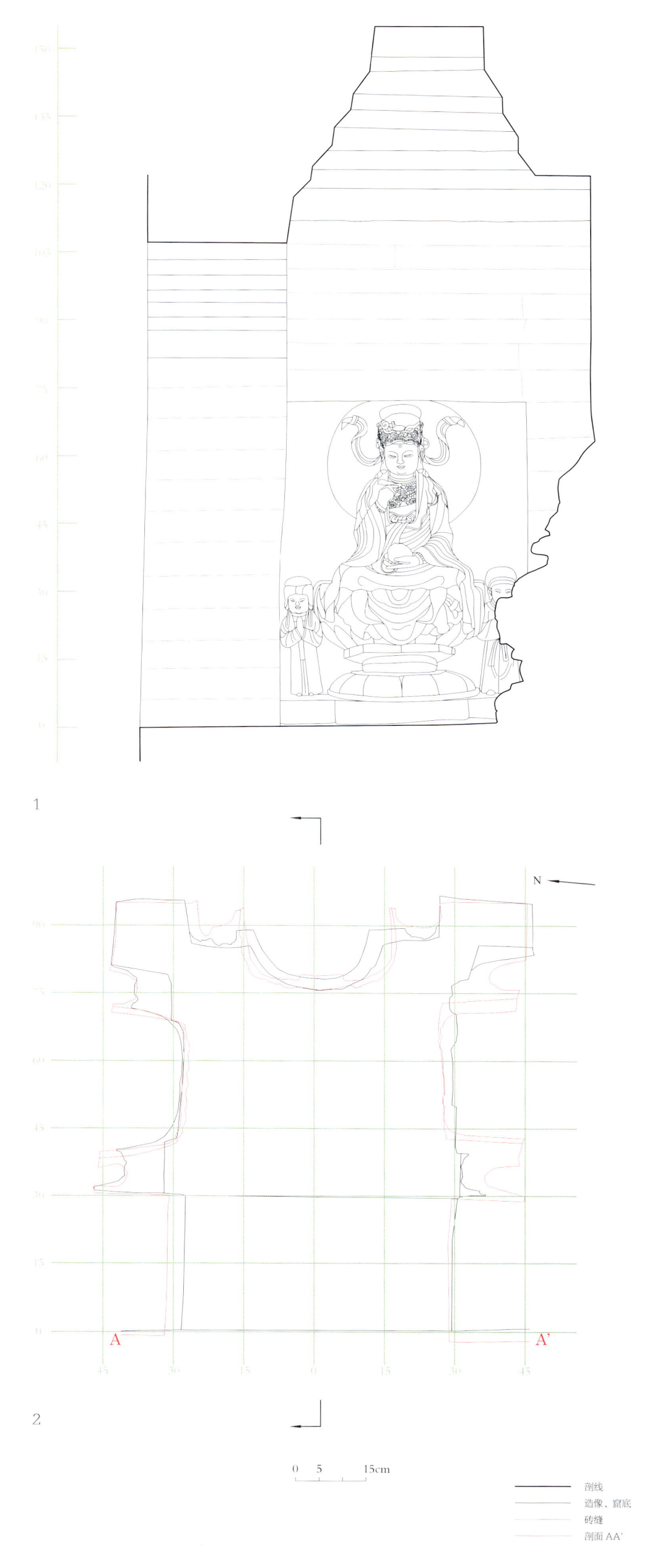

图 226　第 57 号龛平、剖面图
1　剖面图　2　平面图

第六章　塔内第五层造像（第 51—60 号）

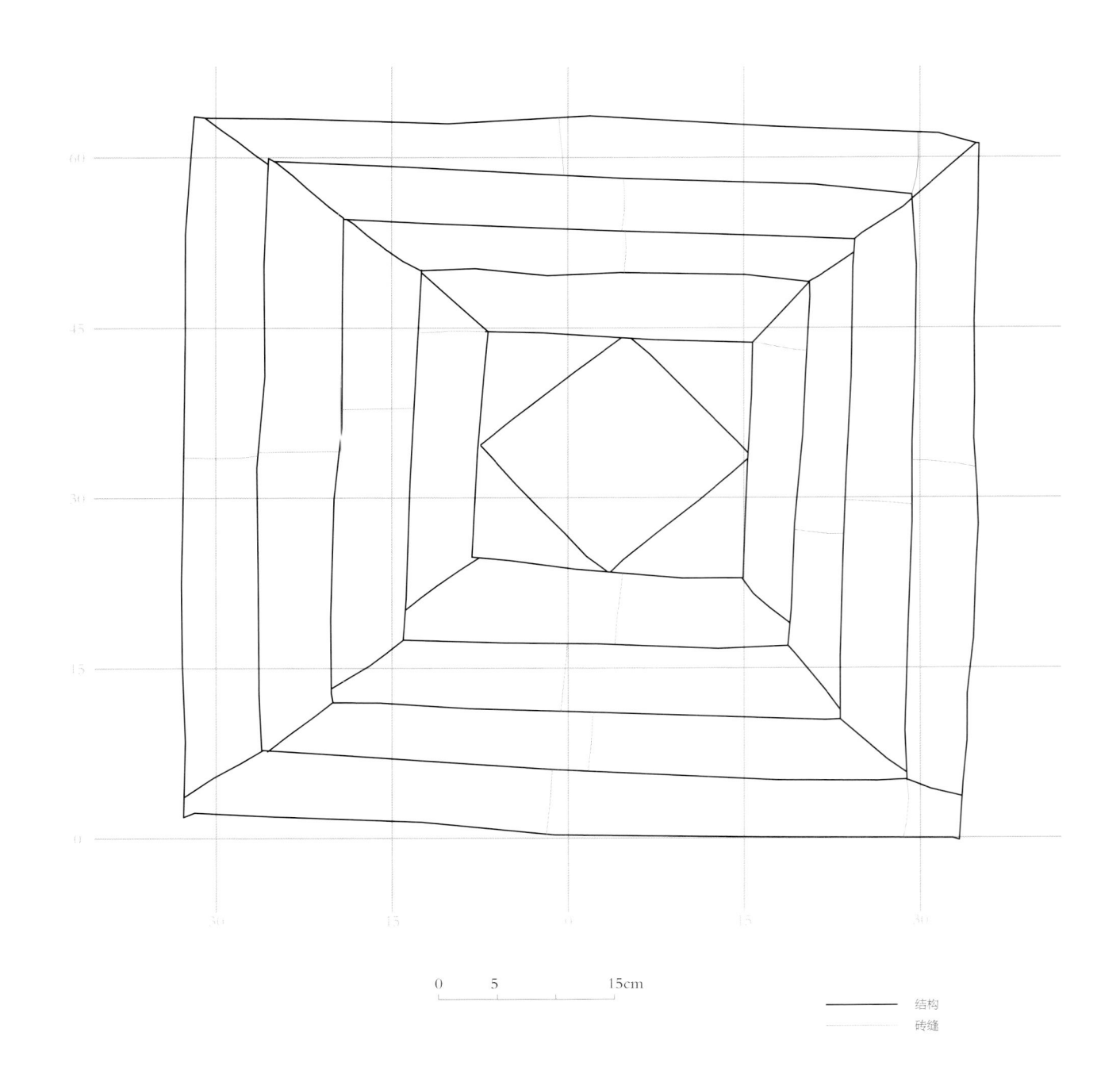

图 227　第 57 号窟窟顶仰视图

第1像　头大部残，残高约32厘米，内着交领服，外着圆领宽袖长服，腰系带；双手合十，部分残，着鞋立于方台上。台高6厘米，宽19厘米，深6厘米。

第2像　头残，残高17.5厘米，着交领宽袖服，双手笼袖内，着鞋立于低台上。台高7厘米，宽12厘米，深9厘米。

第3像　高29.5厘米，梳髻，面蚀，戴耳饰，内着抹胸，外着对襟窄袖长服，帛带臂间绕出，右端敷搭前臂后下垂，双手合十，手部分残，小腿以下不现。

第4像　高23.5厘米，梳髻，面残，内着抹胸，外着对襟窄袖长服，下着裙；双手合十，部分残，着鞋立于低台上。台高8.5厘米，宽13厘米，深10厘米。

第5像　高16厘米。梳双髻，面蚀，着对襟窄袖衫，下着裙；双手笼袖内，交叠腹前，着鞋而立。

（二）左壁

6身。中刻菩萨坐像1身，座前刻童子像1身；菩萨座台左右各刻供养人立像2身（图229；图版Ⅰ：235）。

菩萨像　坐高39厘米，头长15.5厘米，肩宽18厘米，胸厚7.5厘米。梳髻，鬓发绕耳，垂发作结后分三绺覆肩。头冠，冠体略残；冠带作结后向左右上扬。面长圆，略蚀，胸饰璎珞，内着僧祇支，系带作结，外披宽博披巾，披巾沿胸下垂，向上敷搭前臂后再下垂

图 228　第 57 号窟正壁立面图

第六章　塔内第五层造像（第 51—60 号）　273

图 229　第 57 号窟左壁立面图

座前；下着裙，腰带作结下垂座前。自腰际斜出一道披帛，于腿前交绕后垂于座前。身六臂，腕镯，上两手屈肘托举圆状物，手及物略残；左中手持羂索；右中手持剑，剑长31厘米；左下手置腹前，手残；右下手胸前持柳枝，手及柳枝部分残；结跏趺坐于须弥座上。座高28厘米，宽31厘米，深17厘米。座前刻并蒂莲苞、莲叶，略残。

座前并蒂处刻童子像1身，显露高10厘米。光头，面残，着对襟服，披帛环于头后，沿胸下垂于体侧；双手合十，下身不现。

供养人像　4身，立式。座台左右各2身，从左至右，由上及下，通编为第1—4像。

第1像　高16厘米。头扎巾，脸方圆，五官可辨。身着圆领服。双手合十。下身不现。

第2像　位于第1像身前。高22厘米。头、面残，双肩残存部分较宽的披帽遗迹；内着交领服，外披袒右式袈裟，下着裙；左手腹前持物，手及物残；右手举胸前，略残；着鞋立于低台上。台高3厘米，宽10厘米。

第3像　高29厘米。梳髻，戴团冠，面略蚀，着对襟衫，下着裙；双手合十，立于低台上。台高4厘米，宽8厘米，深14厘米。

第4像　位于第3像身前。高18厘米。梳双丫髻，着对襟窄袖衫，下着裙；双手合十，略残，着鞋立于低台上。

（三）右壁

3身。其中，中刻菩萨坐像1身，左右各刻供养人立像1身，置于低台上（图230；图版Ⅰ：236）。台高5厘米，宽50.5厘米，深16厘米，中部外凸。

菩萨像　坐高38厘米，头长14厘米，肩宽17厘米，胸厚7厘米。浮雕圆形素面头光，直径31厘米。梳髻，鬓发绕耳，垂发作结覆肩。头冠，冠带作结"U"形上扬。面丰圆，眉间刻白毫，五官略蚀，胸饰璎珞，内着僧祇支，系带作结；外着双领下垂式袈裟；下着裙，袖摆及裙摆覆于座上。腕镯，左手腹前托轮，轮径5厘米，右手胸前结印，手略残；结跏趺坐于束腰仰覆莲座上。座通高25厘米，上部为三层仰莲台，高11厘米，直径32厘米；中部为圆轮台，高3厘米，直径14.5厘米；下部为单层覆莲台，高4.5厘米，直径28.5厘米。

供养人像　左像立高28厘米。头巾，着圆领宽袖长服，腰系带，作结下垂；双手合十，着鞋站立。右像立高26厘米。梳髻，戴团冠，佩耳饰，内着抹胸，外着对襟窄袖长服，下着裙；双手合十，着鞋站立。

四　铭文

2则。为"文陟造无量寿佛龛镌记"，南宋绍兴二十三年（1153年）。

第1则

位于正壁嵌石左上方。刻石面高23厘米，宽6厘米。文右起，竖刻3行29字，楷体，字径2厘米（图版Ⅱ：82）。

01　契造无量寿佛一尊祈乞
02　早应凡心子孙播慈富
03　贵荣华福寿延远时癸酉

第2则

位于正壁嵌石右上方。刻石面高22厘米，宽7厘米。文右起，竖刻3行，存27字，楷体，字径2厘米（图版Ⅱ：83）。

01　奉佛文陟妻毛氏□为
02　母唐氏耳目不安布施铃
03　铎一级爰为陟嗣息女

图 230　第 57 号窟右壁立面图

五　晚期遗迹

窟内保存黑色、红色、灰白色等三种涂层。

第九节　第58号

一　位置

位于第五层回廊外壁东北向壁面。上距回廊券顶下沿27厘米，下距地坪74厘米；左距壁面转折边缘102厘米，右距壁面转折边缘99厘米。

龛口东北向，方向59°。

二　形制

单层圭形龛（图231；图版Ⅰ：237）。

龛口呈圭形，高79厘米，宽48厘米，至后壁深21.5厘米。龛底方形。龛正壁竖直，满嵌造像石，下起龛底，高59厘米，宽47.5厘米，其上砖壁高20厘米。左右壁中下部为竖直砖壁，高约49厘米，上部作三阶叠涩与龛顶相交，叠涩砖块抹角。龛顶为方形平顶。

三　造像

正壁嵌石造像3身（图231-2；图版Ⅰ：237）。中刻主尊菩萨坐像1身，左右各刻供养人立像1身。

菩萨像　坐高29厘米，头长11厘米，肩宽15厘米，胸厚6.5厘米。浮雕圆形素面背光，直径26厘米。梳髻，鬓发绕耳，垂发作结覆肩。头冠，冠部分残，冠带作结沿肩下垂。面残，耳戴珠串，胸饰璎珞，斜披络腋；下着长短两层裙，腰带长垂作结。自后腰斜出飘带于腹前相绕，下垂座前。腕镯，左手撑台压冠带，右手置膝上，手残，似持冠带；垂左腿，斜竖右腿，跣足坐于山石座上。座高21.5厘米，宽28.5厘米，深19厘米；座前刻带茎莲叶、莲蕾、莲花，莲花托举菩萨左足。

菩萨像左肩外侧刻一朵祥云，云头上置一只净瓶，瓶高7.5厘米，内插二片柳叶。

供养人像　左像立高26厘米。头巾，面圆，着圆领窄袖长服，腰系带，作结下垂；双手合十，夹持长柄香炉，香炉全长8厘米，着鞋立于低台上。台高5厘米，宽8厘米，深9厘米。右像头毁身残，残高约22厘米；似着对襟长服，下着裙。双手置胸前捧圆状物，手及物残，着鞋立于低台上。台高4厘米，宽12厘米，深12厘米。

四　铭文

2则。

第1则

位于正壁嵌石右上角方框内。框高27.5厘米，宽10.5厘米，内素面。

第2则

李小大镌造观音龛题记，南宋绍兴二十五年（1155年）。位于龛口外侧上方7厘米处的嵌石上，石高17.5厘米，宽31厘米。刻石面高16厘米，宽27.5厘米。文左起，竖刻10行，存81字，楷体，字径1.5厘米（图版Ⅱ：84）。

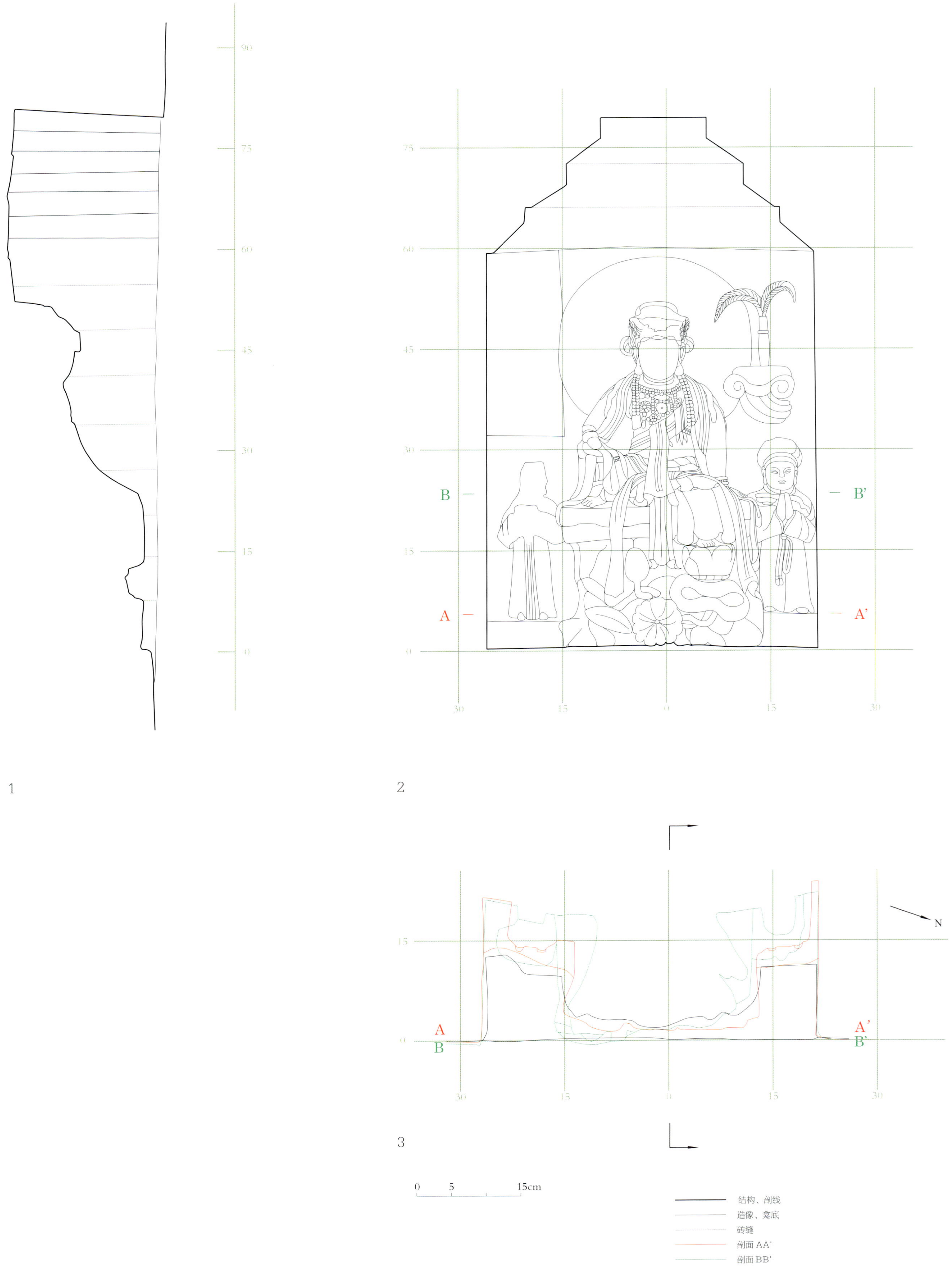

图231 第58号龛平、立、剖面图
1 剖面图 2 立面图 3 平面图

278 大足石刻全集 第四卷（上册）

01　昌州石膏滩奉佛〔弟〕

02　子李小大同政何氏小三娘

03　男成三自戊辰年施钱引

04　〔贰〕道兼〔谷〕至了及镌此

05　观自在菩萨一尊永

06　为瞻奉祈保双寿齐

07　□子孙荣贵

08　时以乙亥二十五年五

09　月二十一[1]日刊石

10　建塔街坊志广书

五　晚期遗迹

龛内保存黄色、黑色、红色、绿色等四种涂层。

第十节　第59号

一　位置

位于第五层回廊内壁西南向壁面。上距回廊券顶下沿41厘米，下距地坪82厘米；左距壁面转折边缘72厘米，右距壁面转折边缘73厘米。

龛口西南向，方向225°。

二　形制

单层圭形龛（图232；图版Ⅰ：238）。

龛口呈圭形，高68厘米，宽37.5厘米，至后壁深17厘米。龛底呈方形。龛正壁竖直，满嵌造像石，下起龛底，高48厘米，宽35厘米；其上砖壁高20厘米。左右壁中下部为竖直砖壁，高52厘米，上部作两阶叠涩与龛顶相交；叠涩砖块抹角。龛顶呈方形，平顶。

三　造像

正壁嵌石刻像2身（图232-2；图版Ⅰ：238）。左刻主尊坐像1身，右刻童子像1身，置于低台上。台高7厘米，宽38厘米，深12厘米。

主尊像　头毁，残坐高23厘米。戴护项，披云肩，上着宽袖齐膝短服，袖口上扬；胸际系带作结，外侧再系革带，腰部亦系革带；下着腿裙，略微宽大，包边线刻褶纹。腕镯，左手曲于体侧，食指、中指直伸，余指相捻；右手半握，置于右腿。盘左腿，垂右腿，坐于方台上。着鞋，右足踏于座前低台。座台高14厘米，宽18厘米，厚7.5厘米。低台高5.5厘米，宽15.5厘米，厚3.5厘米。

主尊像身后刻云纹背屏，高36厘米，最宽24厘米。

童子像　立身高23厘米。光头，面微左侧，略残，着宽博披巾，披巾腹前相绕后向上敷搭前臂，下垂体侧，止于低台；下着长短

1　此"二十一"3字《大足石刻铭文录》录为"什一"。重庆大足石刻艺术博物馆编：《大足石刻铭文录》，重庆出版社1999年版，第449页。

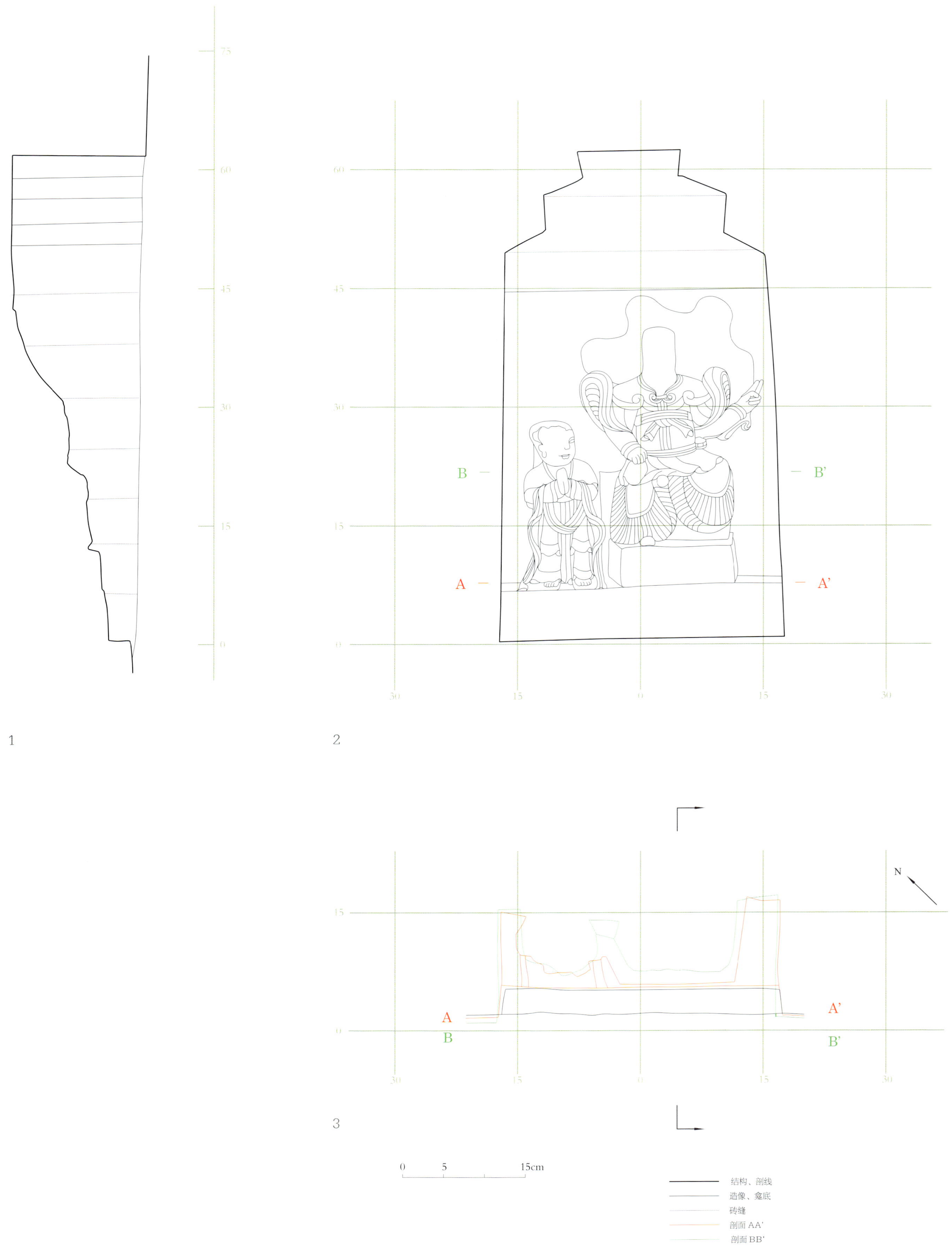

图 232　第 59 号龛平、立、剖面图
1　剖面图　2　立面图　3　平面图

两层裙，腰系带，长垂足前。腕镯，双手合十，跣足直立。

四 铭文

邢信道镌造善财参礼最寂静婆罗门龛题记，南宋绍兴十七年至二十五年（1147—1155年）。位于正壁嵌石右上角。刻石面高14厘米，宽7厘米。文左起，竖刻4行31字，楷体，字径1.5厘米（图版Ⅱ：85）。

01 最寂静婆罗门得
02 城悟解脱法门
03 砌塔道人邢信道为
04 母亲王氏二娘施此功德

五 晚期遗迹

龛内保存黄色、黑色、红色、绿色等四种涂层。

第十一节 第60号

一 位置

位于第五层回廊内壁南向壁面。上距回廊券顶下沿59.5厘米，下距地坪20厘米；左距壁面转折边缘61厘米，右距壁面转折边缘65厘米。

窟口南向，方向175°。

二 形制

圆拱形藻井顶窟（图233、图234、图235、图236、图238、图239、图240；图版Ⅰ：239、图版Ⅰ：240、图版Ⅰ：241、图版Ⅰ：242、图版Ⅰ：243）。

窟口 呈圆拱形，高112厘米，宽58.5厘米，深30厘米；竖直部分高86厘米。

窟底 呈方形，高161厘米，宽76.5厘米，深60厘米，至窟顶顶部高159厘米。

窟壁 正壁竖直，通高125厘米；局部镶嵌造像石，下起窟底，高83厘米，宽55厘米；其上砖壁高42厘米。左右壁通高125厘米，其中左壁嵌石二块，上块局部镶嵌高16厘米，宽5.5厘米；下块满嵌下起窟底，高79厘米，宽56厘米。右壁局部镶嵌造像石下起窟底，高73厘米，宽50厘米。左右壁上部作一阶叠涩与窟顶相接。

窟顶 藻井顶，呈方形，为五重叠压砖结构，通高34厘米；其中，上部两重呈45°错角叠压。

三 造像

刻像13身。分为正壁、左壁、右壁造像三部分。

（一）正壁

图 233　第 60 号窟立面图

图 234　第 60 号窟剖面图

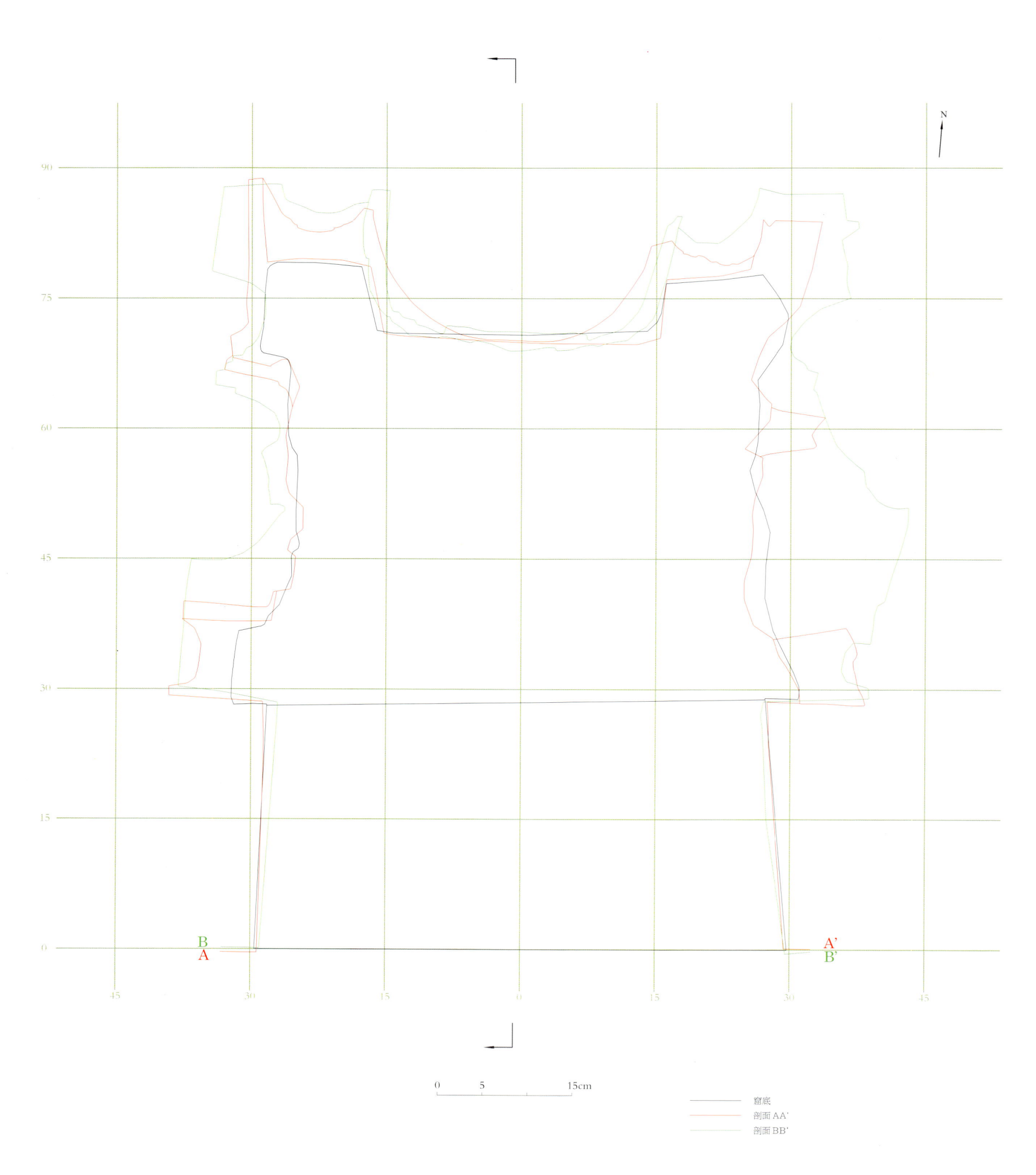

图 235　第 60 号窟平面图

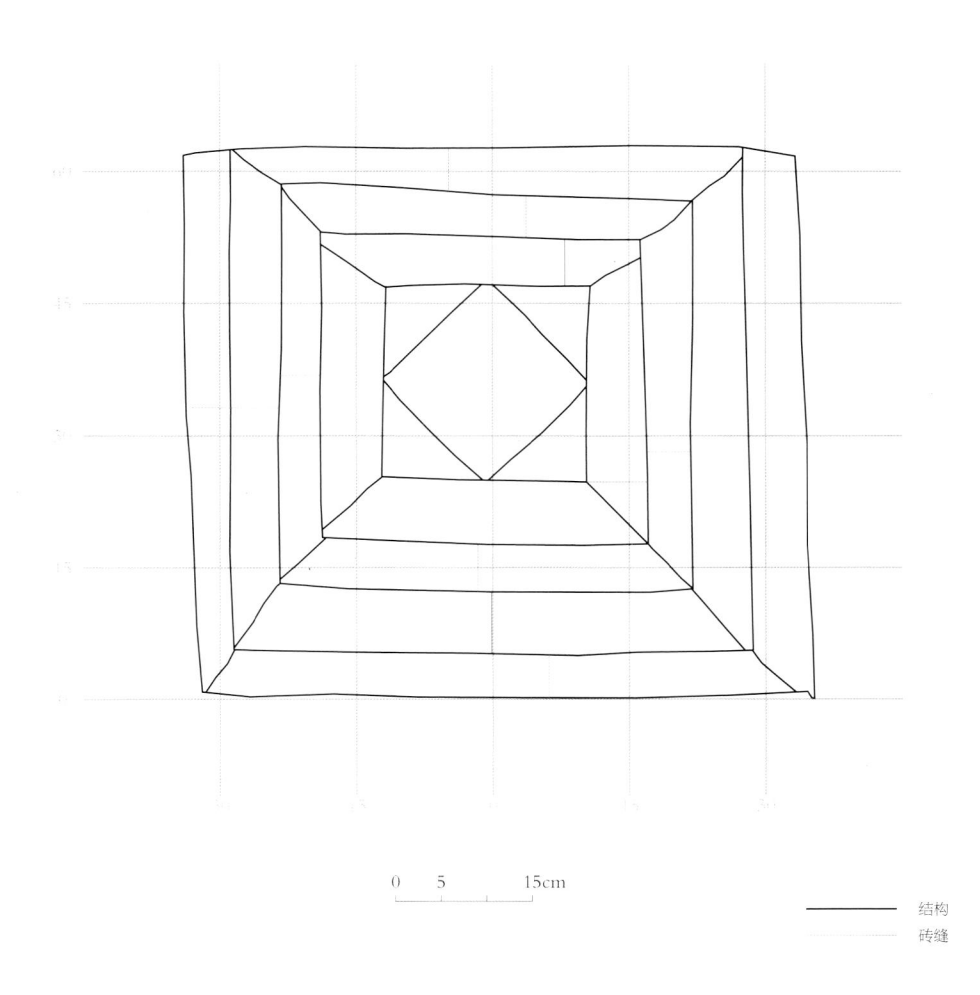

图 236　第 60 号窟窟顶仰视图

刻像5身（图237、图238；图版Ⅰ：241）。中刻主尊坐佛1身，左右各刻供养人像2身，置于低台上。台高9厘米，宽55厘米，深16厘米，中部外凸。

佛像　坐高39厘米，头长15厘米，肩宽19厘米，胸厚8厘米。浅浮雕圆形素面头光，直径33厘米。头刻螺髻，面残，内着僧祇支，系带作结，外着双领下垂式袈裟；下着裙，袈裟及裙摆覆于座前。腕镯，双手腹前结印，结跏趺坐于束腰仰覆莲座上。座通高28.5厘米，上部为仰莲台，高12.5厘米，直径31厘米；中部为圆台，高4厘米，直径12厘米；下部为单层覆莲台，高5厘米，直径30厘米。

供养人像　4身，立式。从左至右，从上至下，通编为第1—4像。

第1像　高20厘米。戴展脚幞头，面残，着圆领宽袖服，双手胸前捧笏，笏靠于左肩，下身不现。

第2像　高29厘米。头、面残，存展脚幞头遗迹；着圆领宽袖长服，腰系带；双手胸前捧笏，笏靠于右肩；着鞋站立。

第3像　高20厘米。梳髻，戴团冠，面残，戴珠串耳饰；内着抹胸，外着对襟服；双手残，似置胸前；下身不现。

第4像　高30厘米。头、面残，胸前有下垂的耳饰；内着抹胸，外着对襟宽袖服；下着裙。双手置胸前，其上敷搭帛带，下垂足间；着鞋站立。

（二）左壁

刻像4身（图239；图版Ⅰ：242）。其中，中刻主尊坐像1身，身后上方刻侍者立像1身，座台左右各刻供养人立像1身。

主尊像　坐高37厘米，头长13厘米，肩宽18厘米，胸厚4厘米。光头、面残，戴耳环；内着僧祇支，系带作结，露胸；外披双领下垂式袈裟；下着裙，腰带斜垂。腕镯，左手抚膝，右手持物，举于胸前，物残；盘右腿，左腿斜蹬山石，坐于山石座上；着木屐。

图 237　第 60 号窟正壁造像等值线图

像身后刻云纹背屏，云纹左上角刻一株菩提花树，树干间刻一条蟠龙。龙首大部毁，曲颈，身修长，遍刻鳞甲，现四腿，右前腿四爪握持宝珠，兽形尾。

　　侍者像　立于主尊像身后侧，像高29厘米。梳双髻，面方正，略残；内着双层交领窄袖服，外着宽袖衫；腰系革带，束抱肚、圆护，腰带作结下垂；双手持幡，幡高30厘米；下身不现。

　　供养人像　位于主尊像左右两侧。左像立高31厘米。头巾，面略蚀；着圆领窄袖服，腰系带，作结下垂，双手合十，侧身向主尊礼拜；着鞋站立。右像头毁，残高28厘米，着双层交领长服，腰系带，长垂足间；双手胸前捧葫芦状物，着鞋站立。

（三）右壁

刻像4身（图240；图版Ⅰ：243）。其中，中刻主尊菩萨坐像1身，身后左侧刻弟子立像1身；座台左右各刻供养人立像1身。

　　主尊像　坐高37厘米，头长13厘米，肩宽17厘米，胸厚6厘米（图241）。浮雕圆形素面头光，直径31厘米。光头，面残，内着僧祇支，系带作结，外着双领下垂式袈裟；下着裙。左手腹前托珠，由珠升起一道毫光，绕两匝后，沿左肩上飘至石材上缘；右手置胸前，手残。盘右腿，垂左腿，坐于须弥座上；跣足，左足踏于座前带茎仰莲上。座高30厘米，宽33厘米，深16厘米，前侧刻带茎仰莲、莲叶、莲蕾；仰莲高7厘米，直径8厘米，莲蕾部分残。

　　弟子　立身高31厘米。光头，面大部残，戴圆环耳饰；内着交领宽袖服，外披袒右式袈裟；双手持十二环锡杖，长37厘米，杖首呈葫芦形；足不现。

　　供养人像　左像立高26.5厘米。头巾，圆脸，面蚀；着圆领窄袖服，腰系带；双手略残，合十，着鞋直立。右像立高28厘米，梳髻戴冠，面蚀，耳垂珠串；内着抹胸，外着对襟长服；双手置胸前，覆搭长垂的帛带；着鞋站立。

图 238　第 60 号窟正壁立面图

第六章　塔内第五层造像（第 51—60 号）

图 239　第 60 号窟左壁立面图

图 240　第 60 号窟右壁立面图

图 241　第 60 号窟右壁主尊像效果图

四　铭文

5则。

第1则

位于正壁嵌石左上方方框内。方框高28厘米，宽11厘米，文漶。

第2则

佚名造释迦佛龛残镌记，南宋绍兴十七年至二十五年（1147—1155年）。位于正壁嵌石右上方方框内。方框高28厘米，宽10厘米。文右起，竖刻4行，存20字，楷体，字径1.5厘米（图版Ⅱ：86）。

01　□□□寿等佛一龛祈乞福禄
02　□□□□□□夫荣妇□安
03　□□身心□昌州于□□□□□
04　氏□□冬□□□□□□□

第3则

刘杰造龙树菩萨及施铁索镌记，南宋绍兴二十三年（1153年）。位于左壁上方嵌石线刻的方框内。方框高13.5厘米，宽32厘米。文左起，竖刻14行，存79字，楷体，字径1.5厘米（图版Ⅱ：87）。

01　昌州大足县〔玉〕
02　溪井住铁〔匠〕刘
03　杰妻杨氏发心
04　自初建塔施工
05　修葺动用铁作
06　□□外施铁索
07　一条重三十斤□
08　龙树菩萨一龛
09　并化〔云〕水〔镇〕□
10　作户铁索三条
11　伏〔愿〕四生□□
12　超升见存〔为母〕
13　眼目光明福寿
14　双庆时癸酉岁

第4则

昝彦造地藏菩萨镌记，南宋绍兴十七年至二十五年（1147—1155年）。位于右壁嵌石右侧方框内。方框高32厘米，宽9.5厘米。文右起，竖刻3行35字，楷体，字径2厘米（图版Ⅱ：88）。

01　奉佛昝彦同妻任氏一宅等
02　舍钱造地藏王如来一龛祈乞
03　先亡眷属速登天界见存安乐

第5则

伏小八匠师题名。南宋绍兴十七年至二十五年（1147—1155年）。位于窟口圆拱最上砖块。刻石面高12厘米，宽6厘米。文竖刻1行4字，楷体，字径2—3.5厘米（图版Ⅱ：89）。

伏小八镌

五　晚期遗迹

窟内保存灰白色、红色两种涂层。

注释：

[1] 本则铭文第2行第2字"此"；第2行第3字"圣"，铭文分别为：

[2] 此"圜"字，铭文为：

[3] 本则铭文第8行第1字"成"；第9行第5字"印"；第10行第7字"中"，铭文分别为：

[4] 本则铭文第5行第8字"叁"；第9行第15字"逸"；第12行第13、14字"世"，铭文分别为：

第七章 塔内第六层造像

（第61—69号）

第一节 位置及相互关系

本章介绍的第61—69号等9个龛窟像，分布于多宝塔内第六层回廊的内、外壁面。其中，内壁设5个龛窟，外壁设4个龛窟（图242、图243）。

内壁西南向壁面设置第五段梯道出口，梯道口与回廊外壁的第61号相对。内壁南向壁面的第62号，与外壁塔窗相对。内壁东南向壁面未设龛像，外壁为第63号。内壁东向壁面的第64号，与外壁塔窗相对。内壁东北向壁面的第66号，与外壁的第65号相对。内壁北向壁面的第67号，与外壁塔窗相对。内壁西北向壁面设置第六段梯道的入口，梯道口与外壁的第68号相对。内壁西向壁面的第69号，与外壁塔窗相对。

第二节 第61号

一 位置

位于第六层回廊外壁东北向壁面。上距回廊券顶下沿22厘米，下距地坪72厘米；左距壁面转折边缘92厘米，右距壁面转折边缘90厘米。

龛口东北向，方向45°。

二 形制

单层圭形龛（图244；图版Ⅰ：244）。

龛口呈圭形，高72.5厘米，宽36厘米，深22厘米。龛底方形。龛正壁竖直，局部镶嵌造像石，下起龛底，高51厘米，与龛口等宽；其上砖壁高21.5厘米。左右壁中下部为竖直砖壁，高约58厘米，上部作两阶叠涩，与龛顶相接；叠涩砖块抹角。龛顶为平顶呈方形。

三 造像

正壁嵌石刻像3身（图244-2；图版Ⅰ：244）。其中，中刻主尊坐像1身，左右各刻立式供养人1身，均置于残损的低台上。台残高5.5厘米，与龛口等宽，深17厘米。

主尊像 头大部残，残坐高26厘米，头长9厘米，肩宽10厘米，胸厚5.5厘米。浮雕圆形素面头光，直径18.5厘米，头后存作结下垂的冠带，胸残，身似披双领下垂式袈裟，下着裙；左手腹前握持一条下垂的帛带，右手残；结跏趺坐于束腰仰莲座上。座通高18厘米，宽21厘米，深13厘米，部分残。

供养人像 左像头毁，立身残高23厘米。着圆领窄袖长服，双手合十，直身站立。右像头大部残，立身残高23厘米。身蚀，衣饰不明，双手举至胸前，覆下垂的帛带，着鞋站立。

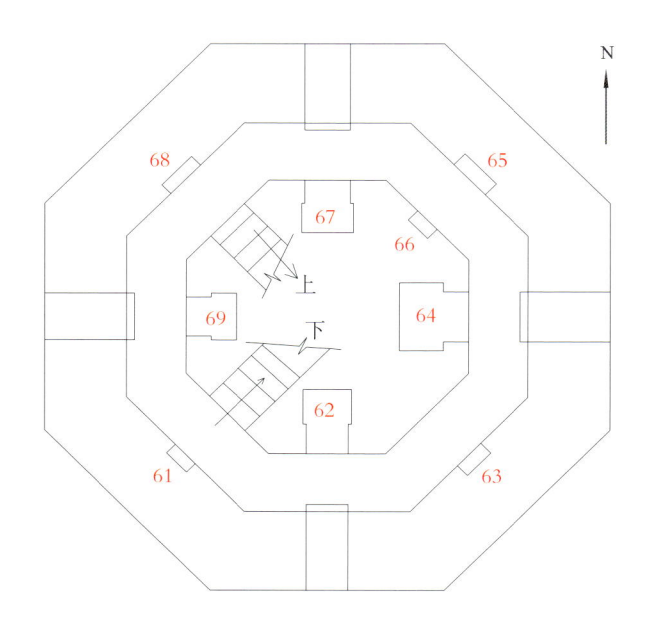

图 242　多宝塔第六层回廊龛窟像分布图

1　西南壁　　南壁　　东南壁　　东壁　　东北壁　　北壁

2　东北壁　　北壁　　西北壁　　西壁

图 243　多宝塔第六层回廊内、外壁展开图
1　内壁　2　外壁

294　大足石刻全集　第四卷（上册）

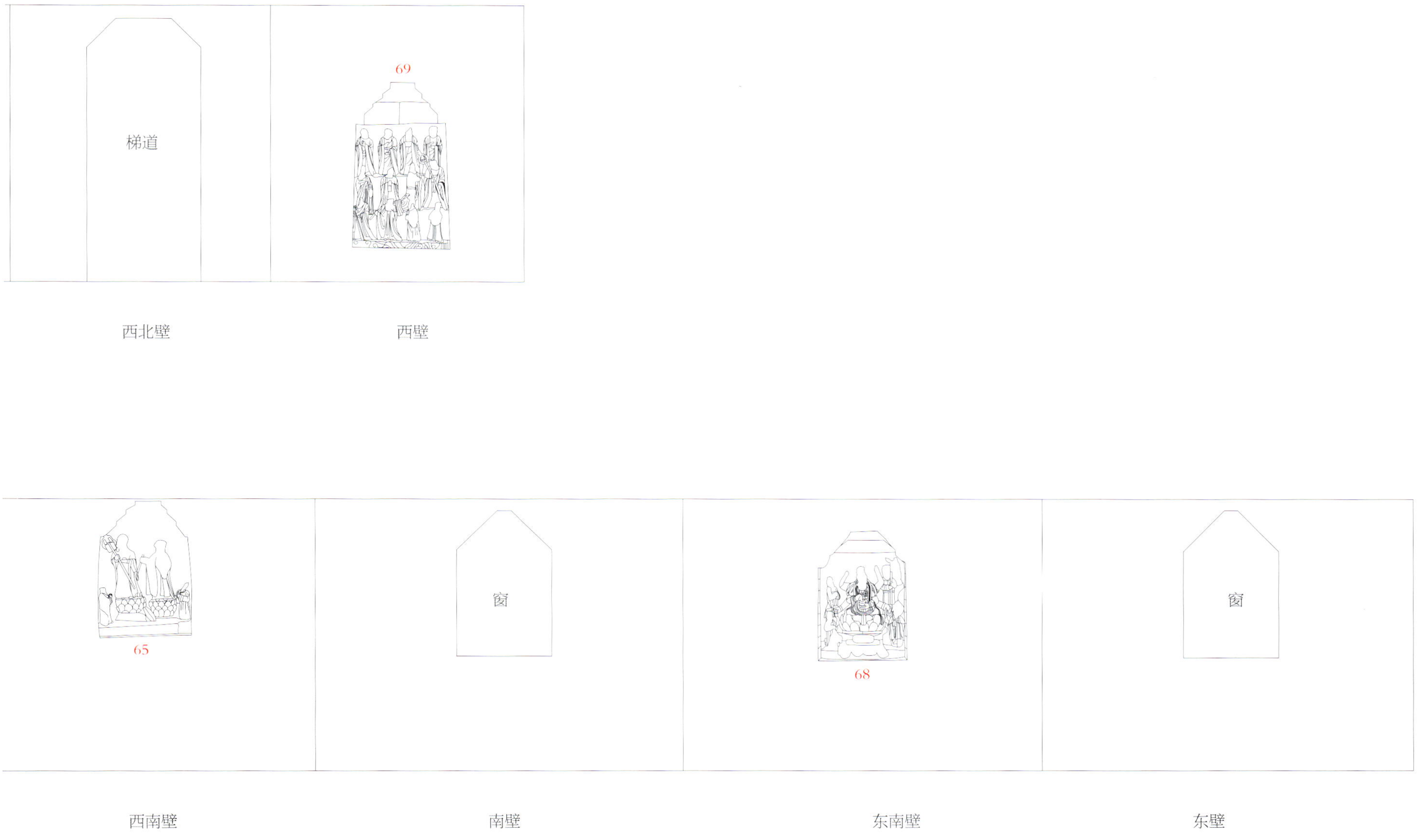

西北壁　　　　　　　　西壁

西南壁　　　　　　　　南壁　　　　　　　　东南壁　　　　　　　　东壁

第七章　塔内第六层造像（第61—69号）　295

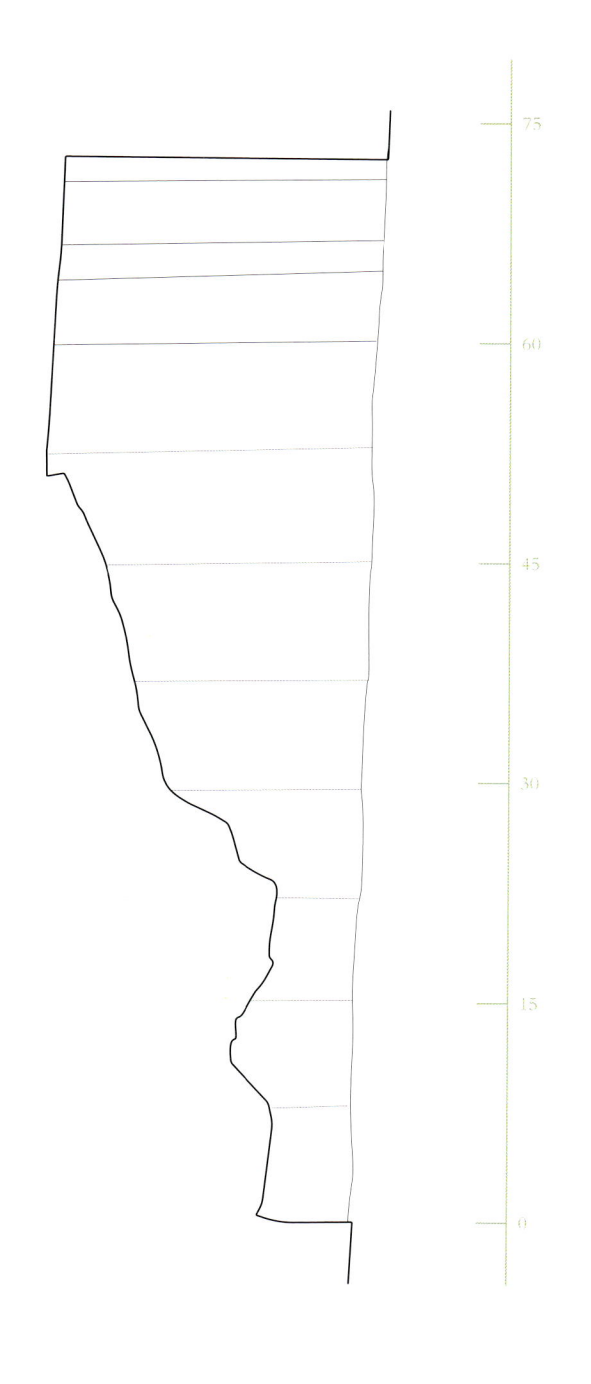

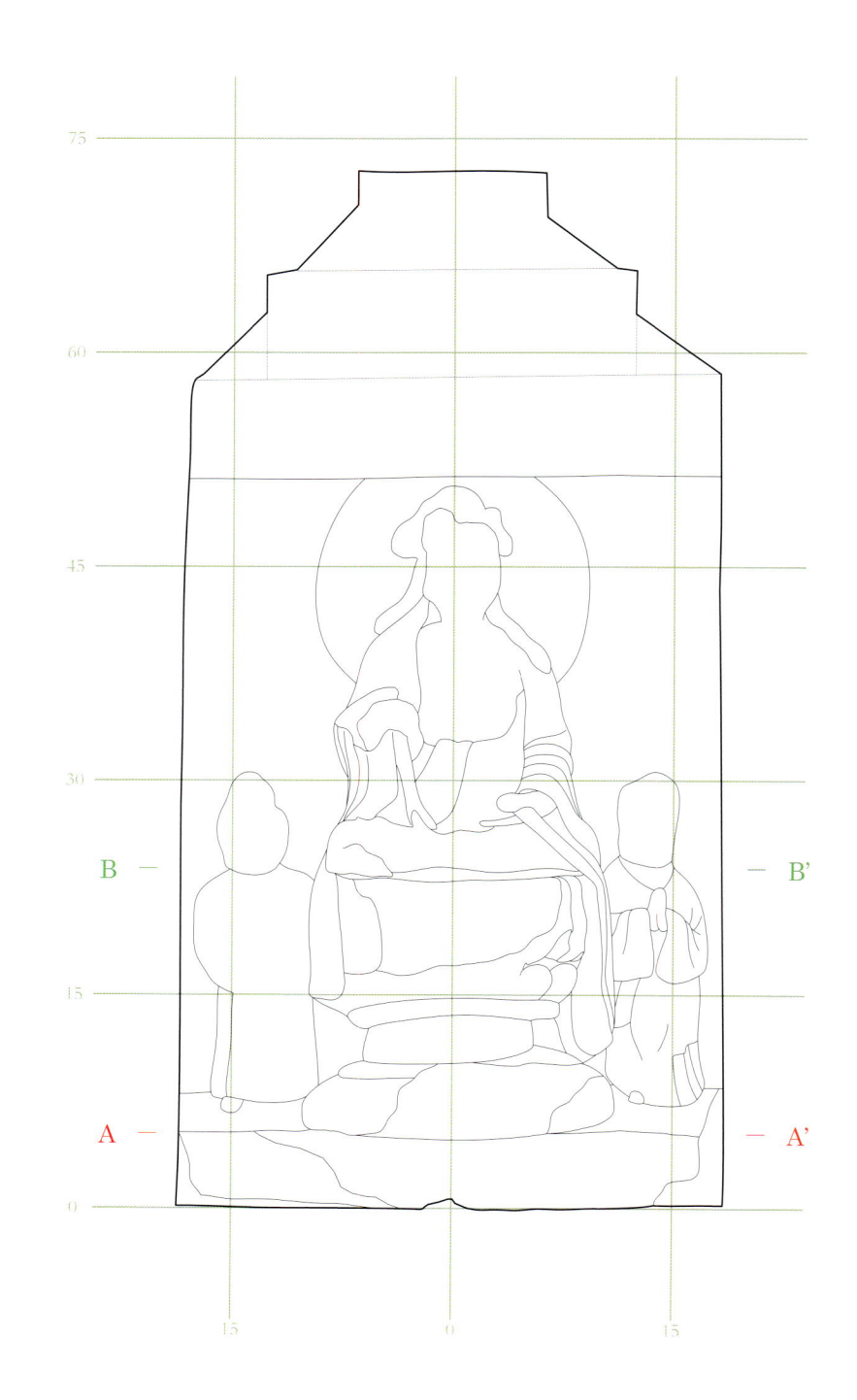

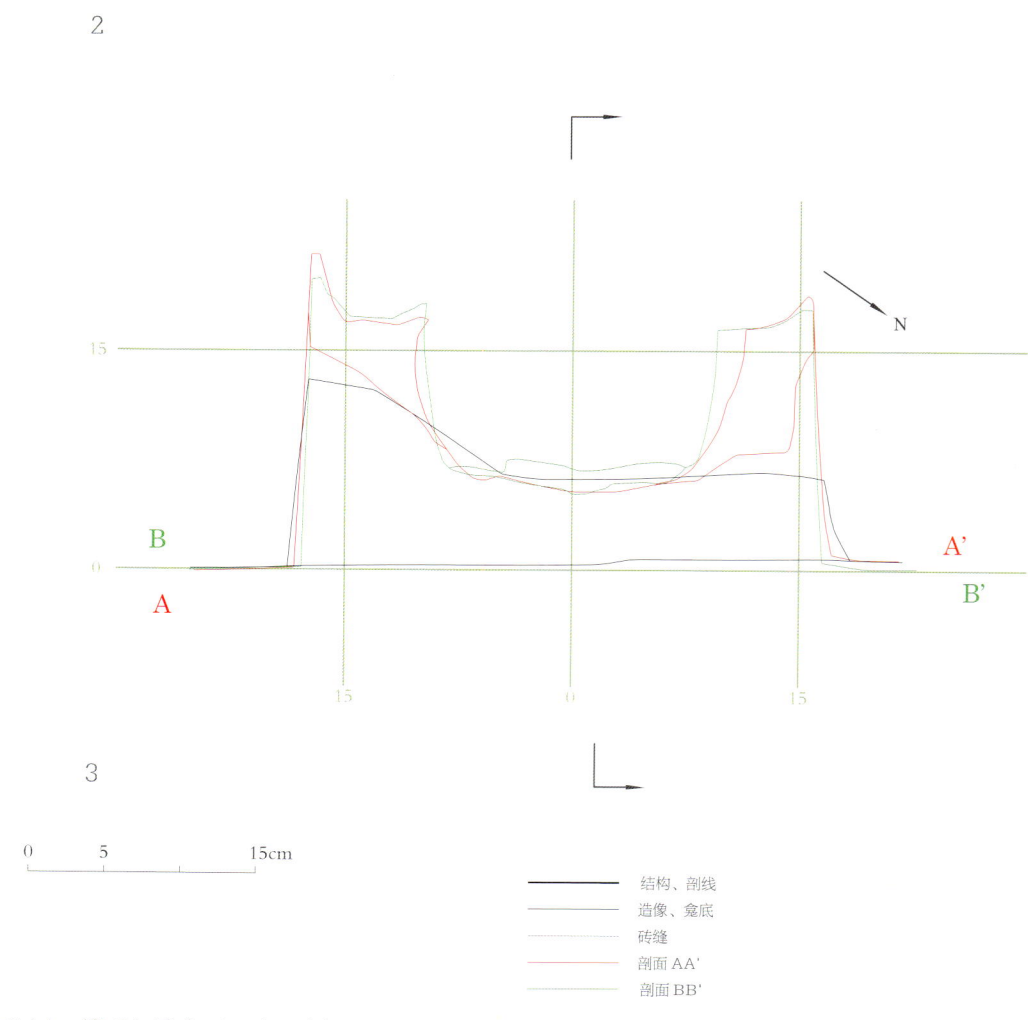

图 244　第 61 号龛平、立、剖面图
1　剖面图　2　立面图　3　平面图

四　晚期遗迹

造像存有灰白色涂层。

第三节　第62号

一　位置

位于第六层回廊内壁南向壁面。上距回廊券顶下沿39厘米，下距地坪20厘米；左距壁面转折边缘46.5厘米，右距壁面转折边缘47厘米。

窟口南向，方向182°。

二　形制

圆拱形藻井顶窟（图245、图246、图247、图248；图版Ⅰ：245、图版Ⅰ：246、图版Ⅰ：247）。

窟口　呈圆拱形，高108厘米，宽53厘米，深30厘米；竖直部分高78厘米。窟口外上方壁面凿有方形浅龛，高26厘米，宽53厘米，深4.5厘米，加工较为粗糙[1]。

图245　第62号窟立面图

1　该浅龛时代不明，估计系为嵌入碑刻时所凿。

图246 第62号龛平、剖面图
1 剖面图　2 平面图

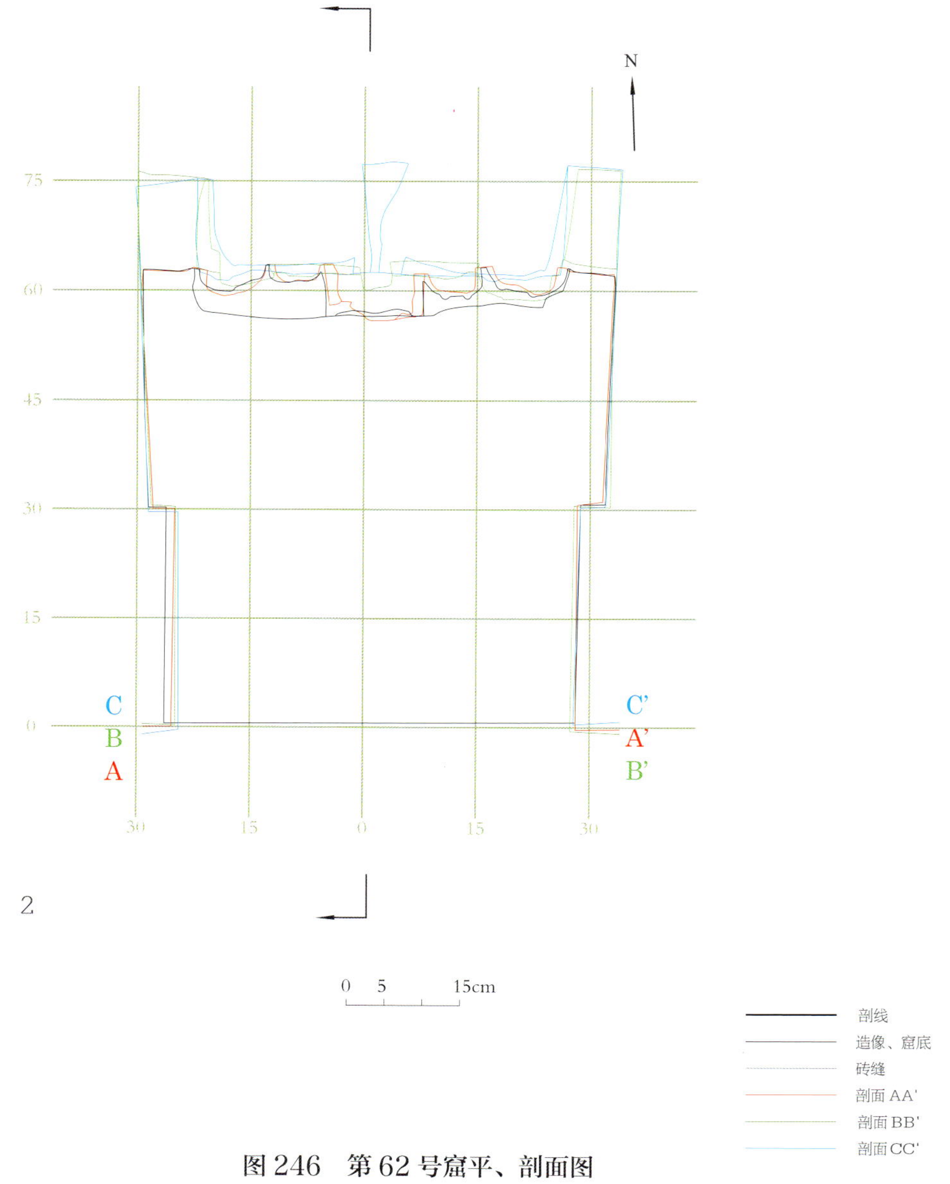

298　大足石刻全集　第四卷（上册）

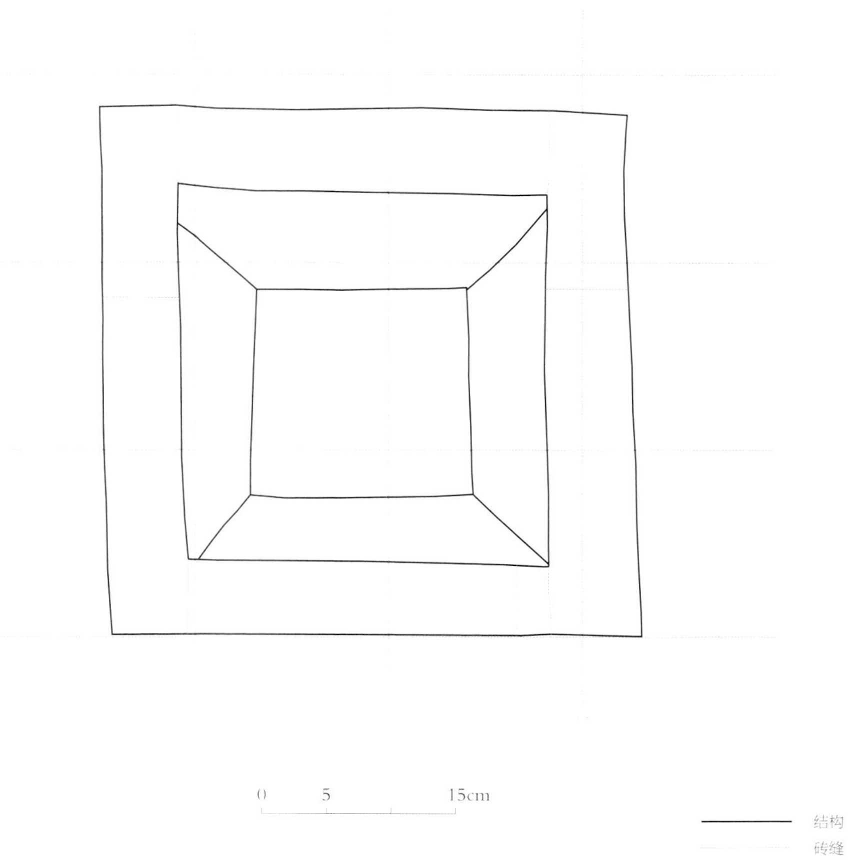

图247　第62号窟窟顶仰视图

窟底　呈方形，宽63厘米，深43厘米，至窟顶顶部高148厘米。

窟壁　正壁通高133厘米，下部局部镶嵌造像石，下起窟底，高73.5厘米，宽48厘米；其上砖壁高59.5厘米。左右壁为素面砖壁，通高133厘米；上部作两阶叠涩与窟顶相接。

窟顶　藻井顶，呈方形，为两重叠压砖结构，与窟壁相接，通高15厘米。

三　造像

正壁嵌石刻像7身（图248；图版Ⅰ：247）。其中，嵌石上部二主尊佛像并坐于须弥座上，座高24厘米，宽50厘米，深15厘米；座前低台上，刻立像5身。

二主尊像　左像坐高32厘米，头长11厘米，肩宽13厘米，胸厚7厘米。头大部残，内着僧祇支，外着双领下垂式袈裟，下着裙；袈裟及裙摆覆于座前。左手腹前结印，右手举至胸前，大部残，结跏趺坐。

右像坐高37厘米，头长13.5厘米，肩宽13厘米，胸厚6厘米。头、面残，存螺发，耳垂肥大，双手举于胸前，手部分残；其余特征与左佛像同。

座前立像　5身，均置于低台上。台高4.5厘米，宽51厘米，深6—8厘米。从左至右编为第1—5像。

第1像　头毁，身残，残高27厘米。上身衣饰不明，下着裙，双手残，侧身直立。

第2像　头毁，身残，残高18厘米，细节不明。

第3像　大部毁，残高16厘米，可辨向窟内跪拜的姿势。身下刻出低矮的方台，高2厘米，宽13厘米，深6厘米。

第4像　残损甚重，残高约17厘米。

第5像　残毁甚重，细节不明，残高约26厘米。

图 248　第 62 号窟正壁立面图

四 晚期遗迹

造像存灰白色涂层。

第四节 第63号

一 位置

位于第六层回廊外壁西北向壁面。上距回廊券顶下沿13厘米，下距地坪72厘米；左距壁面转折边缘83.5厘米，右距壁面转折边缘85厘米。

龛口西北向，方向305°。

二 形制

单层圭形龛（图249、图250；图版Ⅰ：248）。

龛口圭形，高72.5厘米，宽42厘米，深15厘米。龛底方形。龛正壁竖直，局部镶嵌造像石，下起龛底，高53厘米，与龛口等宽；其上砖壁高18.5厘米。左右壁中下部为竖直砖壁，高约58厘米，上部作两阶叠涩与龛顶相接，叠涩砖块抹角。龛顶为方形平顶。

图249 第63号龛立面图

图 250 第 63 号龛平、剖面图
1 剖面图 2 平面图

三　造像

正壁嵌石刻立像2身（图249；图版Ⅰ：248）。右为主尊像，左为侍者像，均置于低台上。台高4厘米，宽38.5厘米，深7厘米。

主尊像　头大部毁，立身残高46厘米，头长10厘米，肩宽13厘米，胸厚7厘米。内着僧祇支，外披双领下垂式袈裟，下着裙；左手置腹前，右手举至胸前，皆残；跣足分踏仰莲。莲高5厘米，直径8厘米。

侍者像　头毁，残高31厘米。着圆领窄袖长服，腰系带，双手胸前似合十，部分残，着鞋，屈膝侧身作参拜状。

四　晚期遗迹

造像存有黄色涂层。

第五节　第64号

一　位置

位于第六层回廊内壁东向壁面。上距回廊券顶下沿40厘米，下距地坪20厘米；左距壁面转折边缘47.5厘米，右距壁面转折边缘45厘米。

窟口东向，方向90°。

二　形制

圭形藻井顶窟（图251、图252、图253、图254、图255；图版Ⅰ：249、图版Ⅰ：250、图版Ⅰ：251、图版Ⅰ：252、图版Ⅰ：253）。

窟口　呈圭形，高105厘米，宽58厘米，深29厘米；竖直部分高75厘米。

窟底　呈方形，宽85厘米，深69厘米，至窟顶顶部高138厘米。左右侧砖砌一级低坛。

窟壁　正壁及左右壁皆竖直，且相互垂直，均通高106厘米；壁面各局部镶嵌造像石一块。其中，正壁嵌石下起窟底，高93厘米，宽60厘米；左壁嵌石置于低坛上，高81厘米，宽62.5厘米；右壁嵌石置于低坛上，高71厘米，宽65厘米。左右壁上部作二阶叠涩与窟顶相接。

窟顶　藻井顶，呈方形，为五重叠压砖结构，通高32厘米；其中，上部两重呈45°错角叠压。

三　造像

根据造像布置，分为正壁、左壁、右壁三部分。

（一）正壁

为记述方便，将正壁造像分为下部、中部、上部三部分（图253；图版Ⅰ：251）。

1. 正壁下部

正壁嵌石下部，刻一棺，高18厘米，宽55厘米，厚25厘米。中部凿出深约1厘米的不规整凹槽，棺沿斜飘云纹。其正面刻出部分壸门。棺前低台上刻像7身及一兽。低台高5厘米，宽60厘米，深14厘米。从左至右将造像通编为第1—7像。

第1像　头毁，残高24厘米。身着袈裟，侧身立于方台左侧，手前伸作扶靠状。

第2像　头毁，残高16厘米。内着双层交领服，外披袈裟，侧身半蹲，手前伸，抚于第3像左肩，作推扶状。

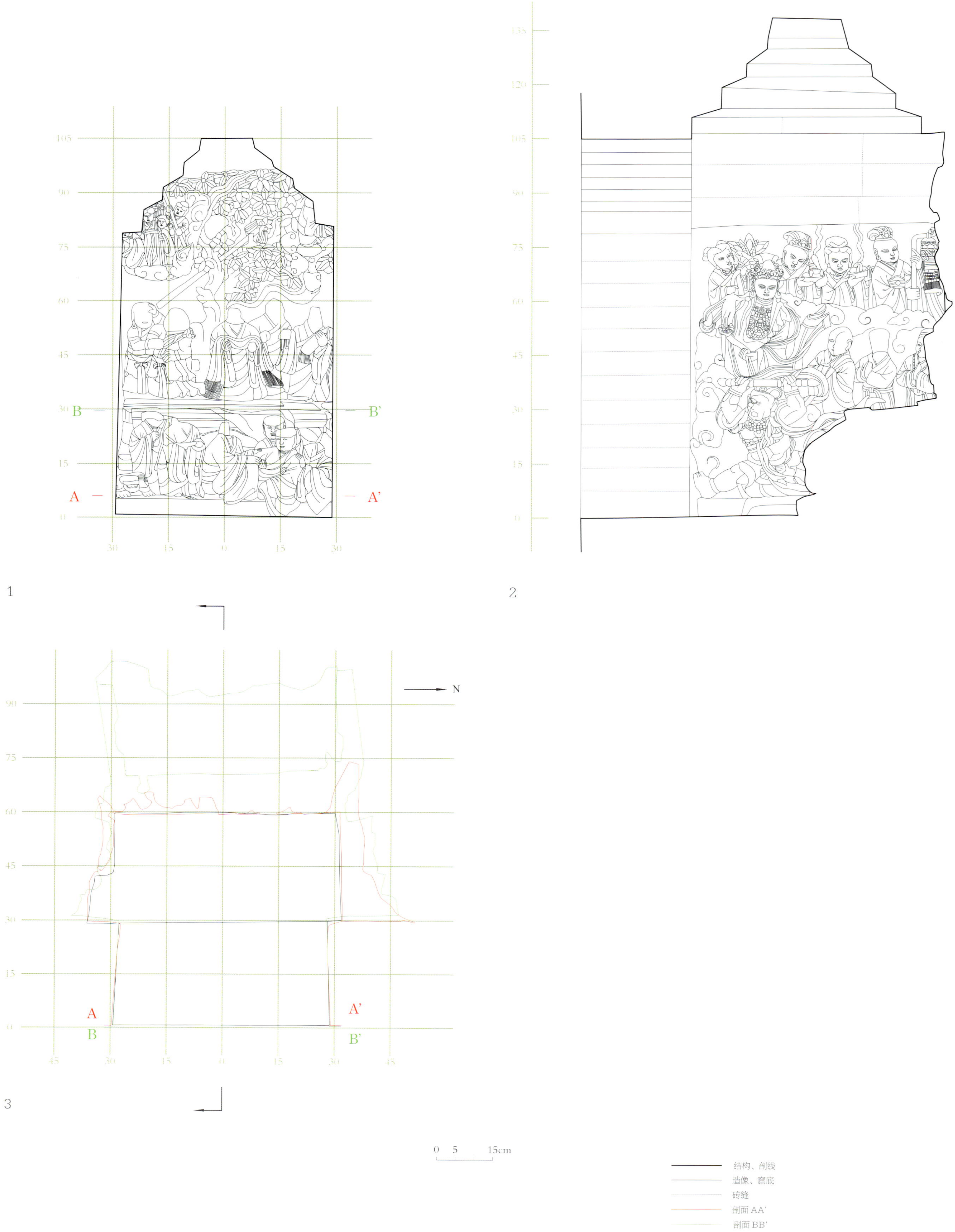

图 251　第 64 号窟平、立、剖面图
1　立面图　2　剖面图　3　平面图

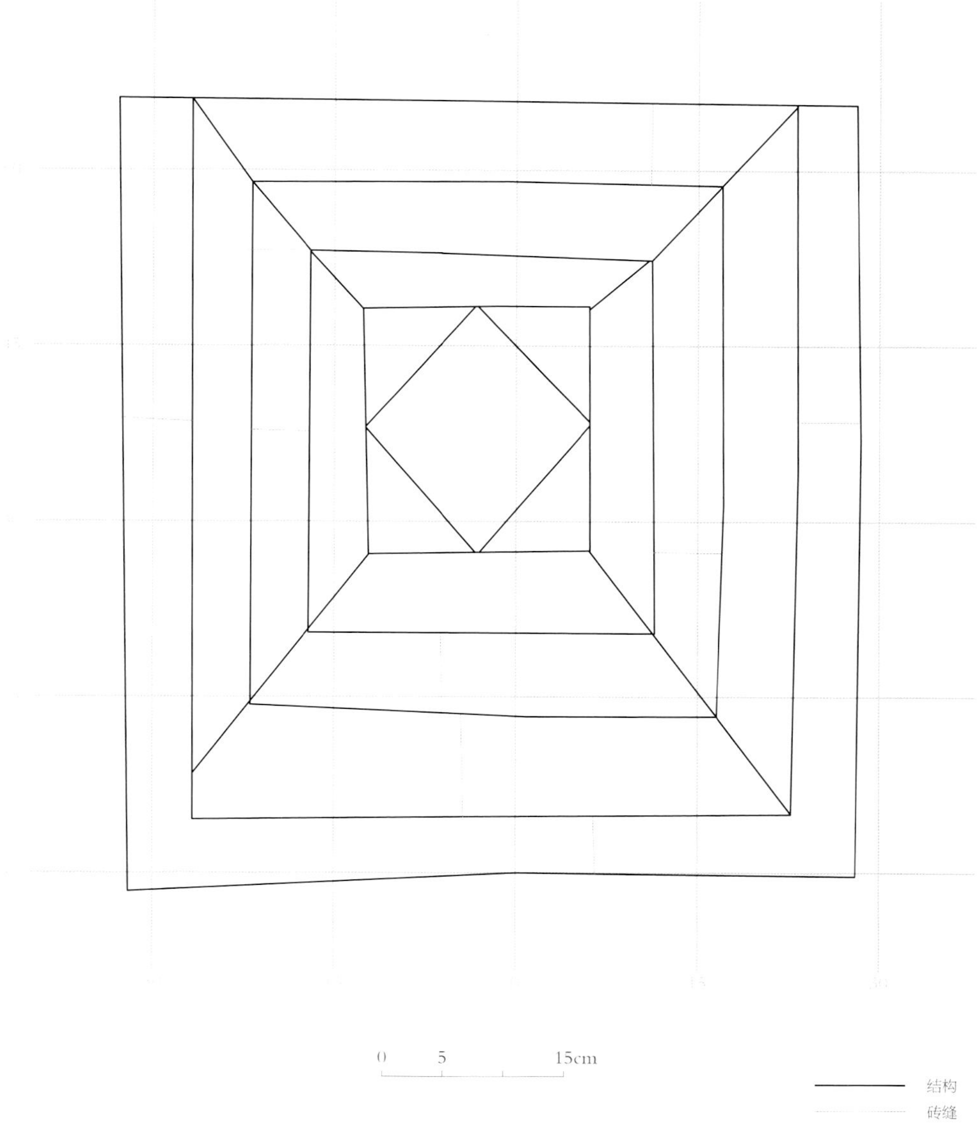

图 252　第 64 号窟窟顶仰视图

第3像　头顶部分残，面蚀，残高20厘米。内着双层交领服，外披袒右式袈裟，瘫坐于地。

第4像　刻于第3像身后，显露高9厘米。头顶残，面稍残，口微启，着交领服，双手前伸，抱扶第3像。

第5像　头毁，残高22厘米。衣饰与第3像同，侧身蹲跪，双手前伸，牵扯第3像。

第6像　头毁，残高21厘米。内着双层交领服，外披袒右式袈裟，下着裙；双手胸前似托物，手及物残，着鞋，侧身站立。

第7像　头大部残，残高23厘米。左手上举，手残，右手握于胸前，其余特征与第6像略同。

第7像身后所刻兽，风蚀甚重，向窟外俯卧，可辨兽头、鬣毛及两前腿。

2. 正壁中部

正壁嵌石中部，即棺后刻立像5身，从左至右，编为第1—5号像。

第1像　头毁，残高28厘米。可辨内着交领服，外披袈裟，下着裙；左手胸前持物，右手与第2像左手相握，直身站立。

第2像　头毁，残高29厘米。左手与第1像右手相握，右手（残）置于胸前；余与第1像同。

第3像　头毁，残高27厘米。双手胸前托一绶带；余与第1像同。

第4像　高26厘米。头部分残，刻披垂的卷发，上身斜披络腋，下着长短两层裙，臂钏、腕镯，左手置腰间，右手与第5像右手相握，侧身站立。

第5像　高28厘米。头部分残，左手置于前额，右手与第4像相握，其余特征与第4像同。

第七章　塔内第六层造像（第61—69号）　305

图253　第64号窟正壁立面图

3. 正壁上部

正壁嵌石上部，即棺后五像身后，浮雕娑罗双树，枝干虬曲，枝叶茂盛，叶分五瓣，中斜置一锡杖，杖通长43厘米，杖首呈桃形，略蚀。近杖首处倒扣一钵，高5厘米，直径7.5厘米。树左右上方各饰一朵祥云。

左祥云云尾右斜向上飘，云头上刻一立像，头毁，残高14厘米。上披袈裟，下着裙，双手合十，足鞋，侧身向左，作礼拜状。

右祥云左斜向上飘，云中刻像4身。主像立身高19厘米。梳高髻，戴凤冠，圆脸，面蚀，着交领宽袖长服，下着裙，腰带长垂足间，身饰飘带，环状绕于头顶，经双肩垂于身后；左手扶左侍女肩部，右手斜垂，双足隐于云内。主像两侧，各刻一侍女。左侍女高13厘米，梳髻，面蚀，着交领服，下着长裙，侧身搀扶主像，双足不现。右侍女头毁，残高12厘米，双手抱持主像右手，作相扶状。主像左后侧，刻一男侍像，显露部分高13厘米，梳髻，面蚀，着交领窄袖服，下着裙，双手举持长柄华盖，华盖罩于主像头顶。

（二）左壁

左壁嵌石刻像11身（图254，图版Ⅰ：252）。其中，前端中部刻体量略大的菩萨立像1身，身左后刻立式女侍像4身，身右下方刻卧式力士像1身，身后侧刻立式供养人5身。供养人像身后刻出云纹，以示上下分界。

菩萨像　头毁，残高44厘米。胸饰璎珞，外披双领下垂式袈裟，下着裙，腕镯，左手持幡，扛于左肩，幡长飘身后，右手置胸前，作指引状，直立于方台上。

女侍者像　立式，4身，均显半身。从左至右编为第1—4像。

第1像　高25厘米。梳髻，面丰圆，眉目清晰，上着双层交领长服，胸束带，下身不现；双手持带梗莲叶、莲蕾。

第2像　高11厘米。梳髻，面丰圆，五官可辨，身躯大部隐没，衣饰不明。像右肩外层刻一盏，盏上置物，物难辨。

第3像　高19厘米。梳髻，戴冠。圆脸，面蚀。身着双层交领服，腰束带，双手胸前捧盘，盘内置物。

第4像　高19厘米。梳髻，长圆脸，面蚀。双手持幡，余与第3像同。

力士像　身长37厘米。梳髻，戴冠，面部分残。胸饰璎珞，上身赤裸，下着短裙，飘带环状绕于头后，经双腋隐于身后。臂环，腕镯，左手持物，物残难辨，右手握拳，侧身倒卧，跣足。

供养人像　立式，5身，均显半身。从左至右编为第1—5像。

第1像　男像，高23厘米。头巾，部分残，圆脸，着圆领窄袖长服，双手举持长柄香炉（略残），侧身站立，双足不现。

第2像　女像，高27厘米。梳高髻，丰圆脸，略蚀，戴珠串耳饰，着对襟长服，双手合十，双足不现。

第3像　男像，高31厘米。头部分残，双手胸前持一物，余与第1像同。

第4像　高17厘米。保存状况、特征与第2像同。

第5像　高23厘米。头部分残，着交领窄袖长服，右臂残，余特征与第2像同。

（三）右壁

右壁嵌石刻像9身，布局与左壁略同（图255；图版Ⅰ：253）。其中，前端中部刻体量略大的菩萨立像1身，身后刻立式女侍像4身，身前下方刻力士1身，身左侧刻立式供养人3身；供养人像身后刻出云纹，以示上下分界。

菩萨像　高36厘米。梳髻，垂发披肩，戴冠，冠带作结下垂。面长圆，口微启，戴耳环。胸饰璎珞，身披双领下垂式袈裟，左手腹前握飘带，右手残，屈举于右肩；小腿不现。

女侍者像　立式，4身，显露部分。从右至左编为第1—4像。

第1像　高29厘米。梳髻，圆脸，五官可辨，面微仰，内着翻领窄袖服，外着交领宽袖服，下着裙；双手握持带梗莲蕾、莲叶。

第2像　高19厘米。梳髻，戴冠，头左侧，面目可辨，小口微启；着双层交领宽袖服，双手托盏，内置三足香炉，略残，升起一道烟云。

第3像　高19厘米。梳髻，面略蚀，双手捧盏，内置物，升起一道烟云，余与第1像同。

第4像　高24厘米。梳髻，戴冠，圆脸，面蚀，戴耳环；着双层交领宽袖服，胸束带，双手持幢，侧身直立。

力士像　高31厘米。梳髻，戴冠，面残，戴项圈，斜披络腋，下着短裙，身饰飘带。飘带绕于头后，经腋下长飘身后。腕镯，双手举过头顶握持一鞭；足环，跣足作弓步。

图254 第64号窟左壁立面图

图 255　第 64 号窟右壁立面图

供养人像　立式，3身。从右至左编为第1—3像。

第1像　僧人像，高25厘米。光头，面残，内着双层交领服，外披袈裟，双手合十，手残，双足不现。

第2像　头毁，残高32厘米，着双层交领窄袖服，腰束带，双手合十站立。

第3像　高34厘米。头巾，面残，胸前悬挂念珠，余与第2像同。

四　铭文

2则。

第1则

伏小八匠师题名，南宋绍兴二十四年（1154年）[1]。位于窟口上方砖正面。刻石面高5厘米，宽20厘米。文左起，横刻4字，楷体，字径4厘米（图版Ⅱ：90）。

伏小八镌

第2则

窟口上方12.5厘米处，凿建方形浅龛，内嵌石一块，高20.5厘米，宽55厘米，深1.5厘米。其上刻"佚名造涅槃窟题记"，南宋绍兴二十四年（1154年）。文左起，竖刻26行，存269字，楷体，字径1厘米（图版Ⅱ：91）。

01　娑罗双林示寂式
02　〔我〕佛世尊以一大事因缘说死
03　说生说人天幻觉本见空即心
04　为佛而乃双林示灭入般涅槃
05　而谓是生耶死耶波旬唱言〔生〕
06　耶死耶况我人众生寿者亦
07　然观之不见佛母摩耶夫人到
08　忉利天至双林所迦文世尊自
09　棺中出坐般若室中为母说
10　法是谓是生耶死耶生也不然
11　死也不然我佛之见以生也不生〔生〕
12　为生死也不死死为死然而有□
13　天上人间大地一切众生□□□□
14　虚设此一□事作个是非□□□
15　湛然常住不灭但慈济闻不闻于
16　尽闻见不见于尽见迦文□□凡
17　二千三百余年未曾见□涅槃〔像〕□
18　睹建大宝塔顶安佛像□佛吉祥
19　睡而未曾之舍钱命工□〔石〕刊造[2]□
20　圣容永安佛塔仰〔冀先亡宋祖〕[3]氏

1　此则题名位于窟口上方、第2则题记下方，应与第2则题记上石年代相同。
2　此"造"字《大足石刻铭文录》录为"建"。重庆大足石刻艺术博物馆编：《大足石刻铭文录》，重庆出版社1999年版，第448页。
3　此"冀先亡宋祖"5字《大足石刻铭文录》录为"□先亡宋□"。同前引。

21　涅槃以超升债主□□□□□

22　□□见存眷□各保□□□□

23　□魔顿明□□□□□□

24　□为之源三有□□尽入真如[1]□

25　君王万岁□□□[2]□□□□□

26　甲戌绍兴孟夏八日[3]□□□立石[1]

五　晚期遗迹

窟内造像存灰白色涂层。

第六节　第65号

一　位置

位于第六层回廊外壁西南向壁面。上部与回廊顶部底端相接，下距地坪79厘米；左距壁面转折边缘76.5厘米，右距壁面转折边缘78厘米。

龛口西南向，方向226°。

二　形制

单层圭形龛（图256、图257；图版Ⅰ：254）。

龛口呈圭形，高88厘米，宽59厘米，深24厘米。龛底呈方形。龛正壁竖直，满嵌造像石，下起龛底，高72厘米，与龛口等宽，外凸壁面4厘米；其上砖壁高16厘米。左右壁中下部竖直，高约62厘米，上部作三阶叠涩与龛顶相接。龛顶为方形平顶。

三　造像

正壁嵌石刻像4身（图256；图版Ⅰ：254）。其中，中刻主尊立像2身，左右各刻侍者立像1身，皆置于低台上。台高9厘米，深12厘米，与龛口等宽，左外侧角毁。

左主尊像　左像头毁身残，立身残高40厘米。存下飘的巾带。上身似披袈裟，下着裙。左手毁，右手屈肘右伸，握持杆状物。双足略残，踏于三层仰莲上。莲高10厘米，直径17厘米。

右主尊像　头泐身残，立身残高42厘米。可辨上着袈裟，下着裙。左手胸前托珠，右手持锡杖，手及物均蚀；双足稍残，立于三层仰莲台上。莲台高10厘米，直径18厘米。

二像莲台间刻闭合和舒张的莲叶各一片，略残。

侍者像　左像头毁，残高21厘米。着圆领窄袖长服，腰束带，双手合十，侧身作礼拜状。右像头大部残，残高23厘米。双手拱于胸前，侧身与左立像相对，作礼拜状。

1　此"尽入真如"4字《大足石刻铭文录》未录。重庆大足石刻艺术博物馆编：《大足石刻铭文录》，重庆出版社1999年版，第448页。

2　此"君王万岁□□□"《大足石刻铭文录》录为"君书岁□月十"。同前引。

3　此"孟夏八日"4字《大足石刻铭文录》录为"□夏□日"。同前引。

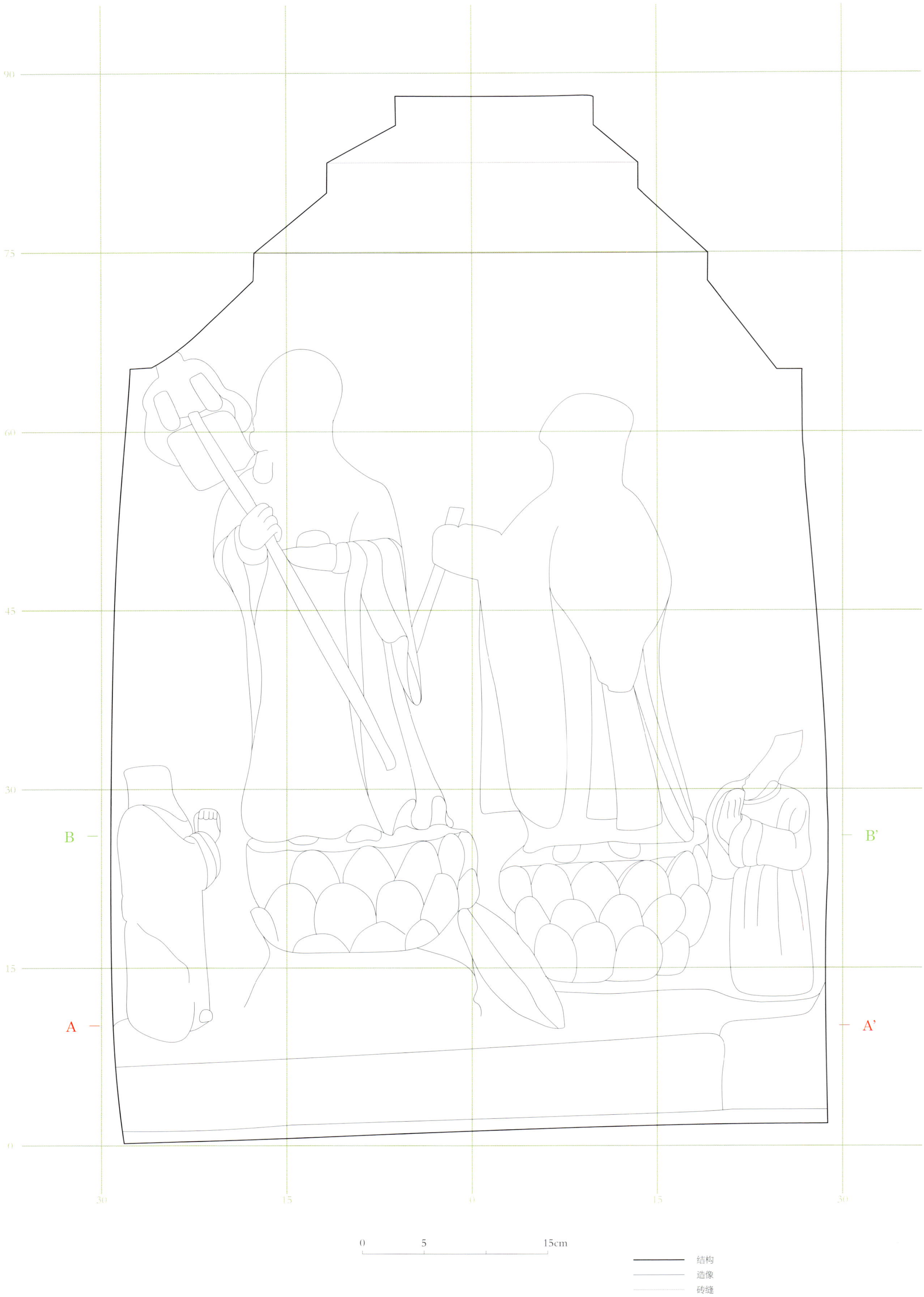

图 256　第 65 号龛立面图

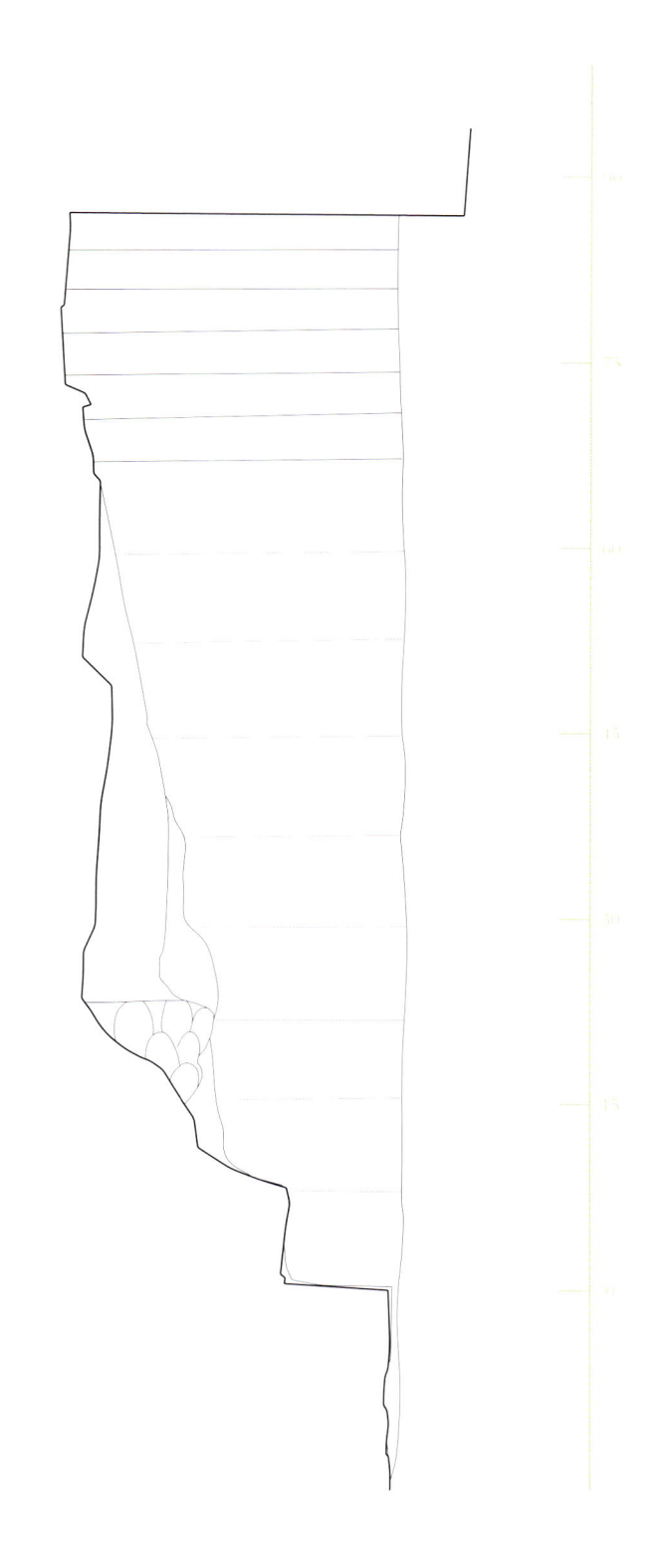

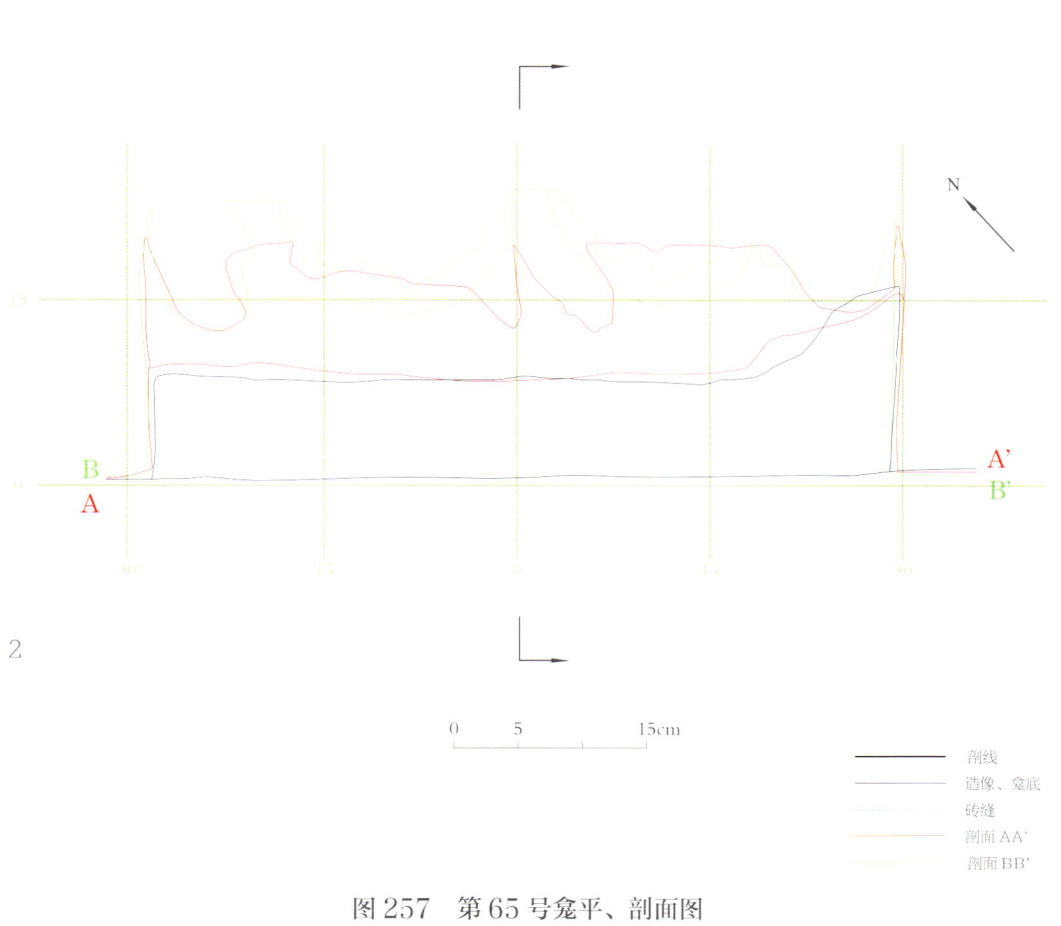

图 257　第 65 号龛平、剖面图
1　剖面图　2　平面图

第七章　塔内第六层造像（第 61—69 号）　313

第七节　第66号

一　位置

位于第六层回廊内壁东北向壁面。上距回廊券顶下沿26厘米，下距地坪82厘米；左距壁面转折边缘55厘米，右距壁面转折边缘57厘米。

龛口东北向，方向40°。

二　形制

单层圭形龛（图258、图259；图版Ⅰ：255）。

龛口呈圭形，高61.5厘米，宽36厘米，深16.5厘米。龛底呈方形。龛正壁竖直，满嵌造像石，下起龛底，高50厘米，与龛口等宽；其上砖壁高11.5厘米。左右壁中下部竖直，高约47厘米，上部作二阶叠涩与龛顶相接；叠涩砖块抹角。龛顶为方形平顶。

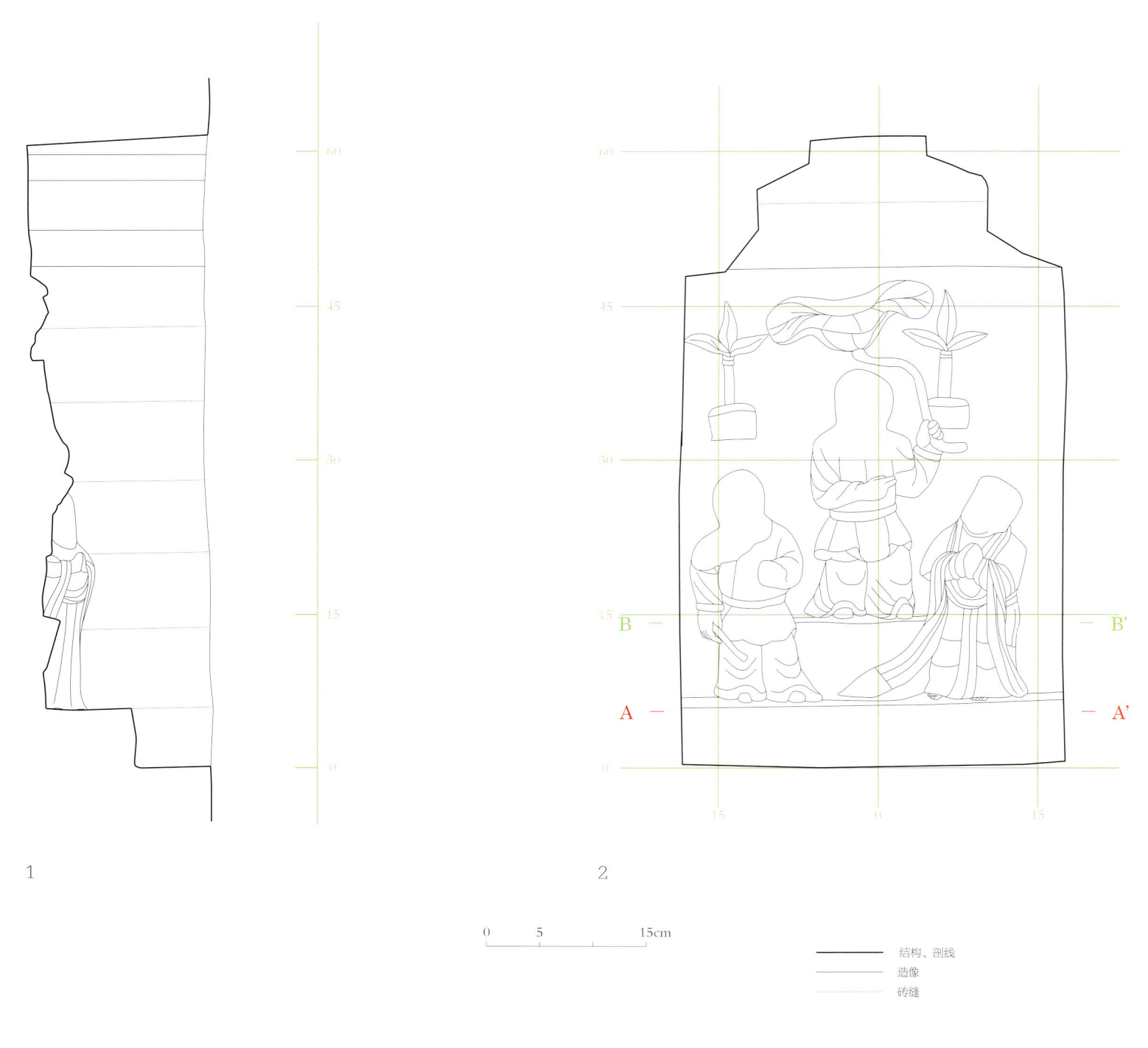

图258　第66号龛立、剖面图
1　剖面图　2　立面图

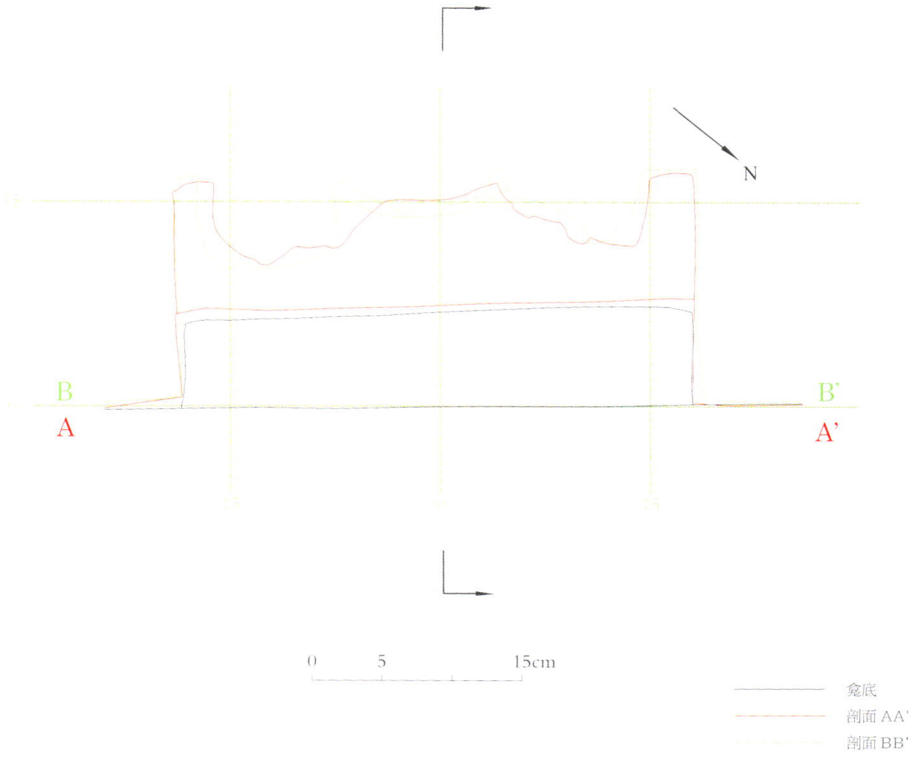

图 259　第 66 号龛平面图

三　造像

正壁嵌石刻立像3身，呈"品"字形布置，位于低台上（图258-2；图版Ⅰ：255）。台高6厘米，深10厘米，与龛口等宽。

中像　头面皆残，立身残高25厘米。上着窄袖短衫，下着裙，左手屈举，握持带茎莲叶，右手横置胸前，食指、中指前伸，作指点状，着鞋立于低台上。台高8.5厘米，宽12厘米，深3厘米。

该像头部左右各线刻一盆景，盆内刻三叶植物。

左像　头大部残，立身残高23厘米。似仰面，上着披巾，下着长短两层裙，腰带垂足间。身饰飘带，于腹前交绕，敷搭前臂后下垂体侧，双手合十，跣足侧身站立。

右像　头毁，立身残高23厘米。左手残，置胸前；右手下垂，握持一物，物残难辨；余与中像同。

四　铭文

邢信道镌造善财参礼遍友童子师龛题记，南宋绍兴十七年至二十五年（1147—1155年）。位于正壁嵌石左上角。刻石面高14厘米，宽7厘米。文左起，竖刻4行37字，楷体，字径1厘米（图版Ⅱ：92）。

01　迦毗罗城遍友童子师
02　范指入无所得故生解脱
03　砌塔道人邢信道为
04　母亲王氏二娘施此功德

第八节　第67号

一　位置

位于第六层回廊内壁北向壁面。上距回廊券顶下沿39厘米，下距地坪20.5厘米；左距壁面转折边缘44厘米，右距壁面转折边缘42厘米。

窟口北向，方向358°。

二　形制

圆拱形藻井顶窟（图260、图261、图262、图263；图版Ⅰ：256、图版Ⅰ：257、图版Ⅰ：258）。

窟口　呈圆拱形，高112厘米，宽57厘米，深29.5厘米；竖直部分高82厘米。

窟底　呈方形，宽65厘米，深49厘米，至窟顶顶部高150厘米。

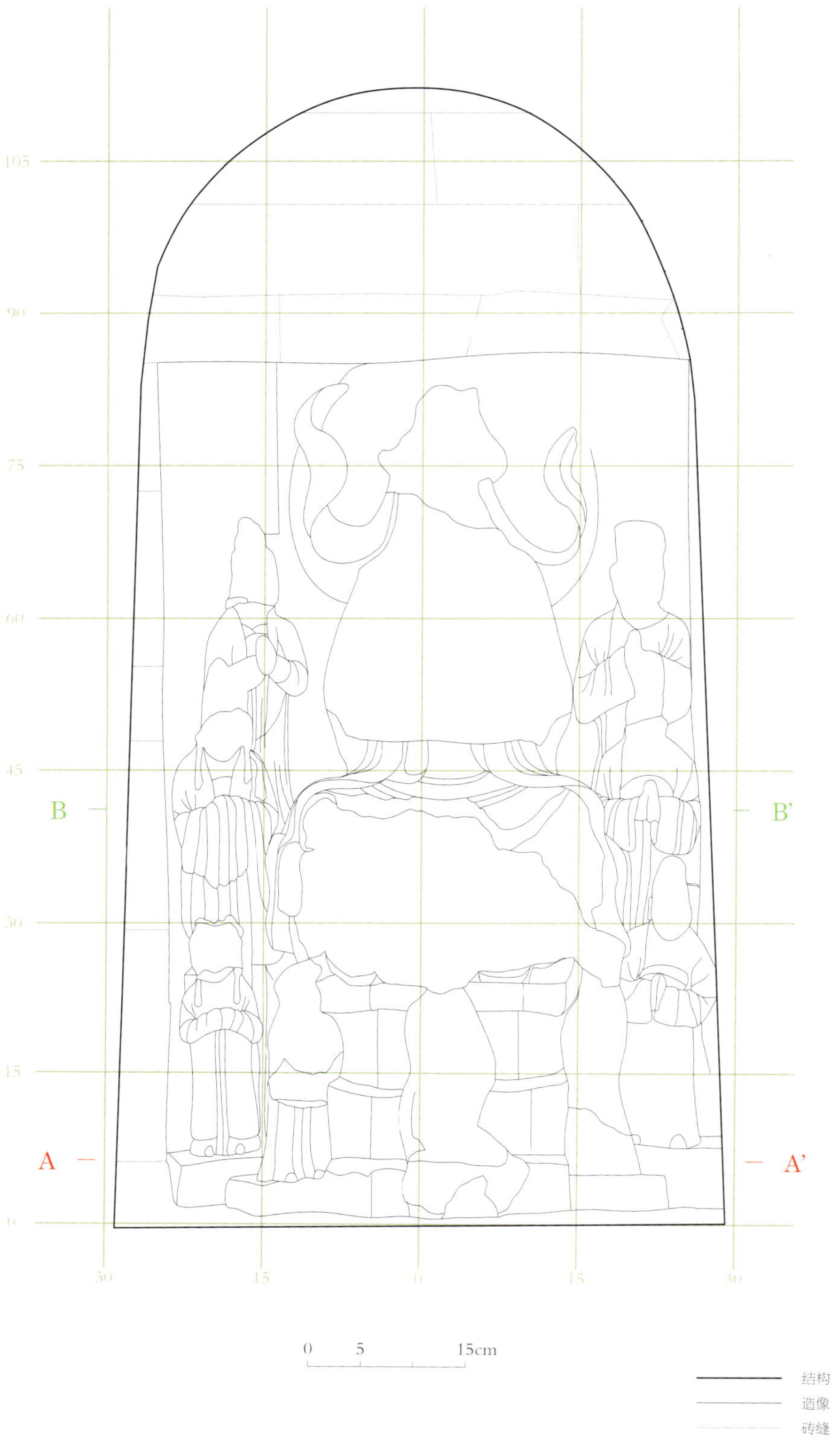

图260　第67号窟立面图

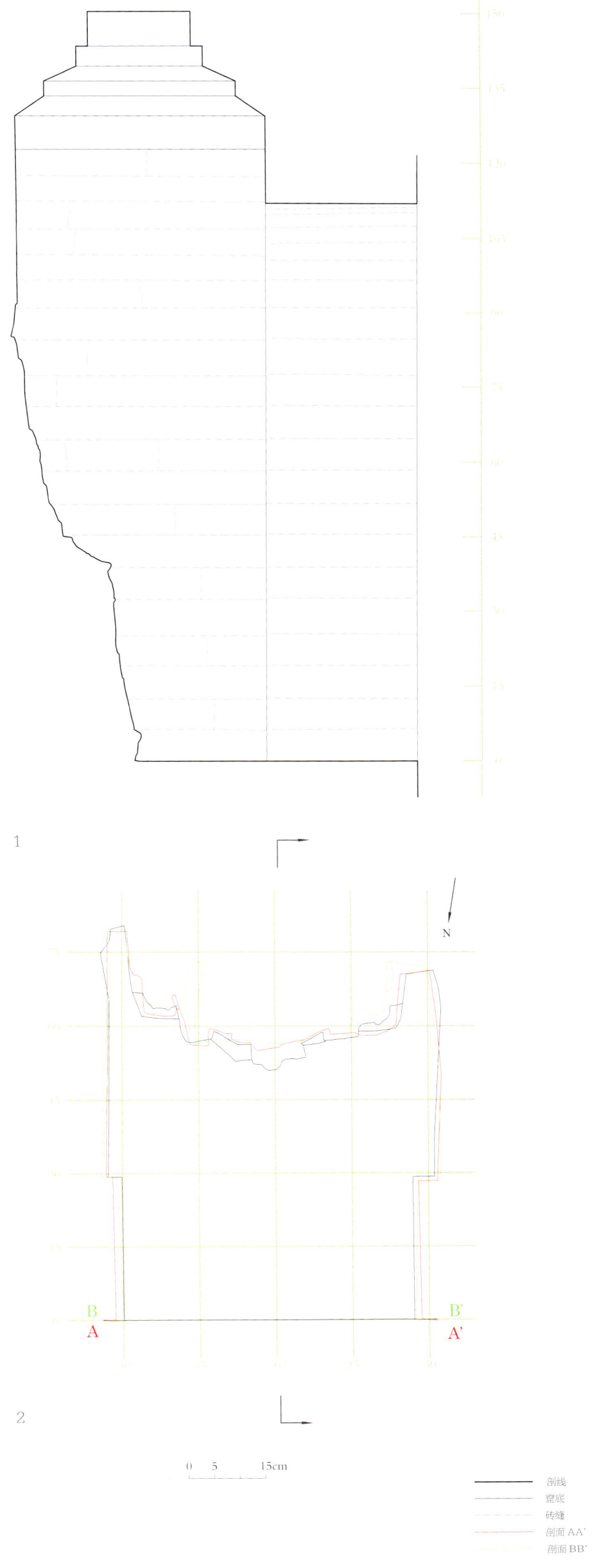

图 261　第 67 号窟平、剖面图
1　剖面图　2　平面图

第七章　塔内第六层造像（第 61—69 号）

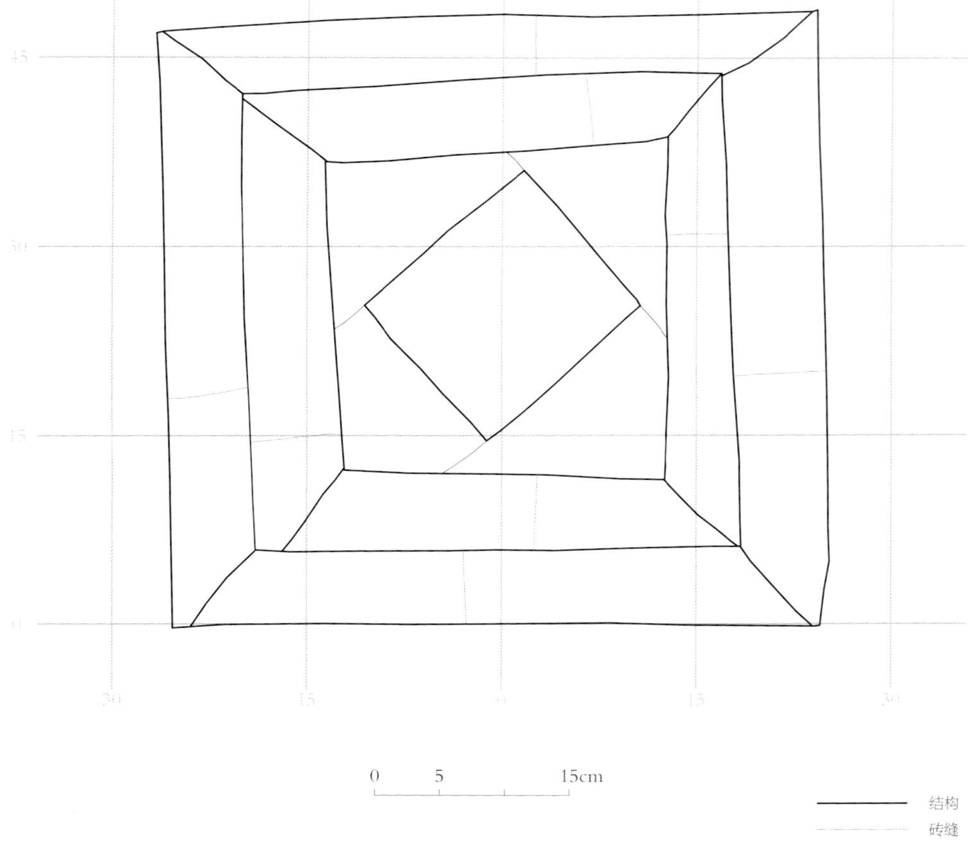

图 262　第 67 号窟窟顶仰视图

窟壁　正壁竖直，通高128厘米，局部镶嵌造像石，下起窟底，高84厘米，宽50.5厘米；其上砖壁高44厘米。左右壁素面，通高128厘米；上部皆作一阶叠涩与窟顶相接。

窟顶　藻井顶，呈方形，为三重叠压砖，通高22厘米；其中，上部两重呈45°错角叠压。

三　造像

正壁嵌石刻像10身（图263；图版Ⅰ：258）。其中，中为主尊坐像1身，主尊左右及前侧共刻供养人立像9身。

主尊像　头毁，残坐高44厘米。浅浮雕圆形素面头光，直径29厘米。头后左右冠带作"U"字形上扬。身大部残，衣饰不明，结跏趺坐于束腰座上。座高32厘米，宽32厘米，深19厘米，部分残。

供养人像　立式，9身。左右各刻4身，座前刻1身。从上至下，从左至右，再至座前，通编为第1—9像。

第1像　头残，高29厘米。着圆领窄袖长服，双手合十，直身站立。

第2像　头残，高24厘米。着圆领窄袖长服，腰束带，双手合十，直身站立。

第3像　高28厘米。足鞋，特征与第2像同。

第4像　大部毁，残高24厘米。

第5像　头残，高30厘米。内着抹胸，外着对襟衫，下着裙；双手合十，直身站立。

第6像　高26厘米。双手置胸前，上覆帛带，余与第5像同。

第7像　高24厘米。梳双髻，面残，双手笼袖内，足鞋，余与第5像同。

第8像　受损甚重，残高21厘米。可辨身下着裙，足鞋。

第9像　残损甚重，且石材开裂，细节不明，残高16厘米；仅可辨呈"S"形的身躯轮廓。

图 263　第 67 号窟正壁立面及供养人像编号图

第七章　塔内第六层造像（第 61—69 号）　319

四 铭文

3则。其中第1、2则为"周圆晖造像残记"，第3则为"周圆晖题名"。上石于南宋绍兴十七年至二十五年（1147—1155年）。

第1则

位于正壁嵌石左上方。刻石面高16厘米，宽11厘米。文左起，竖刻4行，存18字，楷体，字径1厘米（图版Ⅱ：93）。

01　砌塔道人邢信道本为
02　□□〔母〕亲□生父母
03　□□□〔命〕工镌造□
04　（澧）

第2则

位于正壁嵌石右上方。刻石面高16厘米，宽12厘米。文左起，竖刻5行，存37字，楷体，字径1厘米（图版Ⅱ：94）。

01　□十三善知识伏愿过
02　□者生于净土存者〔愿〕
03　□□□□世世生生〔长〕
04　□逢善友无诸魔事
05　□莫遇诸邪小师周〔圆晖〕

第3则

位于正壁嵌石上方25厘米处的砖面上。刻字面高5厘米，宽30厘米。文左起，横刻1行8字，楷体，字径3厘米（图版Ⅱ：95）。

轮车道人周圆晖造

第九节　第68号

一　位置

位于第六层回廊外壁东南向壁面。上距回廊券顶下沿18厘米，下距地坪66厘米；左距壁面转折边缘79.5厘米，右距壁面转折边缘78厘米。

龛口东南向，方向130°。

二　形制

单层圭形龛（图264、图265；图版Ⅰ：259）。

龛口呈圭形，高80.5厘米，宽52厘米，至后壁深24.5厘米。龛底方形。龛正壁竖直，满嵌造像石一块，高68厘米，宽51.5厘米；其上砖壁高11.5厘米。左右壁中下部为竖直砖壁，高约57厘米，上部作三阶叠涩与龛顶相接，叠涩砖块抹角。龛顶为方形平顶。

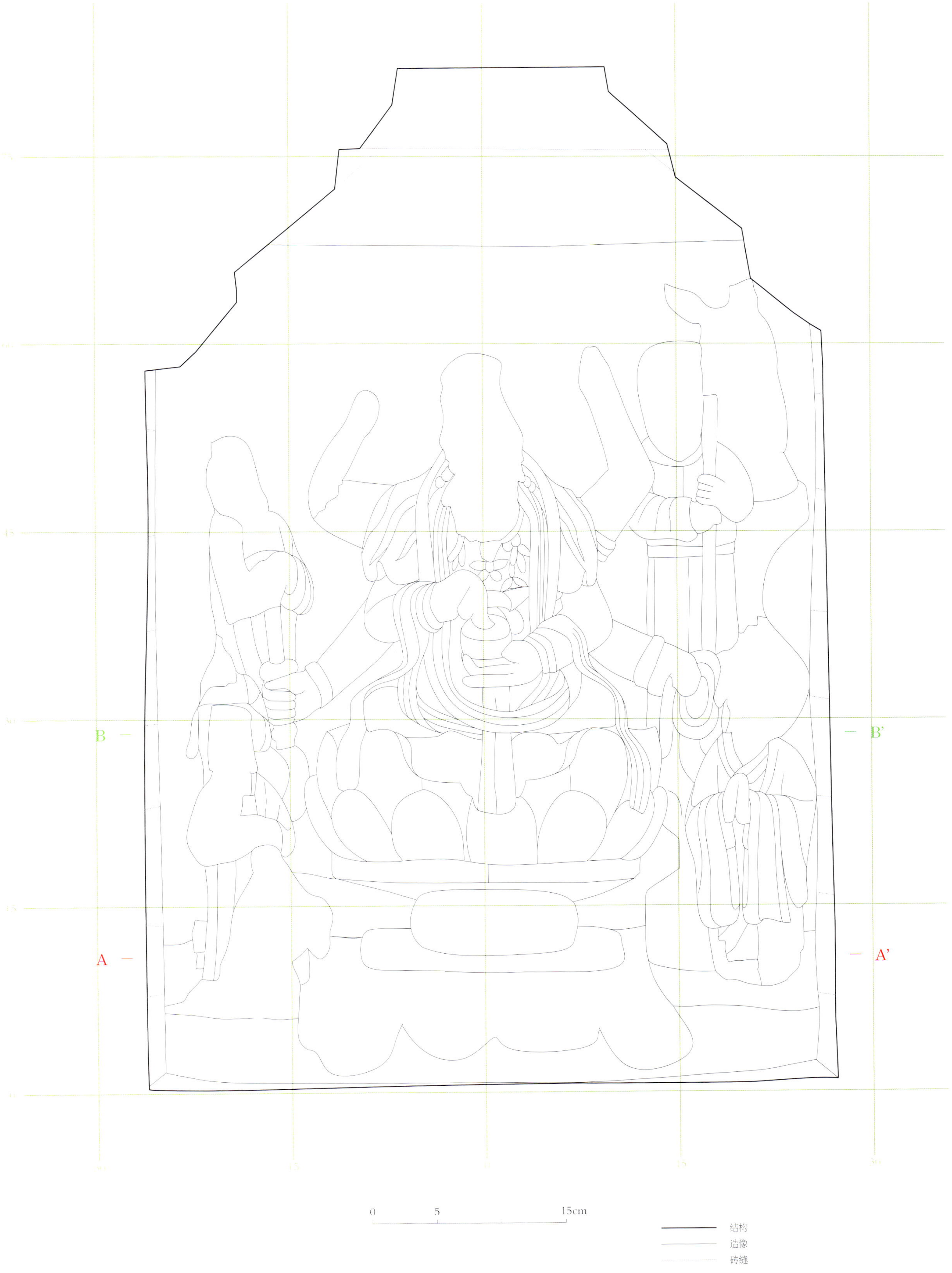

图 264　第 68 号龛立面图

图 265　第 68 号龛平、剖面图
1　剖面图　2　平面图

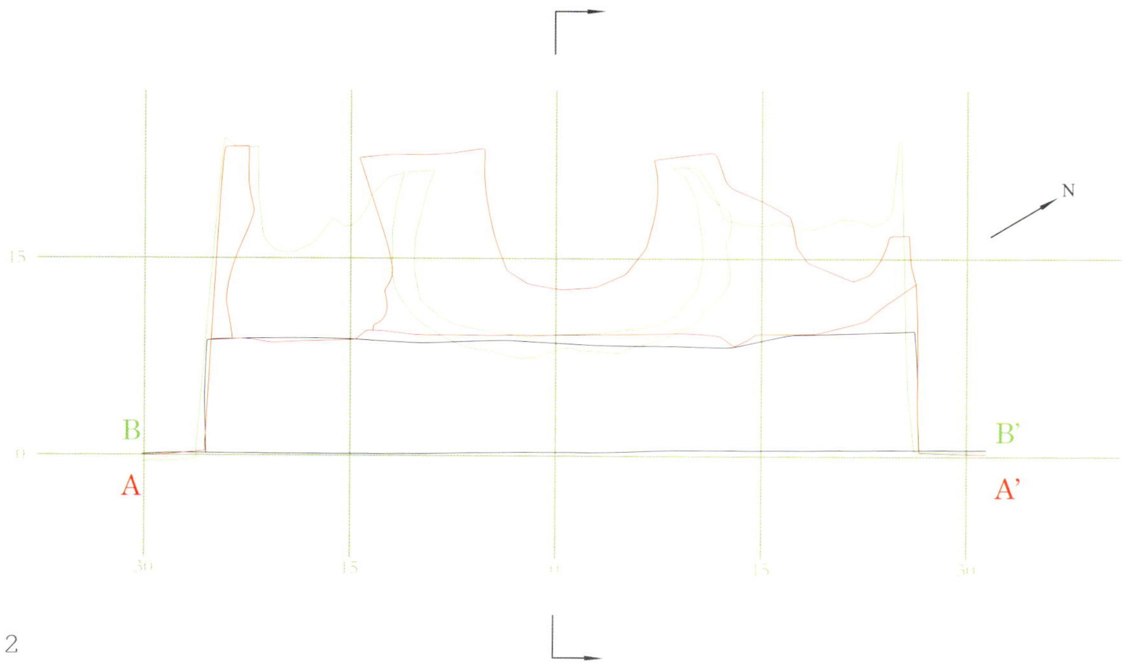

三　造像

正壁嵌石刻像9身（图264；图版Ⅰ：259）。中刻主尊菩萨坐像1身，左右两侧各刻侍者像4身，呈纵列布置。造像皆置于低台上，台高6厘米，深16厘米，与龛口等宽。

菩萨像　头毁，残坐高30厘米，肩宽12厘米，胸厚9厘米。颈部外侧存冠带沿胸下垂，发丝挽结，披覆双肩。胸饰璎珞，上着宽博披巾，披巾两端于身前交绕后，向上敷搭前臂，再下垂体侧；下着裙，腰系带长垂座前。六臂，皆腕镯，上两手臂钏，屈肘上举，大部残；左中手腹前托钵，钵高2厘米，直径4厘米，右中手于钵上持物，手及物残；左下手持羂索，右下手持剑，剑身大部毁；结跏趺坐于束腰仰莲座上。座通高26厘米，上部为两层仰莲台，高10.5厘米，直径28厘米；中部为圆台，高5厘米，直径13厘米；下部为圭脚，高10厘米，最宽30厘米。

侍者像　立式，8身。从左至右，从上至下，通编为第1—8像。

第1像　残蚀甚重，残高19厘米。其身下刻出部分云头。

第2像　头、面残，残高24厘米。着圆领窄袖长服，腰系带；双手持棍状物，物残；双足不现。

第3像　头毁，残高19厘米。双手合十，面向主尊侧身立于低台上。

第4像　为僧人像，头、颈残，残高23厘米。内着交领宽袖服，外披袒右式袈裟，下着裙；双手合十，足残，立于低台上。

第5像　残毁甚重，残高18厘米。可辨着长服，向左侧转，双手置胸前。

第6像　高20厘米。头及右肩残，可辨着长服，双手置胸前，立于低台上。

第7像　风蚀甚重，残高22厘米。可辨着长服，双手残，置胸前，立于低台上。

第8像　残毁甚重，残高10厘米。可辨躯体向左侧转，双手置胸前，跪坐于低台上。

四　晚期遗迹

龛内保存红色、灰白色两种涂层。

第十节　第69号

一　位置

位于第六层回廊内壁西向壁面。上距回廊券顶下沿38.5厘米，下距地坪20厘米；左距壁面转折边缘45厘米，右距壁面转折边缘47厘米。

窟口西向，方向271°。

二　形制

圭形藻井顶窟（图266、图267、图268、图269；图版Ⅰ：260、图版Ⅰ：261、图版Ⅰ：262）。

窟口　呈圭形，高106厘米，宽57厘米，深29厘米；竖直部分高79厘米。

窟底　呈方形，宽65厘米，深38厘米，至窟顶顶部高117厘米。

窟壁　正壁竖直，通高91厘米。满嵌造像石两块。上块素面，高13厘米，宽27厘米，厚5厘米，右侧断毁，显露粗糙的砖洞。下块高78厘米，宽62厘米。左右壁为素面砖壁，通高91厘米。

窟顶　藻井顶，呈方形，为四重叠压砖结构，部分受损，通高26厘米；其中，可辨上部两重呈45°错角叠压。

图 266 第 69 号窟立面图

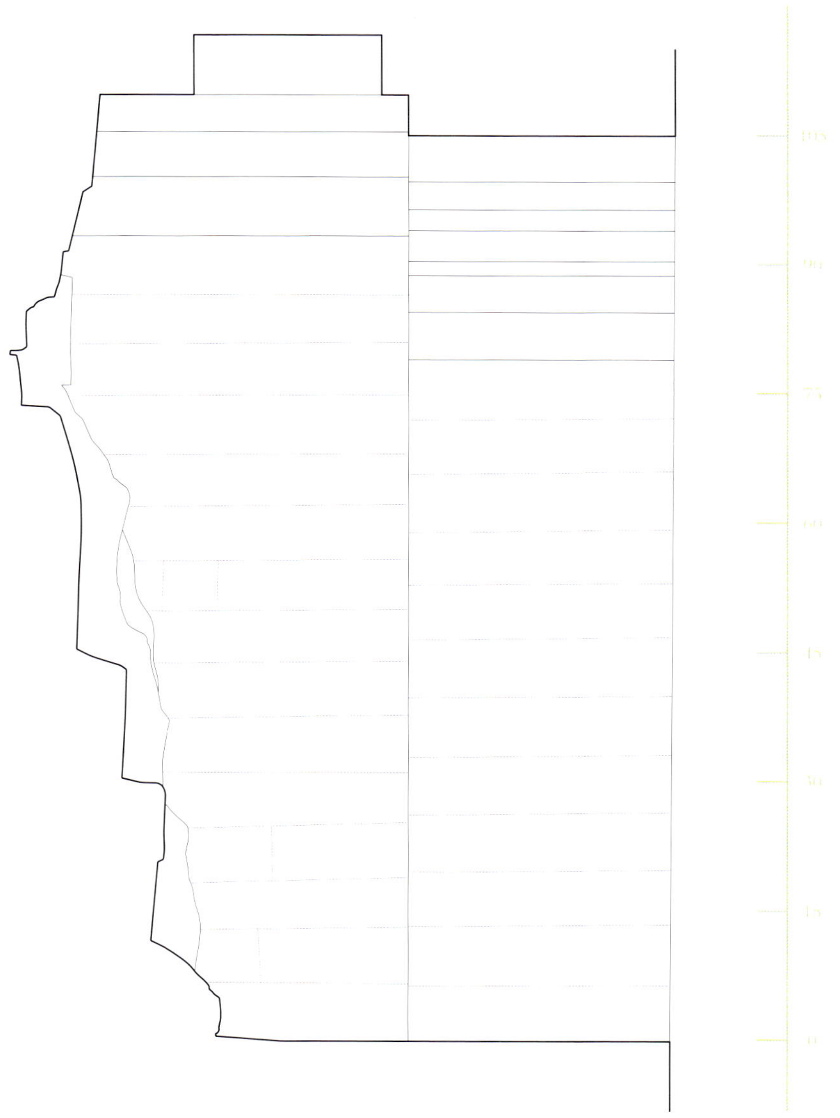

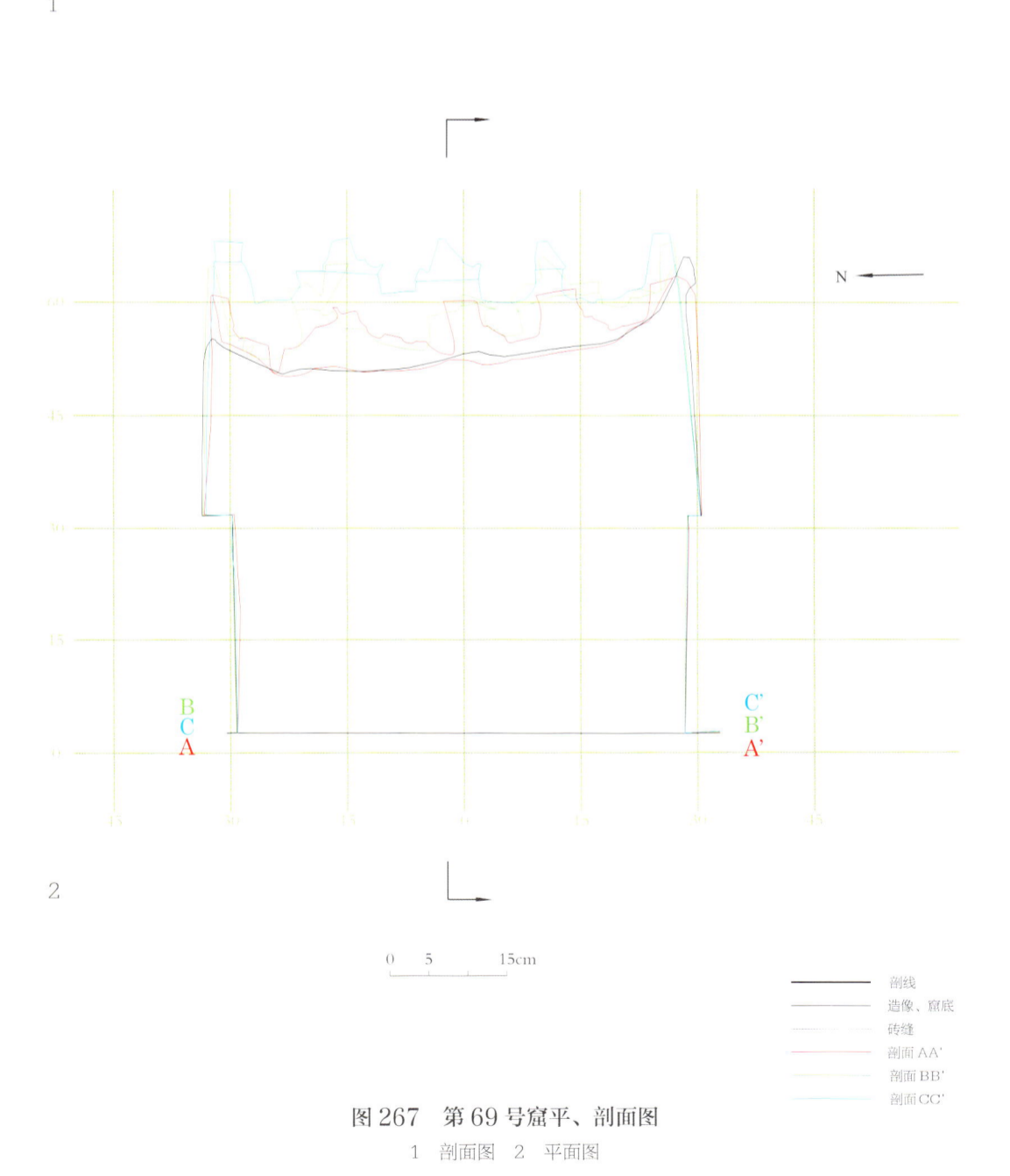

图 267　第 69 号窟平、剖面图
1　剖面图　2　平面图

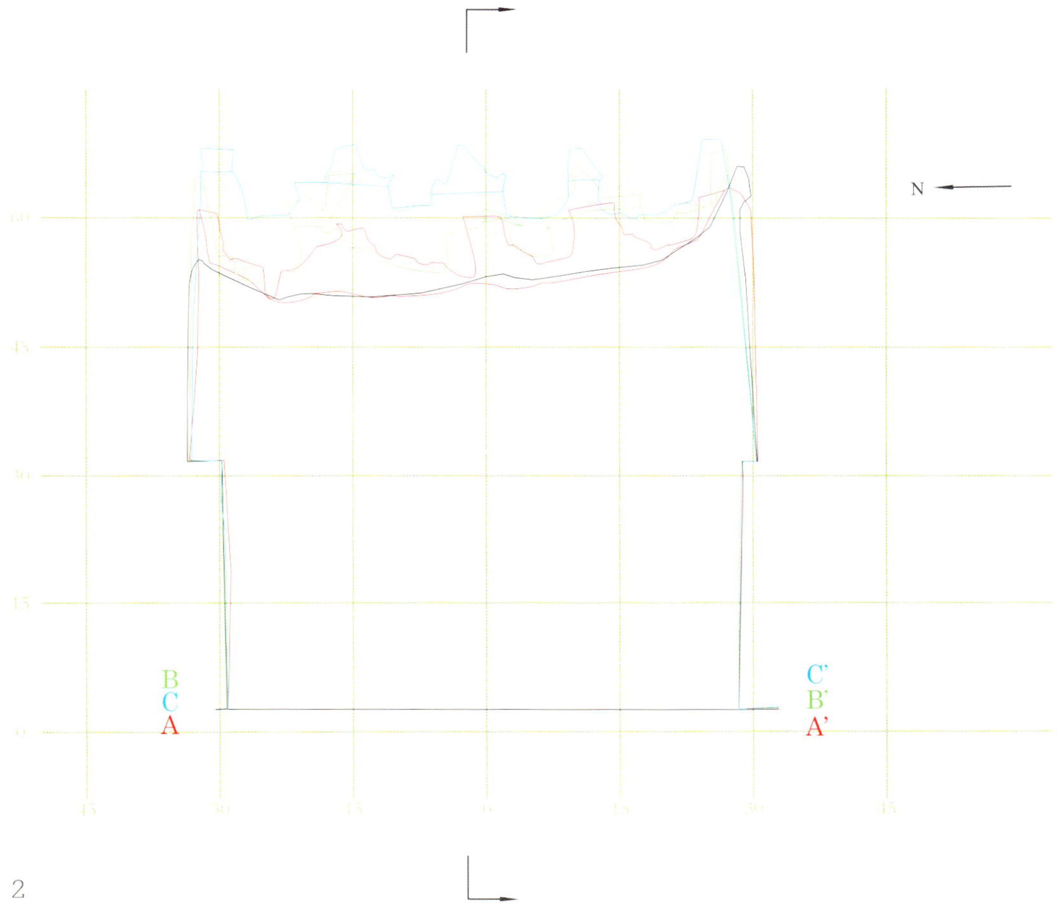

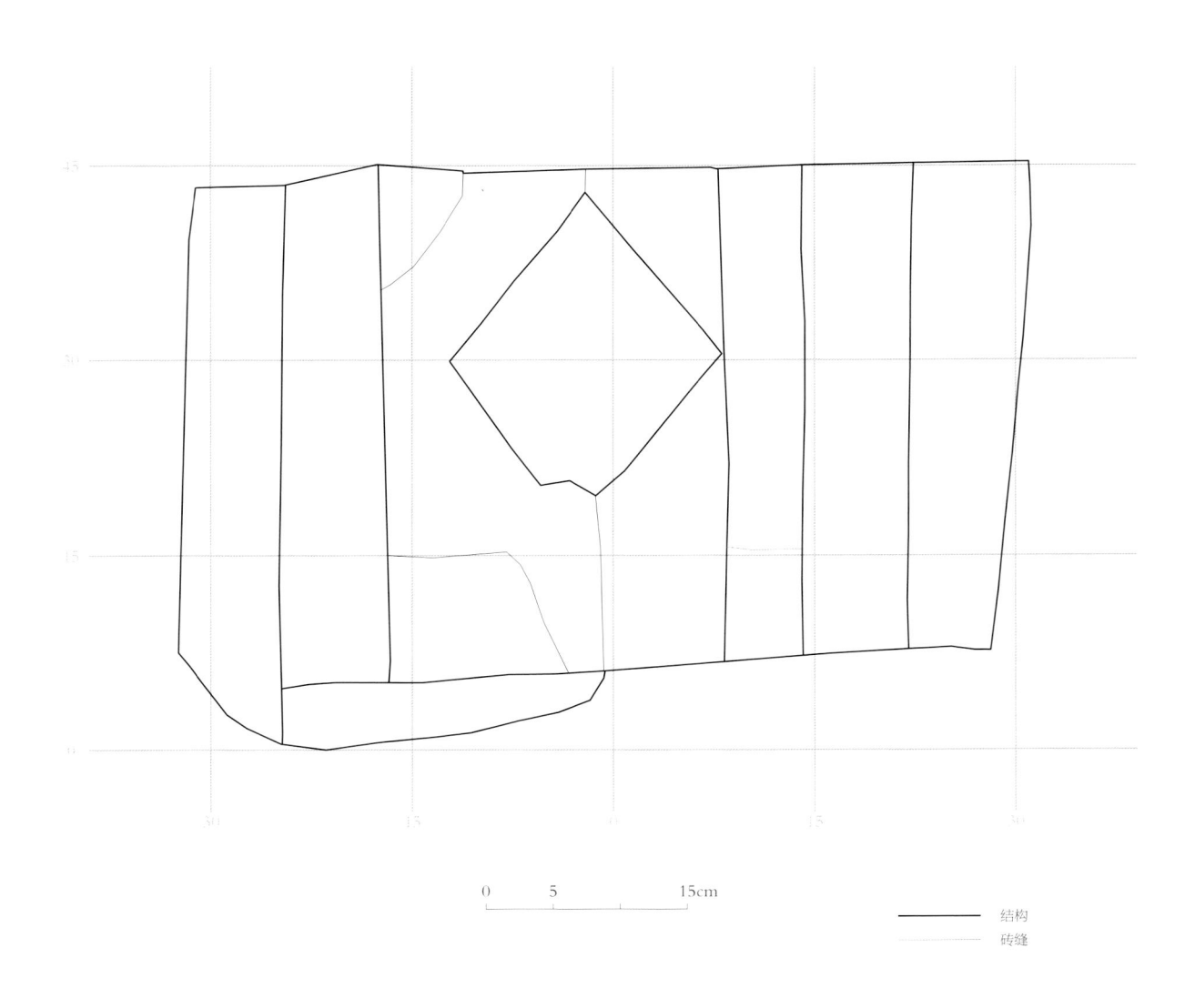

图 268　第 69 号窟窟顶仰视图

三　造像

正壁下块嵌石刻立像12身，大致作上中下三排布置，各排均4身，皆立于低台上（图269；图版Ⅰ：262）。现按从上至下、从左至右顺序，编为第1—12像。

第1像　高32厘米。头残，内着僧祇支，外披双领下垂式袈裟，下着裙；双手胸前结印，双足不现。

第2像　高31厘米。头残，双手毁，跣足，余与第1像同。

第3像　高29厘米。头残，跣足，余与第1像同。

第4像　高30厘米。头残，双手胸前结智拳印，余与第1像同。

第5像　高32厘米。头残，双手持锡杖斜靠右肩，杖首略呈桃形，杖柄略残，右手部分残；余与第1像同。

第6像　头毁、身残，残高30厘米。身左侧，可辨上着袈裟，下着裙，余细节不明。

第7像　头毁，残高28厘米，着双领下垂式袈裟，双手交于胸前，略残，双足不现。

第8像　头毁，残高31厘米。上披袈裟，下着裙；左手残，斜垂，右手胸前持柳枝；左向侧身站立。

第9像　头毁、身残，残高25厘米。可辨长垂的腰带及长裙，着鞋右向侧身站立。

图 269　第 69 号窟正壁立面图

第10像　头毁、身残，残高23厘米。身似着长服，足鞋，右向侧身站立；余细节不明。

第11像　头毁，残高26厘米。身部分残，上披袈裟，下着裙；双手握持幡杆，扛于右肩；右向侧身，跣足站立。

第12像　头毁，残高27厘米。内着交领服，外披袈裟；左手托珠，右手握杆状物，物残；身略右侧，跣足站立。

第9—12像立于石材下部外凸的低台上，台高6厘米，宽62厘米，左右角残毁，正面刻饰云纹。

注释：

[１]　本则铭文第14行第3字"此"；第14行第7字"作"；第14行第8字"个"；第18行第1字"睹"，铭文分别为：

此　作　个　睹

第八章　塔内第七、八层造像

（第70—80号）

第一节　位置及相互关系

本章介绍的第70—80号，以及第71-1、第73-1、第80-1、第80-2号等15个龛窟位于多宝塔内第七、八层。其中，第70—78号及第71-1、第73-1号等11个龛窟位于第七层回廊内、外壁面，第79、80号及第80-1、第80-2号等4个龛窟位于第八层回廊内壁面。

第七层回廊内壁设7个龛窟，外壁设4个龛窟（图270、图271）。内壁东南向壁面设置第六段梯道的出口，梯道口与外壁的第78号相对。内壁东向壁面的第70号，与外壁塔窗相对。内壁东北向壁面的第71-1号，与外壁的第71号相对。内壁北向壁面的第72号，与外壁塔窗相对。内壁西北向壁面的第73-1号，与外壁的第73号相对。内壁西向壁面的第74号，与外壁塔窗相对。内壁西南向壁面设置第七段梯道入口，梯道口与外壁的第75号相对。内壁南向壁面的第76、77号（第76号位于第77号上方），与外壁塔窗相对。

第八层回廊的4个龛像，皆设于内壁（图272、图273）。内壁东北向壁面设置第七段梯道的出口，梯道口与外壁塔窗相对。内壁北向壁面未设龛窟像。内壁西北向壁面的第79号，与回廊外壁塔窗相对。第80号位于内壁西向壁面，与之对应的外壁无龛像设置。内壁西南向壁面未设龛像，外壁设置塔窗。内壁南向壁面的第80-2号，与外壁塔窗相对。内壁东南向壁面的第80-1号，与外壁塔窗相对。内壁东向壁面未设龛像，外壁亦无像。

第二节　第70号

一　位置

位于第七层回廊内壁东向壁面。上距回廊券顶下沿50厘米，下距地坪22厘米；左距壁面转折边缘45厘米，右距壁面转折边缘44厘米。

窟口东向，方向92°。

二　形制

圭形藻井顶窟（图274、图275、图276、图277；图版Ⅰ：263、图版Ⅰ：264、图版Ⅰ：265）。

窟口　呈圭形，高102厘米，宽53厘米，深26厘米；竖直部分高74厘米。

窟底　呈方形，宽66厘米，深38厘米，至窟顶顶部高115厘米。

窟壁　正壁竖直，通高86厘米。满嵌造像石一块，下起窟底，高74厘米，与正壁等宽，厚度不明；其上砖壁高12厘米。左右壁为素面砖壁，与正壁等高。

窟顶　藻井顶，呈方形，为四重叠压砖，与窟壁相接，通高29厘米；其中，上部两重呈45°错角叠压。

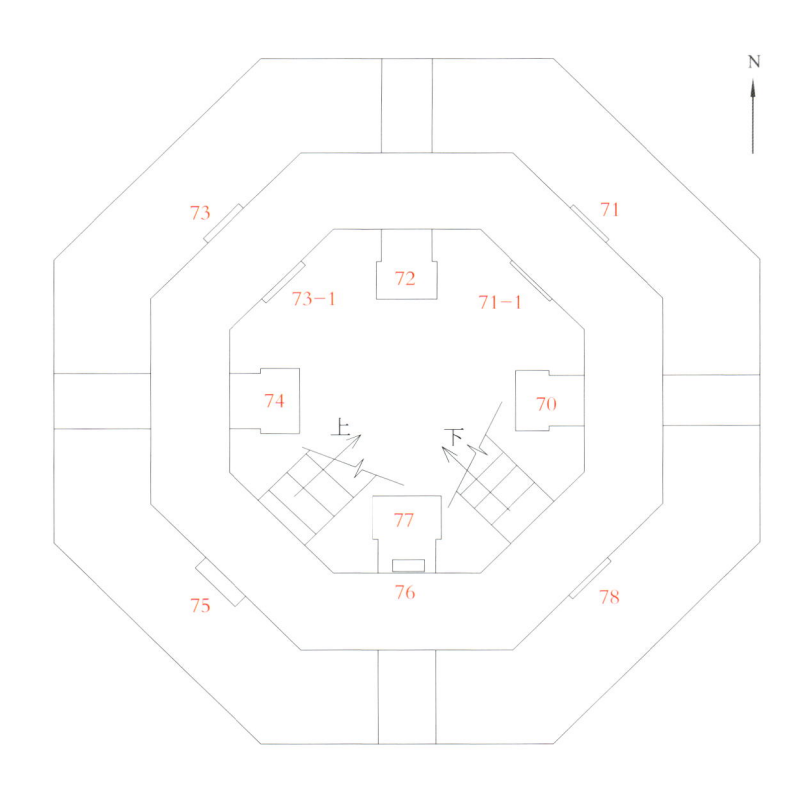

图 270　多宝塔第七层回廊龛窟像分布图

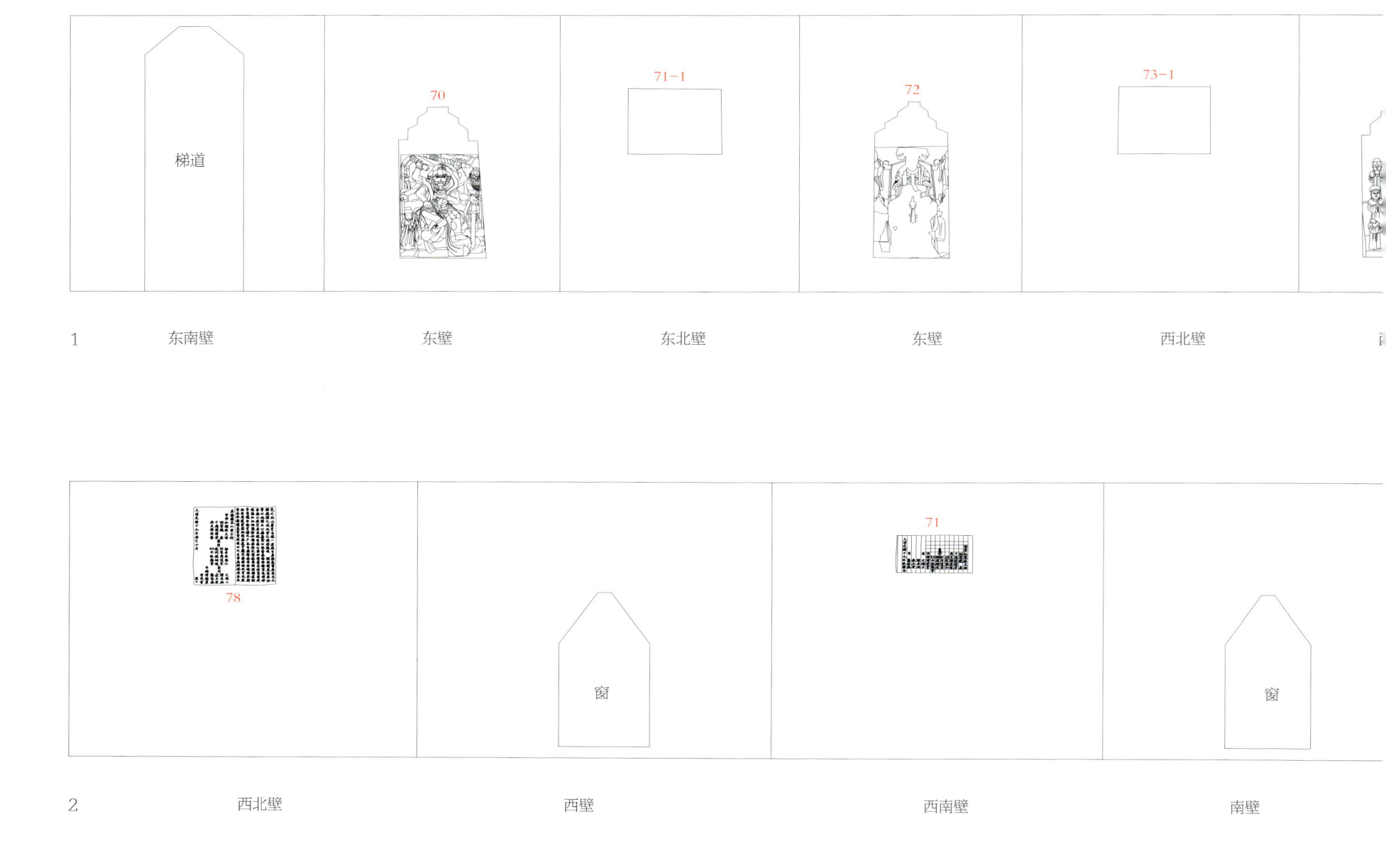

图 271　多宝塔第七层回廊内、外壁展开图
1　内壁　2　外壁

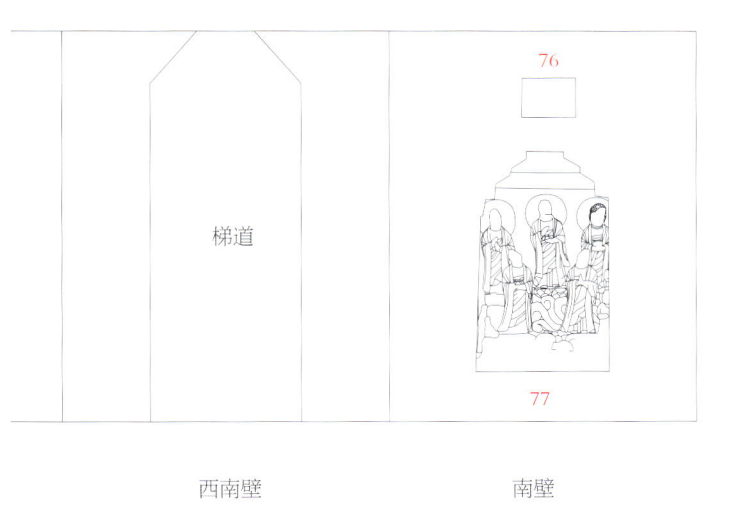

76

77

西南壁　　南壁

73

窗　　　　　　　　　　　　窗

75

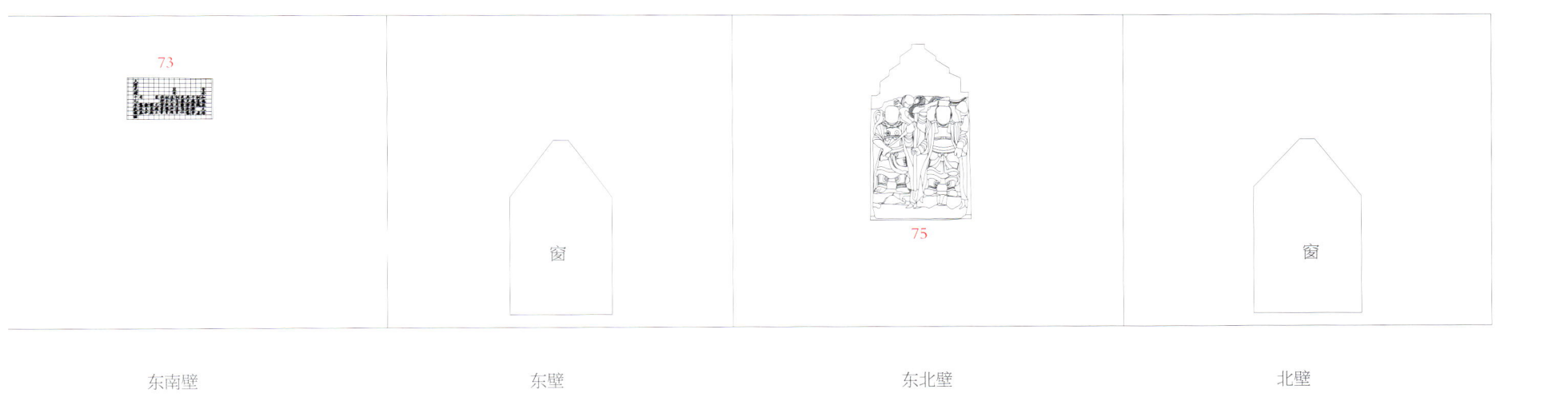

东南壁　　东壁　　东北壁　　北壁

第八章　塔内第七、八层造像（第70—80号）

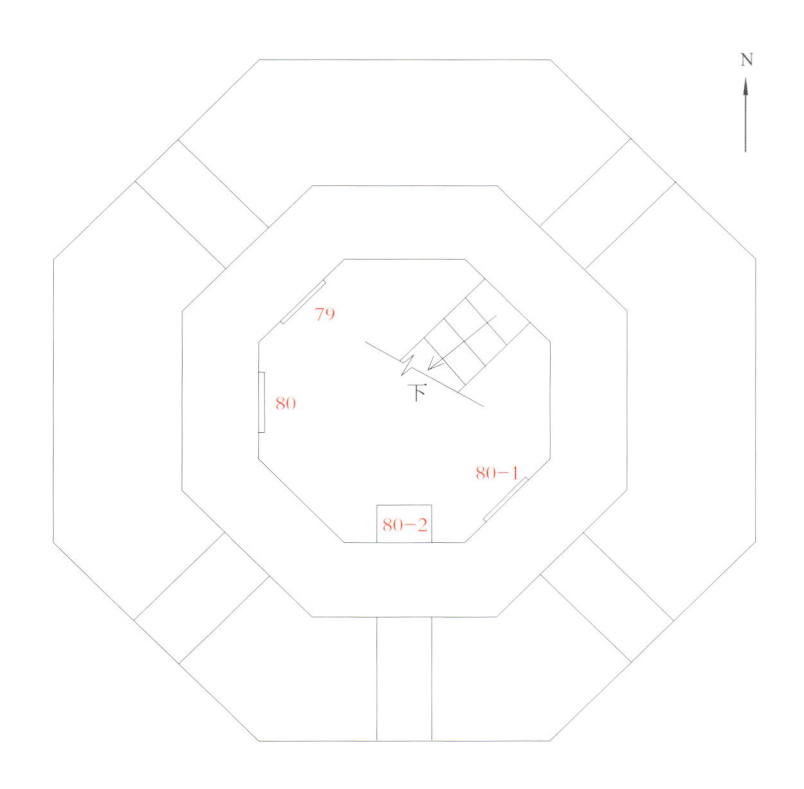

图 272　多宝塔第八层回廊龛窟像分布图

1　　东北壁　　　　　北壁　　　　　西北壁　　　　　西壁　　　　　西南壁　　　　　南壁

2　　西南壁　　　　　南壁　　　　　东南壁　　　　　东壁

图 273　多宝塔第八层回廊内、外壁展开图
1　内壁　2　外壁

80-1

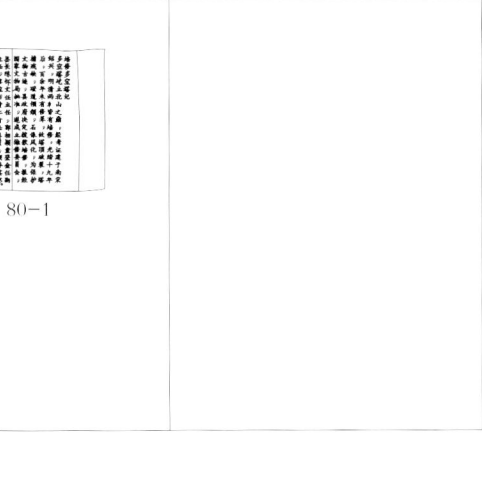

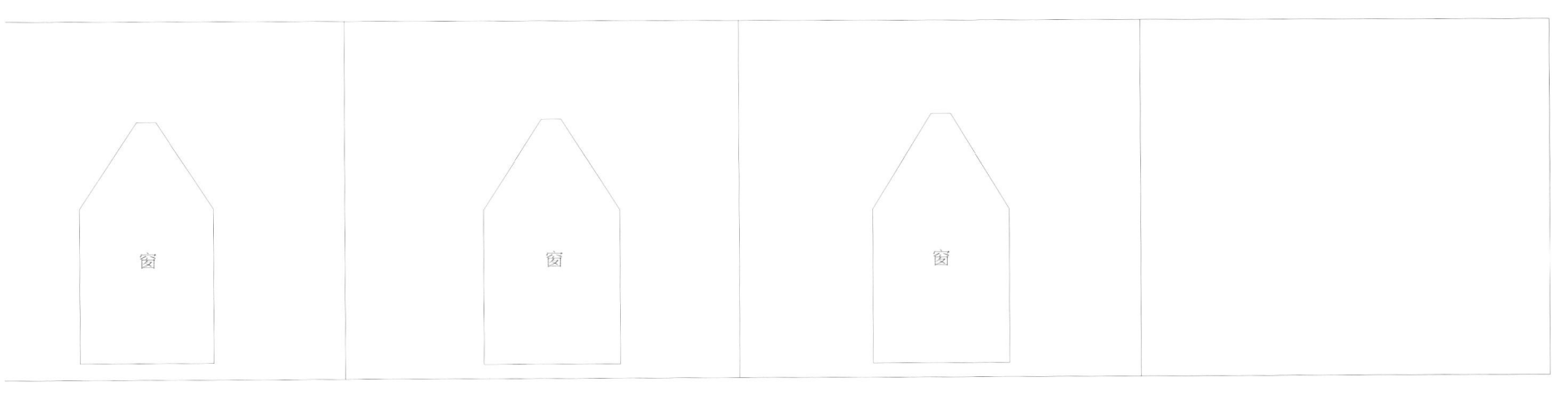

东南壁　　　东壁

东北壁　　　北壁　　　西北壁　　　西壁

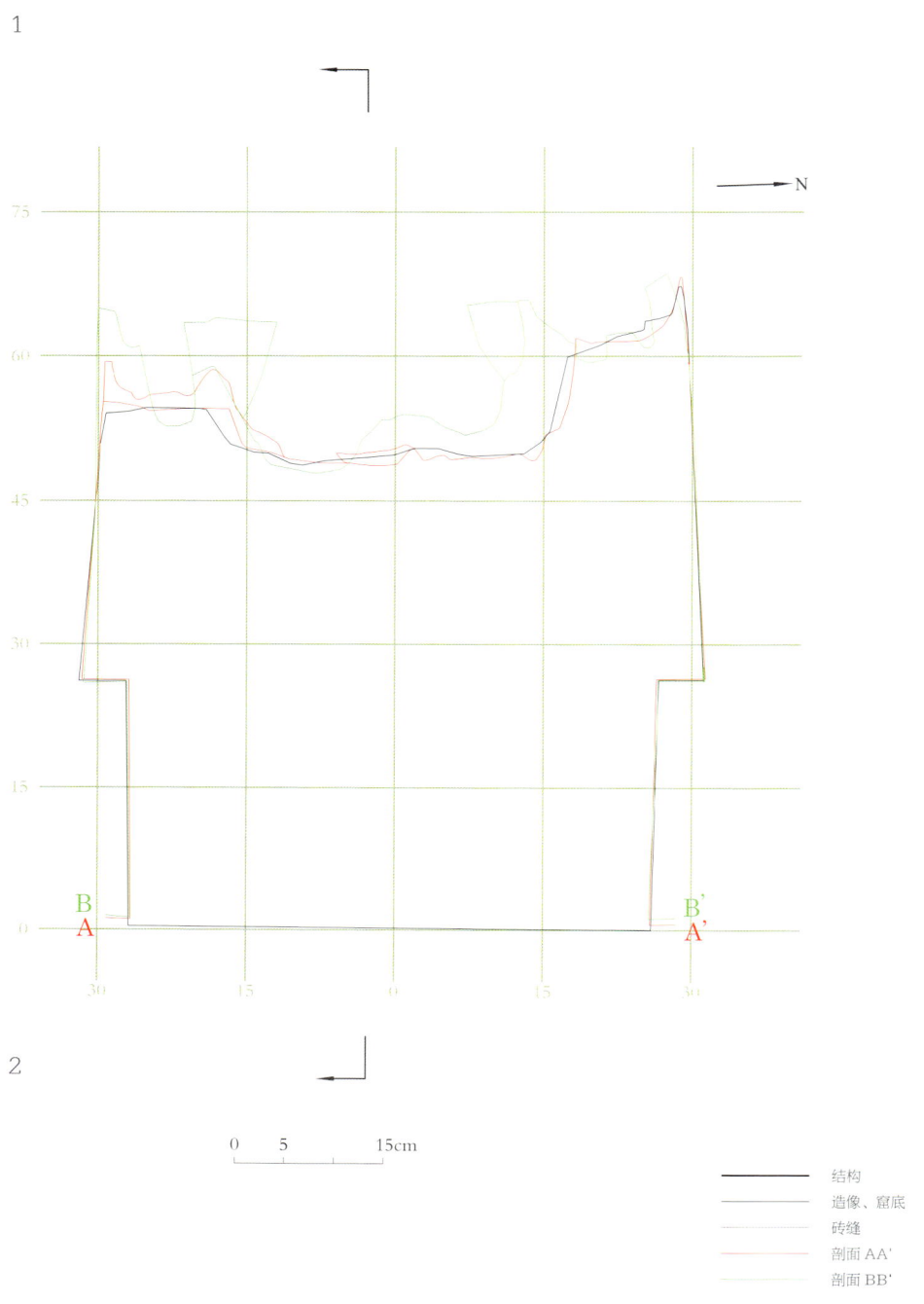

图 274　第 70 号窟平、立面图
1　立面图　2　平面图

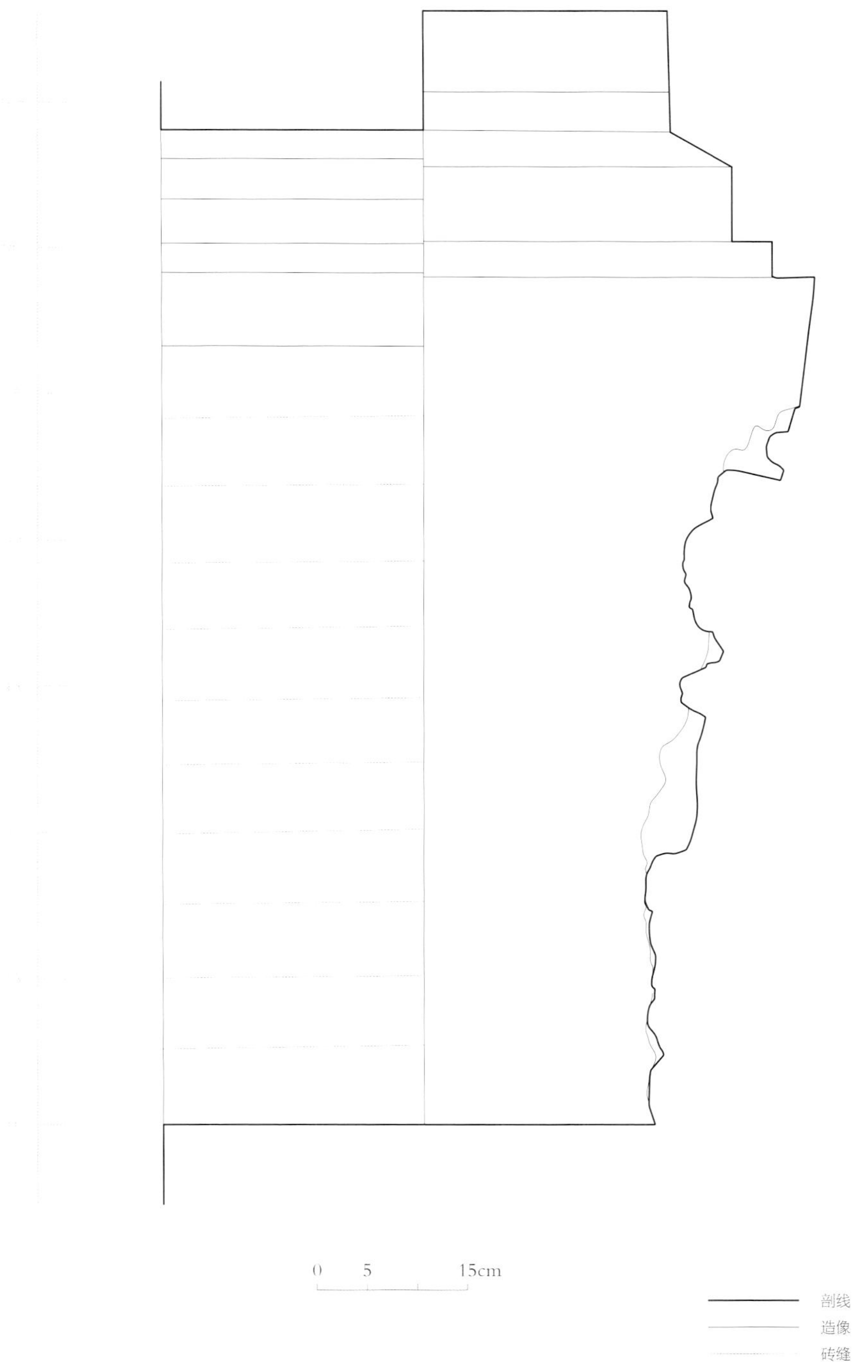

图 275　第 70 号窟剖面图

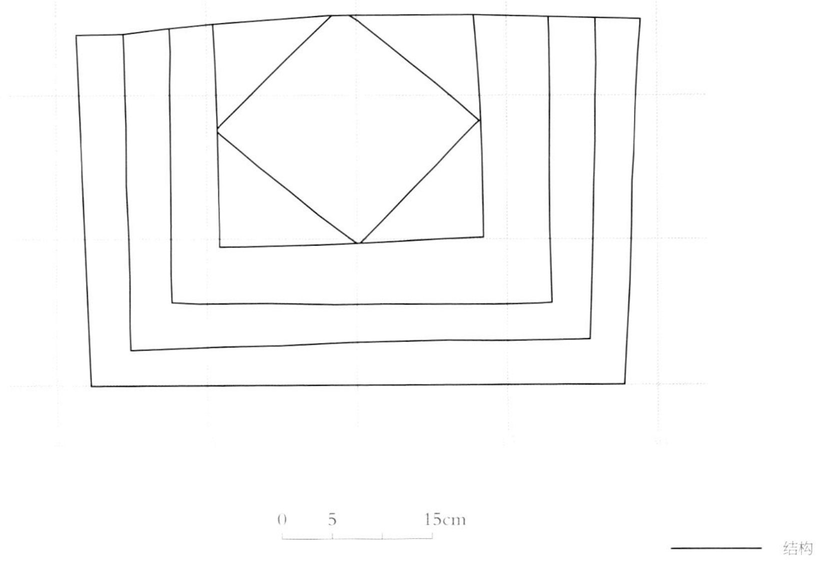

图 276　第 70 号窟窟顶仰视图

第八章　塔内第七、八层造像（第 70—80 号）　335

图 277　第 70 号窟正壁立面图

三　造像

正壁嵌石刻像3身（图277；图版Ⅰ：265）。中刻主尊坐像1身，左刻胁侍立像1身，右下刻供养人立像1身。

主尊像　坐高36厘米，头长16厘米，肩宽16厘米，胸厚9厘米。戴束发冠，略残，正面刻一身结跏趺坐化佛，略残，通高约3厘米。主尊三面，正面双眉粗大，眼眶略深，双眼圆睁，颧骨外突，鼻残，厚唇闭合，戴耳环；左右面略小，作愤怒状。颈戴项圈，上身斜披络腋，下着两层短裙，腰带长垂。身六臂，皆臂环腕镯。左上手持铜，全长30厘米；左中手握宝印，长6厘米，宽4厘米，厚2.5厘米，部分残；左下手挂剑，全长35厘米；右上手持金刚铃，高15厘米，刻出铃舌；右中手握羂索；右下手握戟，全长36厘米，垂挂缨穗。坐于山石座上，足环，跣足踏山石。

主尊像身饰飘带，环状绕于头后右侧，沿双肩下垂至座台。

左胁侍像　立像高39厘米。戴束发冠，面方，双眉粗大外突；髭须反卷，两鬓及下颌刻卷曲的浓须；内着交领服，外层袖摆上挽至肩，外束甲，下着裙；双手握持幡杆，幡杆高52厘米，幡水平向右飘飞。着靴立于山石台上。

供养人像　立像高32厘米。戴展脚幞头，圆脸，面略蚀，下颌刻须，着圆领长服，双手持笏，着鞋立于低台上。

第三节　第71号

一　位置

位于第七层回廊外壁西南向壁面。上距回廊券顶下沿31厘米，下距地坪117厘米；左距壁面转折边缘76厘米，右距壁面转折边缘77厘米。

龛口西南向，方向223°。

二　形制

单层方形浅龛。龛口方形，高26厘米，宽50厘米，深2厘米。正壁竖直，满嵌方砖一块，与龛口等大。砖面刻出规整的细线方格网（图版Ⅰ：266）。

三　碑刻

正壁嵌砖刻"桂天培等培修多宝塔题名"，清光绪十九年（1893年）。碑文幅面高24厘米，宽42厘米。文左起，竖刻74字，楷体，字径2厘米。按文意整理后录文（图版Ⅱ：96）。

督修

知县桂天培

训导魏鼎

千总刘联芳

典史游于艺

监修

武举欧阳仁[1]

训导周道宣

通判刘炳煃

文生令狐臻贤

住持僧崇书

匠司[2]

文锡三

谭长兴

令狐玉堂

龚林盛

大清光绪十九年秋谨泐

---

[1] 此"仁"字《大足石刻铭文录》录为"山"。重庆大足石刻艺术博物馆编：《大足石刻铭文录》，重庆出版社1999年版，第461页。
[2] 此"司"字《大足石刻铭文录》录为"师"。同前引书，第462页。

第四节　第71-1号

一　位置

位于第七层回廊内壁东北向壁面。上距回廊券顶下沿47.5厘米，下距地坪85.5厘米；左距壁面转折边缘47厘米，右距壁面转折边缘41厘米。

龛口东北向，方向37°。

二　形制

单层方形浅龛（图版Ⅰ：267）。龛口方形，高41.5厘米，宽56厘米，深4厘米。正壁竖直，嵌石一块，与龛口等大。

三　造像

嵌石剥蚀甚重，内容不明。

第五节　第72号

一　位置

位于第七层回廊内壁北向壁面。上距回廊券顶下沿50.5厘米，下距地坪21.5厘米；左距壁面转折边缘41厘米，右距壁面转折边缘42厘米。

窟口北向，方向358°。

二　形制

圭形藻井顶窟（图278、图279、图280；图版Ⅰ：268、图版Ⅰ：269、图版Ⅰ：270）。

窟口　略呈圭形，高102.5厘米，宽48厘米，深26.5厘米；竖直部分高81厘米。

窟底　呈方形，前端略窄，后端略宽；宽57—59厘米，深40厘米，至窟顶顶部高125厘米。

窟壁　正壁竖直，通高89厘米。下部满嵌造像石一块，下起窟底，高73厘米，与正壁等宽，其上砖壁高16厘米。左右壁为素面砖壁，与正壁等高。

窟顶　藻井顶，呈方形，为五重叠压砖，通高36厘米；其中，上部三重呈45°错角叠压。

三　造像

正壁嵌石浮雕造像7身（图280；图版Ⅰ：270）。中为主尊坐像1身，左右各纵向布置立像3身。

主尊像　头大部毁，残坐高34厘米，肩宽15厘米，胸厚8厘米。存发饰，上身略蚀，可辨着交领长服，臂间刻半袖，肩罩云肩，下身衣饰不明；双手胸前似持笏，手及笏部分残；双腿毁，坐于靠背椅上。椅显露高35厘米，宽27厘米，靠背上端左右刻外凸的龙首，大部残。

立像　6身，均置主尊左右，呈上中下布置，皆残毁甚重，可辨轮廓；残高约29厘米。左右侧最上造像可辨上着宽袖长服，下着裙，着鞋立于低台上；余像细节难辨。

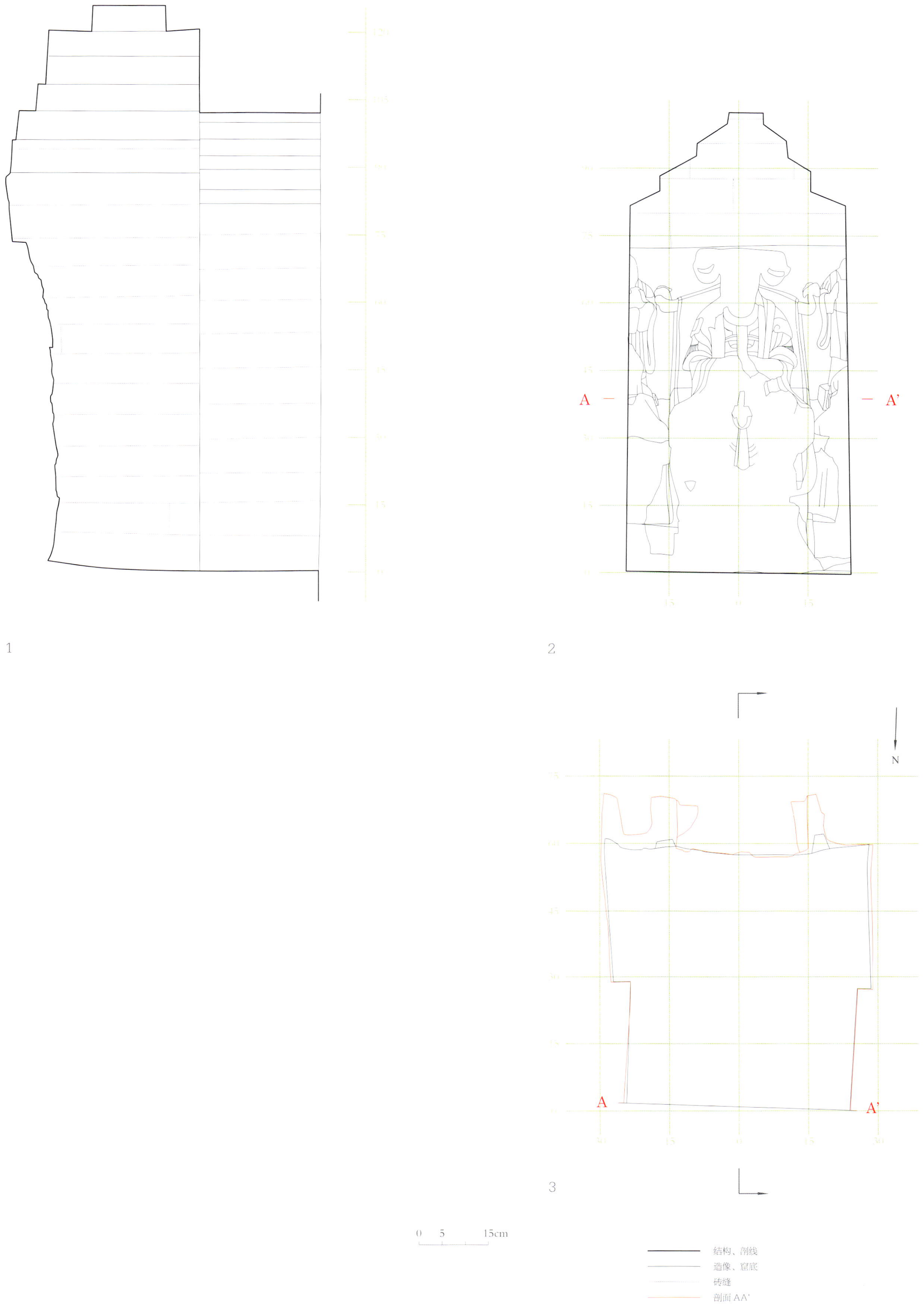

图 278　第 72 号窟平、立、剖面图
1　剖面图　2　立面图　3　平面图

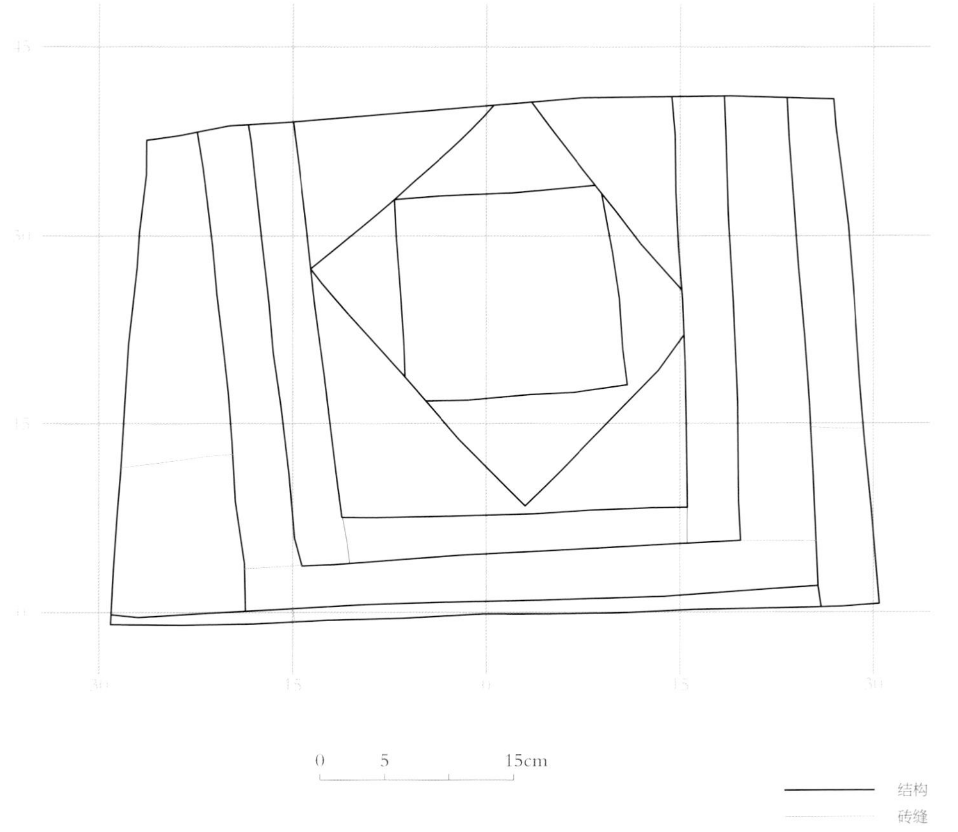

图 279　第 72 号窟窟顶仰视图

图 280　第 72 号窟正壁立面图

340　大足石刻全集　第四卷（上册）

第六节 第73号

一 位置

位于第七层回廊外壁东南向壁面。上距回廊券顶下沿32厘米,下距地坪117厘米;左距壁面转折边缘93厘米,右距壁面转折边缘90厘米。

龛口东南向,方向121°。

二 形制

单层方形浅龛。龛口方形,高25厘米,宽50厘米,深3.5厘米。正壁嵌入方砖一块,与龛口等大;砖面刻有规整的细线方格网(图版Ⅰ:271)。

三 碑刻

正壁嵌砖刻"桂天培等培修多宝塔题名",清光绪十九年(1893年)。碑文幅面高22厘米,宽42厘米。文左起,竖刻74字,楷体,字径2厘米。按文意整理后录文(图版Ⅱ:97)。

> 督修
> 知县桂天培
> 训导魏鼎
> 千总刘联芳
> 典史游于艺
> 监修
> 武举欧阳仁
> 训导周道宣
> 通判刘炳煐
> 文生令狐臻贤
> 住持僧崇书
> 匠司
> 文锡三
> 谭长兴
> 令狐玉堂
> 龚林盛
> 大清光绪十九年秋谨泐

第七节 第73-1号

一 位置

位于第七层回廊内壁西北向壁面。上距回廊券顶下沿44.5厘米，下距地坪86.5厘米；左距壁面转折边缘55厘米，右距壁面转折边缘58厘米。

龛口西北向，方向301°。

二 形制

单层方形浅龛（图版Ⅰ：272）。龛口方形，高42厘米，宽55厘米，深4厘米。正壁嵌石一块与龛口等大。

三 造像

嵌石风蚀甚重，内容不辨。

第八节 第74号

一 位置

位于第七层回廊内壁西向壁面。上距回廊券顶下沿42厘米，下距地坪22厘米；左距壁面转折边缘37厘米，右距壁面转折边缘37厘米。

窟口西向，方向268°。

二 形制

圭形藻井顶窟（图281、图282、图283；图版Ⅰ：273、图版Ⅰ：274、图版Ⅰ：275）。

窟口　略呈圭形，高109厘米，宽58厘米，深26厘米；竖直部分高76厘米。

窟底　呈方形，宽64厘米，深48厘米，至窟顶顶部高121厘米。

窟壁　正壁竖直，通高86厘米。下部满嵌造像石一块，下起窟底，高80厘米，宽与正壁等宽；其上砖壁高6厘米。左右壁为素面砖壁，均高86厘米。

窟顶　藻井顶，呈方形，为五重叠压砖，通高35厘米；其中，上部三重呈45°错角叠压。

三 造像

正壁嵌石刻像9身（图283；图版Ⅰ：275）。其中，中刻主尊坐像1身，左上方刻立式弟子像1身，左下及右侧共刻供养人像7身。

主尊像　坐高35厘米，头长12厘米，肩宽16厘米，胸厚9厘米。光头，面圆，刻白毫，眉眼细长，鼻略残，唇薄口小，耳垂肥大。内着僧祇支，外披双领下垂式袈裟，下着裙。腕镯，左手腹前托珠，珠升起一道毫光，沿左肩上飘；右手举胸前，自腕残断；垂左腿，盘右腿，左舒相坐于方台上。跣足，左足踏仰莲。座前刻两莲叶及莲蕾。

图281　第74号窟平、立、剖面图
1　剖面图　2　立面图　3　平面图

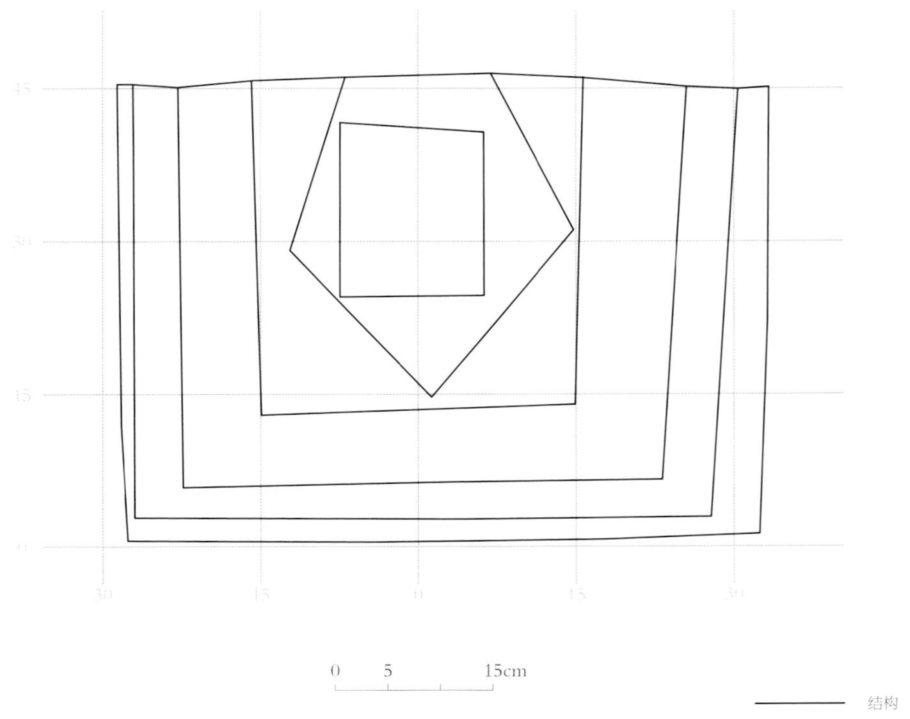

图 282　第 74 号窟窟顶仰视图

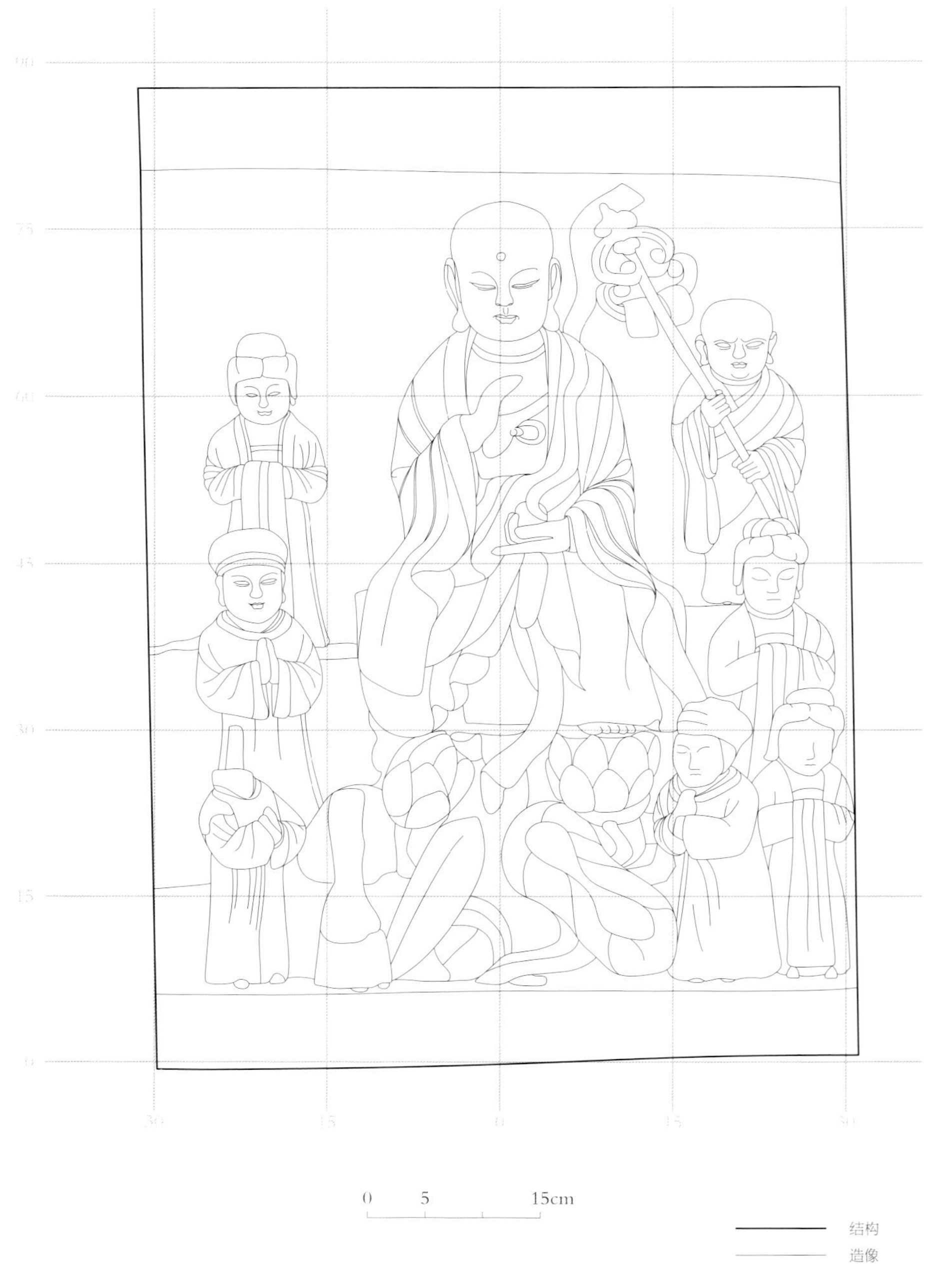

图 283　第 74 号窟正壁立面图

344　大足石刻全集　第四卷（上册）

弟子像　立像高27厘米。光头，圆脸，内着交领服，外披袒右式袈裟，下着裙，双手握持十二环锡杖，杖首作葫芦形；着鞋立于低台上。

供养人　7身。其中，左侧3身，右侧4身。从左至右，从上至下，编为第1—7像。

第1像　为女像，显露高24厘米。戴团冠，脸圆，面略蚀，内着抹胸，外披对襟窄袖长服，双手置于胸前，手上覆有长垂的帛带。

第2像　为女像，高27厘米。着鞋立于低台上，余与第1像略同。

第3像　为男像，高26厘米。头裹巾，部分残，面蚀，着圆领窄袖长服，双手合十，身微躬，着鞋站立。

第4像　为女像，高28.5厘米。头戴团冠，脸圆，内着抹胸，外披对襟窄袖长服，下着裙；双手置胸前，敷搭长垂的帛带；直立于低台上。

第5像　为男像，高27厘米。头裹巾，面略蚀，着圆领窄袖长服，双手合十，足不现。

第6像　头毁，残高19厘米。着鞋侧身直立，余特征与第5像同。

第7像　大部毁，残高11厘米。仅存长裙下摆和着鞋的双足。

四　晚期遗迹

造像存有灰白色涂层。

第九节　第75号

一　位置

位于第七层回廊外壁东北向壁面。上距回廊券顶下沿13厘米，下距地坪59厘米；左距壁面转折边缘75厘米，右距壁面转折边缘81厘米。

龛口东北向，方向43°。

二　形制

单层圭形龛（图284；图版Ⅰ：276）。

龛口呈圭形，高102厘米，宽55厘米，深21厘米。龛底呈方形。龛正壁竖直，满嵌造像石一块，下起龛底，高74厘米，与龛口等宽；其上砖壁高28厘米。左右壁中下部竖直，高约71厘米，上部作四阶叠涩与龛顶相接；叠涩砖块下起第二、三、四块抹棱。龛顶为平顶方形。

三　造像

正壁嵌石浮雕立像2身（图284-2；图版Ⅰ：276）。

左像　立身高56厘米，头长15厘米，肩宽14厘米，胸厚8厘米。束发戴冠，冠带系于下颌，面残，内着宽袖长袍，下着裤；外罩甲，腿裙止于双膝，胸系束甲索，腰系革带、腰带。刻抱肚及圆护，小腿胫甲。身四臂，左上手握印，高6.5厘米，宽6厘米，厚4厘米；右上手持剑，全长23厘米。左下手置于腰间，部分残；右下手握戟，通高55厘米。身饰飘带，飘带沿肩长垂体侧。足靴，立于山石台上。台高14厘米，宽28厘米，深12厘米。

右像　立身高51厘米，头长11厘米，肩宽14厘米，胸厚9厘米。长发后梳，面残，肩系巾，内着宽袖服，袖摆上飘，外罩甲，腿

图 284　第 75 号龛平、立、剖面图
1　剖面图　2　立面图　3　平面图

裙止于双膝，小腿胫甲。双手持剑，剑身大部残，赤足踏于山石台上。余特征与左立像略同。山石台高16厘米，宽24厘米，深14厘米。

二立像身后上方刻一龙，头毁，身修长，卷曲，龙尾刻于石材左上角；现左前腿，四爪握珠。

第十节　第76号

一　位置

位于第七层回廊内壁南向壁面。上距回廊券顶下沿9.5厘米，下距第77号窟13厘米；左距壁面转折边缘44.5厘米，右距壁面转折边缘37.5厘米。

龛口南向，方向178°。

二　形制

单层方形龛。龛口方形，高27厘米，宽49.5厘米，深2.5厘米。内嵌入方砖一块，与龛口等大，厚度不明（图版Ⅰ：277）。

三　碑刻

嵌砖刻"桂天培等培修多宝塔题名"，清光绪十九年（1893年）。碑文幅面高23.5厘米，宽41厘米。文左起，竖刻74字，楷体，字径2厘米。按文意整理后录文（图版Ⅱ：98）。

督修

知县桂天培

训导魏鼎

千总刘联芳

典史游于艺

监修

武举欧阳仁

训导周道宣

通判刘炳煚

文生令狐臻贤

住持僧崇书

匠司

文锡三

谭长兴

令狐玉堂

龚林盛

大清光绪十九年秋谨泐

第十一节 第77号

一 位置

位于第76号龛下部，竖直相距13厘米，下距地坪21.5厘米；左距壁面转折边缘37.5厘米，右距壁面转折边缘37.5厘米。窟口南向，方向178°。

二 形制

圭形覆斗顶窟（图285、图286、图287、图288；图版Ⅰ：278、图版Ⅰ：279、图版Ⅰ：280）。

窟口　略呈圭形，高102厘米，宽59厘米，深26厘米；竖直部分高79厘米。

图285　第77号窟立面图

图 286　第 77 号窟平、剖面图
1　剖面图　2　平面图

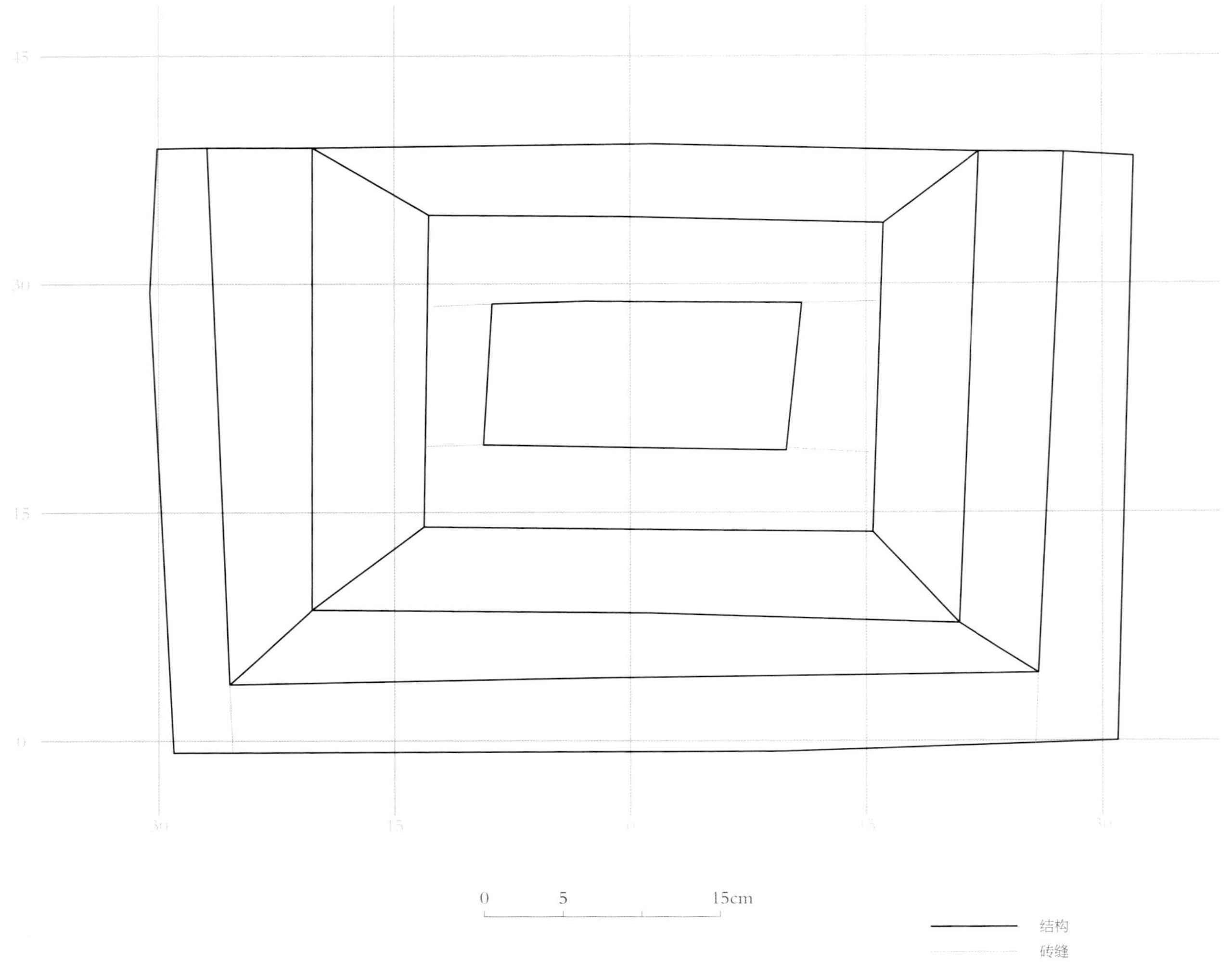

图 287　第 77 号窟窟顶仰视图

窟底　呈方形，宽66.5厘米，深47厘米，至窟顶顶部高122厘米。

窟壁　正壁竖直，通高92厘米。下部满嵌造像石一块，下起窟底，高85厘米，与窟室等宽，其上砖壁高7厘米。左右壁为素面砖壁，与正壁等高。

窟顶　覆斗顶，呈方形，为四重叠压砖，与窟壁相接，通高约30厘米。

三　造像

正壁嵌石刻像，存7身。其中，壁中部布置立像5身；壁左下部存供养人像2身（图288；图版Ⅰ：280）。

立像　5身，呈上三下二两排布置，体量相近，高38厘米，头长10厘米，肩宽13厘米，胸厚6厘米。上排三身浮雕圆形素面头光，直径18厘米；下排两身头残，内着僧祇支，外披双领下垂式袈裟，下着裙，跣足分踏仰莲，莲下刻云纹承托。从上至下、从左至右编为第1—5像。

第1像　肉髻低平，螺发，刻髻珠，面残，身着袈裟，袈裟一角覆于右肩；双手胸前托钵，手及钵略残。

第2、3像　头毁，双手胸前似结印，略残。

第4像　头大部毁，双手胸前似合十，略残。

第5像　头大部毁，双手置胸前，大部残。

供养人像　壁左侧下部可辨两身，作上下布置，大部残，细节不明。右端下部供养人像残毁甚重，数量不明。

图 288　第 77 号窟正壁立面图

第十二节　第78号

一　位置

位于第七层回廊外壁西北向壁面。上距回廊券顶下沿12.5厘米，下距地坪107.5厘米；左距壁面转折边缘76厘米，右距壁面转折边缘81厘米。

龛口西北向，方向315°。

二　形制

单层方形龛。龛口方形，高53厘米，宽52.5厘米，深2.5厘米。龛内纵向平行嵌砖两块，与龛口等大。左方砖未刻细线网格，右方砖细线刻出规整的方格（图版Ⅰ：281）。

三　碑刻

嵌砖刻"僧成书培修多宝塔记"，清光绪十九年（1893年）。文左起，竖刻，共247字，楷体，字径2厘米，按文意整理后录文（图版Ⅱ：99）。

邑之北山旧有白塔一座建自唐朝乾宁厥后宋之
绍兴明之成化皆已培修逮我△朝倾颓益甚历任
曹公旭耀王公德嘉黄公登云叠谕绅粮重为补修
奈无公款有志未逮自桂公莅任传集邑绅高云从
欧阳仁江坦陈新柏杨鼎新沈开基陆嗣渊杨复新
等商议示谕有粮之户各自乐捐委局绅杨顺芬刘
炳南周道宣刘炳煾梁履亨刘艾荣经理收有成数
督绅修补继美前贤则桂公之名当与斯塔并永矣
略志巅末以垂不朽
督修　知县桂天培训导魏鼎千总刘联芳典史游于艺
监修　都司欧阳仁训导周道宣通判刘炳煾文生令狐臻贤
匠司　文锡三谭长兴令狐玉堂龚林盛
住持僧积广僧成书
大清光绪十九年癸巳十月榖旦[1]

第十三节　第79号

一　位置

位于第八层回廊内壁西北向壁面。上距回廊券顶下沿15厘米，下距回廊地坪87厘米；左距壁面转折边缘37厘米，右距壁面转折边缘39厘米。

龛口西北向，方向320°。

二 形制

单层方形浅龛。龛口呈方形，高52厘米，宽51.5厘米，深4厘米。正壁竖直，纵向平行嵌砖两块，高、宽与龛口同；砖面细线刻出规整的网格（图版Ⅰ：282）。

三 碑刻

嵌砖刻"僧成书培修多宝塔记"，清光绪十九年（1893年）。文左起，竖刻，共247字，楷体，字径1.5厘米，按文意整理后录文（图版Ⅱ：100）。

邑之北山旧有白塔一座建自唐朝乾宁厥后宋之
绍兴明之成化皆已培修逮我△朝倾颓益甚历任
曹公旭耀王公德嘉黄公登云叠谕绅粮重为补修
奈无公款有志未逮自桂公莅任传集邑绅高云从
欧阳仁江坦陈新柏沈开基杨鼎新陆嗣渊杨复新
等商议示谕有粮之户各自乐捐委局绅杨顺芬周
道宣刘炳煐刘炳南梁履亨刘艾荣经理收有成数
督绅修补继美前贤则桂公之名当与斯塔并永矣
略志颠末以垂不朽
督修　知县桂天培训导魏鼎千总刘联芳典史游于艺
监修　都司欧阳仁训导周道宣通判刘炳煐文生令狐臻贤
匠司　文锡三谭长兴令狐玉堂龚林盛
住持僧积广僧成书
大清光绪十九年癸巳十月毂旦

第十四节　第80号

一 位置

位于第八层回廊内壁西向壁面。上距回廊券顶下沿14.5厘米，下距地坪85厘米；左距壁面转折边缘19厘米，右距壁面转折边缘22厘米。

龛口西向，方向266°。

二 形制

单层方形浅龛（图版Ⅰ：283）。

龛口方形，高51厘米，宽52厘米，深2.5—4厘米。正壁竖直，纵向平行嵌砖两块，略有倾斜，高、宽与龛口同。二方砖之间缝隙略宽，砖面细线刻出规整的网格。

三 碑刻

嵌砖刻"僧成书培修多宝塔记"，清光绪十九年（1893年）。文左起，竖刻，共247字，楷体，字径1.5厘米，按文意整理后录文（图版Ⅱ：101）。

邑之北山旧有白塔一座建自唐朝乾宁厥后宋之

绍兴明之成化皆已培修逮我△朝倾颓益甚历任

曹公旭耀王公德嘉黄公登云叠谕绅粮重为补修

奈无公款有志未逮自桂公莅任传集邑绅高云从

欧阳仁江陈新柏沈开基杨鼎新陆嗣渊杨复新

等商议示谕有粮之户各自乐捐委局绅杨顺芬周

道宣刘炳煋刘炳南梁履亨刘艾荣经理收有成数

督绅修补继美前贤则桂公之名当与斯塔并永矣

略志巅末以垂不朽

督修　知县桂天培训导魏鼎千总刘联芳典史游于艺

监修　都司欧阳仁训导周道宣通判刘炳煋文生令狐臻贤

匠司　文锡三谭长兴令狐玉堂龚林盛

住持僧积广僧成书

大清光绪十九年癸巳十月穀旦

第十五节　第80-1号[1]

一　位置

位于第八层回廊内壁东南向壁面。上距回廊券顶下沿17厘米，下距地坪85厘米；左距壁面转折边缘19厘米，右距壁面转折边缘19厘米。

龛口东南向，方向140°。

二　形制

单层方形浅龛（图版Ⅰ：284）。

龛口方形，高51.5厘米，宽67厘米，深5厘米。正壁竖直，纵向并列嵌方砖两块，左右端各有宽9.5厘米的竖直面，与龛口等高，外凸正壁约3厘米，低于龛外砖壁约3.5厘米。

三　碑刻

正壁嵌砖刻重庆大足石刻艺术博物馆立"培修多宝塔记"，1997年。碑文幅面高46厘米，宽41厘米。文左起，竖刻14行186字，楷体，字径2厘米（图版Ⅱ：102）。

01　培修多宝塔记

02　多宝塔屹立北山之巅，经考证建于南宋

03　绍兴，明清两朝皆有培修，光绪十九年

04　后，百余年未有修葺，故塔顶破裂，塔

05　檐残缺，磴道倾颓，石像风化，为保护

06　文物古迹，县政府决定拨款培修，报经

---

[1] 此龛系1997年维修多宝塔后砌建并刻碑，故此次调查时将其编为第80-1号。

07 国家文物局批准，遂成立维修委员会，
08 县长陈怀文任主任，郭相颖童登金任副
09 主任，黎应田黄仁瑜任委员，领导其事。
10 贯瑞广王金华李宏松谢本立勘察设计，
11 刘坚蒋思维施工。烧砖采石，于一九九
12 七年二月动工，十二月竣工。特铭文以
13 记之。
14 重庆大足石刻艺术博物馆立

第十六节　第80-2号[1]

一　位置

位于第八层回廊内壁南向壁面。上齐抵回廊顶部底端，下距地坪37厘米；左距壁面转折边缘34厘米，右距壁面转折边缘26.5厘米。

窟口南向，方向187°。

二　形制

圭形覆斗顶窟（图289、图290、图291；图版Ⅰ：285、图版Ⅰ：286）。

窟口　呈圭形，高117厘米，宽48厘米，至窟后壁深45厘米；竖直部分高92厘米。

窟底　呈方形；至窟顶顶部高124厘米。

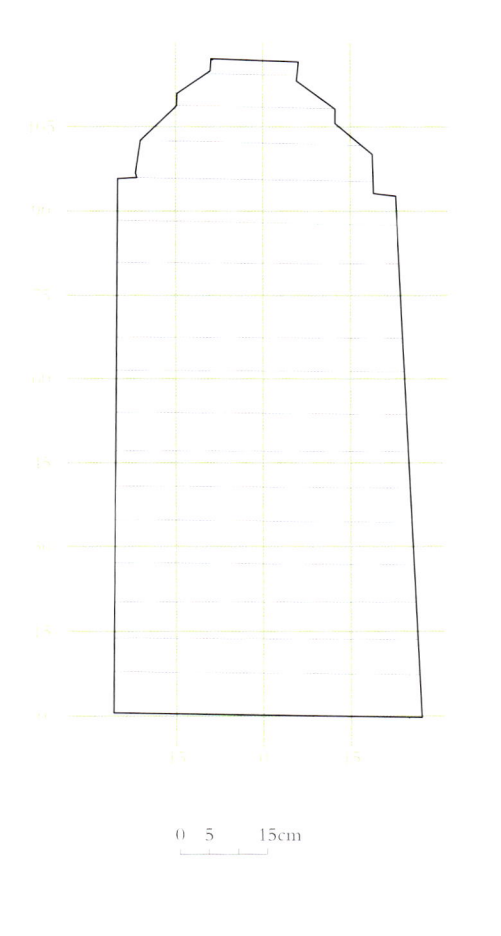

图289　第80-2号窟立面图

---

[1] 此窟未凿石造像，为空窟。1954、1985年调查时均未对其编号。此次调查时将其编为第80-2号。

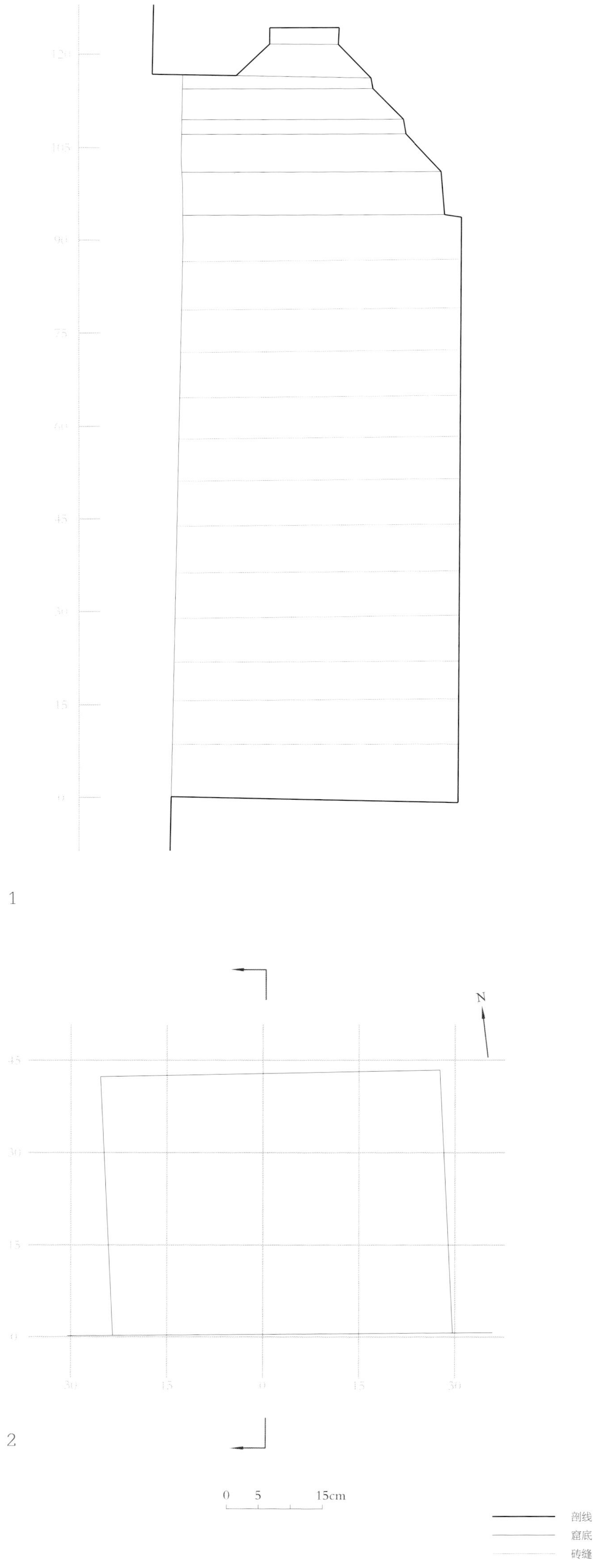

图 290　第 80-2 号窟平、剖面图
1　剖面图　2　平面图

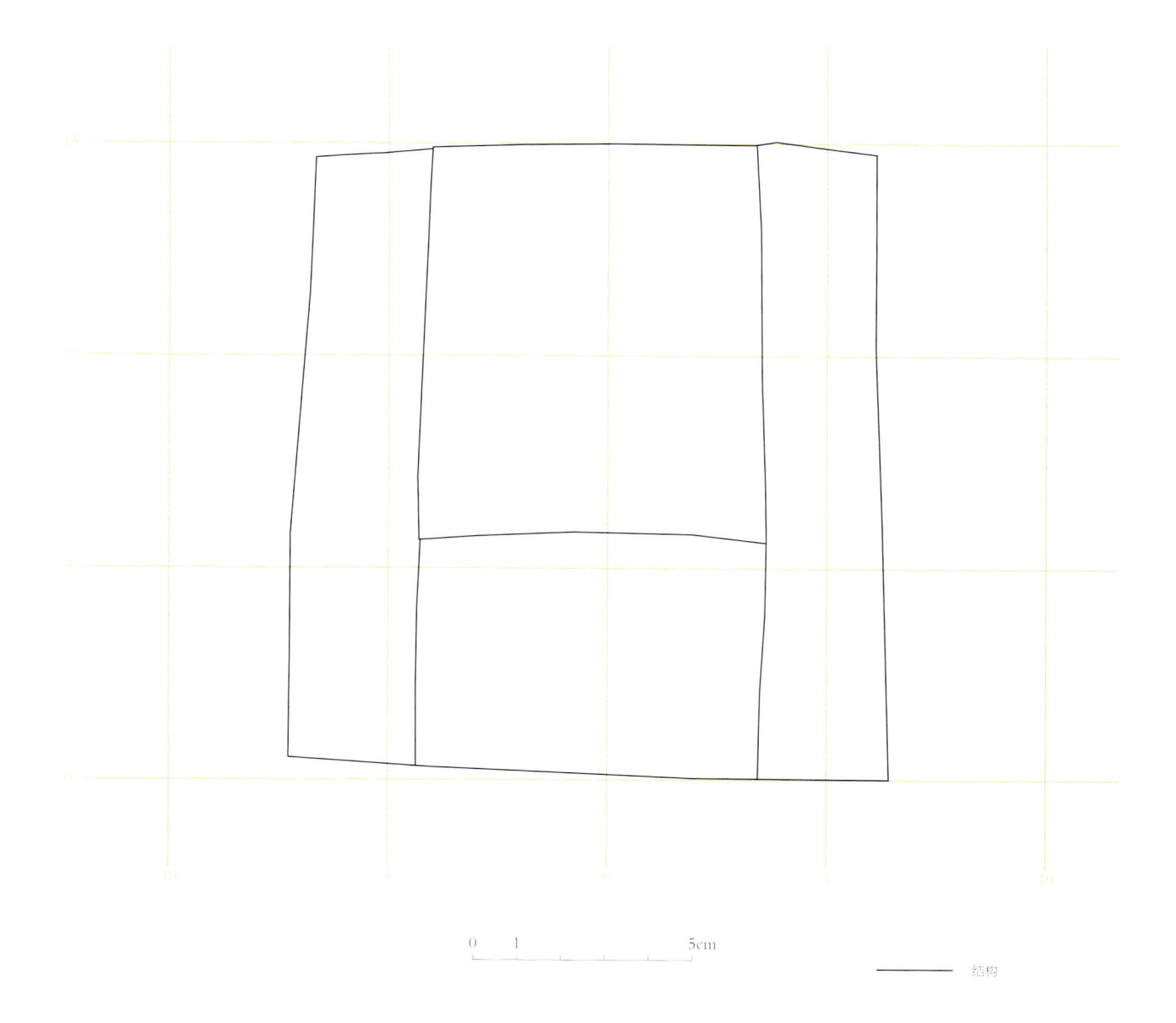

图291　第80-2号窟窟顶仰视图

窟壁　为竖直砖壁，且相互垂直，均高117厘米。正壁及左右壁上部皆作三阶叠涩砖与窟顶相接。
窟顶　覆斗顶，呈方形，为单重方砖，高7厘米。

三　造像

无。

注释：

[1]　本则第1行第16字"宁"；第4行第4字"款"；第9行第1字"略"，铭文分别为：

第九章　塔身第十二、十一、九级造像

（第81—96号）

第一节　位置及相互关系

本章介绍的第81—96号等16个龛窟像，分别位于多宝塔第十二、十一、九级塔身外部壁面。

第十二级塔身外壁设置第81—84号等4个龛窟（图292、图293）。其中，第81号位于塔身南壁，第82号位于塔身西壁，第83号位于塔身北壁，第84号位于塔身东壁。此外，于塔身南壁、西南壁、西北壁、东北壁、东南壁各开塔窗一户。

第十一级塔身外壁设置第85—88号等4个龛窟（图294、图295）。其中，第85号位于塔身西南壁，第86号位于塔身西北壁，第87号位于塔身东北壁，第88号位于塔身东南壁。此外，于塔身南壁、西壁、北壁、东壁各开塔窗一户。

第九级塔身外壁设置第89—96号等8个龛窟（图296、图297）。其中，第89号位于塔身南向壁面，沿顺时针方向，其余各面依次设置一龛，即第90号位于塔身西南壁，第91号位于塔身西壁，第92号位于塔身西北壁，第93号位于塔身北壁，第94号位于塔身东北壁，第95号位于塔身东壁，第96号位于塔身东南壁。

第二节　第81号[1]

一　位置

位于第十二级塔身南壁塔窗之下。

龛口南向，方向180°。

二　形制

单层方形龛（图版Ⅰ：287）。

龛口呈方形，高48厘米，宽50厘米，至正壁最深52厘米。龛底方形，宽55厘米，深30厘米。窟正壁局部镶嵌造像石一块，下起龛底，高48厘米，宽54厘米；左右侧壁为竖直砖壁。

三　造像

正壁嵌石刻像2身（图版Ⅰ：287）。主尊佛像居中，头毁，身剥蚀，残高23厘米，肩宽17厘米，胸厚7厘米。着双领下垂式袈裟，双手腹前结印，似阿弥陀印，结跏趺坐于束腰仰覆莲座上，座通高25厘米。主尊像左侧刻立式侍者像，头毁，残高约35厘米，上身残，似着窄袖长服，双手合十，直立于低台上。

---

[1] 1997年多宝塔维修时发现，南壁塔窗之下存一砖封龛像，内刻一佛二弟子。维修后仍照前砖封，保持维修前样。本次调查，未起砖拆封，仅据陈明光先生执笔撰写的《大足多宝塔造像勘查简报》（载《2005年重庆大足石刻国际学术研讨会论文集》，重庆大足石刻艺术博物馆编，文物出版社2007年版，第88–113页），以及维修前照片，按照本卷报告编写体例进行整理后形成本龛记录。

第三节　第82号

一　位置

位于第十二级塔身西壁中下部。上距塔檐下部52厘米，下距壁面底部6厘米；左距壁面边缘101厘米，右距壁面边缘96厘米。窟口西向，方向270°。

二　形制

圭形平顶窟（图298、图299、图300；图版Ⅰ：288）。

窟口　呈圭形，高86.5厘米，宽49厘米，深27厘米；竖直部分高63厘米。

窟底　呈方形，宽64.5厘米，深24厘米，至窟顶顶部高100.5厘米。

窟壁　三壁均通高100.5厘米，其中正壁竖直，局部镶嵌造像石一块，上宽下窄，下起窟底，通高69.5厘米，宽55—60厘米。左右壁竖直，上部作叠涩三阶与窟顶相接；相交壁面垂直相接。

窟顶　平顶，呈方形。

三　造像

正壁嵌石造像残毁甚重，仅右侧可辨一像轮廓，右臂似曲肘持物上举（图300）。

第四节　第83号

一　位置

位于第十二级塔身北壁中下部。上距塔檐底部50厘米，下距壁面底部5厘米；左距壁面边缘107厘米，右距壁面边缘107.5厘米。窟口西北向，方向349°。

二　形制

圭形藻井顶窟（图301、图302、图303、图304；图版Ⅰ：289）。

窟口　呈圭形，高87厘米，宽49.5厘米，深26厘米；竖直部分高64厘米。

窟底　呈方形，宽64厘米，深26厘米，至窟顶顶部高101厘米。

窟壁　正壁竖直，通高94厘米；局部镶嵌造像石一块，下起窟底，高66厘米，宽47厘米，内凹砖壁略4厘米；其上砖壁高28厘米。左右壁为素面砖壁，均高94厘米，上部作三阶叠涩，与窟顶相接。

窟顶　藻井顶，呈方形，为单重砖结构，与左右壁呈45°角相接，高约7厘米。

三　造像

正壁嵌石刻坐像1身，仅辨轮廓，残坐高36厘米（图304）。

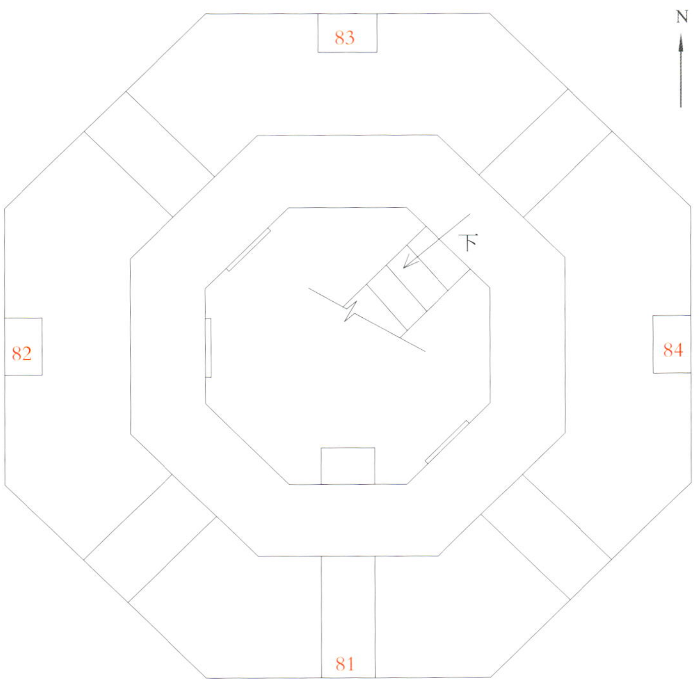

图 292　多宝塔第十二级塔身龛窟像分布图

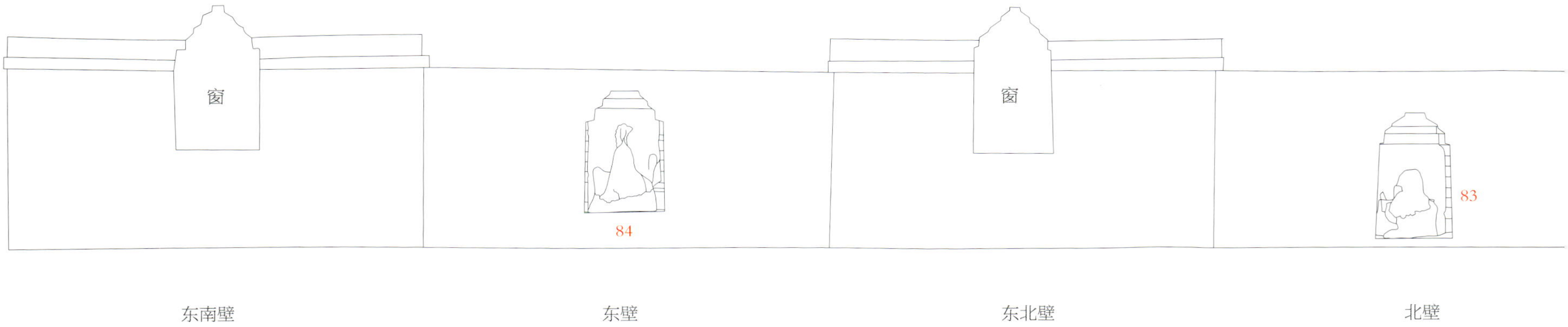

图 293　多宝塔第十二级塔身八面展开图

东南壁　　　　　东壁　　　　　东北壁　　　　　北壁

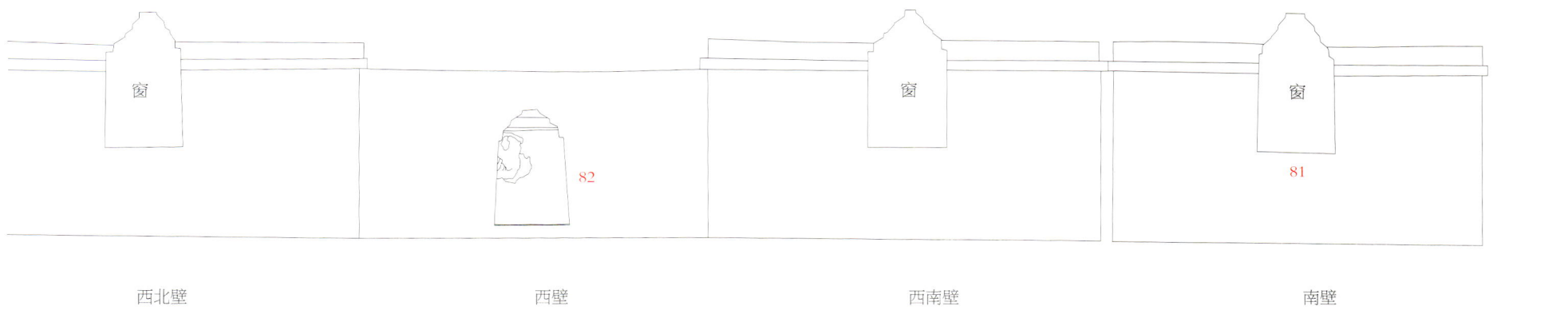

西北壁　　　　　　　　　西壁　　　　　　　　　西南壁　　　　　　　　　南壁

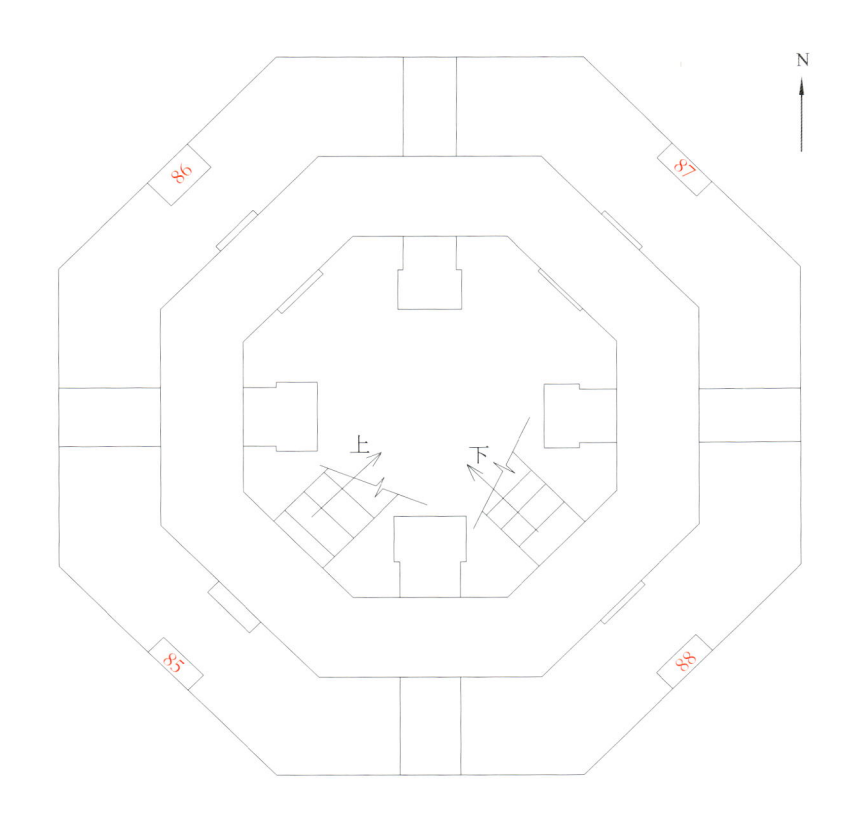

图 294　多宝塔第十一级塔身龛窟像分布图

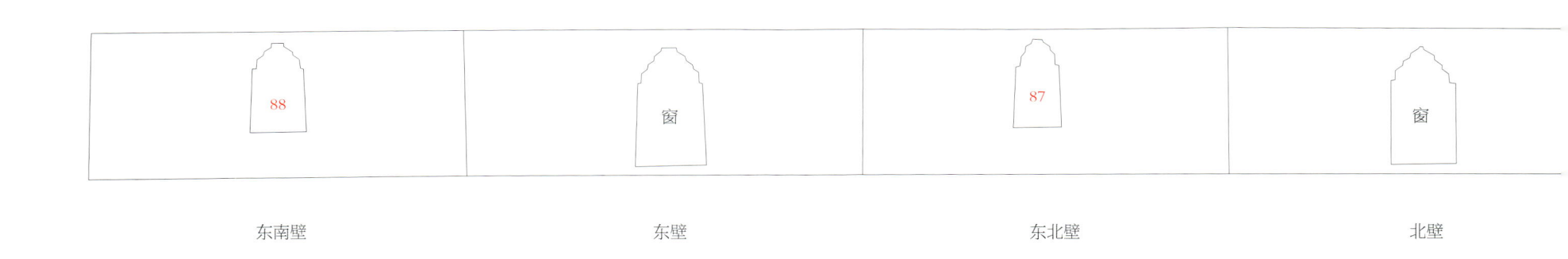

东南壁　　　　　　　　　　　东壁　　　　　　　　　　　东北壁　　　　　　　　　　　北壁

图 295　多宝塔第十一级塔身八面展开图

362　　大足石刻全集　第四卷（上册）

| 86 | 窗 | 85 | 窗 |

西北壁　　　　　　　　　西壁　　　　　　　　　西南壁　　　　　　　　　南壁

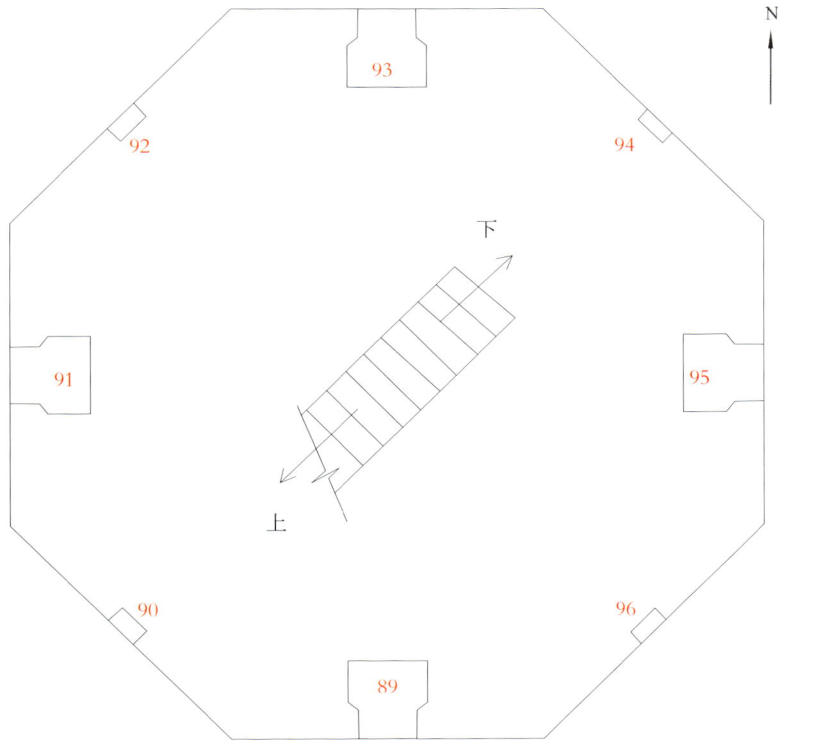

图 296　多宝塔第九级塔身龛窟像分布图

| 东南壁 | 东壁 | 东北壁 | 北壁 |

图 297　多宝塔第九级塔身八面展开图

西北壁　　　　　　　　　　　　西壁　　　　　　　　　　　　西南壁　　　　　　　　　　　　南壁

第九章　塔身第十二、十一、九级造像（第81—96号）　365

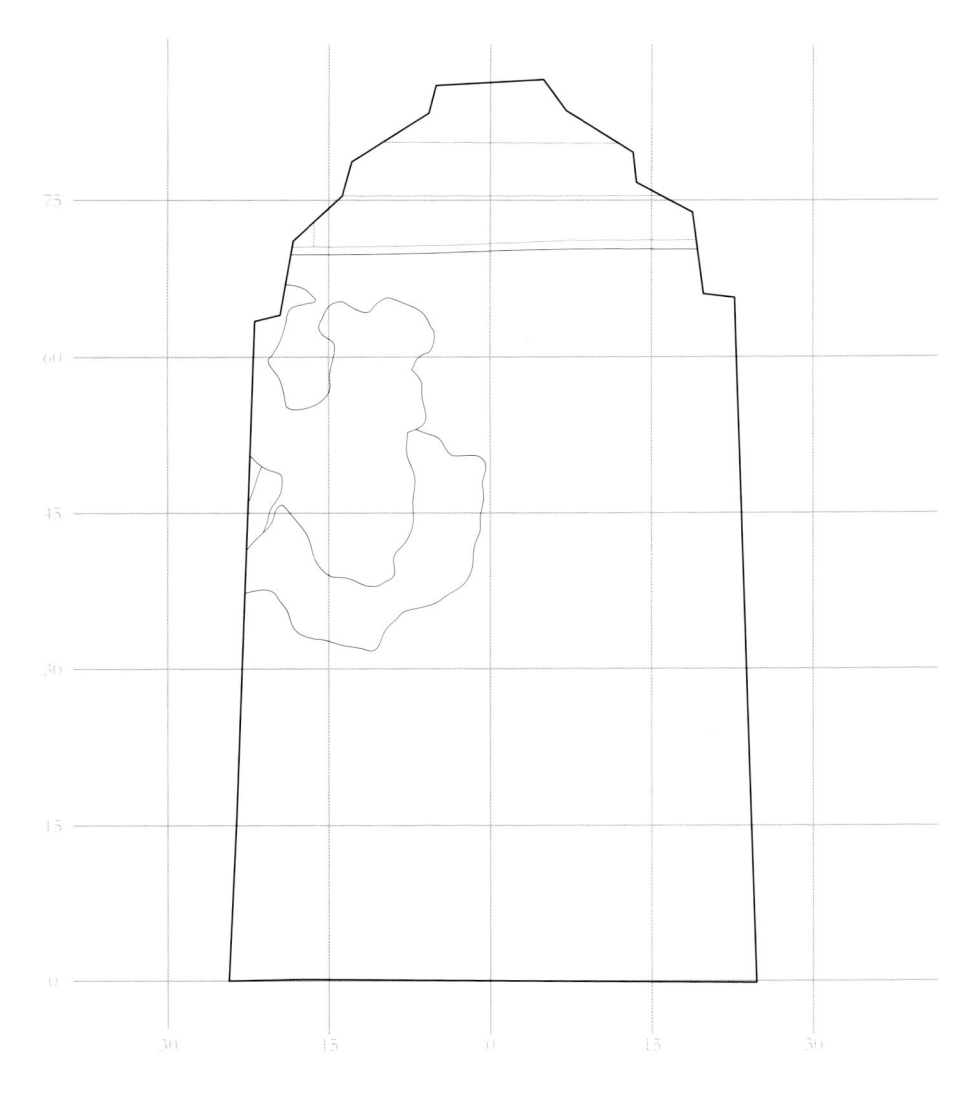

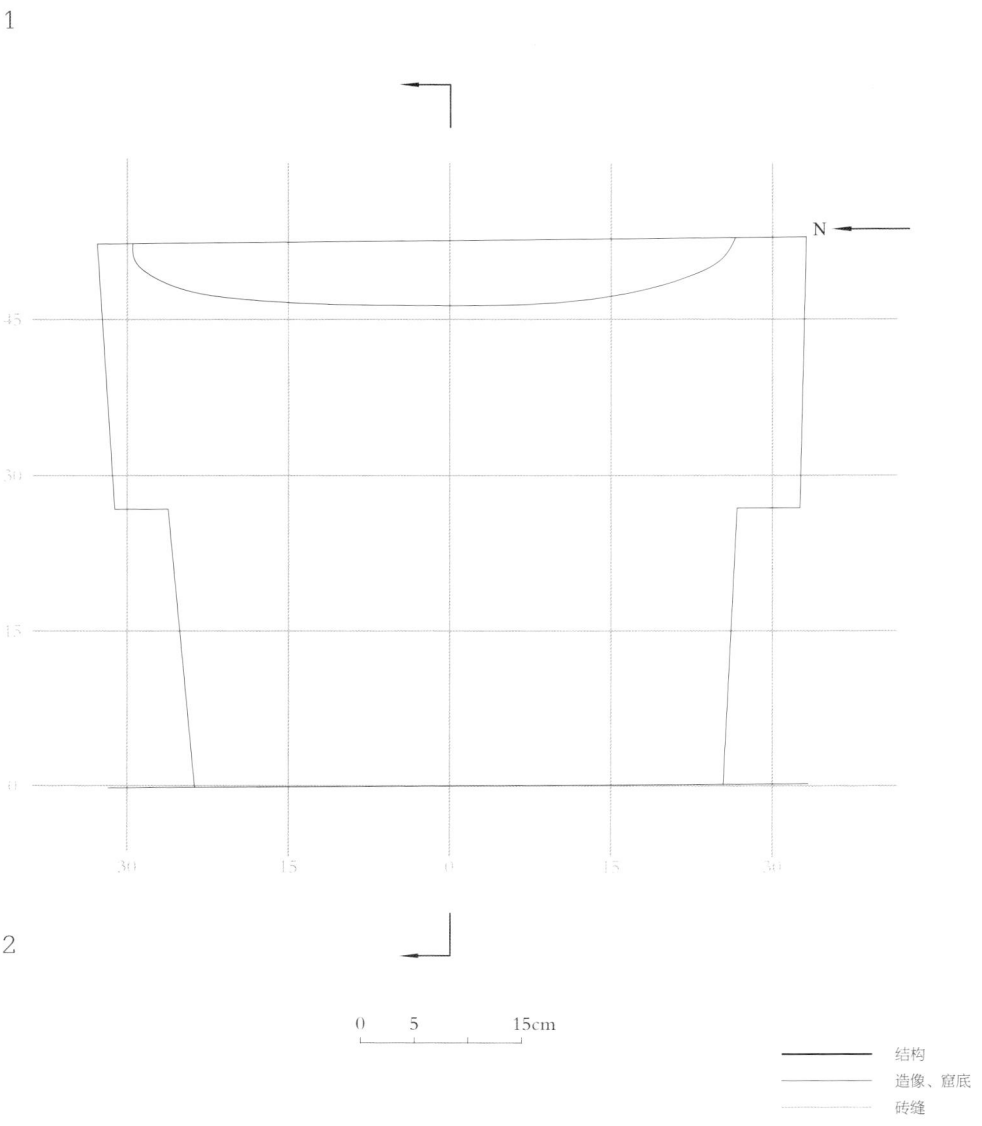

图 298　第 82 号窟平、立面图
1　立面图　2　平面图

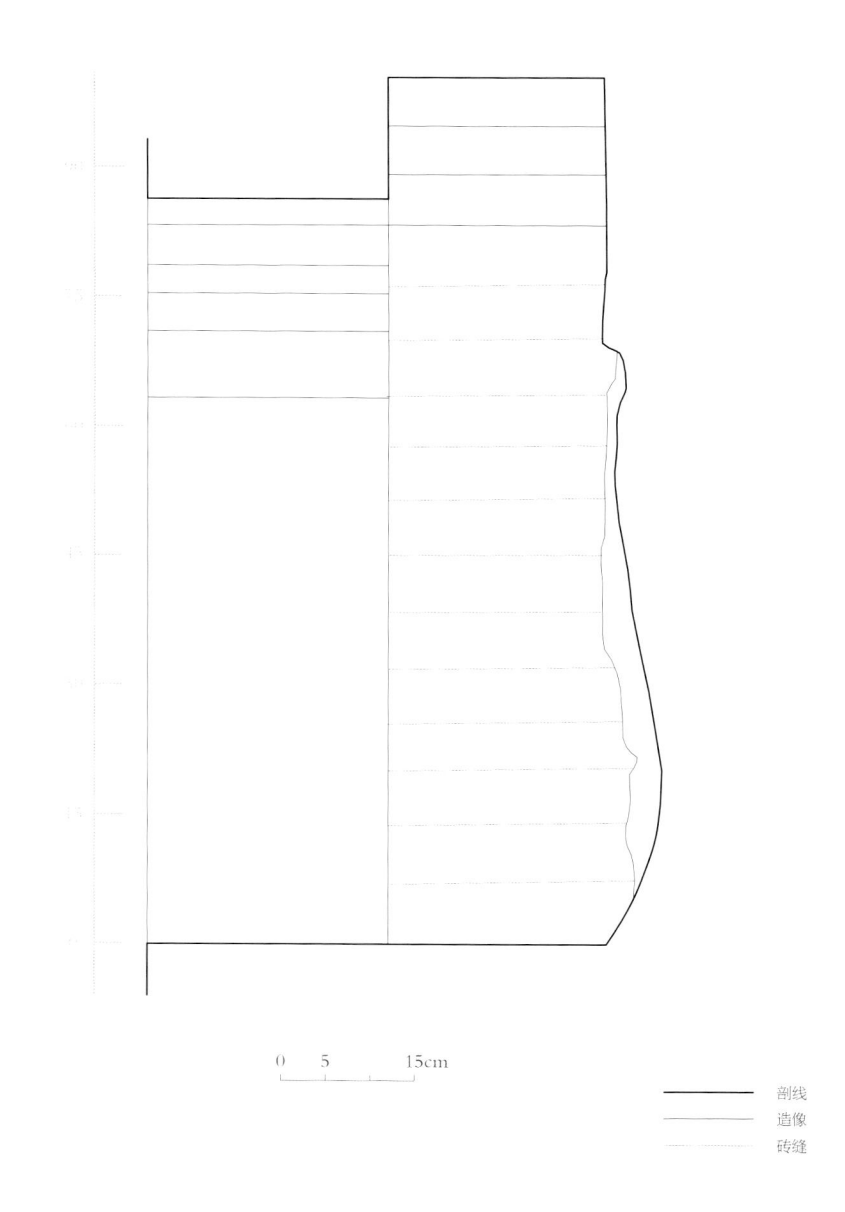

图 299　第 82 号窟剖面图

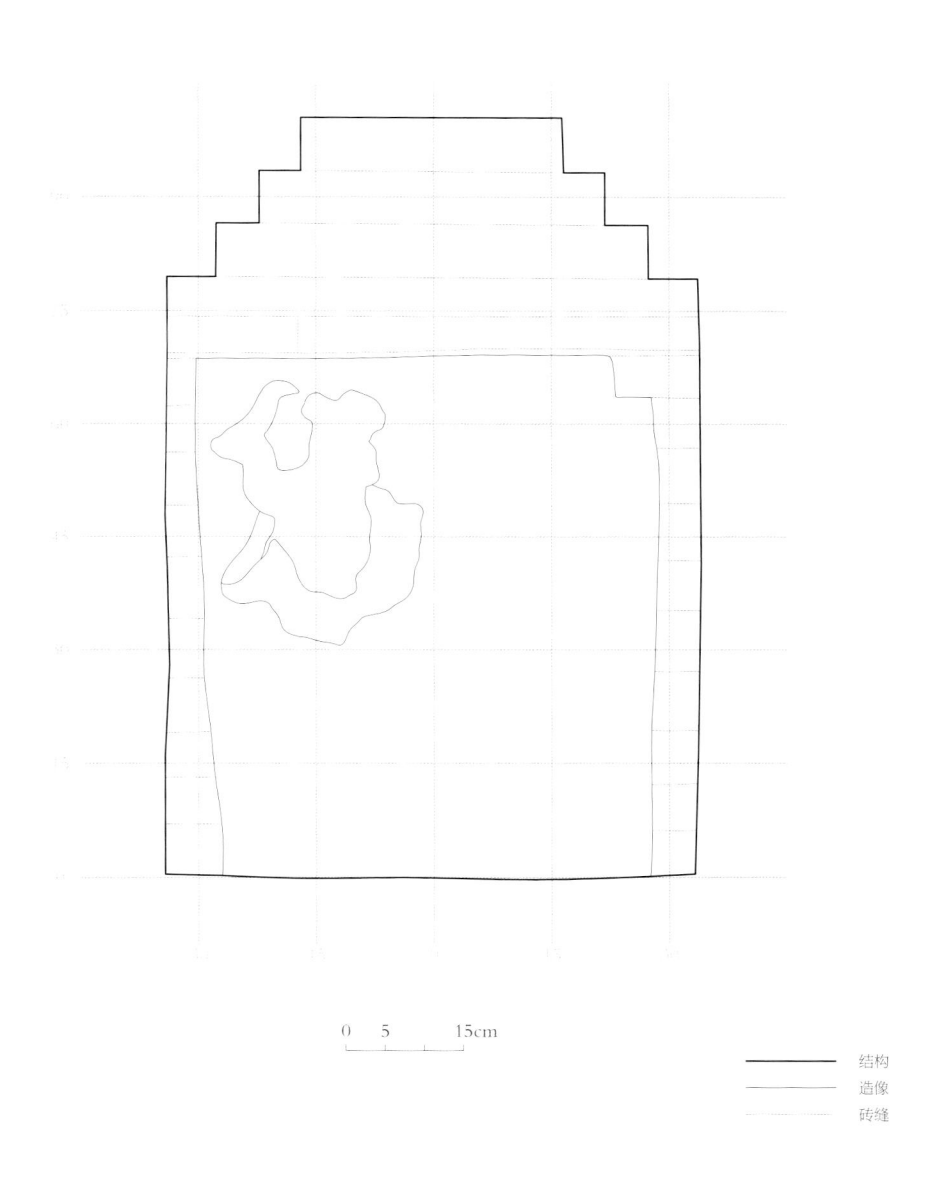

图 300　第 82 号窟正壁立面图

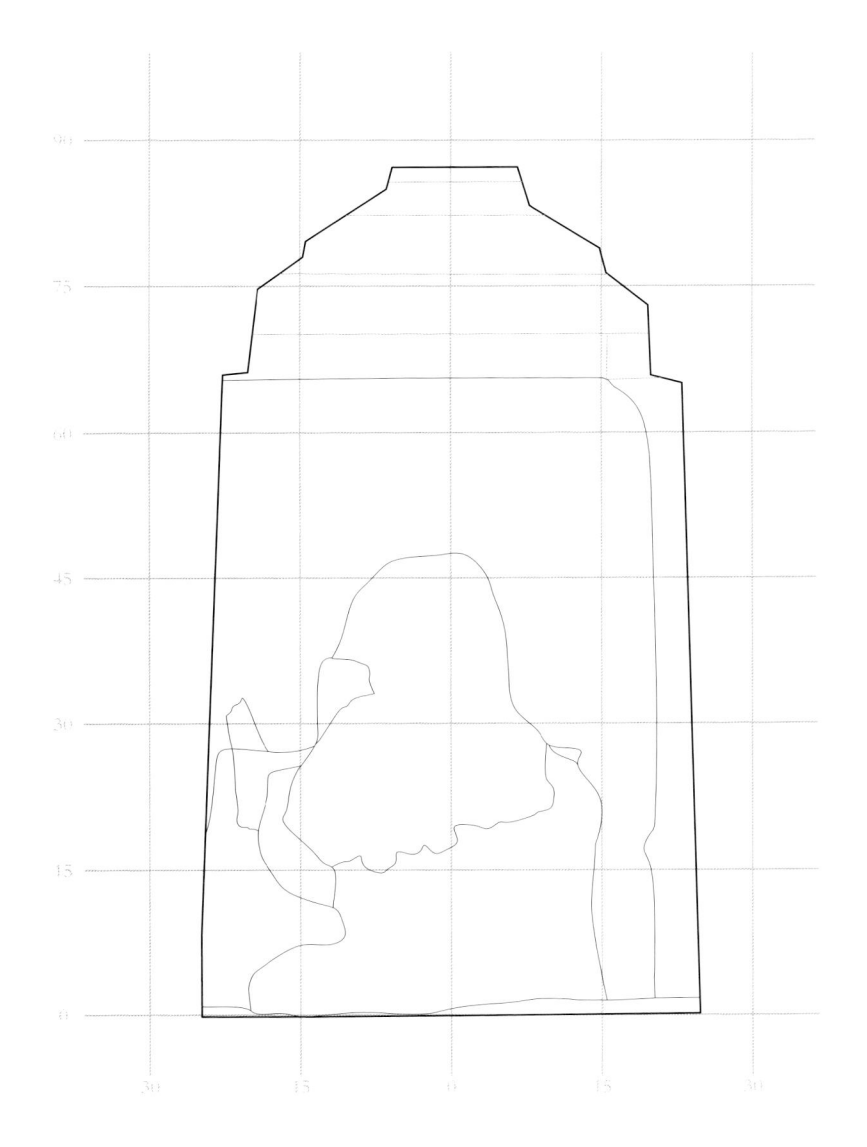

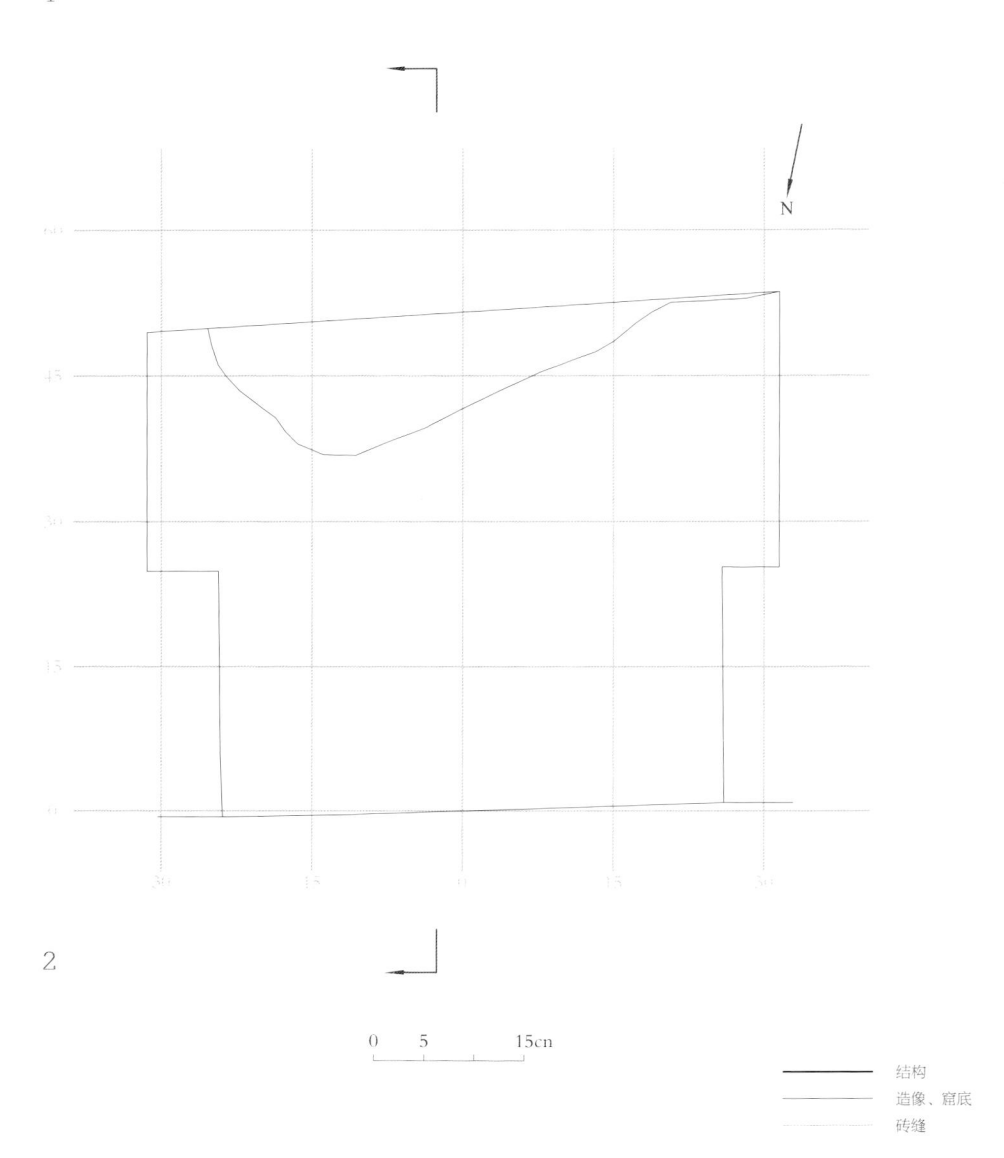

图 301　第 83 号窟平、立面图
1　立面图　2　平面图

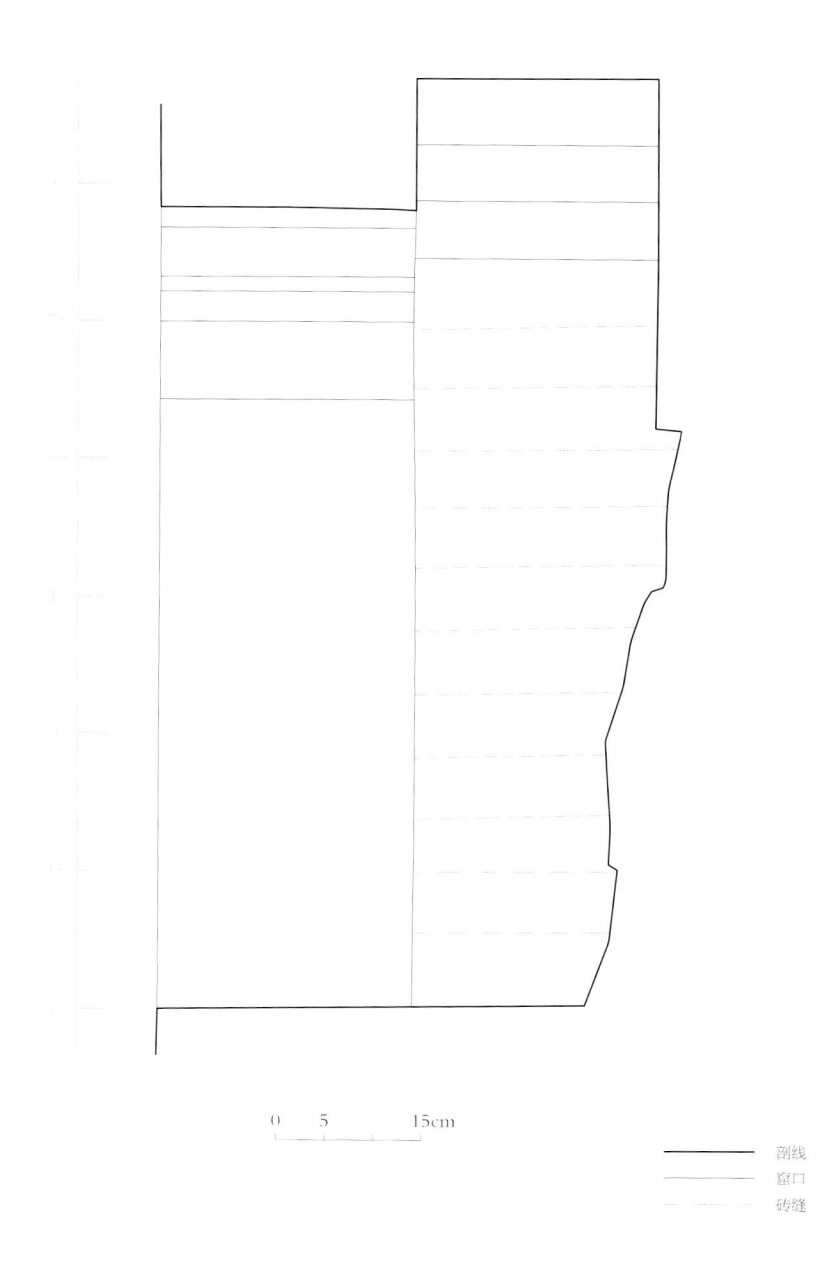

图 302　第 83 号窟剖面图

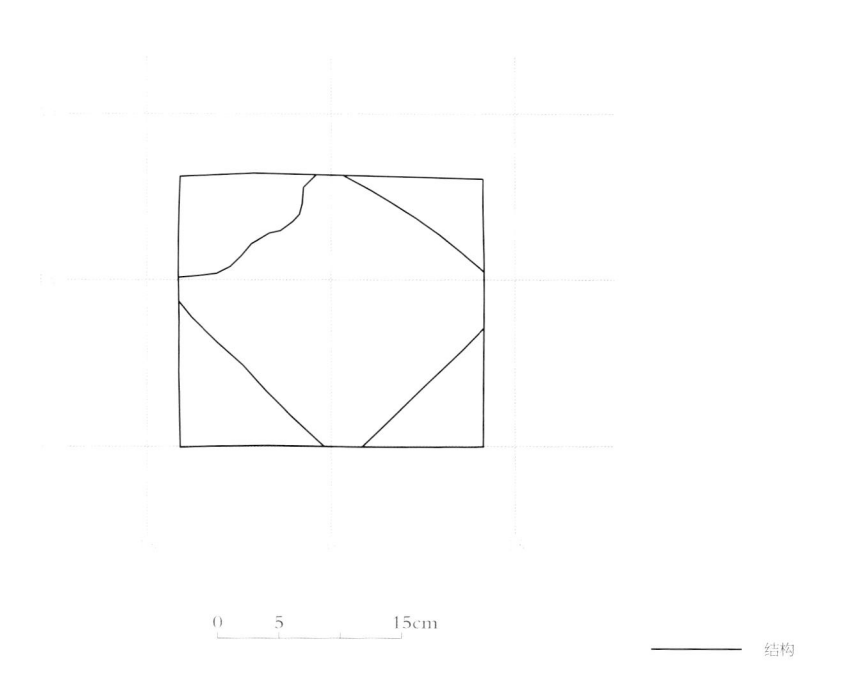

图 303　第 83 号窟窟顶仰视图

第九章　塔身第十二、十一、九级造像（第 81—96 号）　369

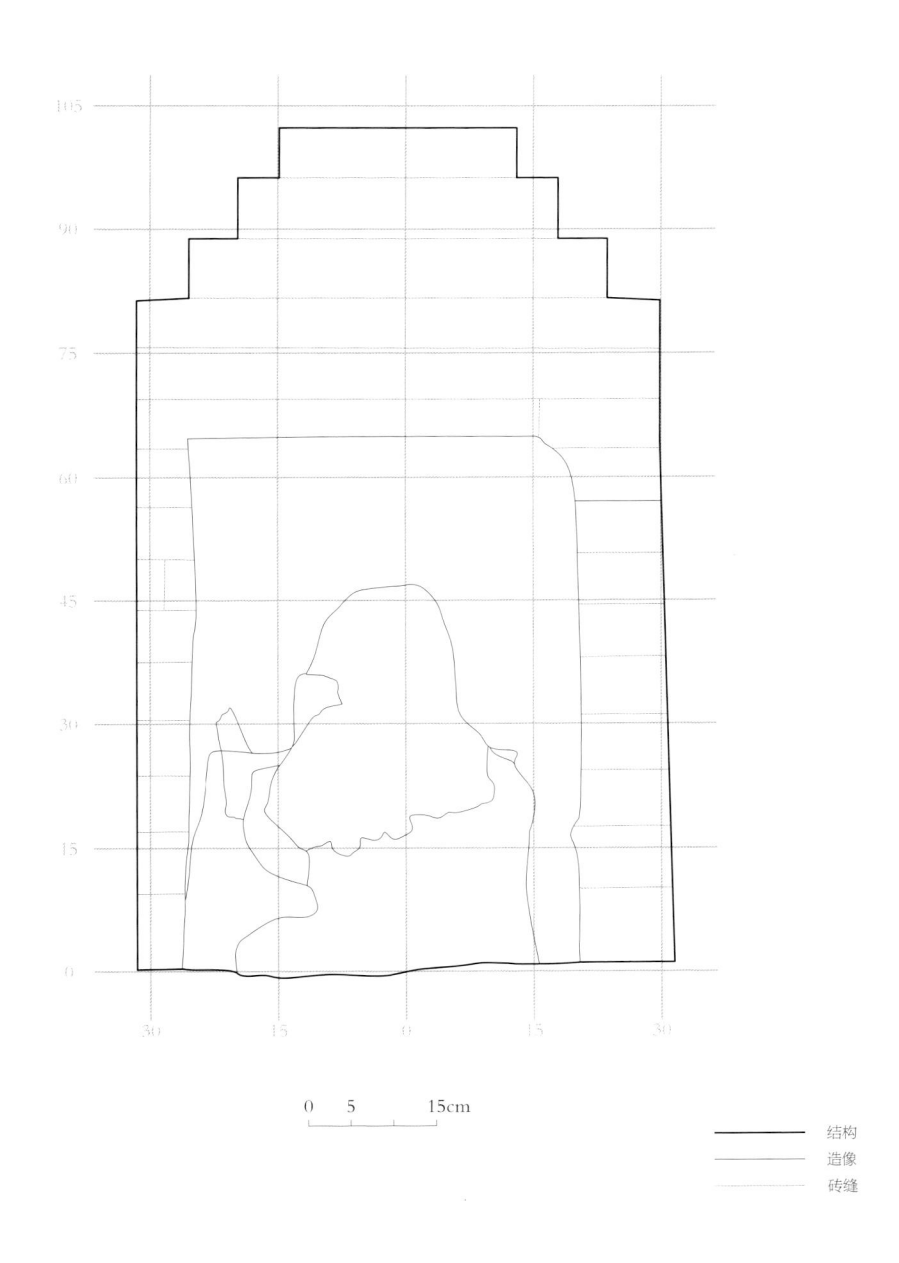

图 304　第 83 号窟正壁立面图

第五节　第84号

一　位置

位于第十二级塔身东壁。上距塔檐下部52厘米，下距壁面底部6厘米；左距壁面边缘109.5厘米，右距壁面边缘108.5厘米。窟口东向，方向89°。

二　形制

圭形覆斗顶窟（图305、图306；图版Ⅰ：290）。

窟口　呈圭形，高85.5厘米，宽53厘米，深26厘米；竖直部分高63厘米。

窟底　呈方形，宽62厘米，深27厘米，至窟顶高94厘米。

窟壁　正壁竖直，局部镶嵌造像石一块，下起窟底，高71.5厘米，宽47厘米。左右壁竖直，上部外挑一列横砖与窟顶相接。

窟顶　覆斗顶，呈方形，为两重叠压砖结构与窟壁相接，通高约15厘米。

三　造像

正壁嵌石刻坐像1身，仅辨轮廓，残坐高32厘米（图307）。

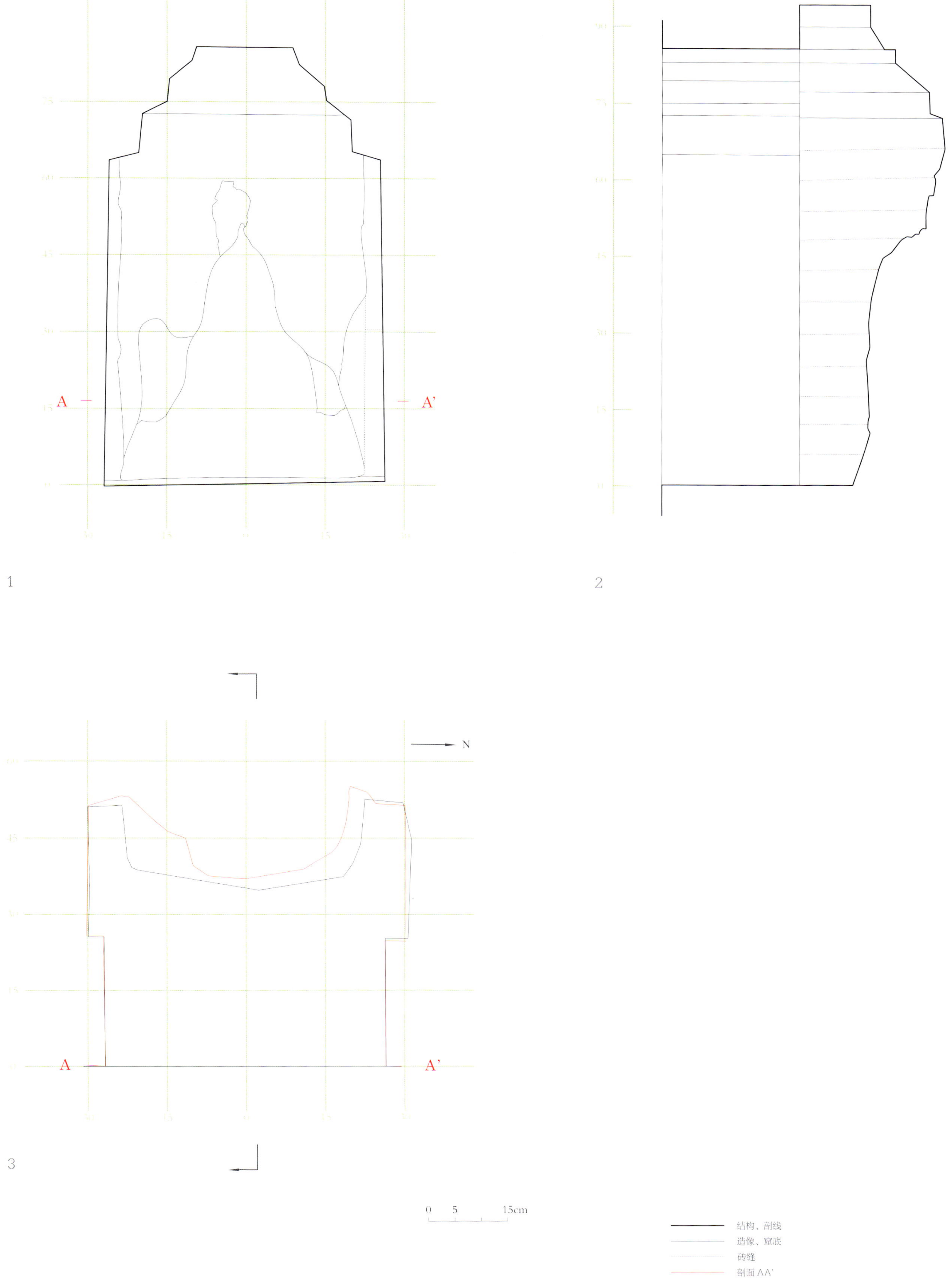

图 305 第 84 号窟平、立、剖面图
1 立面图 2 剖面图 3 平面图

第九章 塔身第十二、十一、九级造像（第 81—96 号） 371

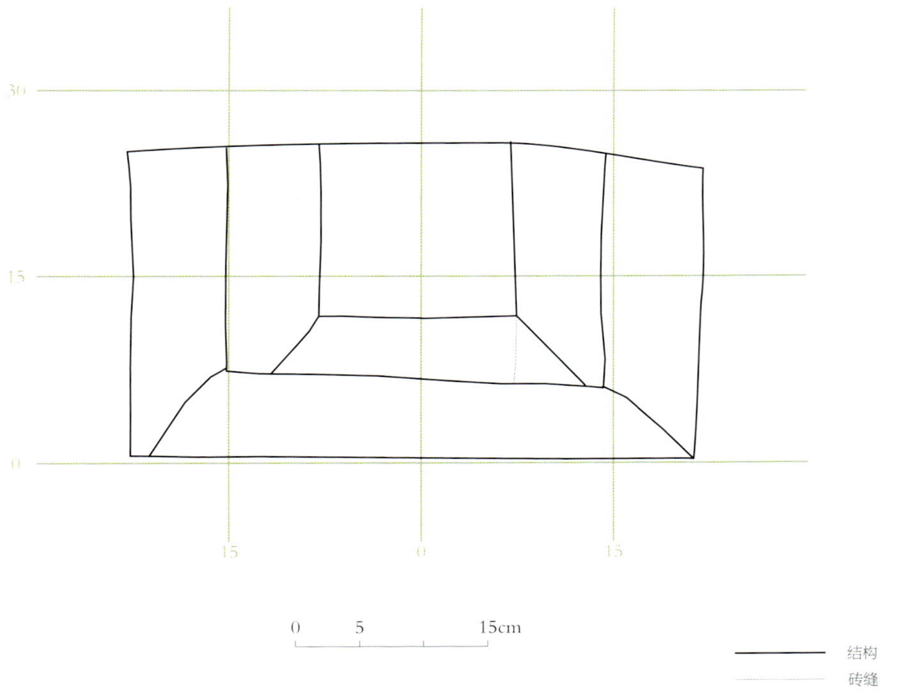

图 306　第 84 号窟窟顶仰视图

图 307　第 84 号窟正壁立面图

372　大足石刻全集　第四卷（上册）

第六节　第85号[1]

一　位置

位于第十一级塔身西南壁中部。

窟口西南向，方向225°。

二　形制

窟口呈圭形，高94厘米，宽55厘米，至窟室后壁深52厘米。窟底呈方形，宽65厘米，至窟顶高105厘米。窟壁不明，窟顶为覆斗顶。

三　造像

无。

第七节　第86号

一　位置

位于第十一级塔身西北壁。上距塔檐底部28厘米，下距壁面底部34厘米；左距壁面边缘144厘米，右距壁面边缘131厘米。龛口北向，方向314°。

二　形制

单层圭形龛（图308；图版Ⅰ：291）。

龛口呈圭形，高73厘米，宽36.5厘米，深26厘米。龛底方形。龛正壁竖直，左右壁中下部竖直，高约51厘米，上部作三阶叠涩与龛顶相接。龛顶为方形平顶。

三　造像

无。

---

[1] 1997年多宝塔维修时发现，西南壁存残洞龛一个，内无造像。工程中以砖块将其填塞，并涂抹灰浆，使之与壁面齐平。本次调查，已无法进行记录，仅据陈明光先生执笔撰写的《大足多宝塔造像勘查简报》（载《2005年重庆大足石刻国际学术研讨会论文集》，重庆大足石刻艺术博物馆编，文物出版社2007年版，第88-113页），按照本卷报告编写体例进行整理后形成本龛记录。

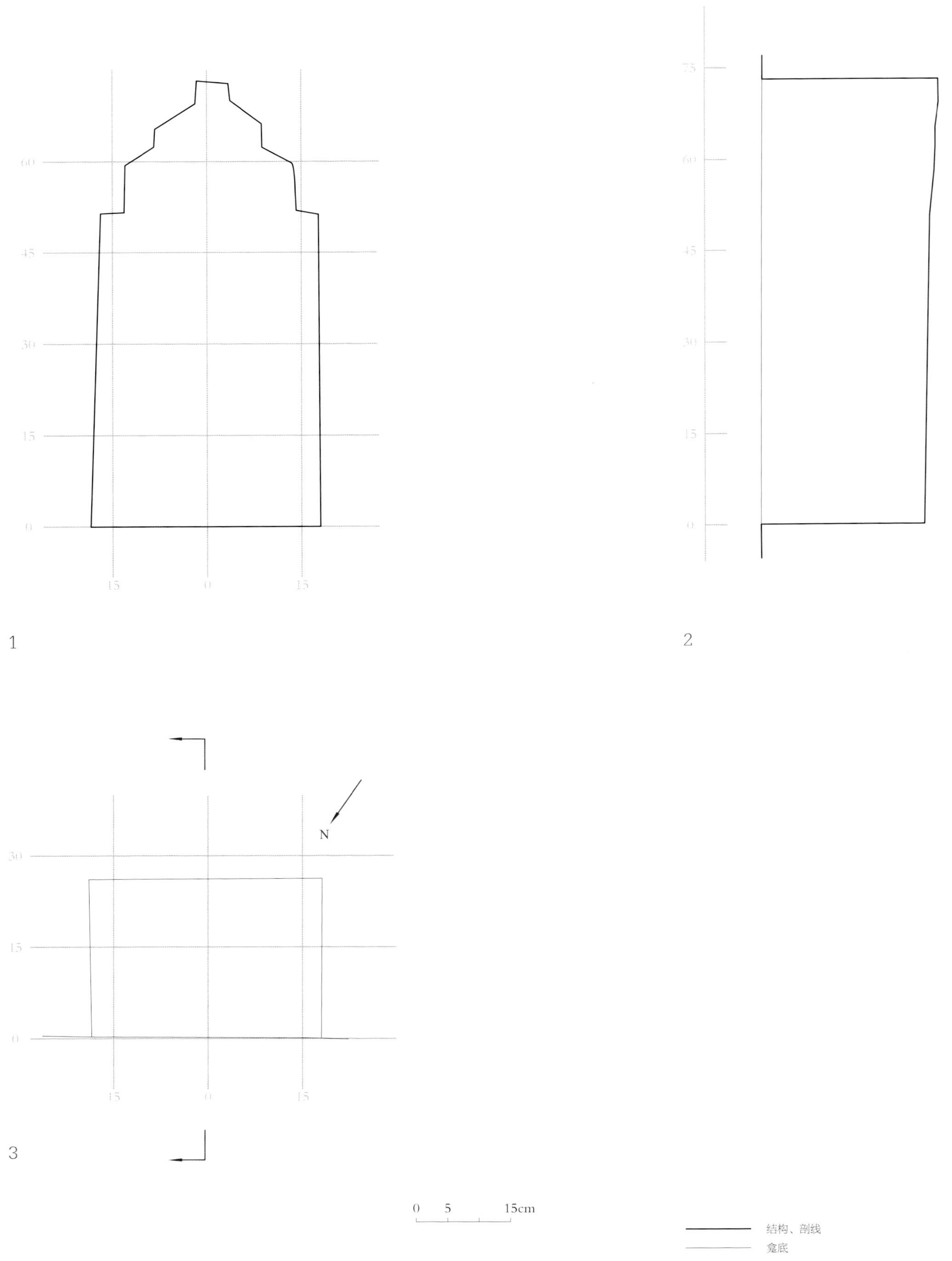

图 308　第 86 号龛平、立、剖面图
1　立面图　2　剖面图　3　平面图

第八节 第87号

一 位置

位于第十一级塔身东北壁中部。上距塔檐下部30厘米，下距壁面底部36厘米；左距壁面边缘127厘米，右距壁面边缘114厘米。龛口东北向，方向45°。

二 形制

单层圭形龛（图309；图版Ⅰ：292）。

龛口呈圭形，高72厘米，宽36厘米，深26厘米。龛底呈方形。龛正壁竖直。左右壁竖直，上部作三阶叠涩与龛顶相接。龛顶呈方形，平顶。

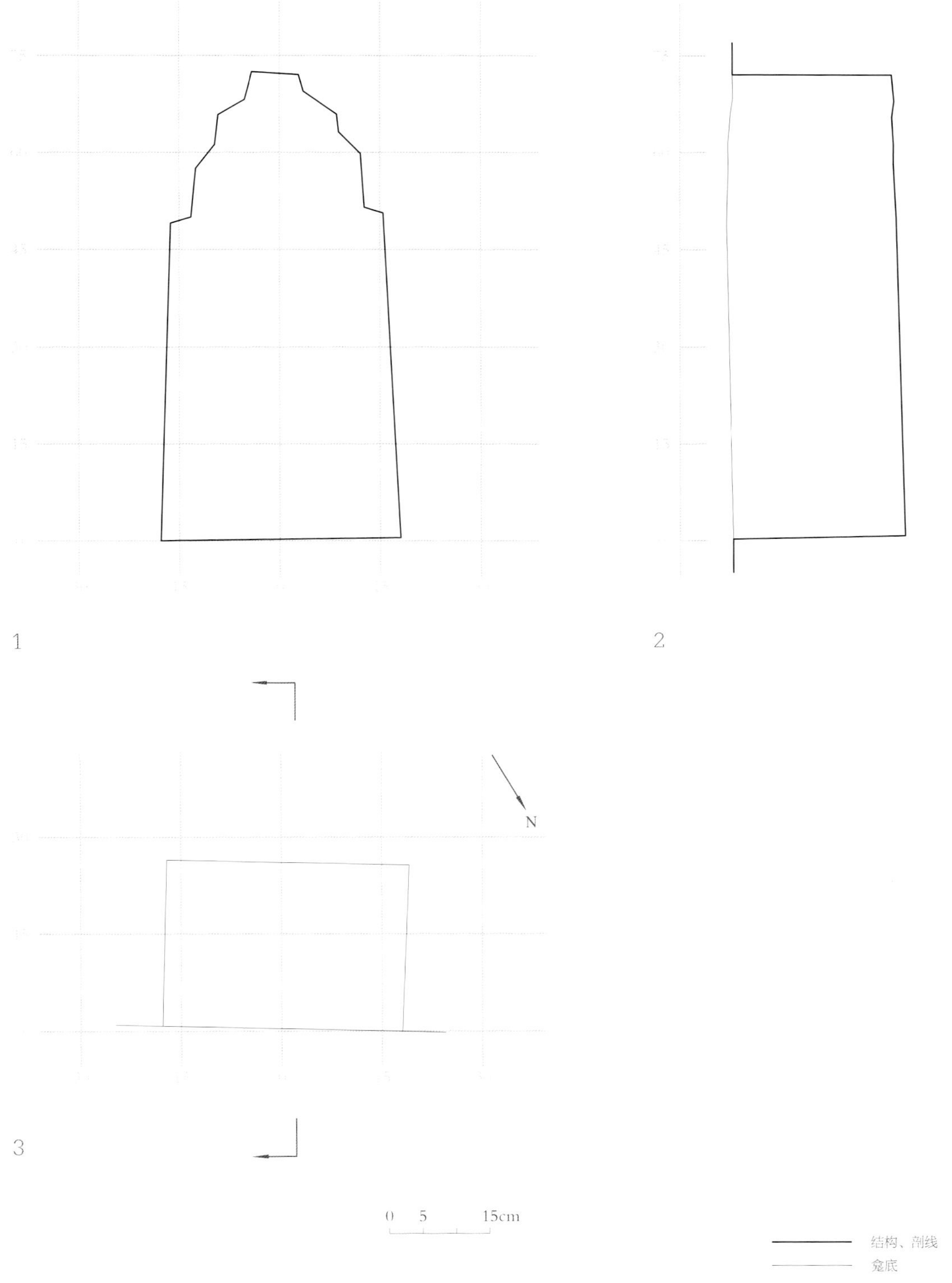

图309 第87号龛平、立、剖面图
1 立面图 2 剖面图 3 平面图

三　造像

无。

第九节　第88号

一　位置

位于第十一级塔身东南壁。上距塔檐下部30厘米，下距壁面底部34厘米；左距壁面边缘121厘米，右距壁面边缘122厘米。窟口东南向，方向128°。

二　形制

单层圭形龛（图310、图311；图版Ⅰ：293）。

龛口呈圭形，高73厘米，宽42厘米，至后壁最深25厘米。龛底呈方形。龛正壁竖直。左右壁中下部竖直，高约49厘米，上部作三阶叠涩与龛顶相接。龛顶呈方形平顶。

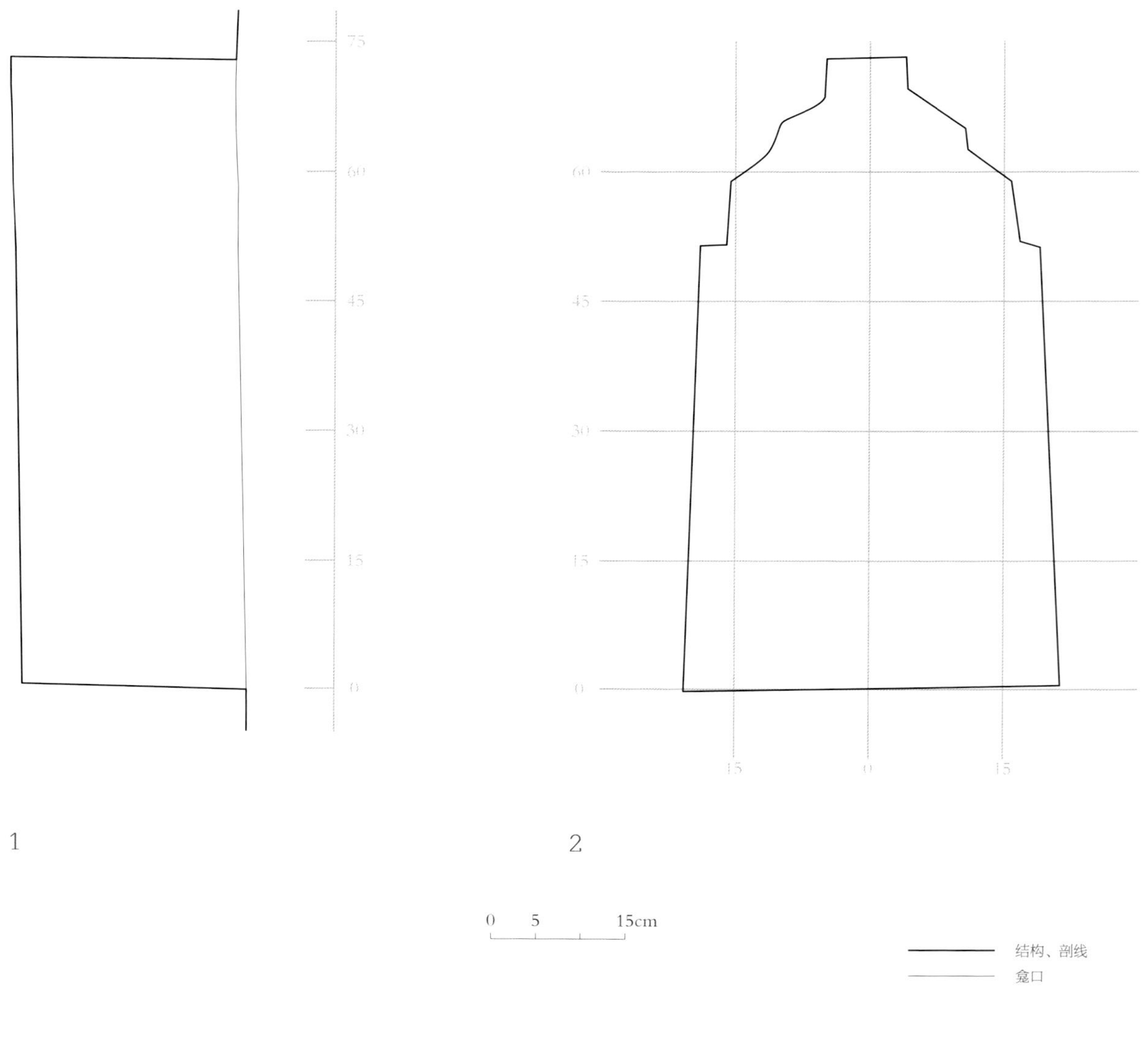

图310　第88号龛立、剖面图
1　剖面图　2　立面图

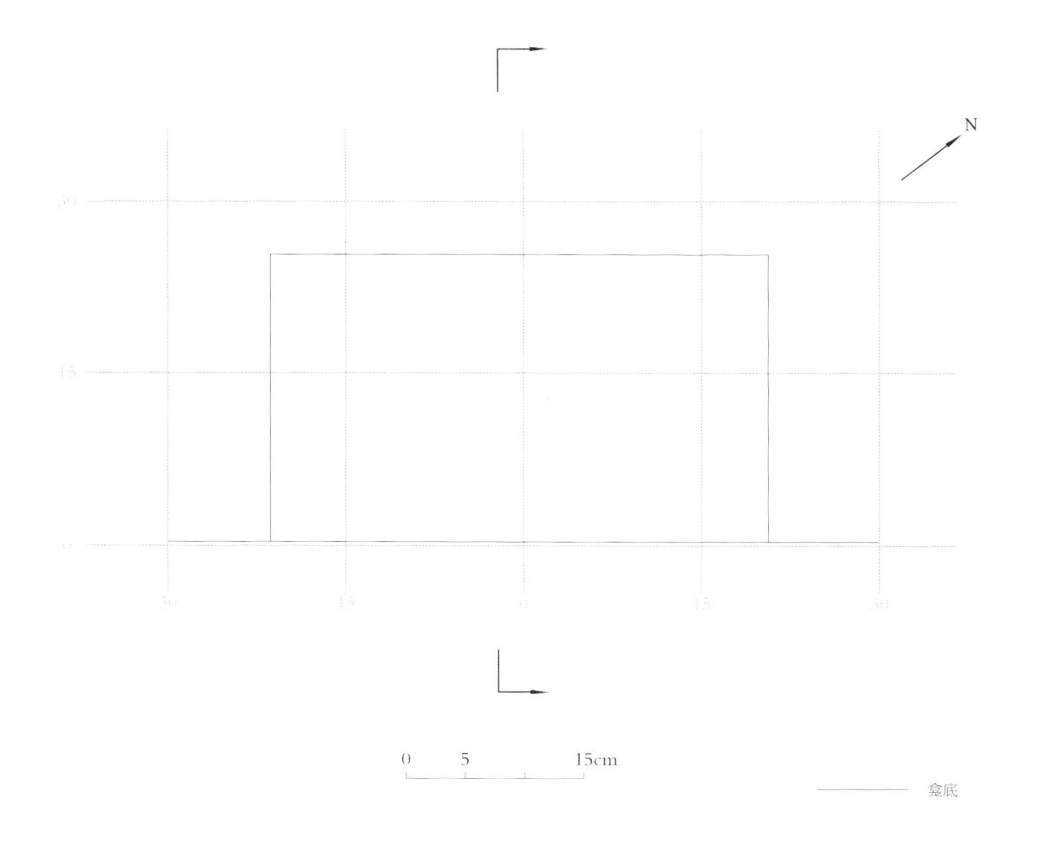

图311　第88号龛平面图

三　造像

无。

第十节　第89号

一　位置

位于第九级塔身南向壁面。左距壁面边缘124厘米，右距壁面边缘122厘米；上距塔檐底部21厘米，下距壁面底端4厘米。窟口南向，方向178°。

二　形制

圆拱形藻井顶窟（图312、图313、图314、图315；图版Ⅰ：294、图版Ⅰ：295、图版Ⅰ：296）。

窟口　呈圆拱形，高78.5厘米，宽57.5厘米，深30厘米。左右侧下部竖直，自底部向上46厘米处内收1.5厘米作圆拱形。窟口地坪外凸窟口约7厘米。

窟底　呈方形，宽65.5厘米，深49厘米，至窟顶顶部高112.5厘米。

窟壁　正壁竖直，通高100厘米；局部镶嵌造像石一块，下起窟底，高100厘米，最宽65厘米。左右壁为素面砖壁，均高100厘米；上部作外挑的两阶叠涩与窟顶相接。

窟顶　藻井顶，呈方形，为两重45°错角叠压砖结构，通高约12.5厘米。

图 312　第 89 号窟立面图

378　大足石刻全集　第四卷（上册）

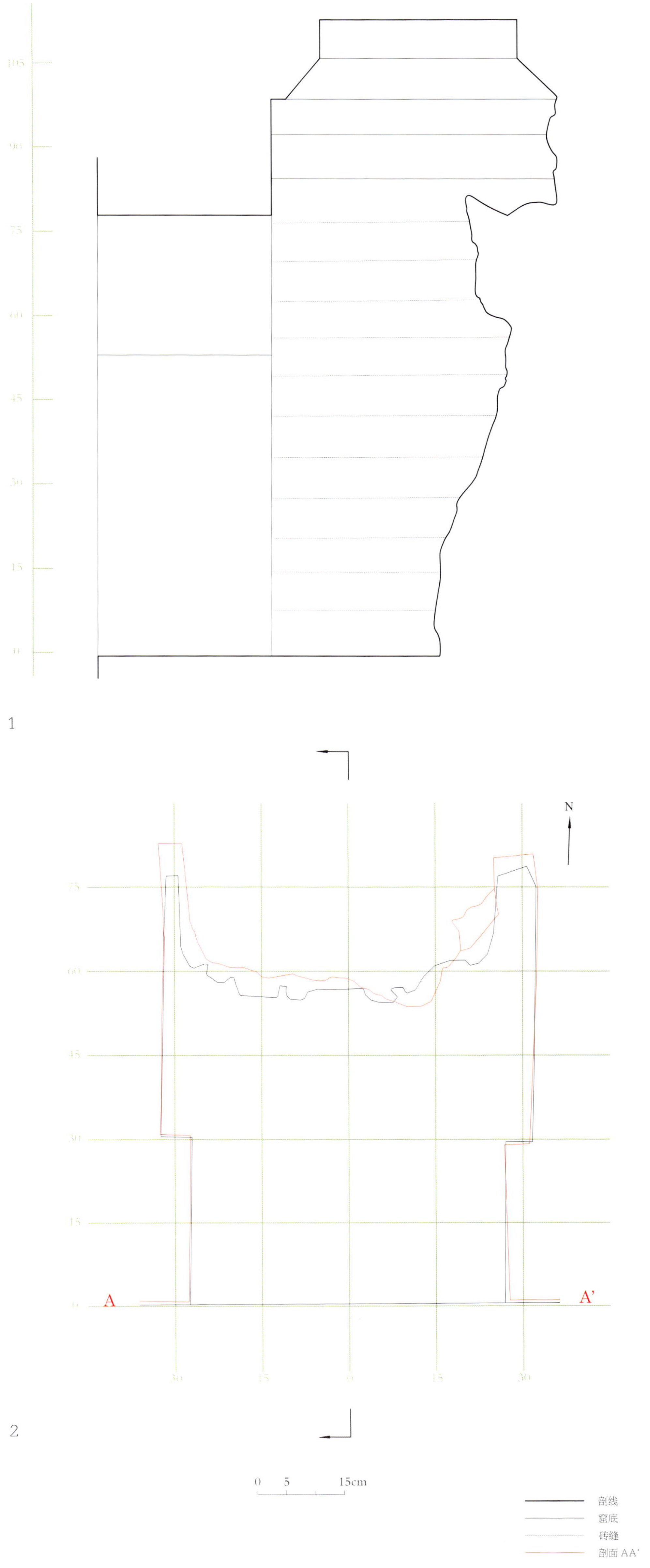

图 313 第 89 号窟平、剖面图
1 剖面图　2 平面图

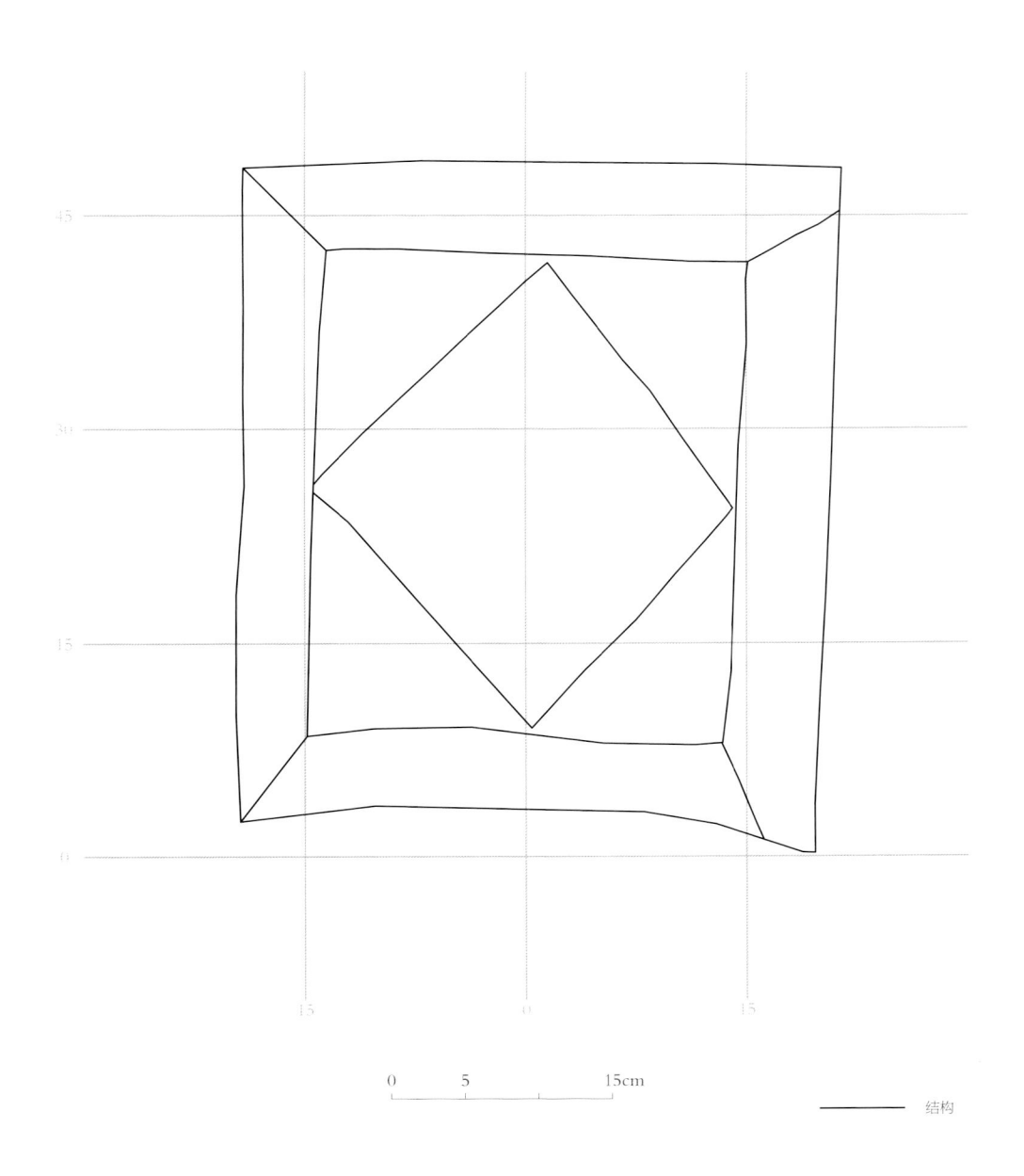

图 314　第 89 号窟窟顶仰视图

三　造像

正壁嵌石刻菩萨坐像1身（图315；图版Ⅰ：296）。坐高56厘米，头长21.5厘米，肩宽22厘米，胸厚9厘米。浮雕圆形素面头光，直径28厘米。梳髻，鬓发绕耳，垂发作结分三缕披覆双肩；戴卷草冠，略蚀，冠体正面刻立式化佛一身。化佛高5厘米，浮雕叶形背光，宽3.5厘米，高6厘米，内线刻放射状细纹。主像冠带作结后各分两道下垂，后侧两道斜垂肩部，前侧两道于肩部再次作结后分作两道，一道绕上臂隐于身后，另一道沿胸下垂至座侧。椭圆脸，略蚀，戴耳环，下垂坠饰，胸饰璎珞，显露少许，略蚀；上身斜披络腋，外披宽博披巾，下着长短两层裙。披巾两端腹前交绕后垂至座底，腰带长垂座前。自后腰斜出一带于座前交绕后斜垂座底。双膝下部饰璎珞，可辨少许遗迹。左手直伸撑台，右手握冠带，置于右膝上；垂左腿，竖右腿，跣足坐于山石台上。座通高24厘米，宽54厘米，深23厘米，座前刻带茎仰莲、莲叶、莲蕾，略残。仰莲高8.5厘米，直径11.5厘米，上承菩萨左足。

菩萨像身后浮雕山石，右侧刻一只净瓶，通高9.5厘米，腹径4厘米；瓶口刻柳枝。

四　晚期遗迹

座前莲茎及仰莲残损处皆以砂浆修补。

龛内保存灰白色、黑色两种涂层。

图 315　第 89 号窟正壁立面图

第十一节　第90号

一　位置

位于第九级塔身西南向壁面。左距壁面边缘142厘米，右距壁面边缘137厘米；上距塔檐底部18.5厘米，下距壁面底端25.5厘米。龛口西南向，方向215°。

二　形制

单层圭形龛（图316、图317；图版Ⅰ：297）。

龛口呈圭形，高62厘米，宽43厘米，至后壁最深29厘米。龛底呈方形。龛正壁满嵌造像石一块，下起龛底，高52厘米，宽43厘米；其上砖壁高10厘米。左右壁中下部竖直，高约46厘米，上部作两阶叠涩与龛顶相接。龛顶呈方形平顶。

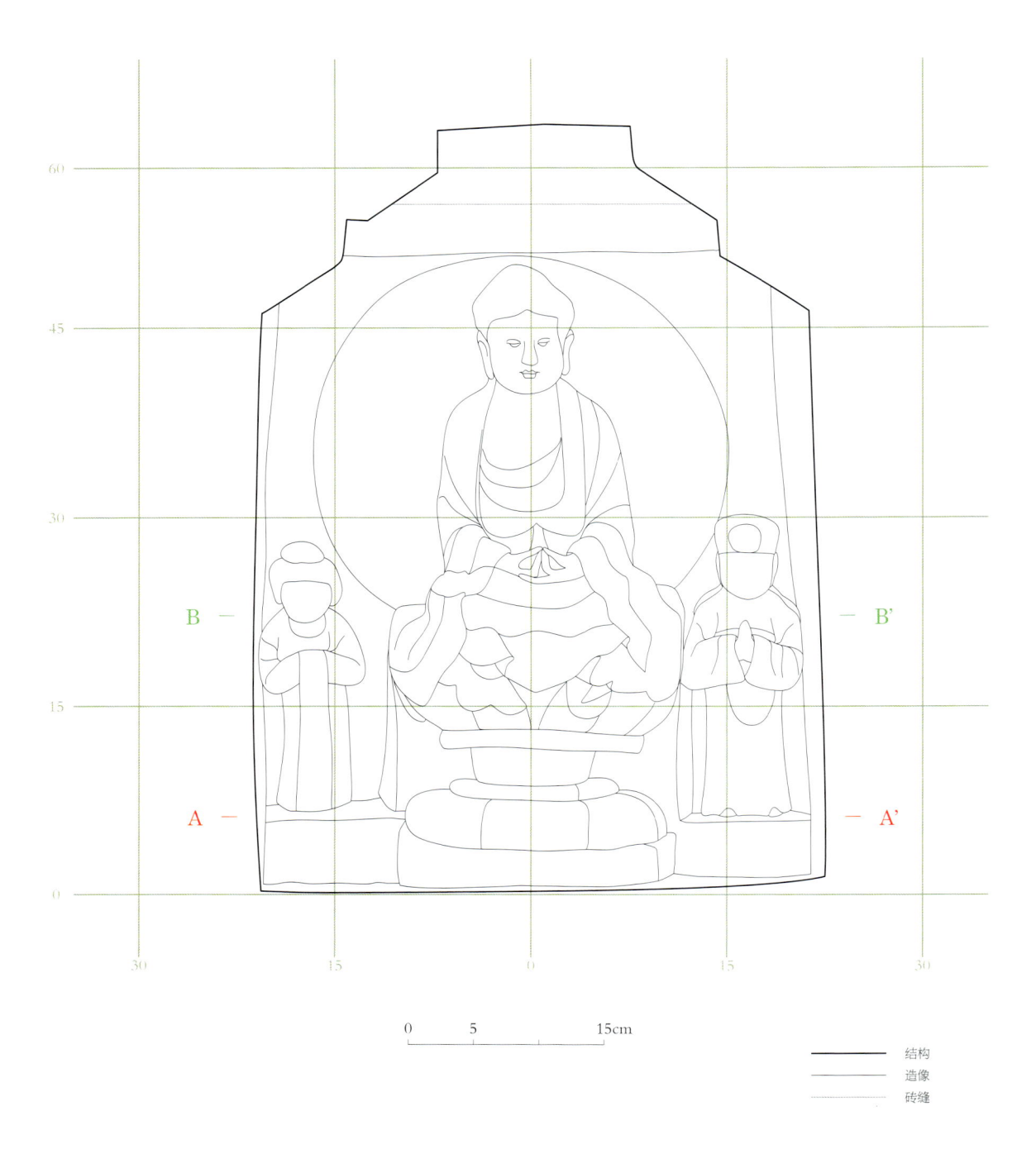

图316　第90号龛立面图

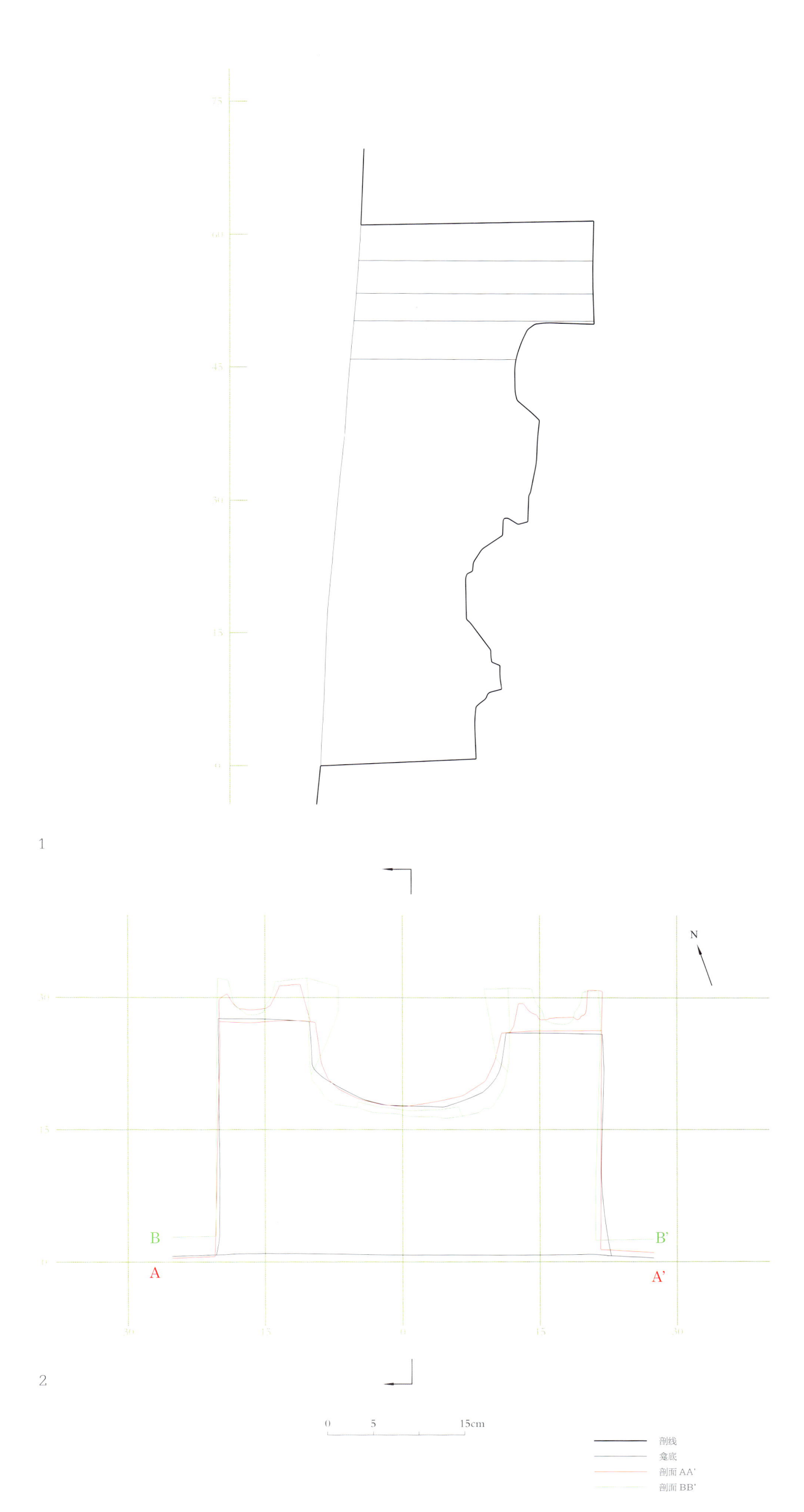

图 317 第 90 号龛平、剖面图
1 剖面图 2 平面图

第九章　塔身第十二、十一、九级造像（第 81—96 号）

三　造像

正壁嵌石刻像3身（图316；图版Ⅰ∶297）。中刻主尊坐佛像1身，左右各刻供养人立像1身。

佛像　坐高27厘米，头长10.5厘米，肩宽13厘米，胸厚8厘米。浅浮雕圆形素面背光，直径32厘米。肉髻微凸，刻髻珠，脸长圆，双颊丰满，鼻残，下颔稍蚀。内着僧祇支，似系带作结，外着双领下垂式袈裟，下着裙，袈裟和裙摆敷搭座前。双手腹前结印，结跏趺坐于束腰仰覆莲座上。座通高19厘米，上部为三重仰莲台，直径22.5厘米；中部束腰为圆台，直径10.5厘米；下部为覆莲台，直径20厘米。座置于方台上，台高4厘米，宽21厘米，深9.5厘米。座后侧刻出方台，与座等高宽，深4.5厘米。

供养人像　左立像高25厘米。头巾，圆脸，面蚀，着圆领窄袖长服，双手胸前合十，指略残，着鞋立于低台上。台高4.5厘米，宽10厘米，深5厘米。右立像高24.5厘米。梳髻，面略残，似着对襟窄袖长服，双手置胸前，敷搭帛带，帛带长垂至低台；着鞋立于低台上。台高5.5厘米，宽9厘米，深4.5厘米。

四　晚期遗迹

主尊像头部及双肩存灰白色涂层，右供养人像存灰白色涂层。

第十二节　第91号

一　位置

位于第九级塔身西向壁面。左距壁面边缘117厘米，右距壁面边缘125厘米；上距塔檐底部14.5厘米，下距壁面底端3厘米。窟口西向，方向272°。

二　形制

圭形覆斗顶窟（图318、图319、图320、图321；图版Ⅰ∶298、图版Ⅰ∶299、图版Ⅰ∶300）。

窟口　呈圭形，高88.5厘米，宽58.5厘米，深30厘米；竖直部分高60厘米。

窟底　呈方形，宽64厘米，深46厘米，至窟顶顶部高110.5厘米。

窟壁　正壁竖直，通高95.5厘米；局部镶嵌造像石一块，下起窟底，高74厘米，宽49.5厘米；其上砖壁高21.5厘米。左右壁为素面砖壁，均高95.5厘米，上部作一阶叠涩与窟顶相接。

窟顶　覆斗顶，呈方形，为两重叠压砖结构与窟壁相接，通高约15厘米。

三　造像

正壁嵌石刻像3身（图321；图版Ⅰ∶300）。中刻主尊坐像1身，左上方刻立式侍者像1身，右下方刻立式供养人像1身。

主尊像　坐高35厘米，头长12厘米，肩宽20厘米，胸厚7厘米（图322）。光头，前额略残，方圆脸，眼眶较深，双眼略鼓，略残，戴耳环；内着僧祇支，系带作结，外披偏衫式袈裟，下着裙，腰带长垂座前。腕镯，左手残，置腿上；右手持物，物难辨；坐于山石台上。着麻鞋，右足部分残。山石台通高31厘米，最宽43厘米，深14厘米。

主尊右侧浮雕一树，树干分叉，树叶形如团花。树丛间刻一条龙，嘴闭合，有龙角、龙鳞和腹甲，曲颈，身细长，现四前腿，四爪，左前腿似握宝珠，珠残；右前腿伸于树杈上；兽形尾拖垂于嵌石左上角。

左侍者像　立像高29厘米。梳髻，面残，圆脸，微胖；着双层交领窄袖长服，双手身前竖持幡，杆通长43厘米，幡绕杆右飘；着

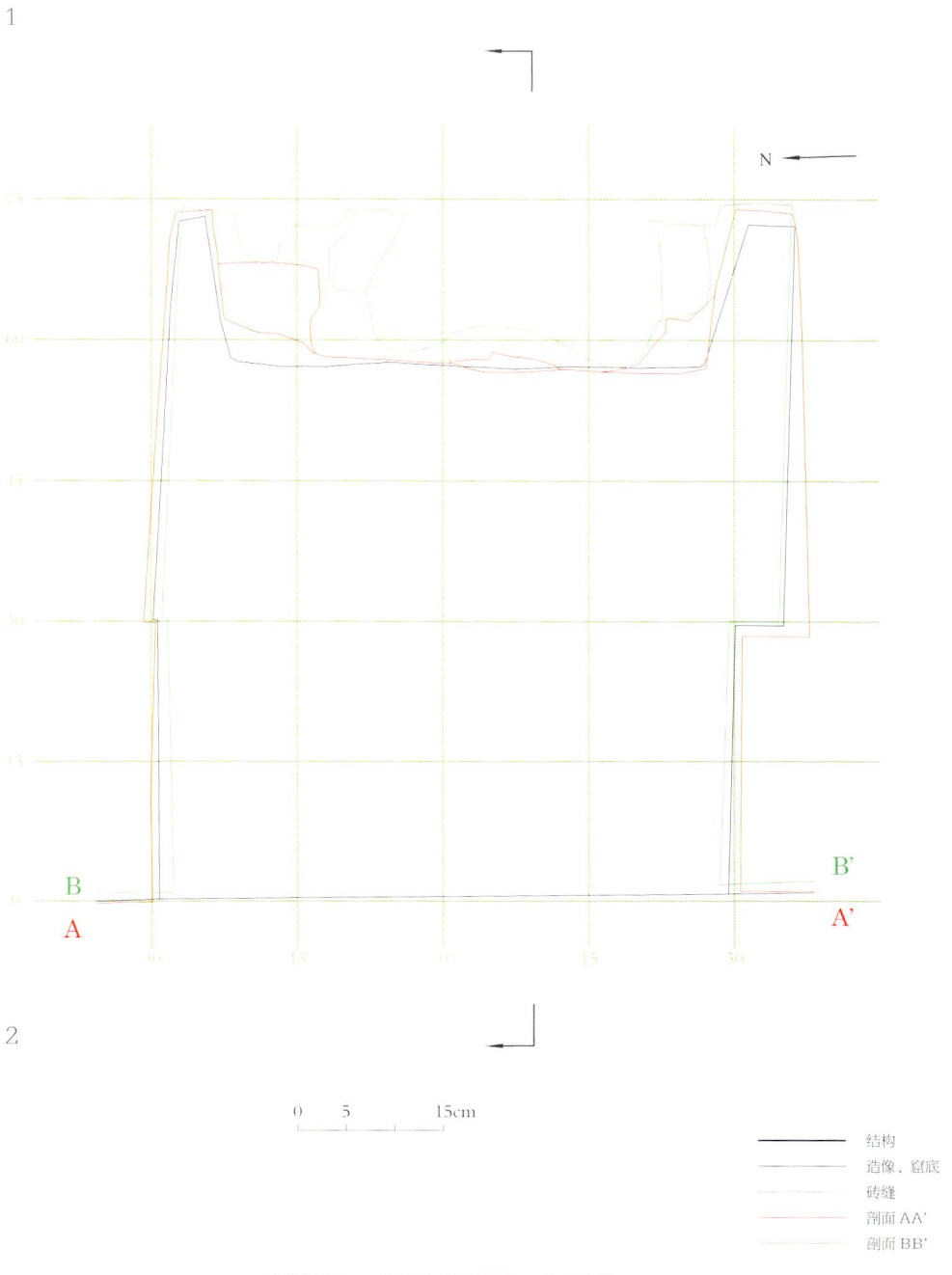

图 318　第 91 号龛平、立面图
1　立面图　2　平面图

第九章　塔身第十二、十一、九级造像（第 81—96 号）

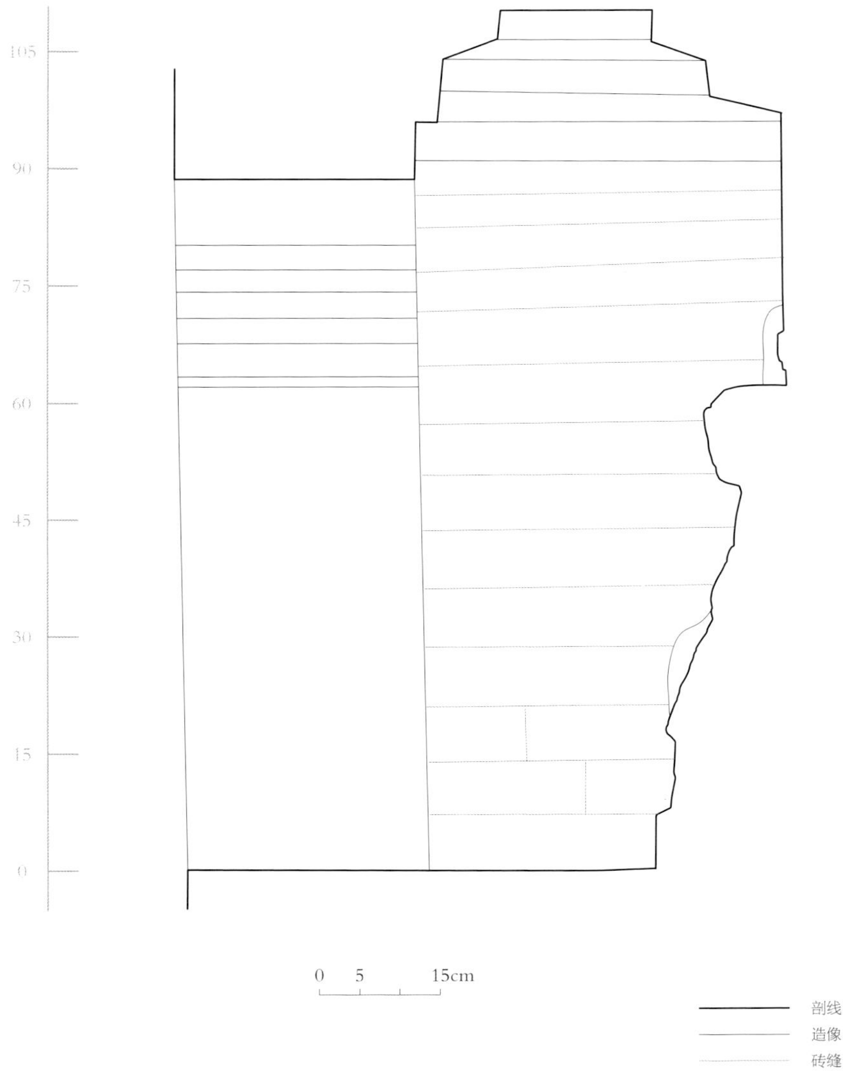

图 319　第 91 号龛剖面图

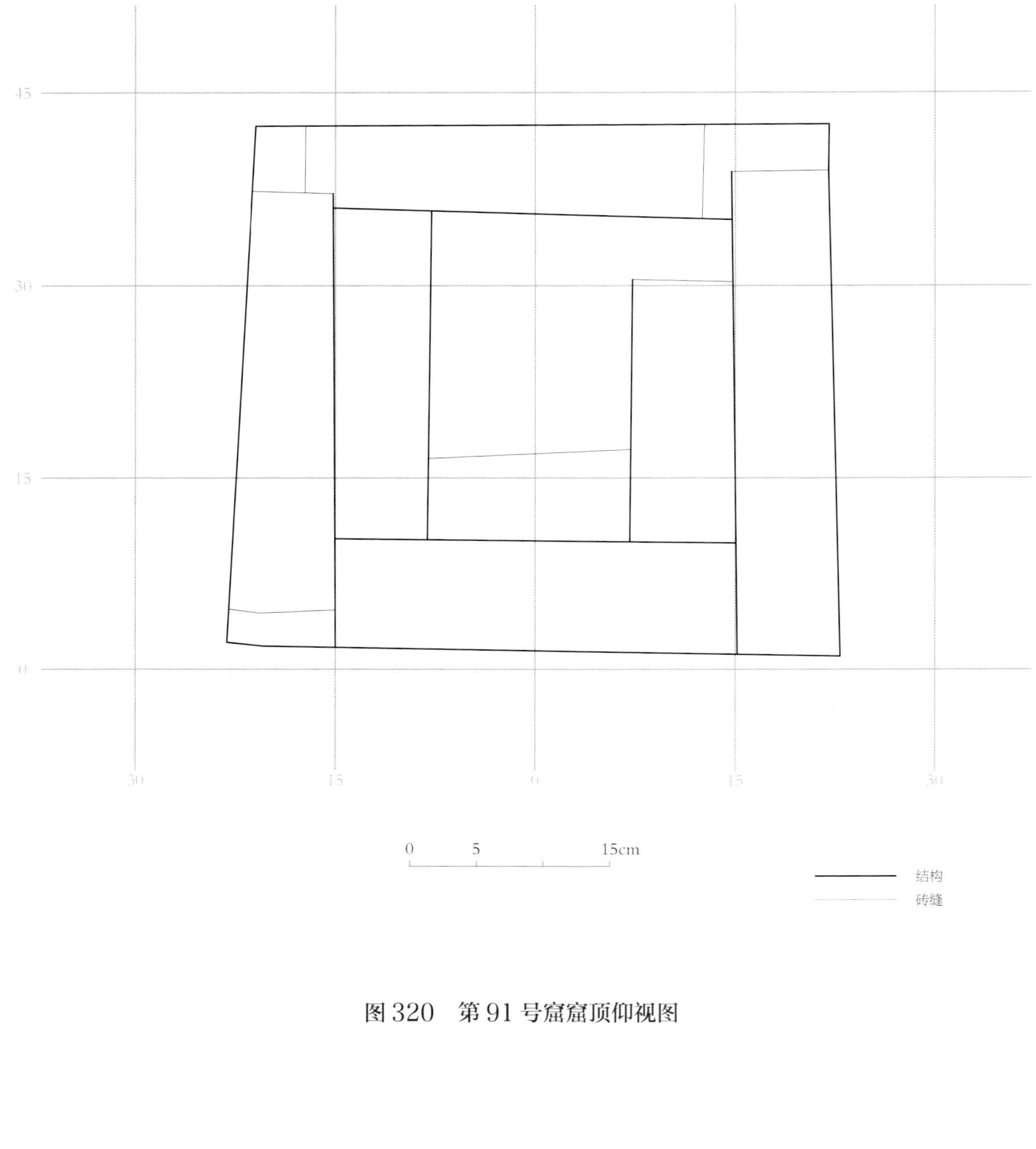

图 320　第 91 号龛龛顶仰视图

386　大足石刻全集　第四卷（上册）

图 321　第 91 号窟正壁立面图

图 322　第 91 号窟正壁主尊像效果图

鞋立于低台上。台高12厘米，显露宽7厘米，深2厘米。

右供养人像　立像高24厘米。梳髻，圆脸，着窄袖长服，双手置胸前，上覆帛带长垂至低台；足不现，立于低台上。台高1.5厘米，宽9厘米，深6厘米。

第十三节　第92号

一　位置

位于第九级塔身西北向壁面。左距壁面边缘144.5厘米，右距壁面边缘126厘米；上距塔檐底部7.5厘米，下距壁面底端29厘米。龛口西北向，方向310°。

二　形制

单层圭形龛（图323；图版Ⅰ：301）。

龛口呈圭形，高71.5厘米，宽50.5厘米，至后壁深24.5厘米。龛底呈方形。龛壁正壁竖直。左右壁中下部竖直，高约50厘米，上部作三阶叠涩与龛顶相接。龛顶呈方形平顶。

三　造像

无。

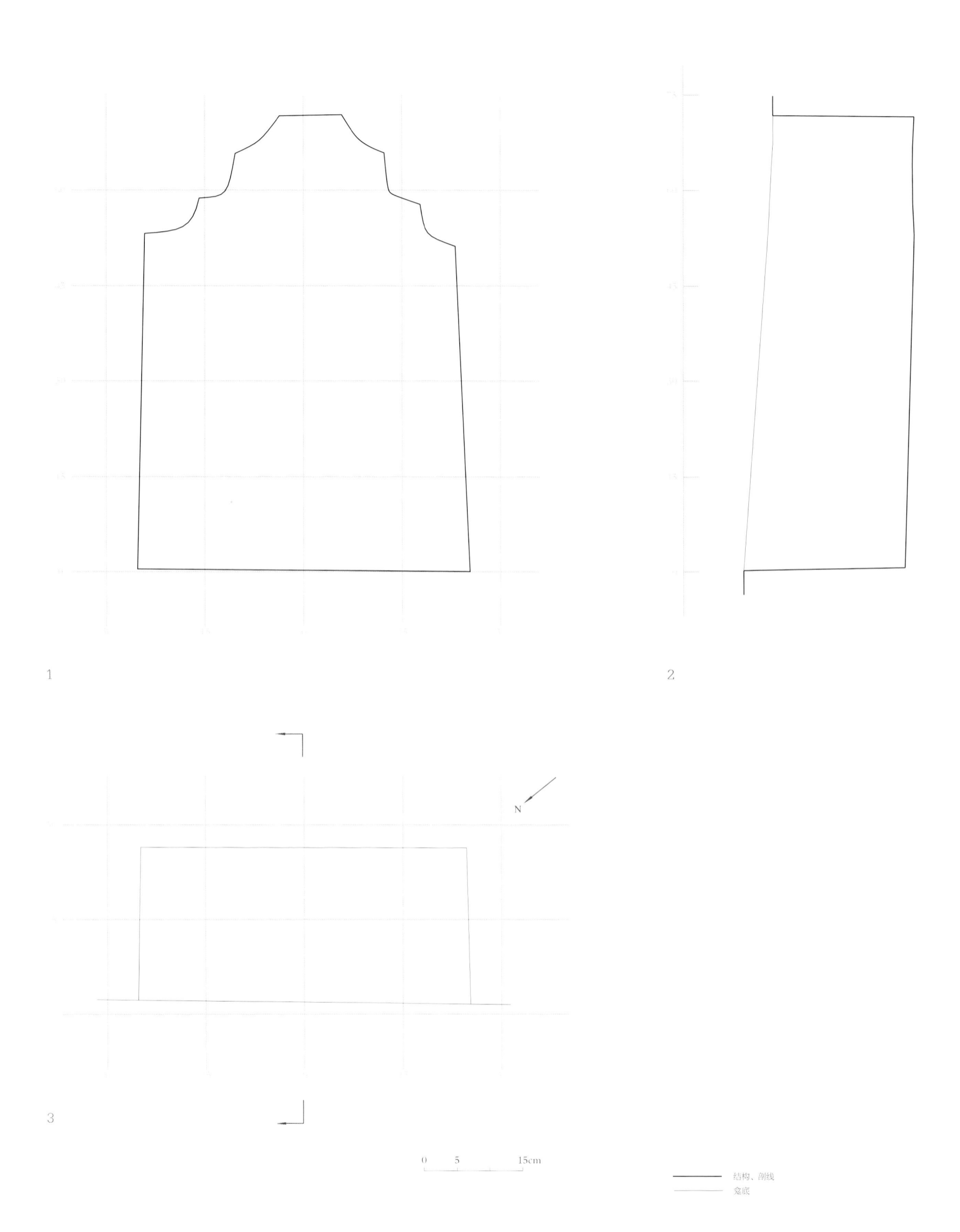

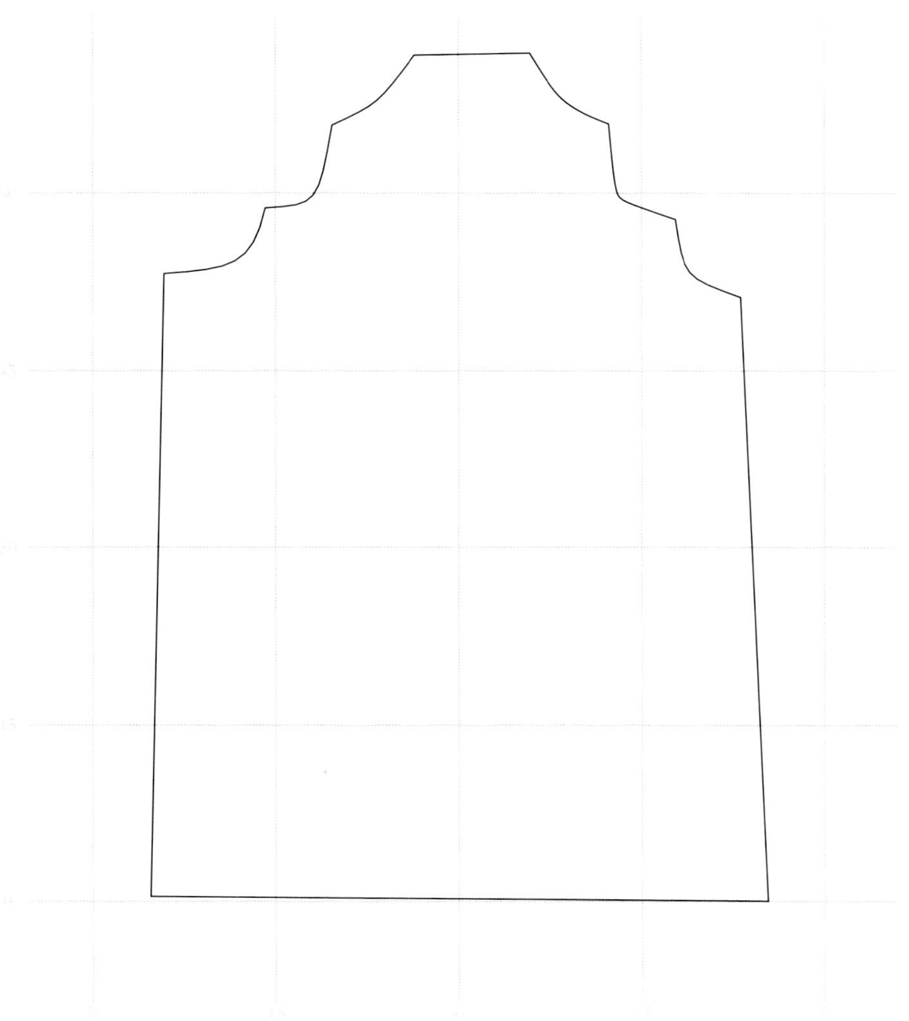

图 323 第 92 号龛平、立、剖面图
1 立面图 2 剖面图 3 平面图

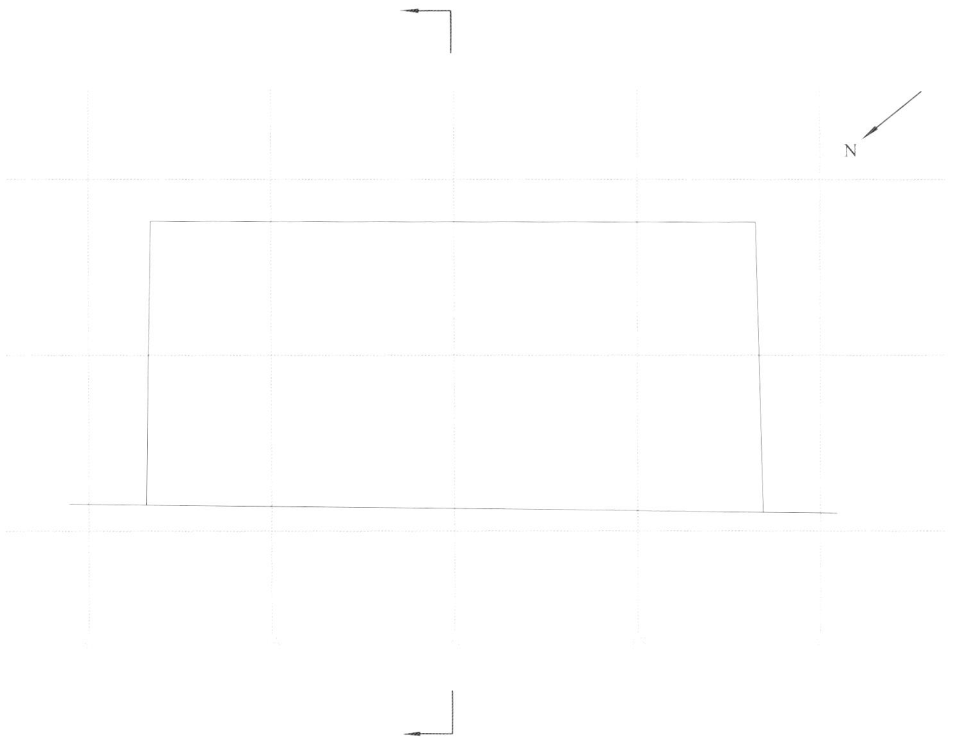

第九章 塔身第十二、十一、九级造像（第 81—96 号） 389

第十四节　第93号

一　位置

位于第九级塔身北向壁面。左距壁面边缘138.5厘米，右距壁面边缘135.5厘米；上距塔檐底部7厘米，下距壁面底端6.5厘米。窟口北向，方向356°。

二　形制

圭形覆斗顶窟（图324、图325、图326、图327；图版Ⅰ：302、图版Ⅰ：303）。

窟口　呈圭形，高91.5厘米，宽53.5厘米，深24.5厘米；竖直部分高72厘米。

窟底　呈方形，宽61厘米，深39.5厘米，至窟顶顶部高110厘米。

窟壁　正壁竖直，通高89厘米；局部镶嵌造像石一块，下起窟底，高60厘米，宽56厘米；其上砖壁高29厘米。左右壁为素面砖壁，与正壁等高。

窟顶　覆斗顶，呈方形，为三重叠压砖结构，略残，通高约21厘米。

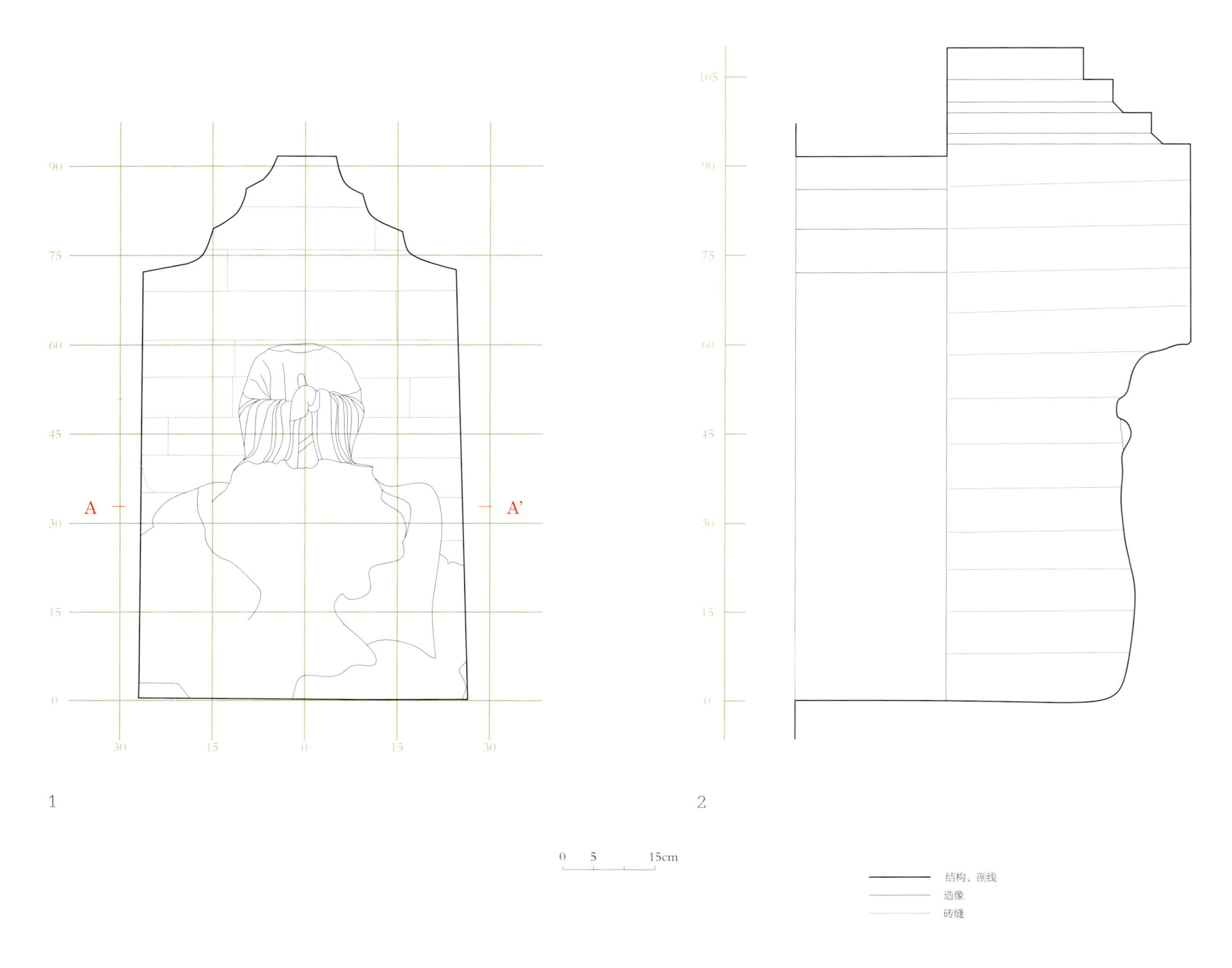

图324　第93号窟立、剖面图
1　立面图　2　剖面图

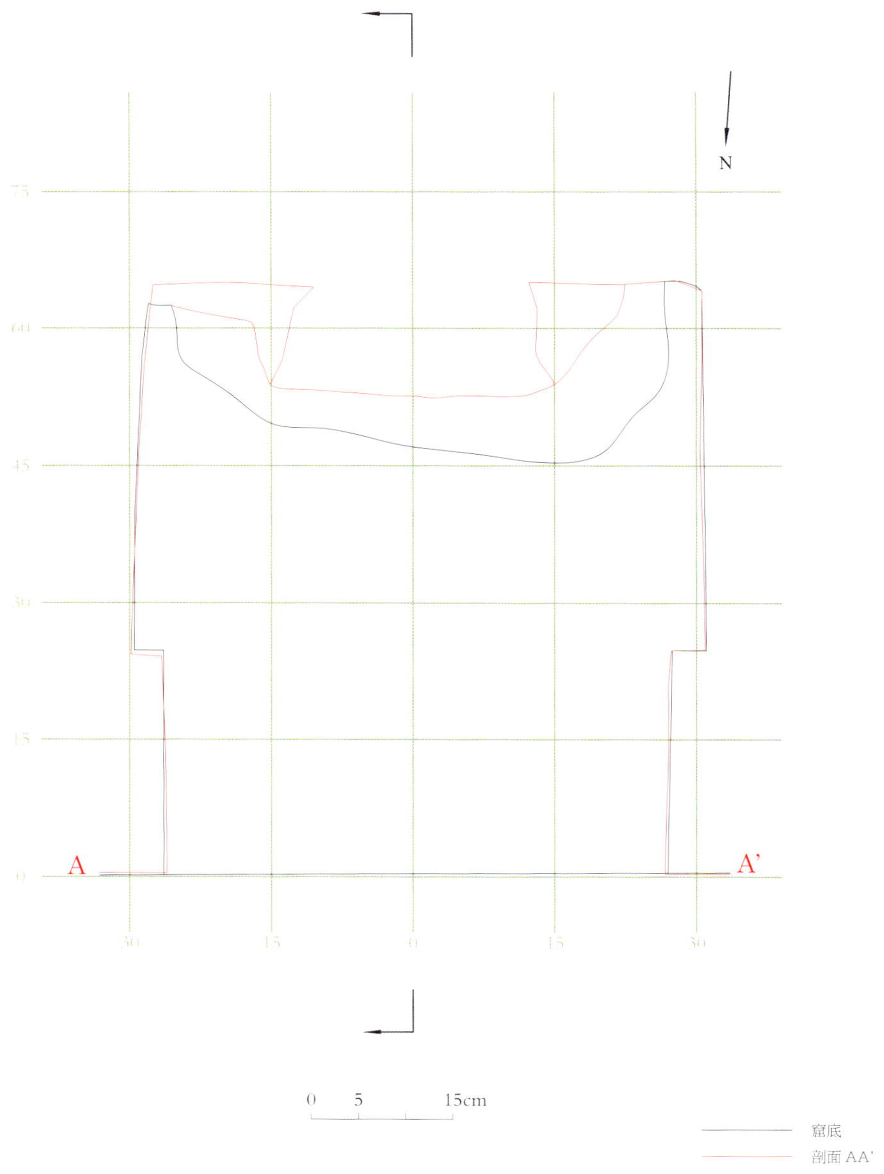

图 325　第 93 号窟平面图

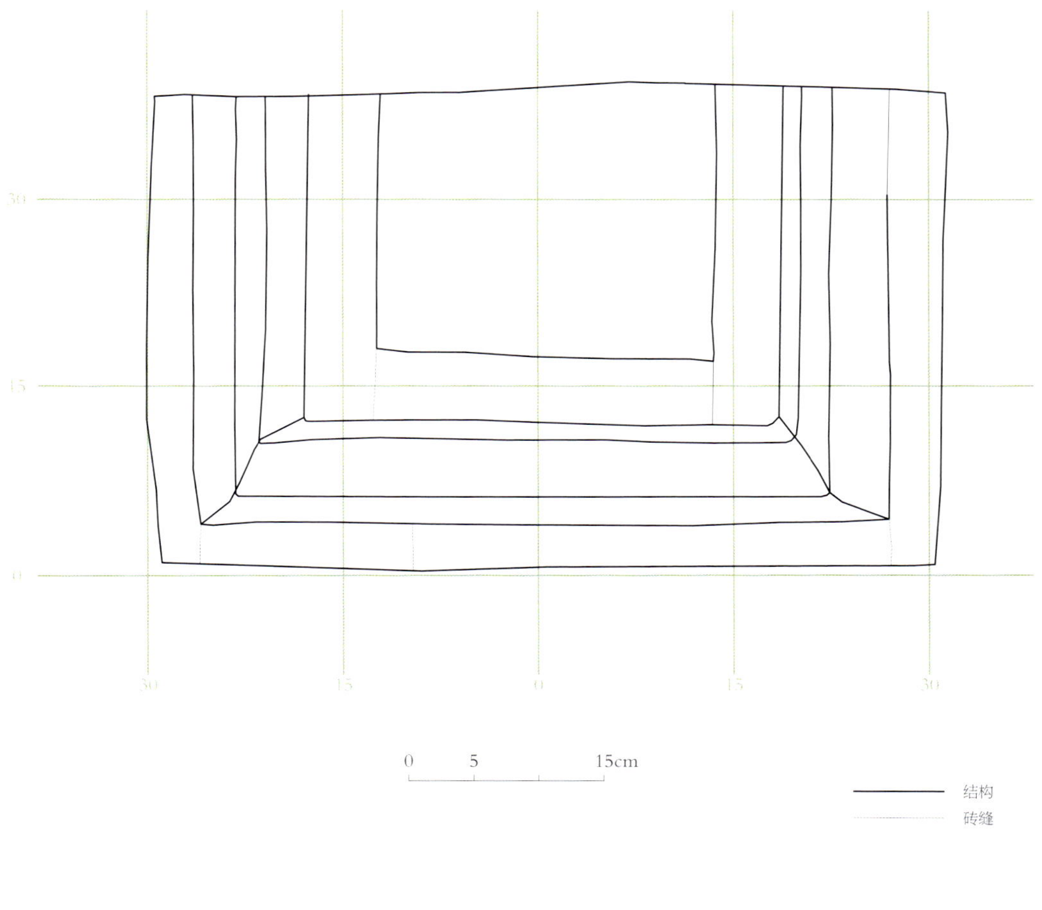

图 326　第 93 号窟窟顶仰视图

第九章　塔身第十二、十一、九级造像（第 81—96 号）　391

三　造像

正壁嵌石存像2身（图327）。中为主尊坐像1身，左侧存立像1身。

主尊像　为圆雕，置于嵌石上方台面。头毁，残坐高26.5厘米，肩宽15厘米，胸厚11厘米。内着僧祇支，外披双领下垂式袈裟；腕镯，双手胸前结印，手部分残；腿残，似结跏趺坐于座台上。座残毁甚重，可辨束腰，残高约32.5厘米。

左立像　残毁甚重，残高约31厘米；仅辨肩部遗迹。

图327　第93号窟正壁立面图

第十五节 第94号

一 位置

位于第九级塔身东北向壁面。左距壁面边缘133厘米，右距壁面边缘123厘米；上距塔檐底部7厘米，下距壁面底端29厘米。龛口东北向，方向38°。

二 形制

单层圭形龛（图328、图329；图版Ⅰ：304）。

龛口呈圭形，高70.5厘米，宽52厘米，至后壁最深24厘米。龛底呈方形。龛正壁竖直，底部设一级低坛，高6.5厘米，宽51.5厘米，深2.5厘米。左右壁中下部竖直，高约50厘米，上部作三阶叠涩与龛顶相接。龛顶呈方形，平顶。

三 造像

无。

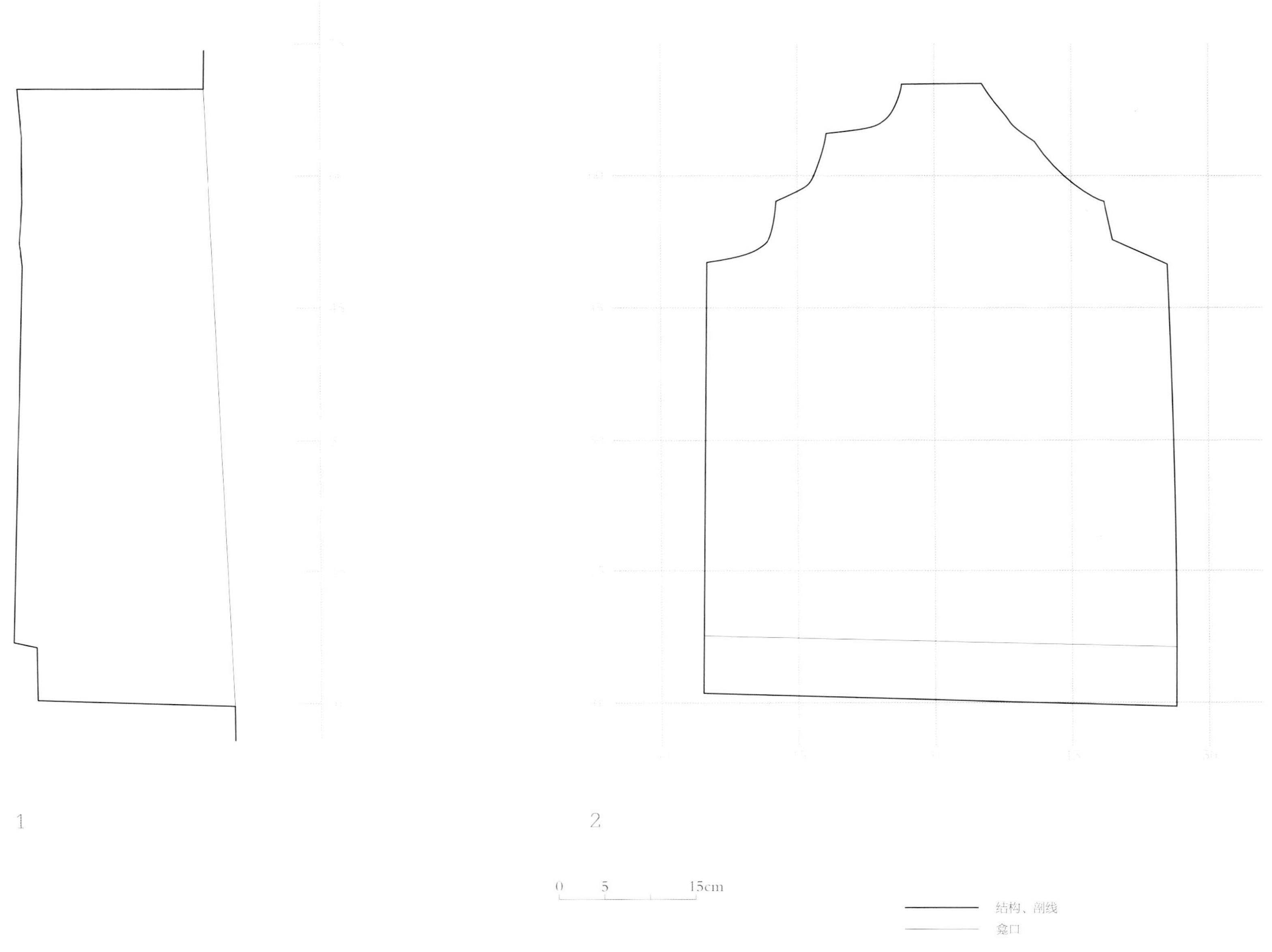

图328 第94号龛立、剖面图
1 剖面图 2 立面图

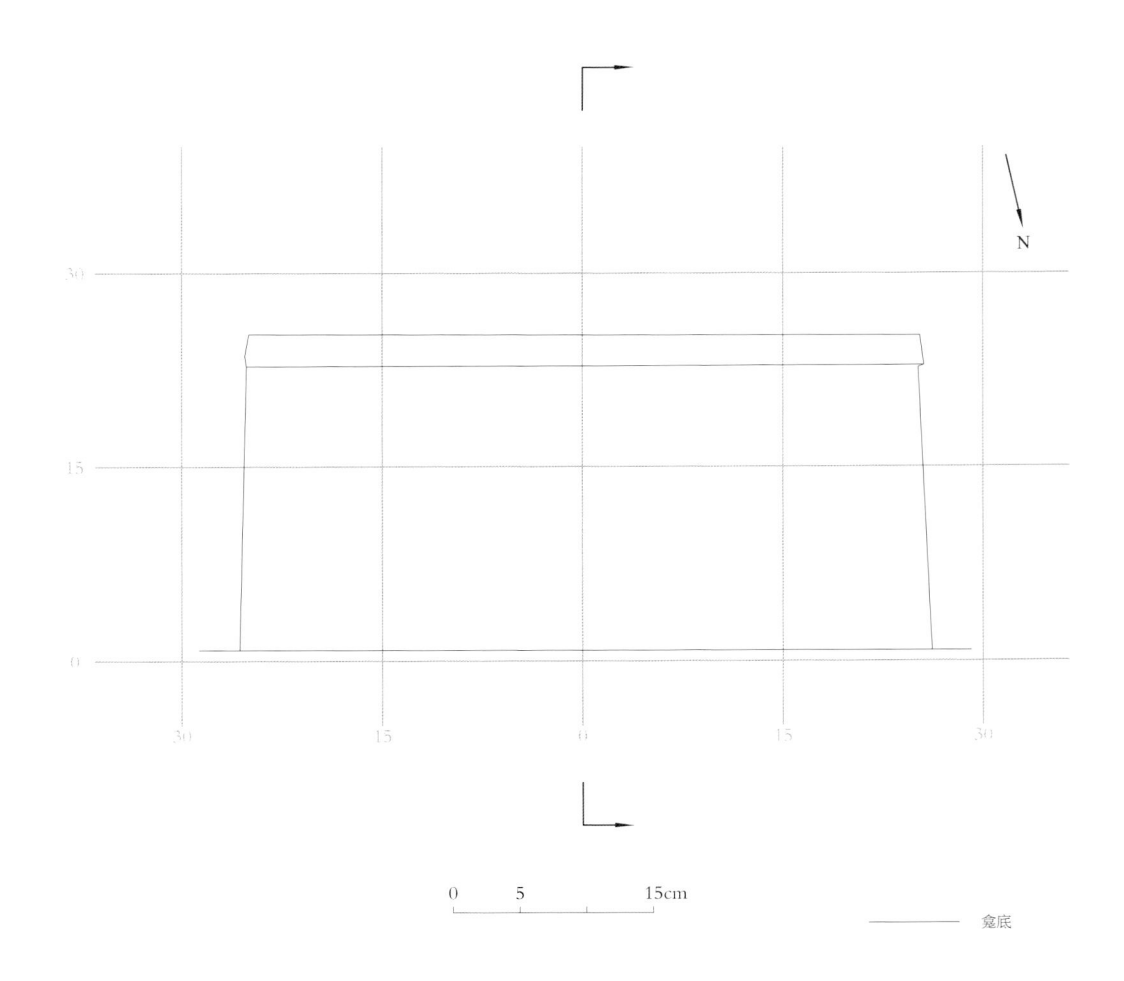

图 329　第 94 号龛平面图

第十六节　第95号

一　位置

位于第九级塔身东向壁面。左距壁面边缘139厘米，右距壁面边缘138.5厘米；上距塔檐底部12.5厘米，下距壁面底端5.5厘米。窟口东向，方向90°。

二　形制

圭形覆斗顶窟（图330、图331、图332、图333；图版Ⅰ：305、图版Ⅰ：306、图版Ⅰ：307）。

窟口　呈圭形，高87厘米，宽59厘米，深30厘米；竖直部分高59厘米。

窟底　呈方形，宽66厘米，深43厘米，至窟顶顶部高108厘米。

窟壁　正壁竖直，通高93厘米；局部镶嵌造像石一块，下起窟底，高80厘米，最宽52.5厘米；其上砖壁高13厘米。左右壁素面均高93厘米，上部作一阶叠涩与窟顶相接。

窟顶　覆斗顶，呈方形，为两重叠压砖结构与窟壁相接，通高约15厘米。

三　造像

正壁嵌石刻像3身（图333；图版Ⅰ：307）。中刻主尊坐佛像1身，左右各刻立式供养人像1身。

佛像　坐高45厘米，头长15厘米，肩宽16厘米，胸厚7厘米。浮雕圆形素面头光，直径30厘米。螺发，刻髻珠、白毫，脸形方正，鼻残，耳垂肥大，颈刻三道肉褶线；内着僧祇支，系带作结，外披双领下垂式袈裟，下着裙，袈裟和裙摆覆于座前。左手腹前托钵，钵高5厘米，口径5.5厘米；右手胸前结印，指残；结跏趺坐于束腰仰覆莲座上。座通高28厘米，上部为三重仰莲台，直径33厘

图 330 第 95 号窟平、立面图
1 立面图 2 平面图

第九章 塔身第十二、十一、九级造像（第 81—96 号） 395

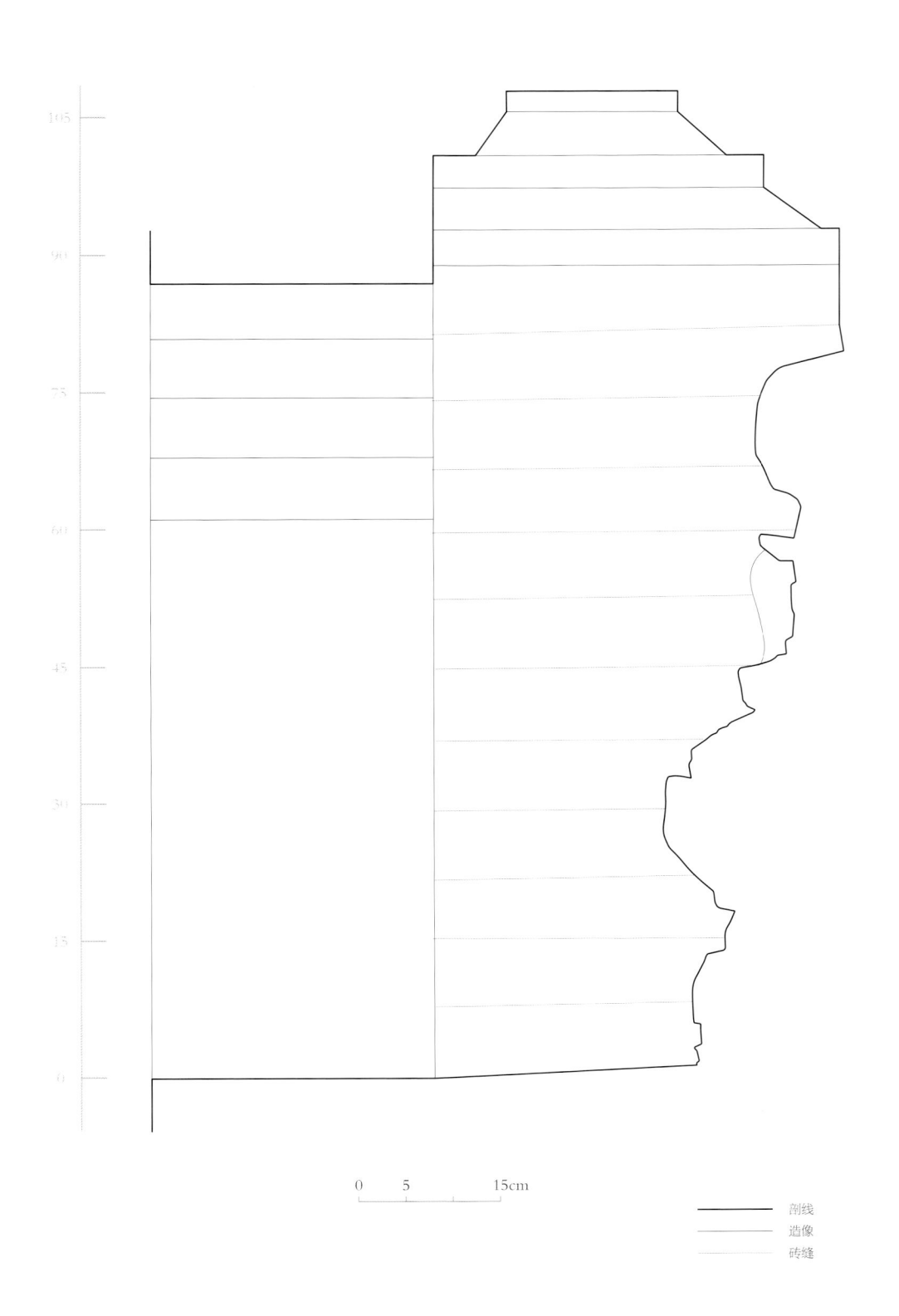

图 331　第 95 号窟剖面图

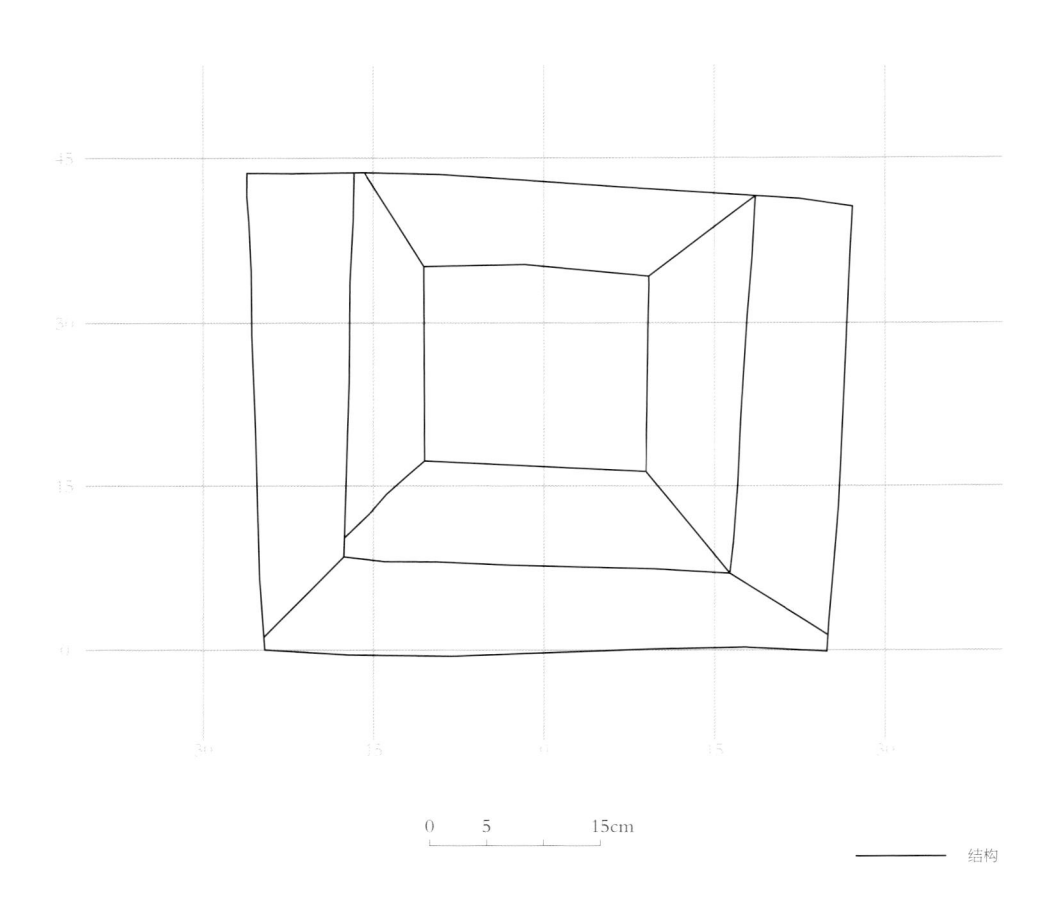

图 332　第 95 号窟窟顶仰视图

图 333　第 95 号窟正壁立面图

米；中部束腰部分为圆台，直径17厘米；下部为覆莲台，直径28厘米。座置于低台上，台前端残，残宽32.5厘米，高5厘米，深12厘米。

供养人像　左像立高32厘米。头巾，长圆脸，面蚀。着圆领窄袖长服，腰束带。双手胸前合十，着鞋立于低台上。台高12.5厘米，深8厘米。右像立高24厘米。梳髻，圆脸，略残。着对襟窄袖长服。双手置胸前，上覆帛带，长垂足间，足稍残，立于低台上。台高11厘米，宽11厘米，深6厘米。

二供养人像所立低台外侧与窟壁间的空隙皆以砖块填塞，与低台齐平。

四　铭文

2则。

第1则

位于正壁左上方框内。框高22.5厘米，宽11厘米，内素平。

第2则

位于正壁右上方框内。框高25厘米，宽9.5厘米，内素平。

五　晚期遗迹

龛内保存灰白色涂层。

第十七节　第96号

一　位置

位于第九级东南向壁面。左距壁面边缘137厘米，右距壁面边缘135厘米；上距塔檐底部21厘米，下距壁面底端21厘米。龛口东南向，方向130°。

二　形制

单层圭形龛（图334、图335；图版Ⅰ：308）。

龛口呈圭形，高63厘米，宽42.5厘米，至后壁最深26.5厘米。龛底呈方形。龛正壁竖直，满嵌造像石一块，下起龛底，高49.5厘米，宽42厘米。左右壁中下部竖直，略残，高约48厘米，上部作两阶叠涩与龛顶相接。龛顶呈方形平顶。

三　造像

正壁嵌石刻像3身（图334-1；图版Ⅰ：308）。中刻主尊坐佛像1身，左右各刻供养人立像1身。

佛像　坐高26厘米，头长11厘米，肩宽13厘米，胸厚6厘米。浮雕圆形素面背光，直径30厘米。肉髻微凸，脸形长圆，略蚀；内着僧祇支，外着双领下垂式袈裟，下着裙；袈裟袖摆覆于座侧。双手残，似抚膝；双腿部分残，倚坐于须弥座上。座通高23厘米，宽22厘米，深10.5厘米；座前似刻仰莲，已剥落。

供养人像　左立像高26厘米。头略残，似裹巾，面蚀，着窄袖长服，腰束带；双手置于胸前，上覆巾；着鞋立于低台上。台高3厘米，宽10厘米，深7厘米。右立像高26.5厘米。梳髻，圆脸，面残，身蚀，衣饰不明；双手置于胸前，敷搭帛带，帛带长垂至低

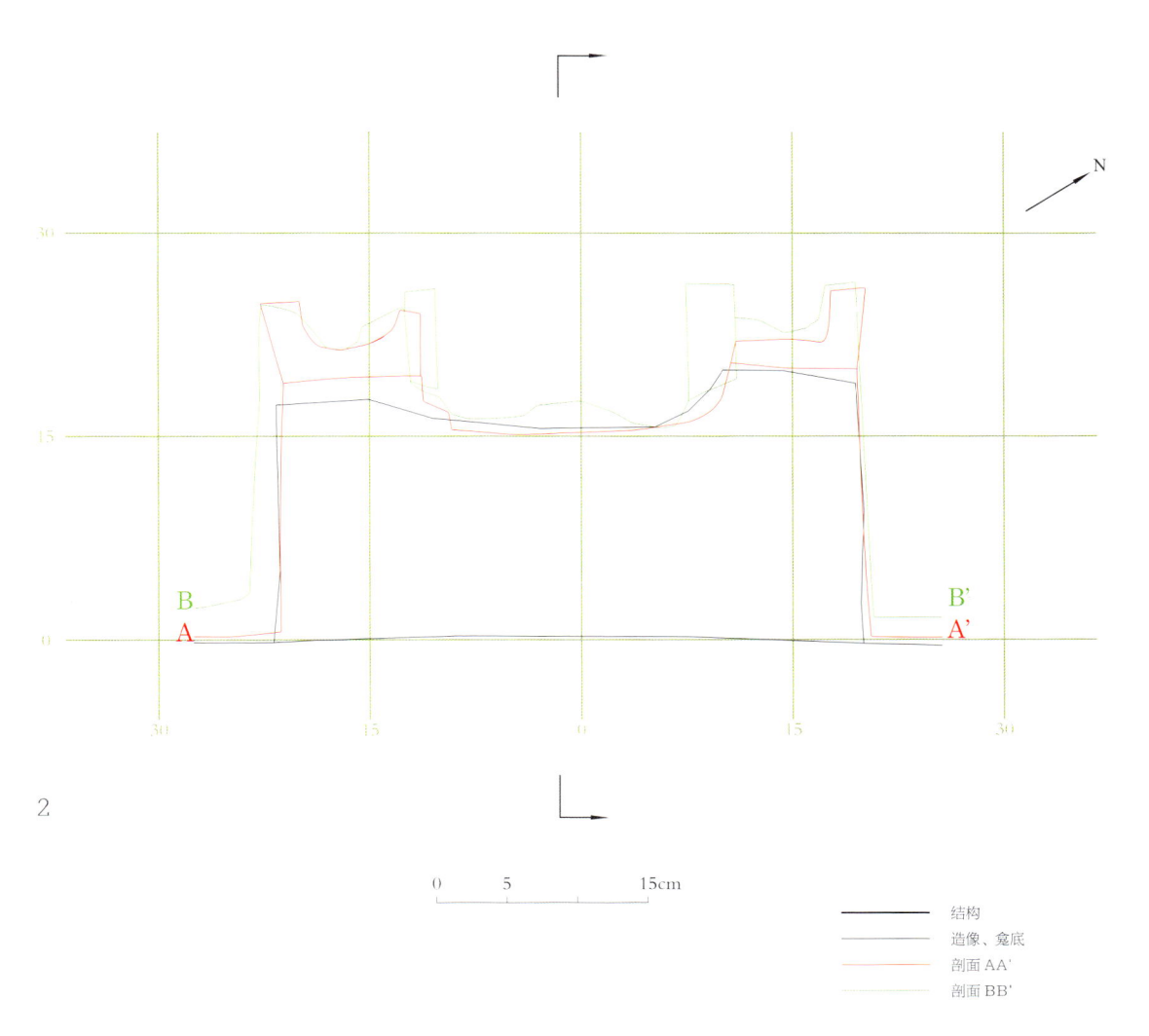

图 334 第 96 号龛立、平面图
1 立面图　2 平面图

图 335　第 96 号龛剖面图

台；双足不现，立于低台上。台高5厘米，宽9.5厘米，深6厘米。

四　晚期遗迹

龛内保存灰白色涂层。

第十章　塔身第七、五级造像
（第97—112号）

第一节　位置及相互关系

本章介绍的第97—112号等16个龛窟像，位于多宝塔第七、五级塔身外壁。

第七级塔身外壁设置第97—104号等8个龛窟（图336、图337）。其中，塔身东、南、西、北四个正向壁面设窟，东南、西南、东北、西北四个侧向壁面设龛；第97号位于塔身南面，第98号位于西南面，第99号位于西面，第100号位于西北面，第101号位于北面，第102号位于东北面，第103号位于东面，第104号位于东南面。

第五级塔身外壁设置第105—112号等8个龛窟，布局形式与第七级龛窟像同（图338、图339）。其中，第105号位于南面，第106号位于西南面，第107号位于西面，第108号位于西北面，第109号位于北面，第110号位于东北面，第111号位于东面，第112号位于东南面。

第二节　第97号

一　位置

位于第七级塔身南向壁面。上距塔檐底端25.5厘米，下距壁面底部7厘米；左距壁面边缘143厘米，右距壁面边缘131厘米。窟口南向，方向181°。

二　形制

圆拱形平顶窟（图340、图341、图342；图版Ⅰ：309、图版Ⅰ：310、图版Ⅰ：311）。

窟口　呈圆拱形，高95.5厘米，宽56.5厘米，深29.5厘米。窟口右侧略外敞，与左侧形制稍异，估计原迹部分毁，后世以灰浆层抹平。

窟底　呈方形，宽64厘米，深21厘米，至窟顶顶部高113厘米。

窟壁　正壁竖直，通高113厘米；局部镶嵌造像石一块，下起窟底，高80厘米，最宽51.5厘米；其上砖壁高33厘米。正壁嵌石下端左右侧与侧壁间嵌砖，左侧砖块显露高10厘米，宽7厘米，深8厘米；右侧砖块显露高18厘米，宽5厘米，深11厘米。左右壁素面，均高113厘米，上部作外挑的三阶叠涩与窟顶相接。

窟顶　平顶，呈方形。

三　造像

正壁嵌石刻像3身（图342；图版Ⅰ：311）。中刻主尊坐佛像1身，左右各刻立式供养人像1身。

坐佛　坐高35厘米，头长13厘米，肩宽15厘米，胸厚6.5厘米。浮雕圆形素面头光，直径32厘米。头略蚀，可辨螺发、髻珠、面

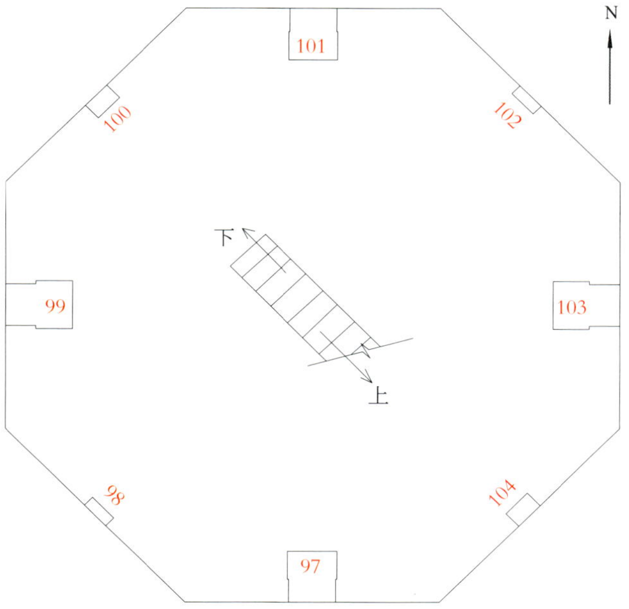

图 336　多宝塔第七级塔身龛窟像分布图

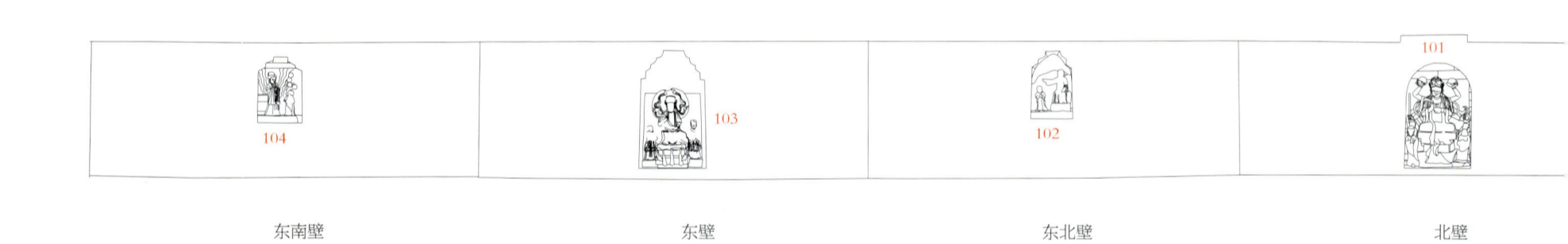

| 东南壁 | 东壁 | 东北壁 | 北壁 |

图 337　多宝塔第七级塔身八面展开图

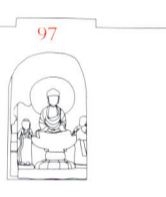

西北壁　　　　　　　　　西壁　　　　　　　　　西南壁　　　　　　　　　南壁

第十章　塔身第七、五级造像（第97—112号）

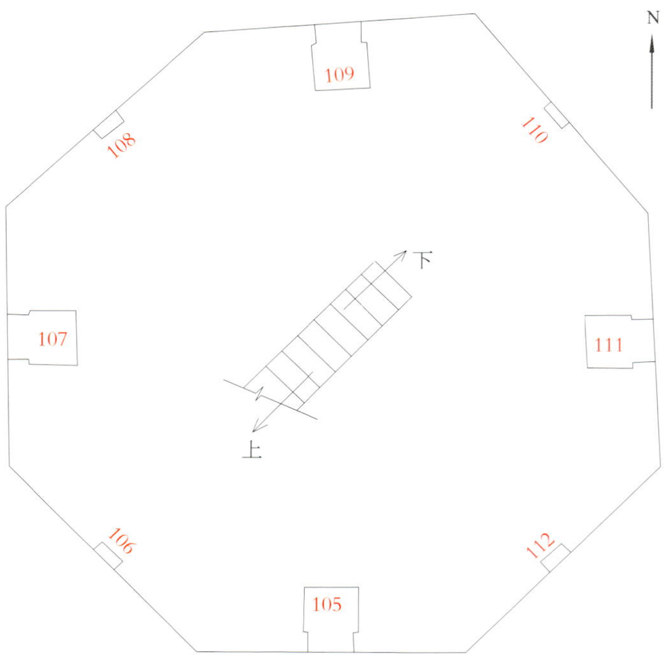

图 338　多宝塔第五级塔身龛窟像分布图

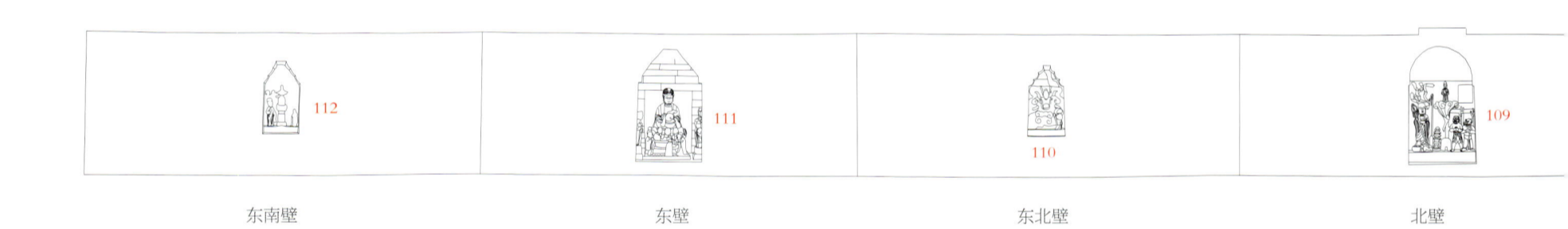

| 东南壁 | 东壁 | 东北壁 | 北壁 |

图 339　多宝塔第五级塔身八面展开图

108	107	106	105
西北壁	西壁	西南壁	南壁

第十章　塔身第七、五级造像（第 97—112 号）　405

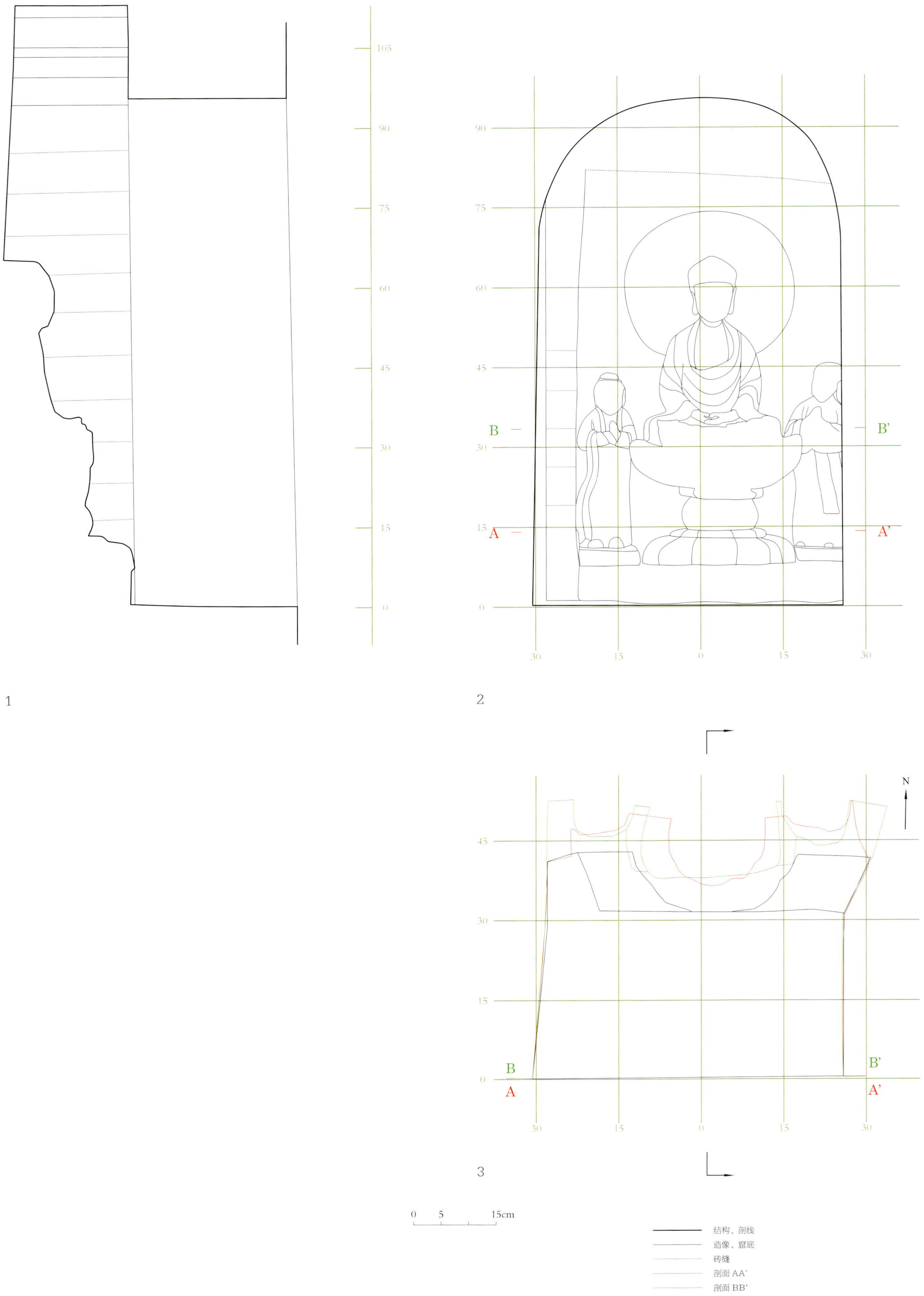

图 340　第 97 号窟平、立、剖面图
1　剖面图　2　立面图　3　平面图

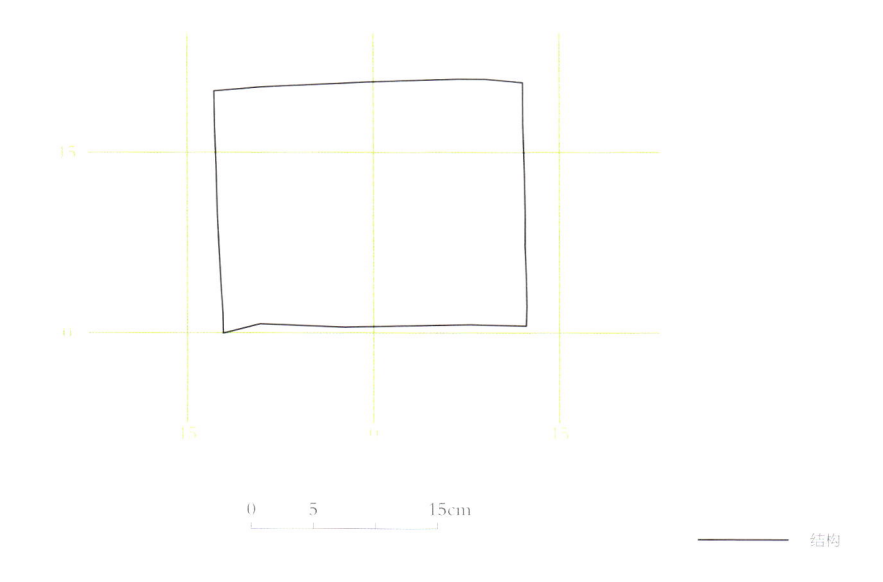

图 341　第 97 号窟窟顶仰视图

图 342　第 97 号窟正壁立面图

第十章　塔身第七、五级造像（第 97—112 号）　407

长圆，略蚀，双耳略残；内着僧衹支，外披双领下垂式袈裟，下着裙。双手腹前结印，结跏趺坐于束腰仰覆莲座上，双腿部分残。座通高24厘米，上部为两重仰莲台，前端毁，最宽约32厘米；中部束腰为圆轮台，直径14.5厘米；下部为覆莲台，最宽29厘米。莲台置于低台上，低台高7.5厘米，最宽51.5厘米，深18.5厘米。

供养人像　左立像高37厘米。头巾，巾带下垂及肩，面残，身蚀，似着窄袖长服。双手残，置胸前，着鞋立于方台上。台高2.5厘米，宽12.5厘米，深6.5厘米。右立像高35厘米。梳髻，面残，着对襟窄袖长服，下着裙。身后斜出一道披帛绕双肘后，敷搭前臂，长垂至方台。披帛左端未见刻出。双手胸前合十，着鞋立于方台上。台高3.5厘米，宽12厘米，深6.5厘米。

四　铭文

佚名墨书残记，年代不明。位于右壁右上方砖体，纵向墨书1行。幅面高11厘米，宽2.5厘米。行书，存4字，字径2厘米。

□□八年□月初

五　晚期遗迹

龛内保存灰白色涂层和零星的水泥。

第三节　第98号

一　位置

位于第七级塔身西南向壁面。上距塔檐底端13厘米，下距壁面底部48.5厘米；左距壁面边缘152厘米，右距壁面边缘153厘米。龛口西南向，方向222°。

二　形制

单层圭形龛（图343、图344；图版Ⅰ：312）。

龛口呈圭形，高61厘米，宽35.5厘米，至后壁最深26厘米。龛底呈方形。龛正壁竖直，通高61厘米，嵌石一块，下起龛底，高48厘米，与龛口等宽；石材上部作两阶叠涩与龛顶相接，叠涩通高131厘米，共外挑10厘米。左右壁中下部竖直，高47厘米，上部均着两列叠涩与龛顶相接。龛顶呈方形平顶。

三　造像

正壁嵌石刻像2身（图343-1；图版Ⅰ：312）。左刻主尊坐像1身，右刻侍者立像1身，均置于方台上。台高7厘米，深7.5厘米，与龛口等宽。

主尊像　坐高25厘米，头长10厘米，肩宽12厘米，胸厚5厘米。浮雕圆形素面头光，直径19厘米。梳髻，面残，衣饰不明，胸前存横向的腰带，双手（残）似置腹前；双腿大部残，坐于山石台上。台高13厘米，宽20厘米，深7.5厘米。

侍者像　残毁甚重，立身残高21厘米，可辨裙摆、足间腰带和下垂体侧的披帛，跣足站立。

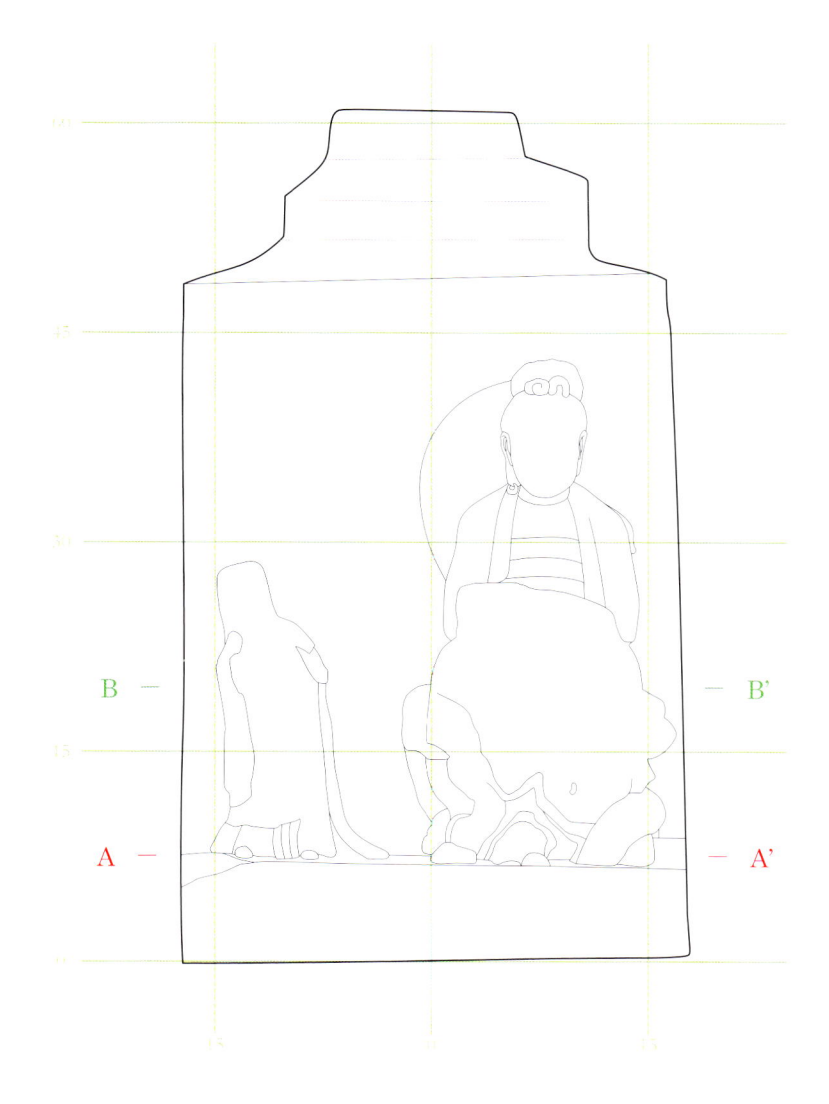

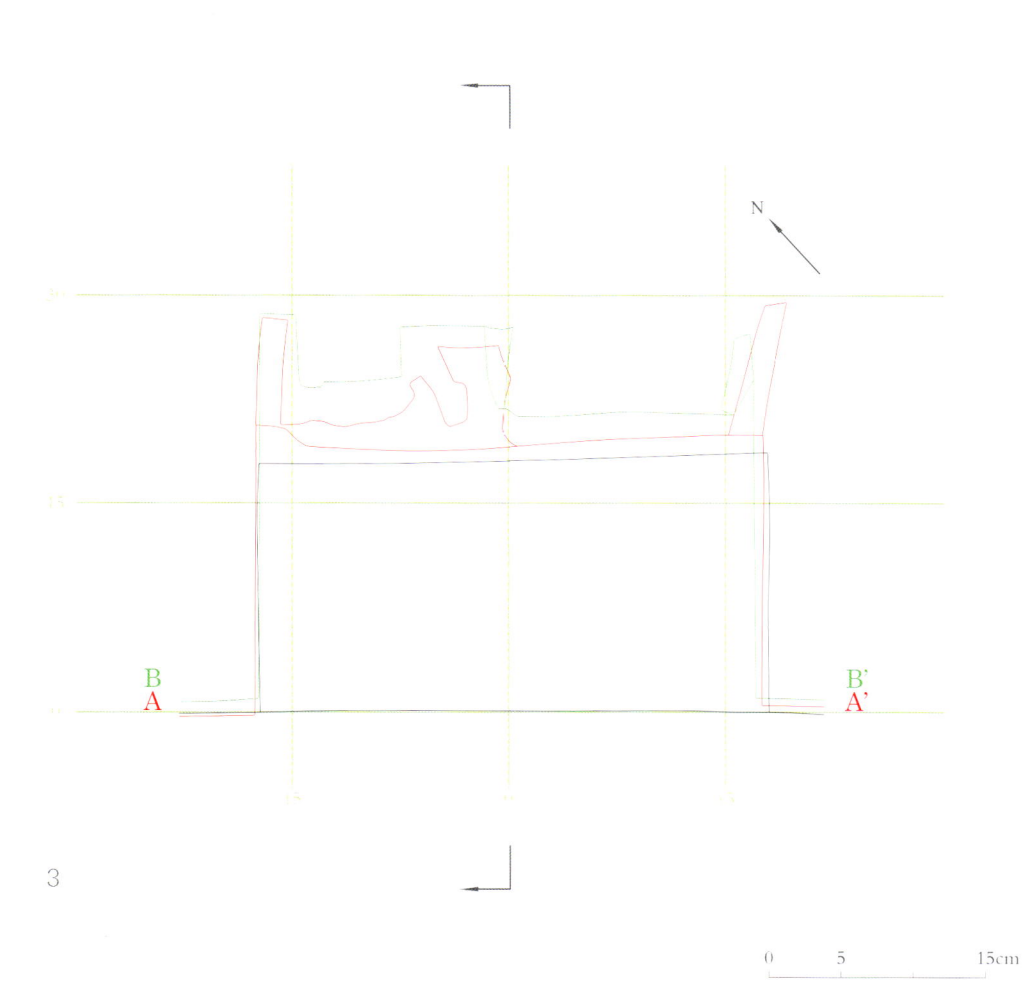

图 343　第 98 号龛平、立、剖面图
1　立面图　2　剖面图　3　平面图

第十章　塔身第七、五级造像（第 97—112 号）　409

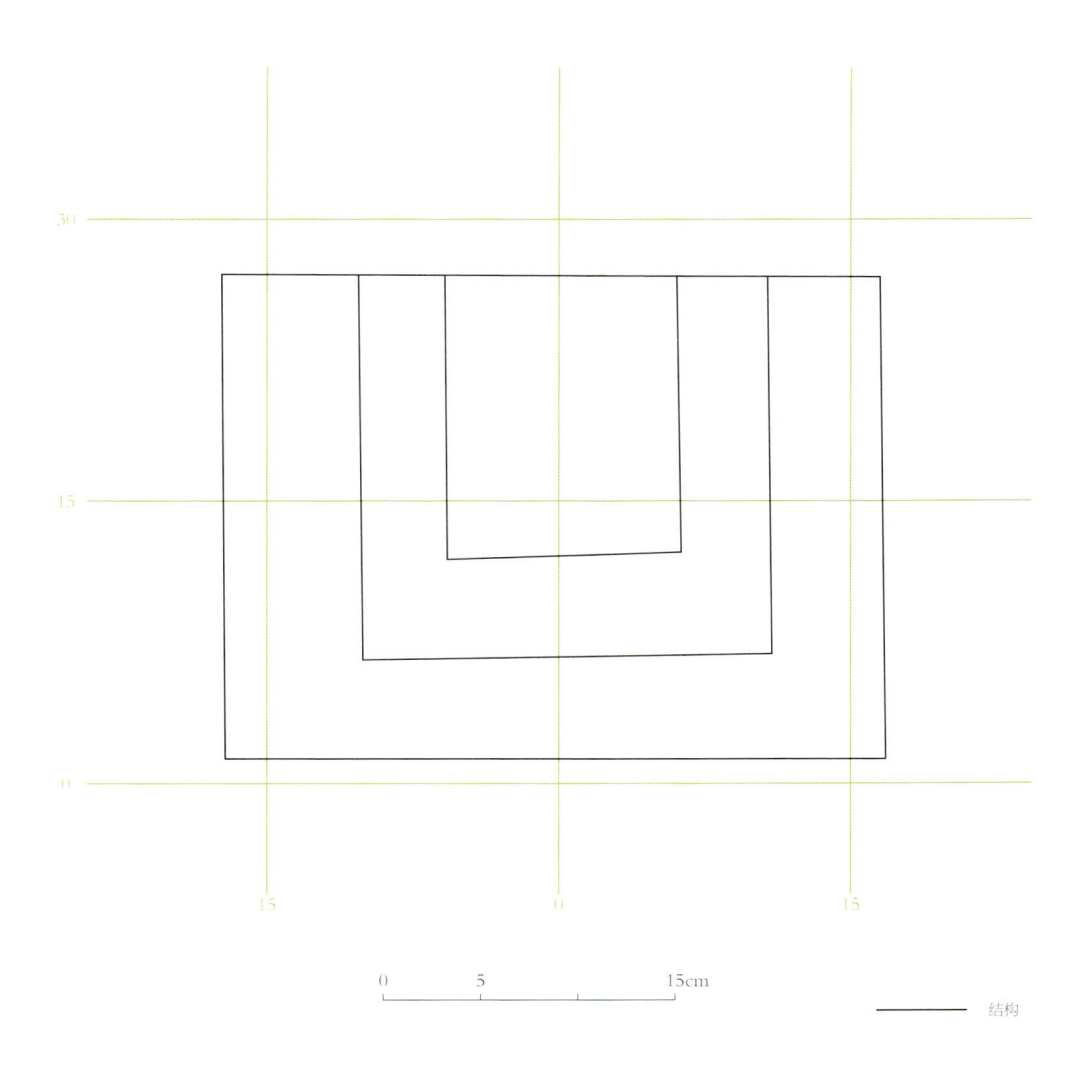

图344　第98号龛龛顶仰视图

四　晚期遗迹

龛内存灰白色涂层。

第四节　第99号

一　位置

位于第七级塔身西向壁面。上距塔檐底端6.5厘米，下距壁面底部2.5厘米；左距壁面边缘135厘米，右距壁面边缘136厘米。窟口西向，方向268°。

二　形制

圭形平顶窟（图345、图346、图347、图348；图版Ⅰ：313、图版Ⅰ：314、图版Ⅰ：315）。

窟口　呈圭形，高105厘米，宽58.5厘米，深30厘米，竖直部分高79厘米。

窟底　呈方形，宽66厘米，深21厘米，至窟顶顶部高120厘米。

窟壁　正壁竖直，通高120厘米。局部镶嵌造像石一块，下起窟底，高75厘米，宽54厘米；嵌石左右下端与侧壁间的空隙用砖块填塞。左右壁竖直，与正壁等高；上部作四阶叠涩与窟顶相接。

窟顶　呈方形，平顶。

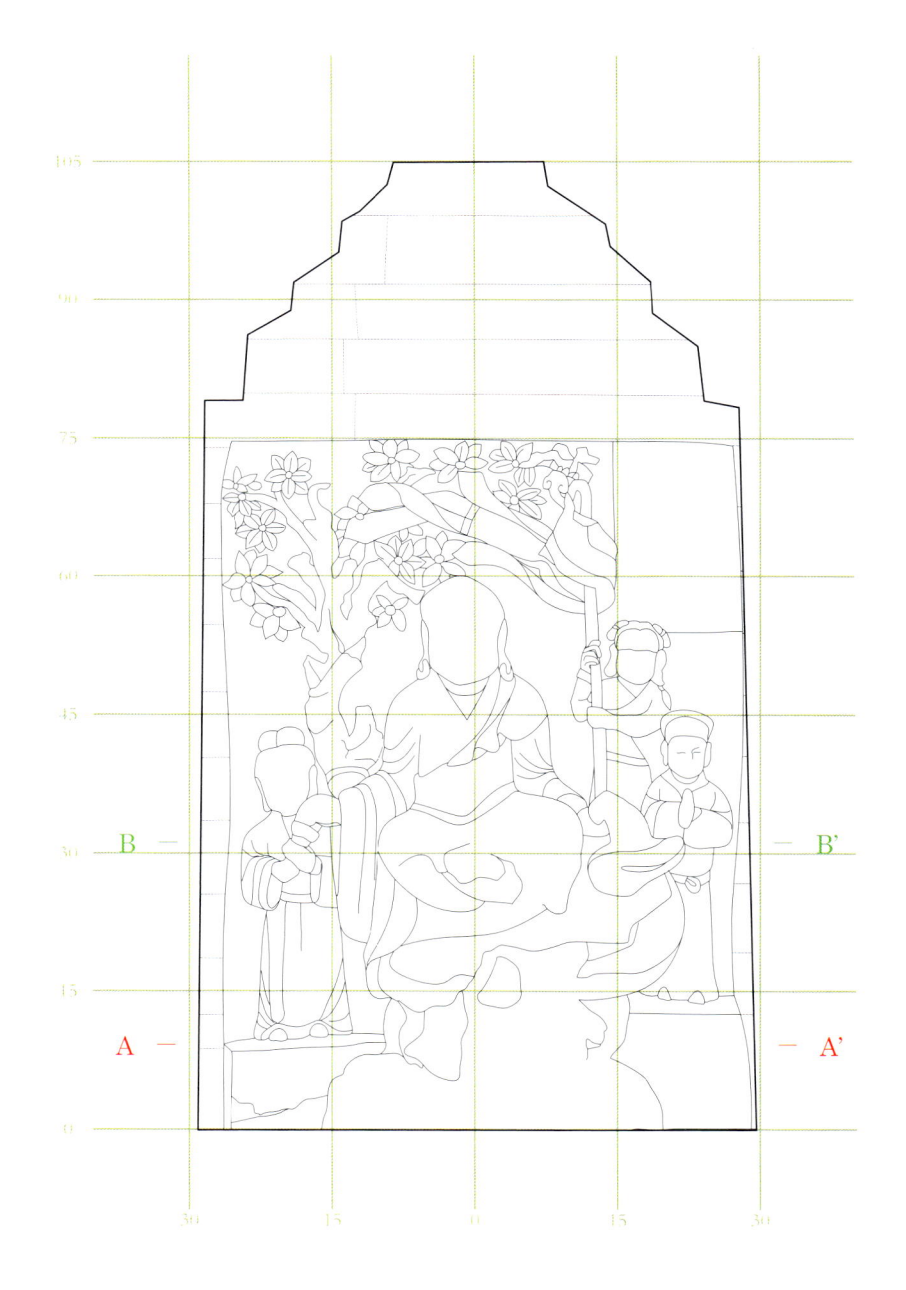

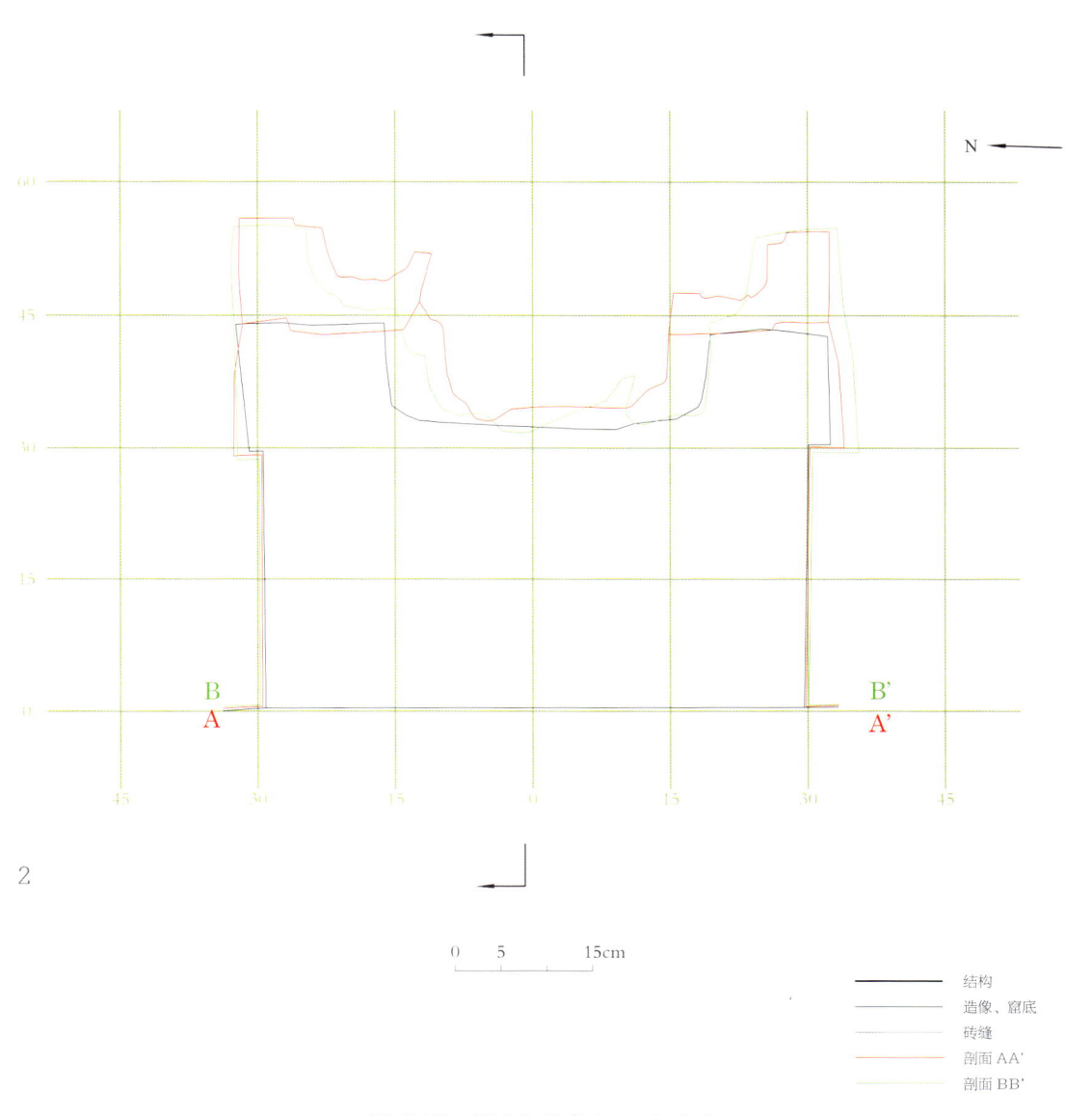

图 345　第 99 号窟立、平面图
1　立面图　2　平面图

第十章　塔身第七、五级造像（第 97—112 号）　411

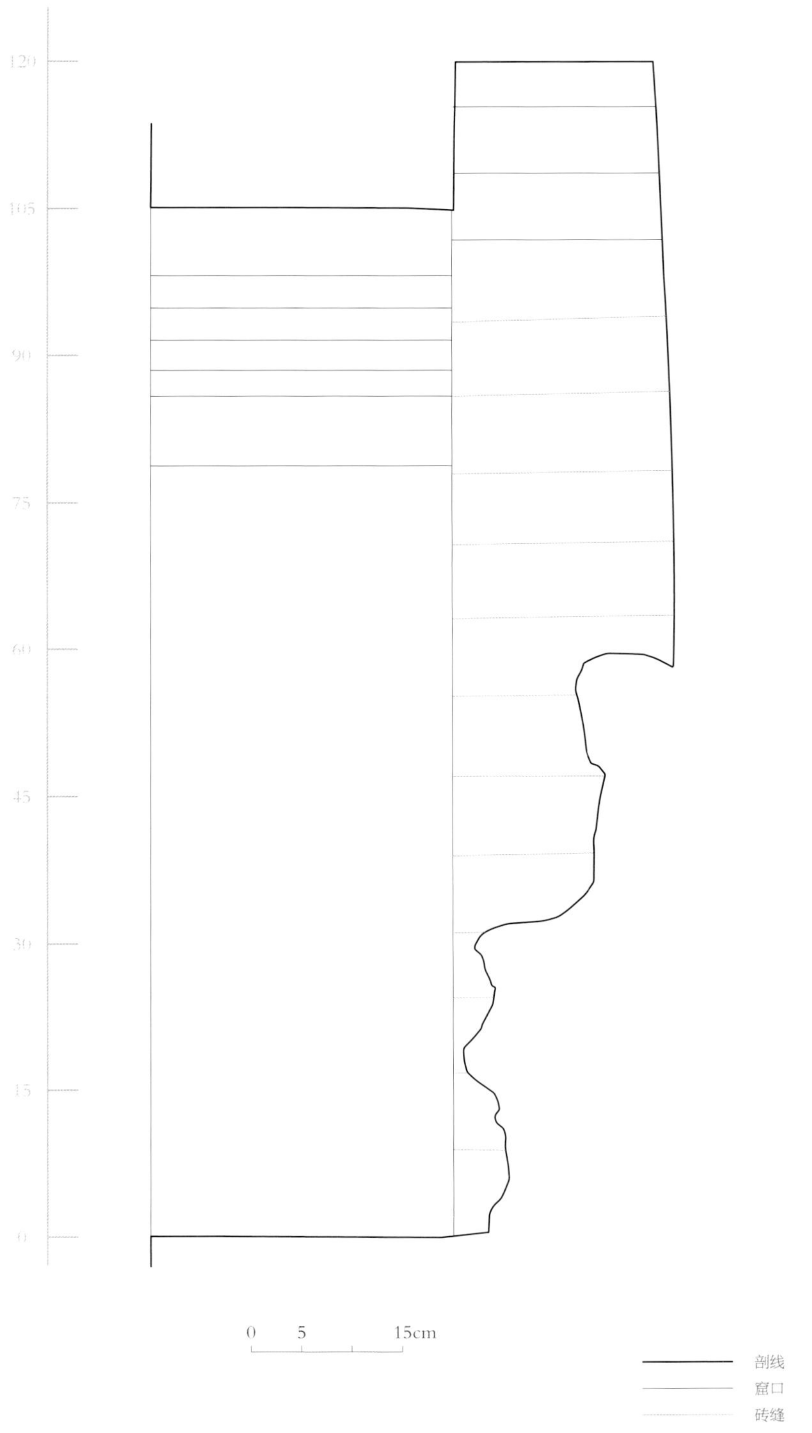

图 346　第 99 号窟剖面图

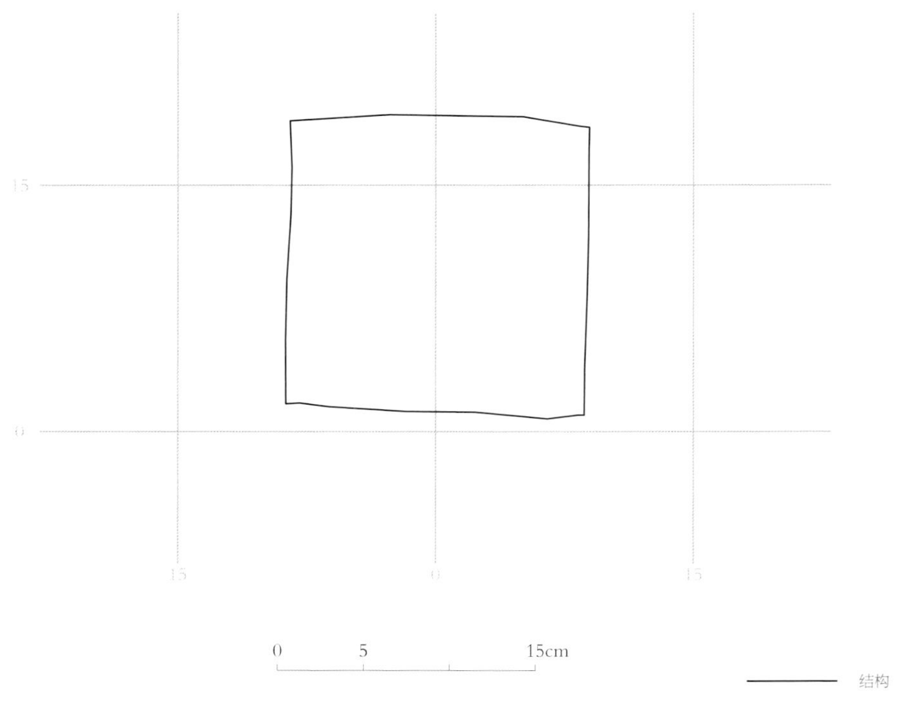

图 347　第 99 号窟窟顶仰视图

412　大足石刻全集　第四卷（上册）

三 造像

正壁嵌石刻像4身（图348；图版Ⅰ：315）。其中，中刻主尊坐像1身，左后侧刻立式侍女像1身；座台左右各刻立式供养人像1身。

图348 第99号窟正壁立面图

主尊像　坐高30厘米，头长12厘米，肩宽17厘米，胸厚9厘米。头、面蚀，戴耳环，内着双层宽袖交领服，外着偏衫式袈裟，下着裙。左手屈肘置于体侧，扶龙头；右手曲于体侧，握持右供养人托持的净瓶顶。盘左腿，垂右腿踏单层仰莲台，坐于山石台上。山石台通高32厘米，最宽36厘米，深24厘米，前端部分残；其间刻一盘龙，头毁，位于座台左侧，曲颈，兽形尾刻于座台右下侧；现左前腿抓握山石。

主尊像右侧后方刻一株树，枝叶繁茂，通高约40厘米，树冠最宽40厘米。

左侍女像　显露部分高22厘米。梳双髻，脸圆，面残，戴耳环，着交领窄袖服，腰束带，左臂存一段下垂的披帛。腕镯，双手置于右肩握持幡杆，杆全长38厘米；杆顶略呈S形，悬挂幡一口，绕杆向右后飘。双足不现。

供养人像　左立像高33厘米。头巾，面方，略蚀，着圆领窄袖长服，腰系带作结。双手胸前合十，部分残。着鞋立于方台上。台高11厘米，显露宽13.5厘米，深10.5厘米。右立像高35厘米。梳高髻，巾带垂于头后，面残，着交领窄袖服，腰系带。双手胸前托持净瓶，手及瓶残。着鞋立于方台上。台高8.5厘米，宽14厘米，深11.5厘米。

四　铭文

位于正壁嵌石左上方框。框高21厘米，宽13厘米，内素平。

五　晚期遗迹

窟内保存黑色、灰白色两种涂层。

第五节　第100号

一　位置

位于第七级塔身西北向壁面。上距塔檐底端14厘米，下距壁面底部43厘米；左距壁面边缘157厘米，右距壁面边缘155厘米。龛口西北向，方向314°。

二　形制

单层圭形龛（图349；图版Ⅰ：316）。

龛口呈圭形，高62厘米，宽37厘米，至后壁最深25厘米。龛底呈方形。龛正壁竖直，满嵌造像石一块，下起龛底，高51厘米，与龛口等宽；其上砖壁高11厘米。左右壁中下部竖直，高48厘米，上部作两阶叠涩与龛顶相接。龛顶呈方形，平顶。

三　造像

正壁嵌石刻立像3身，呈"品"字形分布，置于低台上（图349-2；图版Ⅰ：316）。台高7—8.5厘米，深8厘米，与龛口等宽。

左立像　高26厘米。面残，上着窄袖长服，腰束带，下着裙；双手于左肩处托持一圆状物，直径7厘米，厚2厘米；着鞋站立。

中立像　高25.5厘米。面圆，略蚀，左手曲于体侧，似持带茎莲、莲苞、莲茎，仅存轮廓；右手残，横于腹前；衣饰同左立像，着鞋立于山石台上。台高12.5厘米，显露部分最宽6厘米，深2.5厘米。该像身后右侧刻一株棕榈树，树高25厘米。

右立像　高24厘米。头大部残，身蚀，双手似置胸前。披帛下垂腹前，两端敷搭前臂后，下垂体侧，止于低台。

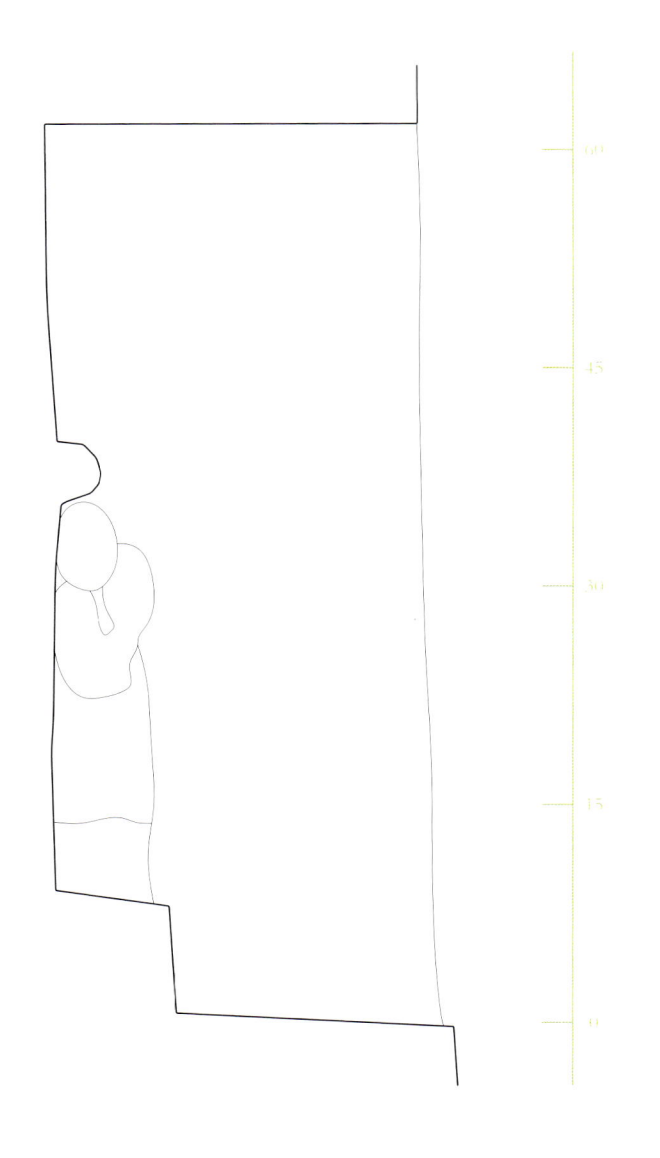

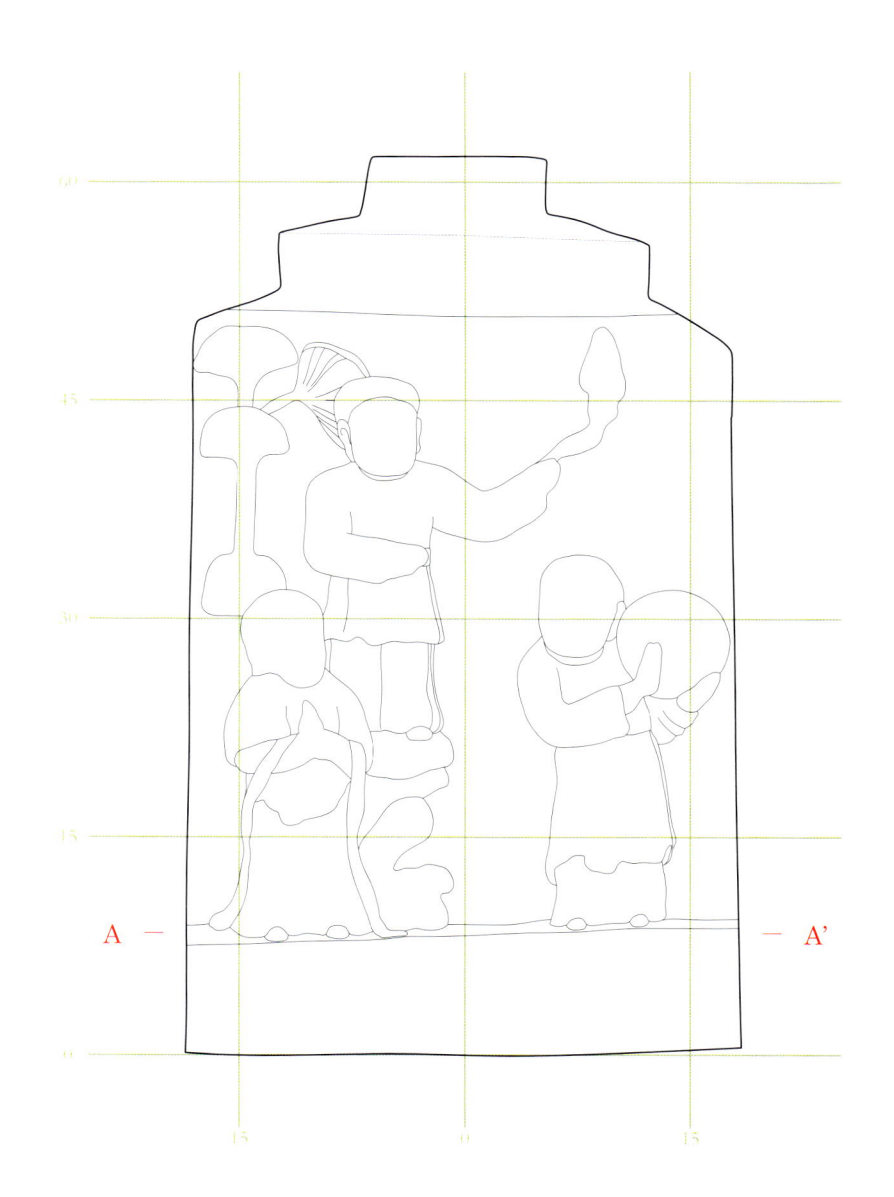

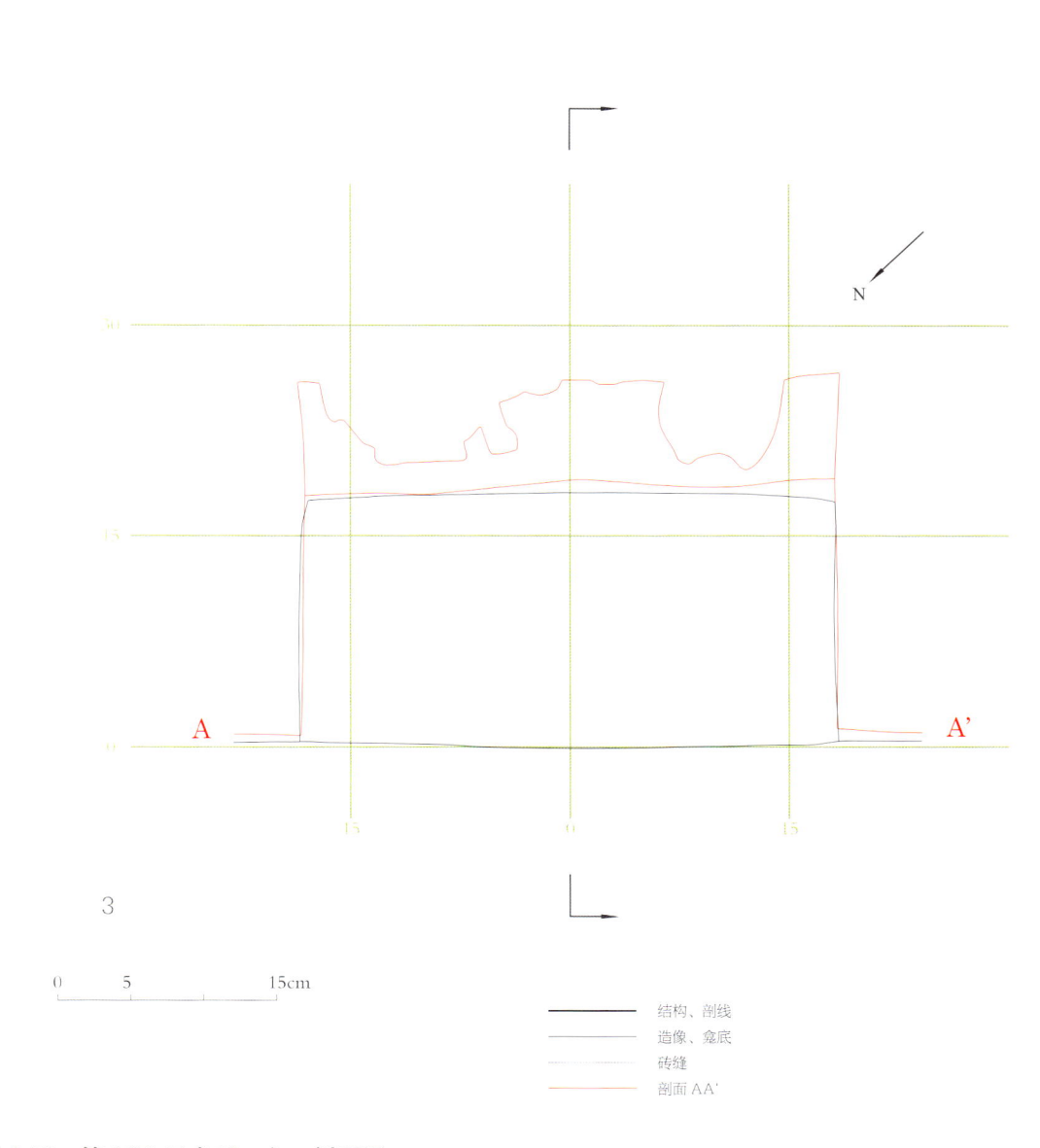

图 349 第 100 号龛平、立、剖面图
1 剖面图 2 立面图 3 平面图

第十章 塔身第七、五级造像（第 97—112 号） 415

四　晚期遗迹

龛内存灰白色涂层。

第六节　第101号

一　位置

位于第七级塔身北向壁面。上距塔檐底端25.5厘米，下距壁面底部3.5厘米；左距壁面边缘142厘米，右距壁面边缘143厘米。窟口北向，方向355°。

二　形制

圆拱形藻井顶窟（图350、图351、图352；图版Ⅰ：317、图版Ⅰ：318、图版Ⅰ：319）。

窟口　呈圆拱形，高95厘米，宽59.5厘米，深29.5厘米；竖直部分高70厘米。

窟底　呈方形，宽67厘米，深25厘米，至窟顶顶部高124厘米。

窟壁　正壁竖直，通高118厘米；局部镶嵌造像石一块，下起窟底，高79厘米，最宽55厘米；其上砖壁高39厘米。左右壁素面，均高118厘米；上部作外挑的三阶叠涩与窟顶相接。

窟顶　藻井顶，呈方形，为单重呈45°错角叠压砖，通高约16厘米。

三　造像

正壁嵌石刻像5身（图352；图版Ⅰ：319）。中刻主尊坐式菩萨像1身，左右各刻立式供养人像2身。

主尊像　坐高50厘米，头长18厘米，肩宽21厘米，胸厚9厘米。梳髻，鬓发绕耳，垂发作结后分三缕覆肩。戴卷草花卉冠，冠体略呈方形，冠翼外展，冠带作结后分两道下垂，较宽一道斜垂体侧，较窄一道圆弧垂于身后，绕当胸两手肘部后飘于腰部左右。面长圆，部分残，戴珠串耳饰，珠串下垂至胸。胸饰璎珞，风蚀甚重。上着披巾，下着裙。披巾似腿间相绕，敷搭前臂后长垂座台左右。腰带作结后长垂座前，部分残。身六臂，皆腕镯。上两手屈肘托圆轮，轮径8厘米，厚2.5厘米，轮下刻祥云；左中手斜伸握羂索，右中手斜伸握剑，剑全长29.5厘米；左下手胸前托钵，手及钵略残，钵高4厘米，径约4.5厘米；右下手胸前似持柳枝，手及柳枝大部残。结跏趺坐于束腰须弥座上。座通高33厘米，宽35厘米，深21厘米，束腰部分宽22.5厘米，座下部残。

供养人像　4身，左右各2身，均作前后站立。从左至右，从前至后通编为第1—4像。

第1像　残蚀剥落，残高31厘米，细节不明。

第2像　显露高13厘米。戴翘角幞头，面（蚀）方正，略上仰；身风蚀，衣饰不明；双手胸前持笏靠于左肩。

该二像所立低台高3厘米，宽15厘米，深10厘米。

第3像　高33厘米。梳髻，面残，身蚀，衣饰不明；双手胸前合十，小腿以下毁。

第4像　显露高17厘米。梳髻，面蚀，衣饰不明，双手似置胸前，下身不现。

该二像所立低台大部毁。

四　晚期遗迹

窟内保存灰白色涂层。

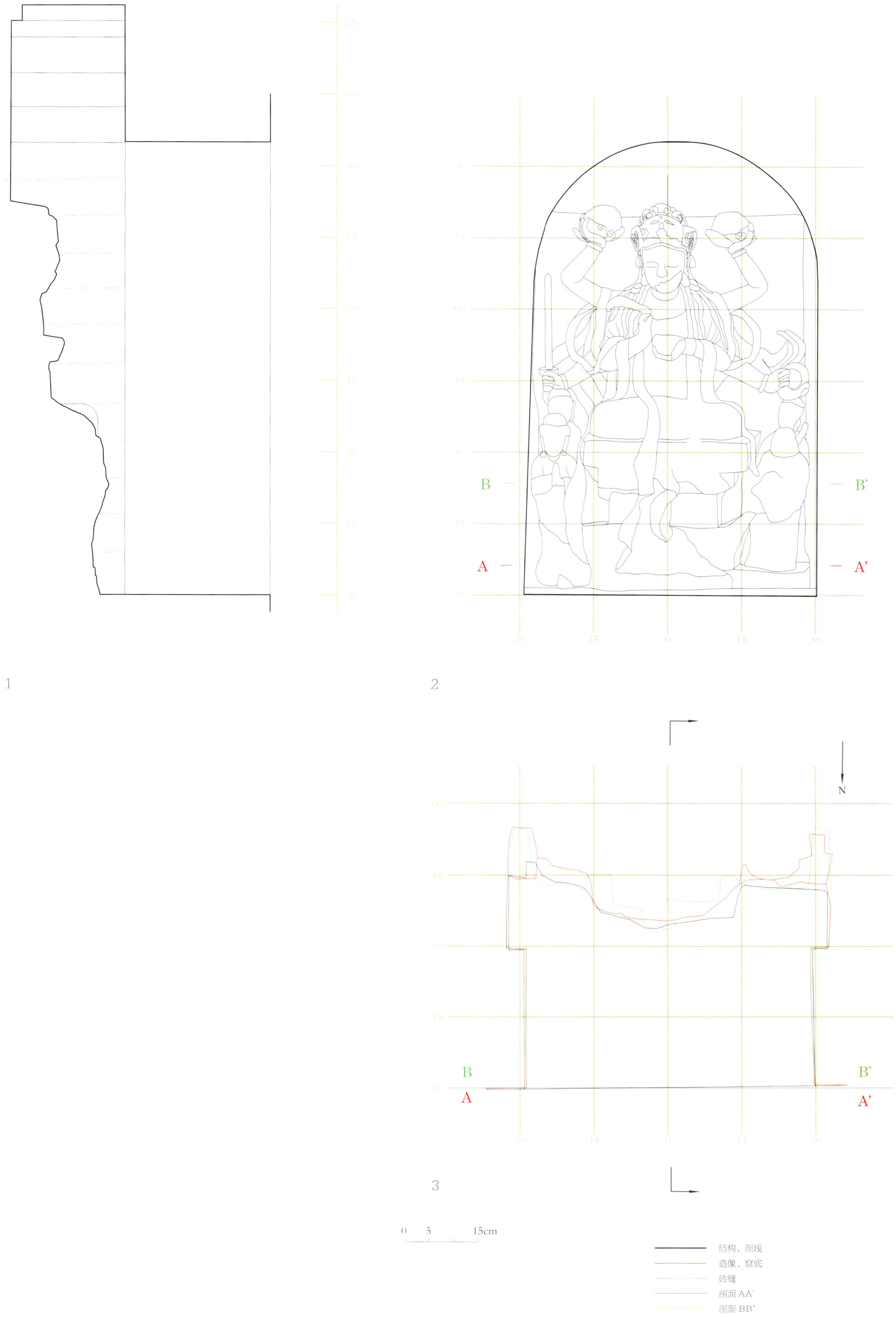

图 350 第 101 号窟平、立、剖面图
1 剖面图　2 立面图　3 平面图

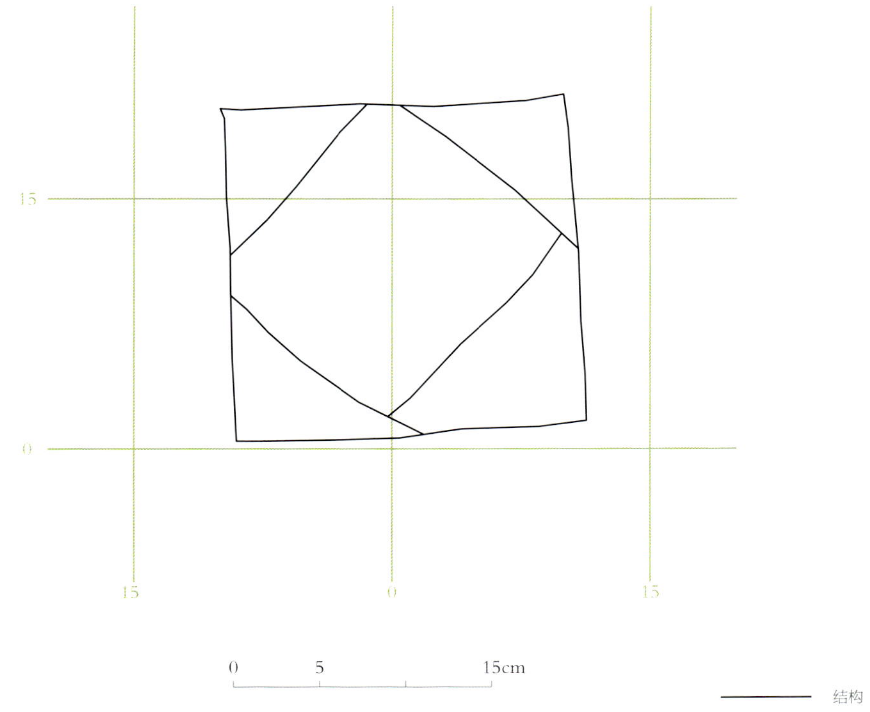

图 351　第 101 号窟窟顶仰视图

图 352　第 101 号窟正壁立面图

第七节　第102号

一　位置

位于第七级塔身东北向壁面。上距塔檐底端11厘米，下距壁面底部47厘米；左距壁面边缘146.5厘米，右距壁面边缘146.5厘米。龛口东北向，方向41°。

二　形制

单昙圭形龛（图353、图354；图版Ⅰ：320）。

龛口呈圭形，高63厘米，宽37厘米，至后壁最深25厘米。龛底呈方形。龛正壁竖直，满嵌造像石一块，下起龛底，高48.5厘米，与龛口等宽；其上砖壁高14.5厘米。左右壁中下部竖直，高47厘米，上部作两阶叠涩与龛顶相接。龛顶平顶，呈方形。

三　造像

正壁嵌石刻像2身（图353-1；图版Ⅰ：320）。左刻主尊坐像1身，右刻立像1身，均置于低台上。台高6.5厘米，宽36.5厘米，深9厘米。

主尊像　坐高23厘米。头部分残，面蚀，蓄须，着圆领窄袖长服，腰系带，垂于足间；左手抚膝，右手平伸作指引状，指略残；

图353　第102号龛立、剖面图
1 立面图　2 剖面图

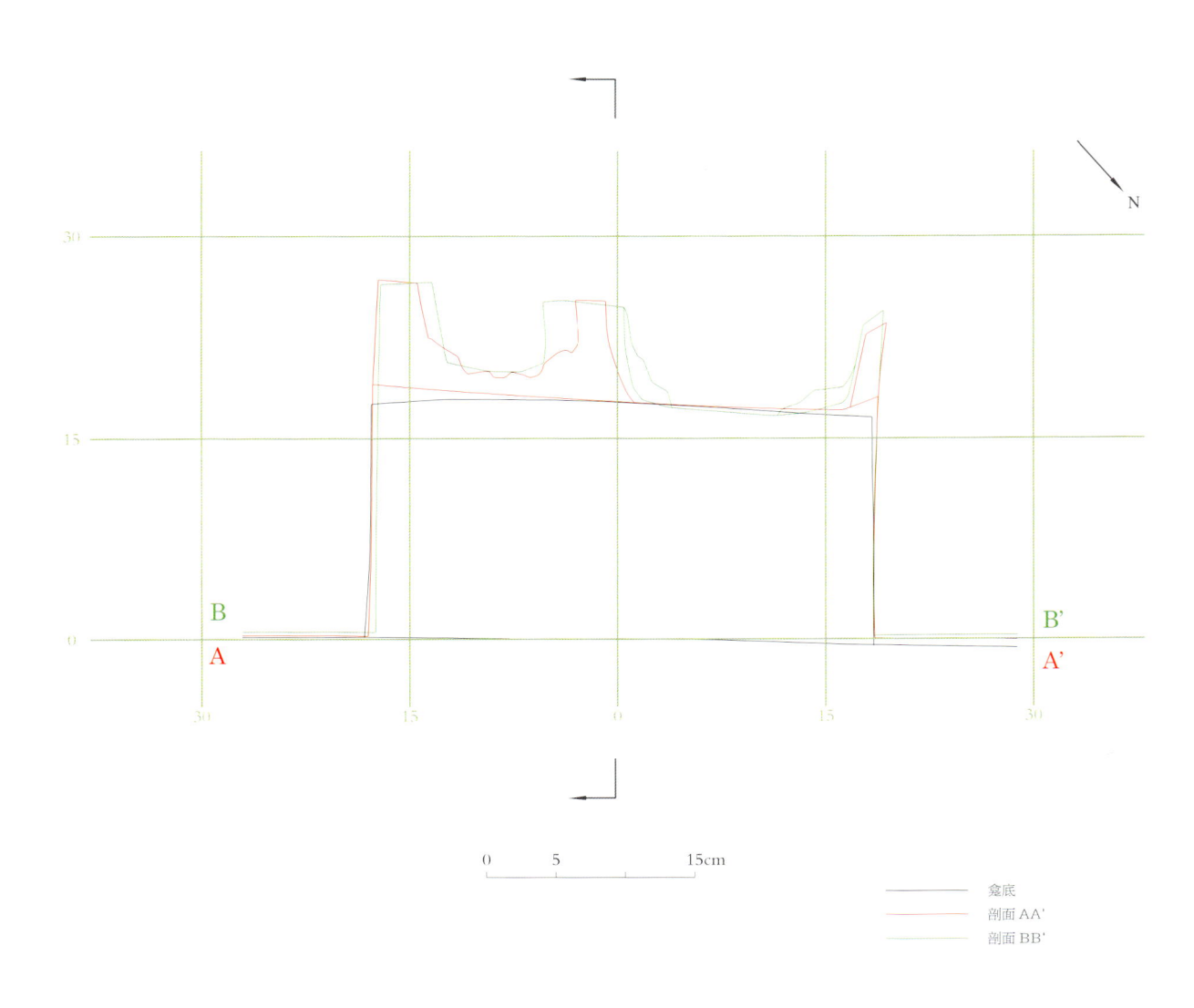

图354　第102号龛平面图

着鞋踏足踏，倚坐于方台上。台高10厘米，宽17厘米，深3—7厘米；足踏亦呈方形，高7厘米，宽18厘米，深8厘米。

　　立像　高22.5厘米。头部分残，身略蚀，上着宽博披巾，下着长短两层裙，腰带垂于足间；披巾两端垂腹前向上敷搭前臂，沿体侧下垂，止于低台。双手略残，于胸前合十；身略右侧，跣足站立。

四　晚期遗迹

　　龛内保存灰白色涂层。

第八节 第103号

一 位置

位于第七级塔身东向壁面。上距塔檐底端6厘米，下距壁面底部6厘米；左距壁面边缘144厘米，右距壁面边缘141厘米。窟口东向，方向80°。

二 形制

圭形平顶窟（图355、图356、图357、图358；图版Ⅰ：321、图版Ⅰ：322、图版Ⅰ：323）。

窟口　呈圭形，高105厘米，宽58.5厘米，深29.5厘米；竖直部分高81厘米。

窟底　呈方形，宽64厘米，深19厘米，至窟顶顶部高115厘米。

窟壁　正壁竖直，通高115厘米；局部镶嵌造像石一块，下起窟底，高72厘米，最宽51.5厘米；其上砖壁高43厘米。左右壁素面，均高115厘米，上部作三阶叠涩与窟顶相接。

窟顶　呈方形，平顶。

三 造像

正壁嵌石刻像3身（图358；图版Ⅰ：323）。中刻主尊坐式菩萨像1身，左右各刻立式供养人像1身。

主尊像　坐高40厘米，头长15厘米，肩宽16厘米，胸厚8厘米。浮雕圆形素面头光，直径33.5厘米。梳髻，垂发作结，分三绺披肩；戴卷草冠，略蚀，冠翼外展，冠带作结后各分为两道，较长两道上扬飘于头顶，较短两道略呈"U"形上扬。上着宽博披巾，下着裙；披巾两端垂于腹前，向上敷搭前臂，垂于座前；腰系带，作结后敷搭双足，下垂座前，部分残断。自腰间斜出一道披帛，于腿间相叠后垂于座前，部分残断。左手置腹前，右手置胸前共持如意，如意头斜置右肩，手及如意皆略残，如意残长23厘米。足心向上，结跏趺坐于束腰须弥座上，腿部残。须弥座前端残，通高23厘米，最宽29厘米，深15厘米，束腰宽22.5厘米。须弥座置于低台上，台高3厘米，宽26.5厘米，深9厘米。

供养人像　左立像高36厘米。头巾，面蚀，着圆领窄袖长服，腰系带，作结下垂；双手胸前合十，手部残；着鞋立于低台上。台高7.5厘米，宽11厘米，深8.5厘米。右立像高33厘米。头大部残，着对襟窄袖服，下着裙；双手胸前合十，手部残；着鞋立于低台上。台高6.5厘米，宽12厘米，深9厘米。

四 晚期遗迹

窟内保存灰白色、黑色两种涂层。

第九节 第104号

一 位置

位于第七级塔身东南向壁面。上距塔檐底端12厘米，下距壁面底部48厘米；左距壁面边缘150.5厘米，右距壁面边缘154厘米。龛口东南向，方向133°。

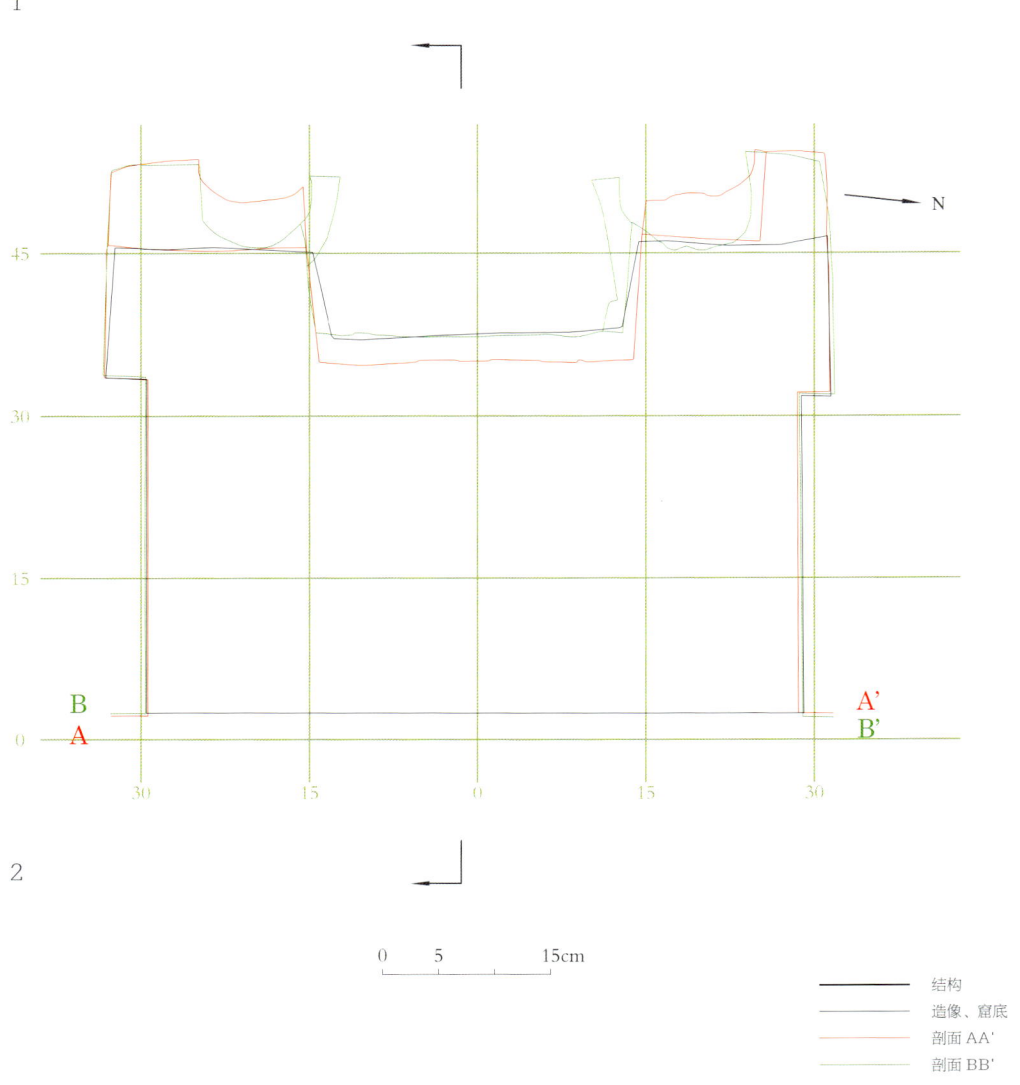

图 355　第 103 号窟平、立面图
1　立面图　2　平面图

422　大足石刻全集　第四卷（上册）

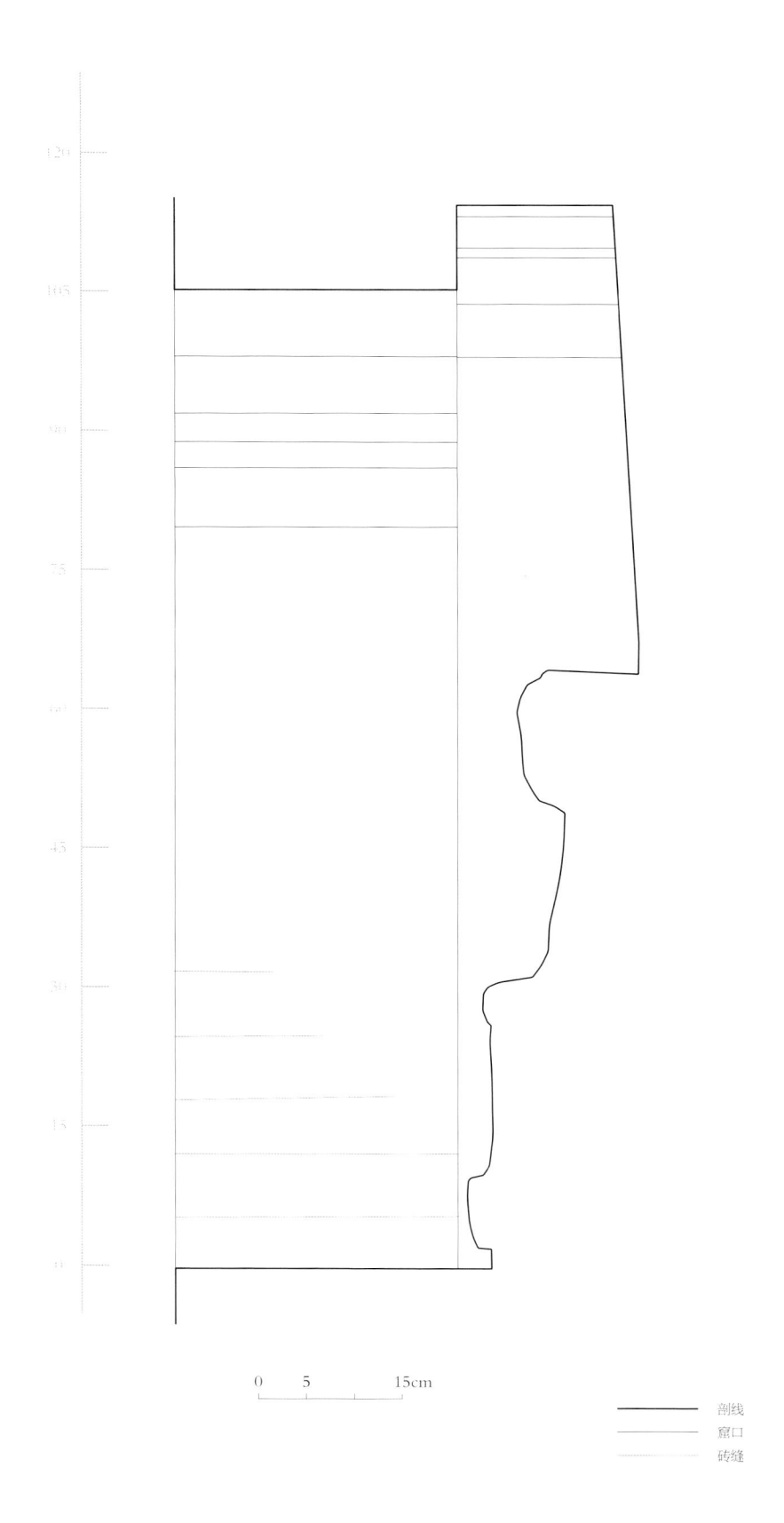

图 356　第 103 号窟剖面图

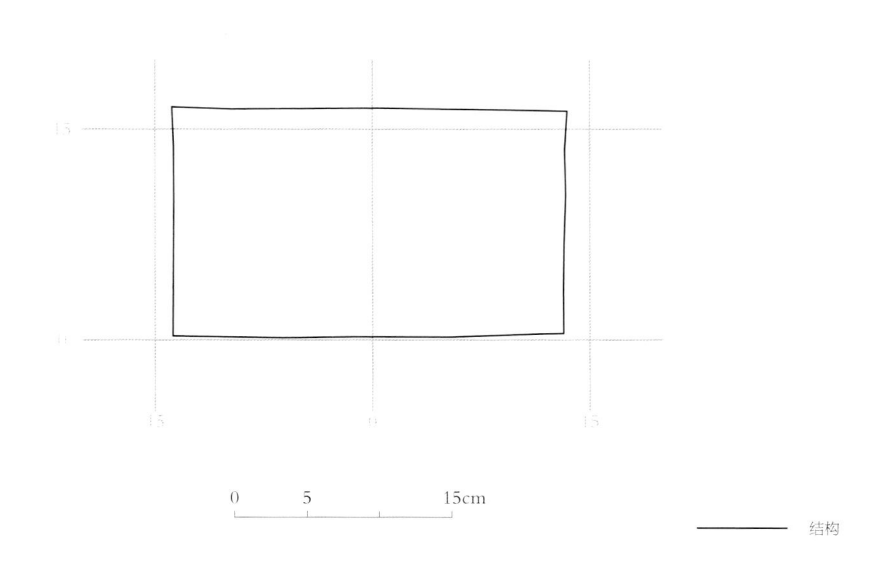

图 357　第 103 号窟窟顶仰视图

图 358　第 103 号窟正壁立面图

二 形制

单层圭形龛（图359、图360；图版Ⅰ：324）。

龛口呈圭形，高61.5厘米，宽40厘米，至后壁最深29.5厘米。龛底呈方形。龛正壁竖直，满嵌造像石一块，下起龛底，高50.5厘米，与龛口等宽；其上砖壁高11厘米。左右壁中下部竖直，高约47厘米，上部作两阶叠涩与龛顶相接。龛顶呈方形，平顶。

三 造像

正壁嵌石刻像2身（图359；图版Ⅰ：324）。右刻主尊立像1身，左刻童子立像1身，均置于低台上。台高7厘米，深9厘米，与嵌石等宽；左端抹角。

主尊像 立身高41厘米，头长11.5厘米，肩宽10厘米，胸厚7厘米。高髻，面圆，略蚀，内着窄袖服，外着宽袖服，下着裙；双手部分残，于胸前合十；足不现，左向侧身站立。身后左右侧各线刻三道毫光斜向上飘，延至嵌石上部边缘。

主尊像右侧刻一仰莲座，通高19厘米。上部为仰莲台，高6.5厘米，宽9厘米；中部为八边方台，显露部分高9厘米，宽4.5厘米；下部亦为八边方台，显露部分高3.5厘米，宽4.5厘米。身左侧刻一树，部分隐于毫光内。树通高32.5厘米，球状树叶，直径约4厘米。

童子像 高24厘米。头部分残，身剥蚀，可辨上着宽博披巾，披巾两端下垂体侧；下着长短两层裙，侧身而立。

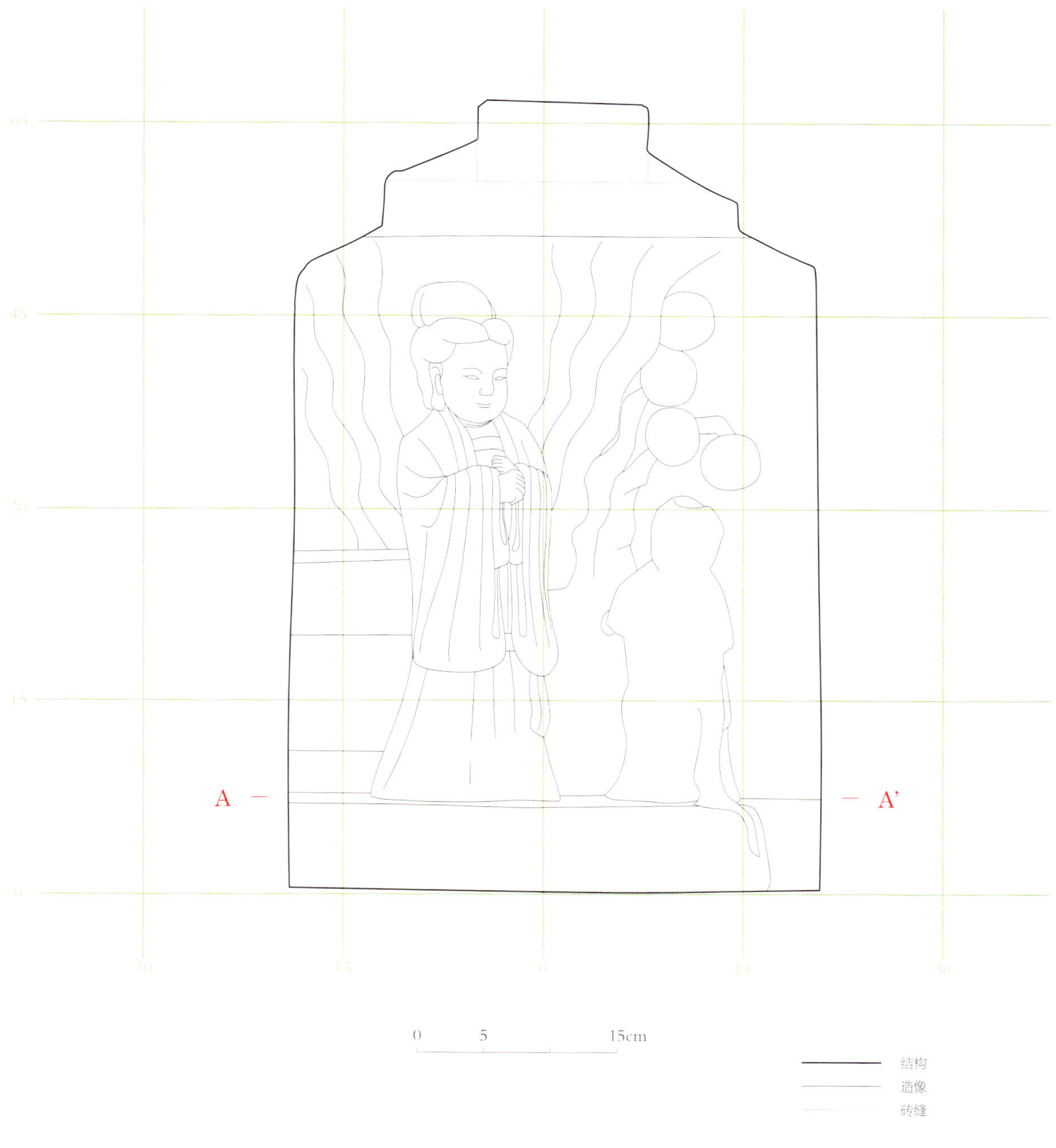

图359 第104号龛立面图

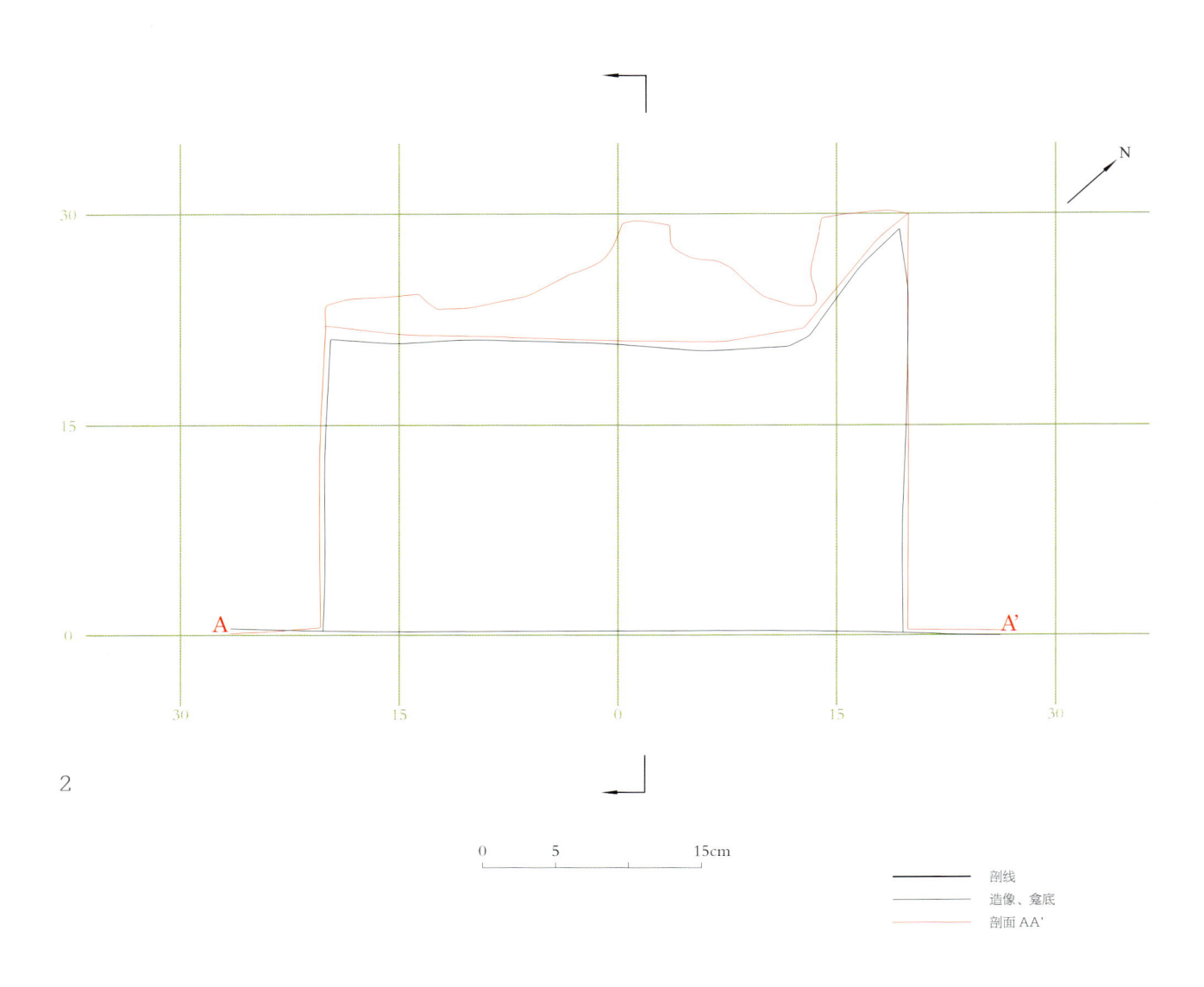

图 360　第 104 号龛平、剖面图
1　剖面图　2　平面图

四　晚期遗迹

龛内保存黑色、灰白色两种涂层。

第十节　第105号

一　位置

位于第五级塔身南向壁面中部。上距塔檐底端23厘米，下距壁面底部6.5厘米；左距壁面边缘146厘米，右距壁面边缘139厘米。窟口南向，方向181°。

二　形制

圆拱形覆斗顶窟（图361、图362、图363、图364；图版Ⅰ：325、图版Ⅰ：326、图版Ⅰ：327）。

窟口　呈圆拱形，高112.5厘米，宽63.5厘米，深30.6厘米；窟口左右下部竖直，自底部向上77厘米处外凸3厘米，再上接窟口圆拱。

窟底　呈方形，宽72厘米，深48厘米，至窟顶顶部高149厘米。

窟壁　正壁竖直，通高127厘米；局部镶嵌造像石一块，下起窟底，高84厘米，最宽57.5厘米；其上砖壁高43厘米。左右壁素面，均高127厘米；上部作三阶叠涩与窟顶相接。

窟顶　覆斗顶，呈方形，为三重叠压砖结构，通高约22厘米。

三　造像

正壁嵌石刻像5身（图364；图版Ⅰ：327）。上方横刻坐佛像3身，中佛位置略高，左右佛稍低；下部云台正面左右各刻立式供养人像1身。

中佛像　坐高26厘米，头长9.5厘米，肩宽10厘米，胸厚6厘米。浮雕圆形素面头光，直径19厘米。戴冠，冠带作结后上扬。面长圆，略残；上着双领下垂式袈裟，下着裙，袈裟和裙摆覆于座前。腕镯，双手胸前结智拳印，结跏趺坐于双重仰莲台上。台高13厘米，最宽21厘米，深16厘米。

左佛像　坐高24.5厘米，头长10厘米，肩宽10厘米，胸厚5.5厘米。浮雕圆形素面头光，直径19厘米。头部与头光间饰云纹相接。螺发，肉髻微凸，似刻髻珠。面长圆，略残，耳垂稍长。内着僧祇支，外披双领下垂式袈裟，下着裙，袈裟和裙摆覆于座前。双手腹前结印，结跏趺坐于双重仰莲台上。台高11厘米，宽19.5厘米，深17厘米。

右佛像　坐高24.5厘米，头长10厘米，肩宽10厘米，胸厚5厘米。左手腹前结印，右手抚膝，稍残。余同左佛像。

三佛像均置于方形云台上。云台高25厘米，最宽42厘米，深11厘米；中部前侧设一方案，通高13厘米，上宽9厘米，下宽12厘米，深7厘米。案上置一圆状物，略残，高5厘米，直径5厘米。

供养人像　左立像高31厘米，裹巾，面残。着圆领长服，腰束带。左手屈肘置于圆状物上部，右手毁，似挽持左臂袖摆。侧身向右微曲，着鞋立于方台上。台高1.5厘米，宽11.5厘米，深8.5厘米。右立像高29厘米，梳高髻，面长圆，略残。上着窄袖长服，侧边开衩，显露下着的长裙；腹前下垂一条帛带。双手置于左胸前，捧持一物，手及物部分残。着鞋直立。

方形云台置于一横长方形低台上。低台高6.5厘米，宽61厘米，深22厘米；左右端与侧壁间以砖块填实，并与低台在同一平面上。

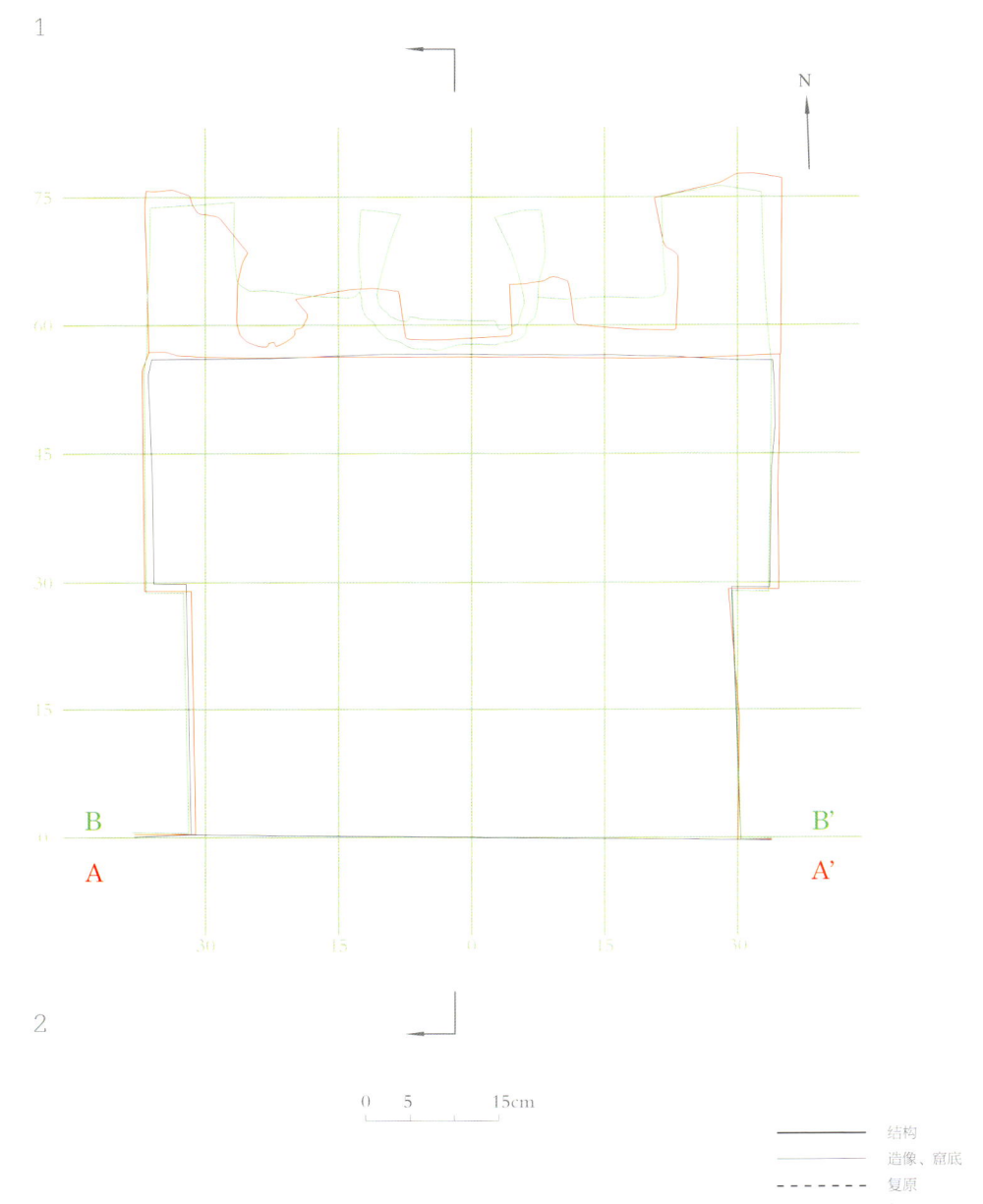

图 361　第 105 号窟立、平面图
1　立面图　2　平面图

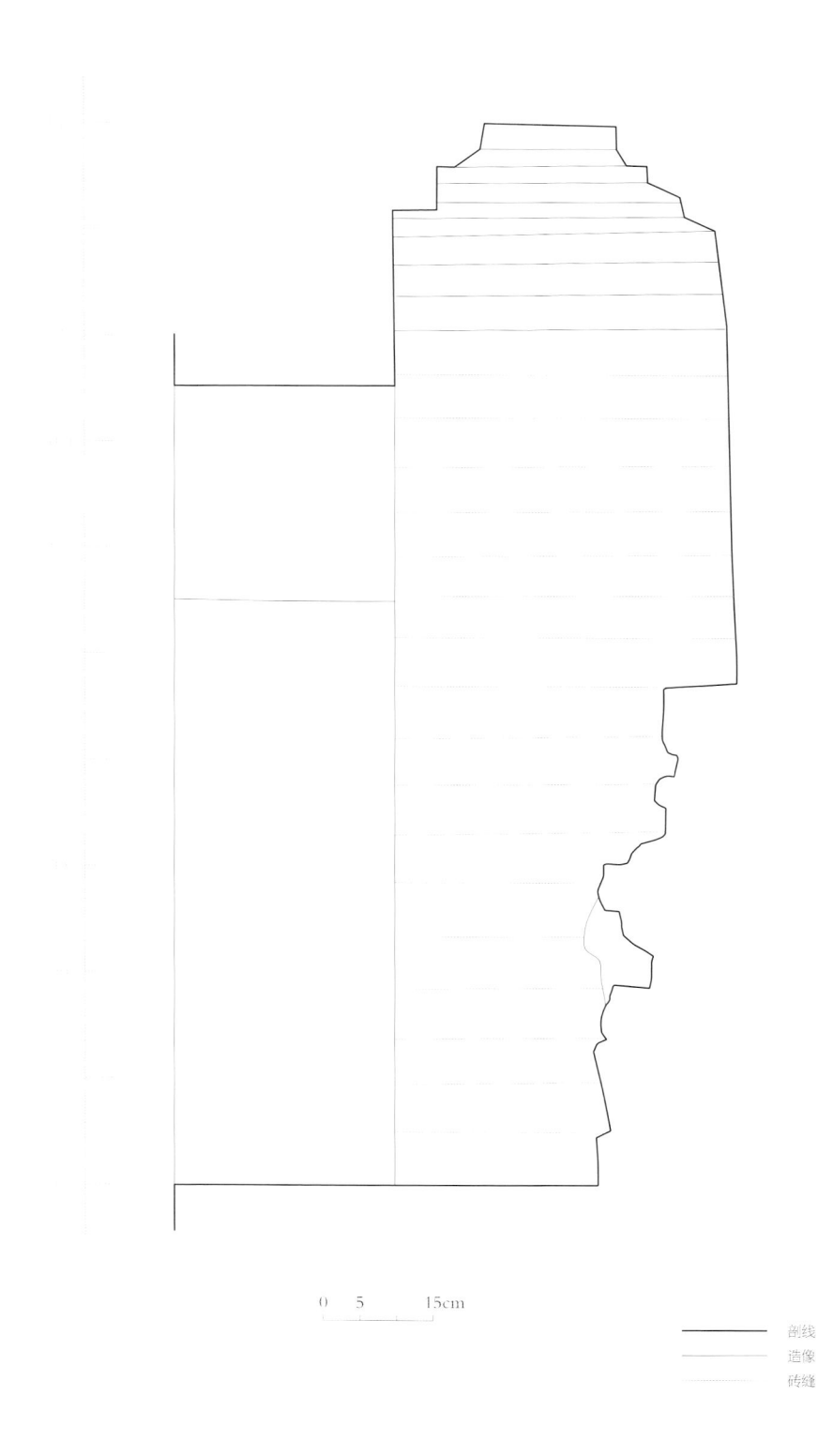

图 362　第 105 号窟剖面图

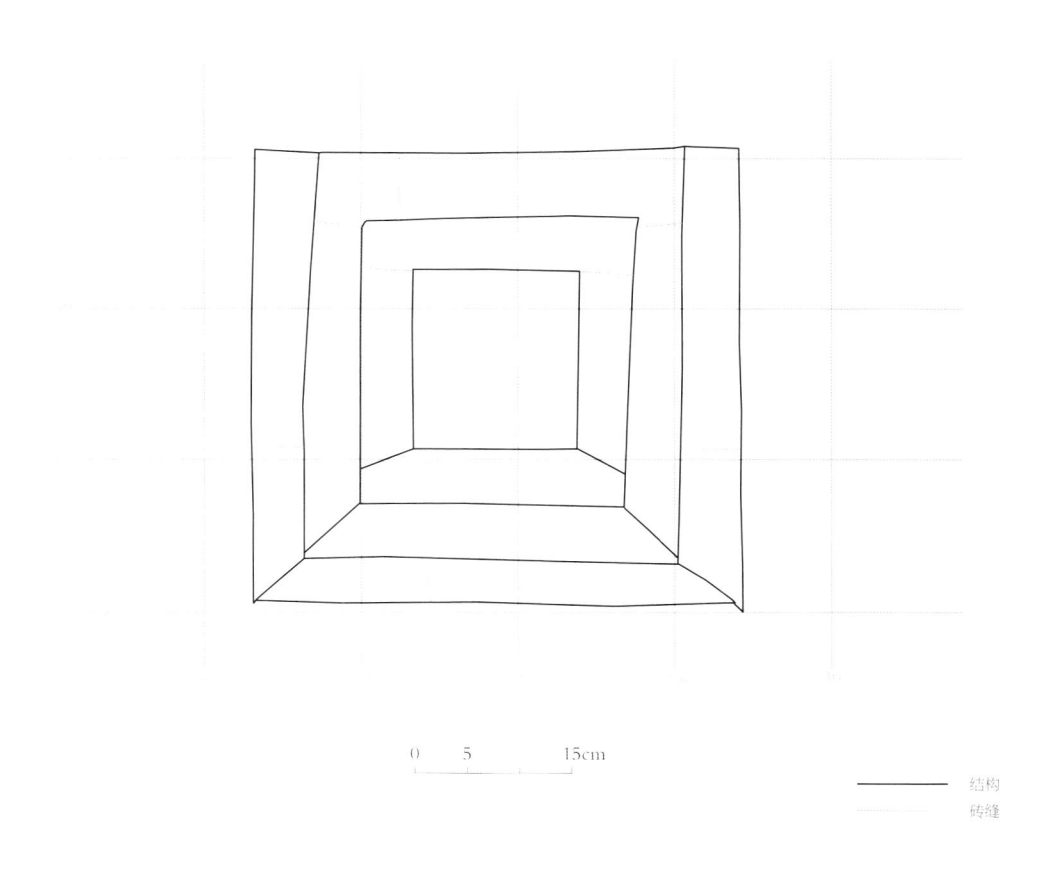

图 363　第 105 号窟窟顶仰视图

图364 第105号窟正壁立面图

四　晚期遗迹

正壁及造像保存灰白色涂层。

第十一节　第106号

一　位置

位于第五级塔身西南向壁面中部。上距塔檐底端27.5厘米，下距壁面底部36.5厘米；左距壁面边缘160厘米，右距壁面边缘156厘米。

龛口西南向，方向222°。

二　形制

单层圭形龛（图365；图版Ⅰ：328）。

龛口呈圭形，高71厘米，宽36厘米，至后壁最深18厘米。龛底呈方形。龛正壁竖直，满嵌造像石一块，下起龛底，高46厘米，与龛口等宽。左右壁中下部竖直，高约48厘米，上部作三阶叠涩与龛顶相接。龛顶呈方形，平顶。

三　造像

正壁嵌石刻像2身（图365-1；图版Ⅰ：328）。右刻主尊菩萨坐像1身，左刻童子立像1身，均置于嵌石下部外凸的低台上。台高7厘米，深10.5厘米，与龛口等宽。

菩萨像　坐高21.5厘米，头长8.5厘米，肩宽7.5厘米，胸厚4厘米。浮雕圆形素面背光，直径25厘米。梳髻，戴冠，冠体略蚀，冠带作结后下垂及肩。面长圆，略蚀，身剥蚀，上身斜披络腋，帛带长垂台前。左手似抚左膝，大部残断；右手撑台。竖左腿，盘右腿，身略左侧，跣足坐于山石台上。台部分残，高14厘米，宽22厘米，深11厘米。

童子像　残毁甚重，立身残高19.5厘米；浮雕圆形素面头光，直径11厘米。左肩残脱，身略蚀，上着宽博披巾，下着长短两层裙；披巾两端沿体侧下垂，止于低台。双手残，侧身向右站立，足蚀。

四　晚期遗迹

菩萨像和童子立像残损处，局部存水泥修补的痕迹。

造像及石材存少许灰白色涂层。

第十二节　第107号

一　位置

位于第五级塔身西向壁面中部。上距塔檐底端13.5厘米，下距壁面底部7厘米；左距壁面边缘129厘米，右距壁面边缘153厘米。

窟口西向，方向269°。

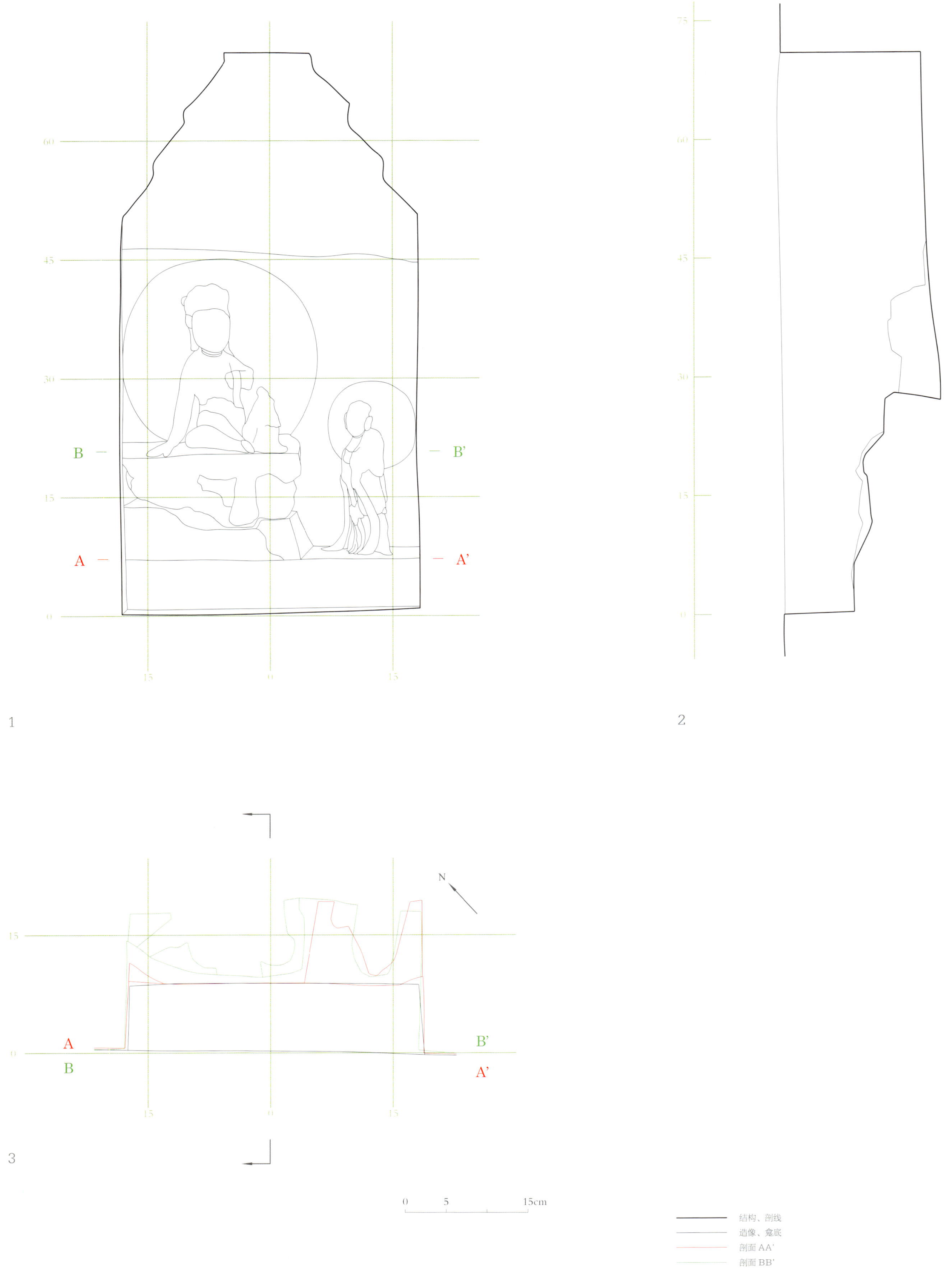

图 365　第 106 号龛平、立、剖面图
1　立面图　2　剖面图　3　平面图

二　形制

圭形覆斗顶窟（图366、图367、图368、图369、图370、图371；图版Ⅰ：329、图版Ⅰ：330、图版Ⅰ：331、图版Ⅰ：332、图版Ⅰ：333）。

窟口　呈圭形，高113.5厘米，宽62厘米，深30.5厘米；竖直部分高77厘米。

窟底　呈方形，宽74厘米，深44厘米，至窟顶顶部高141.5厘米。左右侧砖砌一级低坛，高约14厘米，宽31厘米，深约18厘米。

窟壁　正壁竖直，通高120.5厘米；局部镶嵌造像石一块，下起窟底，高70厘米，最宽44.5厘米；其上砖壁高50.5厘米。左右壁素面，均高120.5厘米，均于低坛上局部镶嵌造像石一块；左石高50厘米，宽36.5厘米；右石高49厘米，宽34厘米；壁面上部作外挑的三阶叠涩与窟顶相接。

窟顶　覆斗顶，呈方形，为三重叠压砖结构，通高约21厘米。

图366　第107号窟立、剖面图
1　剖面图　2　立面图

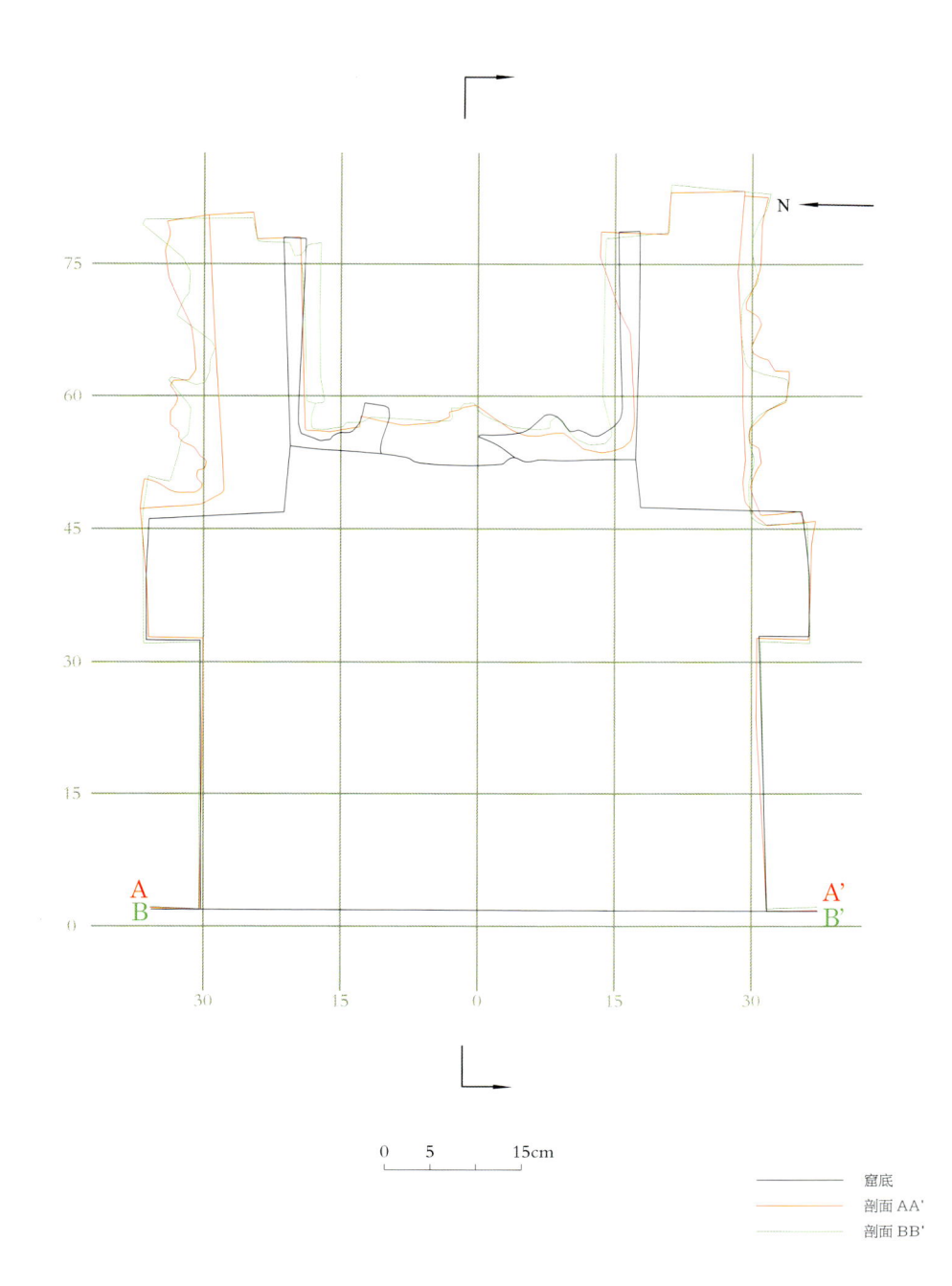

图 367　第 107 号窟平面图

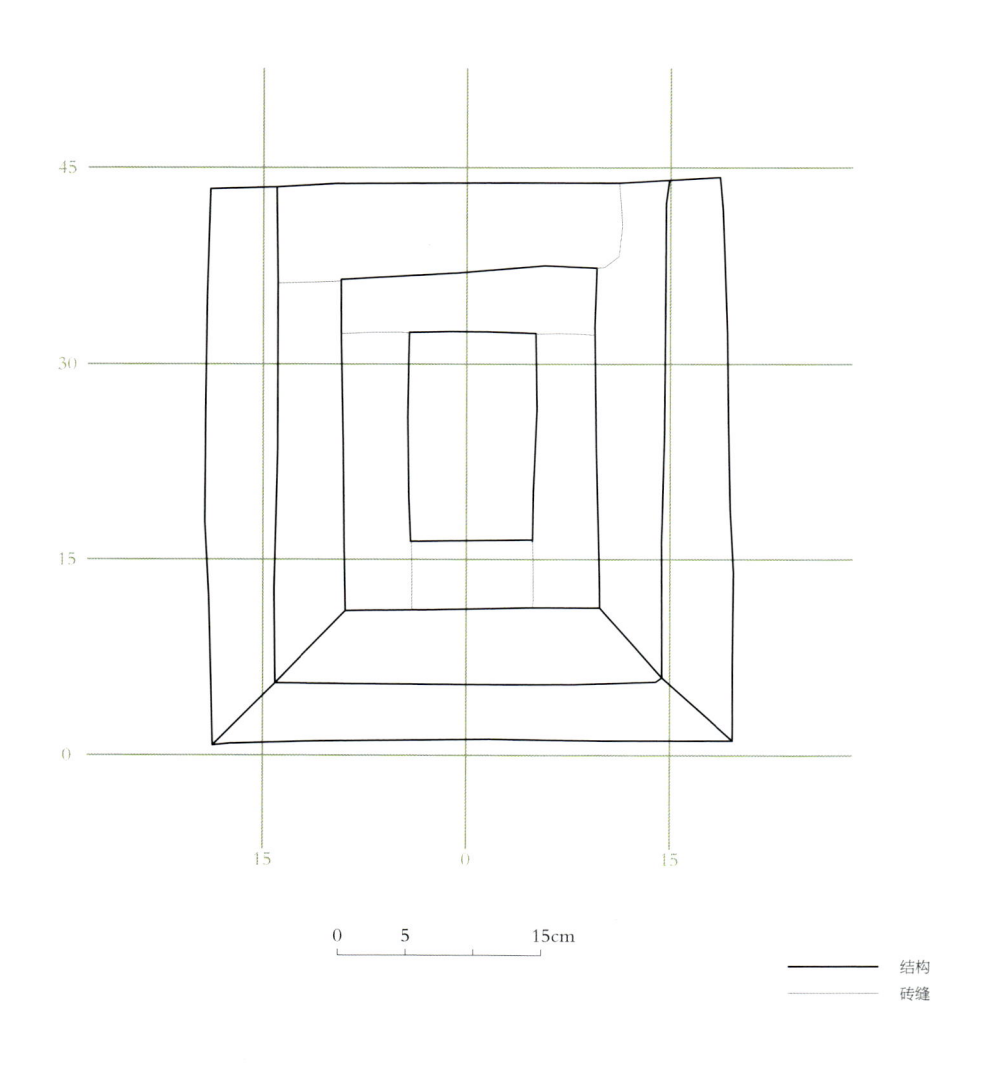

图 368　第 107 号窟窟顶仰视图

三　造像

根据造像布置，分为正壁、左壁、右壁造像三部分。

（一）正壁

正壁嵌石刻像4身（图369；图版Ⅰ：331）。其中，中刻主尊菩萨坐像1身，座前刻童子像1身，左右各刻侍者立像1身。

菩萨像　坐高43厘米，头长15厘米，肩宽23厘米，胸厚8厘米。梳髻，鬓发绕耳，垂发作结后分三绺披肩。戴卷草冠，正面似刻立式化佛一身，饰舟形背光。主尊菩萨冠翼外展，冠顶较平；冠带作结下垂至胸部外侧，再次作结后敷搭双肩，并下垂敷搭两中手前臂，止于座台。面方圆，略蚀，戴珠串耳饰，颈刻两道肉褶线；胸饰璎珞，略蚀；内着僧祇支，上着披巾，下着长短两层裙。披巾两端于腹前、腿间交叠后，向上敷搭身前两手前臂，再垂于座侧和座前；腰带长垂于座前。身六臂，皆腕镯；上两手屈肘托圆轮，轮径5厘米，厚2.5厘米，轮下刻云纹衬托；左中手斜伸持羂索，右中手略残，斜伸持剑，剑全长34.5厘米；左下手腹前托钵，钵高5厘米，直径6.5厘米，右下手曲于胸前，持柳枝。垂左腿，盘右腿，左舒相坐于须弥座上。跣足，略残。须弥座高26.5厘米，宽32厘米，深18厘米，座前刻并蒂莲花、莲蕾及莲叶；莲花显露高5厘米，宽7厘米，上托菩萨左足。座前刻跪坐童子像1身，通高11厘米；光头，面、身蚀，衣饰不明；双手胸前合十，屈膝跪坐于莲叶上。

侍者像　左像立高24厘米，头残长6厘米，肩宽8.5厘米，胸厚3厘米。头、面部分残脱，身略剥蚀。可辨上着宽袖长服，下着裙；左手横置胸前，右手残，曲于体侧前伸；双足残。右像头毁，立身残高23厘米。可辨着窄袖长服，双手胸前合十，手略残，双足残。

（二）左壁

嵌石刻像4身，居中两身体量较大，外侧两身体量略小，均立于嵌石下部外凸的低台上（图370；图版Ⅰ：332）。台显露高8厘米，宽38.5厘米，深6厘米。从内（右）至外（左），编为第1—4像。

第1像　高22厘米。头巾，面蚀，着圆领窄袖长服，双手胸前合十，着鞋站立。

第2像　高36厘米，头长8.5厘米，肩宽12厘米，胸厚4厘米。头巾，圆脸，着圆领窄袖长服，双手置于胸前，部分残；着鞋站立。

第3像　高36厘米，头长10厘米，肩宽12厘米，胸厚4厘米。面方圆，余同第2像。

第4像　部分残，残高17厘米；细节不明。

（三）右壁

嵌石刻立像4身（图371；图版Ⅰ：333）。从内（左）至外（右）编为第1—4像。第1像和第3像体量较大，余两像体量较小。造像均置于嵌石下部外凸的低台上，台显露高8厘米，宽33厘米，深10厘米。

第1像　高33厘米，头长8厘米，肩宽10厘米，胸厚3厘米。戴团冠，圆脸，略蚀；着窄袖长服，双手置于胸前，覆帛带，帛带长垂足间；着鞋站立。

第2像　高17厘米，头长4厘米，肩宽4厘米，胸厚2.5厘米。似光头，面略蚀，着窄袖长服，双手胸前合十，着鞋站立。

第3像　高34厘米，头长9厘米，肩宽9厘米，胸厚4厘米。梳髻，戴冠，面蚀，右臂部分残，余同第1像。

第4像　存少许轮廓，残高17厘米。

四　晚期遗迹

窟内保存灰白色涂层。

图 369　第 107 号窟正壁立面图

436　大足石刻全集　第四卷（上册）

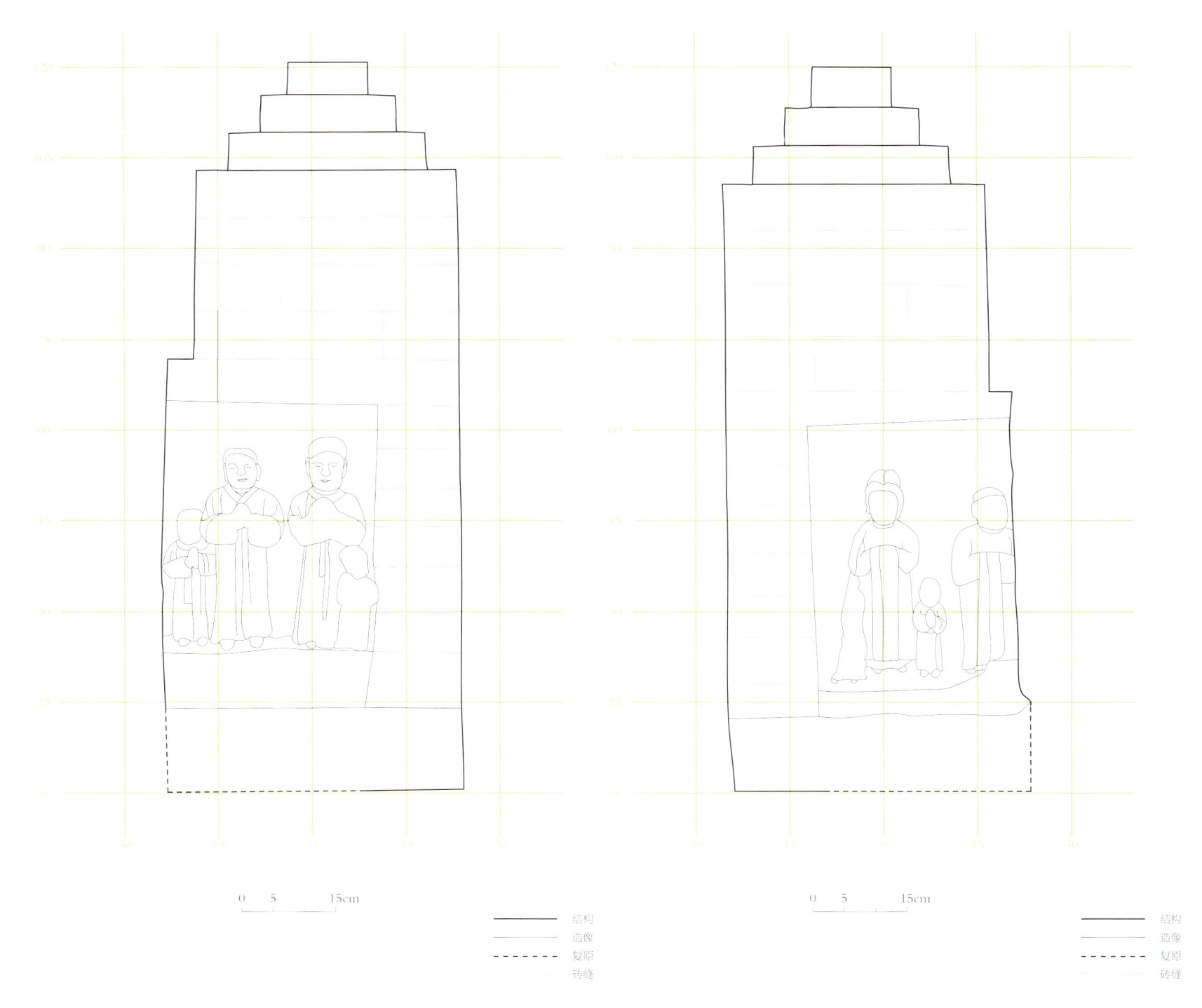

图 370　第 107 号龛左壁立面图　　　　　　　　　　　　　图 371　第 107 号龛右壁立面图

第十三节　第108号

一　位置

位于第五级塔身西北向壁面中部。上距塔檐底端23厘米，下距壁面底部6.5厘米；左距壁面边缘146厘米，右距壁面边缘139厘米。

龛口西北向，方向318°。

二　形制

单层圭形龛（图372；图版Ⅰ：334）。

龛口呈圭形，高68厘米，宽32.5厘米，至后壁最深19厘米。龛底呈方形。龛正壁竖直，满嵌造像石一块，下起龛底，高48.5厘米，与龛口等宽。左右壁中下部竖直，高约47厘米，上部作三阶叠涩与龛顶相接。龛顶呈方形，平顶。

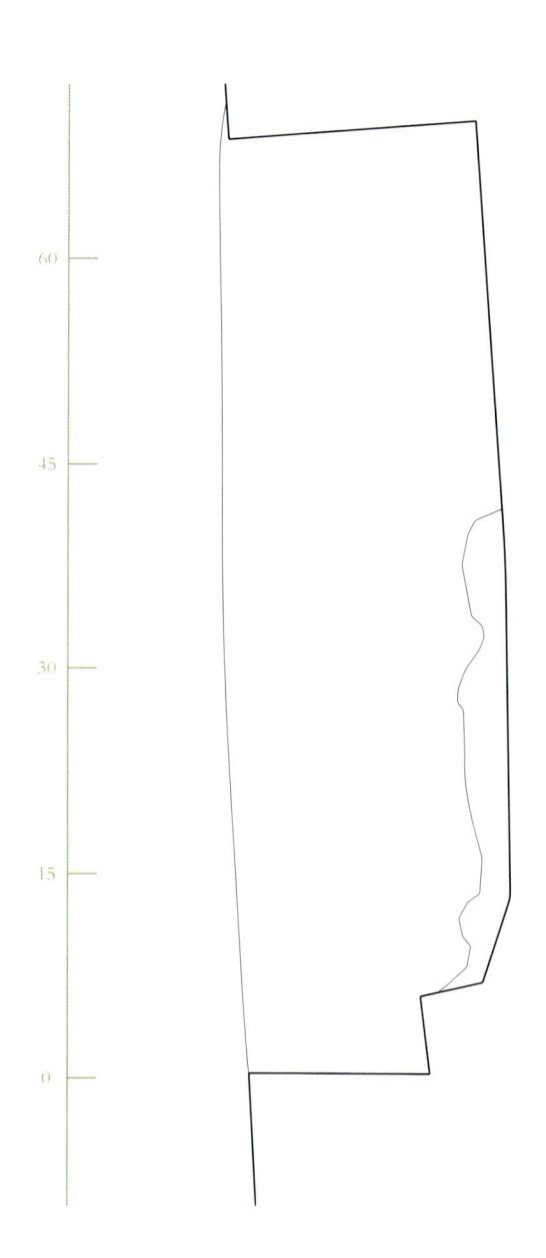

图 372　第 108 号龛平、立、剖面图
1　立面图　2　剖面图　3　平面图

438　大足石刻全集　第四卷（上册）

三 造像

正壁嵌石刻像2身（图372-1；图版Ⅰ：334）。右刻主尊菩萨立像1身，左刻童子像立像1身，均置于嵌石下部外凸的低台上。台高6厘米，深6.5厘米，与龛口等宽。

菩萨像 立身高29厘米，头长8.5厘米，肩宽5厘米，胸厚3厘米。浅浮雕圆形素面头光和舟形背光，头光直径11.5厘米；背光下起莲台，通高36厘米，最宽18厘米。戴冠，大部残，面残；上似着披巾，下着长裙；披巾两端下垂腹前呈"U"形，敷搭前臂后，长垂至莲台左右。左手残，屈肘前伸；右手亦残，置胸前；立于两朵仰莲台上。台高4厘米，通宽9.5厘米，深4厘米；其下刻云纹承托。

童子像 头毁身残，立身残高约16厘米。浮雕圆形素面头光，头光上部残，直径11.5厘米；上身衣饰不明，下着裙；体侧存下垂的飘带。双手残，似置胸前，侧身直立。

四 铭文

位于正壁嵌石左上角并列的二方框内。框高15厘米，通宽12厘米；内素平。

五 晚期遗迹

造像存灰白色涂层。

第十四节 第109号

一 位置

位于第五级塔身北向壁面中部。上距塔檐底端18厘米，下距壁面底部7厘米；左距壁面边缘151厘米，右距壁面边缘156厘米。窟口北向，方向353°。

二 形制

圆拱形覆斗顶窟（图373、图374、图375；图版Ⅰ：335、图版Ⅰ：336、图版Ⅰ：337）。

窟口 呈圆拱形，高110厘米，宽63厘米，深31厘米。窟口左右竖直，自底部向上高76厘米处外凸1.5厘米，上接窟口圆拱。

窟底 呈方形，宽73厘米，深49厘米，至窟顶顶部高155.5厘米。

窟壁 正壁竖直，通高134.5厘米；局部镶嵌造像石一块，下起窟底，高76厘米，最宽63厘米；其上砖壁高58.5厘米。左右壁素面，均高134.5厘米，上部作三阶叠涩与窟顶相接。

窟顶 覆斗顶，呈方形，为三重叠压砖结构，与窟壁相接，通高约21厘米。

三 造像

正壁嵌石刻像4身（图375；图版Ⅰ：337）。

嵌石右侧，刻主尊地藏菩萨立像1身。高40厘米，头长9厘米，肩宽10厘米，胸厚6厘米（图376）。光头，面长圆，鼻稍残。内着僧祇支，外披双领下垂式袈裟，下着裙。左手胸前托钵，大部残；右手于右胸前握六环锡杖，杖全长38厘米；杖首呈桃形，略残；杖柄底端刻祥云。跣足分踏单重仰莲台上。台高5厘米，通宽17厘米，深10厘米。其身左侧，刻幡杆夹，高11.5厘米，宽2.5厘米；内

图 373　第 109 号窟平、立、剖面图
1　立面图　2　剖面图　3　平面图

440　大足石刻全集　第四卷（上册）

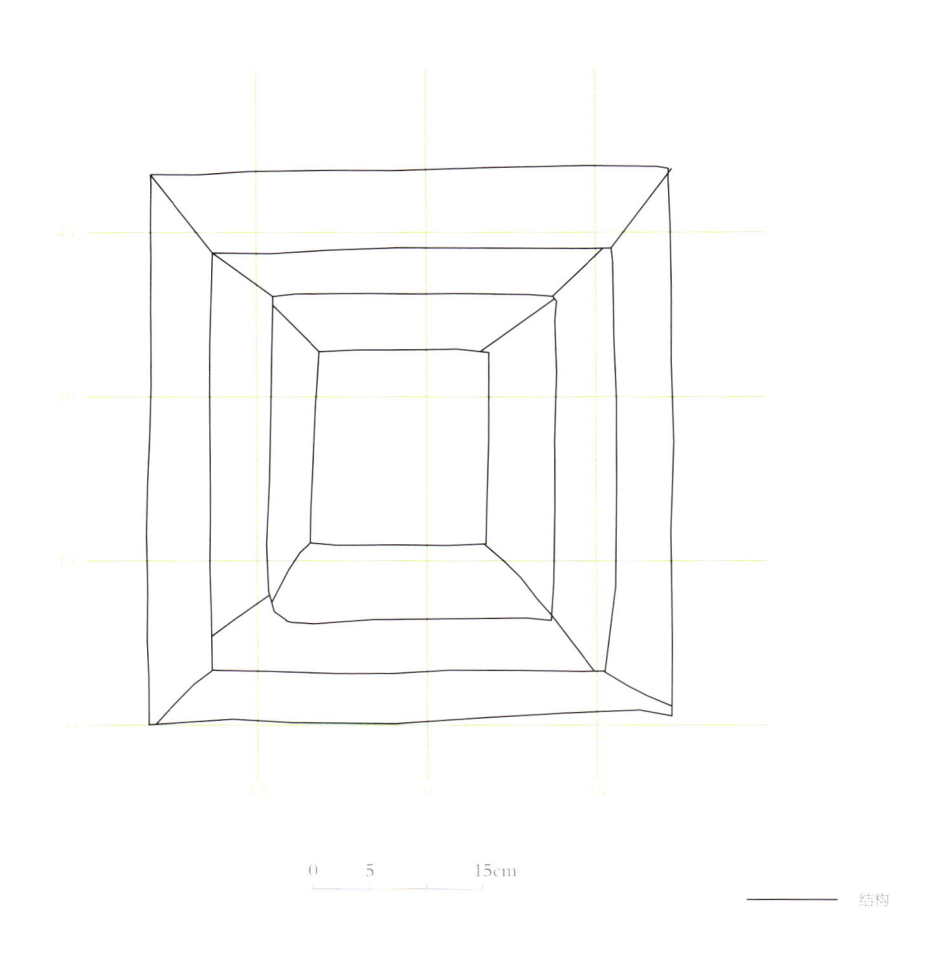

图 374　第 109 号窟窟顶仰视图

图 375　第 109 号窟正壁立面图

图 376　第 109 号窟正壁地藏像效果图

竖置幡杆，高40.5厘米；杆顶悬幡一口，作迎风飘扬状。杆左侧，刻塔一座，通高23.5厘米，显露六级圆形塔身和七重塔檐，略残；塔顶呈圆形，亦残。塔左侧刻一座覆斗顶草庐，高13厘米，宽9.5厘米；正面设圆拱形门洞，高4厘米，宽2厘米，深1厘米。

嵌石左侧刻狱卒立像2身。左像高31厘米，牛头人身，头右侧，略残，存少许牛角；上身剥蚀，衣饰不明，腰束带，下着齐膝短裤。双手拱于胸前，左臂内侧夹持三叉戟，全长42厘米；跣足站立。右像高35厘米，突露少许双角，眉骨外凸，眼眶内陷，颧骨显露，阔口，貌怪；上身剥蚀，衣饰不明，腰束带作结，下着齐膝短裤；双手似拱于胸前，前臂及手残；跣足站立。该像身后刻戟，显露高18厘米。二狱卒像身后，刻双扇格子门，通高42厘米，宽26厘米。

嵌石中上方，刻一云朵，底部残，通高28厘米，最宽22厘米，深8.5厘米。云朵之上，立一像，高18.5厘米。梳髻，面长圆，略残；着交领窄袖长服，腰束带作结下垂至小腿间；双手胸前合十，双足不现。

四　铭文

位于正壁左上角方框内。框高17厘米，宽14厘米，外凸壁面0.5厘米，内素平。

五　晚期遗迹

造像存灰白色涂层。

第十五节　第110号

一　位置

位于第五级塔身东北壁面中部。上距塔檐底端26.5厘米，下距壁面底部34厘米；左距壁面边缘158厘米，右距壁面边缘160厘米。龛口东北向，方向45°。

二　形制

单层圭形龛（图377、图378；图版Ⅰ：338）。

龛口呈圭形，高69.5厘米，宽35厘米，至后壁最深19厘米。龛底呈方形。龛正壁竖直，满嵌造像石一块，下起龛底，高49厘米，与龛口等宽。左右壁中下部竖直，高约48厘米，上部作三阶叠涩与龛顶相接。龛顶呈方形，平顶。

图377　第110号龛立、剖面图
1　剖面图　2　立面图

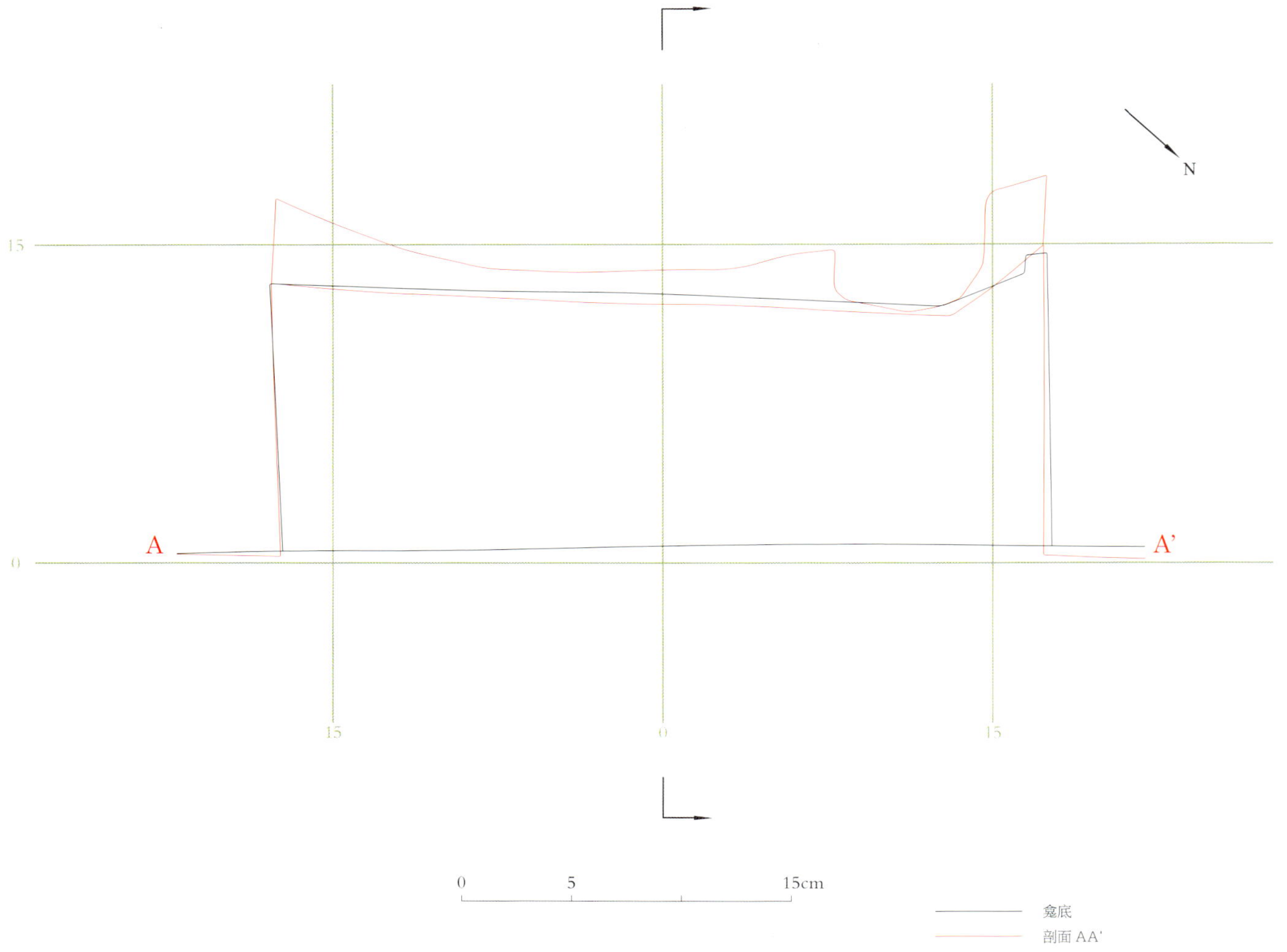

图 378　第 110 号龛平面图

三　造像

正壁嵌石刻像2身（图377-2；图版Ⅰ：338）。中刻主尊坐像1身，左下刻童子立像1身，均置于嵌石下部外凸的低台上。台高6厘米，深4厘米，与龛口等宽。

主尊像　显露部分坐高22厘米，头残长10厘米。头、面部分残，似戴冠，冠带作结上扬；衣饰不明，身前饰云纹遮覆。四臂，上两手屈肘上举，手掌外展，部分残；下两手斜伸似结印，部分残；下身不现。

主尊身前刻出祥云，下起低台，上飘至双肩，略呈"X"形。该云纹前侧另刻环状云纹，略蚀，内存物轮廓。主尊身后刻出云纹背屏，显露部分高27厘米，最宽与石材等宽。

童子像　立身高19.5厘米，头长4.5厘米，肩宽5厘米，胸厚4厘米。浮雕圆形素面头光，直径8.5厘米。光头，头面略残，上着宽博披巾，下着长短两层裙；披巾左端沿体侧下垂，止于低台；双手胸前合十，侧身向右站立。

四　晚期遗迹

主尊颈部、双肩及童子像小腿存水泥修补痕迹。

龛内造像存少许灰白色涂层。

第十六节　第111号

一　位置

位于第五级塔身东向壁面中部。上距塔檐底端14厘米，下距壁面底6厘米；左距壁面边缘144厘米，右距壁面边缘143厘米。窟口东向，方向89°。

二　形制

圭形覆斗顶窟（图379、图380、图381、图382、图383、图384；图版Ⅰ：339、图版Ⅰ：340、图版Ⅰ：341、图版Ⅰ：342、图版Ⅰ：343）。

窟口　呈圭形，高106厘米，宽61厘米，深31.5厘米；竖直部分高75厘米。

窟底　呈方形，宽74厘米，深49厘米，至窟顶顶部高138厘米。左右侧以横砖一块建一级低坛，高约6厘米，宽35厘米，深14厘米。

窟壁　正壁竖直，通高118厘米；局部镶嵌造像石一块，下起窟底，高65厘米，宽43厘米；其上砖壁高53厘米。左右壁竖直，均

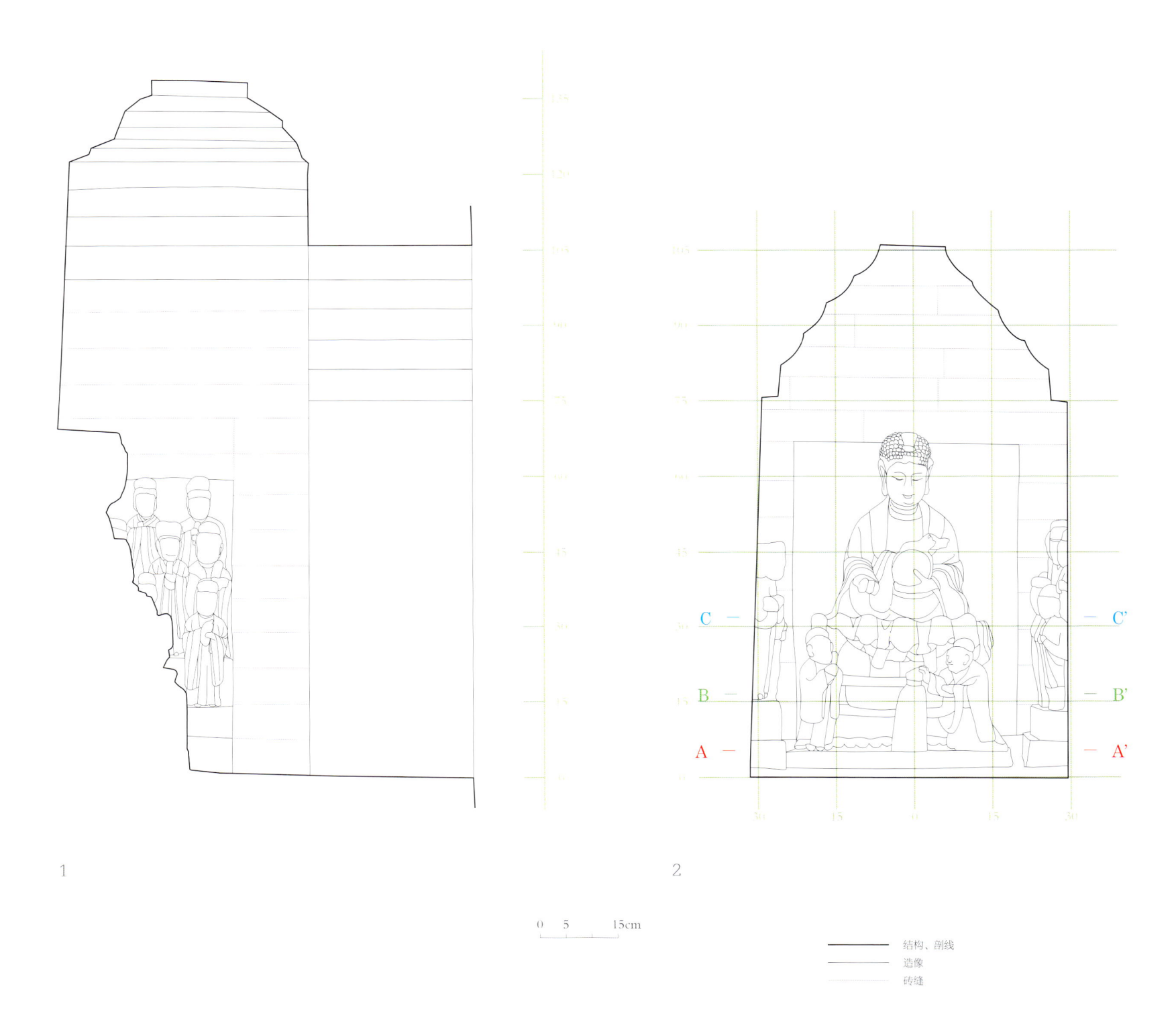

图379　第111号窟立、剖面图
1　剖面图　2　立面图

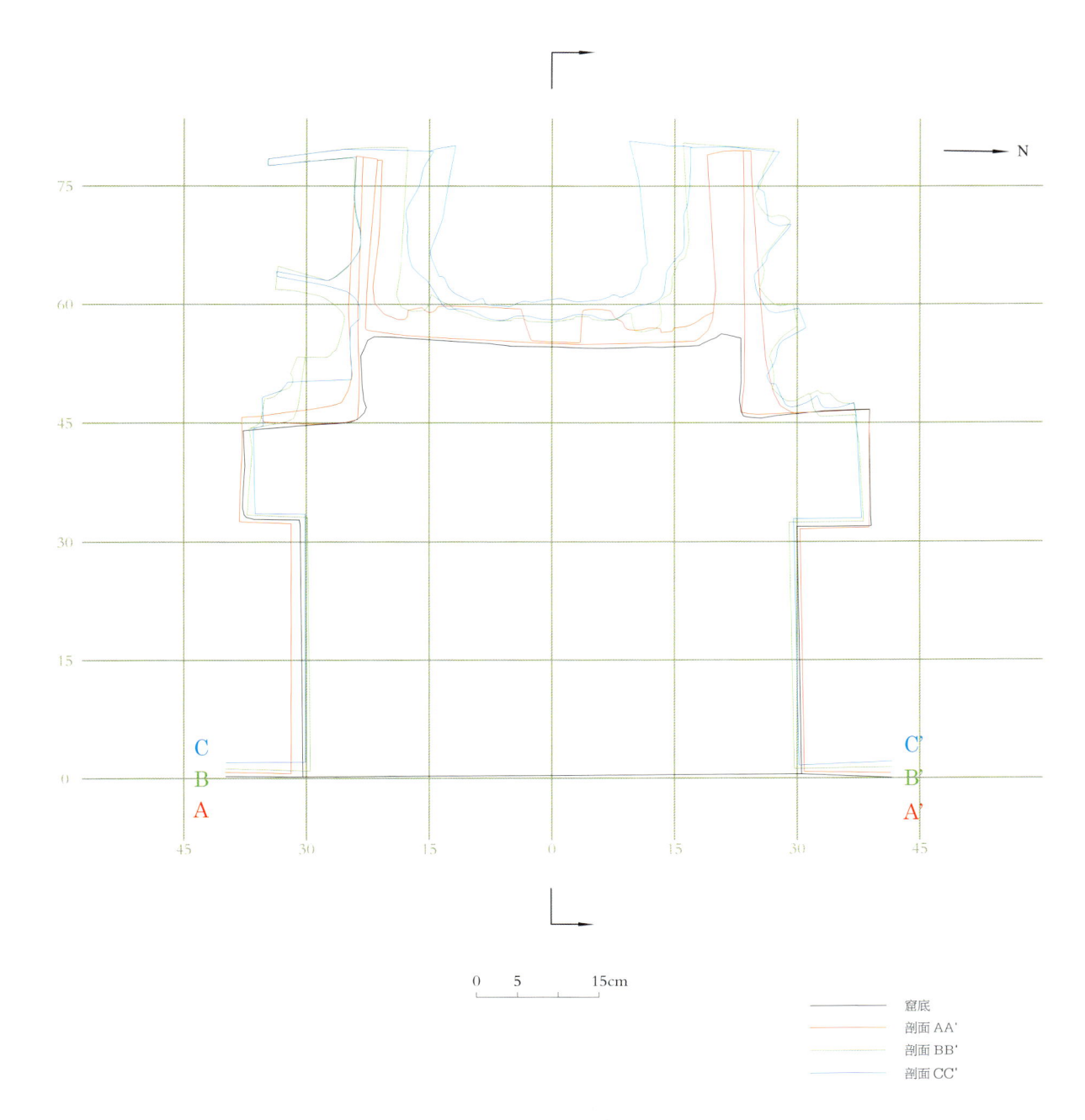

图 380　第 111 号窟平面图

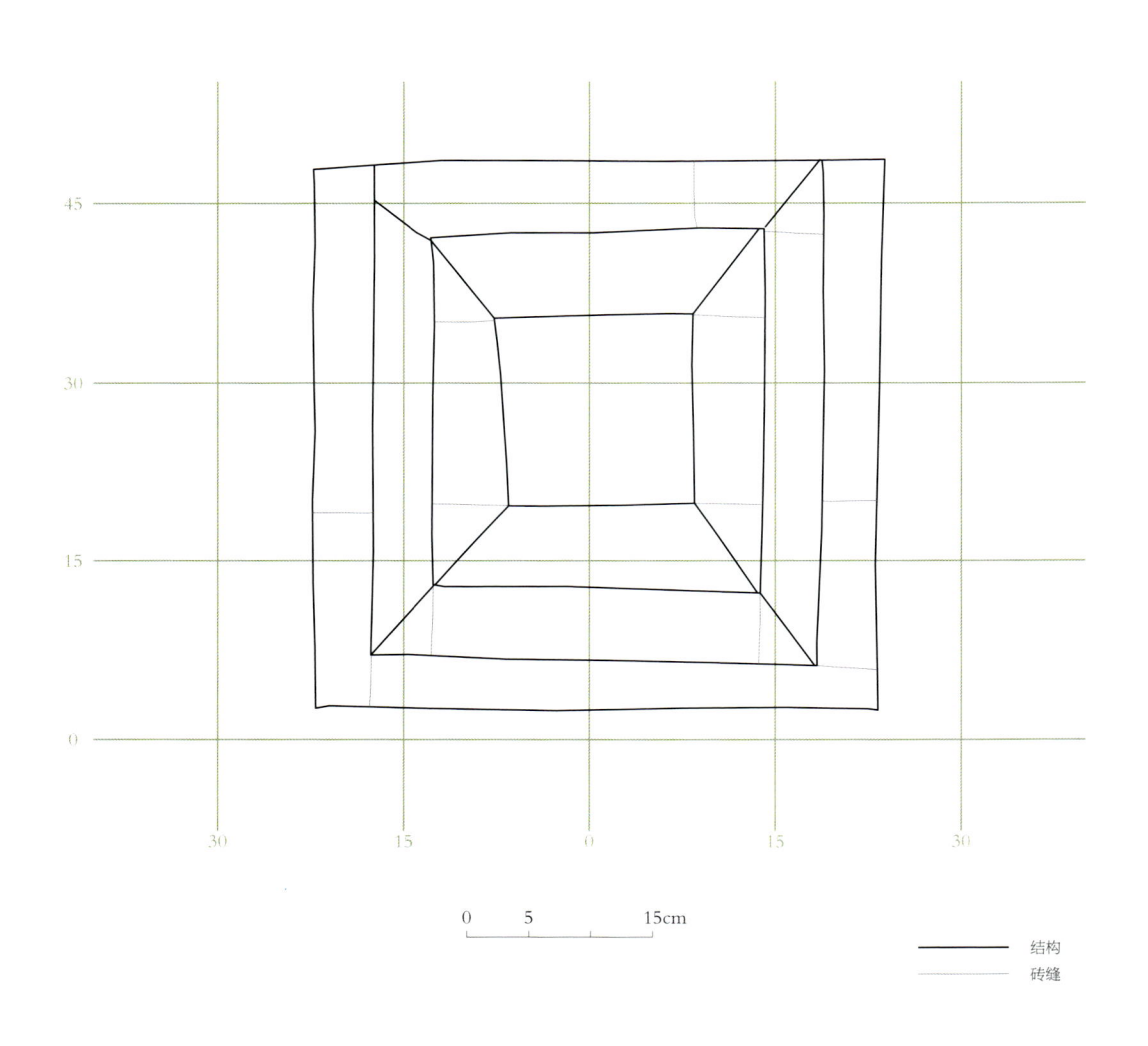

图 381　第 111 号窟窟顶仰视图

446　大足石刻全集　第四卷（上册）

通高118厘米；下部于低坛上各局部镶嵌造像石一块。左壁石高53.5厘米，宽35厘米；右壁石高51厘米，宽34厘米；壁面上部作三阶叠涩与窟顶相接。

窟顶　覆斗顶，呈方形，为三重叠压砖与窟壁相接，通高约21厘米。

三　造像

根据造像布置，分为正壁、左壁、右壁造像三部分。

（一）正壁

正壁嵌石刻像3身（图382；图版Ⅰ：341）。中刻主尊坐佛像1身，座左右两侧各刻侍者像1身，均置于低台上。台高4厘米，宽44厘米，深26厘米。

主尊像　坐高38.5厘米，头长14厘米，肩宽19厘米，胸厚11厘米。螺发，刻髻珠，自髻珠升起较短的毫光。面长圆，眉间刻白毫，眉眼细长，鼻残，薄唇小口，嘴角后收，耳垂肥大，颈刻三道肉褶线；上着双领下垂式袈裟，下着裙，袈裟及裙摆覆于座前；袈裟和裙摆之间露出较短的两节飘带。左手腹前托圆轮，轮径7.5厘米，边缘刻有后坠的云纹；右手置于右膝，掌心向上，似持一物；结跏趺坐于束腰仰莲座上。座通高28.5厘米，上部为三重仰莲台，最宽35厘米；中部束腰为圆轮台，直径约22厘米；下部刻圭脚，最宽34厘米。座前中部刻一方台，高13厘米，上宽5厘米，下宽6厘米，深8厘米；其上置香炉，部分残，高约4厘米。

图382　第111号窟正壁立面图

图383　第111号窟左壁立面图

座左立像高24厘米。梳髻，圆脸，面残，内着窄袖服，外披氅，下着裙；左手托右手腕，作向炉内添香状。右立像高26厘米。梳髻，面残，上着宽袖长服，下着裙；双手握持方条状物，置于下颌处。

（二）左壁

左壁嵌石刻立像9身，作上中下三排错位布置（图383；图版Ⅰ：342）。从上至下，从左至右依次编为第1—9像。

第1像　显露部分高22厘米。头冠，面长圆，略残，着交领宽袖长服，双手胸前持笏，笏残；下身不现。

第2像　显露部分高22厘米。梳髻，长圆脸，略残，着圆领宽袖长服，双手置胸前笼于袖内夹持笏，下身不现。

第3像　显露部分高26厘米，与第1像同。

第4像　立像高28厘米。梳球髻，长圆脸，略蚀，上着宽袖长服，下着裙，双手左胸前斜持笏，着鞋站立。

第5像　立像高28厘米。戴冠，面蚀，双手胸前竖持笏，装束同第4像。

第6像　立像高28厘米。头冠，双手右胸前斜持笏，余与第4像同。

第7像　高26厘米。头顶残，面蚀，上着圆领宽袖服，下着裙，双手胸前持笏，笏部分残，着鞋直立。

第8像　高28厘米。梳髻，余与第7像同。

第9像　高28厘米。梳髻，双手右胸前持笏，余与第7像同。

第4—6像立于低台上，台高9.5厘米，深5厘米，与嵌石等宽。第7—9像亦立于低台上，台高6厘米，深5厘米，与石材等宽，左角

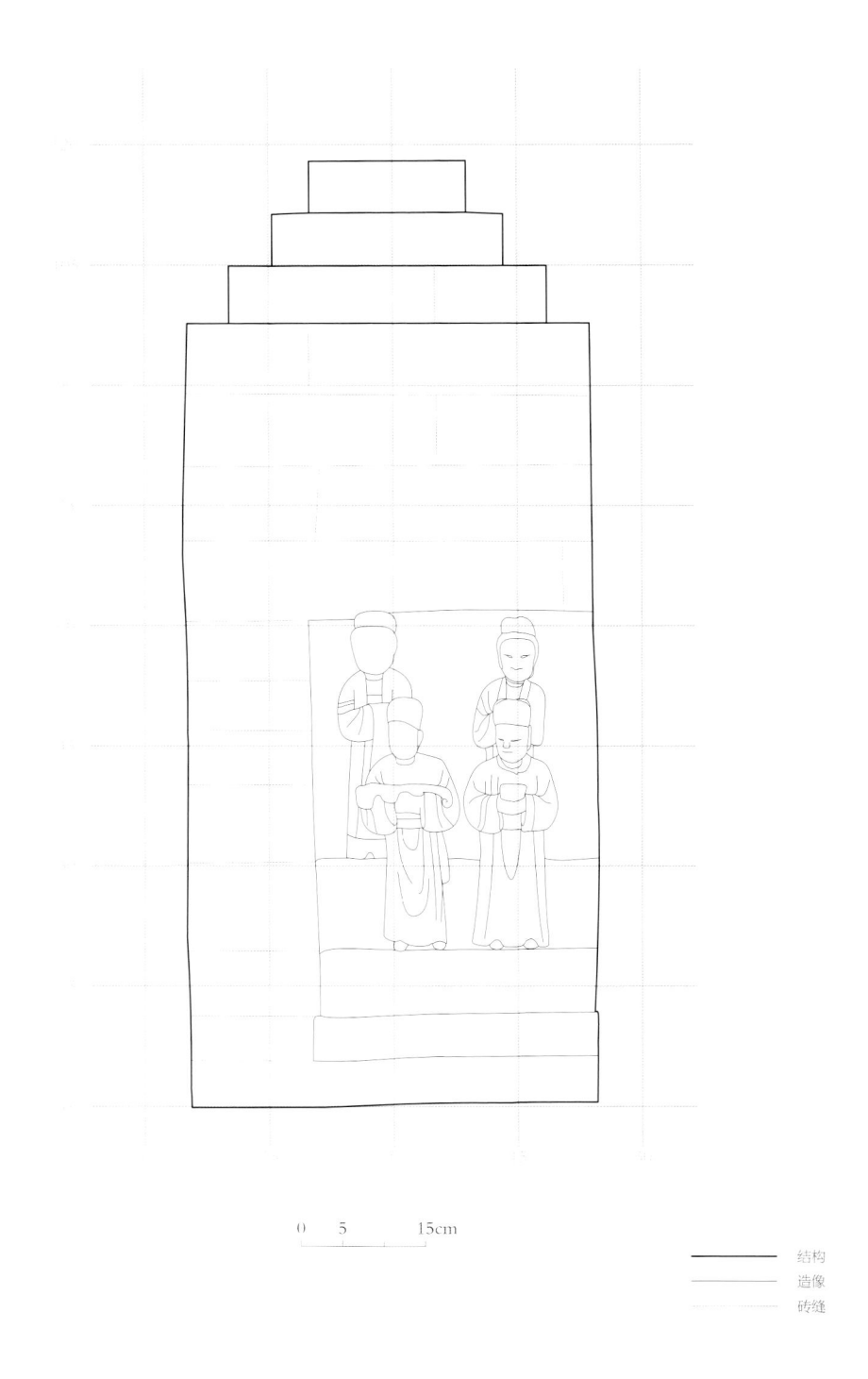

图 384　第 111 号窟右壁立面图

残。

（三）右壁

嵌石刻立像4身，呈上二下二布置（图384；图版Ⅰ：343）。从上至下，从右至左编为第1—4像。

第1像　为女像，高32.5厘米。梳髻，圆脸，略残。内着抹胸，外着对襟窄袖长服，下着裙。自后背环出一条帛带，绕上臂后再敷搭双手，长垂身前。双手置胸前隐于帛带之下。着鞋站立。

第2像　被第4像头部遮挡，显露部分高32厘米。双手置胸前，臂间未见刻环绕的帛带；余同第1像。

该二像立于低台上，台高11厘米，深4.5厘米，与嵌石等宽。

第3像　高33厘米。头巾，长圆脸，略残，着圆领窄袖长服，腰束带；双手胸前托长柄香炉，炉全长11厘米，略残；着鞋直立。

第4像　高33厘米。双手胸前托钵状物，余同第3像。

该二像立于低台上，台高8厘米，深7厘米，与嵌石等宽，右角残。

四　晚期遗迹

窟内造像存灰白色、黄色两种涂层。

第十章　塔身第七、五级造像（第97—112号）　449

第十七节　第112号

一　位置

位于第五级塔身东南向壁面中部。上距塔檐底端28厘米，下距壁面底部34厘米；左距壁面边缘167.5厘米，右距壁面边缘163.5厘米。

龛口东南向，方向130°。

二　形制

单层圭形龛（图385、图386；图版Ⅰ：344）。

龛口呈圭形，高71厘米，宽24厘米，至后壁最深19厘米。龛底呈方形。龛正壁竖直，满嵌造像石一块，下起龛底，高48厘米，与龛口等宽。左右壁中下部竖直，高约48厘米，上部作三阶叠涩与龛顶相接。龛顶平顶，呈方形。

图385　第112号龛立、剖面图
1　立面图　2　剖面图

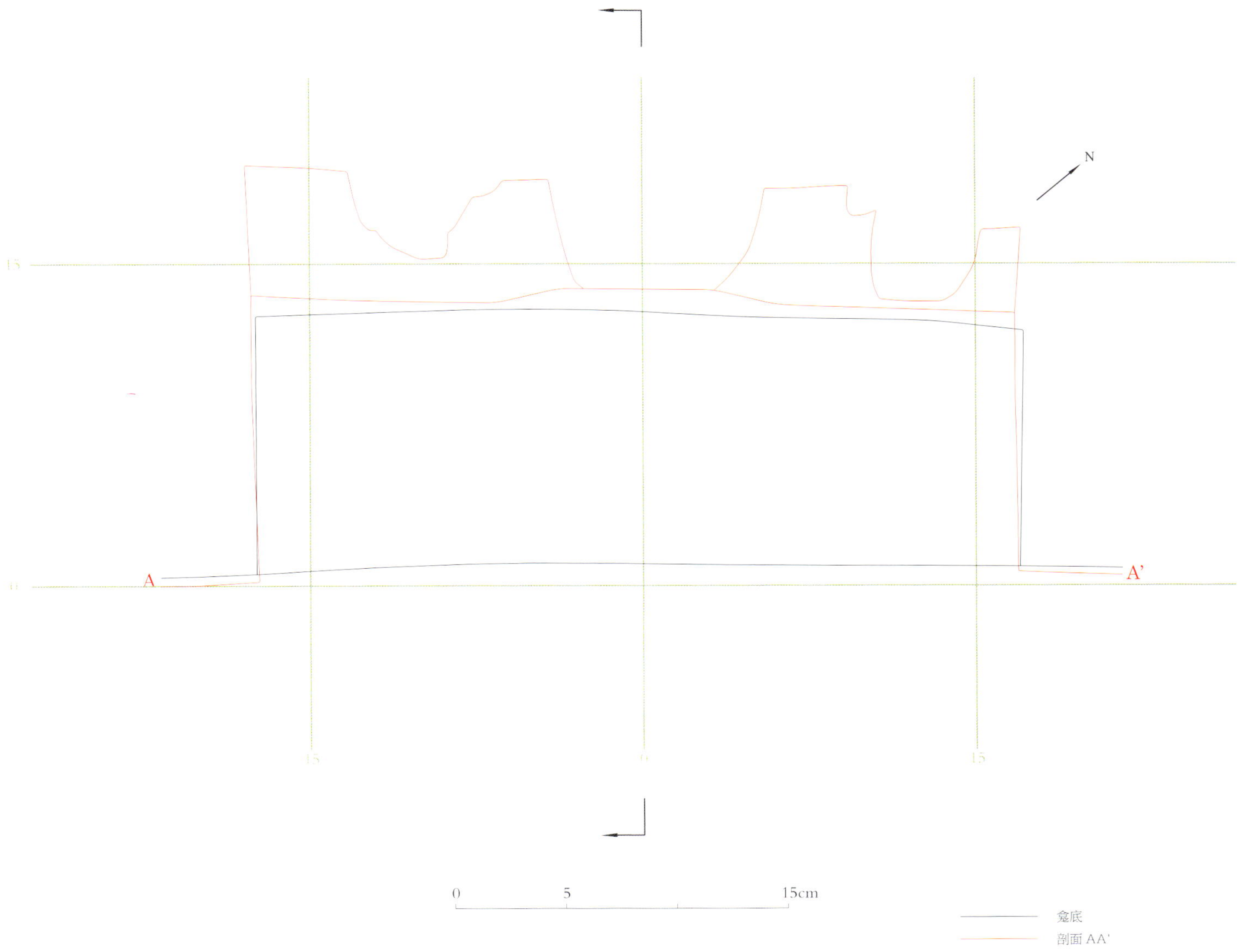

图 386　第 112 号龛平面图

三　造像

正壁嵌石中部刻一座两级方塔，通高38厘米。塔基呈圆形，高3厘米，直径8厘米。塔身、塔檐及塔刹剥落略重，可辨其形。塔之右侧，刻主尊立像1身，左侧刻立像1身，均置于低台上。台高6.5厘米，深6.5厘米，与龛口等宽；正面部分剥蚀（图385-1；图版Ⅰ：344）。

主尊像　立身高27厘米，头残长8厘米，肩宽5.5厘米，胸厚3厘米。戴冠，冠带作结下垂及肩；面部分残，身着窄袖长服，腰带长垂身前，左手笼袖内垂于体侧，右手残，横置胸前；着鞋，左向侧身站立。其身后饰刻云纹，形如背屏。

立像　残毁甚重，残高15厘米；仅可辨下垂体侧的披巾及身姿轮廓。

四　晚期遗迹

龛内存少许灰白色涂层。

第十一章　塔身第三、一级造像

（第113—131号）

第一节　位置及相互关系

本章介绍的第113—131号等19个龛窟像，分别位于多宝塔第三、一级塔身外壁。

第三级塔身外壁设置第113—124号等12个龛窟像（图387、图388）。其中，第113号位于塔身南面，第114、115号位于西南面，第116号位于西面，第117、118号位于西北面，第119号位于北面，第120、121号位于东北面，第122号位于东面，第123、124号位于东南面。

第一级塔身设置第125—131号等7个龛窟像（图389、图390）。其中，塔身南面设塔门，沿顺时针方向，其余各壁面中部依次设置第125—131号，即第125号位于塔身西南面，第126号位于西面，第127号位于西北面，第128号位于北面，第129号位于东北面，第130号位于东面，第131号位于东南面。

| 东南壁 | 东壁 | 东北壁 | 北壁 |

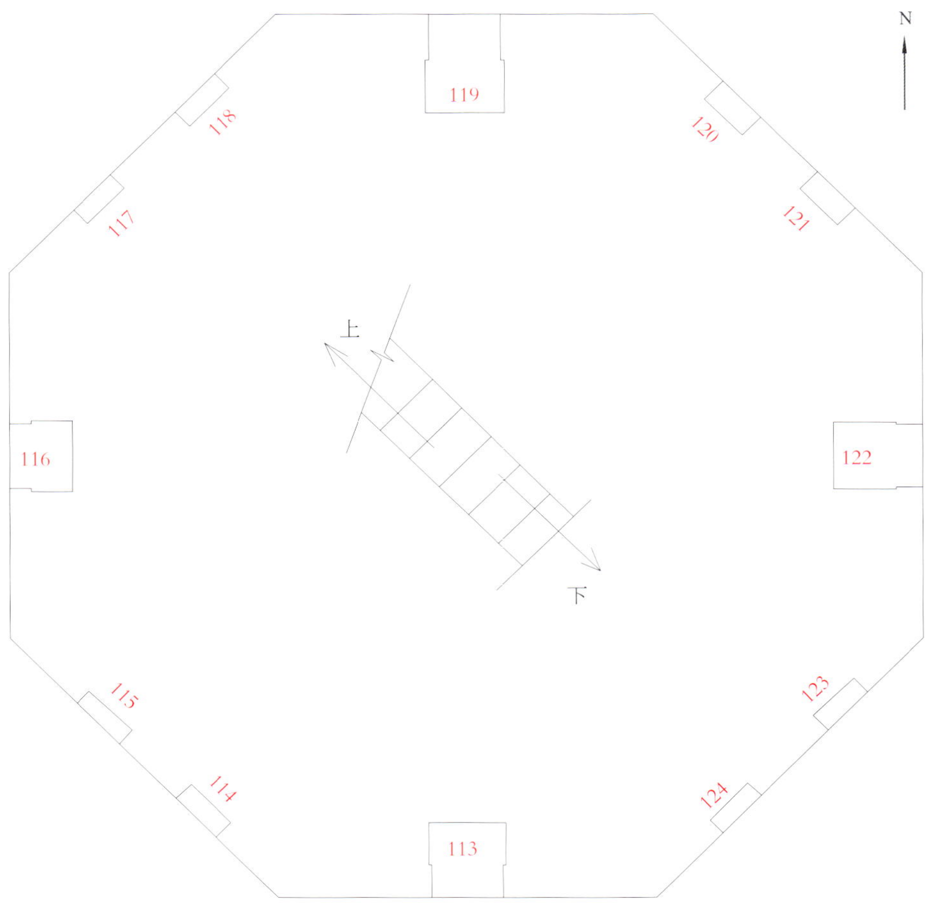

图 387　多宝塔第三级塔身龛窟像分布图

图 388　多宝塔第三级塔身八面展开图

西北壁　　　　　　　　　西壁　　　　　　　　　西南壁　　　　　　　　　南壁

第十一章　塔身第三、一级造像（第 113—131 号）　　453

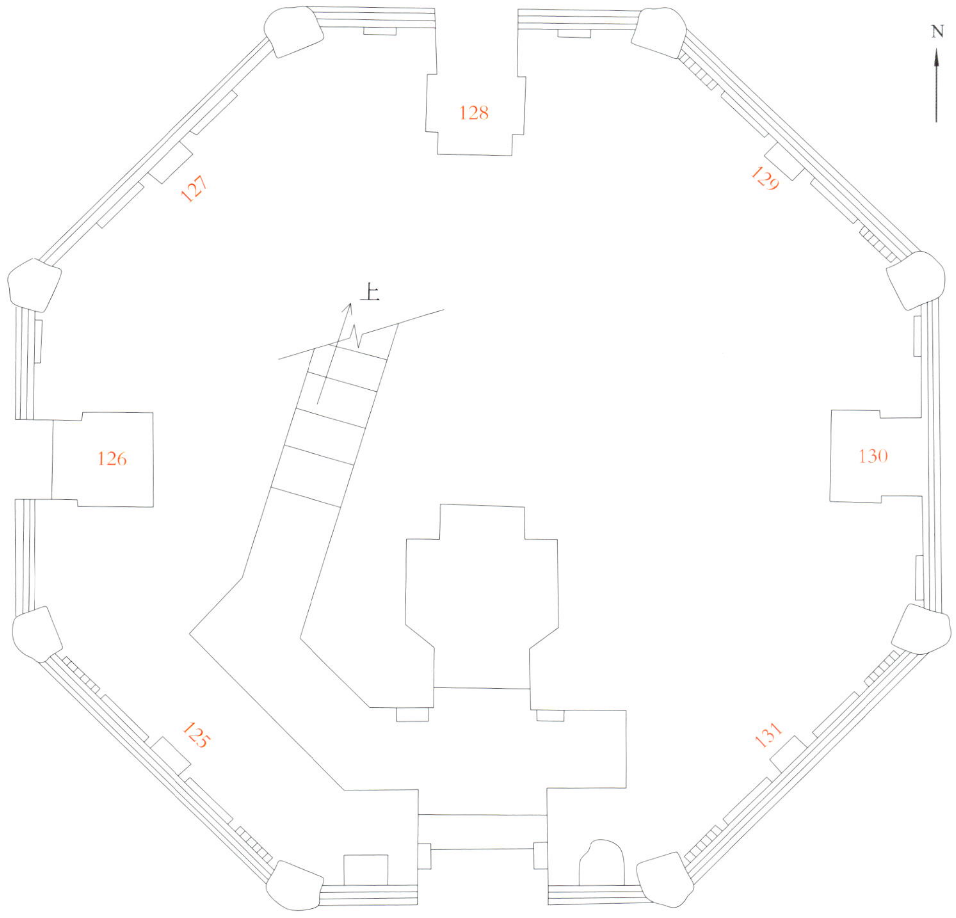

图 389　多宝塔第一级塔身龛窟像分布图

东南壁　　　　　　　东壁　　　　　　　东北壁　　　　　　　北壁

图 390　多宝塔第一级塔身八面展开图

454　大足石刻全集　第四卷（上册）

127　　　　　　　　　　　　126　　　　　　　　　　　125　　　　　　　　　塔门

西北壁　　　　　　　　西壁　　　　　　　　西南壁　　　　　　　南壁

第十一章　塔身第三、一级造像（第113—131号）　455

第二节　第113号

一　位置

位于第三级塔身南向壁面中部。上距横枋底部23.5厘米，下距壁面底部7厘米；左距壁面边缘143厘米，右距壁面边缘146厘米。窟口南向，方向177°。

二　形制

圆拱形覆斗顶窟（图391、图392、图393；图版Ⅰ：345、图版Ⅰ：346、图版Ⅰ：347）。

窟口　呈圆拱形，高103厘米，宽62厘米，深30.5厘米。窟口左右中下部竖直，下距窟底68厘米处设外凸的一阶叠涩，高7厘米，外凸1厘米，其上接窟门的圆拱。

窟底　呈方形，宽72厘米，深54厘米，至窟顶顶部高137厘米。

窟壁　正壁竖直，通高116厘米；满嵌造像石一块，下起窟底，高89厘米，与窟底等宽，其左上角抹角；其上砖壁高27厘米。左右壁素面，均高116厘米，上部设一阶叠涩与窟顶相接。

窟顶　覆斗顶，呈方形，为三重叠压砖结构，与窟壁相接，通高约21厘米。

三　造像

正壁嵌石刻像3身（图393；图版Ⅰ：347）。中刻主尊菩萨坐像1身，左右各刻立式供养人像1身。

主尊像　坐高52厘米，头长22厘米，肩宽21厘米，胸厚12厘米。浮雕圆形素面头光及身光，头光中部被后世改刻，存左右少许，存宽29厘米；改刻部分呈圆形，直径21厘米，深约1—3厘米。身光直径52厘米。梳髻，戴冠，冠体两重，上重饰卷草，下重饰花卉，冠翼略外展，冠体下部饰一条珠串；冠带作结下垂，上扬于身光内。面长圆，眉间刻白毫，鼻稍残；颈刻三道肉褶线，戴耳环；内着僧祇支，外着双领下垂式袈裟，下着裙，袈裟和裙摆敷搭座上。双手胸前结印，手部分残，结跏趺坐于束腰仰莲座上。座通高39厘米，分作三部分，上部为双层仰莲台，直径42厘米；中部束腰为圆轮台，直径25厘米，其下刻外凸的双层仰莲瓣，宽出3厘米；最下部为两阶八边形方台，上阶较矮，高1厘米，面宽14.5厘米，下阶高11厘米，面宽19厘米。

供养人像　左像立高40厘米，头长12厘米，肩宽13.5厘米，胸厚8厘米。头巾，面方圆，略蚀，着双层交领窄袖长服，双手略残，胸前合十；着鞋立于山石台上。台高10厘米，宽15厘米，深16厘米。右像立高41厘米，头长12.5厘米，肩宽10.5厘米，胸厚7厘米。梳髻，罩巾，面圆，略残，戴珠串耳饰下垂至胸；内着抹胸，外披对襟窄袖长服，下着裙；帛带绕双肘后敷搭前臂，下垂至山石台。双手胸前合十，着鞋立于山石台上。台高11厘米，宽15.5厘米，深9厘米。

四　铭文

位于正壁嵌石右上角。刻石面高20厘米，宽11厘米。文漶不清，似竖刻4行，末行依稀可辨"合一龛"3字。

五　晚期遗迹

窟内存灰白色涂层。

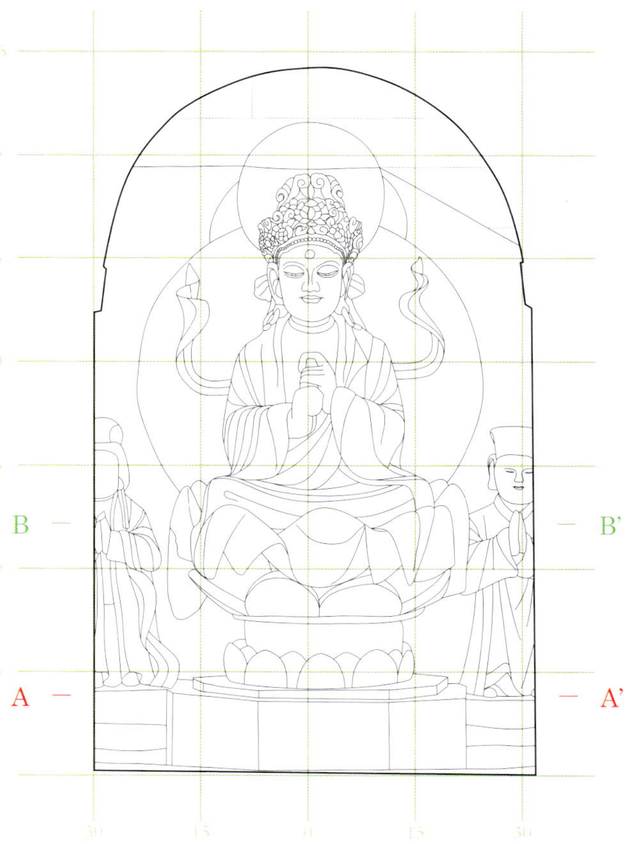

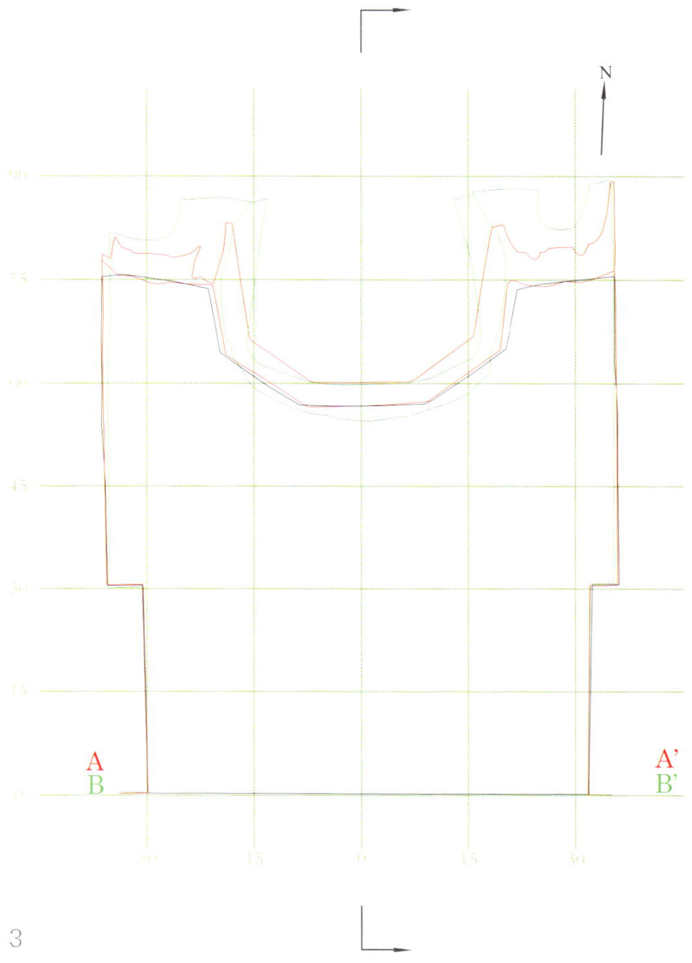

图 391　第 113 号窟平、立、剖面图
1　剖面图　2　立面图　3　平面图

第十一章　塔身第三、一级造像（第 113—131 号）

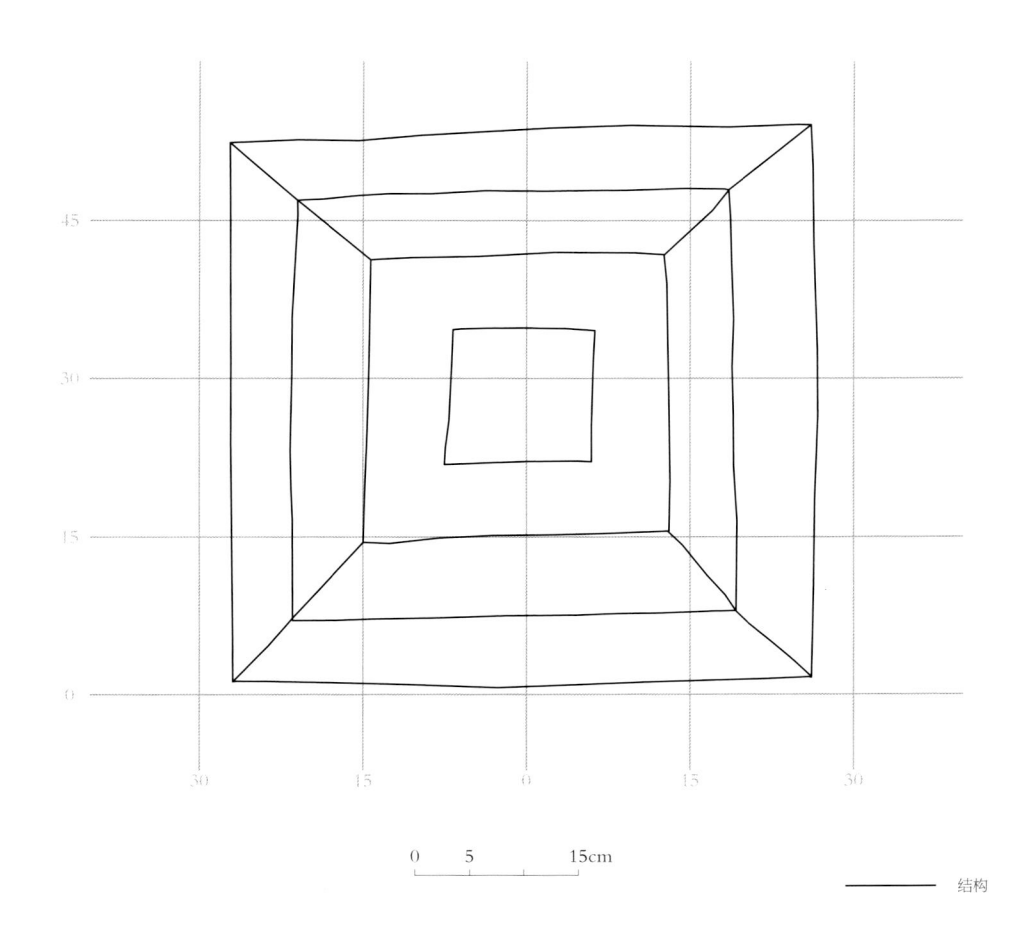

图 392　第 113 号窟窟顶仰视图

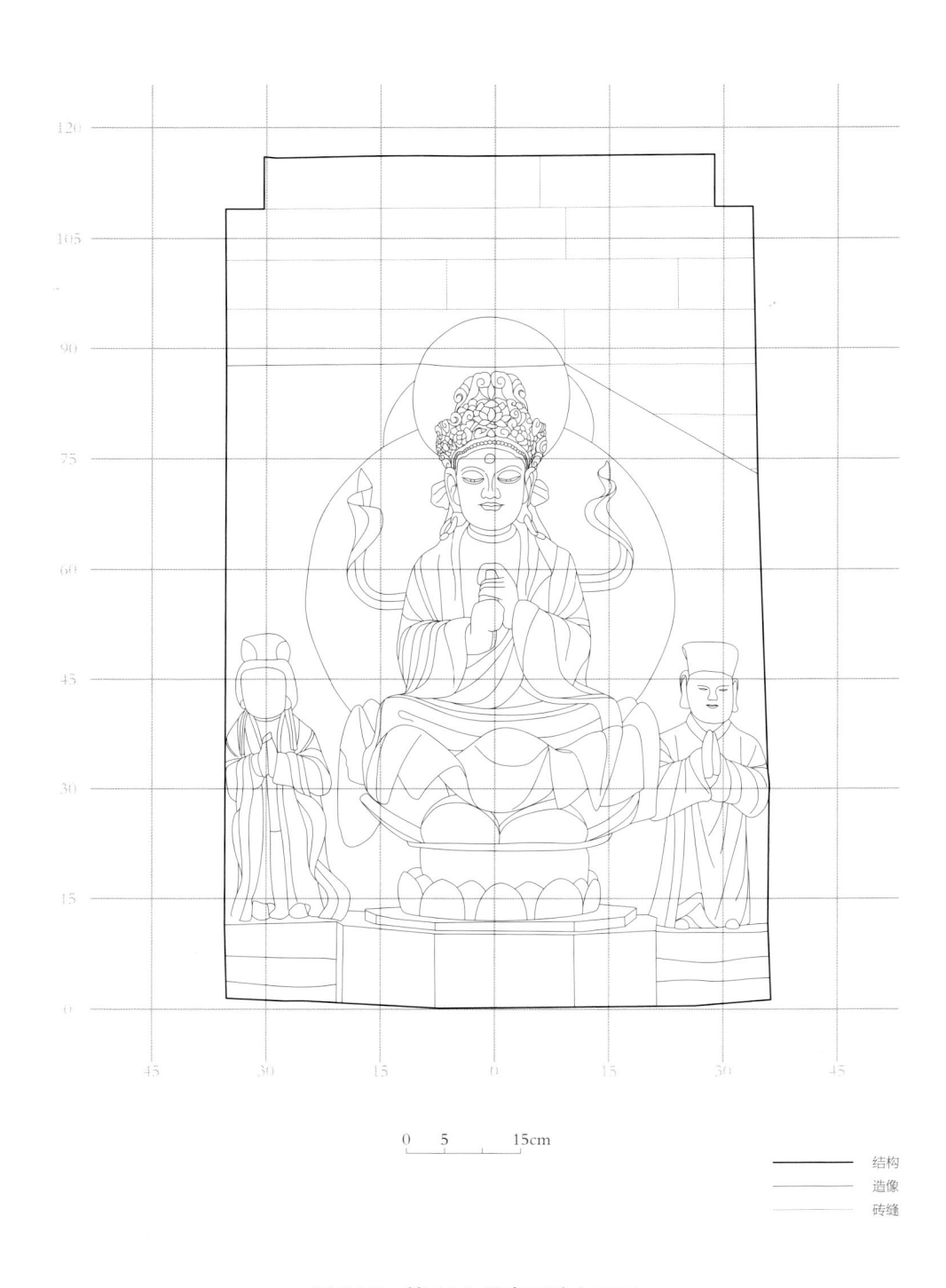

图 393　第 113 号窟正壁立面图

458　大足石刻全集　第四卷（上册）

第三节　第114号

一　位置

位于第三级塔身西南向壁面左侧。上距横枋底部6.5厘米，下距壁面底端48厘米；左距壁面边缘83厘米，右距第115号龛82厘米。龛口西南向，方向224°。

二　形制

单层方形龛（图394；图版Ⅰ：348）。

龛口呈方形，高76厘米，宽53厘米，至后壁最深20.5厘米。龛底呈方形。龛正壁竖直，满嵌造像石一块，下起龛底，高63厘米，与龛口等宽；上部作外挑的两阶叠涩与龛顶相接，通高13厘米，共外挑14厘米。左右壁竖直。龛顶呈方形，平顶。

三　造像

正壁嵌石刻像2身（图394-1；图版Ⅰ：348）。左刻主尊坐像1身，右刻童子立像1身。

主尊像　坐高20厘米。头大部残，颈后存头巾；上着交领窄袖服，下着裙，裙腰上束至胸，腰带作结。左手曲于胸前，似持棍状物，前臂及物残；右手曲于体侧前伸，手及前臂残；侧身坐于圆台上。台高11厘米，直径14.5厘米；台下刻云纹，云最高8厘米，最宽32厘米，厚约6厘米。

主尊身后刻一座建筑，显露部分，通高30厘米。屋身可辨右侧两间，宽约32厘米，高18.5厘米；右侧尽间中部设方形立柱（宽2.5厘米），将此间分隔为两部分。屋身立柱（宽2.5厘米）上部横向置普拍枋，上下高2厘米。柱头铺作为一斗三升，上承屋檐。补间于普拍枋上置放一粒放焰珠。屋顶显露部分，高9厘米，显露宽42厘米。檐口平直，屋面刻出瓦垄、瓦沟，略蚀。屋身下部前侧似刻有护栏。

童子像　头大部残，立身残高约23厘米。浮雕圆形素面头光，直径15厘米，身残蚀较重，可辨下着长短两重裙，左臂下垂一条飘带，止于低台；足残，立于低台上。台剥蚀，高9.5厘米，深4—6厘米，与龛壁等宽。

四　晚期遗迹

龛内造像局部修补，存水泥遗迹；另存有少许灰白色涂层。

第四节　第115号

一　位置

位于第三级塔身西南向壁面右侧。上距横枋下部6.5厘米，下距壁面底端48厘米；左距第114号龛82厘米，右距壁面边缘82.5厘米。

龛口西南向，方向225°。

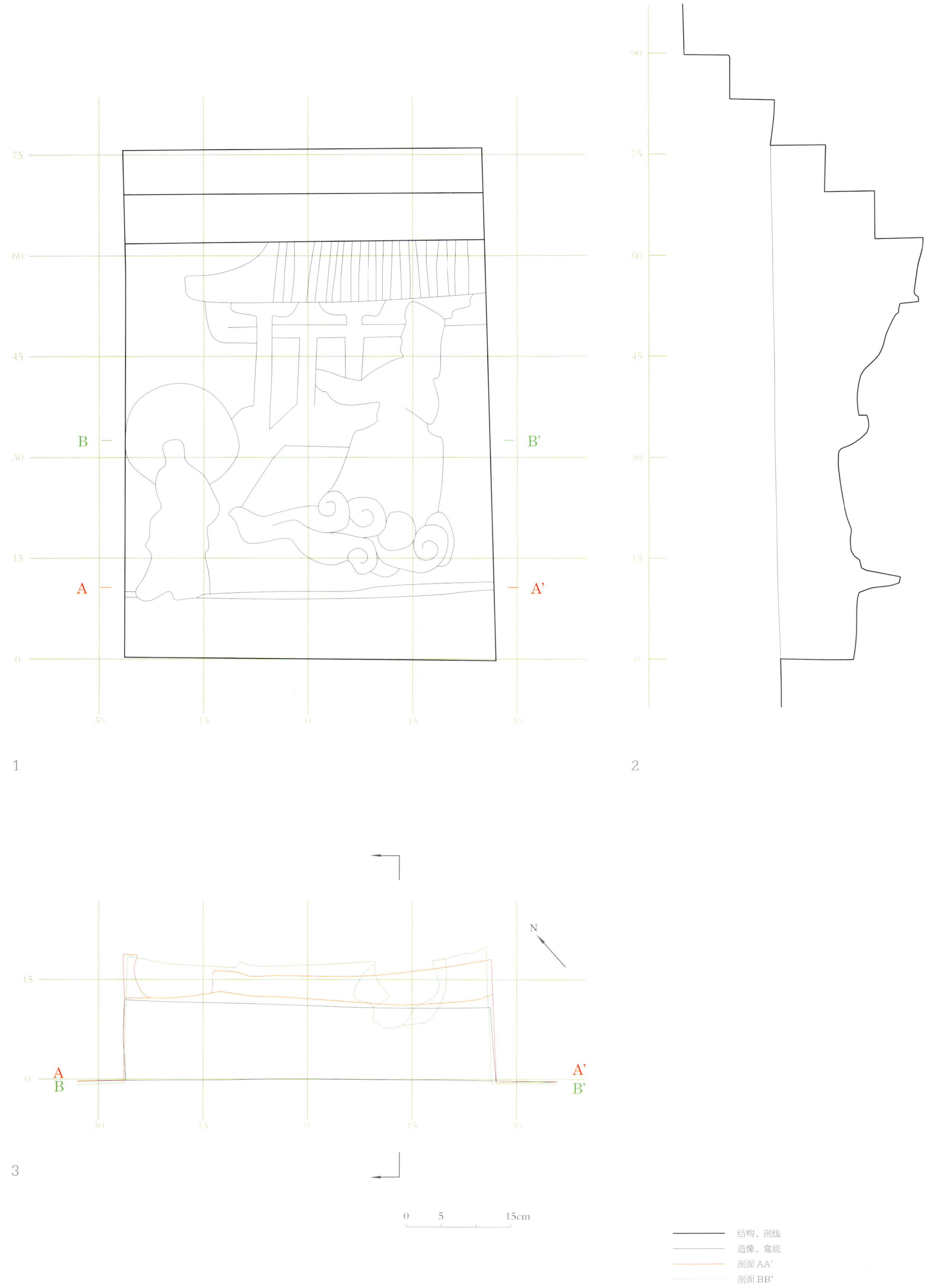

图 394　第 114 号龛平、立、剖面图
1　立面图　2　剖面图　3　平面图

460　大足石刻全集　第四卷（上册）

二　形制

单层方形龛（图395、图396；图版Ⅰ：349）。

龛口呈方形，高76厘米，宽51厘米，至后壁最深23厘米。龛底呈方形。龛正壁竖直，满嵌造像石一块，下起龛底，高63厘米，与龛口等宽；嵌石上部作外挑的两阶叠涩与龛顶相接，通高13厘米，共外挑15厘米。左右侧壁竖直。龛顶呈方形，平顶。

三　造像

正壁嵌石刻像2身（图395-1；图版Ⅰ：349）。右刻主尊坐像1身，左刻童子立像1身，均置于低台上。台高4厘米，宽45厘米，深12.5厘米。

主尊像　头大部毁，残坐高30.5厘米，肩宽10厘米，胸厚6.5厘米。浮雕圆形素面头光，直径18.5厘米。上着窄袖服，下着裙。左手抚膝，手残；右手曲于胸前，前臂及手大部残。着鞋倚坐于山石台上。台高20厘米，最宽26厘米，深10.5厘米。主尊像头光左上方刻出云纹。主尊像右侧刻一树，通高39厘米，树顶刻出树叶，枝干刻出二球状物，直径8厘米。

图395　第115号龛立、剖面图
1　立面图　2　剖面图

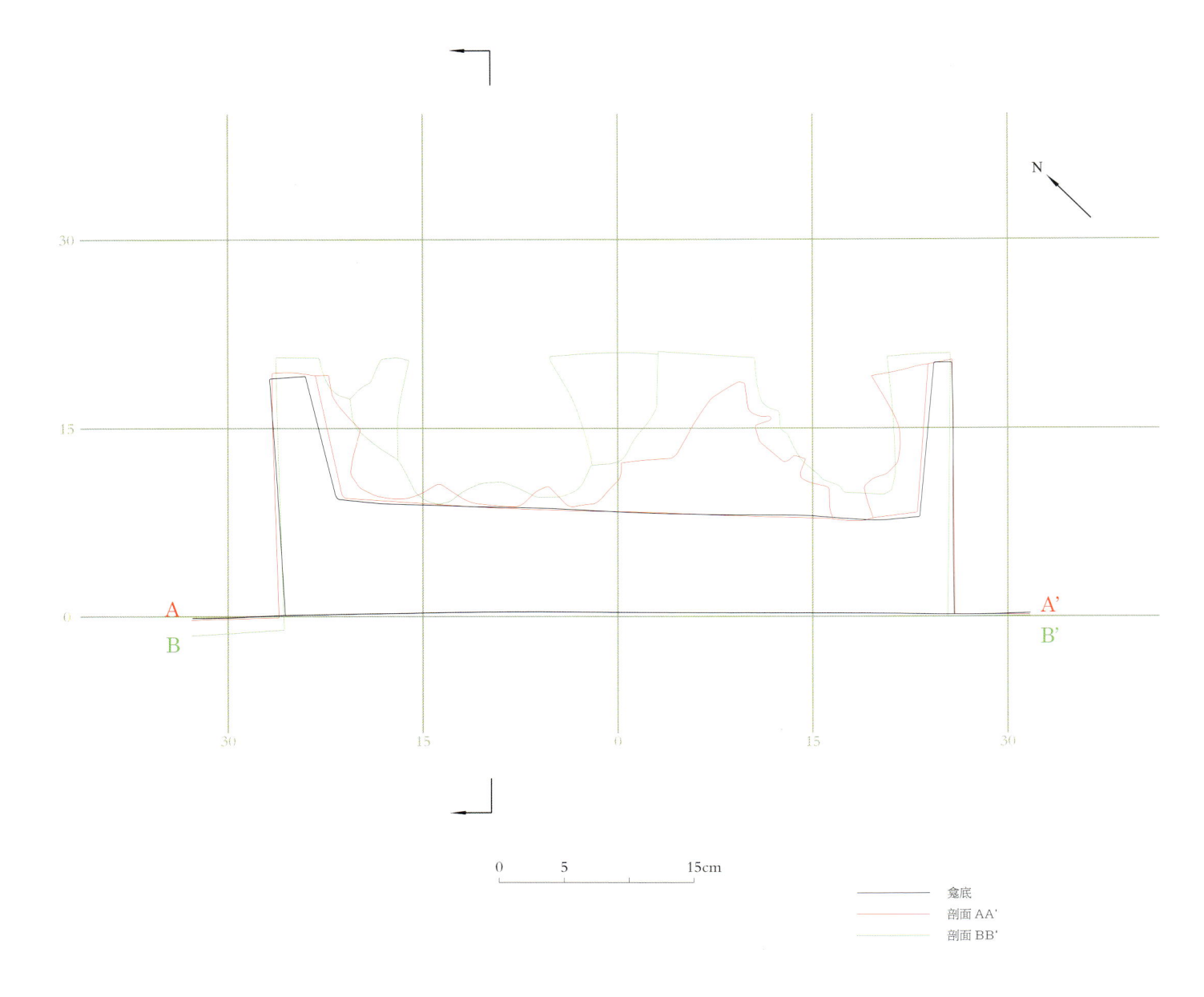

图 396　第 115 号龛平面图

童子像　立像高31厘米，头长7厘米，肩宽10厘米，胸厚6.5厘米。浮雕圆形素面头光，直径17.5厘米。头微仰，光头，面圆，略蚀，上着宽博披巾，下着长短两层裙，裙腰上束及胸，腰系带长垂足间，止于低台；披巾两端环于腹前，向上敷搭前臂垂于体侧，止于低台。双手残，置腹前，跣足，右向侧身站立。

四　铭文

位于童子像头光上部方框内。框高16.5厘米，宽12厘米，内素平。

五　晚期遗迹

龛内石材局部以水泥修补，云纹及方框剥蚀起翘。
龛内存灰白色和白色两种涂层。

第五节 第116号

一 位置

位于第三级塔身西向壁面中部。上距横枋底部13厘米，下距壁面底部5.5厘米；左距壁面边缘140厘米，右距壁面边缘142厘米。窟口西向，方向270°。

二 形制

圭形藻井顶窟（图397、图398、图399；图版Ⅰ：350、图版Ⅰ：351、图版Ⅰ：352）。

窟口　呈圭形，高106厘米，宽60厘米，深30厘米；竖直部分高78厘米。

窟底　呈方形，宽70厘米，深60厘米，至窟顶顶部高136厘米。

窟壁　正壁竖直，通高115厘米。满嵌造像石一块，下起窟底，高87厘米，与窟底等宽；其上砖壁高28厘米。左右壁素面，均高115厘米，上部作一阶叠涩与窟顶相接。

窟顶　藻井顶，呈方形，为三重叠压砖，通高约21厘米；其中，上部两重呈45°错角叠压。

三 造像

正壁嵌石刻像5身（图399；图版Ⅰ：352）。其中，中刻主尊菩萨坐像1身，其头顶左右上方祥云内各刻立像1身，主尊座台左右各刻立式供养人像1身；主尊及供养人像均置于正壁底部外凸的低台上。台高12厘米，宽70厘米，深15厘米。

主尊像　坐高41厘米，头长18厘米，肩宽19厘米，胸厚10厘米。梳髻，垂发作两绺披肩，戴卷草冠，正面浮雕立式化佛1身。化佛身高3厘米，外凸菩萨冠体1.5厘米；浮雕圆形素面背光，直径3.5厘米；立于低台上，台高1厘米，宽3厘米。主尊菩萨冠与发髻间刻反卷的角梳。冠带作结后沿胸下垂环于体侧，向上敷搭当胸两手前臂后，垂于座前。面长圆，眉间刻白毫，鼻尖稍残；颈刻三道肉褶线，胸饰璎珞，内着僧祇支，系带作结；上着宽博披巾，下着长短两层裙，腰系带垂于座前；披巾两端系于胸下环上，再垂于体侧止于低台。垂左腿，踏仰莲；斜垂右腿，坐于山石台上。台高25厘米，宽35厘米，深12厘米。

主尊身刻十八臂，皆腕镯。当胸两手，左右各八只手，呈扇形排列。当胸左手腹前结印，右手曲于右胸结印。左侧八只手，从上至下：第一只手，食指指尖顶一六角形法轮，直径8.5厘米；第二只手，掌心向上托举一钵，钵高3.5厘米，直径5厘米；第三只手，掌心向上，托举经卷，高3厘米，长6厘米；第四只手，握持伞盖，伞盖全长19厘米；第五只手，握持带茎莲苞、莲蕾；第六只手，掌心向上托法螺，法螺长5.5厘米；第七只手，掌心向上，握持羂索；第八只手，持宝瓶，瓶高13厘米。右侧八只手，从上至下：第一只手，握持宝剑，剑全长21厘米，剑身内侧与石材相连处刻卷草；第二只手，大部残，似持葡萄；第三只手，竖持斧头，通长15厘米，部分残；第四只手，持如意，如意左右宽4厘米，高3.5厘米；第五只手，持念珠，部分残；第六只手，持柳枝；第七只手，持幡，幡杆长15厘米，幡上扬于正壁石材；第八只手，持物难辨（疑为五色云）。

主尊头左侧上方刻一朵云纹，宽13厘米，高18厘米，厚3厘米。云内刻立像1身，高10厘米。梳髻，面蚀，着宽袖长服，双手胸前合十，足不现。主尊头右侧上方亦刻一朵云纹，宽13厘米，高17厘米，最厚4厘米。云内刻立像1身，高11厘米，余与左立像同。

供养人像　立于主尊坐像左右侧。左像高32厘米，头长7.5厘米，肩宽9厘米，胸厚5厘米。头巾，长圆脸，面蚀，着圆领窄袖长服，腰束带；双手胸前合十，着鞋直立。右像高32厘米，头长9厘米，肩宽8厘米，胸厚5厘米。梳髻，似戴团冠，脸形长圆，略蚀，戴珠串耳饰，着对襟窄袖衫，下着长裙；帛带绕上臂后垂于体侧，止于低台；双手胸前合十，着鞋直立。

四 铭文

2则。为"王安镌造千手观音龛镌记"，南宋绍兴十七年至二十五年（1147—1155年）。

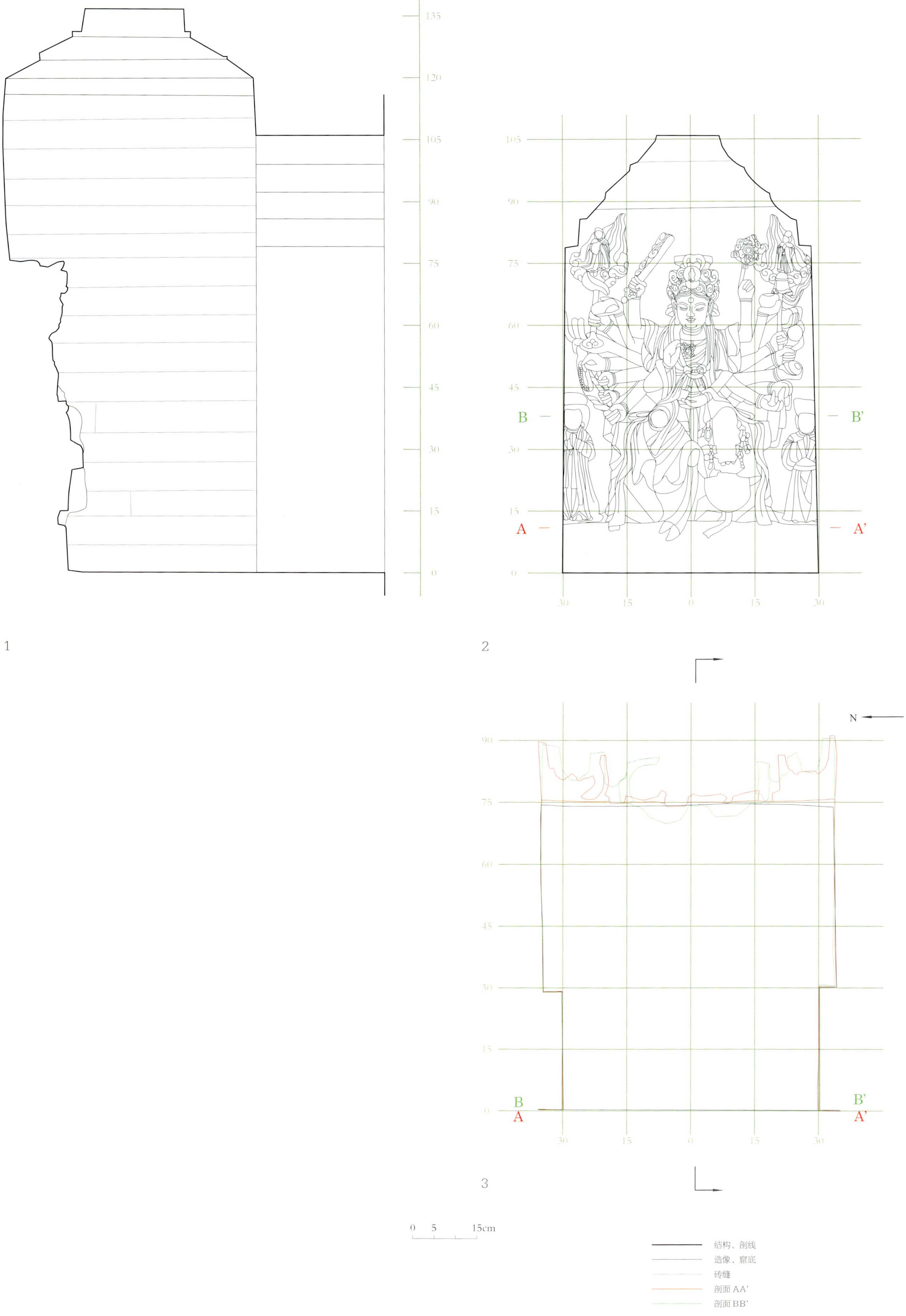

图 397 第 116 号窟平、立、剖面图
1 剖面图 2 立面图 3 平面图

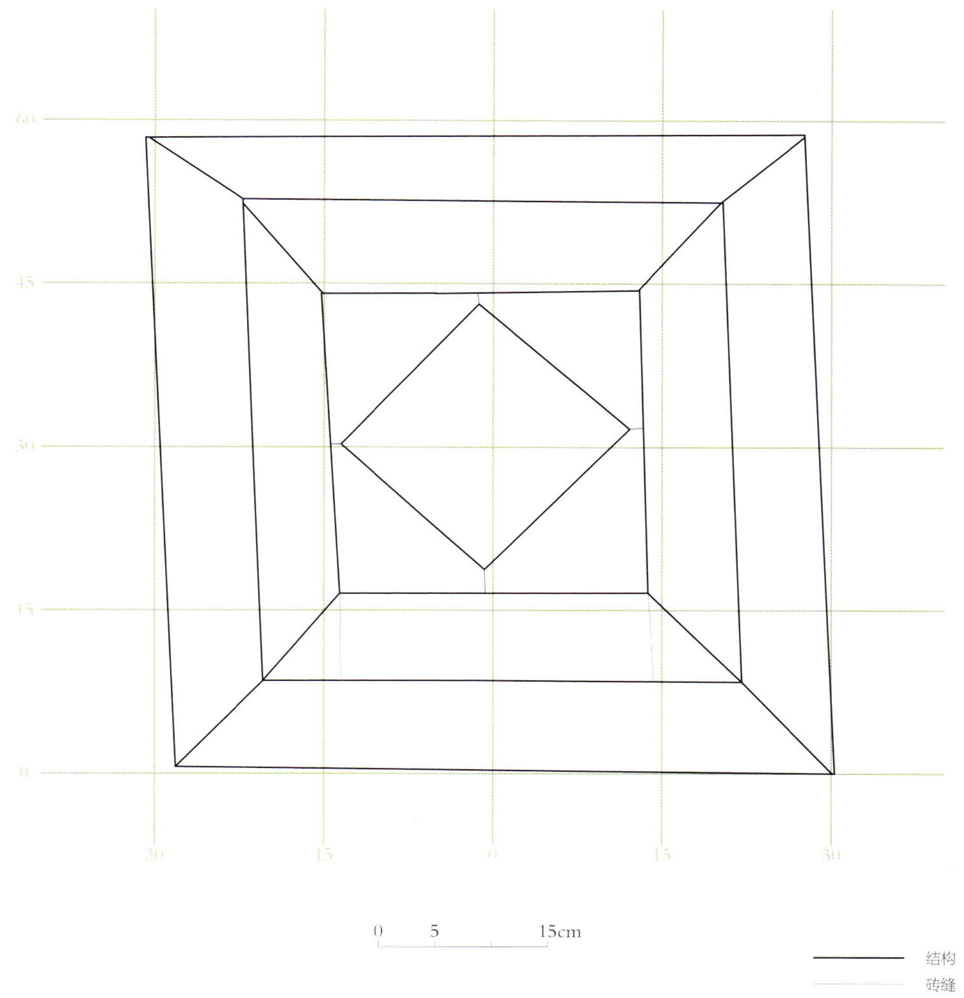

图398　第116号窟窟顶仰视图

第1则

位于正壁嵌石左上角。刻石面高23厘米，宽6厘米。文左起，竖刻3行，存32字，楷体，字径1.5厘米（图版Ⅱ：103）。

01　州郭右厢界居住奉
02　佛弟子王安同室朱七七娘并膝下
03　男朴同室〔文氏〕孙松年镌

第2则

位于正壁嵌石右上角。刻石面高20厘米，宽5厘米。文左起，竖刻2行，存10字，楷体，字径1.5厘米（图版Ⅱ：104）。

01　八臂观音□□□养祈□□
02　□安泰大小（漶）

五　晚期遗迹

窟内保存黄色和灰白色两种涂层。

第十一章　塔身第三、一级造像（第113—131号）　465

图 399　第 116 号窟正壁立面图

466　大足石刻全集　第四卷（上册）

第六节　第117号

一　位置

位于第三级塔身西北壁面左端。上距横枋底端6厘米，下距壁面底部48厘米；左距壁面边缘89厘米，右距第118号龛81.5厘米。龛口西北向，方向315°。

二　形制

单层方形龛（图400；图版Ⅰ：353）。

龛口呈方形，高76.5厘米，宽49厘米，至后壁最深22厘米。龛底呈方形。龛正壁竖直，满嵌造像石一块，下起龛底，高62.5厘米，与龛口等宽；嵌石上部设外挑的两阶叠涩，通高14厘米，共外挑14厘米，与龛顶相接。左右壁竖直。龛顶呈方形，平顶。

三　造像

正壁嵌石中刻一火焰，最宽33厘米，高42厘米；中部蚀，略平整。火焰右下方刻簇状物，风蚀难辨。火焰左下方及右上方各刻一像（图400-1；图版Ⅰ：353）。

右上方立像　立身高21厘米，头长6厘米，肩宽6.5厘米，胸厚4.5厘米。似戴冠，面长圆，略蚀，上着圆领宽袖服，下着裙；双手胸前持棍状物（似笏），物斜靠右肩，手及物略残；立于"L"形云头内，双足不现。云头高4.5厘米，宽9厘米，厚4.5厘米。云尾上飘至头后上方。

左下方立像　立身高29厘米。头大部残，身蚀，似着窄袖长服，左臂残断，右手屈肘置于胸前，手残；右向侧身，立于低台上。台高7.5厘米，深7厘米，与石材等宽。

四　铭文

2则。为"邢信道镌造善财童子五十三参像龛镌记"，南宋绍兴十七年至二十五年（1147—1155年）。

第1则

位于正壁嵌石左上角方框内。框高14厘米，宽6厘米。文左起，竖刻2行，存3字，楷体，字径1.5厘米（图版Ⅱ：105）。

01　□以（漶）
02　子住（漶）

第2则

位于正壁嵌石右上部方框内。方框高13厘米，宽8厘米。文左起，竖刻4行，存12字，楷体，字径1.5厘米（图版Ⅱ：106）。

01　砌塔道人（漶）
02　母王氏（漶）
03　镌（漶）
04　愿母超生（漶）

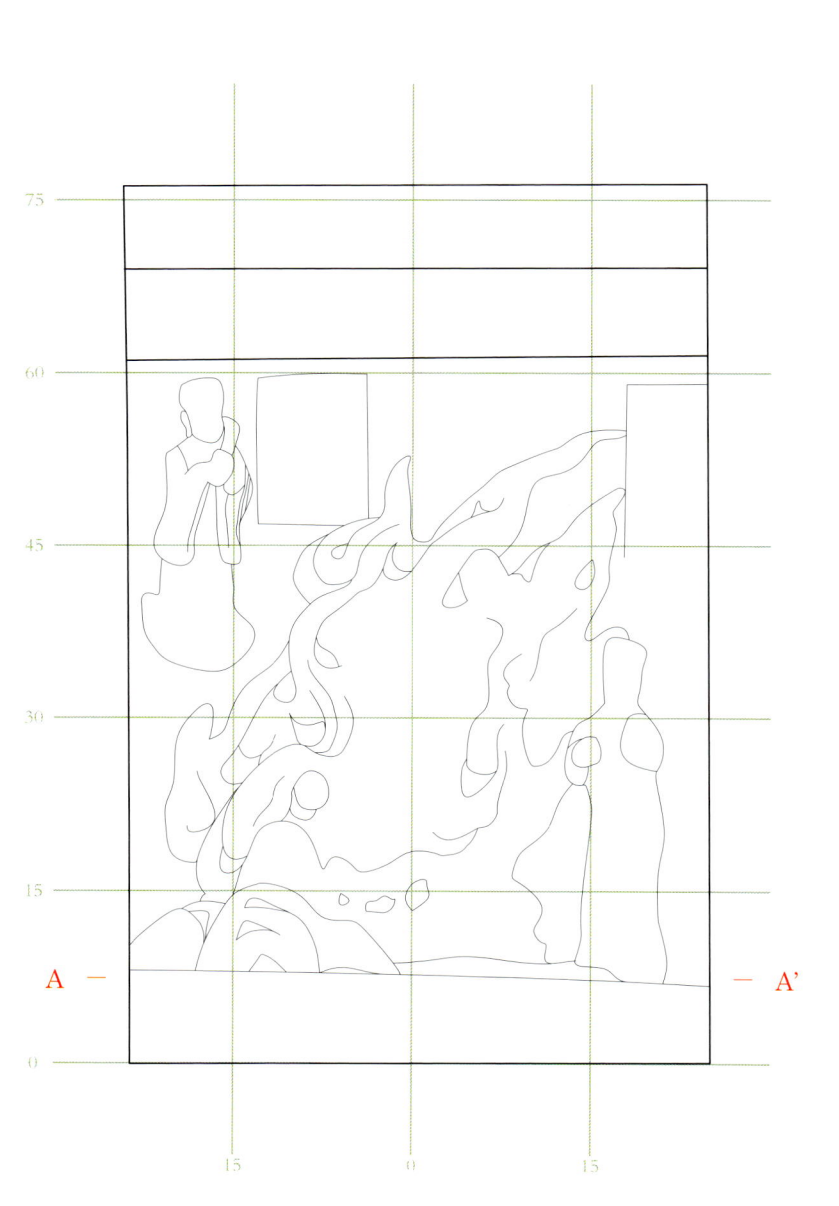

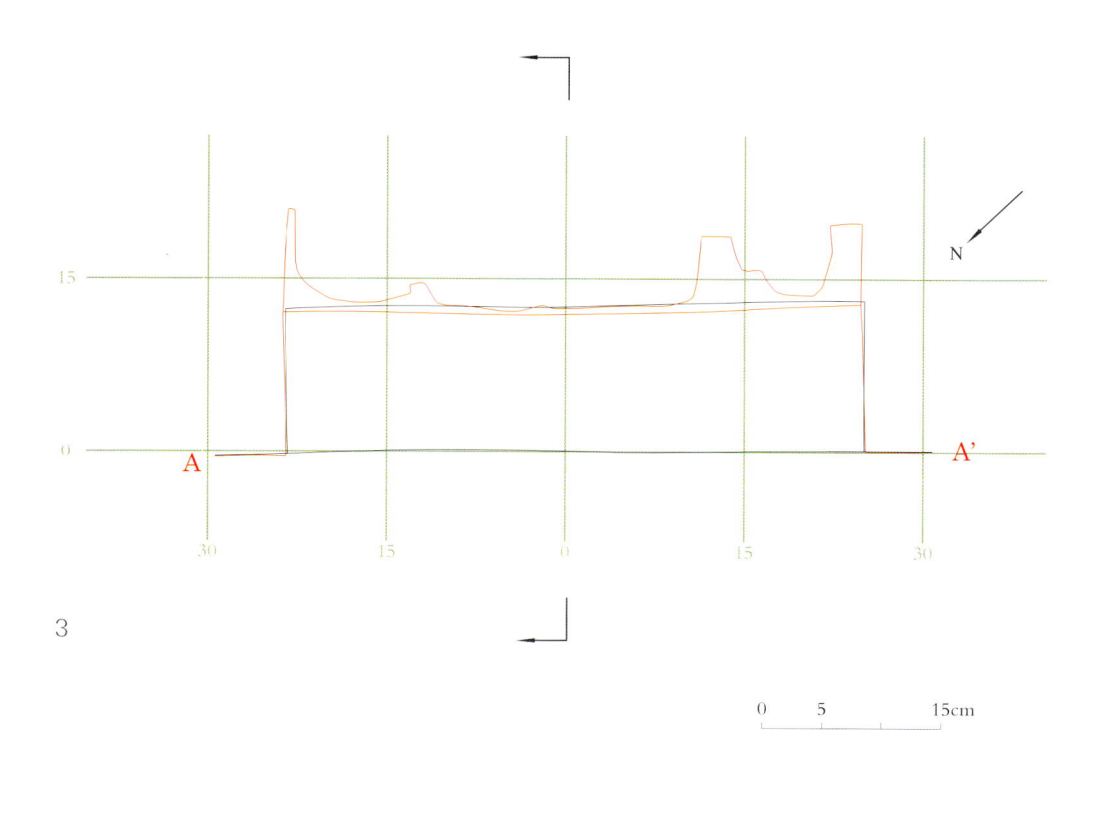

图 400　第 117 号龛平、立、剖面图
1　立面图　2　剖面图　3　平面图

468　大足石刻全集　第四卷（上册）

五　晚期遗迹

造像残损处局部存有水泥修补的痕迹。

龛内存黑色、灰白色两种涂层。

第七节　第118号

一　位置

位于第三级塔身西北壁面右端。上距横枋底端6.5厘米，下距壁面底部49厘米；左距第117号龛81.5厘米，右距壁面边缘83厘米。龛口西北向，方向315°。

二　形制

单层方形龛（图401；图版Ⅰ：354）。

龛口呈方形，高77厘米，宽55厘米，至后壁最深21.5厘米。龛底呈方形。龛正壁竖直，满嵌造像石一块，下起龛底，高63厘米，与龛口等宽；其上部砌外挑的两阶叠涩，通高14厘米，共外挑13.5厘米。左右壁竖直。龛顶呈方形，平顶。

三　造像

正壁嵌石刻像2身（图401-2；图版Ⅰ：354）。右刻主尊坐像1身，左刻童子立像1身。

主尊像　坐高23厘米，头残长8厘米，肩宽11厘米，胸厚4厘米。梳髻，面残，上着圆领窄袖服，胸系带，下身残蚀剥落，衣饰不明。身饰飘带，飘带沿双肩下垂，经腋下长垂，仅可辨左段垂于座侧。双手腹前笼袖内，右臂部分残，双腿残，身略右侧，似倚坐于方台上。方台高13.5厘米，宽16厘米，深5厘米。座前刻一方形足踏，残高4厘米，宽12厘米，深3厘米。方台及足踏皆置于半圆形低台上，台高8厘米，最宽24厘米。

主尊身后刻一座单檐歇山顶建筑，通高54厘米。建筑置于低台上，台显露高3.5厘米，宽6厘米，厚1厘米。建筑显露屋身正面二柱一间，进深一间，面阔17.5厘米，进深6厘米，高36.5厘米。立柱方形，部分残，宽1.5厘米，柱间刻两重阑额，上下通高2厘米。柱头上置一斗三升，略残，上承撩檐枋。撩檐枋上承第一重屋顶，显露最高4厘米，刻出瓦垄瓦沟，檐口作弧形，檐角起翘。再上为第二重屋顶，高10.5厘米，刻出博脊，上下宽1厘米，长7厘米；正脊上下高2.5厘米，端头饰鸱吻；垂脊端头刻螭首，屋面刻出瓦垄瓦沟，檐口作弧形，檐角起翘。建筑左下方刻出台阶及勾栏。台阶高13厘米，宽6.5厘米；勾栏显露高8厘米，宽13厘米。建筑左侧线刻云纹，略蚀。

童子像　头大部残，立身残高26厘米。浮雕圆形素面头光，直径11厘米，右侧残；上身稍残，可辨着宽博披巾，下着长短两层裙，腰带垂至低台；披巾环于腹前，敷搭前臂后长垂，左段残断，右段止于低台；双手残，曲于身前。右向侧身，立于低台上。台高4厘米，显露宽15厘米，深9厘米。

四　铭文

2则。为"邢信道镌造善财童子五十三参像龛镌记"，南宋绍兴十七年至二十五年（1147—1155年）。并列刻于正壁嵌石左上部。

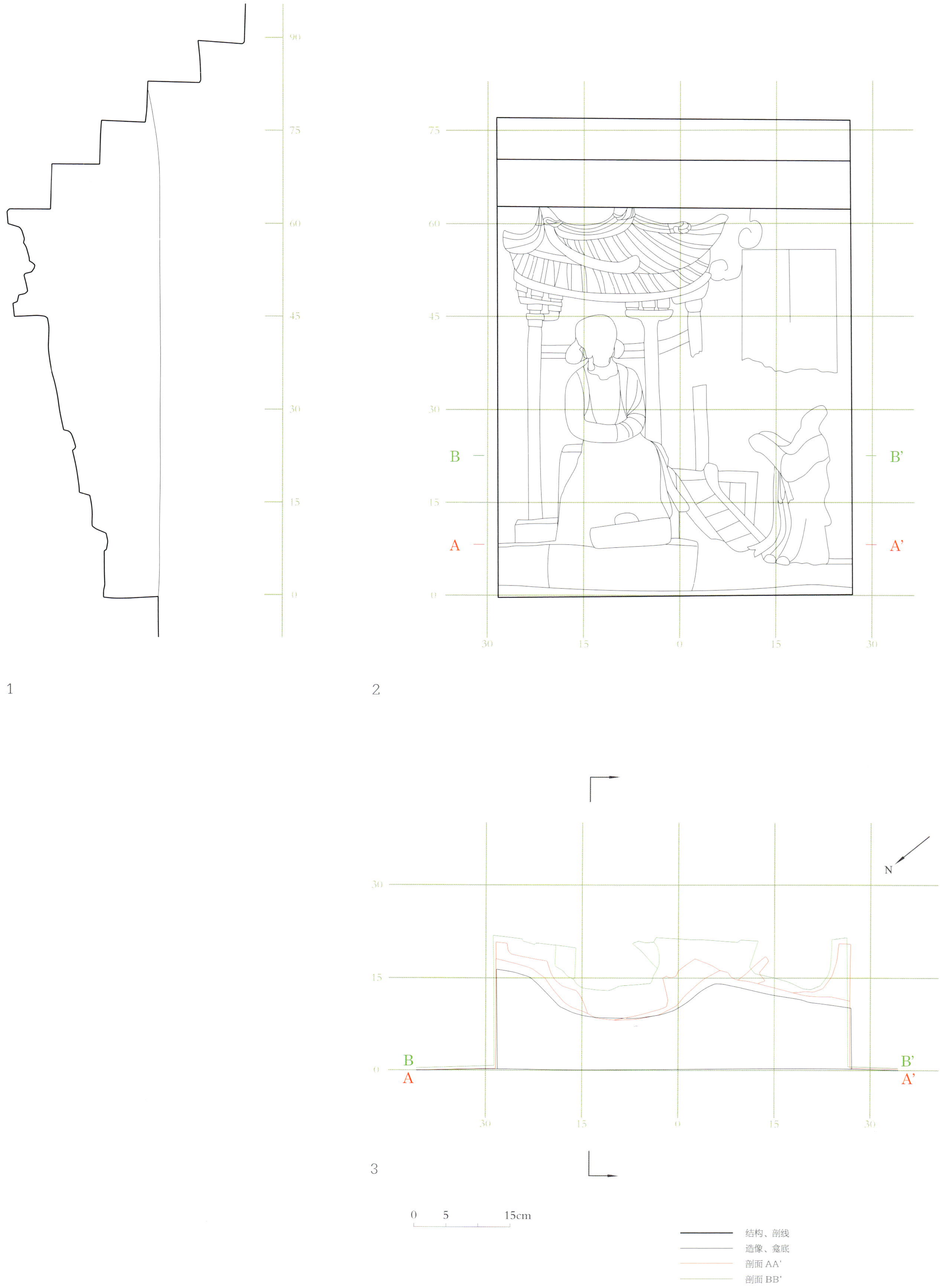

图 401　第 118 号龛平、立、剖面图
1　剖面图　2　立面图　3　平面图

第1则

位于正壁嵌石左上部左侧方框内。框高19.5厘米，宽7厘米。文左起竖刻，存3字，楷体，字径1.5厘米（图版Ⅱ：107）。

　　　　□〔塔〕人（漶）
　　　　□顶□□（漶）

第2则

位于正壁嵌石左上部右侧方框内。框高19.5厘米，宽7厘米。文漶（图版Ⅱ：107）。

五　晚期遗迹

造像残损处局部存有水泥修补的痕迹。

龛内存有黑色、灰白色两种涂层。

第八节　第119号

一　位置

位于第三级塔身北向壁面中部。上距横枋底部24厘米，下距壁面底部5厘米；左距壁面边缘148厘米，右距壁面边缘148厘米。窟口北向，方向358°。

二　形制

圆拱形藻井顶窟（图402、图403、图404；图版Ⅰ：355、图版Ⅰ：356、图版Ⅰ：357）。

窟口　呈圆拱形，高105厘米，宽61厘米，深31厘米，竖直部分高78厘米。

窟底　呈方形，宽75厘米，深63厘米，至窟顶顶部高145厘米。

窟壁　正壁竖直，通高115厘米。满嵌造像石一块，下起窟底，高97厘米，宽75厘米；其上砖壁高18厘米。左右壁素面，均高115厘米，上部作一阶叠涩与窟顶相接。

窟顶　藻井顶，呈方形，为四重叠压砖结构，通高约30厘米；其中，上部两重呈45°错角叠压。

三　造像

正壁嵌石刻像28身（图404；图版Ⅰ：357）。其中，中刻主尊坐佛像1身，座台左右及前侧共刻侍者像4身；左右上部各刻神将立像6身，左右下部外侧各刻胁侍菩萨立像4身；前端中部刻供养人立像3身。

主尊佛像　坐高41厘米，头长15厘米，肩宽14厘米，胸厚9厘米。磨光头顶，刻髻珠，面长圆，耳垂肥大，颈刻三道肉褶线。内着僧祇支，外披双领下垂式袈裟，袈裟一角敷搭右肩，下着裙；袈裟袖摆和裙摆覆于座前。腕镯，左手置腹前结印，食指平伸，余指相捻；右手胸前结印，食指、中指上竖，余指相捻；结跏趺坐于仰莲台上。台高13厘米，直径30厘米。

侍者像　4身，位于主尊座台两侧。从左至右，从上至下编为第1—4像。

第1像　位于左后侧，为弟子像，显露高16厘米。浮雕圆形素面头光，直径9厘米。光头，长圆脸，内着交领服，外披袈裟；双手胸前合十，侧身直立。

图 402 第 119 号窟平、立、剖面图
1 立面图 2 剖面图 3 平面图

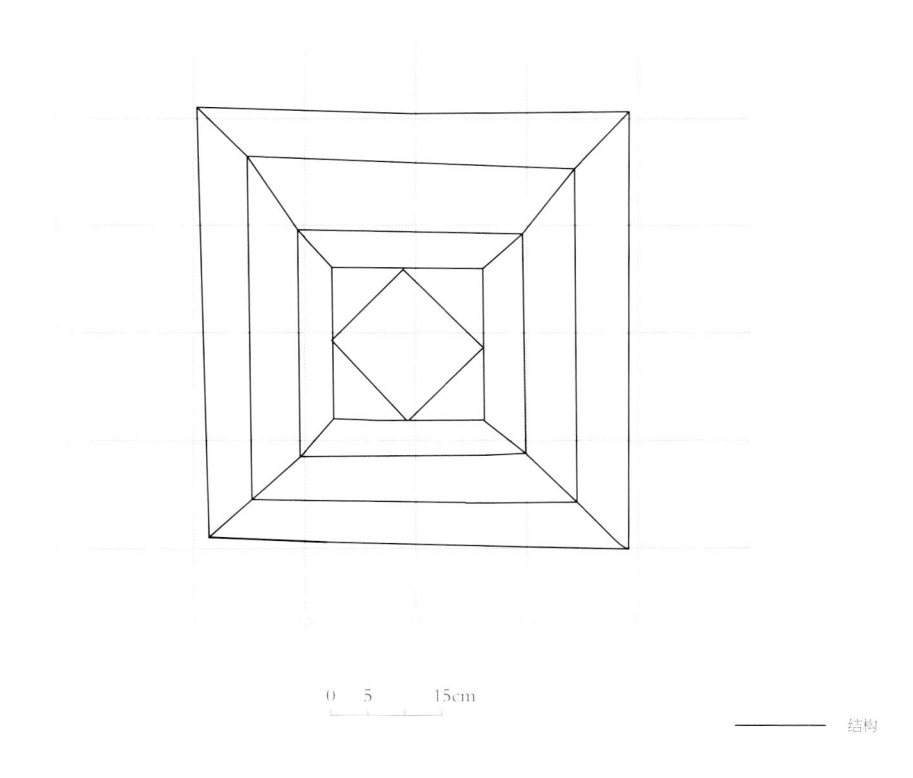

图 403　第119号窟窟顶仰视图

第2像　位于左前侧，高29厘米。浮雕圆形素面头光，直径9厘米。梳髻，戴冠，冠带作结后各分两段下垂，前侧一段沿肩下垂至胸；后侧一段长垂后背。面方，上着双领下垂式袈裟，下着裙；双手胸前持物，物大部残；右向侧身立于圆台上。台显露部分高5厘米，宽3厘米。

第3像　位于右后侧，显露高28厘米。浮雕圆形素面头光，直径9厘米。梳髻，戴冠，冠带作结下垂及肩。面蚀，上着双领下垂式袈裟，下着裙，腕镯，双手胸前合十。

第4像　位于右前侧，高29厘米。浮雕圆形素面头光，直径8.5厘米。梳髻，戴冠，冠略残，冠带作结分两道下垂，前侧一道沿肩下垂至胸，后侧一道长垂后背，向前隐于肘部内侧。上着袈裟，下着裙；双手胸前捧持经卷，左向侧身立于圆台上。台高5厘米，显露宽4厘米。

武士像　12身，位于嵌石左右上部。左侧6身大致作三排布置，上排3身，中排2身，下排1身。右侧6身亦大致作三排布置，各排2身。从上至下，从左至右通编为第1—12像。

第1像　头毁，显露高11厘米。着窄袖服，双手拱胸前，侧身站立。

第2像　显露高22厘米。梳髻，戴冠，面方，略蚀，刻连鬓短须，着圆领窄袖长服，腰束带，双手拱胸前。

第3像　显露高27厘米。戴冠，面方，略残，系肩巾，内着窄袖服，外着宽袖袍，胸系带，腰束带，刻圆护及抱肚。身右侧下垂一段飘带。左手横于胸前，略残；右手曲于体侧，竖持一棍状物，棍略残，全长6.5厘米；足不现。

第4像　显露高24厘米。戴冠，冠带上扬，面方，略残，着圆领宽袖长服，腰束带；左手横于胸前，略残；右手胸前握剑，剑全长10.5厘米。

第5像　显露高21厘米。似戴盔，略残，面蚀，内着翻领窄袖衫，外着圆领宽袖长服，腰束带；双手胸前合十。

第6像　显露高20厘米。梳髻，戴冠，圆脸，略蚀，双手胸前握持长柄斧，斧略残，全长约17厘米；装束同第5像。

第7像　显露高32厘米。头盔，盔顶刻有尖角。面方，略蚀，系肩巾，内着窄袖衫，外着圆领宽袖长服，腰束带，刻抱肚及圆护。右手不现，左手于左肩握持棍状物，棍状物斜长7.5厘米。

第8像　显露高25厘米。双手胸前合十，略残，余同第7像。

第9像　显露高25厘米。头盔，圆脸略残，着圆领宽袖长服，双手胸前作拱。

第10像　显露高18厘米。头似戴冠，面方，略残，着圆领窄袖服；左手横置胸前，似结印，右手身前持剑，斜靠右肩，剑略残，全长9厘米。

第十一章　塔身第三、一级造像（第113—131号）　473

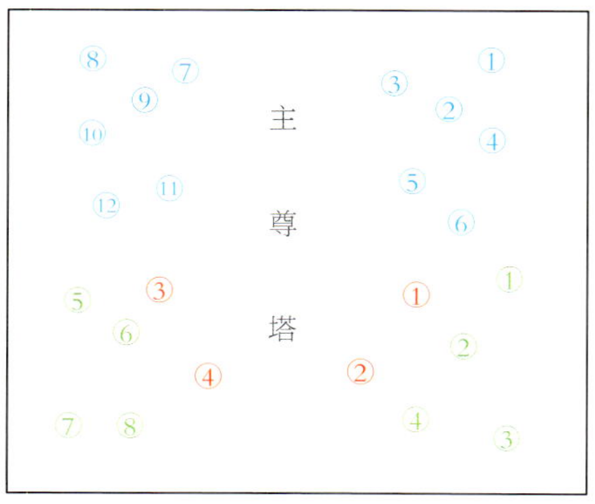

图 404　第 119 号窟正壁立面及造像编号图

474　大足石刻全集　第四卷（上册）

第11像　显露高19厘米。头盔，圆脸，略蚀，内着窄袖服，外着宽袖服；双手胸前握持一斧，斜靠右肩；斧略残，全长17厘米。

第12像　显露高20.5厘米。头戴冠，面方，略残，内着窄袖衫，外着交领宽袖服；左手横置胸前，右手握持一剑。剑全长11厘米。

胁侍菩萨像　8身，立式。对称布置于嵌石左右下部外侧。从左至右，从上至下编为第1—8像。

第1像　显露高17厘米。浮雕圆形素面头光，直径10厘米。梳髻，戴冠，冠带作结后沿肩斜垂；面略残，身着披巾，披巾一端敷搭左手前臂后下垂。腕镯，双手胸前捧持圆状物，显露部分。

第2像　高30厘米。浮雕圆形素面头光，直径10厘米。梳髻，戴冠，刻角梳；长圆脸，略蚀，上着袈裟，下着裙；双手置胸前覆巾，巾上置圆钵，钵高2厘米，口径3.5厘米；足不现，立于仰莲上。仰莲显露少许，高约4厘米，宽3厘米。

第3像　高31厘米。浮雕圆形素面头光，直径9厘米。梳髻，戴冠，刻角梳，冠带作结沿肩斜垂。上着披巾，下着裙；披巾两端垂于腹前呈"U"形，向上敷搭前臂后垂于体侧，腰带长垂足间。左手胸前托经函，右手结印，置于经函上方；双足略蚀，分踏仰莲台。台高5厘米，通宽11厘米。

第4像　显露高27厘米。头顶略残，双手胸前持物，物大部残，侧身直立；余略同第3像。

第5像　显露高18厘米。浮雕圆形素面头光，直径7厘米。梳髻，戴冠，冠带作结沿肩斜垂。上着披巾，披巾两端下垂腹前，向上敷搭前臂后斜垂体侧；双手胸前持圆轮，轮径4厘米。

第6像　显露高25厘米。双手身前握持锡杖，杖全长23厘米，杖首呈桃形；余同第5像。

第7像　高30厘米。浮雕圆形素面头光，直径8厘米。长圆脸，略残。左手胸前托放焰珠，右手（残）置胸前。装束与第5像同。双足略蚀，分踏仰莲台。台高5.5厘米，显露最宽9厘米。

第8像　高27厘米。浮雕圆形素面头光，直径9厘米。梳髻，垂发作结后分三绺覆肩。戴冠，冠带作结后长垂身后。面长圆，略蚀，上着披巾，下着裙；披巾两端敷搭前臂后长垂至圆台，腰带长垂足间。双手胸前持物，物难辨，侧身立于圆台上。圆台高6厘米，直径8厘米。

供养人像　3身，置于石材前端中部。台高5厘米，显露最深6厘米。从左至右编为第1—3像。

第1像　高21厘米。圆脸，略蚀，上着窄袖衫，下着裙；帛带绕后背经上臂垂于体侧，双手胸前合十，侧身直立，足不现。

第2像　高22厘米。头巾，面残，着圆领窄袖长服，腰束带，双手胸前合十，现右足。

第3像　为僧人像，高23厘米。光头，略残，上着窄袖服，外披袒右式袈裟，下着裙；双手胸前展簿，簿略残，侧身向主尊直立。该像左侧刻一低台，台高6厘米，最宽6.5厘米，最深3厘米。低台左侧刻一塔，通高22厘米。圆形塔基之上刻七级塔身和七重塔檐，塔顶略残。塔身左后侧刻幡杆夹，显露宽5厘米，高9厘米。内插幡杆，杆顶悬垂幡一口，绕杆下垂。

四　铭文

2则。为"佚名造药师经变残镌记"，南宋绍兴十七年至二十五年（1147—1155年）。

第1则

位于正壁嵌石左上方。刻石面高10厘米，宽10厘米。文左起，竖刻5行，存21字，楷体，字径1厘米（图版Ⅱ：108）。

01　〔左〕州左厢界□

02　奉佛弟子□

03　中同室杨氏□

04　何□同室张氏

05　药师（漶）

第2则

位于正壁嵌石右上角。刻石面高10厘米，宽9厘米。文左起，竖刻4行，存7字，楷体，字径1厘米（图版Ⅱ：109）。

01　在塔□□
02　□合□安□
03　□□□□□
04　水火不□

五　晚期遗迹

窟内造像保存灰白色涂层。

第九节　第120号

一　位置

位于第三级塔身东北壁面左端。上距塔身横枋底端7厘米，下距壁面底部48.5厘米；左距壁面边缘82.5厘米，右距第121号龛83厘米。

龛口东北向，方向42°。

二　形制

单层方形龛（图405；图版Ⅰ：358）。

龛口呈方形，高76厘米，宽49厘米，至后壁最深20.5厘米。龛底呈方形。龛正壁竖直，满嵌造像石一块，下起龛底，高62厘米，与龛口等宽；其上部设外挑的两阶叠涩，通高14厘米，共外挑13厘米。左右侧壁竖直。龛顶为平顶方形。

三　造像

正壁嵌石中部刻上下相邻的二低台，上下相距3厘米。下方低台高3.5厘米，宽8.5厘米；上方低台高2厘米，宽2.5厘米。低台上均刻一株宝树，树冠簇拥，枝叶茂盛，枝头刻团花。宝树左侧，刻主尊立像1身，右侧刻童子立像1身，皆置于低台上。台高7厘米，深9.5厘米，与石材等宽（图405-1；图版Ⅰ：358）。

主尊像　头大部毁，立身残高36厘米，肩宽11厘米，胸厚6.5厘米，浮雕圆形素面头光，直径16厘米。身略剥蚀，似上着袈裟，下着裙；双手残，跣足立于低台上。

童子像　残高25厘米。浮雕圆形素面头光，直径14厘米。膝以上身躯残毁甚重，可辨下着长短两层裙，披帛沿体侧垂于低台，腰带垂至低台。

四　铭文

2则。为"邢信道镌造善财童子五十三参像龛镌记"，南宋绍兴十七年至二十五年（1147—1155年）。并列于正壁嵌石左上角方框内。

第1则

位于正壁嵌石左上角左框内。框高11.5厘米，宽7.5厘米。文竖刻2行，存1字，楷体，字径1.5厘米（图版Ⅱ：110）。

图 405 第 120 号龛平、立、剖面图
1 立面图 2 剖面图 3 平面图

第十一章 塔身第三、一级造像（第 113—131 号） 477

□□□□（漶）

　　得□□（漶）

第2则

位于正壁嵌石左上角右框内。框高11.5厘米，宽7.5厘米。文竖刻，存4字，楷体，字径1.5厘米（图版Ⅱ：110）。

　　塔〔并〕（漶）

　　王氏□（漶）

　　（漶）

五　晚期遗迹

龛内存灰白色涂层。

第十节　第121号

一　位置

位于第三级塔身东北壁面右端。上距塔身横枋底端7厘米，下距壁面底部48厘米；左距第120号龛83厘米，右距壁面边缘80.5厘米。

龛口东北向，方向42°。

二　形制

单层方形龛（图406；图版Ⅰ：359）。

龛口呈方形，高76厘米，宽52厘米，至后壁最深22.5厘米。龛底呈方形。龛正壁竖直，嵌石一块，下起龛底，高62厘米，与龛口等宽；其上部设外挑的两阶叠涩，通高14.5厘米，共外挑16厘米。左右侧壁竖直。龛顶呈方形，平顶。

三　造像

正壁嵌石刻像3身（图406-1；图版Ⅰ：359）。左刻童子立像1身，右刻跪坐像2身。嵌石上部刻蜗蚪形云纹。

左侧童子像　立身高25.5厘米，头残长5.5厘米，肩宽12厘米，胸厚5厘米。光头、面蚀，上着宽博披巾，下着长短两层裙，腰带长垂身前；披巾两端环于腹前，敷搭前臂后下垂体侧，止于低台。腕镯，双手略残，胸前合十；双足残，右向侧身，立于低台上。低台高12厘米，深9.5厘米，与嵌石等宽。

跪身像　嵌石右侧为一方台，高11厘米，宽35厘米，深10厘米。其左刻一方塔，通高16厘米。塔座高0.5厘米，宽9厘米，深3.5厘米。塔基为两阶圆轮叠涩，通高3厘米，直径分别为7、5厘米。塔身两级，塔檐部分残。第一级塔身高2.5厘米，宽3.5厘米；第二级塔身高2厘米，宽2.5厘米。塔刹作宝珠形，略残。

方塔右侧，刻一跪身像，高20厘米，头长5.5厘米，肩宽4.5厘米，胸厚4.5厘米。光头，面漶身蚀，腰束带，左手隐于体侧，右手前伸扶塔，手臂及手部分残；左向侧身，屈膝跪坐于方台上。

方塔顶左上方，刻一跪身像，头毁身蚀，残高16厘米。似着窄袖服。左手略残，抚左膝，右手屈肘上举，持带柄圆状物，高4.5

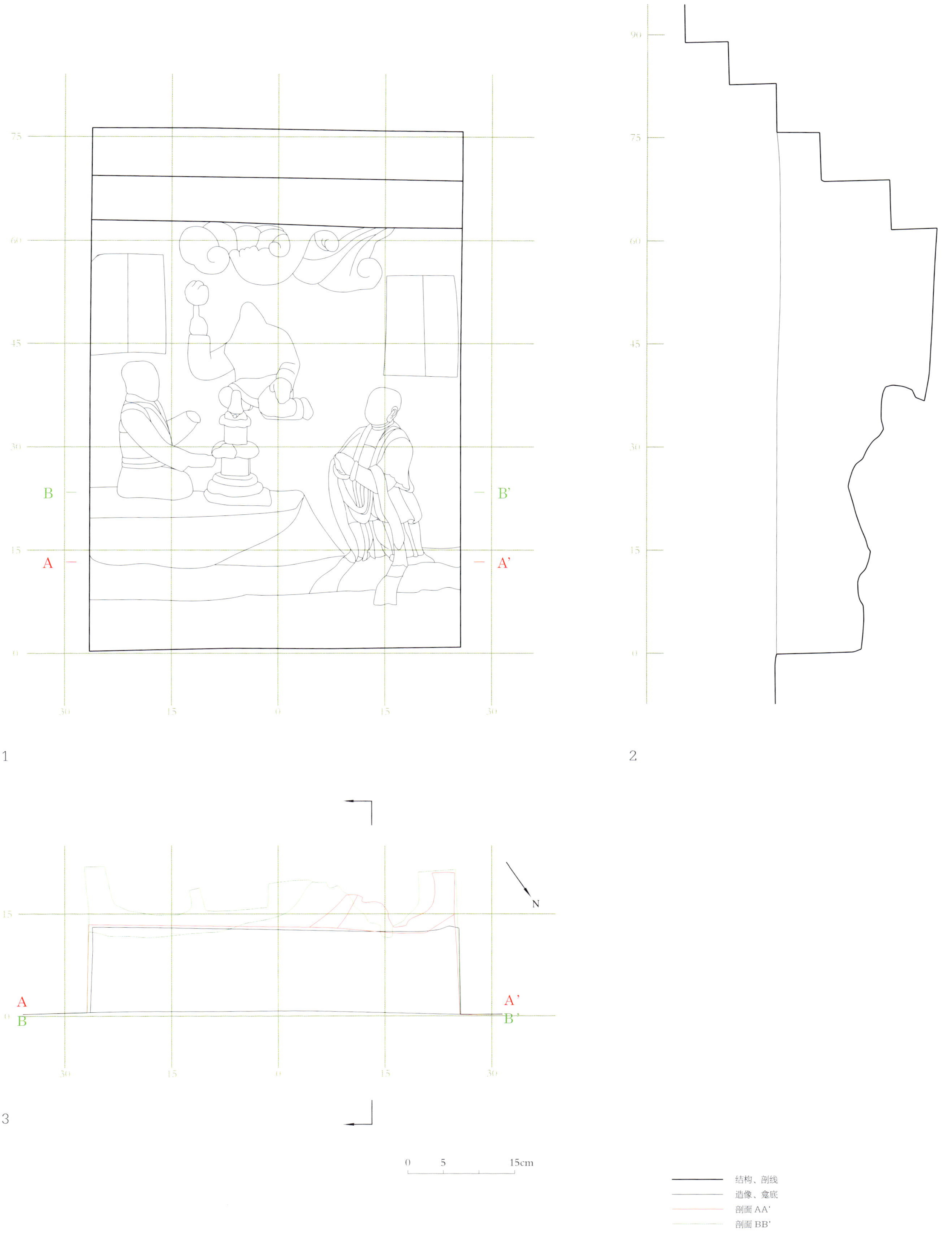

图 406 第 121 号龛平、立、剖面图
1 立面图 2 剖面图 3 平面图

第十一章 塔身第三、一级造像（第 113—131 号） 479

厘米，直径3厘米，屈膝作跪姿。

四　铭文

正壁嵌石中上部左右侧线刻方框内。其中，左侧并列二方框，高14.5厘米，通宽10厘米；右侧并列二方框，高14厘米，宽8厘米。文漫蚀。

五　晚期遗迹

龛内存黑色、灰白色两种涂层。

第十一节　第122号

一　位置

位于第三级塔身东向壁面中部。上距横枋底端13厘米，下距壁面底部6厘米；左距壁面边缘154.5厘米，右距壁面边缘137厘米。窟口东向，方向90°。

二　形制

圭形藻井顶窟（图407、图408、图409、图410；图版Ⅰ：360、图版Ⅰ：361、图版Ⅰ：362）。

窟口　呈圭形，高103厘米，宽60厘米，深30.5厘米；竖直部分高76厘米。

窟底　呈方形，宽66厘米，深63.5厘米，至窟顶顶部高140厘米。

窟壁　正壁竖直，通高122厘米。满嵌造像石一块，下起窟底，高83.5厘米，与窟底等宽；其上砖壁高38.5厘米。左右侧壁竖直，素面。

窟顶　藻井顶，呈方形，为四重叠压砖结构，通高约28厘米；其中，上部两重呈45°错角叠压。

三　造像

正壁嵌石刻像7身（图410；图版Ⅰ：362）。中刻主尊菩萨坐像1身，左右侧各刻供养人立像3身，皆置于低台上。台高9厘米，深21厘米，与嵌石等宽。

主尊像　坐高42厘米，头长18厘米，肩宽18厘米，胸厚10厘米。梳髻，鬓发绕耳，垂发作结分三缕覆肩。戴卷草花卉冠，冠体两重，上重大部残，下重冠翼外展，冠下饰珠串，略蚀。冠带作结后各分两道，后侧两道上扬头后，前侧两道于胸部外侧作结后，绕上臂隐于身后。面长圆，略蚀，戴耳环，颈刻三道肉褶线，胸饰璎珞，显露少许；内着僧祇支，系带作结，外披双领下垂式袈裟，下着裙。左手于左小腿握印带，右手略残，于胸前持印，印残高6厘米，宽5厘米。盘左腿，垂右腿，跣足，右舒相坐于须弥座上。座通高17厘米，宽36厘米，深15厘米，束腰部分宽29厘米。座前刻并蒂莲蕾、莲叶、莲花，莲花上承菩萨右脚；莲蕾高10厘米，最宽6厘米；莲花高6.5厘米，直径12厘米。

供养人像　6身，立式，对称分列座左右两侧，均作一列纵向布置。从左至右，从上至下编为第1—6像。

第1像　显露部分高17厘米，头长6厘米，肩宽8厘米，胸厚3.5厘米。头巾，面方圆，略蚀，着圆领窄袖服，腰束带；双手胸前合十。

第2像　头毁，显露部分高22厘米，衣饰同第1像，双手胸前持长柄香炉。

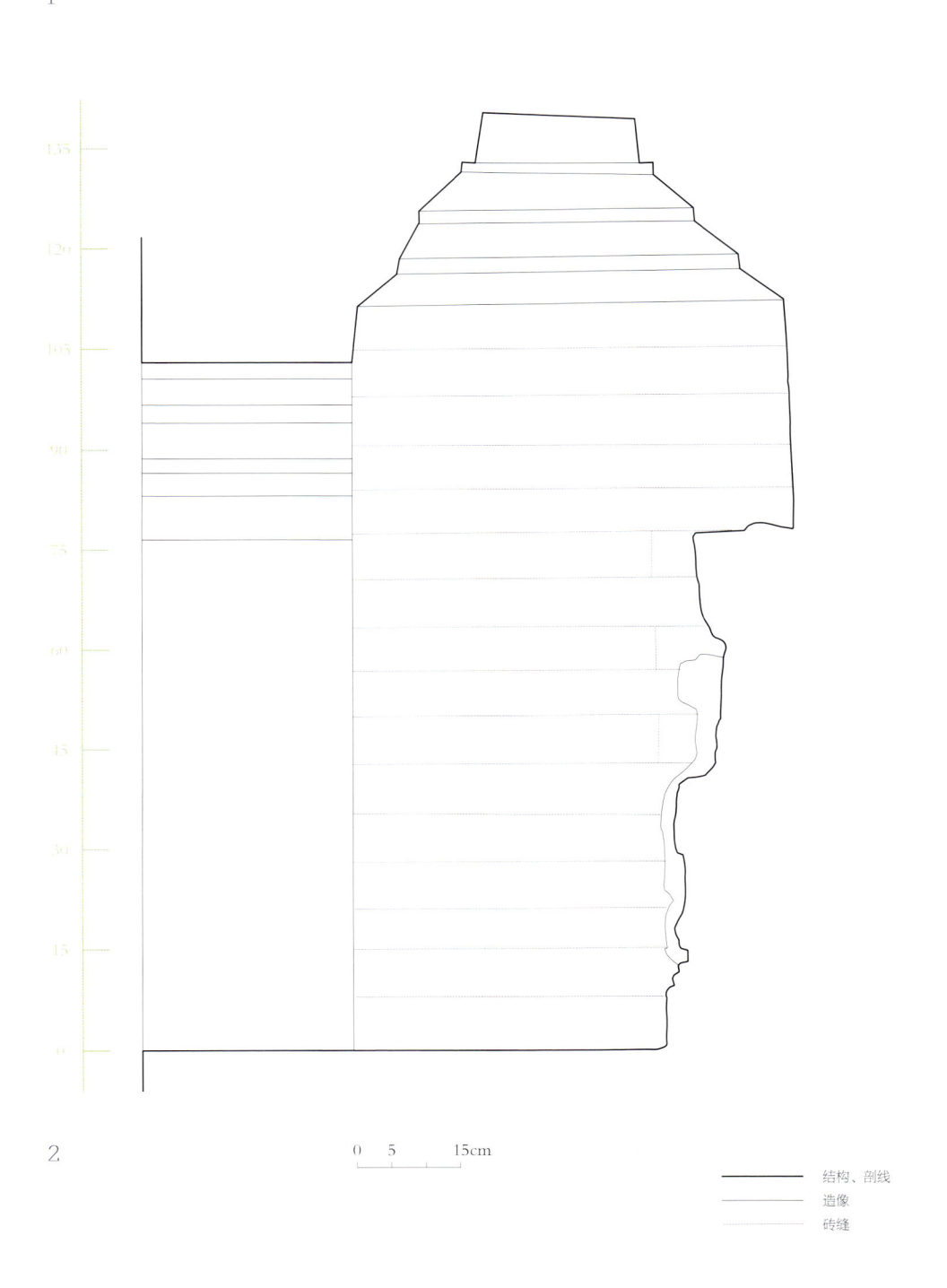

图 407　第 122 号窟立、剖面图
1　立面图　2　剖面图

第十一章　塔身第三、一级造像（第 113—131 号）

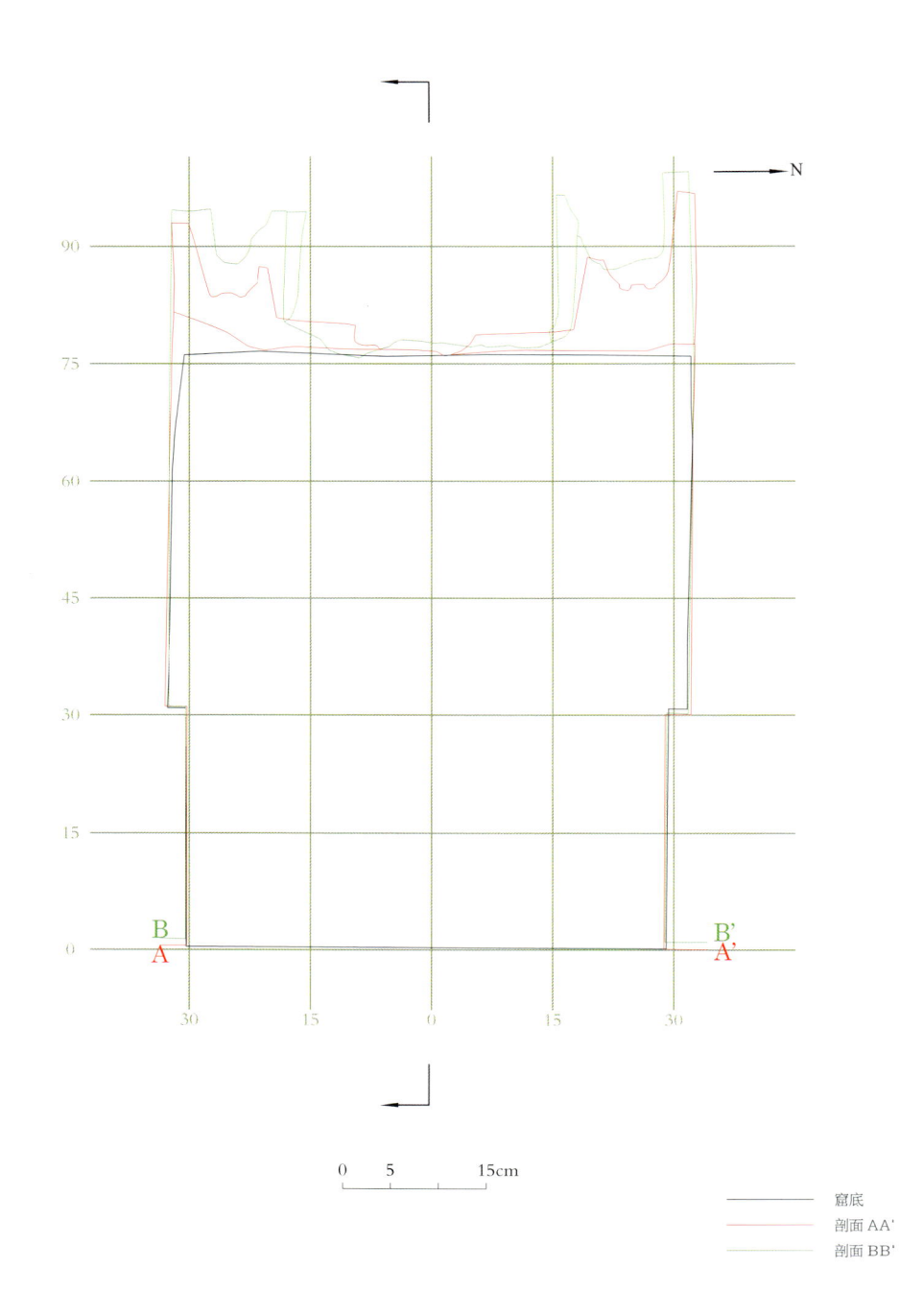

图 408　第 122 号窟平面图

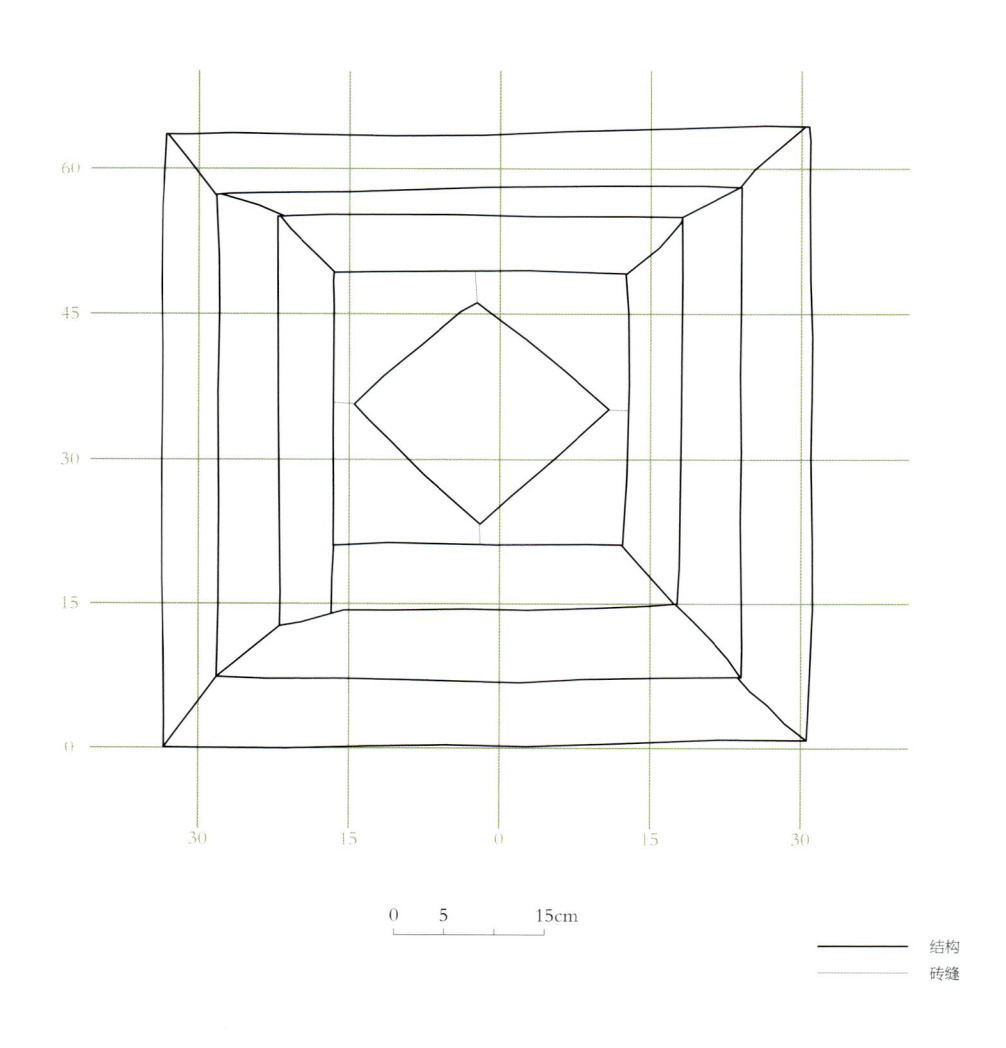

图 409　第 122 号窟窟顶仰视图

482　大足石刻全集　第四卷（上册）

图 410　第 122 号窟正壁立面图

第十一章　塔身第三、一级造像（第 113—131 号）　483

第3像　高24.5厘米，头长6厘米，肩宽8厘米，胸厚3.5厘米。头巾，方圆脸，略蚀，着圆领窄袖长服，双手胸前合十，着鞋立于低台上。

第4像　显露部分高22.5厘米，头长7.5厘米，肩宽7.5厘米，胸厚2.5厘米。梳髻，脸长圆，面略蚀，着圆领窄袖服，双手置胸前，上覆帛带，帛带长垂。

第5像　显露部分高27厘米，头长7厘米，肩宽8厘米，胸厚4厘米。梳髻，面圆，略蚀，着圆领窄袖长服，身饰披帛，披帛环于身后，敷搭前臂后垂于体侧。双手置胸前，覆巾，巾上置圆形物，物残难辨。

第6像　高24.5厘米，头长6.5厘米，肩宽7厘米，胸厚3.5厘米；着鞋，余同第4像。

四　铭文

2则。为"佚名造玉印观音残镌记"，南宋绍兴十七年至二十五年（1147—1155年）。

第1则

位于正壁左上角方框内。框高17.5厘米，宽11.5厘米。文左起，竖刻5行，存16字，楷体，字径1.5厘米（图版Ⅱ：111）。

01　（漶）厢界居住奉
02　佛（漶）同室□氏
03　（漶）冯氏
04　（漶）
05　父董（漶）李氏镌

第2则

位于正壁右上角方框内。框高15.5厘米，宽9.5厘米。文左起，竖刻3行，存4字，楷体，字径1.5厘米（图版Ⅱ：112）。

01　女寿（漶）
02　在塔（漶）
03　（漶）

五　晚期遗迹

龛内保存灰白色、黑色、红色三种涂层。

第十二节　第123号

一　位置

位于第三级塔身东南向壁面左侧。上距横枋下部6.5厘米，下距壁面底端47厘米；左距壁面边缘88厘米，右距第124号龛84厘米。龛口东南向，方向140°。

二　形制

单层方形龛（图411；图版Ⅰ：363）。

龛口呈方形，高77厘米，宽52厘米，至后壁最深19.5厘米。龛底呈方形。龛正壁竖直，满嵌造像石一块，下起龛底，高63厘米，与龛口等宽；其上部设外挑的两列叠涩与龛顶相接，叠涩通高13厘米，共外挑15厘米。左右侧壁竖直。龛顶呈方形，平顶。

三　造像

正壁嵌石刻像2身（图411-1；图版Ⅰ：363）。左刻主尊坐像1身，右刻童子立像1身，皆置于嵌石下部外凸的低台上。台高10.5厘米，宽18厘米，最深12厘米。

主尊像　坐高21厘米，头长9厘米，肩宽8厘米，胸厚6厘米。梳髻，巾带斜垂头后左右，面残。上着交领窄袖服，下着裙；腰带上束至胸，身前刻蔽膝。左手笼于袖内置左膝内侧，右臂曲于体侧，食指前伸，余指相握，坐于圆台上；足鞋，踏方形足踏。圆台高12厘米，最宽18厘米，深9厘米。足踏高4厘米，宽13厘米，深4.5厘米。

主尊像后侧刻一座歇山顶建筑，通高51厘米。显露屋身一间，进深一间，面阔约20厘米，深9厘米。立柱方形，高34.5厘米，宽2.5厘米。柱间施阑额，上下高3厘米。柱顶置栌斗，其上结构不明，上承屋檐。补间铺作一朵，最下为散斗，其上结构不明，以竖线分隔成若干方格。屋顶为歇山顶，呈45°斜向布置，屋面刻出瓦垄、瓦沟。正脊左右端头装饰鸱吻，显露少许。

建筑立柱内侧刻一坛，高15厘米，腹径8厘米；自坛口升出三道毫光，斜向上飘。

童子像　头大部残，立身残高27.5厘米。浮雕圆形素面头光，直径15厘米。似戴臂环，上身衣饰不明，下着长短两层裙，腰带长垂足间，身饰飘带，环绕头后，两端敷搭前臂，长垂至低台；双手残，于胸前似合十，跣足侧身直立。

四　铭文

2则。

第1则

位于嵌石左侧中上部方框内。框高55厘米，宽8厘米；内素平。

第2则

位于嵌石右上角方框内。框高12.5厘米，宽6厘米。文竖刻2行，楷体，字径1厘米，仅可辨第2行"未"字；余不可辨。

五　晚期遗迹

龛内存灰白色、黄色、黑色等三种涂层。

第十三节　第124号

一　位置

位于第三级塔身东南向壁面右侧。上距横枋下部7厘米，下距壁面底端48厘米；左距第123号龛84厘米，右距壁面边缘83厘米。龛口东南向，方向140°。

二　形制

单层方形龛（图412；图版Ⅰ：364）。

龛口呈方形，高77厘米，宽51.5厘米，至后壁最深22厘米。龛底呈方形。龛正壁竖直，满嵌造像石一块，下起龛底，高61厘米，

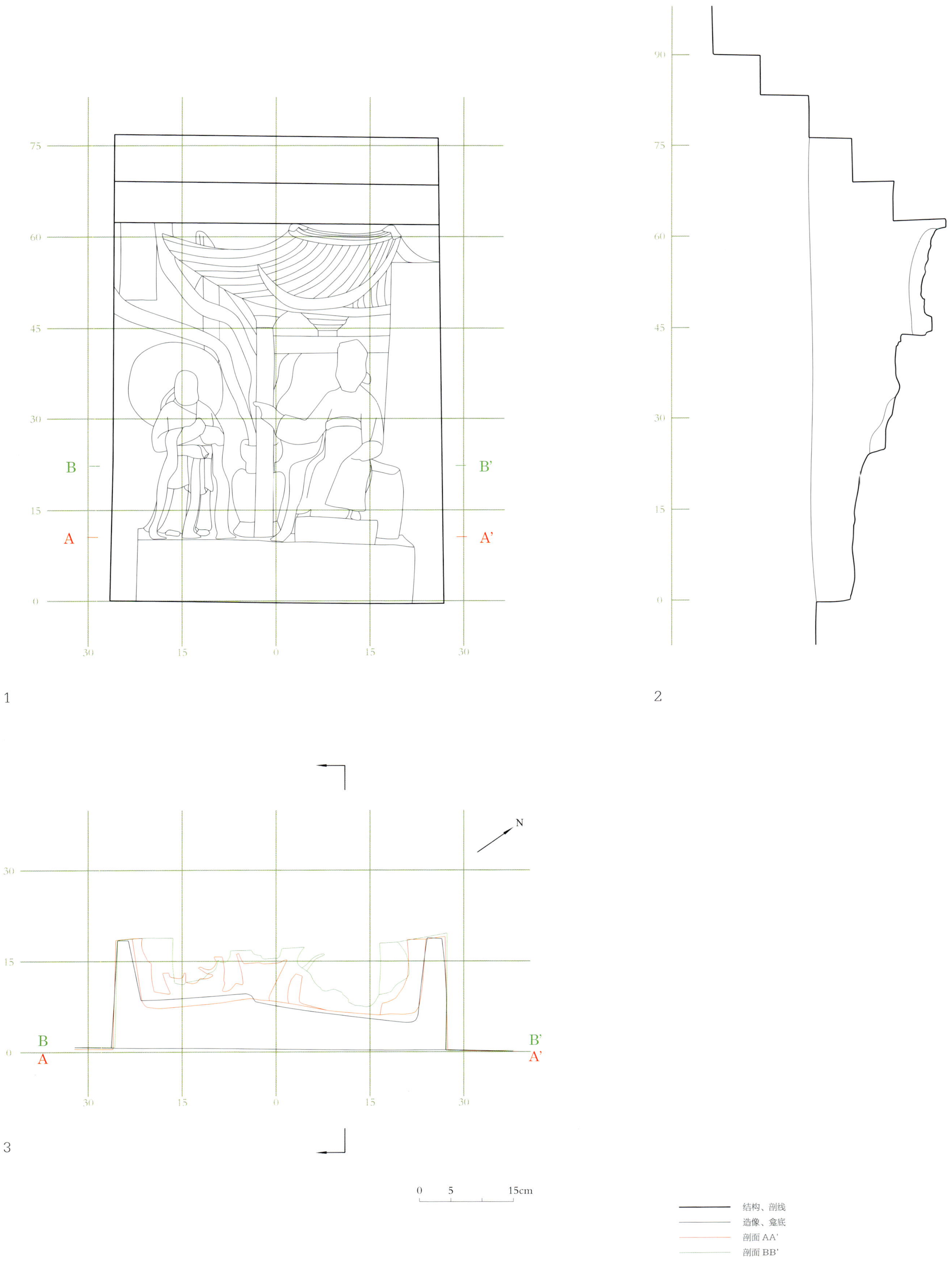

图 411　第 123 号龛平、立、剖面图
1　立面图　2　剖面图　3　平面图

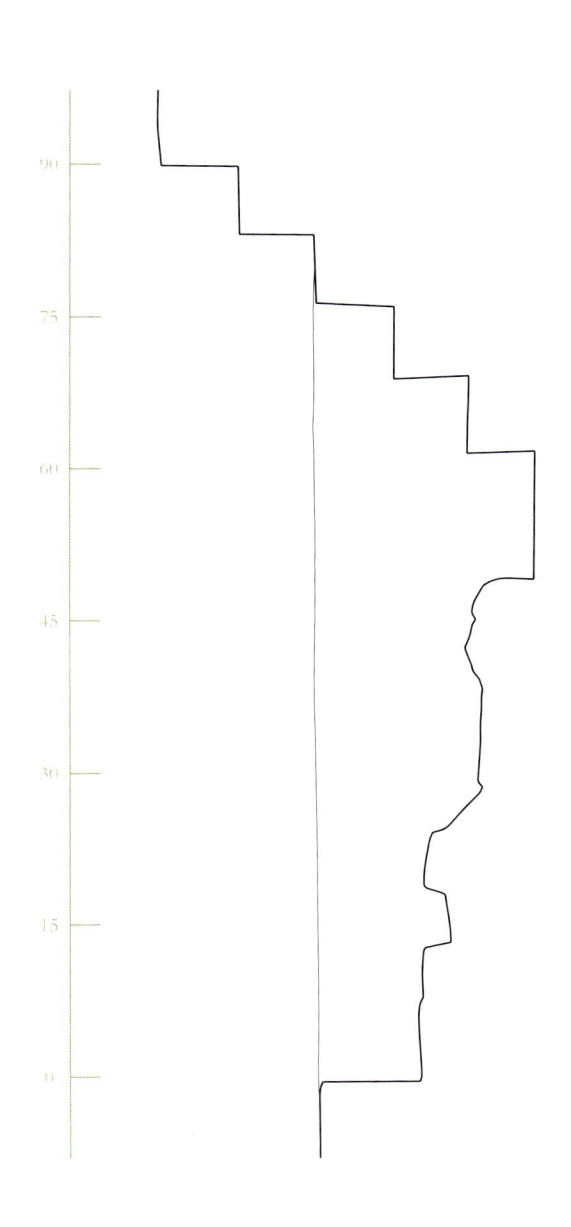

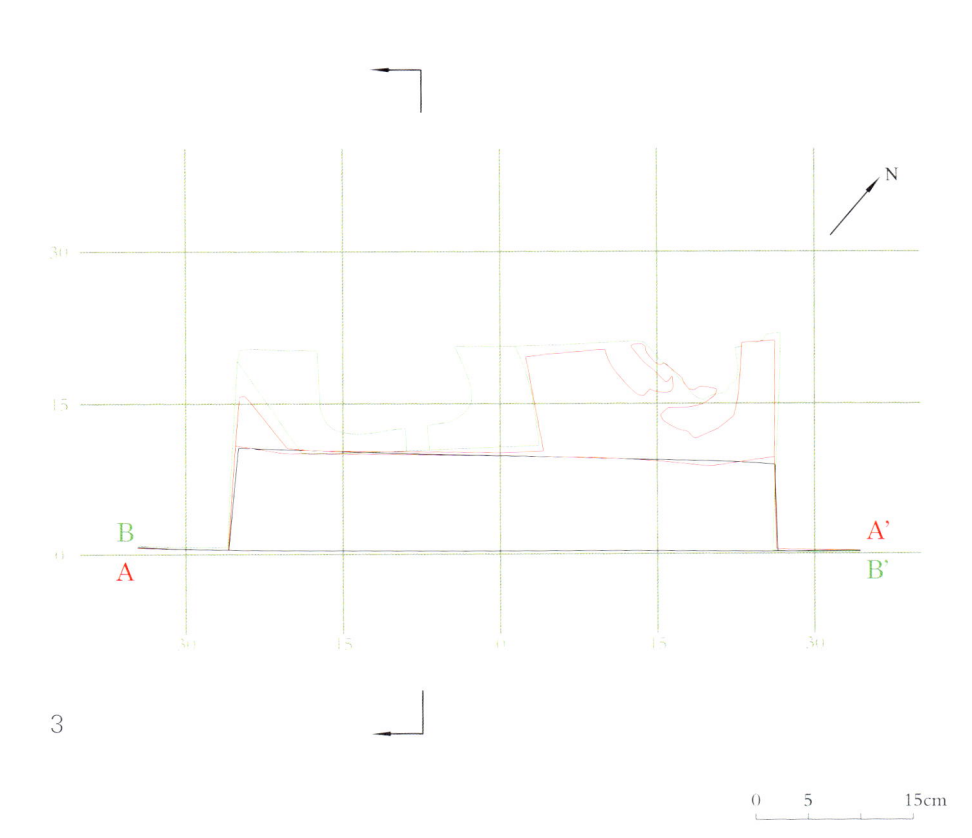

图 412　第 124 号龛平、立、剖面图
1　立面图　2　剖面图　3　平面图

第十一章　塔身第三、一级造像（第 113—131 号）　487

与龛口等宽；其上部设外挑的两列叠涩与龛顶相接，叠涩通高15厘米，外挑14厘米。左右壁竖直。龛顶呈方形，平顶。

三 造像

正壁嵌石刻像2身（图412-1；图版Ⅰ：364）。左刻童子立像1身，右刻主尊坐像1身。皆置于嵌石下部外凸的低台上。台高8厘米，深12厘米，与龛口等宽。

主尊像 坐高26厘米，头长10厘米，肩宽8厘米，胸厚4厘米。头后线刻八道毫光，分四组呈放射状，止于嵌石边缘。戴冠，冠带斜垂至肩，面长圆，略残，下颌刻一绺胡须；着交领窄袖长服，腰系带作结长垂座前。左手曲于体侧，食指前伸，余指相握，着指示状；右手扶右膝，结跏趺坐于束腰须弥座上。须弥座台面成45°斜向设置，高17厘米，宽25厘米，深10厘米；上下枋各面均线刻方框。

童子像 高25.5厘米。浮雕圆形素面头光，直径15厘米。光头，部分残；左肩残，右上臂戴臂环，上身衣饰不明，下着长短两层裙，腰带长垂足间。身饰飘带，中段环垂后背，两端沿肘部内侧下垂，止于低台；双手（残）置胸前；跣足侧身直立。

四 铭文

2则。

第1则

位于正壁左上角左方框内。框高15厘米，宽8.5厘米。文漶。

第2则

位于正壁左上角右方框内。框高13厘米，宽5.5厘米。文漶。

第十四节　第125号

一 位置

位于第一级塔身西南壁。左距壁面边缘129.5厘米，右距壁面边缘129厘米；上距塔身横枋下部2厘米，下距壁面底部最上阶叠涩68厘米。

龛口西南向，方向225°。

二 形制

四重方形龛（图413；图版Ⅰ：365）。

龛口四重，方形。第一重高45厘米，宽51厘米，深0.5厘米；第二重高43厘米，宽47.5厘米，深0.5厘米；第三重高38.5厘米，宽37.5厘米，深4.5厘米，龛口抹棱；第四重高37.6厘米，宽36.5厘米，至后壁最深11.5厘米。龛口左右上角抹角，作直线处理。龛底方形。龛正壁满嵌造像石一块，下起龛底，高37厘米，宽36厘米，厚度不明。左右上角抹角，左右壁竖直。龛顶呈方形，平顶；内嵌一块方砖，砖块高12厘米，宽19厘米，厚度不明。

三 造像

正壁嵌石刻像3身（图413-1；图版Ⅰ：365）。中刻主尊坐像1身，左右各刻侍者立像1身；置于嵌石下部外凸的低台上。台高3

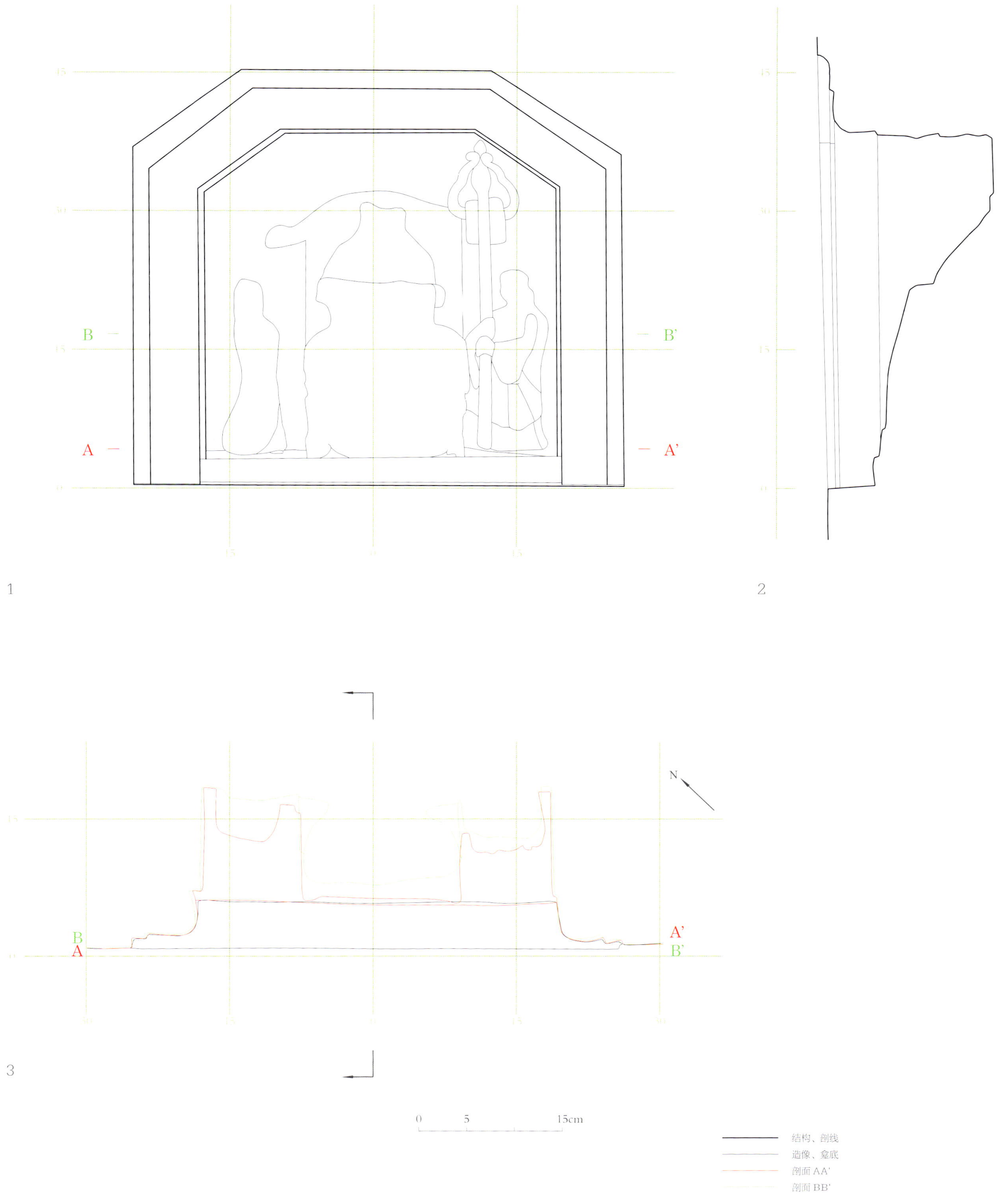

图 413　第 125 号龛平、立、剖面图
1　立面图　2　剖面图　2　平面图

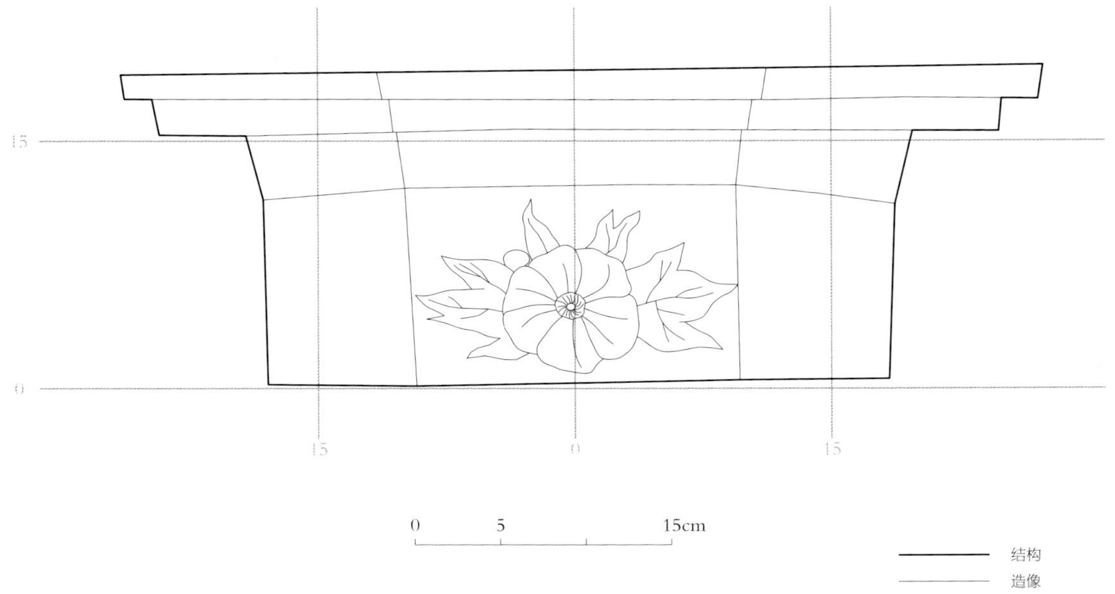

图414　第125号龛龛顶仰视图

厘米，宽37厘米，深13厘米。

主尊像　头毁身残，残坐高14.5厘米。可辨身前刻夹轼，部分残；袖摆垂搭于座台左右侧，结跏趺坐于靠背椅上。椅通高28厘米，宽16厘米，深11厘米。正面剥蚀，左右侧刻有横枋。

主尊上部龛顶方砖刻一朵团花，花瓣四周刻出枝叶（图414）。

侍者像　皆残毁。左像立身残高约21厘米；可辨上着袈裟，下着裙；双手身前握持锡杖，杖部分残，通高34.5厘米，杖首呈桃形，套小环（数目不明）；着鞋站立。右像仅辨轮廓，立身残高约19厘米。

四　晚期遗迹

龛内保存灰白色涂层。

第十五节　第126号

一　位置

位于第一级塔身西向壁面中部。上距横枋底端23厘米，下距地坪31厘米；左距倚柱108厘米，右距倚柱118.5厘米。窟口西向，方向271°。

二　形制

圭形覆斗顶窟（图415、图416、图417、图418；图版Ⅰ：366、图版Ⅰ：367、图版Ⅰ：368）。

窟口　呈圭形，高116.5厘米，宽79厘米，深46厘米，竖直部分高76厘米。

窟底　呈方形，宽98厘米，深70厘米，至窟顶顶部高143厘米。

窟壁　正壁竖直，通高122厘米，满嵌造像石一块，下起窟底，高107厘米，与窟底等宽；其上砖壁高15厘米。左右壁为素面砖壁，上部作外挑的两阶叠涩与窟顶相接。

窟顶　覆斗顶，呈方形，为三重叠压砖结构，通高21厘米。

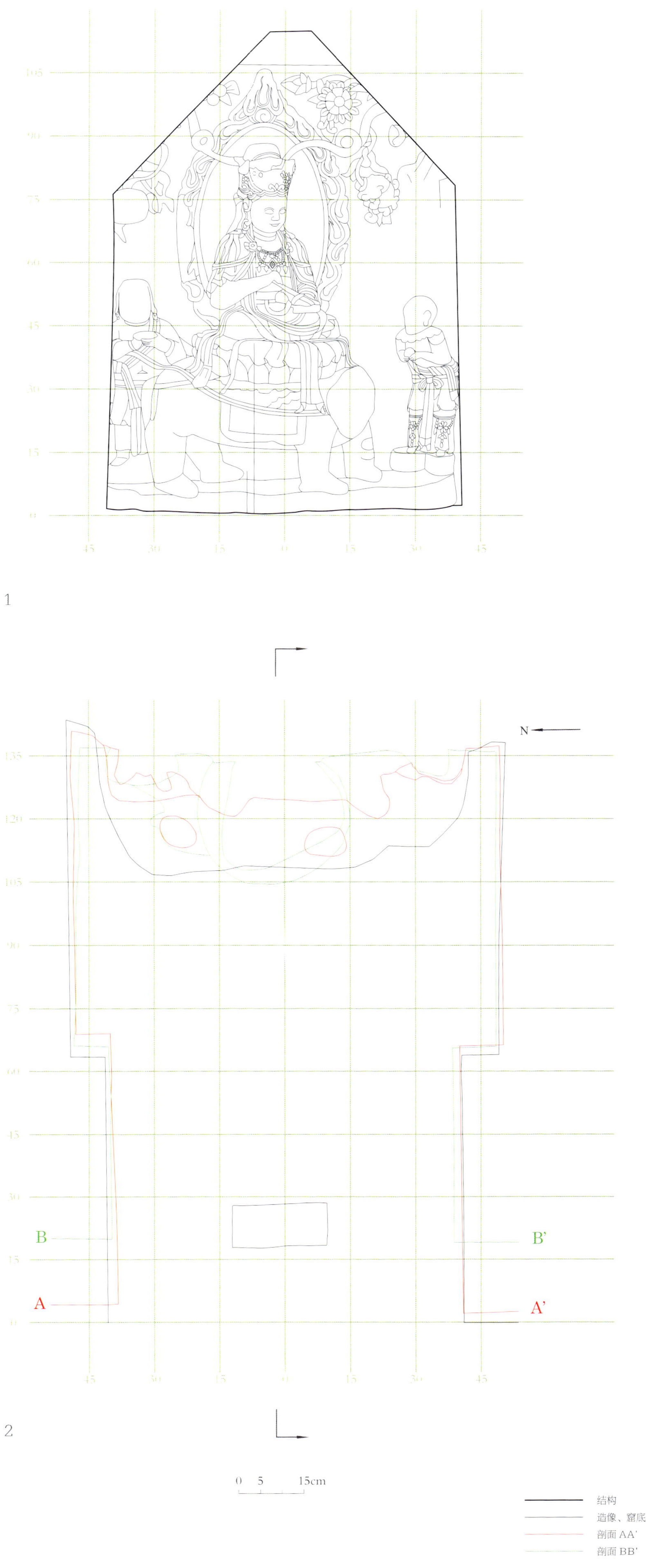

图 415 第 126 号窟平、立面图
1 立面图 2 平面图

图 416　第 126 号窟剖面图

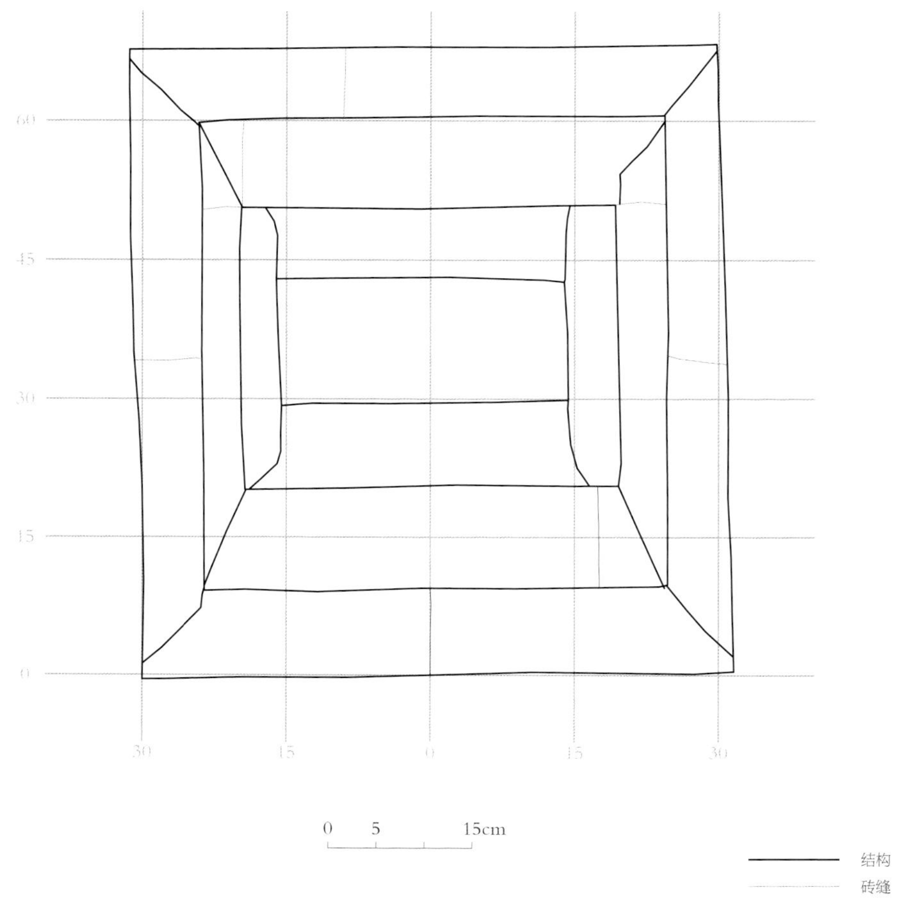

图 417　第 126 号窟窟顶仰视图

492　大足石刻全集　第四卷（上册）

三 造像

正壁嵌石刻像3身（图418；图版Ⅰ：368）。中刻菩萨坐像1身，其身前刻童子立像1身，身后刻象奴立像1身。皆置于嵌石下部外凸的低台上。台高6厘米，宽78厘米，深23厘米，部分残。

主尊菩萨像　坐高45厘米，头长21厘米，肩宽21厘米，胸厚10厘米。浮雕舟形火焰纹背光，最宽37厘米。内刻条纹，内素平，边缘刻火焰纹。梳髻，鬓发绕耳，垂发作结分三缕覆肩。戴卷草花卉冠，冠翼外展，右侧残，冠体略蚀。自花冠正面底部左右侧各升起一道毫光，经头顶上方斜向上飘至石材左右侧，毫光均各绕两匝；其中，右侧毫光部分残断。冠带作结各分两道下垂，后侧两道下垂身后；前侧两道于胸前作结后，分作两道，一道绕上臂隐于身后，一道敷搭前臂后垂于座侧。脸方圆，略蚀，颈刻三道肉褶线，胸饰璎珞，略蚀；上着宽博披巾，下着长短两层裙，腰带长垂座前；披巾两端沿胸下垂，于腿间相叠后，向上敷搭前臂再垂于座侧，右端少许残断。自腰间斜出一道飘带，于腿前交绕后垂于座前。腕镯，左手托经函，右手置于胸前，持经函所系绳带，经函及手部分残。身略左侧，结跏趺坐于大象背负的莲台上。台高11厘米，直径34厘米。象头毁，残高27厘米，身长52厘米，背刻鞯，尾下垂，现四腿，立于低台上。菩萨背光左右上方壁面共浮雕六朵长枝花卉，部分风蚀。

主尊身前童子像　立身高36厘米，头长8厘米，肩宽11厘米，胸厚7厘米。光头，面部分残，袒上身，右肩披窄带，带头垂于左腰际；下着长短两层裙，腰带作结长垂足间，裙摆饰璎珞，略蚀。双手胸前托物，物残难辨。跣足，身右向微躬，分踏圆台，左足残。圆台高5厘米，直径8厘米。

主尊身后象奴像　立身高44厘米，头长10厘米，肩宽16厘米，胸厚6厘米。卷发，圆脸，略残，戴耳环，垂坠饰，颈短，袒上身，左肩斜披窄带，带头垂于腹前；下着短裙，腰带长垂足间。腕镯，双手置于胸前，似持物，手及物残；缰绳敷搭前臂下垂体侧；跣足立于低台上，足及低台略残。台高4厘米，显露宽12厘米，深12厘米。

四 铭文

位于正壁嵌石左侧中上部方碑内。方碑大部残，仅存覆莲叶形碑首和少许碑身轮廓，残高21厘米，宽13厘米。

五 晚期遗迹

窟内保存红色、绿色、蓝色、黑色、灰白色五种涂层。

第十六节　第127号

一 位置

位于第一级塔身西北壁。左距壁面边缘131厘米，右距壁面边缘128.6厘米；上距塔身横枋下部1.8厘米，下距壁面底部最上阶叠涩68.6厘米。

龛口西北向，方向317°。

二 形制

四重方形龛（图419；图版Ⅰ：369）。

龛口四重，方形。第一重高44.5厘米，宽53.7厘米，深1.5厘米；第二重高43厘米，宽50厘米，深0.8厘米；第三重抹棱，高39厘米，宽41厘米，深4厘米；第四重高38厘米，宽39厘米，至后壁最深12厘米。龛口左右上角抹角，作直线处理。龛底呈方形。龛正壁

图 418　第 126 号窟正壁立面图

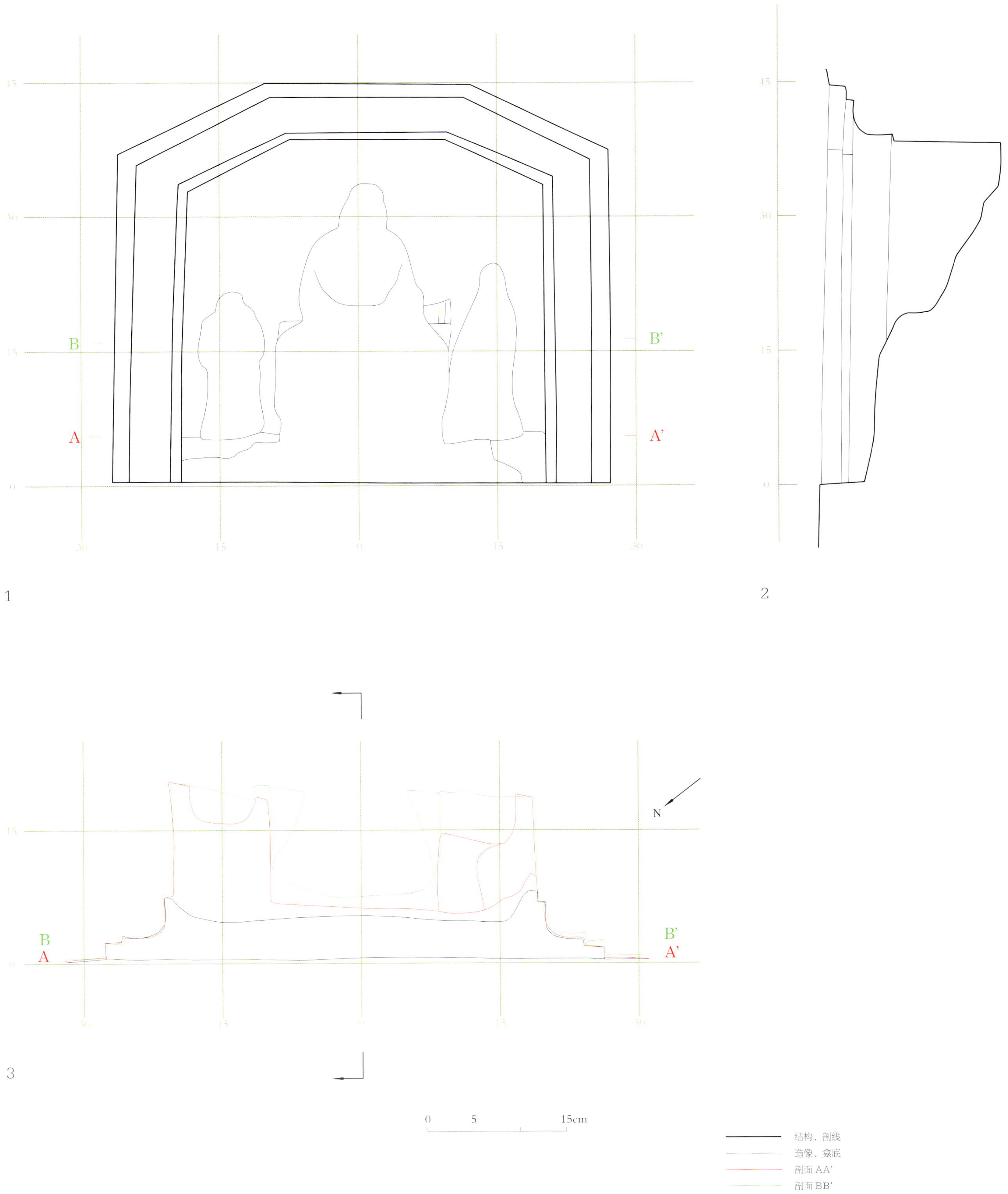

图 419　第 127 号龛平、立、剖面图
1　立面图　2　剖面图　3　平面图

满嵌造像石一块，下起龛底，高38厘米，宽38厘米；左右上角抹角。左右壁竖直。龛顶呈方形，平顶。

三　造像

正壁嵌石刻像3身（图419-1；图版Ⅰ：369）。中刻主尊坐像1身，残毁甚重，残坐高约17.5厘米。似戴披帽，双手置于腹前，坐于靠背椅上。椅靠背大部残，残高约30厘米，宽17厘米，深12.5厘米；座左右侧刻有横枋。左右各刻立像1身，仅辨轮廓。左立像残高约19厘米，右立像残高约17厘米。三像均置于嵌石下部外凸的低台上。台高4厘米，宽38厘米，深15厘米，部分残。

四　晚期遗迹

龛内保存黑色涂层。

第十七节　第128号

一　位置

位于第一级塔身北向壁面中部。上距塔身横枋底部18.5厘米，窟底与塔基齐平，下距地坪36厘米；左距转角龙柱117厘米，右距转角龙柱115厘米。

窟口北向，方向359°。

二　形制

圆拱形藻井顶窟（图420、图421、图422、图423、图424、图425；图版Ⅰ：370、图版Ⅰ：371、图版Ⅰ：372）。

窟口　呈圆拱形，高135厘米，宽79.5厘米，深46厘米；竖直部分高102厘米。下部内侧设一级台阶，形如门槛，高13厘米，厚25厘米，与窟口等宽。

窟底　略呈方形，宽97厘米，深61厘米，至窟顶顶部高160厘米。

窟壁　正壁竖直，通高140厘米。中部砌筑一圆拱浅龛。龛高130厘米，宽71厘米，至后壁深26厘米。龛内安置圆雕造像1身。左右壁竖直，均高140厘米，中部皆设一方框。左框高18厘米，宽34厘米，深4厘米。右框高18厘米，宽29.5厘米，深4厘米。框内皆嵌入一块方砖，与框等高等宽；上部外挑两阶叠涩与窟顶相接。

窟顶　藻井顶，呈方形，为四重叠压砖结构，通高20厘米；其中，上部为两重45°错角叠压砖。

三　造像

正壁圆拱龛内安放圆雕坐像1身[1]（图423；图版Ⅰ：372）。

像坐高58厘米，头长23厘米，肩宽29厘米，胸厚13厘米。卷发，脸长圆，细眉，小口，鼻略残，有连鬓胡须，双耳垂肩，戴耳环。内着僧祇支，外披袒右式袈裟，下着裙，裙摆与袈裟袖摆覆于座上。左手置于腹前，掌心向上似结印，手指残断，右手残断；结跏趺坐于束腰仰莲座上。座通高64厘米，分为上中下三部分，底端略残；上部为三层仰莲台，直径49厘米；中部束腰为圆轮台，直径20厘米；下部五阶叠涩，上两阶为八边形低台，面宽分别为14.5厘米、16厘米，再下为两阶方台叠涩，边宽分别为42厘米、44厘米，最下一阶亦为方台，各面抹棱，面宽53厘米。

---

[1] 2015年，此像已移至大足石刻博物馆展出。

图 420　第 128 号窟立、平面图
1　立面图　2　平面图

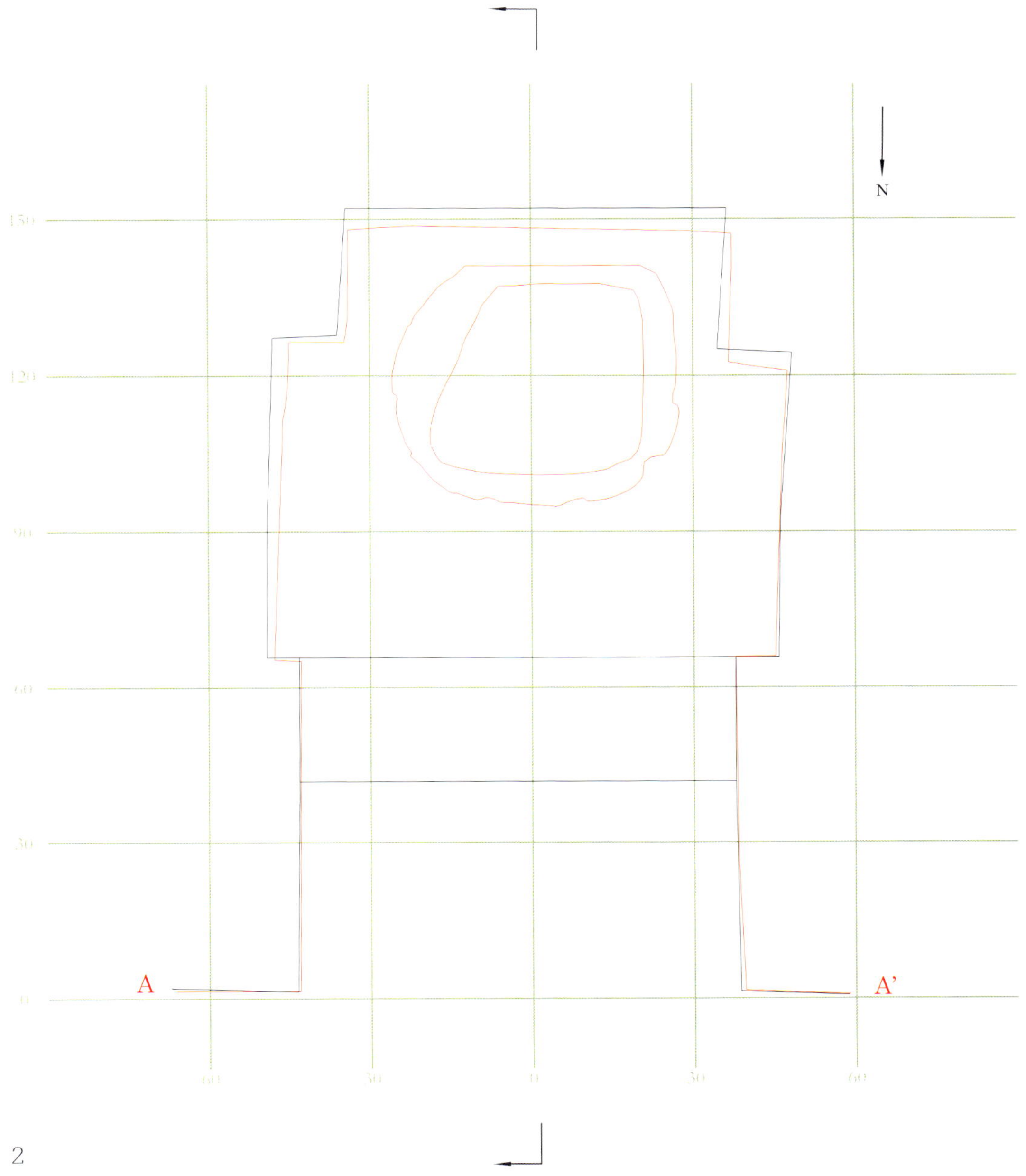

第十一章　塔身第三、一级造像（第 113—131 号）

图 421　第 128 号窟剖面图

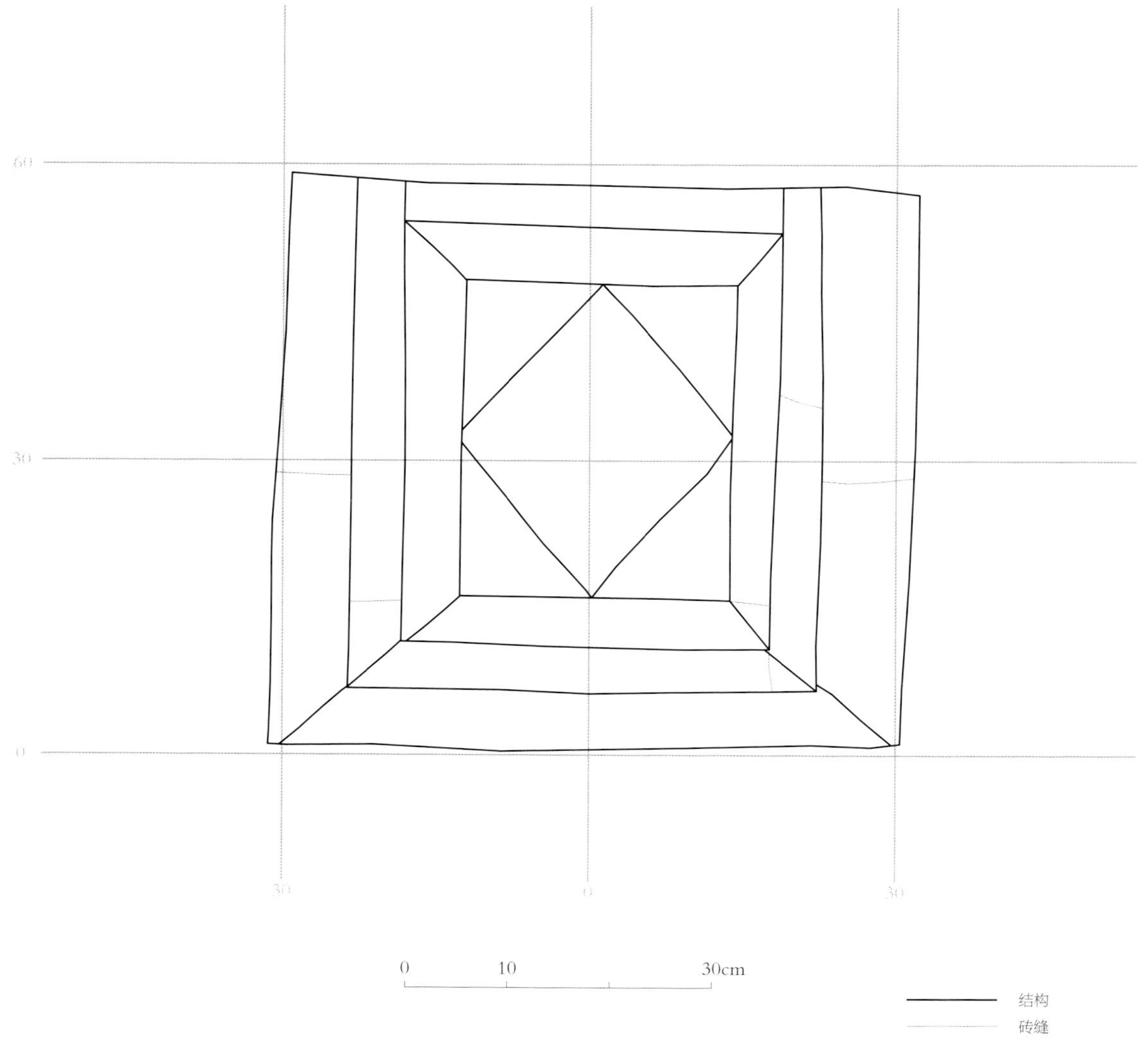

图 422　第 128 号窟窟顶仰视图

图 423　第 128 号窟正壁立面图

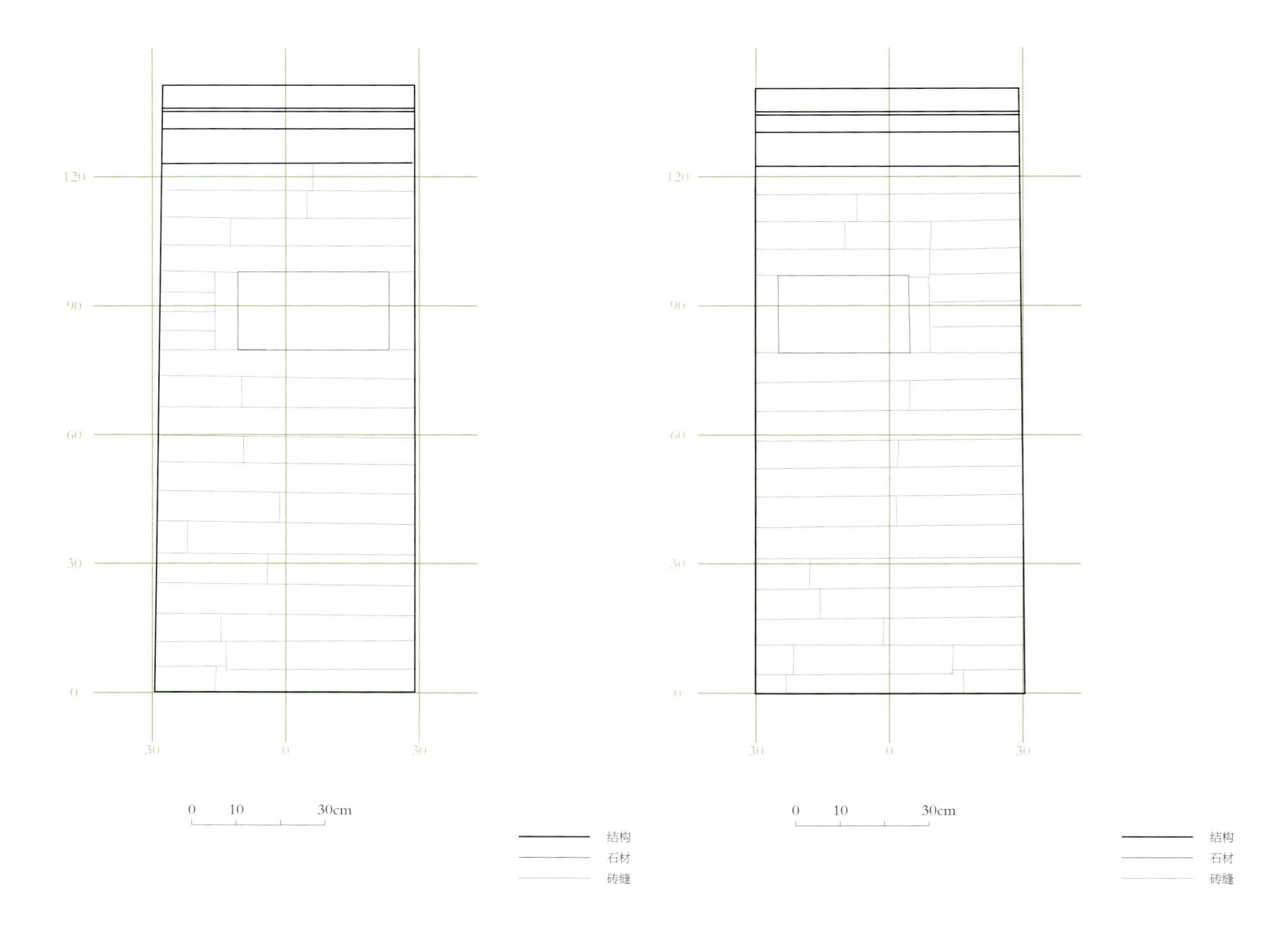

图 424　第 128 号窟左壁立面图　　　　　　　　　　图 425　第 128 号窟右壁立面图

四　铭文

2则。

第1则

王慈济造释迦佛镌记，南宋绍兴十七年（1147年）。位于左壁方框内。文左起，竖刻11行，存58字，楷体，字径1.5—3.5厘米（图424；图版Ⅱ：113）。

01　视迹女身
02　守姓坚真
03　八风不动
04　坚断丙丁
05　弟王慈济讚
06　姐大一娘平生在家□
07　姓长斋看教常行
08　美善舍钱于塔下镌
09　造释迦一尊永为

10　瞻仰[1]
11　时丁卯岁题

第2则

王慈济自赞文，南宋绍兴十七年（1147年）。位于右壁方框内。文左起，竖刻7行，存28字，楷体，字径2—3厘米（图425；图版Ⅱ：114）。

01　我非父亲
02　亦非母义
03　恩酬罔[2][1]极
04　心空及弟
05　建塔专库慈济
06　自讃□
07　丁卯岁题

五　晚期遗迹

窟内保存蓝色、红色、绿色、黑色、灰白色等五种涂层。

第十八节　第129号

一　位置

位于第一级塔身东北壁。左距壁面边缘135.5厘米，右距壁面边缘138厘米；上距横枋下部2.3厘米，下距壁面底部最上阶叠涩67.5厘米。

龛口东北向，方向42°。

二　形制

三重方形龛（图426；图版Ⅰ：373）。

龛口三重，方形。第一重高44厘米，宽42厘米，深0.5厘米；第二重抹棱，高42厘米，宽37厘米，深2厘米；第三重高41.5厘米，宽36.3厘米，深14厘米。龛口左右上角抹角，作直线处理。龛底方形。龛正壁满嵌造像石一块，下起龛底，高40厘米，宽36厘米；左右上角抹角。左右壁竖直。龛顶呈方形，平顶。

三　造像

正壁嵌石刻像2身（图426-1；图版Ⅰ：373）。中刻主尊坐像1身，左侧刻立像1身，皆置于嵌石下部外凸的低台上。台高5厘米，深11厘米，与龛口等宽。

1　"瞻"字上方存刻"天"字，字径略大，现场观察认为，应为后世增刻。
2　此"罔"字《大足石刻铭文录》录为"冈"。重庆大足石刻艺术博物馆编：《大足石刻铭文录》，重庆出版社1999年版，第443页。

主尊像　头残，身蚀，残坐高约19.5厘米。似头戴披帽，身着袈裟，双手置于腹前，结跏趺坐于靠背椅上。椅通高31.5厘米，宽19厘米，深14厘米。靠背右端残。座左右侧刻横枋。座右侧刻一方台，台高13.5厘米，宽7厘米，深8厘米，部分蚀。

左立像　头残，残高约21厘米。上着袈裟，下着裙；双手置胸前似持物，手及物大部残。着鞋直立。

四　晚期遗迹

龛内保存灰白色涂层。

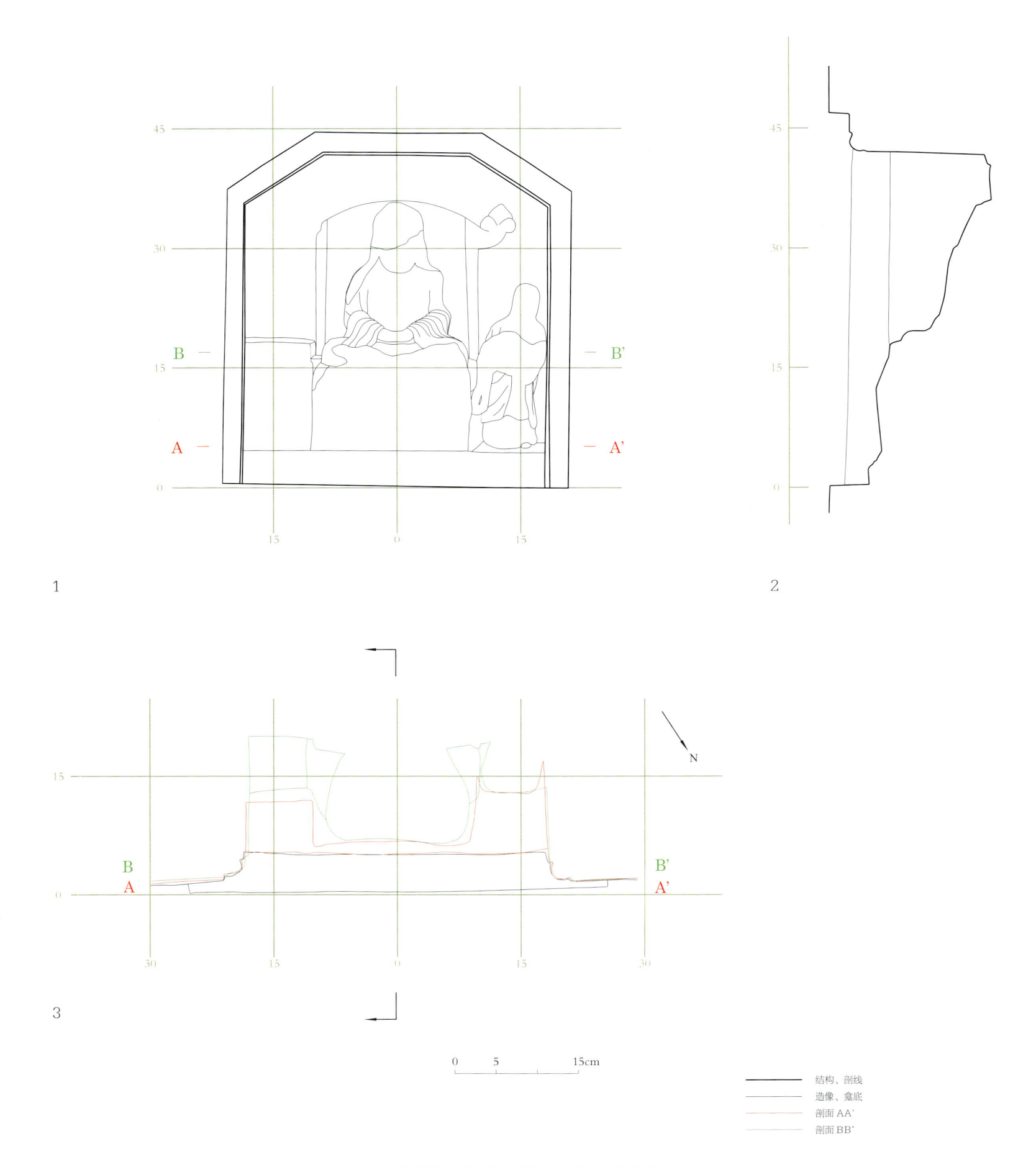

图426　第129号龛平、立、剖面图
1　立面图　2　剖面图　3　平面图

第十九节　第130号

一　位置

位于第一级塔身东壁。左距壁面边缘115厘米，右距壁面边缘122厘米；上距塔身横枋下部25厘米，下与塔基齐平。窟口东向，方向90°。

二　形制

圭形藻井顶窟（图427、图428、图429、图430；图版Ⅰ：374、图版Ⅰ：375、图版Ⅰ：376）。

窟口　呈圭形，高112厘米，宽78.5厘米，深44厘米。窟口左右中上部设一阶叠涩，下距窟底74厘米，外凸5厘米，高6.5厘米；再上接圭形窟口。

窟底　呈方形，宽94厘米，深65厘米，至窟顶顶部高135厘米。

窟壁　正壁竖直，通高112厘米。满嵌造像石一块，下起窟底，高107厘米，宽93厘米；其上砖壁高5厘米。左右壁为素面砖壁，均高112厘米；上部作两阶叠涩与窟顶相接。

窟顶　藻井顶，呈方形，为三重叠压砖结构，通高23厘米；其中，上部两重为45°错角叠压砖。

三　造像

正壁刻像3身（图430；图版Ⅰ：376）。其中，中刻主尊菩萨坐像1身，座左下刻狮奴1身。座右前侧刻立像1身，置于嵌石下部外凸的低台上。台高5.5厘米，宽69厘米，深26厘米。

主尊菩萨像　坐高47厘米，头长20.5厘米，肩宽20厘米，胸厚10厘米。浮雕椭圆形背光，内素平，边缘刻火焰纹，通高64厘米，横径42厘米。梳髻，鬓发绕耳，垂发作结后分三绺覆肩。戴卷草冠，冠顶残。正面刻立式化佛1身，部分毁。菩萨冠带作结后，各分四道沿肩下垂，敷搭肘部及前臂后，垂于座前，其中两道于肩部再次作结。圆脸，残蚀；自两鬓处生出一道毫光，沿冠体上缘斜向上升，各绕一匝后斜飘于嵌石左右上角。戴耳饰，颈刻三道肉褶线，胸饰璎珞，略残；内着僧祇支，上着披巾，下着裙；披巾两端腿前交绕后，敷搭前臂垂于座侧；腰带作结长垂腿前；自后腰斜出一段飘带，于腿前交绕后，垂搭座前。腕镯，左手置左腿上，持物，物残难辨；右手残，横于胸前；结跏趺坐于狮身背负的莲台上。莲台高13厘米，直径38厘米。狮身高36厘米，身长63厘米，头部分残，扭颈向窟口，四腿粗短，两前腿略蚀，尾反卷上翘。主尊背光左右侧各刻三朵长枝花卉和一朵团花。

狮身后腿前侧刻狮奴，头毁，残高31厘米。上着窄袖衫，胸腰系带，两小腿残蚀，下身衣饰不明。双手置于胸前，握持缰绳，手及缰绳部分残；足残，直立于低台上。

狮头内侧刻立像1身，头毁，残高33厘米。上着披巾，戴项饰，下着长短两层裙；披巾交垂腹前敷搭前臂后，垂于体侧，止于圆台上；双手残，置于胸前；足大部残，立于圆台上。台高7厘米，显露宽13厘米。

四　铭文

位于正壁嵌石左侧中部方碑内。碑通高27厘米，宽9厘米。碑首为覆莲叶，碑座为双重仰莲。碑身方形，剥蚀其重，字漶不识。

五　晚期遗迹

龛内保存灰白色、红色、黑色、蓝色等四种涂层。

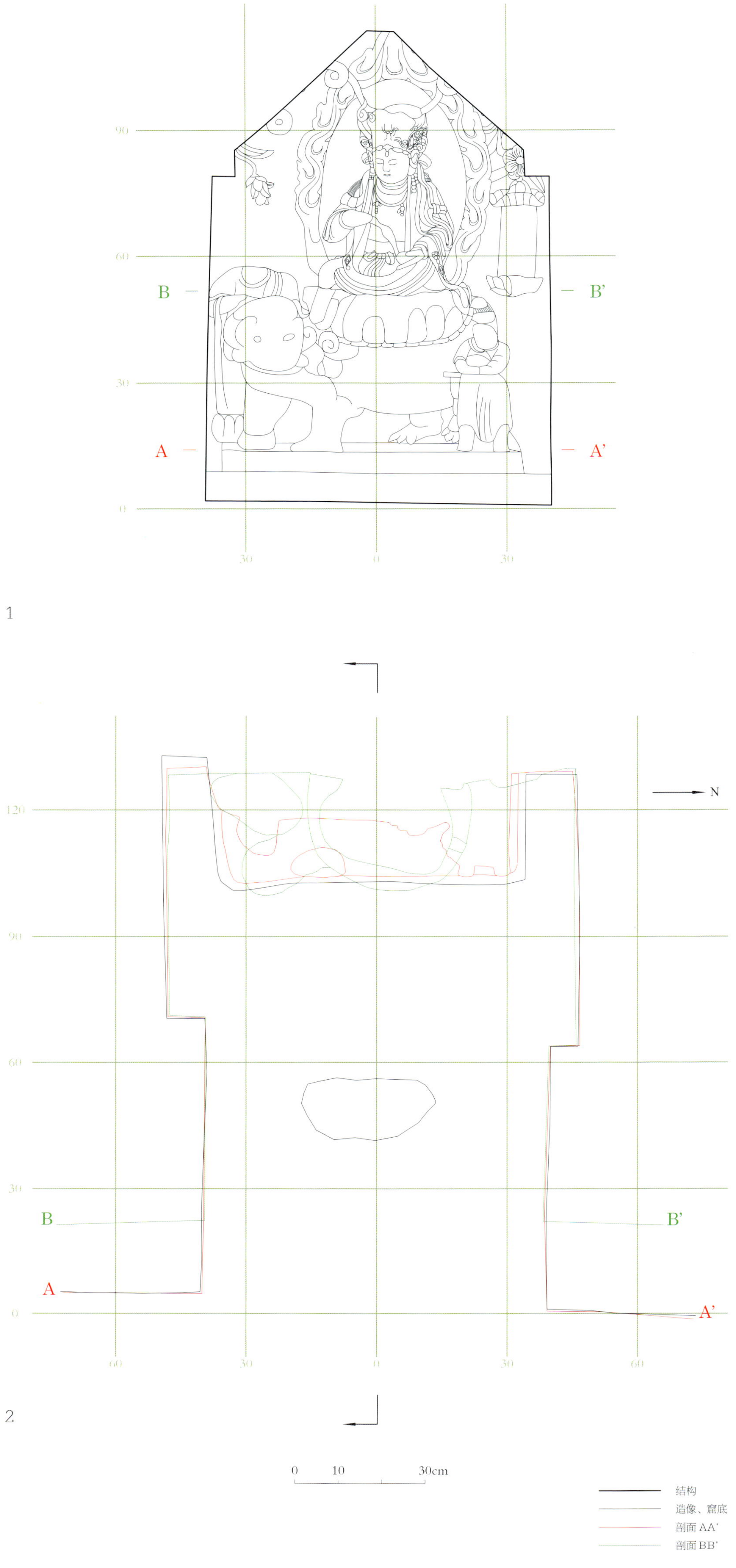

图 427 第 130 号窟平、立面图
1 立面图　2 平面图

504　大足石刻全集　第四卷（上册）

图 428　第 130 号窟剖面图

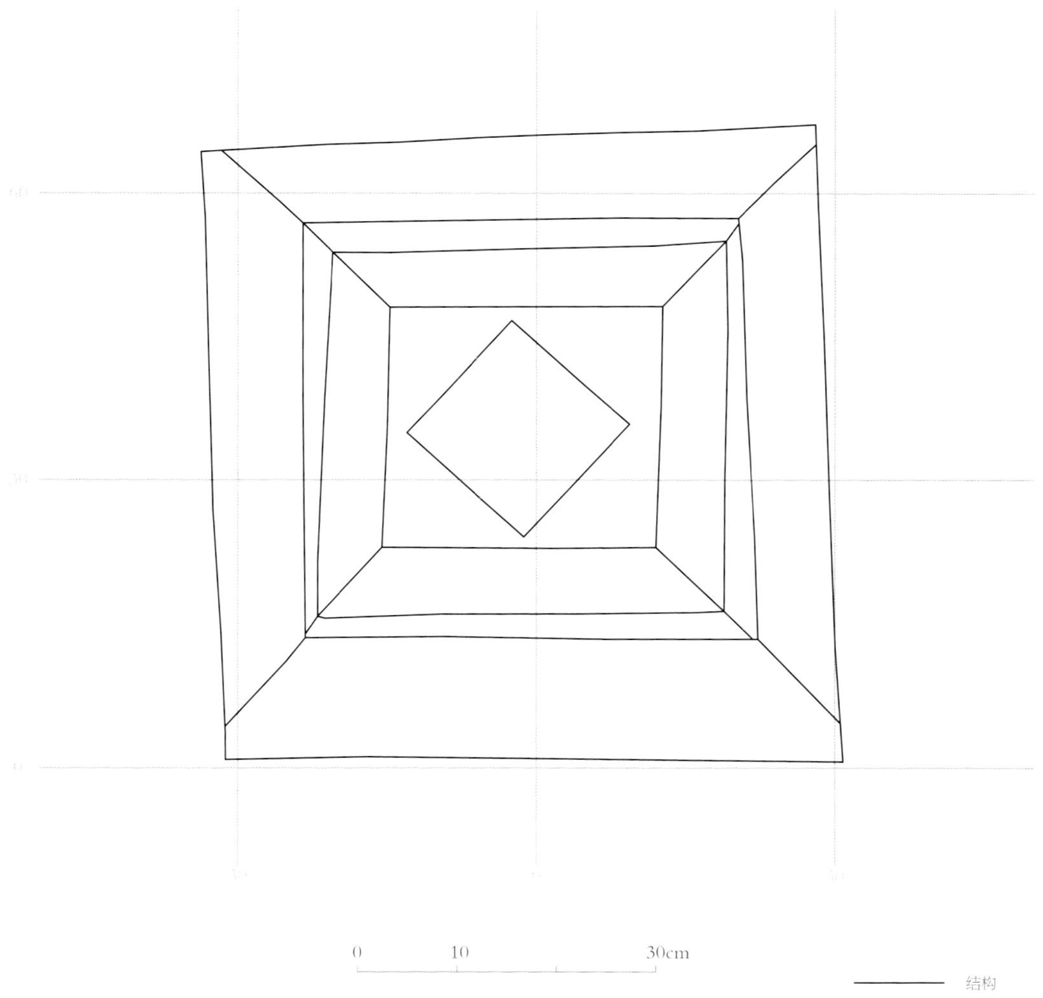

图 429　第 130 号窟窟顶仰视图

第十一章　塔身第三、一级造像（第 113—131 号）　505

图 430　第 130 号窟正壁立面图

506　大足石刻全集　第四卷（上册）

第二十节　第131号

一　位置

位于第一级塔身东南壁。左距壁面边缘135厘米，右距壁面边缘137.5厘米；上距横枋下部1.5厘米，下距壁面底部最上阶叠涩67.6厘米。

龛口东南向，方向130°。

二　形制

四重方形龛（图431、图432；图版Ⅰ：377）。

龛口四重，方形。第一重高45厘米，宽42厘米，深0.3厘米；第二重高44厘米，宽39厘米，深0.3厘米；第三重抹棱，高42厘米，宽34.5厘米，深2.5厘米；第四重高41.8厘米，宽34.7厘米，至后壁最深15厘米。龛口左右上角抹角，作直线处理。龛底呈方形。龛正壁局部镶嵌造像石一块，下起龛底，高36.5厘米，宽33.5厘米；左右上角抹角。左右壁为竖直砖壁。龛顶平顶，呈方形。

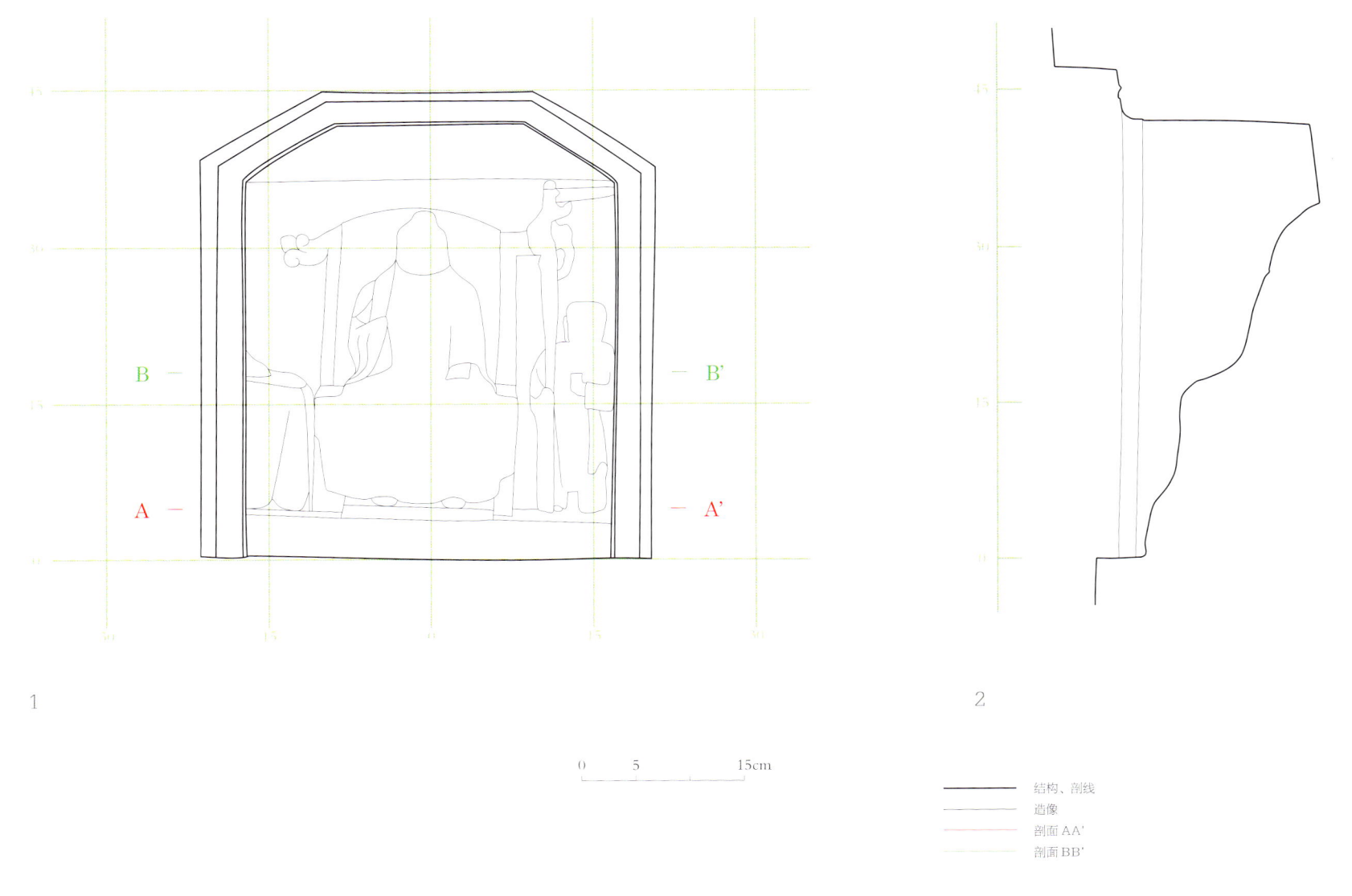

图431　第131号龛立、剖面图
1　立面图　2　剖面图

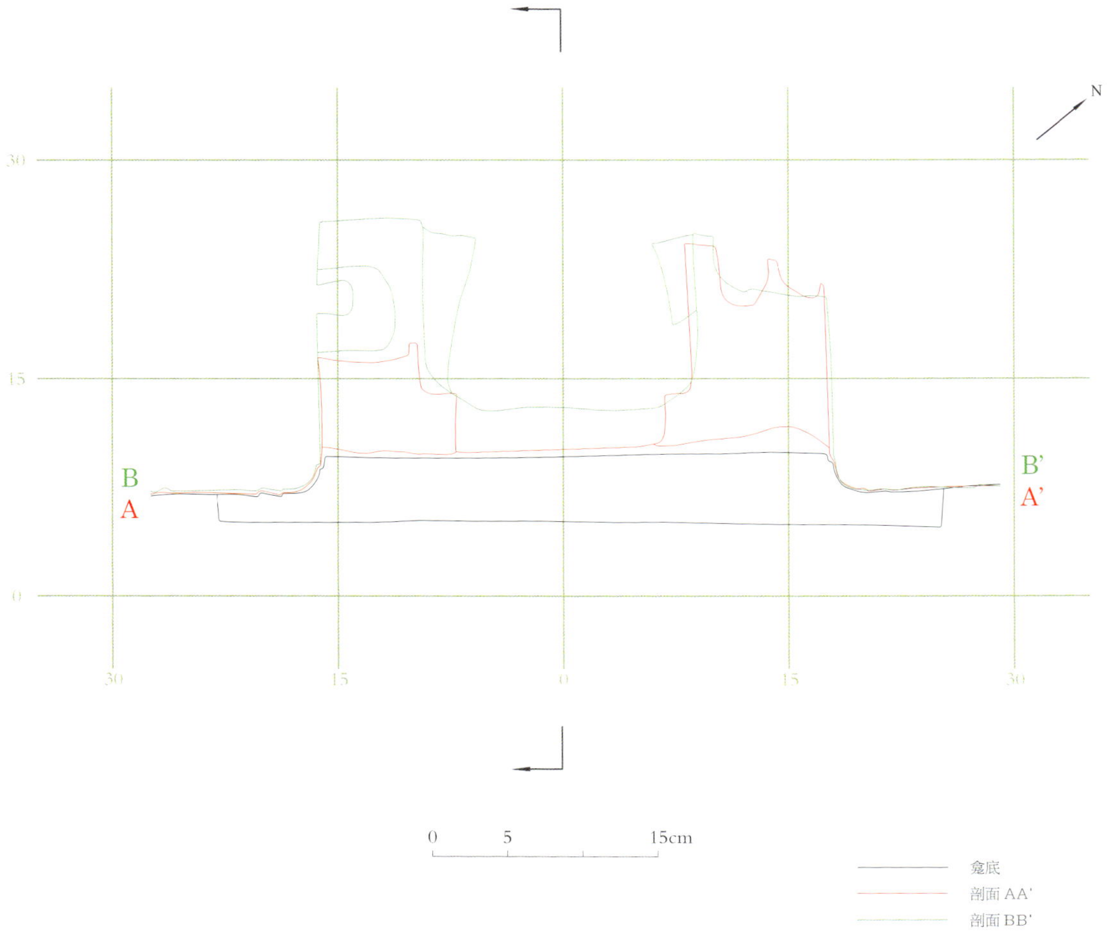

图 432　第 131 号龛平面图

三　造像

正壁嵌石刻像2身（图431-1；图版Ⅰ：377）。中刻主尊坐像1身，左刻立像1身，均置于嵌石下部外凸的低台上。台高4厘米，宽33厘米，深13厘米。

主尊像　头大部毁，残坐高17厘米。上身似着袈裟，下着裙；袈裟袖摆敷搭于座侧。左手抚膝，右手残，曲于胸前；倚坐于靠背椅上。足残，踏方形足踏。椅通高31厘米，宽18厘米，深12厘米；左右侧刻有横枋。足踏高2厘米，宽13厘米，深3.8厘米。

座椅右侧刻一方台，覆巾。台高12.5厘米，宽5厘米，深9厘米；台上置一物，残损难辨。

左立像　高21厘米。头残，身蚀，可辨长服下摆及长裤，左手残，曲于胸前；右手持长杖，杖全长32.5厘米，杖首悬挂什物，仅可辨角尺和扫帚，足不现。

四　晚期遗迹

龛内保存灰白色涂层。

注释：

［1］　此"罔"字，铭文为：

罔

第十二章　塔前造像

本章介绍的多宝塔塔前造像，共一窟。

一　位置

位于多宝塔南向约1150厘米处的竖直崖壁上（图3；图版Ⅰ：6）。窟口南向，方向181°。窟口左距壁面转折边缘850厘米，右距壁面边缘约650厘米；窟顶为后世补接，与多宝塔所在岩体顶部齐平。其后侧边缘处建石护栏，共12段，高101厘米，全长约1920厘米。窟前为一方形平坝，铺设石板，占地面积约492平方米；平坝边沿安条石栏杆，高55厘米，全长约6250厘米[1]。

平坝中部左侧遗存并列的明墓七座，占地约40平方米，显露地表约100厘米。墓地四周设条石护栏，栏高56厘米，周长约2870厘米；条石厚25厘米。平坝左侧1500厘米和左前侧1000厘米处分别遗存清代僧人墓塔一座，右前侧约3000厘米处有"五佛殿"摩崖造像。

平坝右上角设石梯，绕山体边沿斜向铺设，通达多宝塔所处的崖顶。平坝左下角设有石板便道，供行人绕山慢行。平坝前为山体的斜坡，坡脚有20世纪末期修建的一条公路。

二　形制

方形平顶窟（图433、图434、图435、图436；图版Ⅰ：378）。

窟口　呈方形，高约1174厘米，宽约1255厘米，至后壁最深约619厘米。

窟底　呈方形，略显不规整，宽1300厘米，深280厘米。前侧与平坝衔接，大致在同一平面。窟底内侧设一级平台，高262厘米，深400厘米，与窟口等宽。

窟壁　正壁竖直，中上部后世嵌入条石补砌平整。左右侧壁竖直，最窄处约215厘米，最宽处约660厘米，与正壁略垂直相接。壁面与窟顶垂直相交。

窟顶　呈方形，平顶；为1997年维修补接，外挑于左右侧壁，形如窟檐；左右端向两侧收缩延伸，末端与岩体边沿圆润衔接。窟顶外宽1235厘米，内宽1194厘米，深727厘米。

三　造像

窟内刻坐佛2身（图433、图437；图版Ⅰ：378）。

左佛像　坐高770厘米，头长228厘米，额宽130厘米，肩宽339厘米，胸厚179厘米。头顶上距窟顶37厘米；头后部与正壁相接，相接处上部后世安砌条石加固。螺发，刻髻珠，髻珠直径35厘米。面方正，眉间刻白毫，直径19.5厘米，外凸约12厘米。弯眉，双眼半睁。直鼻，高约23厘米，鼻翼宽37厘米，人中刻画明显。双唇闭合，上下高18厘米，左右宽51厘米，下颌圆润。双耳肥大，耳全长140厘米，耳廓最宽37厘米。肩宽胸平，内着僧祇支，衣纹呈斜向的阶梯状。上着双领下垂式袈裟，下着裙；袈裟下缘于腿前略显平直，袈裟和裙摆敷搭并垂于平台。两腋处衣纹略显竖直，于腿间及小腿处呈圆弧下垂的"U"形。左手托钵，置于左膝上，钵高84厘

---

[1] 1997年4月，大足北山多宝塔二佛维修工程正式启动，历时8个月。此次维修，一是采用钢筋混凝土补接此窟窟檐、小平板盖顶；二是砌筑二佛左侧页岩体，毛条石挡土坪；三是窟前铺设石板地坪，安砌石栏杆和条石挡土坪；四是窟顶采用刚性屋面，二布六油作防水层。

图 433　二佛窟立面图

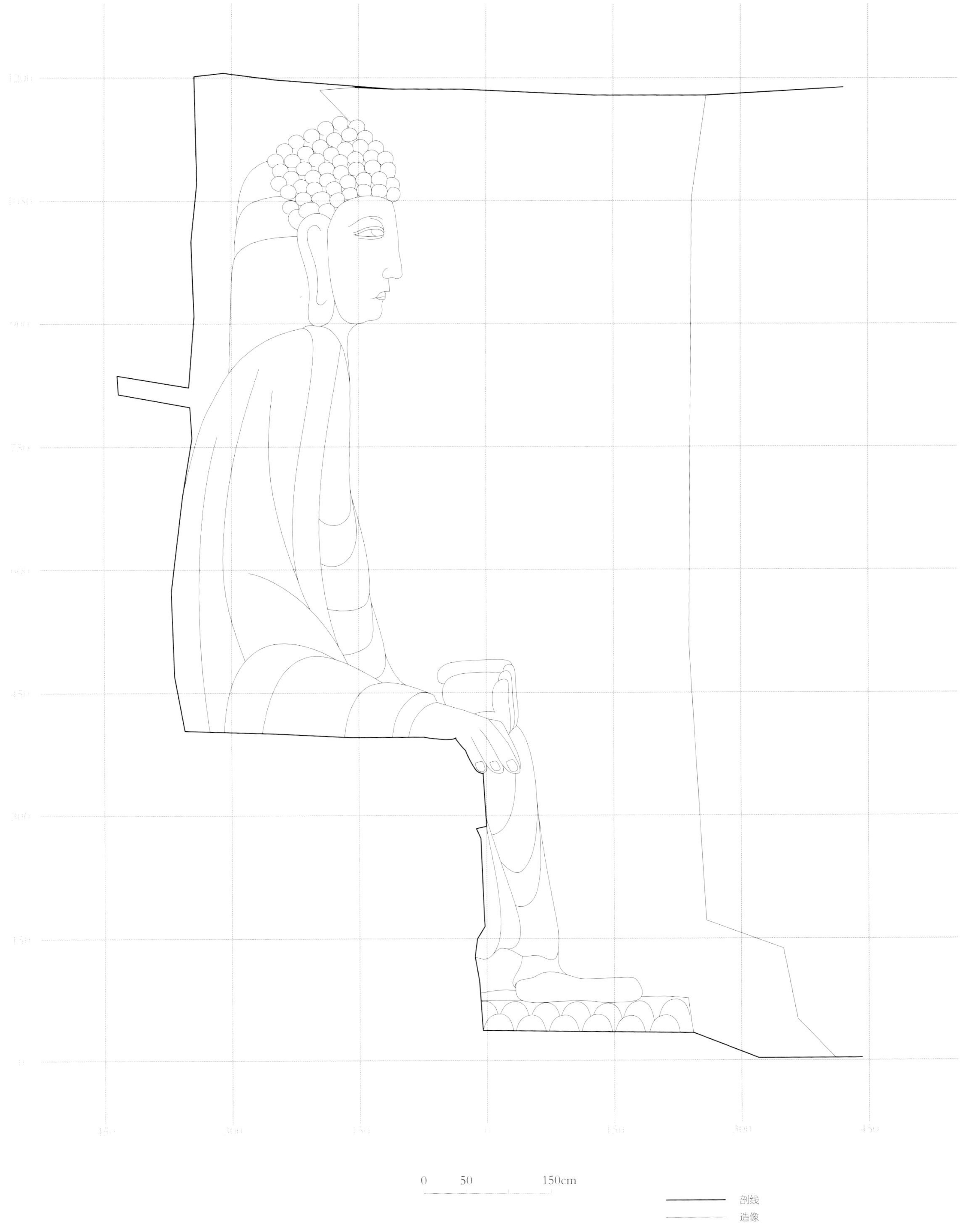

图 434 二佛窟剖面图

第十二章 塔前造像 511

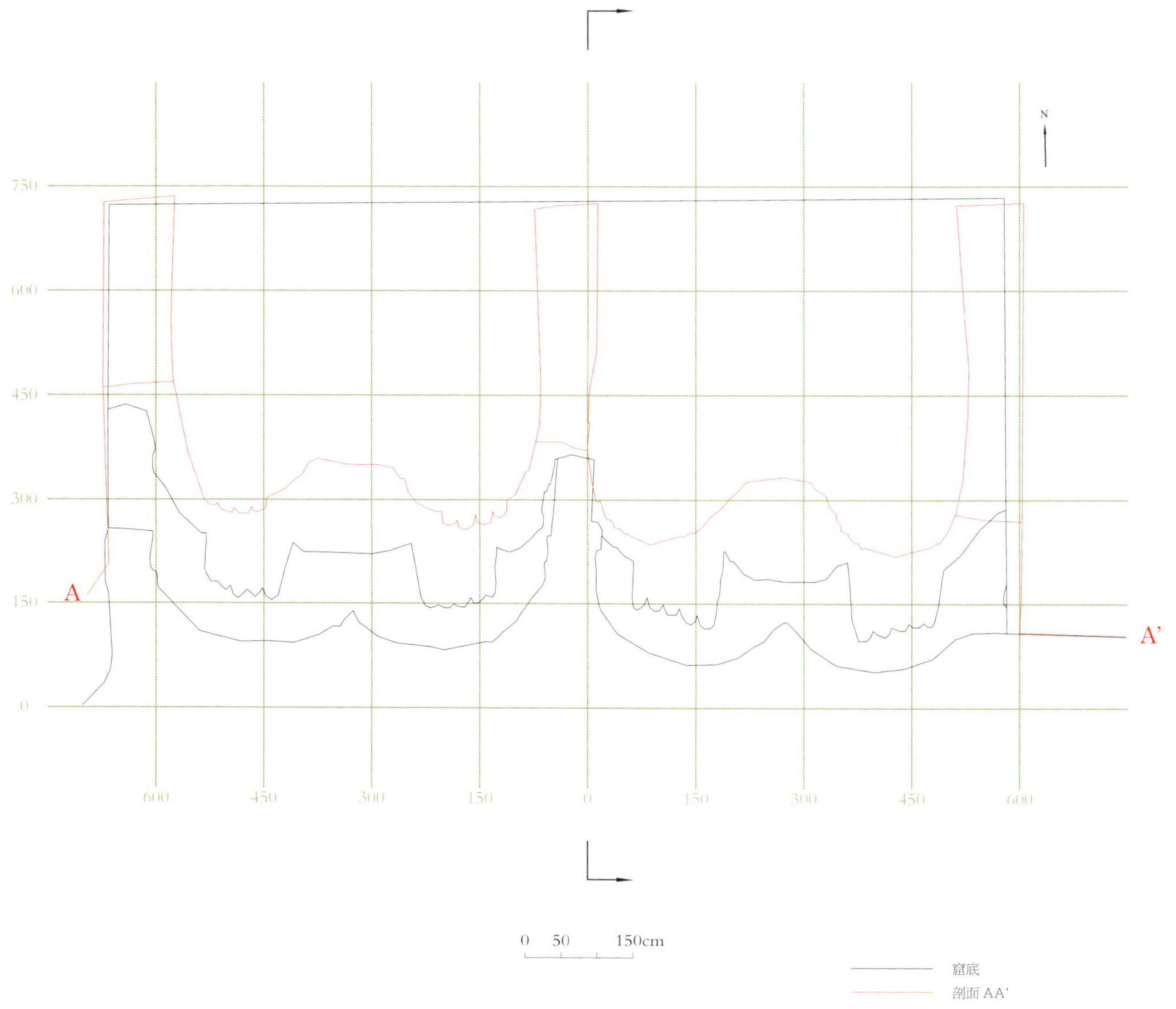

图 435　二佛窟平面图

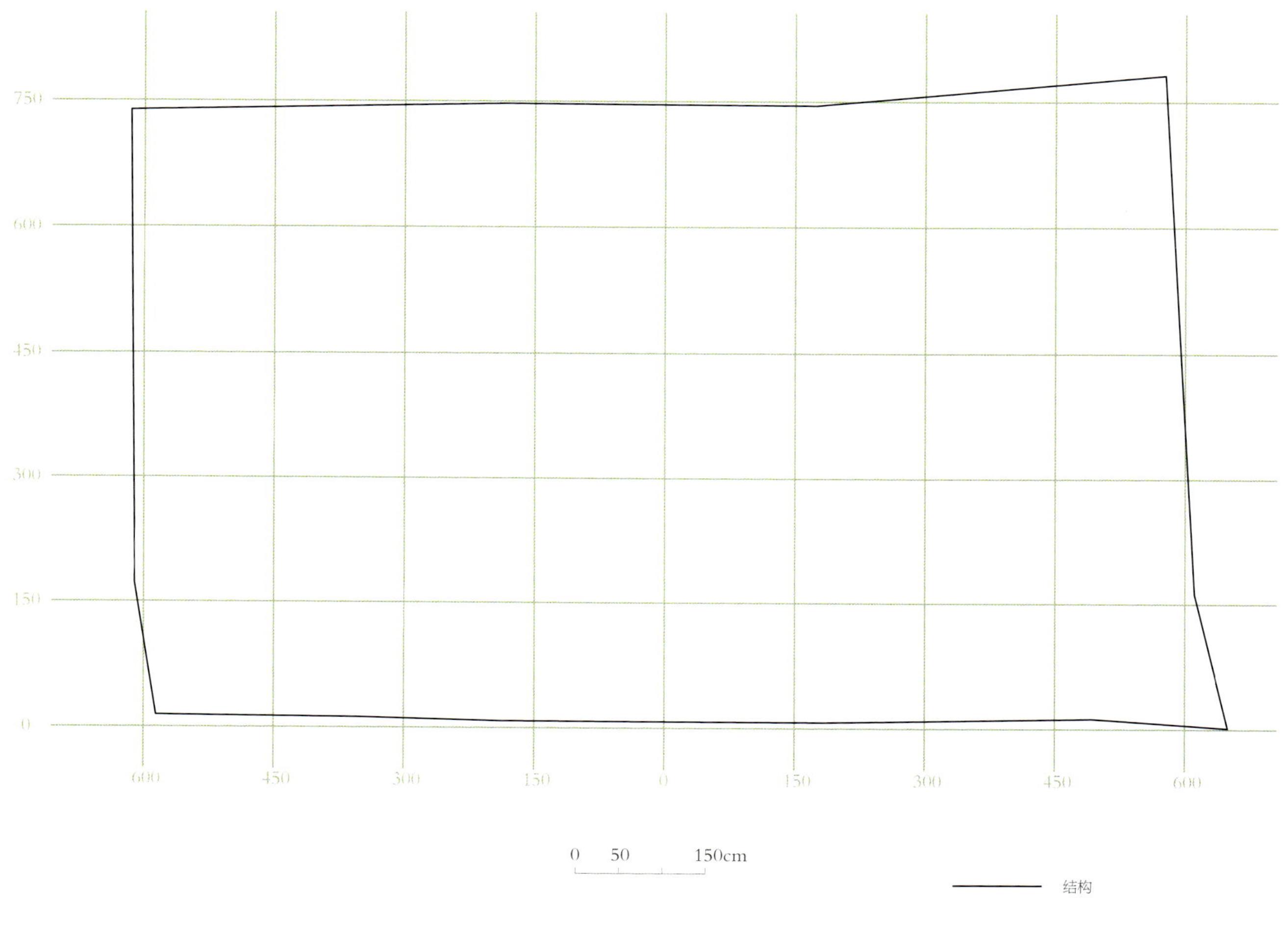

图 436　二佛窟窟顶仰视图

512　大足石刻全集　第四卷（上册）

图 437　二佛像等值线图

米，口径107厘米，腹径约120厘米；右手抚膝，手掌宽120厘米，厚50厘米；倚坐于平台上，跣足分踏双重仰莲台。足显露最长122厘米，左右宽130厘米，足背厚约44厘米；仰莲台大小相近，高61厘米，直径286厘米。

　　右佛像　坐高710厘米，头长227厘米，额宽140厘米，肩宽358厘米，胸厚180厘米。头顶上距窟顶95厘米，头后部与正壁相接，相接处上部后世安砌条石加固。尖螺状发，刻髻珠，髻珠直径37厘米。面方正，眉间刻白毫，直径19厘米，外凸12厘米，面部特征同左佛。鼻高23厘米，鼻翼宽38厘米。双唇上下高21厘米，宽48厘米。耳长131厘米，耳廓宽38厘米。颈刻三道肉褶线，肩宽胸平。内着僧祇支，衣纹呈斜向的阶梯状；外着双领下垂式袈裟，下着裙；袈裟下缘于腿间呈锐角下垂，袈裟和裙摆敷搭并垂于平台。两腋处衣纹略显竖直，于胸下和腹前呈横向的阶梯状，于小腿间呈圆弧下垂的"U"形。双手抚膝，手掌宽127厘米，厚40厘米；倚坐于平台上，跣足分踏双重仰莲台。足显露长103厘米，左右宽117厘米，足背厚约42厘米；仰莲台大小相近，高61厘米，直径290厘米。

四　晚期遗迹

　　窟正壁左侧、中部、右侧各存一列纵向的枋孔。左侧8个，最大者高50厘米，最宽23.5厘米，深35厘米；最小者高24厘米，宽13.5厘米，深12.5厘米。中部9个，最大者高46厘米，最宽23厘米，深35厘米；最小者高19厘米，宽10厘米，深12.5厘米。右侧8个，最大者高73厘米，最宽39厘米，深40厘米；最小者高19厘米，宽11厘米，深13厘米。

　　窟口左外侧水平220厘米处崖面凿一方碑，高290厘米，宽178厘米，深14厘米；内素平。窟口右侧水平210厘米处崖面凿一方碑，高284厘米，宽180厘米，深11厘米；内素平。

第十三章 结语

一 建筑特点

（一）塔体营建

多宝塔是一座楼阁式八面形砖塔。因其直接砌筑于巨石之上，目前尚未探勘发现地宫。基座利用凸露的天然巨石修凿而成，转角处均刻作抬举状的半身力士像。塔身状如腰鼓，外设十二级塔檐；第一级塔身仿木构造石质倚柱；砖砌塔窗、横枋和檐下铺作等结构。塔之南面设置塔门洞，内设回廊八层，梯道七段，各层上下以梯道相通，梯道呈"十"字形交错穿塔心而过。回廊外壁开塔窗，与回廊相通，可凭窗远眺。

塔内八层回廊与塔外的十二级塔身相互对应。塔内第一层回廊与塔外第一级塔身对应，并与南面塔门相通；第二层回廊与第二级塔身对应，开设塔窗相通；第三层回廊与第三、四级塔身对应，并与第四级塔窗相通；第四层回廊与第五、六级塔身对应，并与第六级塔窗相通；第五层回廊与第七、八级塔身对应，并与第八级塔窗相通；第六层回廊与第九、十级塔身对应，并与第十级塔窗相通；第七层回廊与第十一级塔身对应，并与开设的塔窗相通；第八层回廊与第十二级塔身对应，并与开设的塔窗相通。

多宝塔除塔基利用天然巨石修凿而成，第一级塔身倚柱为嵌入的石材，塔门安置石质的门楣、立柱、门槛，以及龛窟内的造像、碑刻题记大多为嵌石外，其余塔身、塔檐、回廊、梯道、塔窗、龛窟、塔刹等，均用高约26厘米，宽约49厘米，厚约7厘米的方砖砌筑而成。其方式主要以平铺叠砌为主，梯道竖直部分和部分圆拱窟的圆拱部分则用立砖相砌；砖缝全部以灰浆填塞。

（二）龛窟设置

多宝塔最大的特点是在塔体内外用砖砌筑大量龛窟，并于其内镶嵌造像石。调查发现，建塔过程中，于塔体预设的恰当位置砌筑龛窟，留设嵌石位置，再将造像石成品嵌入龛窟内的壁面，以此形成完整的龛窟造像。造像石镶嵌壁面有满嵌和局部镶嵌两种情形。多数情况下，龛窟预留空间与造像石大小均较一致，嵌合较好，但也有个别龛窟预留的空间与造像石大小略有出入，难以嵌合，对此主要采用两种方式处理：一是预留空间小，造像石大的，则将石材的边角部分截除，以利顺利嵌入，如第7、41号等；二是预留空间大，造像石小的，则在石材嵌入之后，用较小的砖块填塞空隙部位，以使壁面完整，如第33、43、52号等。

具体而言，满嵌方式有四种，局部镶嵌方式有两种。

1.满嵌

第一种　方形浅龛，造像石与龛正壁大小一致，满嵌壁面。有第20、55、71、71-1、73、73-1、76、79、80、80-1、125、127、129号等13个龛。

第二种　方形浅龛，正壁上部设外挑的砖块叠涩至顶，下部壁面满嵌造像石。有第3、4、5、6、8、9、10、11、13、14、16、17、18、19、21、22、24、26、27、29、30、31、32、34、35、37、38、40、42、46、48、49、53、56、114、115、117、118、120、121、123、124号等42个龛。

第三种　圭形浅龛，正壁上部收分呈圭形，下部方形壁面满嵌造像石。有第41、45、51、58、59、65、66、68、75、90、96、98、100、102、104、106、108、110、112号等19个龛。

第四种　深窟，方形造像石镶嵌壁面，下起窟底，左右齐抵壁面边缘，上部齐抵窟顶叠涩下皮或存留少许砖壁。此情形亦视为满嵌。有第7、12、15、23、28、69、70、72、74、78、113、116、119、122、126、130号等16个窟。

2.局部镶嵌

第一种　浅龛，造像石小于或窄于正壁，镶嵌壁面后其上方或左右侧存留部分空余砖壁。有第25、44、61、63、81、131号等6个龛。

第二种　深窟，造像石镶嵌窟正壁，或下起窟底，或下设砖块低坛，其石左右外侧和上部外侧均存留空余砖壁。有第33、36、

39、43、47、50、52、54、57、60、62、64、67、77、82、83、84、89、91、93、95、97、99、101、103、105、107、109、111号等29个窟。

此外，第80-2、85、86、87、88、92、94号等7个龛窟为素面砖壁，未见镶嵌造像石。第1、2号和第128号两个窟正壁设置龛窟形，安置独立圆雕造像石。

（三）龛窟布局与形制

多宝塔的龛窟布置呈现出一定的规律性。一般而言，塔内或塔外一堵壁面仅设置一个龛窟的，则布置于壁面中部；一堵壁面设置两个龛窟的，则布置于壁面均分的左、右侧中下部。

多宝塔共砌筑龛窟134个，主要为浅龛和深窟两种类型。其中浅龛86个，深窟48个。塔内回廊外壁因厚度仅约为100厘米，故均设置浅龛；回廊内壁，即塔心部分厚实坚固，故于东南西北四个正向壁面设置深窟，东南、西南、东北、西北四个侧向壁面设置浅龛。塔外第一至第十级塔身壁面中，与塔内回廊相通的第二、四、六、八、十级塔身东南西北四个正向壁面开设塔窗，其余壁面皆素平，未设置龛窟；第一、三、五、七、九级塔身的东南西北四个正向壁面设置深窟，其余东南、西南、东北、西北四个侧向壁面设置浅龛。第十一、十二级塔身虽较矮，但稳定性较好，故于第十一级塔身西北、东南、东北三壁设置浅龛，西南壁素平，其余壁面开设塔窗；第十二级塔身西、北、东三壁设置深窟，其余壁面开设塔窗。浅龛和深窟的布置，体现出营建者在建造过程中不仅考虑到龛窟像的布局，且深虑建筑本身的安全性和稳定性。

根据本卷报告附录一《多宝塔龛窟造像一览表》关于龛窟形制的记述，按照龛口形状，多宝塔86个浅龛中，有56个为单层方形龛，3个为四重方形龛，1个为三重方形龛，26个为单层圭形龛。其龛底均呈方形，龛顶为方形平顶，左右壁为竖直砖壁；龛正壁大多镶嵌造像石，其上部除12个龛未叠涩横砖外，其余大多叠涩一阶、两阶，个别叠涩三阶横砖与龛顶相接。

根据窟口和窟顶形状，在48个窟中，有16个为圭形覆斗顶窟，13个为圭形藻井顶窟，3个为圭形平顶窟，7个为圆拱形覆斗顶窟，8个为圆拱形藻井顶窟，1个为圆拱形平顶窟。其窟底均为方形，左右壁及正壁为竖直砖壁，大多嵌砌造像石。

二 年代分析

多宝塔的建筑特点表明，塔体营建与塔内外嵌石造像龛窟的布置，应属统一构思，整体规划，同时建造，故塔身内外造像龛窟、建筑体中所遗存的纪年题刻，可作为推定多宝塔建造年代的直接依据。

在多宝塔第一级塔身西南壁左起第二、第三方框内的砖面上，皆刻"赵瓦造大宋丁卯"铭文。查干支丁卯为南宋绍兴十七年（1147年）。

在多宝塔134个龛窟中，有63个刻有石刻铭文，其中11个存有与建塔相关的纪年：

塔外第一级塔身北面第128号窟左壁存"……镌造释迦一尊永为瞻仰时丁卯岁题"镌记，查干支丁卯为南宋绍兴十七年（1147年）。

塔内第二层第8号龛正壁上部存"大北街居住佛子何正言同室杨氏戊辰绍兴十八□四月初八"题记，查干支戊辰为绍兴十八年（1148年）。

塔内第二层第7号窟右壁存刘升等镌造如意轮菩萨像龛题记，其纪年为绍兴二十年（1150年）。

塔内第三层第23号窟存"奉佛信士□于滨舍财建造祈乞安乐时辛未年正月初十立"镌记，查干支辛未为绍兴二十一年（1151年）。

塔内第四层第43号窟存任亮刊刻冯大学施钱造塔记，其纪年为绍兴壬申，查干支壬申为绍兴二十二年（1152年）。

塔内第五层第54号窟存王堂化众舍钱建塔第八层镌记，其纪年为癸酉仲冬，查干支癸酉为绍兴二十三年（1153年）。

塔内第五层第57号窟存文陟造无量寿佛龛镌记，其纪年为癸酉，即绍兴二十三年（1153年）。

塔内第五层第60号窟存刘杰等造释迦佛和地藏、龙树菩萨龛并建塔施铁索的三则镌记，其中窟左壁右上方的一件存癸酉纪年，查干支癸酉为绍兴二十三年（1153年）。

塔内第六层第64号窟存佛涅槃像题刻及匠师镌名，其纪年为绍兴甲戌，查干支甲戌为绍兴二十四年（1154年）。

塔内第五层第58号龛存李小大在戊辰年镌造观音一尊，于乙亥年刊石的题记。查干支戊辰为绍兴十八年（1148年），乙亥为绍兴二十五年（1155年）。

塔内第五层第55号龛存庞上明与祖母胡氏"认砌第十一级"造塔记，其纪年为乙亥绍兴二十五年（1155年）。

现将与建塔年代直接相关的龛窟纪年整理列入表21。

表21 多宝塔纪年龛像表

序号	龛窟号	位置	题材	纪年
1	128	塔外第一级北壁	释迦佛	绍兴十七年（1147年）
2	8	塔内第二级回廊外壁东北向壁面	净瓶观音	绍兴十八年（1148年）
3	7	塔内第二级回廊内壁西向壁面	如意轮菩萨	绍兴二十年（1150年）
4	23	塔内第三级回廊内壁西向壁面	华严三圣	绍兴二十一年（1151年）
5	43	塔内第四级回廊内壁东向壁面	释迦牟尼佛	绍兴二十二年（1152年）
6	54	塔内第五级回廊内壁北向壁面	佛像	绍兴二十三年（1153年）
7	57	塔内第五级回廊内壁西向壁面	阿弥陀佛	绍兴二十三年（1153年）
8	60	塔内第五级回廊内壁南向壁面	一佛二菩萨	绍兴二十三年（1153年）
9	64	塔内第六级回廊内壁东向壁面	释迦涅槃图	绍兴二十四年（1154年）
10	55	塔内第五级回廊外壁东南向壁面	善财童子参天主光女	绍兴二十五年（1155年）
11	58	塔内第五级回廊外壁东北向壁面	水月观音	绍兴二十五年（1155年）

上表表明，多宝塔最早龛窟的纪年镌记为南宋绍兴十七年（1147年），最晚的纪年镌记为南宋绍兴二十五年（1155年）。据此可以认为，多宝塔大体建造于南宋绍兴十七年至南宋绍兴二十五年间（1147—1155年）。

三 题材内容

多宝塔回廊内、外壁和塔身外壁共设龛窟134个。其中，塔内回廊内、外壁面设83个，包括第1—80号和第71-1号、第73-1号、第80-1号、第80-2号等；塔身外壁设51个，包括第81—131号等。现结合各龛窟造像特征、铭刻等，对其造像题材略作简要分析。

第1、2号 窟正壁结跏趺坐像头被盗后追回，头布螺髻，内着僧祇支，外着双领下垂式袈裟，下着裙，左手结印，右手抚膝，为释迦佛像。左壁立像前，跪一童子；右壁立像前，立一童子。据窟右壁题记，知右壁造像为"文殊指善财童子南行像"；左壁与右壁造像大体相同，亦应为"善财童子五十三参像"。

第3号 龛内主尊头毁，内着双层交领服，外披袒右式袈裟，下着裙，左手前伸，右手置胸前，着鞋立于云头上。据龛内题记，此像为海云比丘。其左侧童子立像，应为善财，故此龛为"善财童子参海云比丘龛"。

第4号 龛内主尊外披双领下垂式袈裟，下着裙，腕镯，左手握袈裟一角，右手持念珠，游戏坐于山石台上，其左侧祥云中置净瓶，应为水月观音像。主尊左侧立像存幞头展脚，着圆领宽袖长服，双手持笏，应为供养人像。据其主尊，此龛为"水月观音龛"。

第5号 龛内主尊内着僧祇支，外披袈裟，下着裙，左手下垂，右手置胸前，跣足分踏仰莲，据龛刻题记，此像为弥勒菩萨像；其身前跪像，应为善财童子，故此龛为"善财童子参弥勒菩萨龛"。

第6号 龛内主尊立像头毁，内着双层交领服，外披袒右式袈裟，下着裙，左手置胸前，右臂前伸，据龛刻题记，此像为德云比丘。其身右侧立像，应为善财童子，故此龛为"善财童子参德云比丘龛"。

第7号 窟内结跏趺坐主尊像梳髻戴冠，内着僧祇支，外披双领下垂式袈裟，下着裙，腕镯，左手持法轮，右手结印，据窟内题记，为如意轮菩萨。座前及左右立像，视其衣饰形象，应为供养人像。据其主尊，此窟为"如意轮菩萨窟"。

第8号　龛内主尊外披宽博披巾，下着裙，左手置腹前，似持净瓶，右手于胸前持柳枝，据此特征，似为净瓶观音。其左右立像，视其衣饰形象，应为供养人像。据其主尊，此龛为"净瓶观音龛"。

第9号　龛内主尊立像梳髻戴冠，外披巾，下着裙，腕镯，双手似持莲枝，视其特征应为观音像。其左右二立像，视其衣饰、手姿等，应为供养人像。据其主尊，此龛为"观音龛"。

第10号　龛内主尊肉髻，内着僧祇支，外着双领下垂式袈裟，下着裙，左手托钵，右手于胸前结印，结跏趺坐，应为释迦佛像。左右立像，视其衣饰特征，应为供养人像。据其主尊，此龛为"释迦佛龛"。

第11号　龛内主尊立像头残，外着宽博披巾，下着裙，左手持物，右手屈肘前伸，抚身前童子头顶，身后刻一狮，旁立狮奴。据龛刻题记，此龛为"善财童子再会文殊龛"。

第12号　窟内主尊有椭圆形背光，自头顶左右各发出两道毫光，身着双领下垂式袈裟，下着裙，双手置胸前持物，结跏趺坐，应为佛像。左右后侧立像，梳髻戴冠，胸饰璎珞，外披双领下垂式袈裟，下着裙，双手置胸前，立于仰莲上，应为胁侍菩萨像。左右前侧立像视其衣饰，应为供养人像。根据造像组合，此窟为"一佛二菩萨窟"。

第13号　龛内主尊头毁，内着交领宽袖服，外披双领下垂式袈裟，双手腹前笼袖内，结跏趺坐于须弥座上，据龛刻题记，知其为海幢比丘。其左侧童子立像，应为善财。据此，此龛应为"善财童子参海幢比丘龛"。

第14号　龛内主尊头大部残，着双层交领窄袖长服，左手下垂体侧，右手前伸作指引状，着鞋立于树下，据龛刻题记，此像为解脱长者。其身前一像躬身而立，应为善财童子。据此，此龛为"善财童子参解脱长者龛"。

第15号　窟内主尊头残，上身斜披络腋，下着裙，臂钏，腕镯，左手撑台，右手置右膝上，垂左腿，竖右腿，跣足坐于山石座上。该像背光云纹内刻净瓶，瓶内插柳枝，应为水月观音像。左右像视其衣饰、持物等，应为供养人像。据其主尊，此龛为"水月观音龛"。

第16号　龛内主尊头大部残，上着双层交领窄袖长服，下着裙，左手置大腿上，右臂前伸，手大部残，倚坐于方台上，着鞋踏狮背，据龛刻题记，此像为弥伽长者。右侧童子立像，应为善财。据此，此龛为"善财童子参弥伽长者龛"。

第17号　龛内主尊头大部残，头巾，胸饰璎珞，上着宽博披巾，下着裙，腕镯，左手胸前持物，右手右展作指引状，跣足踏仰莲；其右侧为一童子立像。据龛刻题记，主尊为文殊菩萨像，童子为善财像，故龛为"文殊菩萨指善财童子南行龛"。

第18号　龛内主尊头毁，身着双领下垂式袈裟，下着裙，双手腹前结禅定印，结跏趺坐于束腰莲座上，视其特征，应为佛像。左右立像，视其衣饰形象，应为供养人像。按其主尊，此龛为"佛像龛"。

第19号　龛内主尊立像头毁，内着交领宽袖服，外披袒右式袈裟，下着裙，左手垂于体侧，掌心向外，五指并拢；右手外展前伸，作指点状，据龛刻题记，此像为善住比丘。右下童子立像，应为善财。据此，此龛为"善财童子参善住比丘龛"。

第20号　龛内嵌方碑刻佛字，为"佛字碑龛"。

第21号　龛内主尊头大部毁，存头巾，身着宽袖长服，腰系带，左手外伸作指引状，右手抚右腿；垂左腿，盘右腿，坐于圆台上。左侧立像为一童子。此龛造像与多宝塔五十三参图像大体相同，应为"善财童子五十三参龛"[1]。

第22号　龛内主尊头毁，内着翻领窄袖服，外着交领宽袖长服，下着裙，左手外伸作指引状，右手持方形物，着鞋坐于方台上，据龛刻题记，此像应为无厌足王。右下童子立像头毁肩残，应为善财像。右侧二像，视其特征，为施刑者和受刑者。据此，此龛为"善财童子参无厌足王龛"。

第23号　窟内主尊头毁，顶出四道毫光，内着僧祇支，外着双领下垂式袈裟，下着裙，双手于腹前结印，结跏趺坐。其左上方坐像头大部残，上着宽博披巾，下着裙，左手抚膝，右手持如意，结跏趺坐于狮身背负的莲台上；右上方坐像衣饰与坐姿与左上方坐像同，坐于大象背负的莲台上；狮、象头侧分立狮奴与象奴。据其特征，主尊像应为毗卢佛，左像为文殊，右像为普贤，故此窟应为"华严三圣窟"。

第24号　龛内主尊立像头大部残，存头巾，上着双层交领窄袖服，下着裙，左手作指点状，右手斜垂体侧，身左侧刻密檐塔一座，据龛刻题记，此像为宝髻长者。身后童子立像头毁，应为善财。据此，此龛应为"善财童子参宝髻长者龛"。

---

[1] 此龛疑为"善财童子参普眼长者"。张媛媛：《大足多宝塔善财童子五十三参造像初探》，大足石刻研究院编：《2016年重庆大足石刻研究会第七届年会论文汇编》，第185—199页。

第25号　龛内山石上立主尊像半身，头毁，存作结上飘的头巾，内着袍服，外着甲衣，腰系带，束抱肚、圆护，下着腿裙，双手拱于胸前；身前山石饰放焰珠、云纹、菱形物、花钿等五种图样。身前立像为一童子。此龛造像与多宝塔五十三参图像大体相同，应为"善财童子五十三参龛"[1]。

第26号　龛内主尊头大部残，存头巾，上着双层交领窄袖服，下着裙，左手外展前伸，右手抚大腿，倚坐于须弥座上，据龛刻题刻，此像应为婆须密多女。其身前左侧立一童子，头毁，为善财像。据此，此龛为"善财童子参婆须密多女龛"。

第27号　龛内主尊头毁，着双层交领窄袖长服，腰束带，左手抚膝，右手置胸前，倚坐于大树下的须弥座上。其左侧立像为一童子。此龛造像与多宝塔五十三参图像大体相同，应为"善财童子五十三参龛"[2]。

第28号　窟内主尊头布螺髻，顶出毫光，内着僧祇支，外披双领下垂式袈裟，下着裙，腕镯，双手腹前结定印，结跏趺坐于束腰须弥座上，视其特征，此像为阿弥陀佛。其身两侧五身立像，视其衣饰形象，应为供养人。据其主尊，此窟应为"阿弥陀佛窟"。

第29号　龛内主尊头毁，存头巾，着双层交领窄袖服，左手外展前伸，右手抚膝，结跏趺坐于船舱中。其左侧立像，为一童子。此龛造像与多宝塔五十三参图像大体相同，应为"善财童子五十三参龛"[3]。

第30号　龛内主尊头残，存头巾，着双层交领窄袖服，双手置胸前；身后有一门扇，身前方案上置香炉、香盒等器物，并有香烟缭绕。右下立像头毁，为一童子。此龛造像与多宝塔五十三参图像大体相同，应为"善财童子五十三参龛"[4]。

第31号　龛内主尊头身皆残，上披帛，下着裙，左手屈肘上举前伸，指前方须弥山上的童子，右手置右腿上，跣足侧身斜跪；其头顶上方浮雕云纹，内刻展翅欲飞的三足乌。其头顶左上方童子双手置胸前，侧身立于须弥山石上。此龛造像与多宝塔五十三参图像大体相同，应为"善财童子五十三参龛"[5]。

第32号　龛内主尊头残，上着双层交领窄袖服，下着裙，双手置左腿，倚坐于高圆台上，据龛刻题记，此像为不动优婆夷。其右下立一童子，头毁，应为善财。据此，此龛为"善财童子参不动优婆夷龛"。

第33号　窟内主尊梳髻戴冠，三面，上披巾，下着裙，立于大象牵引的战车莲台上。身八臂，当胸两手结印，余手分持法轮、剑、弓、矢、旁牌、戟。其左右十一身立像，视其衣饰形貌，应为供养人像。据主尊特征，此窟应为"摩利支天女窟"。

第34号　龛内主尊头毁，内着交领窄袖服，外披袒右式袈裟，左手抚膝，右手置胸前，结跏趺坐于束腰须弥座上，据龛刻题记，此像为频呻比丘尼。左下立像大部残，应为善财童子。据此，此龛应为"善财童子参频呻比丘尼龛"。

第35号　龛内主尊头大部残，内着翻领窄袖服，外着交领宽袖服，下着裙，双手腹前笼袖内，结跏趺坐，据龛刻题记，此像应为大光王。左下立像头毁，应为善财童子。据此，此龛为"善财童子参大光王龛"。

第36号　窟正壁主尊头毁。从其内着僧祇支，外着双领下垂式袈裟，下着裙，左手置腹前，右手上举结说法印，结跏趺坐于束腰须弥座上的特征看，似为释迦佛像。左壁主尊梳髻戴冠，珠串耳饰，内着僧祇支，外披巾，下着裙，身四臂，分持经函、日月、莲茎等，结跏趺坐于孔雀背负的仰莲台上，视其特征应为孔雀明王像。右壁主尊梳髻戴冠，内着僧祇支，外披宽博披巾，下着长短两层裙；身六臂，分持日、月、羂索、宝剑等，倚坐于方台上，应为不空羂索观音。三壁主尊左右立像，视其衣饰及形态，皆为供养人像。据窟内三壁主尊特征，此窟暂名为"一佛二菩萨窟"。

第37号　龛内主尊头毁，披云肩，上着交领宽袖长服，下着裙，左手外展前伸作指引状，右手置胸前，着鞋站立。其身前方台盆内，饰刻两株顶为球状的植物，据龛刻题记，此像为婆珊婆演底夜神。身前童子跪像，应为善财。据此，此龛为"善财童子参婆珊婆演底夜神龛"。

第38号　龛内主尊头残，披云肩，内着翻领窄袖服，外着交领宽袖长服，下着裙，左手垂于体侧，右手前伸指身前童子立像，据龛刻题记，主尊为普德净光夜神，童子为善财。据此，此龛应为"善财童子参普德净光夜神龛"。

第39号　窟内正壁主尊螺发，内着僧祇支，外披双领下垂式袈裟，下着裙，双手腹前结定印，结跏趺坐于束腰莲台上。左壁立像头残，上斜披络腋，下着裙，左手置腹前，右手胸前持柳枝。右壁立像面毁，梳髻戴冠，上着宽博披巾，下着长短两重裙，左手下垂，握持披巾，右手胸前持带茎莲叶。据其造像特征，正壁像似为阿弥陀佛，左壁像为观音菩萨，右壁像为大势至菩萨，合为"西方

---

[1] 此龛疑为"善财童子参安住地神"。张媛媛：《大足多宝塔善财童子五十三参造像初探》，大足石刻研究院编：《2016年重庆大足石刻研究会第七届年会论文汇编》，第185—199页。
[2] 此龛疑为"善财童子参无上胜长者"。黎方银：《大足北山多宝塔内善财童子五十三参石刻图像》，《敦煌研究》1996年第3期，第51—63页。
[3] 此龛疑为"善财童子参婆施罗船师"。同前引。
[4] 此龛疑为"善财童子参优钵罗华长者"。同前引。
[5] 此龛疑为"善财童子参遍行外道"。同前引。

三圣窟"。

第40号　龛内主尊头毁，内着翻领窄袖服，外着交领宽袖长服，下着裙，双手笼袖内置胸腹间，侧身坐于方台上；自其右肘斜向上升起毫光两道，内刻坐佛1身；其身前立一童子。据龛刻题记，主尊为精进力夜神，童子为善财。据此，此龛为"善财童子参精进力夜神龛"。

第41号　龛内主尊头毁，上着双领下垂式袈裟，下着裙，左手腹前持经函，右手举胸前结印，结跏趺坐于大象背负的仰莲台上，象侧刻象奴。据其特征，此龛应为"普贤菩萨龛"。

第42号　龛内树冠下，刻主尊梳髻，面残，罩云肩，内着翻领窄袖服，外着交领宽袖长服，下着长裙，左手外伸持物，右手抚膝，侧身而坐面向身前童子立像。据龛刻题记，此龛为"善财童子参树花夜神龛"。

第43号　窟内正壁主尊螺发，内着僧祇支，外着双领下垂式袈裟，下着裙，左手抚膝，右手置膝上似结印，倚坐于束腰须弥座上，身后刻六擎具龙头靠背，顶端饰七佛，视其特征，此像应为释迦佛。其身左右立像，视其形象并结合龛刻造像记，当为功德主冯楫及家人。窟左右壁嵌碑。按主尊此窟应为"释迦牟尼窟"。

第44号　龛内主尊头毁，披云肩，内着翻领窄袖服，外着交领宽袖服，下着裙，左手抚膝，右手外展前伸，侧身而坐，身后刻三道斜向上升的毫光。身前童子像头毁，应为善财。此龛造像与多宝塔五十三参图像大体相同，应为"善财童子五十三参龛"[1]。

第45号　龛内主尊面残，梳髻戴冠，上披巾，下着裙，腕镯，双手持如意，结跏趺坐于狮身背负的莲台上，狮后侧立狮奴。视其特征，此龛应为"文殊菩萨龛"。

第46号　龛内主尊头残，内着翻领服，外着交领宽袖服，罩披肩，胸系带作结下垂，下着裙，双手腹前笼袖内，结跏趺坐于束腰莲座上。其身左右侧各立一像，左前侧另立一双手合十的童子像。此龛造像与多宝塔五十三参图像大体相同，应为"善财童子五十三参龛"[2]。

第47号　窟内正壁主尊头残，浮雕火焰纹圆形头光及椭圆形身光，内着僧祇支，外披双领下垂式袈裟，下着裙，左手腹前结印，右手置胸前，结跏趺坐于束腰莲台上，视其特征，应为释迦佛像。窟左右壁立像皆内着交领宽袖服，外披袒右式袈裟，下着裙，着鞋而立；左像双手胸前持物，右像双手似合十；此二像似为迦叶、阿难像。据其造像特征及组合，此窟应为"释迦佛窟"。

第48号　龛内主尊立像头身皆残，存巾带，可辨着宽袖长服，下着裙，双手毁，足鞋而立。其身前立一童子，应为善财。此龛造像与多宝塔五十三参图像大体相同，应为"善财童子五十三参龛"[3]。

第49号　龛内主尊头残，可辨梳髻戴冠，罩云肩，着宽袖长服，胸系带长垂，下着裙，左手抚膝，右手置胸前，结跏趺坐于狮背负的仰莲台上；身后刻云纹背屏，左肩处有飘飞的毫光三道。身左下侧立一童子，应为善财。此龛造像与多宝塔五十三参图像大体相同，应为"善财童子五十三参龛"[4]。

第50号　窟内正壁主尊戴展脚幞头，下颌刻须，内着交领窄袖服，外着圆领宽袖长服，胸束带，下着裙，左腰佩饰鱼符，双手笼袖内置腹前，足鞋立于低台上。左壁立像头毁，颈挂念珠，着双层交领长服，腰带垂于体前，双手持笏，着鞋而立。右壁立像梳髻，项戴珠串，着双层交领长服，双手覆巾置胸前托物，着鞋站立。据造像特征及龛刻铭文，此窟应为"冯楫窟"，正壁主尊为冯楫像，左壁立像为妙悟，右壁立像为妙明。

第51号　龛内主尊头毁，内着僧祇支，外着双领下垂式袈裟，下着裙，左手于腹前托物，右手于胸前持物，手及物残，结跏趺坐于束腰莲座上，似佛像。座前置香炉，旁刻一立像。主尊左右侧各立一像，视其形象和衣饰特点，应为供养人像。按主尊将此龛定名为"佛像龛"。

第52号　窟正壁主尊螺发，顶现两道毫光，身内着僧祇支，外着双领下垂式袈裟，下着裙，左手抚膝，右手置膝上，倚坐于龙首靠椅上，为佛像。右立像上身大部毁，视其衣饰，应为供养人像。按主尊将此窟定名为"佛像窟"。

第53号　龛中部立两像，左像着圆领窄袖长服，双手似合十，为男像；右像梳髻，内着抹胸，外着对襟衫，下着裙，双手腹前笼

---

[1] 此龛疑为"善财童子参普救众生妙德夜神"。张媛媛：《大足多宝塔善财童子五十三参造像初探》，大足石刻研究院编：《2016年重庆大足石刻研究会第七届年会论文汇编》，第185—199页。

[2] 此龛疑为"善财童子参寂静音海夜神"。黎方银：《大足北山多宝塔内善财童子五十三参石刻图像》，《敦煌研究》1996年第3期，第51—63页。

[3] 此龛疑为"善财童子参守护一切城夜神"或"善财童子参妙德圆满夜神"。张媛媛：《大足多宝塔善财童子五十三参造像初探》，大足石刻研究院编：《2016年重庆大足石刻研究会第七届年会论文汇编》，第185—199页。

[4] 此龛疑为"善财童子参喜目观察众生夜神"。黎方银：《大足北山多宝塔内善财童子五十三参石刻图像》，《敦煌研究》1996年第3期，第51—63页。

袖内，为一女像。据考，左像为"德生童子"，右像为"有德童女"。右下角作礼拜状童子立像头毁，为善财。据此，此龛应为"善财童子参德生童子有德童女龛"[1]。

第54号　窟内正壁主尊头毁，内着僧祇支，外披双领下垂式袈裟，左手腹前结印，右手置胸前，结跏趺坐，应为佛像。左右四身立像，视其衣饰形象，应为供养人像。按主尊，此窟为"佛像窟"。

第55号　龛内主尊梳髻戴冠，着交领长服，胸系带，身前刻蔽膝，左手胸前持物，右臂平伸，着鞋站立；右下童子立像头残，双手合十，应为善财童子。据推定，主尊像为天主光女，故此龛疑为"善财童子参天主光女龛"[2]。

第56号　龛内主尊头毁，着交领宽袖长服，双手笼袖内，着鞋站立，据龛刻题记，此像为贤胜优婆夷。左下光头童子立像，为善财。据此，此龛为"善财童子参贤胜优婆夷龛"。

第57号　窟正壁结跏趺坐主尊像头毁，浮雕圆形火焰纹头光，内着僧祇支，外着双领下垂式袈裟，下着裙，双手腹前结印，据龛刻题记，此像为阿弥陀佛。左壁结跏趺坐主尊像梳冠，内着僧祇支，外披宽博披巾，下着裙，身六臂，分持日、月、羂索、宝剑、柳枝等；其座前刻一双手合十的跪身光头童子；视其特征，此像应为不空羂索观音。右壁结跏趺坐主尊梳髻戴冠，内着僧祇支，外着双领下垂式袈裟，下着裙，左手腹前托如意轮，右手胸前结印，似为如意轮菩萨。三壁主尊左右立像，视其衣饰形象，应为供养人像。据窟内正壁主尊，将此窟名为"阿弥陀佛与不空羂索观音、如意轮菩萨窟"。

第58号　龛内主尊梳髻戴冠，耳饰珠串，胸饰璎珞，斜披络腋，下着裙，腕镯，左手撑台，右手置膝上，垂左腿，斜竖右腿，跣足坐于山石座上；其身左侧有一净瓶。视其特征，应为水月观音像。其左右立像，为供养人。据主尊此龛应为"水月观音龛"。

第59号　龛内主尊头毁，披肩巾，戴护项，系革带，着腿裙，左手外展前伸，右手半握置于右腿，盘左腿，垂右腿，坐于方台上，据龛刻题记，此像为最寂静婆罗门。右下童子双手合十，为善财。据此，此龛为"善财童子参最寂静婆罗门龛"。

第60号　窟正壁主尊螺发，内着僧祇支，外着双领下垂式袈裟，下着裙，双手腹前结印，结跏趺坐，为阿弥陀佛。左壁主尊光头，戴耳环，内着僧祇支，外披双领下垂式袈裟，下着裙，左手抚膝，右手持物，盘右腿，斜蹬左腿，着木屐，坐于山石座上；身左菩提树间刻一条蟠龙，身右一侍者持幡；似为龙树菩萨像。右壁主尊光头，内着僧祇支，外着双领下垂式袈裟，下着裙，左手于腹前捧珠，右手置胸前，盘右腿，垂左腿，坐于须弥座上；身左侧立一手持锡杖的弟子；似为地藏像。三壁主尊其余左右侧像，视其衣饰形象，为供养人。据此，此窟为"阿弥陀佛与龙树、地藏菩萨窟"[3]。

第61号　龛内造像残毁甚重，然从主尊存冠带，披双领下垂式袈裟，下着裙，左手于腹前握带，结跏趺坐于束腰莲座上的特征判断，此龛疑为"菩萨龛"。

第62号　窟正壁并坐二像，皆残蚀甚重，可辨其头有螺髻，身着袈裟，双手结印，为二佛像。二像座正面刻像五身，似供养人像。据此，此窟似为"双身佛窟"。

第63号　龛内右侧主尊头大部毁，内着僧祇支，外披双领下垂式袈裟，下着裙，左手置腹前，右手举至胸前，跣足分踏仰莲。左像头毁，着圆领窄袖长服，双手似合十，屈膝侧身向右像作参拜状，为善财童子。此龛造像与多宝塔五十三参图像大体相同，应为"善财童子五十三参龛"[4]。

第64号　据窟内题记，此窟造像为释迦牟尼示寂图。其正壁棺台上主尊应为释迦涅槃像，现已不存。棺台前后共刻像12身，应为弟子；棺台后娑罗双树间刻锡杖和钵盂，其右侧祥云上的四身立像，为摩耶夫人及侍者。左壁前侧持幡者为引路菩萨；其头后侧四身女立像，为送行者；身右侧五身立像，视其衣饰形象，应为供养人；身右下侧刻一斜身卧像，为力士。右壁前侧体量略大的立像为引路菩萨；头后侧四身女立像，为送行者，身左侧三身立像，为供养人；身左下侧跣足作弓步者，为力士。据此，此窟应为"释迦涅槃窟"。

第65号　龛内中部左像头毁身残，存巾带，似披袈裟，下着裙，左手毁，右手持杆状物，踏于三层仰莲上。右像头大部残，可辨上着袈裟，下着裙，左手胸前托珠，右手持锡杖，双足立于仰莲上。视其特征，二像似为观音、地藏像。其左右下部一身立像，视其衣饰形象，为供养人像。据此，将此龛名为"观音地藏龛"。

1　黎方银：《大足北山多宝塔内善财童子五十三参石刻图像》，《敦煌研究》1996年第3期，第51—63页。

2　同前引。

3　本龛造像题记明确记载主尊为龙树菩萨。陈明光疑此窟为"引路王菩萨洞窟"。陈明光：《大足多宝塔外部造像勘查简报》，重庆大足石刻艺术博物馆编：《2005年重庆大足石刻国际学术研讨会论文集》，文物出版社2007年版，第88—113页。

4　此龛疑为"善财童子参普贤菩萨"。张媛媛：《大足多宝塔善财童子五十三参造像初探》，大足石刻研究院编：《2016年重庆大足石刻研究会第七届年会论文汇编》，第185—199页。

第66号　龛中像头残，上着窄袖短衫，下着裙，左手持带茎卷边莲，右手横置胸前作指点状，着鞋而立；头左右侧各线刻一钵。据龛刻题记，此像应为遍友童子师。其身右立像头毁，左手置胸前，右手下垂持一物，应为侍者像；左立像双手合十，应为善财童子。据此，此龛为"善财童子参遍友童子师龛"。

第67号　窟内主尊头毁身残，存圆形头光，冠带上飘，似双手置腹前，结跏趺坐于束腰莲座上，疑为菩萨像。座台左右及下部刻像9身，视其衣饰形象，为供养人。因主尊像特征不明，故将此窟暂定为"菩萨残像窟"。

第68号　龛内主尊头毁，上披巾，下着裙。身六臂，上两手残，左中手腹前托钵，右中手胸前持物，左下手持羂索，右下手持剑，结跏趺坐，视其特征，为不空羂索观音。其左右八身立像，残蚀甚重，身份难辨。按主尊此龛应为"不空羂索观音龛"。

第69号　窟内正壁分三排刻立像12身，皆残毁甚重，身份难辨，故暂将此窟定为"残像窟"。

第70号　窟内主尊戴束发冠，三面，颈戴项圈，上身斜披络腋，下着短裙，身六臂，皆臂钏腕镯，分持铜、印、剑、金刚铃、羂索、戟等，跣足坐于山石座上，似不动明王像。其左上立像，戴束发冠，两鬓及下颌刻卷曲的浓密胡须，内着交领服，外束甲，下着裙，双手持幡，着靴而立，为明王侍者。右下立像，头戴展脚幞头，身着圆领长服，双手持笏，应为供养人像。据主尊特征，此窟应为"不动明王窟"。

第71号　龛内嵌碑一通，为"清桂天培培修多宝塔碑记"。

第71-1号　龛内嵌碑一通，碑文漶，为"残碑龛"。

第72号　窟内正壁主尊头毁身残，特征不明，暂将此窟定为"残像窟"。

第73号　龛内嵌碑一通，为"清桂天培培修多宝塔碑记"。

第73-1号　龛内嵌碑一通，碑文漶，为"残碑龛"。

第74号　窟正壁主尊光头，内着僧祇支，外披双领下垂式袈裟，下着裙；腕镯，左手腹前托珠，右手举胸前，跣足，左舒相坐于方台上，应为地藏像。左上立像光头，内着交领服，外披袒右式袈裟，下着裙，双手握持十二环锡杖，着鞋而立，为其弟子像。座台左右刻七身立像，视其衣饰形象，应为供养人。据此，此窟应为"地藏菩萨窟"。

第75号　龛内左立像束发戴冠，内着宽袖长袍，下着裤；外罩甲，身四臂，分持印、剑、戟等，足靴站立，为金刚像。右立像无冠，长发后梳，肩系巾，内着宽袖服，外罩甲，双手持剑，赤足踏山石台，为力士。二像身后上方刻一龙。据此，此龛为"金刚力士龛"[1]。

第76号　龛内嵌碑一通，为"清桂天培培修多宝塔碑记"。

第77号　窟正壁分上下刻立像5身，上部3身浮雕圆形头光，残存螺发，内着僧祇支，外披袈裟，手结印或持物，跣足站立，似为佛像。三佛像下侧二立像头残，双手似合十，疑为菩萨像。正壁左端下侧刻像2身，残毁甚重，疑为供养人像。据正壁上部三像特征，初步将此窟定为"三身佛窟"。

第78号　龛内嵌碑一通，为"清僧成书培修多宝塔记碑"。

第79号　龛内嵌碑一通，为"清僧成书培修多宝塔记碑"。

第80号　龛内嵌碑一通，为"清僧成书培修多宝塔记碑"。

第80-1号　龛内嵌碑一通，为1997年培修多宝塔记。

第80-2号　窟内无造像，为"空窟"。

第81号　龛内主尊像双手腹前结弥陀定印，结跏趺坐于束腰仰覆莲座上，故将此龛定名为"阿弥陀佛龛"。

第82号　窟内正壁造像残毁甚重，仅右侧可辨一身造像，右臂似曲肘持物上举；暂将此窟定名为"残像窟"。

第83号　窟正壁刻坐像一身，残毁甚重，内容难辨，故将此窟暂定为"残像窟"。

第84号　窟正壁刻坐像一身，残毁甚重，内容难辨，故将此窟暂定为"残像窟"。

第85号　窟内无造像，为"空窟"。

第86号　龛内无造像，为"空龛"。

---

1 苏默然认为龛内两尊造像为天蓬和真武。Tom Suchan: Further Research on the Stone Carvings of the Interior Sixth Level of the Prabhutaratna Pagouda at Beishan, Dazu；大足石刻研究院编：《2014年大足学国际学术研讨会论文集》，重庆出版社2016年版，第60—79页。

第87号　龛内无造像，为"空龛"。

第88号　龛内无造像，为"空龛"。

第89号　窟内正壁主尊梳髻戴冠，上刻立式化佛1身；上身斜披络腋，外披巾，下着裙，左手撑台，右手握带，置于右膝上；垂左腿，竖右腿，跣足坐于山石台上。其身后浮雕山石，右侧刻净瓶，自瓶口生出柳枝。据此特征，此窟应为"水月观音窟"。

第90号　龛内主尊头布螺髻，内着僧祇支，外着双领下垂式袈裟，下着裙，结跏趺坐，双手腹前结弥陀定印，为阿弥陀佛。左右各一身立像视其衣饰形象，为供养人像。据此，此龛应为"阿弥陀佛龛"。

第91号　窟内主尊光头，戴耳环，内着僧祇支，外披偏衫式袈裟，下着裙，左手置腿上，右手持物，着麻鞋，坐于山石台上。身右上侧浮雕一树，间刻一龙；左上侧立一像，梳髻，着双层交领窄袖长服，双手持幡，着鞋站立。右下侧立一像，梳髻，着窄袖长服，双手置胸前，上覆帛带，立于低台上。此窟造像与塔内第60号龛基本相同，应为"龙树菩萨窟"。主尊即为龙树菩萨，左上侧立像为其侍者，右下侧立像，视其衣饰形象，应为供养人。

第92号　龛内无造像，为"空龛"。

第93号　龛内主尊头毁身残，内着僧祇支，外披双领下垂式袈裟，双手胸前结印，结跏趺坐，疑为佛像。其左立像残毁甚重，似为供养人。据此，暂将此龛定为"残佛像龛"。

第94号　龛内无造像，为"空龛"。

第95号　窟内主尊头布螺髻，内着僧祇支，外披双领下垂式袈裟，下着裙，左手腹前托钵，右手胸前结印，结跏趺坐，为释迦佛像。左右立像，视其衣饰形象，为供养人。据主尊此窟为"释迦佛窟"。

第96号　龛内主尊肉髻微凸，内着僧祇支，外着双领下垂式袈裟，下着裙，双手似抚膝，倚坐于须弥座上，为佛像。左右立像，视其衣饰形象，为供养人像。依主尊将此龛定为"佛像龛"[1]。

第97号　龛内主尊存螺髻，内着僧祇支，外披双领下垂式袈裟，下着裙，双手腹前结弥陀定印，结跏趺坐于束腰莲座上，为阿弥陀佛。左右立像，视其衣饰形象，为供养人。据主尊，此龛为"阿弥陀佛龛"。

第98号　龛内主尊梳髻，面残，衣饰不明，腰束带，双手似置腹前，坐于山石台上。右立像残毁甚重，仅存轮廓，似为善财童子。此龛造像与多宝塔五十三参图像大体相同，应为"善财童子五十三参龛"[2]。

第99号　窟内正壁主尊头蚀，戴耳环，内着双层交领宽袖服，外着偏衫式袈裟，下着裙，左手扶龙头，右手持净瓶，盘左腿，垂右腿坐于山石台上。身右后刻一树，枝叶繁茂。座台山石间刻一盘龙。与塔内第60、91号龛主尊基本相同，应为"龙树菩萨窟"[3]。左上侧立像梳双髻，着交领窄袖服，双手持幡站立，为其侍者。座台左右立像，视其衣饰形象，应为供养人像。

第100号　龛内刻三立像，皆为童子形，残毁甚重。中立像左手左伸，似持带茎莲苞，右手横于腹前，其身后右刻一树。左立像上着窄袖长服，腰束带，下着裙，双手左肩处托持一圆形物。右立像双手似置胸前。视其内容，应为"善财童子五十三参龛"[4]。

第101号　窟内主尊头冠，耳饰珠串，胸饰璎珞，上着披巾，下着裙，身六臂，分持日、月、羂索、剑、钵、柳枝等，结跏趺坐，为不空羂索观音。其左右立像略残，视其衣饰，应为供养人像。据主尊，将此窟定为"不空羂索观音窟"。

第102号　龛内主尊头残，蓄须，着圆领窄袖长服，左手抚膝，右手平伸作指引状，倚坐于方台上。右下立一童子像，为善财。此龛造像与多宝塔五十三参图像大体相同，应为"善财童子五十三参龛"[5]。

第103号　窟内主尊梳髻戴冠，上着宽博披巾，下着裙，双手持如意，结跏趺坐于须弥座上，为如意观音像。左右立像，视其衣饰形象，为供养人像。据主尊将此窟定为"如意观音窟"。

---

[1] 陈明光将此龛定名为"弥勒佛龛"。陈明光：《大足多宝塔外部造像勘查简报》，重庆大足石刻艺术博物馆编：《2005年重庆大足石刻国际学术研讨会论文集》，文物出版社2007年版，第88—113页。
[2] 陈明光将此龛定名为"善财童子参妙月长者龛"，同前引。
[3] 陈明光将此窟定名为"引路王菩萨窟"，同前引。
[4] 此龛疑为"善财童子参祖余艺童子"，同前引。
[5] 此龛疑为"善财童子参坚固解脱长者"，同前引。

第104号　龛内主尊头梳高髻，内着窄袖服，外着宽袖服，下着裙，双手合十，侧身站立，为一女像。其身两侧各有三道毫光斜向上飘，并自坛基出一宝树。左下立一童子像，为善财。此龛造像与多宝塔五十三参图像大体相同，应为"善财童子五十三参龛"[1]。

第105号　窟内中部刻像三身，皆内着僧祇支，外披袈裟，结跏趺坐；中像戴冠，双手胸前结智拳印，为毗卢遮那佛；左像头布螺髻，双手腹前结定印，为阿弥陀佛；右像头布螺髻，左手腹前结定印，右手施降魔印，为释迦佛。视座前二立像衣饰形象，应为供养人像。据造像组合，将此窟定为"三身佛窟"。

第106号　龛内主尊梳髻戴冠，左手抚膝，右手撑台，竖左腿，盘右腿，跣足坐于山石台上，似为水月观音。其身前左下立一像，应为善财童子。故此龛为"善财童子五十三参龛"[2]。

第107号　窟正壁主尊梳髻戴冠，胸饰璎珞，内着僧祇支，上着披巾，下着裙，身六臂，分持日轮、月轮、羂索、剑、钵、柳枝等，左舒相坐于须弥座上，座下部中刻跪坐童子像1身。按其特征，此像为不空羂索观音。其座左右二立像为其侍者；左右壁八身立像，视其衣饰形象等，应为供养人像。据正壁主尊，此窟应为"不空羂索观音窟"。

第108号　龛内主尊浮雕圆形头光和叶形背光，戴冠，上披巾，下着裙，左手屈肘前伸，右手置于胸前，立于仰莲台上，为一菩萨像。身前立一童子像，为善财。此龛造像与多宝塔五十三参图像大体相同，应为"善财童子五十三参龛"[3]。

第109号　窟正壁右侧主尊光头，内着僧祇支，外披双领下垂式袈裟，下着裙，左手胸前托钵，右手持六环锡杖，跣足分踏仰莲，为地藏像。其左侧为二狱卒像。壁面中部立于祥云上的立像，似为亡者像。据主尊此窟应为"地藏菩萨窟"。

第110号　龛内主尊头身皆残，似戴冠，四臂，上两手斜向上伸作托举状，下两手呈"八字"形斜伸。其身左下立一童子，为善财。此龛造像与多宝塔五十三参图像大体相同，应为"善财童子五十三参龛"[4]。

第111号　窟内正壁主尊头布螺髻，上着双领下垂式袈裟，下着裙，左手腹前托金轮，轮上端出火焰，右手置于右膝，掌心向上，结跏趺坐，身前方台上置圆形香炉；应为金轮炽盛佛。其座左右各立一像，为其侍者。左壁刻九像，疑为九曜。右壁四像，视其衣饰形象，似为供养人像。据正壁主尊，此龛为"金轮炽盛光佛窟"。

第112号　龛内正壁立两级方塔一座。塔右立像戴冠，着窄袖长服，左手下垂略外展，右手横于胸前，着鞋站立。塔左下立童子，为善财。此龛造像与多宝塔五十三参图像大体相同，应为"善财童子五十三参龛"[5]。

第113号　窟内正壁主尊头戴高冠，内着僧祇支，外着双领下垂式袈裟，下着裙，双手胸前结印，结跏趺坐，为菩萨像。左右立像，双手合十，为供养人像。据主尊暂将此窟定为"菩萨窟"[6]。

第114号　龛内主尊侧身坐于一楼阁前，存头巾，上着交领窄袖服，下着裙，左手置于胸前，似持物，右手曲于体侧前伸；身前下侧立一童子，为善财。此龛造像与多宝塔五十三参图像大体相同，应为"善财童子五十三参龛"[7]。

第115号　龛内正壁右侧主尊头毁，上着窄袖服，下着裙，左手抚膝，右手曲于胸前，倚坐于山石台上。身后刻树一株。身前下部立一童子，应为善财。此龛造像与多宝塔五十三参图像大体相同，应为"善财童子五十三参龛"[8]。

第116号　窟正壁主尊梳髻戴冠，身着天衣，坐于山石台上；身刻十八臂，呈扇形排列，手持诸般器物，为千手观音像。身下左右侧像，视其衣饰形象，应为供养人像。据主尊此窟定为"千手观音窟"。

---

[1] 陈明光将此龛定名为"善财参无胜军长者"。陈明光：《大足多宝塔外部造像勘查简报》，重庆大足石刻艺术博物馆编：《2005年重庆大足石刻国际学术研讨会论文集》，文物出版社2007年版，第88—113页。张媛媛疑此龛为"善财童子参摩耶夫人"。张媛媛：《大足多宝塔善财童子五十三参造像初探》，大足石刻研究院编：《2016年重庆大足石刻研究会第七届年会论文汇编》，第185—199页。

[2] 此龛疑为"善财童子参观自在菩萨"。陈明光：《大足多宝塔外部造像勘查简报》，重庆大足石刻艺术博物馆编：《2005年重庆大足石刻国际学术研讨会论文集》，文物出版社2007年版，第88—113页。

[3] 此龛疑为"善财童子参正趣菩萨"。同前引。

[4] 此龛疑为"善财童子参大天神"。同前引。

[5] 此龛疑为"善财童子参毗瑟胝罗居士"。同前引。

[6] 陈明光认为主尊戴宝冠，手结智拳印，应为"毗卢遮那佛"。陈明光：《大足多宝塔外部造像勘查简报》，重庆大足石刻艺术博物馆编：《2005年重庆大足石刻国际学术研讨会论文集》，文物出版社2007年版，第88—113页。现场观察，此主尊其下未刻螺发，戴耳饰，特征与常见的毗卢遮那佛相异；故本次初步定名为"菩萨像"。

[7] 张媛媛疑此龛为"善财童子参休舍优婆夷"。张媛媛：《大足多宝塔善财童子五十三参造像初探》，大足石刻研究院编：《2016年重庆大足石刻研究会第七届年会论文汇编》，第185—199页。陈明光疑此龛为"善财童子参毗目瞿沙仙人"。陈明光：《大足多宝塔外部造像勘查简报》，重庆大足石刻艺术博物馆编：《2005年重庆大足石刻国际学术研讨会论文集》，文物出版社2007年版，第88—113页。

[8] 张媛媛疑此龛为"善财参毗目瞿沙仙人"。张媛媛：《大足多宝塔善财童子五十三参造像初探》，大足石刻研究院编：《2016年重庆大足石刻研究会第七届年会论文汇编》，第185—199页。陈明光疑此龛为"善财童子参休舍优婆夷"。陈明光：《大足多宝塔外部造像勘查简报》，重庆大足石刻艺术博物馆编：《2005年重庆大足石刻国际学术研讨会论文集》，文物出版社2007年版，第88—113页。

第117号　龛正壁中刻火焰。其右上方云朵中立一像，戴冠，上着圆领宽袖服，下着裙，双手胸前持笏。左下方亦立一像，童子形，为善财。此龛造像与多宝塔五十三参图像大体相同，应为"善财童子五十三参龛"[1]。

第118号　龛正壁右侧楼阁下刻一像，梳髻，上着圆领窄袖服，双手置腹前，倚坐于方台上。其身左下立一童子，为善财。此龛造像与多宝塔五十三参图像大体相同，应为"善财童子五十三参龛"[2]。

第119号　窟内正壁主尊磨光头顶，颈刻三道肉褶线，内着僧祇支，外披双领下垂式袈裟，下着裙，左手腹前捧宝珠，右手举胸前作说法印，结跏趺坐于须弥座上，似为药师佛。其身左右上部对称各刻六身立像，着戎装，为十二神将。座左右外侧各四身像，为八大菩萨；内侧各两身像，为其侍者。座前三身立像，为供养人。结合其造像特征及组合，初步将此窟定为"药师经变窟"[3]。

第120号　龛内主尊头大部毁，似上着袈裟，下着裙，跣足立于低台上。其身右侧立一童子像，为善财。两像间刻一树，枝叶茂盛。此龛造像与多宝塔五十三参图像大体相同，应为"善财童子五十三参龛"[4]。

第121号　龛正壁中部刻一方塔。塔右侧刻一像，光头，左手隐于体侧，右手前伸扶塔，左向侧身屈膝跪坐于方台上。塔顶左上方，亦刻一像，左手抚膝，右手屈肘上举持物，面塔右侧像屈膝作跪姿。壁左下侧，刻一童子像，为善财。此龛造像与多宝塔五十三参图像大体相同，应为"善财童子五十三参龛"[5]。

第122号　窟正壁主尊梳髻，戴冠，垂耳环，内着僧祇支，外披双领下垂式袈裟，下着裙，左手握印带，右手举胸前持印，右舒相坐于须弥座上，为玉印观音像。身左右刻六身立像，视其衣饰形象，为供养人。据主尊将此窟定为"玉印观音窟"。

第123号　窟正壁楼阁前坐主尊，梳髻，上着交领窄袖服，下着裙，左手置膝，右手前伸指身前童子立像。此龛造像与多宝塔五十三参图像大体相同，应为"善财童子五十三参龛"[6]。

第124号　龛内主尊结跏趺坐于束腰须弥座上，头后刻八道放射状毫光，戴冠，颌须，着交领窄袖长服，左手前伸指身前童子。此龛造像与多宝塔五十三参图像大体相同，应为"善财童子五十三参龛"[7]。

第125号　龛内造像主尊头毁身残，可辨身前置夹轼，结跏趺坐于靠背椅上。其身左立像可辨上着袈裟，下着裙，双手于身前持锡杖；右立像仅辨轮廓。本龛造像特征及组合与北山佛湾第177号正壁泗州大圣像略同，故疑其主尊为泗州大圣像，左立像为慧俨，右立像为慧岸。据此，暂将此龛定为"泗州大圣龛"[8]。

第126号　窟正壁主尊浮雕叶形火焰纹背光，梳髻戴冠，身着天衣，左手托经函，右手置胸前持经函捆系的绳带，结跏趺坐于大象背负的莲台上，应为普贤菩萨像。象尾内侧立一像，光头，双手于胸前牵大象缰绳，为象奴；象头立一童子，面向普贤拱揖，似善财。据此，疑此龛为"善财童子参普贤菩萨龛"。

第127号　龛内造像残损甚重，似戴披帽，双手置腹前，坐于靠背椅上，疑为"圣僧龛"。

第128号　窟内圆雕坐像卷发、连鬓胡须，戴耳环，内着僧祇支，外披袒右式袈裟，下着裙，左手腹前似结印，右手残断，结跏趺坐，为释迦牟尼像，故将此窟定为"释迦佛窟"。

第129号　龛内造像残毁甚重，似戴披帽，着通肩大袖长服，双手置腹前，坐靠背椅上，疑为"圣僧龛"。

第130号　窟正壁主尊梳髻戴冠，内着僧祇支，上披巾，下着裙，左手置左腿持物，右手横于胸前，结跏趺坐于狮身背负的莲台上，为文殊菩萨像。狮尾立一像，双手握持缰绳，为狮奴。狮头立一像，童子形，似为善财。据此，疑此龛为"善财童子参文殊菩萨龛"。

---

[1] 此龛疑为"善财童子参胜热婆罗门"。陈明光：《大足多宝塔外部造像勘查简报》，重庆大足石刻艺术博物馆编：《2005年重庆大足石刻国际学术研讨会论文集》，文物出版社2007年版，第88—113页。
[2] 此龛疑为"善财参慈行童女"。同前引。
[3] 陈明光认为造像格局与北山佛湾第176号弥勒变类似，定名为"弥勒说法图"。同前引。
[4] 此龛疑为"善财童子参善见比丘"。同前引。
[5] 此龛疑为"善财童子参自在童子"。同前引。
[6] 此龛疑为"善财参具足优婆夷龛"。同前引。
[7] 此龛疑为"善财参明智居士龛"。同前引。
[8] 陈明光认为造像组合与北山佛湾第177号正壁类同，认为此龛为"泗州大圣龛"。同前引。

第131号　龛内主尊头大部毁，似戴披帽，着通肩大袖服，左手抚膝，右手屈举于胸前，倚坐于靠背椅上。椅右置方几。其身左立一像，左手曲于胸前，右手持长杖，杖首悬挂角尺和扫帚。较之于北山佛湾石窟第177号和石篆山石窟第2号造像，此龛造像与其有相似特征，故初步将此龛定为"志公和尚龛"。

根据对上述135个编号134个龛窟造像内容的简单讨论分析可见，第80-2、85、86、87、88、92、94号等7个龛窟无造像，为空龛窟；第20、71、71-1、73、73-1、76、78、79、80、80-1号等10个龛窟嵌碑，为碑龛窟；其他117个龛窟，皆嵌石造像。除第69、72、82、83、84号等5个龛窟残毁甚重，内容难辨外，其余112个龛窟造像题材可辨，大致可分为六类[1]。

第一类　善财童子五十三参

55幅，布置于54个龛窟中。龛窟包括第1（含1、2号）、3、5、6、11、13、14、16、17、19、21、22、24、25、26、27、29、30、31、32、34、35、37、38、40、42、44、46、48、49、53、55、56、59、63、66、98、100、102、104、106、108、110、112、114、115、117、118、120、121、123、124、126、130号。

善财童子五十三参图像是多宝塔重要造像题材，数量最多，约占全塔造像总量的41%，较有规律地布置于塔内回廊壁面和塔身外壁。为便于讨论，现将善财五十三参图像基本信息列入表22。

表22　多宝塔善财童子五十三参图像简表

序号	龛号	位置	内容[2]	造像记	特征
1	1、2	第一层回廊内壁南向壁面	五十二参弥勒菩萨		（窟左壁）右侧立弥勒菩萨，左下善财向菩萨跪拜。
2			一参文殊师利指善财南行	文殊指善财童子」南行〔冯善元〕命工」镌妆一〔身〕经庆题」	（窟右壁）左侧立文殊，身后刻建筑，右手平指前方。右下善财背向文殊而立。
3	3	第二层回廊外壁东南向壁面左侧	三参海云比丘	1.砌塔道人邢信道为母亲王氏」二娘自备钱镌工镌五十三位」善知识愿母生于佛地」 2.海口国海云比丘住治（港）」得普眼法门」	图像右侧一长者立于祥云上，左手指向前方，左侧善财面向长者合十而立。
4	5	第二层回廊内壁西北向壁面左侧	五十二参弥勒菩萨	1.弥勒弹指楼阁门开」善财得会三世因果」 2.砌塔道人邢信道为母亲王氏」二娘自备钱镌五十三位善」知识愿母亲超生佛地」	图像中央弥勒佛立于莲台上，背景为楼阁宫阙。左侧善财向佛跪地礼拜。
5	6	第二层回廊外壁东南向壁面右侧	二参德云比丘	1.砌塔道人邢信道为母亲王氏」二娘自备钱镌五十三」善知识愿母超生佛地」 2.胜乐国妙峰山德云比丘」发心住得忆念诸佛境界」普见法门」	图像左侧一长者立于山石上，左手平指前方。左侧善财面向长者合十而立。
6	11	第二层回廊内壁西南向壁面左侧	再会文殊菩萨	1.砌塔道人邢信道为母」亲王氏二娘自备钱镌」五十三位善知识愿母超生」佛地谨施」 2.善财童子再会文殊」菩萨之处」	图像中央立文殊，右手抚摸善财头顶。左侧一昆仑奴牵狮而立。
7	13	第二层回廊外壁西北向壁面左侧	八参海幢比丘	1.（港）海幢比丘」心住得般若光明法门」 2.砌塔道人邢信道为」母王氏二娘谨施」	图像中央一长者跏趺坐于束腰方形台座上。左侧善财面向长者合十而立。
8	14	第二层回廊外壁西北向壁面右侧	六参解脱长者	1.〔砌塔道〕人邢信道为母亲王氏」二〔娘自备钱镌五十三善〕」知〔识愿母亲〕超佛地〔谨〕施」 2.住林城解脱长者具」足方便住得无碍法门」	图像左侧一长者立于树下，左手平指前方。右侧善财面向长者合十而立。

1　报告对造像题材的分类，系以主尊造像（或正壁造像）类别为划分标准。
2　此表造像内容系报告者根据铭文题记，以及黎方银、陈明光、张媛媛的研究成果确定，仅供参考。

续表22

序号	龛号	位置	内容	造像记	特征
9	16	第二层回廊外壁西南向壁面左侧	五参弥伽长者	1.达〔里鼻〕茶国弥伽长」者生贵住得妙音法门」 2.砌塔道人邢信道为母王氏」二〔娘自〕备钱镌五十三位善」〔知识〕愿〔母〕亲超〔生〕佛地」	图像左侧一长者倚坐于方形平台上，脚踏一兽，右手平指前方。左侧善财面向长者合十而立。
10	17	第二层回廊内壁东北向壁面右侧	一参文殊师利童子指善财南行	1.文殊师利童子出善」住楼阁指善财南行」 2.砌塔道人邢信道为母」亲王氏二娘自备钱镌」五十三位善知识愿母」亲超生净土	图像背景为宫殿，左侧立文殊，右手平指前方。右侧善财面向文殊合十而立。
11	19	第二层回廊外壁西南向壁面右侧	四参善住比丘	1.〔海岸聚落〕善住比丘修行」住得究竟无碍法门」 2.砌塔道人邢信道为母」系王氏二娘自备钱镌」五十三位善知识愿母成道」	图像左侧一长者立于祥云上，右手指向前方。右侧善财面向长者合十而立。
12	21	第三层回廊外壁东南向壁面左侧	十七参普眼长者		图像右侧主尊坐于圆台上，左手作指引状。左侧善财童子侧身朝向主尊合十站立。
13	22	第三层回廊外壁东南向壁面右侧	十八参无厌足王	1.多罗幢城无厌足王无着」行得如幻解脱法门」 2.〔砌塔道〕人〔邢信道〕为母亲王氏」二娘自备钱镌五十三位〔善知〕」识愿母亲超生佛地谨施」	图像右侧一长者倚坐于方形高台上，左手指向前方，其右侧立善财。图像左下角一狱卒持棒拷打一囚犯。
14	24	第三层回廊外壁东北向壁面左侧	十六参宝髻长者	1.师子宫城宝髻长者」离痴乱行得无量福」德藏法门」 2.砌塔道人邢信道为母亲」王氏二娘自备钱募工镌」五十三位善知识愿母亲」超生佛地谨施」	图像中央立一长者，左手平指前方一佛塔。其身侧善财合十而立。
15	25	第三层回廊内壁西南向壁面右侧	三十一参安住地神		图像右上方立一着铠甲的武士，下半身没于地，合掌。其下方显现海螺、宝瓶、宝珠类物，个别散发出光芒。左下方善财合十而立。
16	26	第三层回廊内壁西南向壁面左侧	二十六参婆须密多女	1.险难国婆须密□女无尽」功德藏回向得离贪欲际」法门」 2.砌塔道人邢信道为母亲王氏」二娘自备钱镌五十三位善知」识愿母亲超生净土谨施」	图像右侧一女像倚坐于一楼阁前方形台座上，左手指向前方。左侧善财面向女像合十而立。
17	27	第三层回廊外壁东北向壁面右侧	二十四参无上胜长者		图像右侧一长者倚坐于方形台座上，身右侧刻一树，左手扶膝，右手置胸前毁。左侧善财面向长者合十而立。
18	29	第三层回廊内壁东南向壁面右侧	二十三参婆施罗船师		图中波涛起伏，水面船篷中坐一长者，左手指向前方。图右下角善财合十而立。
19	30	第三层回廊外壁西北向壁面左侧	二十二参优钵罗华长者		图像左侧立一长者，合掌，其前方一方桌上置类似香炉的器具若干。右侧善财面向长者合十而立。
20	31	第三层回廊外壁西北向壁面右侧	二十一参遍行外道		图像左侧善财立于山石上，前方一人面向善财作指引状。右上角刻一团祥云，云中圆轮现三足乌。

续表22

序号	龛号	位置	内容	造像记	特征
21	32	第三层回廊内壁东南向壁面左侧	二十参不动优婆夷	1.安住王都不动优婆夷」善法行得难摧伏法门」 2.砌塔道人邢信道为母亲」王氏二娘自备钱募工镌」五十三位善知识愿母亲」超生佛地谨施」	图像中一女像倚坐于阁楼前，双手笼袖，其右侧方善财面对合十而立。
22	34	第三层回廊外壁西南向壁面左侧	二十五参师子频呻比丘尼	1.迦陵迦城师子频呻比丘」一切佛回向得清净法门」 2.砌塔道人邢信道为母亲」王氏二娘自备钱募工镌」五十三位善知识愿母亲」超生佛地谨施」	图像右侧一长者跏趺坐于束腰方形台座上，右手置胸前指向左侧合十而立的善财。
23	35	第三层回廊外壁西南向壁面右侧	十九参大光王	1.妙光城大光王难得行」得随顺世间三昧法门」 2.〔砌塔〕道人邢信道为母亲」〔王氏自〕备钱募工镌」〔五十〕三位善知识愿母〔亲超生佛地谨施〕」	图像右侧一长者跏趺坐于束腰圆形台座上，双手笼袖，其左侧善财面对合十而立。背景中显现楼阁。
24	37	第四层回廊外壁东北向壁面左侧	三十二参婆珊婆演底夜神	1.婆〔珊〕婆演底夜〔神〕」破众生痴暗法门」〔砌〕塔道人邢信道为〔母〕亲王氏二娘造此」功德」	图像右侧立一女像，脚踩祥云，左手指向前方，对面善财作合十跪拜状。
25	38	第四层回廊外壁东北向壁面右侧	三十三参普德净光夜神	1.砌塔道人邢信道」为母亲王氏二娘子施」 2.普德净光夜神」普游勇猛法门」	图像右侧立一女像，右手指向前方，对面善财合十而立。女像身后饰祥云。
26	40	第四层回廊外壁西北向壁面左侧	三十九参精进力夜神	〔精〕进力夜〔神〕」〔教〕化众生〔令生善〕」〔根〕法门」〔砌塔〕道人邢信道」为母〔亲〕王氏二娘」施此功德」	图像左侧立一长者，双手笼袖，右腋下化出两道光芒升向右上角，光芒中化现一跏趺坐佛。右侧善财面向长者合十而立。
27	42	第四层回廊外壁西北向壁面右侧	三十八参树华夜神	佛会中树花夜神」得喜光明解脱法门」砌塔道人邢信道」为母王氏二娘施此功德」	图像右侧一女像倚坐于树下，抬左手，似执物。女像前方善财合十而立。
28	44	第四层回廊外壁西南向壁面左侧	三十五参普救众生妙德夜神		图像左侧立一女像，风化严重，人物细节不清。前方立善财，上身残损。
29	46	第四层回廊外壁西南向壁面右侧	三十六参寂静音海夜神		图像中央一女像跏趺坐于束腰莲座上，双手笼袖内，两侧分立一侍者，皆合十。左侧侍者前方善财合十而立。
30	48	第四层回廊外壁东南向壁面左侧	三十七参守护一切城夜神		图像左侧为立式女像，右下善财侧身而立。
31	49	第四层回廊外壁东南向壁面右侧	三十四参喜目观察众生夜神	1.砌塔道人邢信道」为母王氏二娘子施」 2.（憙）生夜神」（憙）力法门」	图像右侧一女像似跏趺坐于狮背负的莲台上，女像身后示现祥云。左下角善财合十而立。
32	53	第五层回廊外壁西南向壁面	五十一参德生童子有德童女		图像左侧立一男一女二像，男像拱手，女像双手笼袖内。前方善财合十作礼拜状。
33	55	第五层回廊外壁东南向壁面	四十三参天主光女		图像左侧立一女像，左手似执如意，右手作指引状，身后刻楼阁建筑。前方善财合十而立。
34	56	第五层回廊内壁西北向壁面	四十六参贤圣优婆夷	〔贤〕圣优婆夷」〔砌〕塔道人邢信道」〔为〕母亲王氏二娘施」	图像右侧一长者，手笼袖内。左侧善财合十而立。背景中显现楼阁。

续表22

序号	龛号	位置	内容	造像记	特征
35	59	第五层回廊内壁西南向壁面	五十参最寂静婆罗门	最寂静婆罗门得」城悟解脱法门」砌塔道人邢信道为」母亲王氏二娘施此功德」	图像中一身着铠甲武士装者游戏坐于方形台座上，左手指向左侧。身右善财合十立。
36	63	第六层回廊外壁西北向壁面	五十三参普贤菩萨		图像右侧一长者立于莲台上，右手作指引状。其左侧善财合十作礼拜状。
37	66	第六层回廊内壁东北向壁面	四十四参遍友童子师	迦毗罗城遍友童子师」范指入无所得故生解脱」砌塔道人邢信道为」母亲王氏二娘施此功德」	图刻二童子，中间者手执莲叶，右者持物。图中左侧善财合十而立。
38	98	第七级塔身西南向壁面	四十一参释种瞿波女		图像左侧一女像倚坐，细节风化。右侧立善财，仅存躯干，形象模糊。
39	100	第七级塔身西北向壁面	四十五参善知众艺童子		图像中立二孩童，一执手鼓状物，另一执莲蕾状物，右上角饰一棵小树。下方善财合十而立。
40	102	第七级塔身东北向壁面	四十七参坚固解脱长者		图像左侧一长者倚坐于方形台座上，细节模糊，右手作指引状。其右侧善财合十而立。
41	104	第七级塔身东南向壁面	四十二参摩耶夫人		图像左侧立一女像，身后有光焰。善财于女像前方，合十而立。
42	106	第五级塔身西南向壁面	二十八参观自在菩萨		图像右侧一菩萨自在坐于台座上，身后有圆形光环。前方善财合十而立。
43	108	第五级塔身西北向壁面	二十九参正趣菩萨		图像风化严重，右侧立一菩萨，饰圆形头光及舟形身光，左手指向前方。左下角善财合十而立。
44	110	第五级塔身东北向壁面	三十参大天神		图像风化严重，中央一明王形象者似呈游戏坐，四臂伸开，其中二臂向上举，另二臂伸向下方，周身布满云水。善财合十立于其左侧。
45	112	第五级塔身东南向壁面	二十七参鞞瑟胝罗居士		图像中央立一塔，塔右侧立一女像，形象模糊。左侧立善财，风化严重。
46	114	第三级塔身西南向壁面左侧	七参休舍优婆夷		图像左侧一女像坐于祥云承托的方形台座上，右手指前方。右下角善财合十而立。
47	115	第三级塔身西南向壁面左侧	九参毗目瞿沙仙人		图像风化严重，右侧云台中侧身倚坐一女像，面右，右手作指引状，后有楼阁建筑。其前方立善财。
48	117	第三级塔身西北向壁面左侧	十参胜热婆罗门	1.□以（漶）」子住（漶）」 2.砌塔道人（漶）」母王氏（漶）」镌（漶）」愿母超生（漶）」	图像风化严重，右上角立一长者，手执笏状物，左下角善财合十而立。二人间有一团火焰相隔。
49	118	第三级塔身西北向壁面右侧	十一参慈行童女	□（塔）人（漶）」□顶□□（漶）」	图像风化严重，右侧一女像倚坐于方形台座上，双手笼袖内，身后有楼阁宫殿。左侧立善财。
50	120	第三级塔身东北向壁面左侧	十二参善见比丘		图像右侧一长者站立，头毁，圆形头光。其右侧立善财，风化严重。二像间饰树。
51	121	第三级塔身东北向壁面右侧	十三参自在主童子		图像右侧二童子跪地，似在建一塔，善财合十立于前方。
52	123	第三级塔身东南向壁面左侧	十四参具足优婆夷		图像左侧一女像倚坐于方形台座上，身后宫殿中置一宝瓶，内出几道祥光，女像右手作指引状。前方善财面对女像合十而立。

续表22

序号	龛号	位置	内容	造像记	特征
53	124	第三级塔身东南向壁面右侧	十五参明智居士		图像右侧一长者趺坐于束腰方形台座上，头戴冠，留小须，左手作指引状，身后现几道祥光。其前方善财合十而立。
54	126	第一级塔身西向壁面	五十三参普贤菩萨		图像中刻普贤菩萨坐象，大象左前侧刻礼拜的善财立像，右侧刻象奴立像。
55	130	第一级塔身东向壁面	再会文殊菩萨		图像中为文殊菩萨坐狮，狮身后侧立狮奴，狮头后侧立善财像。

此外，根据龛窟形制、造像特征和造像记还可知，此55幅图像中，有4幅为功德主冯善元捐造，51幅为功德主邢信道所造。

冯善元捐造的4幅"善财童子五十三参"图像分别布置于第1、2号，第126号，第130号等3个深窟中，集中于塔身底部，即是第一层回廊和第一级塔身外部（图438）。

邢信道捐造的51幅"善财童子五十三参"图像布置于第3、5、6、11、13、14、16、17、19、21、22、24、25、26、27、29、30、31、32、34、35、37、38、40、42、44、46、48、49、53、55、56、59、63、66、98、100、102、104、106、108、110、112、114、115、117、118、120、121、123、124号等51个浅龛内。其图像内容简洁，环境表现趋于程式化，大多场景仅刻一树或一屋。人物较少，一般由善财童子与善知识两个人物构成。善财体量较小，均浮雕头光，为光头、上着披巾、下着裙的立式童子形象，面朝善知识作参拜状。同类身份的善知识或坐或立，形象较固定；主要以身着袈裟的僧人形象来表现比丘和比丘尼；以身着交领长服的男性俗人形象来表现长者、居士，其中具有王者身份的善知识衣饰相对较繁复；以优婆夷为代表的俗人女性善知识均梳高髻、绕披帛、着长裙；而同为女性形象的夜神则装扮华丽，披云肩、着蔽膝，天神、地神均为武士形象；童子童女举止活泼，形同世俗小儿。

邢信道捐造的51幅"善财童子五十三参"图像充分利用塔的立体空间，集中布置于塔内第二、三、四、五、六层回廊内外壁和与之层高对应的塔外第三、五、七级壁面（图439、图440、图441、图442、图443、图444、图445、图446）。其中，塔内回廊内外壁共计35幅，塔身外壁共计16幅。图像布置由塔内第二层回廊开始，基本按善财童子参拜顺序，自下而上，由塔内回廊至塔身外壁逐层逐级交替布置；即是自塔内第二层回廊→塔外第三级→塔内第三层回廊→塔外第五级→塔内第四层回廊→塔外第七级→塔内第五层回廊→塔内第六层回廊。同一层（级）图像的布置，亦依照善财童子参拜次第大致沿顺时针方向布列，但又并非严格遵循，部分图像位置有改变。

第二类　佛像

28个龛窟。其中，释迦牟尼佛7龛（第1、10、43、47、64、95、128号），阿弥陀佛5龛（第28、57、81、90、97号），一佛二菩萨3龛（第12、36、60号），三身佛2龛（第77、105号），"西方三圣"1龛（第39号），华严三圣1龛（第23号），药师经变1龛（第119号），双身佛并坐1龛（第62号），金轮炽盛光佛1龛（第111号），佛像残龛6龛（第18、51、52、54、93、96号）。

第三类　菩萨

23个龛窟。其中，普贤菩萨1龛（第41号），文殊菩萨1龛（第45号），地藏菩萨2龛（第74、109号），龙树菩萨2龛（第91、99号），如意轮菩萨1龛（第7号），水月观音4龛（第4、15、58、89号），不空羂索观音3龛（第68、101、107号），净瓶观音1龛（第8号），如意观音1龛（第103号），千手观音1龛（第116号），玉印观音1龛（第122号），观音残像1龛（第9号），观音地藏残像1龛（第65号），菩萨残像3龛（第61、67、113号）。

第四类　护法

3个龛窟。摩尼支天女1龛（第33号），不动明王1龛（第70号），金刚力士像1龛（第75号）。

第五类　圣僧

4个龛窟。志公和尚1龛（第131号），圣僧像3龛（第125、127、129号）。

第六类　官吏

1龛，仅冯楫像（第50号）。

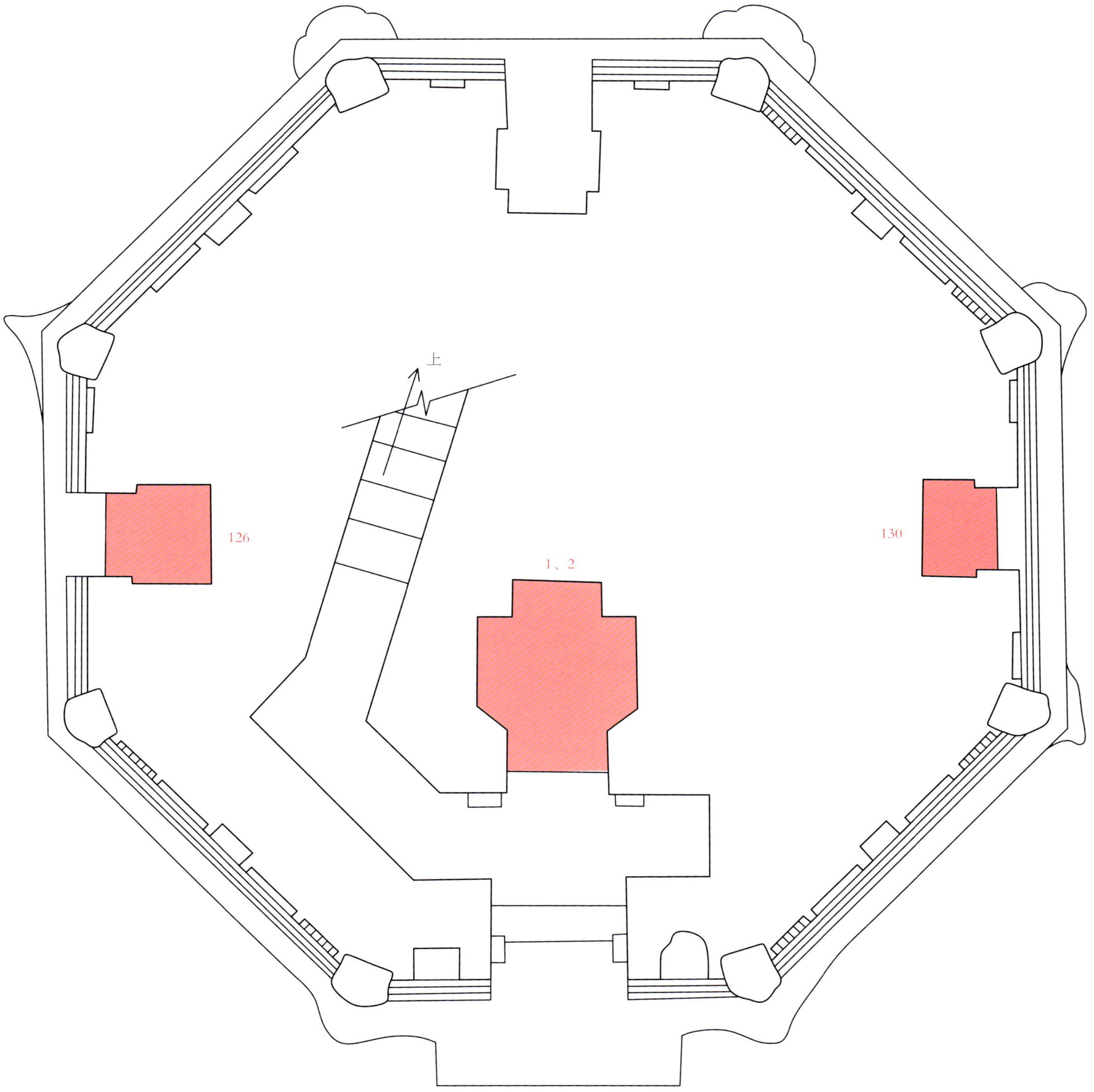

图 438　冯善元造善财五十三参图像分布图

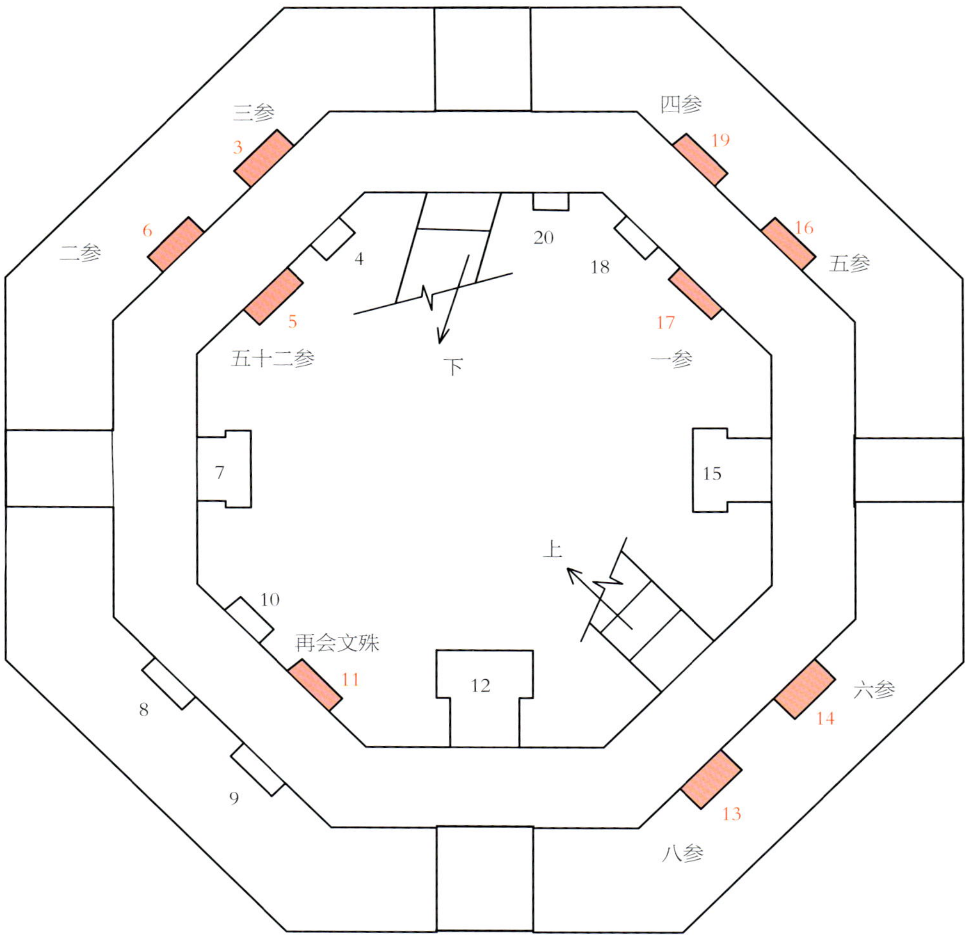

图 439　邢信道造善财五十三参图像分布图（塔内第二层回廊）

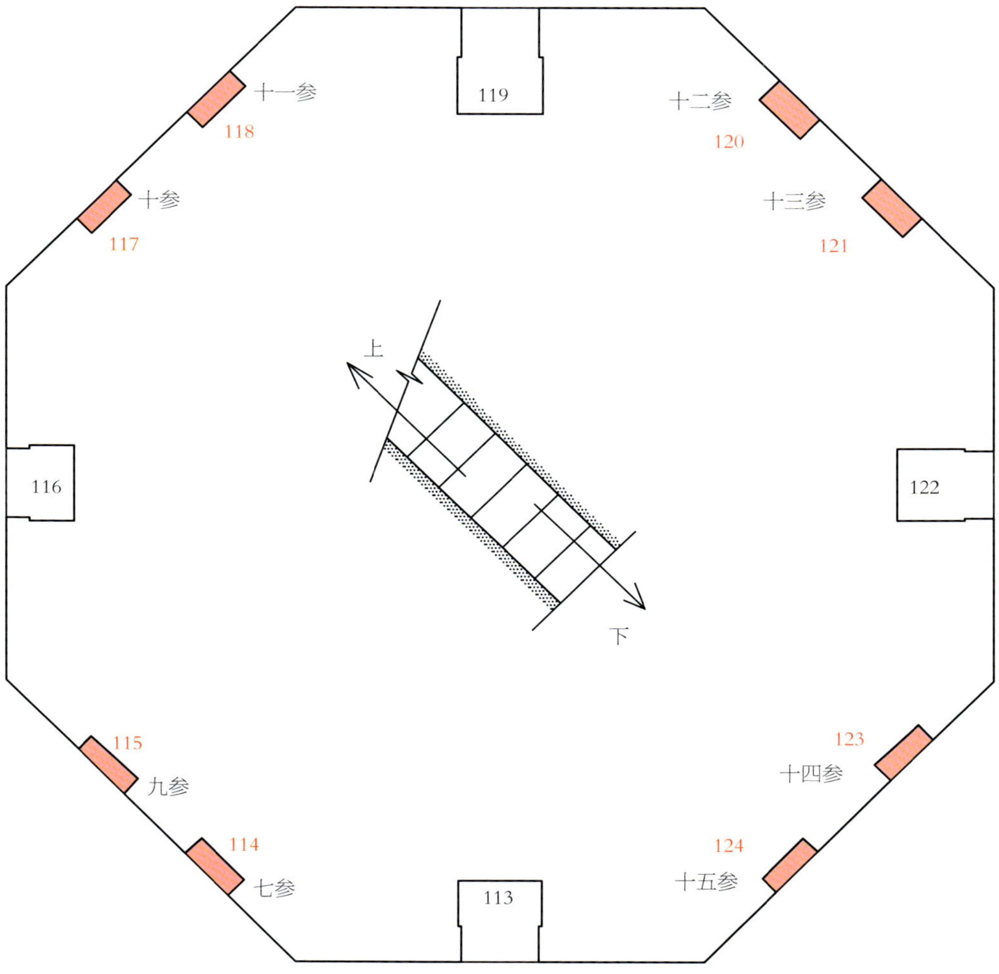

图 440　邢信道造善财五十三参图像分布图（塔身第三级）

532　大足石刻全集　第四卷（上册）

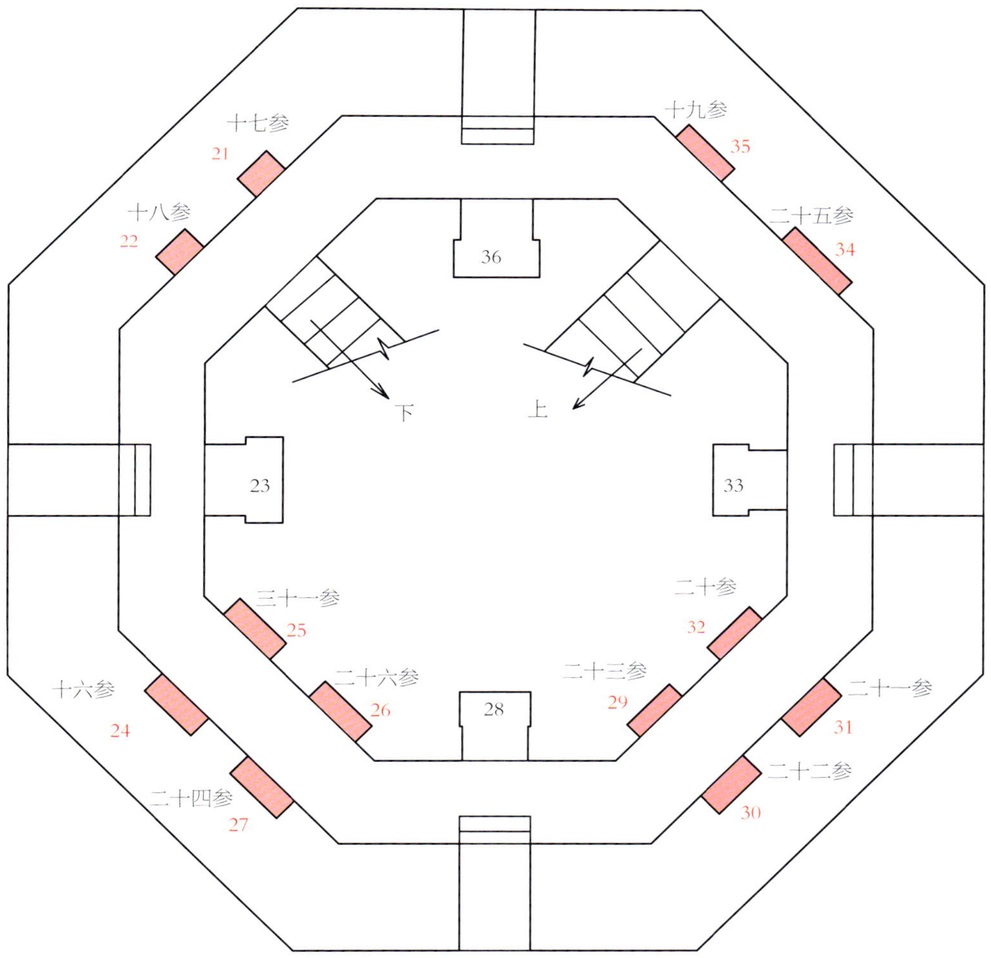

图 441　邢信道造善财五十三参图像分布图（塔内第三层回廊）

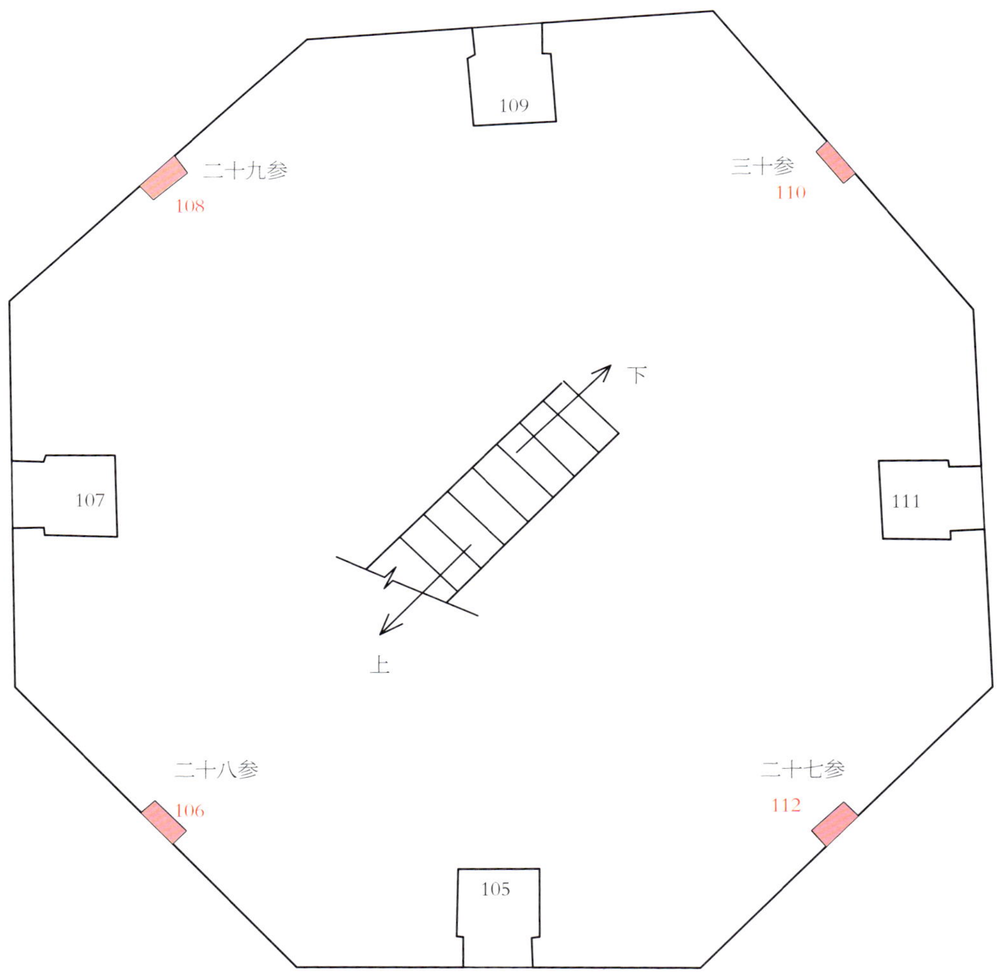

图 442　邢信道造善财五十三参图像分布图（塔身第五级）

第十三章　结　语　533

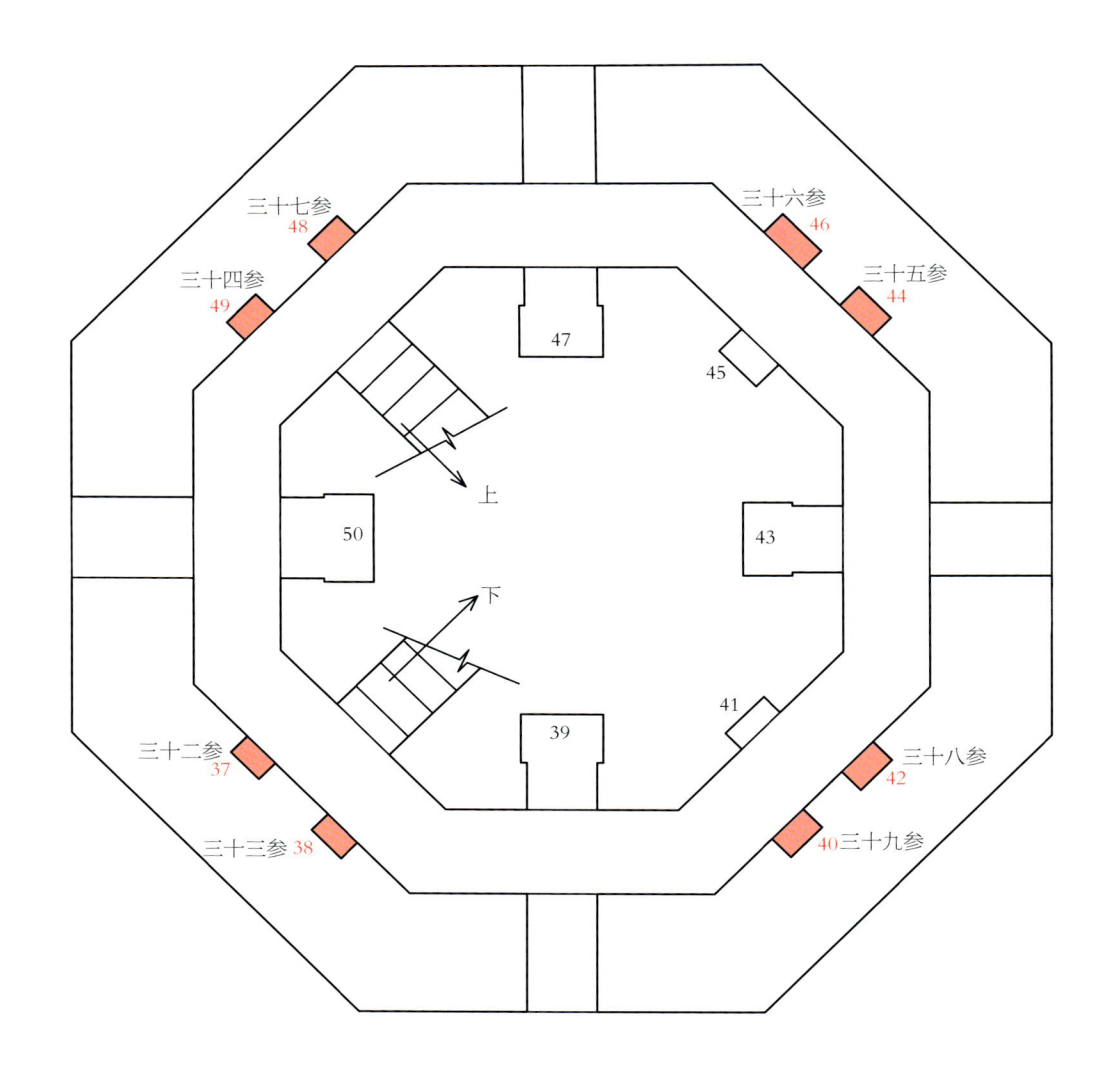

图 443　邢信道造善财五十三参图像分布图（塔内第四层回廊）

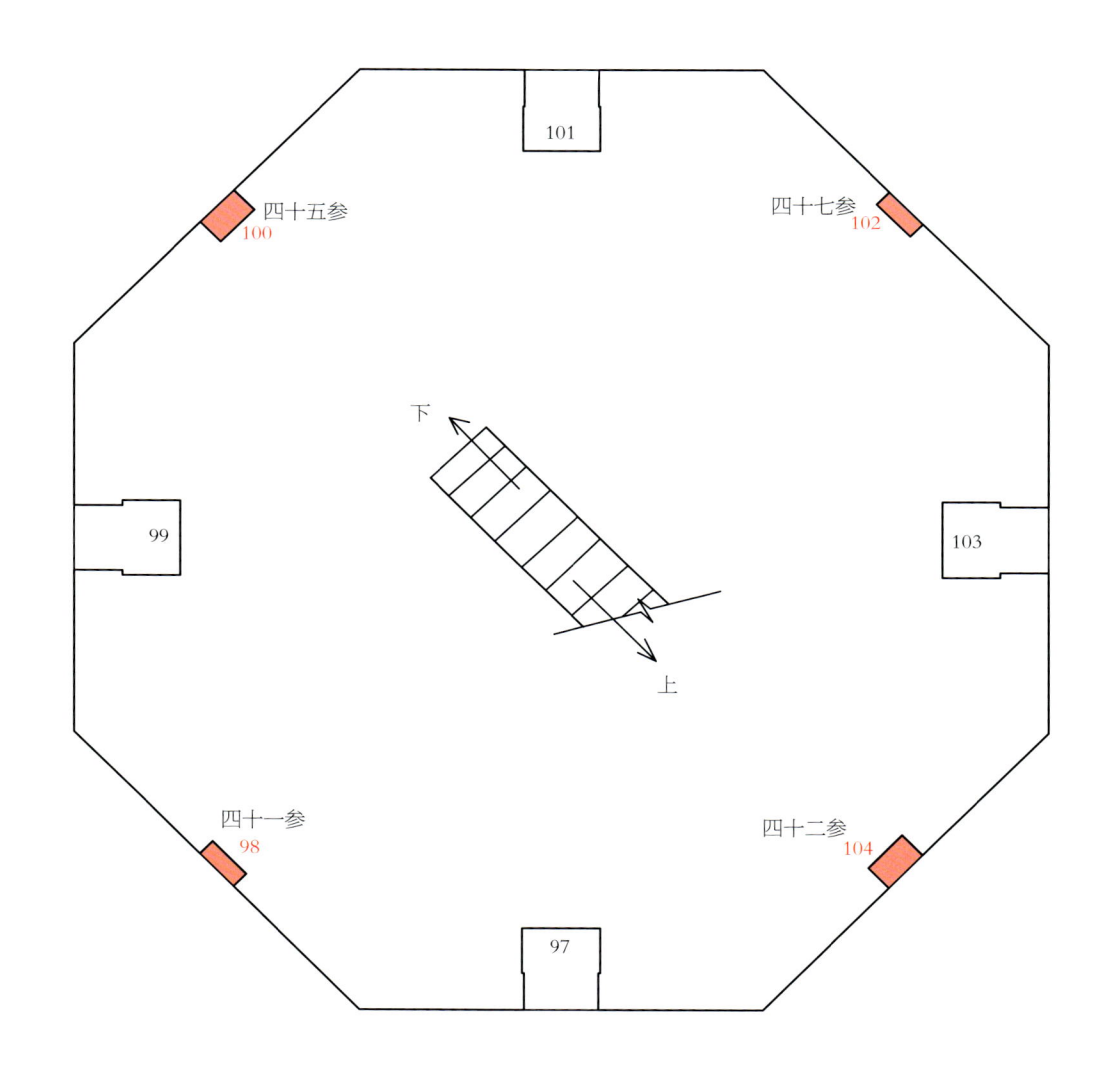

图 444　邢信道造善财五十三参图像分布图（塔身第七级）

534　　大足石刻全集　第四卷（上册）

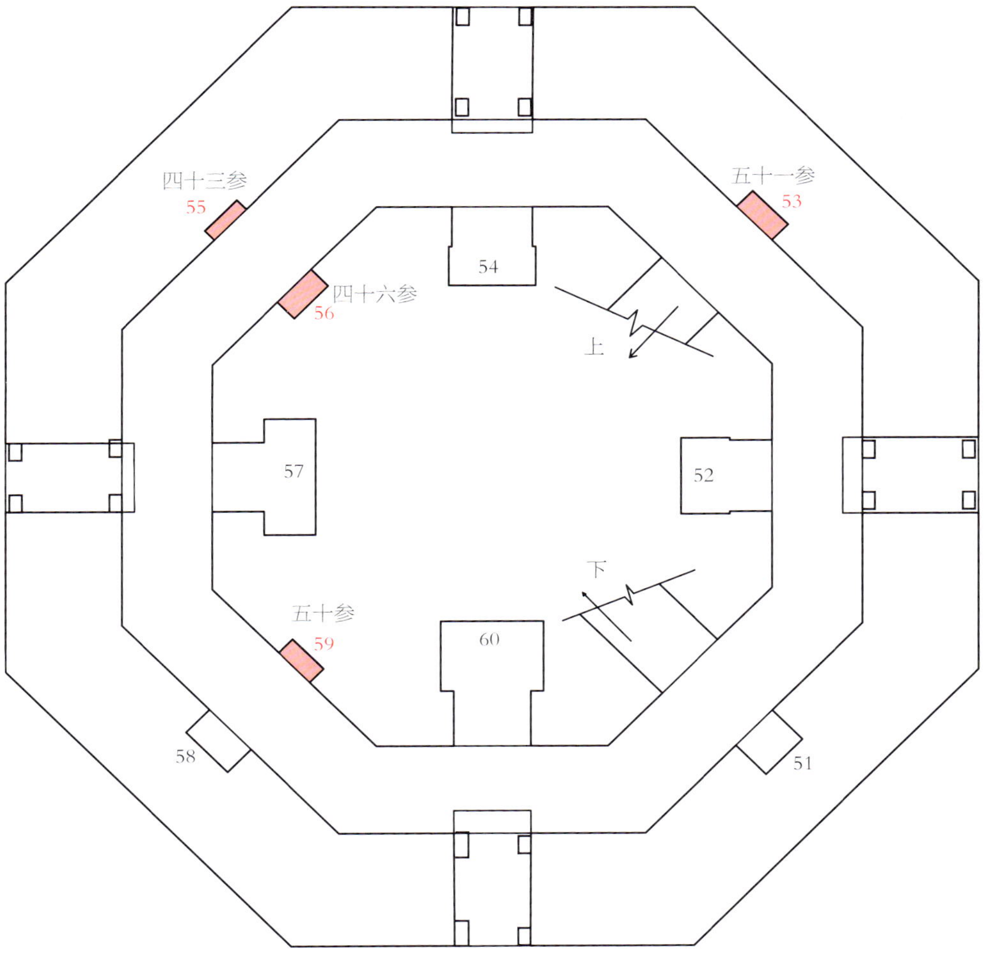

图 445　邢信道造善财五十三参图像分布图（塔内第五层回廊）

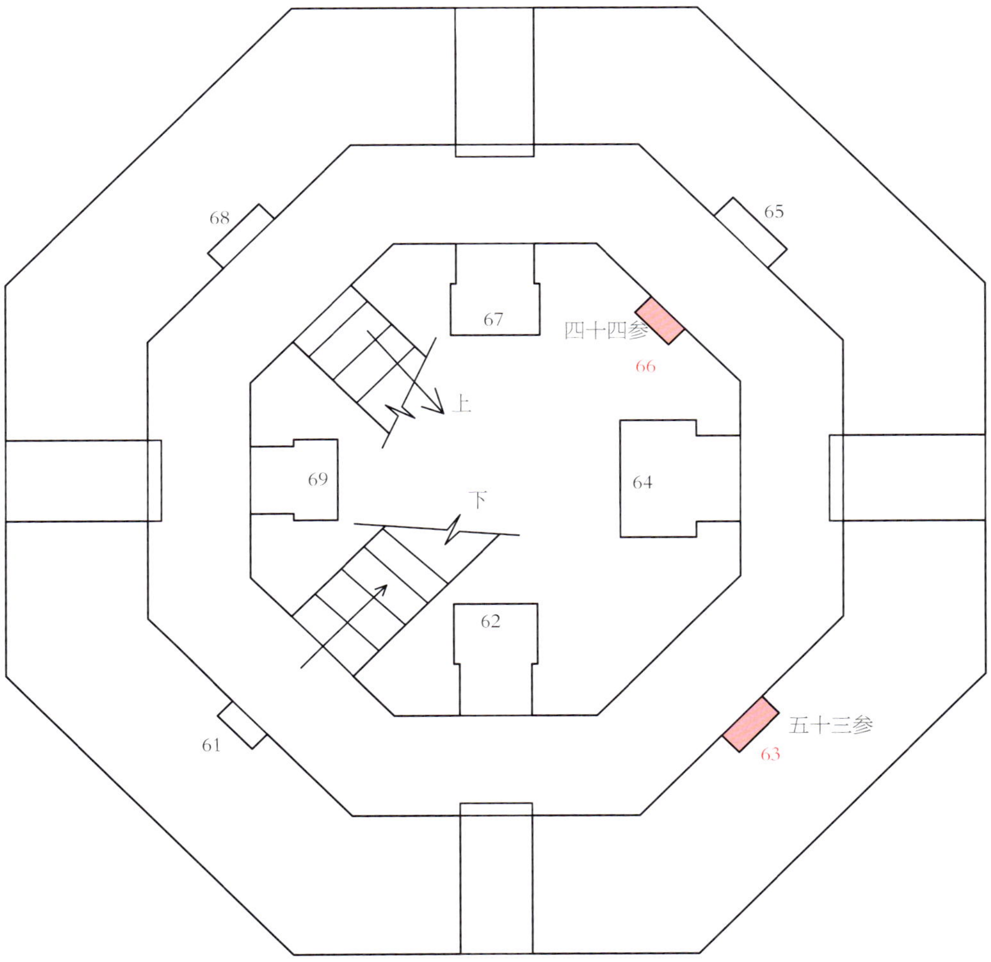

图 446　邢信道造善财五十三参图像分布图（塔内第六层回廊）

第十三章　结　语　535

四　功德主

在多宝塔46个龛窟造像铭刻中，留下了诸多供养人信息。为便于讨论，现据造像记将相关信息整理列入表23。

表23　多宝塔功德主信息简表

龛号	籍贯	身份	功德主	发愿	备注
1-2	昌州在城左厢界小东门	奉佛弟子	蔡元志	子孙荣贵	
3		砌塔道人	邢信道	愿母生于佛地	自备钱募工镌
5		砌塔道人	邢信道	愿母超生佛地	自备钱镌
6		砌塔道人	邢信道	愿母超生佛地	自备钱募工镌
7	昌州在郭右厢界正北街	奉佛进士	刘升同室袁氏万一娘弟进士刘陟弟妇于氏庆二娘	过往生天见存获福	
8	昌州大北街	佛子	何正言同室杨氏		
9			何正言继母冯氏四娘子等		
11		砌塔道人	邢信道	愿母超生佛地	自备钱镌
13		砌塔道人	邢信道		
14		砌塔道人	邢信道	愿母超佛地	
16		砌塔道人	邢信道	愿母超生佛地	（漶）备钱镌
17		砌塔道人	邢信道	愿母超生净土	自备钱镌
19		砌塔道人	邢信道	愿母成道	
20		砌塔	邢先生		
22		砌塔道人	邢信道	愿母亲超生佛地	自备钱镌
23		奉佛信士			舍财
24		砌塔道人	邢信道	愿母超生佛地	自备钱募工镌
26		砌塔道人	邢信道	愿母超生净土	自备钱募工镌
32		砌塔道人	邢信道	愿母超生佛地	自备钱募工镌
34		砌塔道人	邢信道	愿母超生佛地	自备钱募工镌
35		道人	邢信道	愿母（漶）	备钱募工镌
37		砌塔道人	邢信道		

续表23

龛号	籍贯	身份	功德主	发愿	备注
38		砌塔道人	邢信道		
39		泸南安抚都钤辖	冯大学		
40		砌塔道人	邢信道		
41		泸南安抚	冯大学		
42		砌塔道人	邢信道		
43	遂州	敷文阁直学士左中奉大夫潼川府路兵马都钤辖泸南沿边安抚使知泸州军州提举学事兼管内劝农使文安县开国伯食邑九百户赐紫金鱼袋	冯楫合家	禄寿绵远进道无魔眷属康安子孙蕃衍尽此报身同生极乐	施钱肆百贯
45	遂州	同上	冯楫		
47	遂州	同上	冯楫		
49		砌塔道人	邢信道		
50	遂州	同43、45、47号龛窟	冯楫		
51		奉佛弟子	刘睽夫妻	祈求安乐	
54	昌州在城	奉佛圆通善人	王堂	祈求安乐	
	昌州在城	奉佛圆通善人	王堂	迪诚愿海一一悉成众力善心人人具足仰惟三宝咸愿印知普接群生俱成正觉	化众舍钱
	昌元县		冯拯安王氏	愿世世生生共同佛会	施钱
	昌元县		王景恩冯忠信等	愿世世生生共同佛会	舍施大钱
	永川县		斯完与男奉先彦先几先等	愿世世生生共同佛会	
	永川县		李咸兄弟	愿世世生生共同佛会	施桐油五十斤
56		砌塔道人	邢信道		
57		奉佛弟子	文陟妻毛氏	早应凡心子孙蕃衍富贵荣华福寿延远	布施铃铎一级
58	昌州石膏滩	奉佛弟子	李小大全家	祈保双寿齐（湛）子孙荣贵	施钱
59		砌塔道人	邢信道		
60	昌州大足县溪井		刘杰夫妇	超升见存眼目光明福寿双庆	外施铁索一条重三十斤
		奉佛弟子	昝彦同妻任氏一宅等	先亡眷属速登天界见存安乐	舍钱
66		砌塔道人	邢信道		
67		轮车道人	周圆晖	生于净土逢善友无诸魔事莫遇诸邪	
116	昌州郭右厢界	奉佛弟子	王安同全家		
117		砌塔道人		愿母超生	
119	左州左厢界□	奉佛弟子	□中同室杨氏等		

续表23

龛号	籍贯	身份	功德主	发愿	备注
122	（澧）厢界	奉佛	冯氏等		
128			大一娘		舍钱
		建塔专库	慈济		

从上表可知以下几个方面的情况：

（一）籍贯及身份

功德主主要为昌州、遂州两地人氏。其中，以昌州为主，包括大足县、永川县、昌元县等三县，有蔡元志、刘升、何正言、王堂、冯拯安、王景恩、冯忠信、斯完、李咸、李小大、刘杰、王安等数十位功德主及其家人，他们多自称道人、佛子、弟子、信士。遂州功德主仅遂宁县冯楫及家人，就捐资营建了第39、41、43、45、47、50号等6龛造像和多宝塔第六级。

（二）主要捐建者

上述多宝塔捐建功德主中，以署衔"砌塔道人"的邢信道捐建最多。如在第3、5、6、11、13、14、16、17、19、20、22、24、26、32、34、35、37、38、40、42、49、56、59、66、117号等25个龛中，皆出现署衔为"砌塔道人"的邢信道或邢先生之题名；且除第20号龛为"佛字碑"外，余24个龛皆为"善财童子五十三参"图像。此外，在上文题材内容部分对"五十三参图像"的论述已论及，另有28个未署衔题名的龛亦属邢信道捐造，其捐造龛像数量达52个，约占多宝塔龛像总量的39%。由此说明，邢信道在多宝塔营建工程中，扮演了极其重要的角色，直接参与了塔内五十三参图像的捐建。根据其"砌塔道人"的署衔，我们似可认为，邢信道就是多宝塔整体营建的主持人之一。

遂州冯楫为"敷文阁直学士左中奉大夫潼川府路兵马都钤辖泸南沿边安抚使知泸州军州提举学事兼管内劝农使文安县开国伯食邑九百户赐紫金鱼袋"，身份显赫，是一名虔诚的佛教徒[1]。冯楫及其家人出资捐造多宝塔内第39、41、43、45、47、50等5个龛窟，并于南宋绍兴二十二年（1152年）"于昌州多宝塔内施钱肆百贯文足造第陆层塔壹级"。由此表明，冯楫亦是多宝塔营建的重要参与者之一。

多宝塔第8、9号龛为题名昌州大北街奉佛弟子何正言及其家人捐建。何正言与其子曾捐建南山第4号"注生后土圣母龛"[2]，并于南宋绍兴二十四年（1154年）捐凿北山观音坡第1号"地藏、引路王菩萨龛"[3]。由此可见，何正言不仅参与了多宝塔的捐建，还参与了大足北山、南山石窟的营建。

（三）捐修方式

多宝塔宏伟壮观，嵌石造像众多。在建造过程中，采用了化钱、舍钱、募工、布施等多种形式。如冯楫捐钱四百贯修多宝塔第六级，邢信道备钱募工镌善财童子五十三参图像，李咸兄弟修塔捐桐油五十斤，刘杰夫妇镌刻龙树菩萨龛捐三十斤铁索一条等。由此可见，多宝塔与大足他处的石刻造像一样，是由官绅士庶、僧人信众集体建造的。

五 组织营建

多宝塔铭刻中，出现了"化首"任亮、"建塔专库"慈济以及砌塔道人邢信道、轮车道人周圆晖、小师周童和赵瓦等匠师的题名。其中，匠师伏小八系大足石刻宋代主要镌匠——"伏氏"家族后人之一[4]。现将多宝塔营建者信息列入表24。

---

[1] 胡昭曦：《冯楫史踪初探》，重庆大足石刻艺术博物馆编：《大足石刻研究文集》（5），重庆出版社2005年版，第282—313页。

[2] 第4号龛左壁第3像头顶上方造像记有父何正言、乡贡进士何浩、化首张全一题名。重庆大足石刻艺术博物馆：《大足石刻铭文录》，重庆出版社1999年版，第290页。

[3] 同前引书，第35、444页。

[4] 大足石刻宋代镌匠题名中，伏姓家族已发现六位，活动区域主要在北山佛湾、多宝塔、观音坡等地。张划：《大足宋代石刻镌匠考述》，《四川文物》1993年第3期。

表24 多宝塔匠师信息简表

序号	龛窟号	署衔	匠师名	铭刻
1	43	化首	任亮	修塔化首任亮刊石立
2	3、5、6、11、13、14、16、17、19、24、26、32、34、35、37、38、40、42、49、56、59、66、117	砌塔道人	刑信道	砌塔道人邢信道
	20	砌塔	邢先生	砌塔邢先生小师周童镌造记
	第一级塔身北壁	砌塔	邢先生	本州西方院砌塔邢先生小师周童造伏家
3	67	轮车道人	周圆晖	轮车道人周圆晖造
4	20	小师	周童	砌塔邢先生小师周童镌造记
5	第一级塔身西南壁		赵瓦	第二方框、第三方框皆题"赵瓦造大宋丁卯"
6	60		伏小八	伏小八镌
	64			伏小八镌

据上表可知，多宝塔的营建，似有一个完备的组织体系负责实施，制度健全，人员齐备，具体包括"化首"任亮、"轮车道人"周圆晖、"砌塔道人"邢信道、"小师"周童、"镌匠"伏小八和赵瓦，以及"建塔专库"慈济等。这些直接参与者，或精心组织，或统筹安排，或烧制砖材，或刻石造像，职责明确，分工合作，与广大功德主一道，历时八年，共同完成了这一伟大建筑杰作的营建。

附录一　多宝塔龛窟造像一览表

序号	龛窟号	位置		形制	名称	内容	造像记
1	1、2	塔内一层回廊	内南壁侧向面	圭形藻井顶窟	释迦佛像及善财五十三参	正壁浅龛内置一结跏趺坐的圆雕佛像。 左壁刻一立像一跪像，立像着袒右式袈裟。二像身后刻建筑两座。 右壁刻文殊和善财童子。	1.在城左厢界小东〔门〕居住奉佛蔡元志□」□李氏念九娘男绅新□〔梁氏惠〕三〔娘〕（漶）」〔刘〕保娘次孙女（漶）」一级内镌造（漶）」一尊（漶）」斋表庆讫（漶）」孙荣贵（漶）」（漶）」 2.文殊指善财童子」南行〔冯善元〕命工」镌妆一〔身〕经庆题」
2	3		外东向面左侧南壁侧	单层方形龛	善财童子参海云比丘	右侧刻海云比丘，其左侧刻善财童子。	1.砌塔道人邢信道为母亲王氏」二娘自备钱募工镌五十三位」善知识愿母生于佛地」 2.海〔门〕国海云比丘住〔治地〕□」得普眼法门」
3	4		内西向面右侧北壁侧	单层方形龛	水月观音	主尊为观音像，右手持念珠，游戏坐于山石台上，左侧祥云内刻净瓶。观音左侧刻一供养人。	
4	5		内西向面左侧北壁侧	单层方形龛	善财童子参弥勒菩萨	中刻弥勒菩萨，善财童子跪伏其身前。	1.弥勒弹指楼阁门开」善财得会三世因果」 2.砌塔道人邢信道为母亲王氏」二娘自备钱镌五十三位善」知识愿母亲超生佛地」
5	6	塔内二层回廊	外东向面右侧南壁侧	单层方形龛	善财童子参德云比丘	左侧刻德云比丘，右侧刻善财童子。	1.砌塔道人邢信道为母亲王氏」二娘自备钱镌五十三」善知识愿母超生佛地」 2.胜乐国妙峰山德云比丘」发心住得忆念诸佛境界」普见法门」
6	7		内西向侧壁面	圭形覆斗顶窟	如意轮菩萨	中刻主尊如意轮菩萨，其左右及座前刻供养人。	本州在郭右厢界正北街居住」奉佛进士刘升同室袁氏万一娘」弟进士刘陟弟妇于氏庆二娘暨」在堂母亲氏念九娘子膝下」长男松年女二桂娘三桂娘合宅」人眷等先于戊辰载为故父」摄州助教刘揆日发心」镌造此」如意轮菩萨一龛自后未能」妆饰但延今则命匠彩銮上」件圣容祈冀过往生天见存」获福时以绍兴二十△年△月」△△△日命僧看经庆赞谨记」
7	8		外东向面左侧北壁侧	单层方形龛	净瓶观音	刻像3身，主尊为立式观音像，左手持净瓶，右手持柳枝。观音左右各刻一立式供养人。	大北街居住」佛子何正言」（左） 同室杨氏戊」辰绍兴拾捌」（右） 四月初捌」
8	9		外东向面右侧北壁侧	单层方形龛	观音	中刻主尊观音，左右刻供养人。	何正言继母」冯氏四娘子」（左） 何正言长男」乡贡进士浩」（右）

续表

序号	龛窟号	位置			形制	名称	内容	造像记
9	10	塔内二层回廊	内西向面	侧南壁右侧	单层方形龛	释迦佛	中刻主尊佛像，左手托钵，右手胸前结印。左右刻供养人。	
10	11		内西向面	侧南壁左侧	单层方形龛	善财童子再会文殊	左刻文殊菩萨和狮奴，右刻善财童子。	1.砌塔道人邢信道为母」亲王氏二娘自备钱镌」五十三位善知识愿母超生」佛地谨施」 2.善财童子再会文殊」菩萨之处」
11	12		内南向壁面		圆拱形覆斗顶窟	一佛二菩萨	中刻一结跏趺坐佛像，左右刻胁侍菩萨像。	
12	13		外西向面	侧北壁左侧	单层方形龛	善财童子参海幢比丘	中刻海幢比丘，左下侧刻善财童子。	1.（港）海幢比丘」心住得般若光明法门」 2.砌塔道人邢信道为」母王氏二娘谨施」
13	14		外西向面	侧北壁右侧	单层方形龛	善财童子参解脱长者	左刻解脱长者，右刻善财童子。	1.〔砌塔道〕人邢信道为母亲王氏」二〔娘自备钱镌五十三善〕」知〔识愿母亲〕超佛地〔谨〕施」 2.住林城解脱长者具」足方便住得无碍法门」
14	15		内东向壁面		圭形覆斗顶窟	水月观音	中刻观音，坐于山石座上，观音背光云纹内刻净瓶。	
15	16		外西向面	侧南壁左侧	单层方形龛	善财童子参弥伽长者	左刻弥伽长者，右刻善财童子。	1.达〔里鼻〕茶国弥伽长」者生贵住得妙音法门」 2.砌塔道人邢信道为母王氏」二〔娘自〕备钱镌五十三位善」〔知识〕愿〔母〕亲超〔生〕佛地」
16	17		内东向面	侧北壁右侧	单层方形龛	文殊师利指善财南行	左刻文殊，右刻善财童子。	1.文殊师利童子出善」住楼阁指善财南行」 2.砌塔道人邢信道为母」亲王氏二娘自备钱镌」五十三位善知识愿母」亲超生净土」
17	18		内东向面	侧北壁左侧	单层方形龛	佛像	中刻结跏趺坐佛像，双手结禅定印。佛像左右刻供养人。	
18	19		外西向面	侧南壁右侧	单层方形龛	善财童子参善住比丘	左刻善住比丘，右刻善财童子。	1.〔海岸聚落〕善住比丘修行」住得究竟无碍法门」 2.砌塔道人邢信道为母」亲王氏二娘自备钱镌」五十三位善知识愿母成道
19	20		内北向壁面	侧右	单层方形龛	佛字碑	碑内刻"佛"字。	砌塔邢先生小师周童镌造记」
20	21	塔内三层回廊	外东向面	侧南壁左侧	单层方形龛	善财童子参普眼长者	主尊坐于圆台上，左手作指引状。左侧刻善财童子。	

附录一 多宝塔龛窟造像一览表 541

续表

序号	龛窟号	位置			形制	名称	内容	造像记
21	22	塔内三层回廊	外东向面	侧南壁右侧	单层方形龛	善财童子参无厌足王	主尊为无厌足王，其右下刻善财童子。左侧刻施刑者和受刑者。	1.多罗幢城无厌足王无着｣行得如幻解脱法门｣ 2.（砌塔道）人（邢信道）为母亲王氏｣二娘自备钱镌五十三位（善知）｣识愿母亲超生佛地谨施｣
22	23		内西向壁	侧南面	圭形覆斗顶窟	华严三圣	中刻毗卢佛，其左右分刻普贤、文殊菩萨。	奉佛信士□于滨舍财建造祈｣乞□□（安乐）时辛未年正月初十立｣
23	24		外东向面	侧北壁左侧	单层方形龛	善财童子参宝髻长者	主尊为宝髻长者，其右侧刻善财童子。	1.师子宫城宝髻长者｣离痴乱行得无量福｣德藏法门｣ 2.砌塔道人邢信道为母亲｣王氏二娘自备钱募工镌｣五十三位善知识愿母亲｣超生佛地谨施｣
24	25		内西向面	侧南壁右侧	单层方形龛	善财童子参安住地神	右刻主尊半身像，立于山石上，着甲衣，罩披膊，抱肚，下着腿裙。左刻一童子，侧身朝向主尊。	
25	26		内西向面	侧南壁左侧	单层方形龛	善财童子参婆须密多女	右刻主尊婆须密多女，左刻善财童子，侧身朝向主尊。	1.险难国婆须密女无尽｣功德藏回向得离贪欲际｣法门｣ 2.砌塔道人邢信道为母亲王氏｣二娘自备钱镌五十三位善知｣识愿母亲超生净土谨施｣
26	27		外东向面	侧北壁右侧	单层方形龛	善财童子参无上胜长者	主尊倚坐于须弥座上，左侧刻善财童子，侧身朝向主尊。	
27	28		内南向壁面		圆拱形覆斗顶窟	阿弥陀佛	中刻主尊佛像，结定印。左右刻供养人。	宝塔既终｣必生高贵｣□□如是｣辄忌错认｣内习外舍｣高贵自生｣不得其内｣（不舍）其外｣（湛）｣（湛）｣七日（湛）｣
28	29		内东向面	侧南壁右侧	单层方形龛	善财童子参婆施罗船师	主尊坐于船舱内，左手外展前伸，右手抚膝。主尊左侧刻童子。	
29	30		外西向面	侧北壁左侧	单层方形龛	善财童子参优钵罗华长者	左刻主尊，位于方案后，案上置香炉等器具。右侧刻童子，双手合十，侧身朝向主尊。	
30	31		外西向面	侧北壁右侧	单层方形龛	善财童子参遍行长者	右侧刻主尊，侧身斜跪，左手上举前伸。左侧须弥山上刻一童子，侧身朝向主尊，双手置胸前。	
31	32		内东向面	侧南壁左侧	单层方形龛	善财童子参不动优婆夷	左刻主尊不动优婆夷，右刻善财童子。	1.安住王都不动优婆姨｣善法行得难摧伏法门｣ 2.砌塔道人邢信道为母亲｣王氏二娘自备钱募工镌｣五十三位善知识愿母亲｣超生佛地谨施｣
32	33		内东向壁面		圭形藻井顶窟	摩利支天女	中刻主尊，梳髻戴冠，三面八臂，立于大象牵引的战车上。主尊左右刻供养人11身。	

续表

序号	龛窟号	位置			形制	名称	内容	造像记
33	34	塔内三层回廊	外西向面	侧南壁左侧	单层方形龛	善财童子参师子频呻比丘尼	右刻频呻比丘尼，左刻善财童子。	1.迦陵迦城师子频呻比丘」一切佛回向得清净法门」 2.砌塔道人邢信道为母亲」王氏二娘自备钱募工镌」五十三位善知识愿母亲」超生佛地谨施」
34	35		外西向面	侧南壁右侧	单层方形龛	善财童子参大光王	右刻大光王，左刻善财童子。	1.妙光城大光王难得行」得随顺世间三昧法门」 2.（漫）道人邢信道为母亲」（漫）备钱募工镌」（漫）三位善知识愿母」〔谨施〕」
35	36		内北壁	侧向面	圭形藻井顶窟	一佛二菩萨	正壁刻佛像，左手置腹前，右手结说法印。	（漫）宗同妻」（漫）娘发心」（漫）结二圣」（漫）永登」（漫）秦大小」（漫）叶庆」（漫）兴二十」（漫）狐琳书」
							左壁刻菩萨像，四臂，持经函、日月、莲茎等，结跏坐于孔雀背负的莲台上。	
							右壁刻菩萨像，六臂，持日、月、羂索、宝剑等，倚坐于方台上。	
36	37		外东向面	侧北壁左侧	单层方形龛	善财童子参婆珊婆演底夜神	右刻婆珊婆演底夜神，左刻善财童子。	婆〔珊〕婆演底夜〔神〕」破众生痴暗法门」〔砌〕塔道人邢信道为〔母〕」亲王氏二娘造此」功德」
37	38		外东向面	侧北壁右侧	单层方形龛	善财童子参普德净光夜神	左刻普德净光夜神，右刻善财童子。	1.砌塔道人邢信道」为母亲王氏二娘子施」 2.普德净光夜神」普游勇猛法门」
38	39	塔内四层回廊	内南壁面	侧向面	圆拱形覆斗顶窟	西方三圣	正壁主尊为结跏趺坐佛像，双手腹前结印。	1.泸南安抚都钤」 2.冯大学施此圣容」 3.泸南安抚都钤辖」 4.冯大学供养圣容」 5.泸南安抚都钤辖」 6.冯大学供养圣容」
							左壁主尊为菩萨立像，胸饰璎珞，披络腋，下着裙，臂钏，右手持柳枝，立于莲台上。	
							右壁主尊为菩萨立像，胸饰璎珞，披络腋，下着裙，腕镯，左手下垂，右手持带茎莲苞、莲叶。	
39	40		外西向面	侧北壁左侧	单层方形龛	善财童子参精进力夜神	左刻精进力夜神，右刻善财童子。	〔精〕进力夜〔神〕」〔教〕化众生〔令生善〕」〔根〕法门」〔砌塔〕道人邢信道为母〔亲〕王氏二娘」施此功德」
40	41		内东向面	侧南壁	单层圭形龛	普贤菩萨	刻主尊普贤菩萨，结跏趺坐于大象背负的仰莲台上。象右后侧刻象奴。	泸南安抚冯大学施」
41	42		外西向面	侧北壁右侧	单层方形龛	善财童子参开敷树花夜神	右刻树花夜神，左刻善财童子。	佛会中树花夜神」得喜光明解脱法门」砌塔道人邢信道」为母王氏二娘施此功德」

续表

序号	龛窟号	位置		形制	名称	内容	造像记
42	43	塔内四层回廊	内东壁侧向面	圭形覆斗顶窟	释迦佛	中刻主尊佛像，左手抚膝，右手置膝上，倚坐于须弥座上，身后刻六拏具龙头靠背。佛像左右刻功德主。	敷文阁直学士左中奉大夫潼川府」路兵马都钤辖泸南沿边安抚使知」泸州军州提举学事兼管内劝农使」文安县开国伯食邑九伯户赐紫金」鱼袋冯△今于昌州多宝塔内施钱」肆百贯文足造第陆层塔壹级全用」银合内盛华严感应舍利壹百贰拾」粒安于其中祈乞禄寿绵远进道无」魔眷属康安子孙蕃衍尽此报身同」生极乐绍兴壬申岁仲春旦日」修塔化首任亮刊石立」
43	44		外西向壁面左侧 南	单层方形龛	善财童子参守护一切城夜神	左刻主尊坐像，披云间，臂间刻出半袖，左手抚膝，右手屈肘前伸。右侧刻童子，左向侧身，合十站立。	
44	45		内东壁向面 北 侧	单层圭形龛	文殊菩萨	主尊为文殊菩萨，坐于狮子背负的莲台上。狮左前刻狮奴。	泸南安抚冯大学施」
45	46		外西向壁面右侧 南	单层方形龛	善财童子参寂静音夜神	中刻主尊坐像，坐于束腰莲座上，其左右各刻一立像。主尊左前侧刻一童子，合十站立。	
46	47		内北壁 侧向面	圆拱形藻井顶窟	释迦佛	正壁刻主尊佛像，坐于束腰莲座上，左手腹前结印。左右壁各刻一立像，皆披袒右式袈裟，下着裙；左像双手于胸前持物，右像双手似合十	1.泸南安抚都钤冯大学」2.陆层宝塔壹级全」
47	48		外东向壁面左侧 南	单层方形龛	善财童子参普救众生妙德夜神	左刻主尊立像，存巾带，右刻童子像，二像相对，立于低台上。	
48	49		外东向壁面右侧 南	单层方形龛	善财童子参喜目观察众生夜神	右刻喜目观察众生夜神，左刻善财童子。	1.砌塔道人邢信道」为母王氏二娘子施」2.（漶）生夜神」（漶）力法门」
49	50		内西壁向面 侧	圭形覆斗顶窟	冯楫	正壁刻冯楫像，左右壁分别刻女童妙悟、妙明。	敷文阁直学士左中奉大夫潼川〔府〕路兵马都〔钤辖泸南沿边〕安抚使知泸州军州提举学事兼管内劝农使文安县开（左）国伯食邑九百户赐紫金鱼袋冯□」〔谨施第〕陆层〔宝塔〕兼〔造像全堂〕□□□□」（右）
50	51	塔内五层回廊	外西向壁面 北 侧	单层圭形龛	佛像	中刻佛像1身，左手腹前托物，右手胸前持物，结跏趺坐于束腰莲座上，座前立像1身。主尊左右各刻一供养人。	〔奉〕佛弟子刘暎夫妇」造此圣容祈求安乐」
51	52		内东壁向面 侧	圭形覆斗顶窟	佛像	中刻主尊佛像，倚坐于龙首靠椅上。主尊右侧刻一供养人。	
52	53		外西向壁面 南 侧	单层方形龛	善财童子参德生童子有德童女	中刻一男一女二像，并列站立低台上。二像右侧刻童子像，侧身站立。	

续表

序号	龛窟号	位置			形制	名称	内容	造像记
53	54	塔内五层回廊	内侧北向壁面		圆拱形覆斗顶窟	佛像	中刻主尊佛像，结跏趺坐于束腰莲座上，左手腹前结印，右手置胸前。佛像左右共刻供养人像4身。	1.奉佛圆通善人王堂男□一郎」同政女弟子赵氏女大二娘」 2.造此圣容祈求安乐（漶）」（漶）友同（漶）」 3.1何通进王安邦各施二道」斯逢男大年大言崔雅」圆通善友王堂永远供养」 3.2大足县王伯宁高祖贤」夏仲宁王伯周各施钱引十道」王褒任泰斯大猷」康普荀宇各施伍道」 3.3昌州在城圆通善友王堂」化众舍钱引三百道安砌」第八级共谐胜□□□□」县施主钱引二百二十二」道堂舍施七十八道都共」三百道送入塔库满酬志愿」右伏冀迪诚愿海一一悉」成众力善心人人具足仰惟」三宝咸愿卯知普接群生」俱成正觉癸酉中冬立石」罗先古贯之斯迪男大成」昌元县冯拯安王氏施钱引二道」 4.第八级宝塔上舍钱施主芳衔如后」昌元县王景恩冯忠信各舍施大钱引壹拾道」张伯宣黄玠杨高冯绘各施大钱引伍道」杜宗旦王伯通郑嗣宗黄辂王泽胡考宁」王思志王旦各施叁道张汝霖弟汝明各施贰道」永川县斯完与男奉先彦先先共施壹拾伍道」杜详李明道梁嗣宗王信言罗觉各施伍道」斯逸与男大明大受赵忠直男运各施拾道」解陈男三捷李京浦明张元隆与男逸」王诏苟元友李元爱庞广爰弟顺宗王才志弟才胜」李承法兄弟各施伍道杜世高施两道翟光远一道」李咸兄弟施桐油伍十斤各愿世世生生共同佛会」
54	55		外侧东南向壁面		单层方形龛	善财童子参天主光女	左侧主尊为女像，左手胸前持物，右臂平伸，作指引状。右侧刻合十站立的童子像。	大宋昌州永川县使汉卿本」师庞上明与祖母胡氏三娘为」永世□发心认砌第十一级全」本意父世□启愿后仪□遐」年大明田□人」愿在遂布」施大钱五百贯为了前愿」异先亡祖□各乞」生天见在支罗成永岁」乙亥绍兴廿五年六月吉日立石」故曾祖忠义曾祖婆仲氏」故祖父士文在堂母杨氏三娘」新妇刘氏五娘男国光」弟大方新妇杨氏十二娘侄梳保」弟大年□□□娘七三娘七四娘」执日首□□□□□昌」
55	56		内侧西北向壁面		单层方形龛	善财童子参贤胜优婆夷	右刻主尊贤胜优婆夷，左刻善财童子。	□圣优婆夷」□塔道人邢信道」□母亲王氏二娘施」
56	57		内侧西向壁面		圭形藻井顶窟	阿弥陀佛、不空羂索观音、如意轮菩萨	正壁中刻阿弥陀佛像，其左右各刻一供养人像。	1.契造无量寿佛一尊祈乞」早应凡心子孙播愆富」贵荣华福寿延远时癸酉」 2.奉佛又陟妻毛氏□为」母唐氏耳目不安布施铃」铎一级爰为陟嗣息女」
							左壁主尊为菩萨像，六臂，分持日、月、羂索、宝剑、柳枝等。菩萨左右刻供养人像4身。	
							右壁主尊为菩萨像，左手托如意轮，菩萨左右各刻一供养人像。	
57	58		外侧东北向壁面		单层圭形龛	水月观音	中刻主尊观音，左手撑台，右手置膝上，垂左腿，斜竖右腿，跣足坐于山石座上。身左侧刻一净瓶。	昌州石膏滩奉佛〔弟〕」子李小大同政何氏小三娘」男成三自戊辰年施钱引〔贰〕」道兼〔谷〕至了及镌此」观自在菩萨一尊永」为瞻奉祈保双寿齐」□子孙荣贵」时以乙亥二十五年五」月二十一日刊石」建塔街坊志广书」
58	59		内侧西南向壁面		单层圭形龛	善财童子参最寂静婆罗门	左刻最寂静婆罗门，右刻善财童子。	最寂静婆罗门得」城悟解脱法门」砌塔道人邢信道为」母亲王氏二娘施此功德」

续表

序号	龛窟号	位置		形制	名称	内容	造像记
59	60	塔内五层回廊	内侧南向壁面	圆拱形藻井顶窟	阿弥陀佛与龙树、地藏菩萨	正壁中刻阿弥陀佛，左壁刻龙树菩萨，右壁刻地藏菩萨。	1.□□□寿等佛一龛祈乞福禄」□□□□□夫荣妇□安」□□□身心□昌州于□□□□」氏□□冬□□□□□□」 2.昌州大足县〔玉〕」溪井住铁〔匠〕刘」杰妻杨氏发心」自初建塔施工」修葺动用铁作」□□外施铁索一条重三十斤□」龙树菩萨一龛」并化〔云〕水〔镇〕□」作户铁索三条」伏〔愿〕四生□□」超升见存」为母」眼目光明福寿」双庆时癸酉岁」 3.奉佛昝彦同妻任氏一宅等」舍钱造地藏王如来一龛祈乞」先亡眷属速登天界见存安乐」 4.伏小八镌」
60	61		外侧东北向壁面	单层圭形龛	菩萨残像	主尊为菩萨像，残蚀甚重。左右各刻一供养人像。	
61	62		内侧南向壁面	圆拱形藻井顶窟	双身佛	主尊为二佛像，并坐于须弥座上。座前刻五身供养人像。	
62	63		外侧西北向壁面	单层圭形龛	善财童子参妙德圆满夜神	右刻主尊像，上着袈裟下着裙，立于莲台上。左刻童子像，双手合十，侧身向主尊作参拜状。	
63	64	塔内六层回廊	内侧东向壁面	圭形藻井顶窟	释迦涅槃图	正壁刻棺，台上释迦涅槃像不存，台前后刻弟子和眷属，台后娑罗双树间刻锡杖和钵盂。 左右壁对称刻持幡的引路菩萨、送行者、力士、供养人等。	1.伏小八镌」 2.娑罗双林示寂式」〔我〕佛世尊以一大事因缘说死」说生说人天幻觉本见空即心」为佛而乃双林示灭入般涅槃」而谓是生耶死耶波旬唱言〔生〕」耶死耶况我人众生寿者亦」然观之不见佛母摩耶夫人到」忉利天至双林所迦文世尊自」棺中出坐般若室中为母说」法是谓是生耶死耶生也不然」死也不然我佛之见以生也不生〔生〕」为生死也不死不为死然而有□」天上人间大地一切众生□□□」虚设此一事个是非□□□」湛然常住不灭但慈济不闻于」尽闻见不见尽见迦文□□凡」二千三百余年未曾见□涅槃〔像〕□」睹建大宝塔顶安佛像□佛吉祥」睡而未曾之舍钱命工□〔石〕刊造」圣容永安佛塔仰〔冀〕先亡宋祖」氏」涅槃以超升债主□□□□□」□□见存眷」各保□□□□」□魔顿明□□□□□」为之源三有□□尽入真如□」君王万岁□□□□□□」甲戌绍兴孟夏八日□□□立石」
64	65		外侧西南向壁面	单层圭形龛	观音地藏	中刻二主尊立像，部分残蚀。左像右手持杆状物，右像左手托珠，右手持锡杖。	
65	66		外侧东北向壁面	单层圭形龛	善财童子参遍友童子师	中刻主尊遍友童子师，左侧刻善财童子，侧身朝向主尊，合十站立。主尊右侧另刻一侍者立像。	迦毗罗城遍友童子师」范指入无所得故生解脱」砌塔道人邢信道为」母亲王氏二娘施此功德」
66	67		内侧北向壁面	圆拱形藻井顶窟	善财童子参普贤菩萨	中刻主尊菩萨像，其左右共刻八身供养人像，主尊座前刻一童子像。	1.砌塔道人邢信道本为」□□〔母〕亲□生父母」□□□〔命〕工镌造□」〔澨〕」 2.□十三善知识伏愿过」□者生于净土存者〔愿〕」□□□□世世生〔长〕」逢善友无诸魔事」莫遇诸邪小师周〔圆晖〕」

续表

序号	龛窟号	位置		形制	名称	内容	造像记
67	68	塔内六层回廊	外侧东南向壁面	单层圭形龛	不空羂索观音	中刻主尊观音坐像一身，身六臂，分持钵、羂索、剑等。	
68	69		内侧西向壁面	圭形藻井顶窟	残像	刻像12身，作三排站立，皆残毁甚重。	
69	70		内侧东向壁面	圭形藻井顶窟	不动明王	中刻主尊坐像1身，戴束发冠，三面，颈戴项圈，上身斜披络腋，下着短裙，身六臂，分持铜、印、剑、金刚铃、羂索、戟等，跣足坐于山石座上。左上方刻一侍者像，右下方刻一供养人像。	
70	71		外侧西南向壁面	单层方形龛	清桂天培培修多宝塔碑记	碑文左起，竖刻74字；署款："大清光绪十九年秋谨泐"。	
71	71-1		内侧东北向壁面	单层方形龛	残碑	碑文漶。	
72	72		内侧北向壁面	圭形藻井顶窟	残像	中刻主尊坐像1身，坐于龙首靠背椅上，其左右刻立像6身，像皆残甚重。	
73	73	塔内七层回廊	外侧东南向壁面	单层方形龛	清桂天培培修多宝塔碑	碑文左起，竖刻74字；署款："大清光绪十九年秋谨泐"。	
74	73-1		内侧西北向壁面	单层方形龛	残碑	碑文漶。	
75	74		内侧西向壁面	圭形藻井顶窟	地藏菩萨	中刻主尊菩萨坐像1身，左手腹前托珠，左上方刻弟子像，双手持锡杖。	
76	75		外侧东北向壁面	单层圭形龛	金刚力士	刻二立像，左像罩甲，身四臂，分持印、剑、戟等；右像长发后梳，肩系巾，外罩甲，双手持剑；二像身后上方刻一龙。	
77	76		内侧南向壁面	单层方形龛	清桂天培培修多宝塔碑	碑文左起，竖刻74字；署款："大清光绪十九年秋谨泐"。	
78	77		内侧南向壁面	圭形覆斗顶窟	三身佛	正壁中刻立像5身，作上三下二两排布置，上三像为佛像，下二像为菩萨像。	
79	78		外侧西北向壁面	单层方形龛	清僧成书培修多宝塔记	碑文左起，竖刻14行247字；署款："大清光绪十九年癸巳十月榖旦"。	
80	79	第八层回廊	内侧西北向壁面	单层方形龛	清僧成书培修多宝塔记	碑文左起，竖刻14行247字；署款："大清光绪十九年癸巳十月榖旦"。	

续表

序号	龛窟号	位置		形制	名称	内容	造像记
81	80	第八层回廊	内侧西向壁面	单层方形龛	清僧成书培修多宝塔记	碑文左起，竖刻247字；署款："大清光绪十九年癸巳十月穀旦"。	
82	80-1		内侧东南向壁面	单层方形龛	1997年培修多宝塔记	碑文左起，竖刻14行186字。	
83	80-2		内侧南向壁面	圭形覆斗顶窟	空窟		
84	81	第十二级塔身	南壁	单层方形龛	阿弥陀佛	主尊为佛像，双手腹前结阿弥陀印（弥陀定印）。	
85	82		西壁	圭形平顶窟	残像	像残毁甚重。	
86	83		北壁	圭形藻井顶窟	残像	刻坐像1身，残毁甚重。	
87	84		东壁	圭形覆斗顶窟	残像	刻坐像1身，残毁甚重。	
88	85	第十一级塔身	西南壁	圭形覆斗顶窟	空窟		
89	86		西北壁	单层圭形龛	空龛		
90	87		东北壁	单层圭形龛	空龛		
91	88		东南壁	单层圭形龛	空龛		
92	89	第九级塔身	南壁	圆拱形藻井顶窟	水月观音	主尊为观音像，垂左腿，竖右腿，坐于山石台上，其身后浮雕山石，右侧刻净瓶。	
93	90		西南壁	单层圭形龛	阿弥陀佛	中刻主尊佛像，双手腹前结弥陀定印。	
94	91		西壁	圭形覆斗顶窟	龙树菩萨	主尊光头，戴耳环，坐于山石台上。身右上侧浮雕一树，树间刻一龙。	
95	92		西北壁	单层圭形龛	空龛		
96	93		北壁	圭形覆斗顶窟	残佛像	主尊头毁身残，内着僧祇支，外披双领下垂式袈裟，双手胸前结印，结跏趺坐。	
97	94		东北壁	单层圭形龛	空龛		
98	95		东壁	圭形覆斗顶窟	释迦佛	主尊为佛像，左手腹前托钵，右手胸前结印。	

续表

序号	龛窟号	位置		形制	名称	内容	造像记
99	96	第九级塔身	东南壁	单层圭形龛	佛像	主尊为佛像，肉髻微凸，内着僧祇支，外着双领下垂式袈裟，倚坐于须弥座上。	
100	97		南壁	圆拱形平顶窟	阿弥陀佛	主尊为佛像，螺髻，内着僧祇支，外披双领下垂式袈裟，下着裙，双手腹前结弥陀定印。	「□□八年□月初」
101	98		西南壁	单层圭形龛	善财童子参妙月长者	左刻主尊坐像，梳髻，双手置腹前，坐于山石台上。右刻善财童子立像。	
102	99		西壁	圭形平顶窟	龙树菩萨	中刻主尊坐像，戴耳环，左手扶龙头，右手握持净瓶，坐于山石台上。主尊右后刻一树。左上侍者持幡。	
103	100	第七级塔身	西北壁	单层圭形龛	善财童子参善知众艺童子	刻三童子像，"品"字形站立。中立像持带茎莲苞，身后右侧刻一树。左立像双手托持一圆形物。右立像披帛下垂腹前，两端敷搭前臂后，下垂体侧。	
104	101		北壁	圆拱形藻井顶窟	不空羂索观音	中刻主尊坐像，身六臂，分持日、月、羂索、剑、钵、柳枝等。主尊左右刻供养人像。	
105	102		东北壁	单层圭形龛	善财童子参坚固解脱长者	左刻主尊像，蓄须，右手作指引状，倚坐于方台上。右下刻善财童子。	
106	103		东壁	圭形平顶窟	如意观音	主尊为观音像，双手持如意。主尊左右各刻供养人立像1身。	
107	104		东南壁	单层圭形龛	善财童子参无胜军长者	右刻主尊女立像，梳高髻，侧身站立，身两侧各有三道毫光，身左侧刻一树。主尊左下方刻善财童子。	
108	105	第五级塔身	南壁	圆拱形覆斗顶窟	三身佛	刻三佛像，中佛像结智拳印，为毗卢遮那佛；左佛像结定印，为阿弥陀佛；右佛像左手腹前结定印，右手施降魔印，为释迦佛。	
109	106		西南壁	单层圭形龛	善财童子参观自在菩萨	右刻主尊水月观音，左手抚膝，右手撑台，竖左腿，盘右腿，跣足坐于山石台上。主尊左下方刻善财童子。	
110	107		西壁	圭形覆斗顶窟	不空羂索观音	正壁中刻主尊菩萨坐像，身六臂，分持日轮、月轮、羂索、剑、钵、柳枝等。左右壁刻供养人像八身。	
111	108		西北壁	单层圭形龛	善财童子参正趣菩萨	右刻主尊菩萨立像，左手屈肘前伸，右手置胸前，左向侧身站立。左刻善财童子，右向侧身站立。	

续表

序号	龛窟号	位置		形制	名称	内容	造像记
112	109	第五级塔身	北壁	圆拱形覆斗顶窟	地藏菩萨	右刻主尊菩萨立像，光头，左手托钵，右手握六环锡杖。主尊左侧刻二狱卒。	
113	110		东北壁	单层圭形龛	善财童子参大天神	中刻主尊坐像，四臂，上两手斜向上伸作托举状，下两手呈"八"字形斜伸。主尊左下刻善财童子。	
114	111		东壁	圭形覆斗顶窟	金轮炽盛光佛	正壁刻主尊坐佛，左手腹前托金轮。左壁刻九曜，右壁刻四身供养人像。	
115	112		东南壁	单层圭形龛	善财童子参鞞瑟胝罗居士	中刻一塔，塔右刻一立像，塔左刻善财童子。	
116	113	第三级塔身	南壁	圆拱形覆斗顶窟	菩萨像	中刻主尊菩萨像，其左右各刻一供养人像。	
117	114		西南壁左侧	单层方形龛	善财童子参毗目瞿沙仙人	左刻主尊坐像，右向侧身坐于楼阁前，右手指向前方。右刻善财童子。	
118	115		西南壁右侧	单层方形龛	善财童子参休舍优婆夷	右刻主尊坐像，倚坐于山石台上。身后刻树一株。左刻善财童子，右向侧身站立。	
119	116		西壁	圭形藻井顶窟	千手观音	中刻主尊菩萨像，坐于山石台上，十八臂，呈扇形排列。主尊左右各刻一供养人像。	1.州郭右厢界居住奉」佛弟子王安同室朱七七娘并膝下」男朴同室〔文氏〕孙松年镌」 2.八臂观音□□□养祈□□」□安泰大小（漶）」
120	117		西北壁左侧	单层方形龛	善财童子参胜热婆罗门	中刻火焰，右上方刻立像1身，双手持笏，左下方刻善财童子。	1.□以（漶）子住（漶）」 2.砌塔道人（漶）」母王氏（漶）镌（漶）」愿母超生（漶）」
121	118		西北壁右侧	单层方形龛	善财童子参慈行童女	右刻主尊坐像，梳髻，倚坐于方台上。左刻善财童子。	□（塔）人（漶）」□顶□□（漶）」
122	119		北壁	圆拱形藻井顶窟	药师经变	中刻主尊药师佛，左手托宝珠，右手结说法印。主尊左右上部刻十二神将。主尊座左右刻八大菩萨。	1.〔左〕州左厢界□」奉佛弟子□」中同室杨氏□」何□同室张氏」药师（漶）」 2.在塔□□」合□安□」□□□□□」水火不□」
123	120		东北壁左侧	单层方形龛	善财童子参善见比丘	左刻主尊立像，右刻善财童子。二像间刻一树。	1.□□□□（漶）得□□（漶）」 2.塔〔井〕（漶）」王氏□（漶）」（漶）」
124	121		东北壁右侧	单层方形龛	善财童子参自在主童子	右刻二跪像一塔，左刻善财童子。塔右侧像右手扶塔，塔左上像左手抚膝，右手屈肘上举持物。	
125	122		东壁	圭形藻井顶窟	玉印观音	主尊为观音像，左手握印带，右手举胸前持印，右舒相坐于须弥座上。	1.（漶）厢界居住奉」佛（漶）同室□氏」（漶）冯氏（漶）」父童（漶）李氏镌」 2.女寿（漶）」在塔（漶）」（漶）」

续表

序号	龛窟号	位置	形制	名称	内容	造像记
126	123	第三级塔身	东南壁左侧	单层方形龛	善财童子参具足优婆夷	左刻主尊女像，右手前伸作指引状。右刻善财童子。	
127	124		东南壁右侧	单层方形龛	善财童子参明智居士	右刻主尊坐像，下颌刻胡须，左手作指引状。左刻善财童子。	
128	125	第一级塔身	西南壁	四重方形龛	泗州大圣	中刻主尊坐像，左右各刻一侍者。主尊身前置夹轼，结跏趺坐于靠背椅上。左侍者双手持锡杖。	
129	126		西壁	圭形覆斗顶窟	善财参普贤菩萨	中刻主尊普贤菩萨，坐于大象背负莲台上。普贤左侧刻一童子，右侧刻一象奴。	
130	127		西北壁	四重方形龛	圣僧	中刻主尊坐像，戴披帽，双手置腹前，坐于靠背椅上。主尊左右各刻一立像。	
131	128		北壁	圆拱形藻井顶窟	释迦佛	主尊为圆雕佛像，左手腹前结印，结跏趺坐于束腰莲座上。	1.视迹女身｜守姓坚真｜八风不动｜坚断丙丁｜弟王慈济讚｜姐大一娘平生在家□｜姓长斋看教常行｜羡善舍钱于塔下镌｜造释迦一尊永为｜瞻仰｜时丁卯岁题｜ 2.我非父亲｜亦非母义｜恩酬冈极｜心空及弟｜建塔专库慈济｜自讚□｜丁卯岁题｜
132	129		东北壁	三重方形龛	圣僧	中刻主尊坐像，戴披帽，双手置腹前，跏趺坐于靠背椅上。主尊左刻立像1身。	
133	130		东壁	圭形藻井顶窟	善财再会文殊菩萨	中刻主尊文殊菩萨，坐于狮子背负的莲台上。文殊左刻狮奴，右刻立像1身。	
134	131		东南壁	四重方形龛	志公和尚	中刻主尊坐像，戴披帽，倚坐于靠背椅上。主尊左刻一立像，右手持长杖，杖首悬挂角尺和扫帚等。	

附录二　多宝塔周边文物遗迹

一、北塔寺遗址

（一）位置及现状

北塔寺遗址位于多宝塔北侧约20米的平坦山顶，占地面积约1100平方米。其北面为缓坡地带，东西两侧为崖壁（图447；图版Ⅰ：379）。

北塔寺原建筑已毁不存，现有后殿建筑为近年重建。遗迹显示，寺院坐北朝南，于中轴线上依次布置山门、前殿、后殿，左右各布置厢房一列。山门北距多宝塔2000厘米；由南至北，山门与前殿相距2740厘米，前殿与后殿相距460厘米，前殿与左右厢房相距30—80厘米。

山门现存柱础遗迹。前殿基台完整，其后侧在20世纪90年代用条石垒砌房屋一间，以遮蔽现存的三尊佛像。前殿基台与后殿基台之间以宽300厘米的过道相连，使过道两侧形成方形天井，长约760—775厘米，宽460厘米。后殿基台完整，现木构建筑为20世纪90年代在原址上重建而成。后殿东南侧建一放生池，池中安置石龙一条，龙首略上仰，作探望状。左右厢房毁，仅存部分基台。此外，在历次调查或实施环境整治工程过程中，于寺院遗址内先后发现数通单体石碑。

（二）寺庙建筑

1. 山门

原建筑现已不存[1]。现地坪存四个圆形柱础，直径约25厘米。四柱础呈"井"字形对称布置，前后相距120厘米，左右水平相距371厘米。山门与前殿基台之间为平坝，未作清理发掘，情况不明（图版Ⅰ：380）。

2. 前殿

基台呈方形，长1738厘米，宽1510厘米，高74厘米。基台南面中部设台阶，与前侧平坝相接。台阶三级，通宽400厘米，其左右安置抱鼓石。阶台左右的基台正面减地平钑"鱼跃龙门、双凤朝阳、二龙戏珠、瑞兽"等壸门图案，呈对称布置（图版Ⅰ：381、图版Ⅰ：382）。基台中后部新建悬山式石屋一间，较为简陋，面阔864厘米，进深505厘米，通高492厘米（图版Ⅰ：383）；屋内设方形佛坛，其上置三身圆雕佛像。石屋南向前端存两个圆形柱础，直径约50厘米。

3. 后殿[2]

基台呈方形，长1720厘米，宽920厘米，高70厘米（图版Ⅰ：384）。现建筑为单重悬山式木瓦建筑，面阔五柱四间，通面阔1767厘米，进深四间，通进深800厘米。明间、次间、尽间皆为抬梁式梁架结构，山墙为穿斗式结构。附有前廊，宽283厘米。

后殿内存墨书题记两则。

第一则　题写于后殿明间正脊之下，左书"皇图巩固地道遐昌"，右书"佛日增辉法轮常转"，共16字，楷体，字径8厘米（图版Ⅰ：385）。

第二则　题写于后殿明间前侧坡面的第二排檩木之下，左书"龙飞皇清乾隆拾陆年岁次孟冬月丙辰日穀旦"，右书"风调雨顺国泰民安"，共27字，楷体，字径8厘米（图版Ⅰ：386）。

4. 左右厢房

建筑已毁，仅存基台。其中，左列厢房基台保存较差，高约30厘米，南北长约3065厘米，东西深约735厘米。右列厢房基台保存较好，高约68厘米，南北长约3520厘米，东西深732厘米。

1　原山门"面阔三间，单檐挑山顶"。梁思成：《梁思成全集》第三卷，中国建筑工业出版社2011年版，第236页。
2　据乾隆《大足县志》载，后殿为重檐歇山式建筑。另据现存墨书显示，清乾隆十六年（1751年）曾维修，最近一次为1994年吴平心捐资维修成现状。

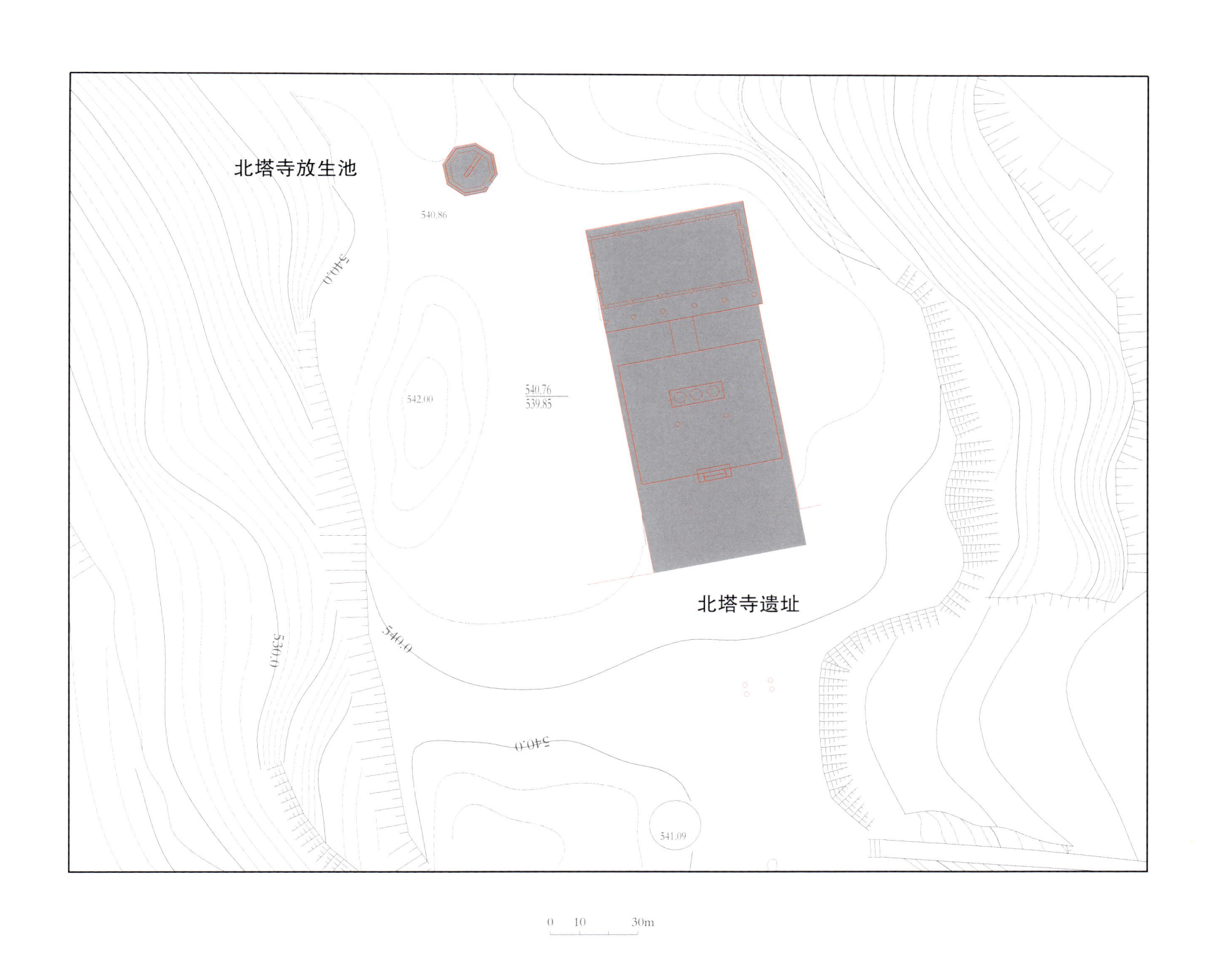

图 447　北塔寺遗址平面图

（三）前殿圆雕佛像

前殿佛坛上置圆雕佛像3身。

中佛像 坐高223厘米，头长81厘米，肩宽95厘米，胸厚56厘米（图448；图版Ⅰ：387）。梳高髻，戴卷草花冠，冠正面刻仰莲一朵；冠下露螺发一列。冠带作结后下垂及肩。面方圆，额宽35厘米，眉间刻白毫。弯眉，双眼略鼓凸，眼半睁；棱鼻厚唇，口微闭。双耳长垂，长30厘米，颈刻三道肉褶线。宽肩厚胸细腰，袒胸，露双乳，内着僧祇支，系带作结；外着偏衫式袈裟。腕镯，双手胸前结印，拇指、食指上竖相捻，余指相拱；结跏趺坐于仰覆莲台上，显露双足，足心向上。莲台呈方形，宽150厘米，深122厘米，高37厘米；正面莲瓣作三重式样，略显厚实，后侧莲瓣制作略显粗略。莲台下为须弥座，平面呈六边形，通高85厘米，通宽174厘米，深128厘米。须弥座上部为方台，其下刻仰莲层；中部束腰为六边台，外侧三面饰刻壸门，后侧三面素平。居中壸门刻壸门式云纹，左右壸门素平；其下为覆盆台，最下为六边方台。

左佛像 坐高228厘米，头长92厘米，肩宽94厘米，胸厚58厘米，额宽40厘米，耳长33厘米（图449；图版Ⅰ：388）。高肉髻，尖螺状发，直鼻，其余面部特征同中佛像。腕镯，双手腹前结定印；衣饰及坐姿同中佛像。佛像身下仰覆莲台及须弥座式样和大小皆略同中佛像。

右佛像 坐高230厘米，头长93厘米，肩宽93厘米，胸厚56厘米，额宽40厘米，耳长36厘米（图450；图版Ⅰ：389）。左手抚膝，右手举至胸前，食指、中指直竖，余指卷曲；其余特征同左佛像。

三佛像皆置于佛坛上。佛坛为须弥座，通高81厘米，长638厘米，宽159厘米。上下枋素平，中部束腰雕刻图案，正面中部镂雕长筒状花卉，长58厘米，高15.5厘米，凸露8厘米；左右中部各刻一回首的麒麟，身长36厘米，高16厘米；转角处各刻一垂伏的狮子，身长32厘米，高16厘米；左右侧面各刻一长枝花卉。最下为圭脚，部分残毁。佛坛后侧建石台，高宽与佛坛同，厚约51厘米。

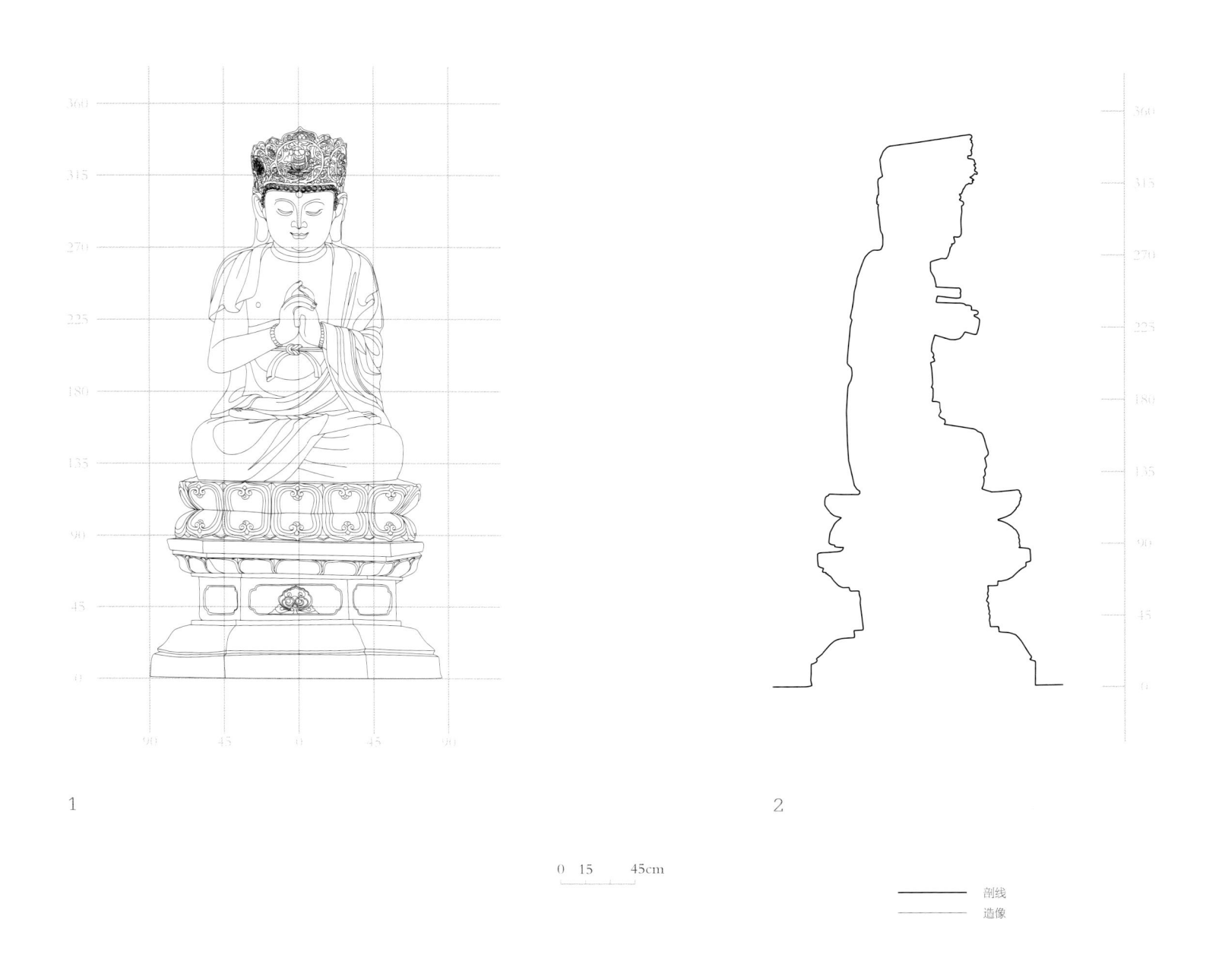

图448 北塔寺前殿中佛像立、剖面图
1 立面图　2 剖面图

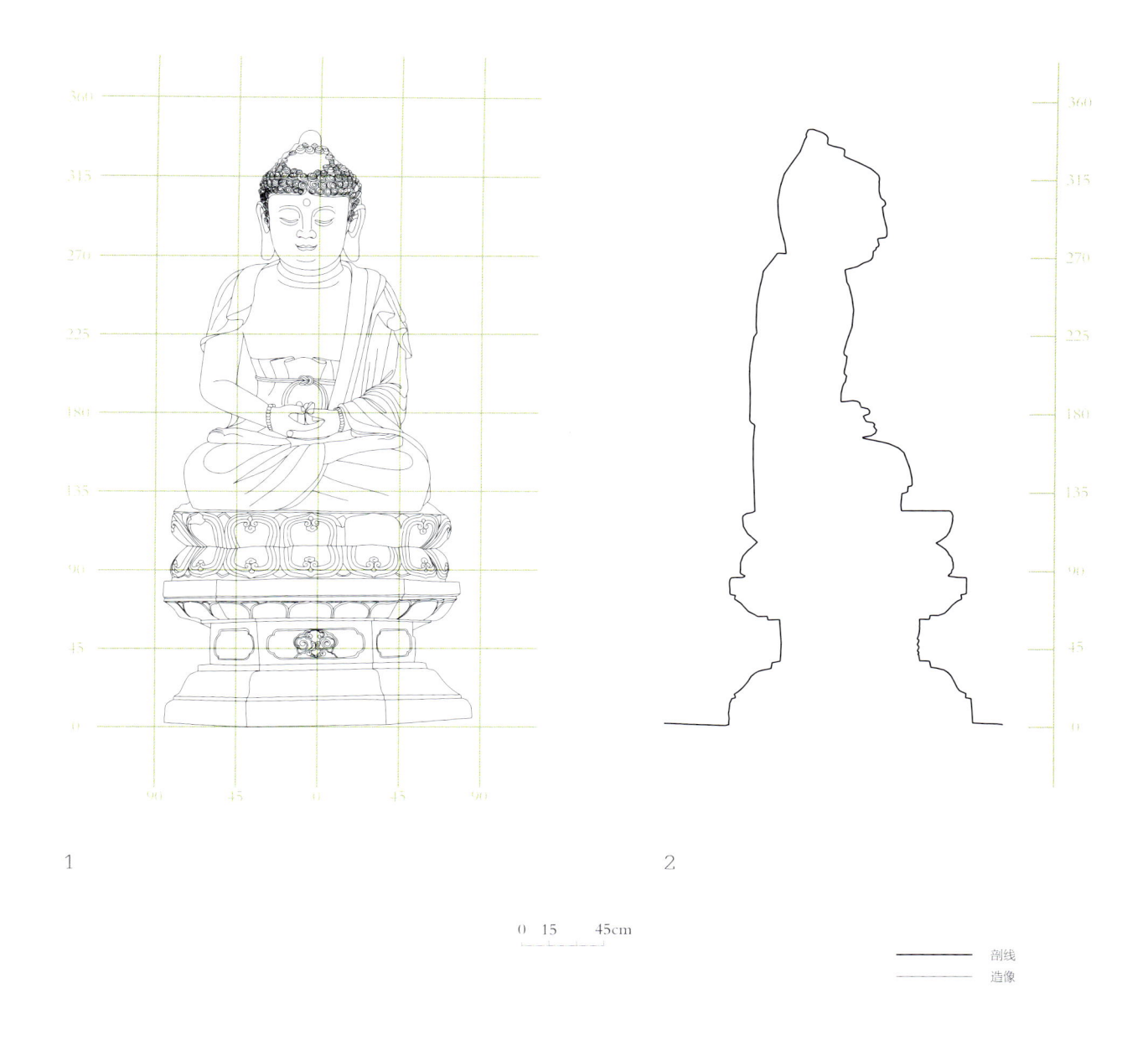

图 449　北塔寺前殿左佛像立、剖面图
1　立面图　2　剖面图

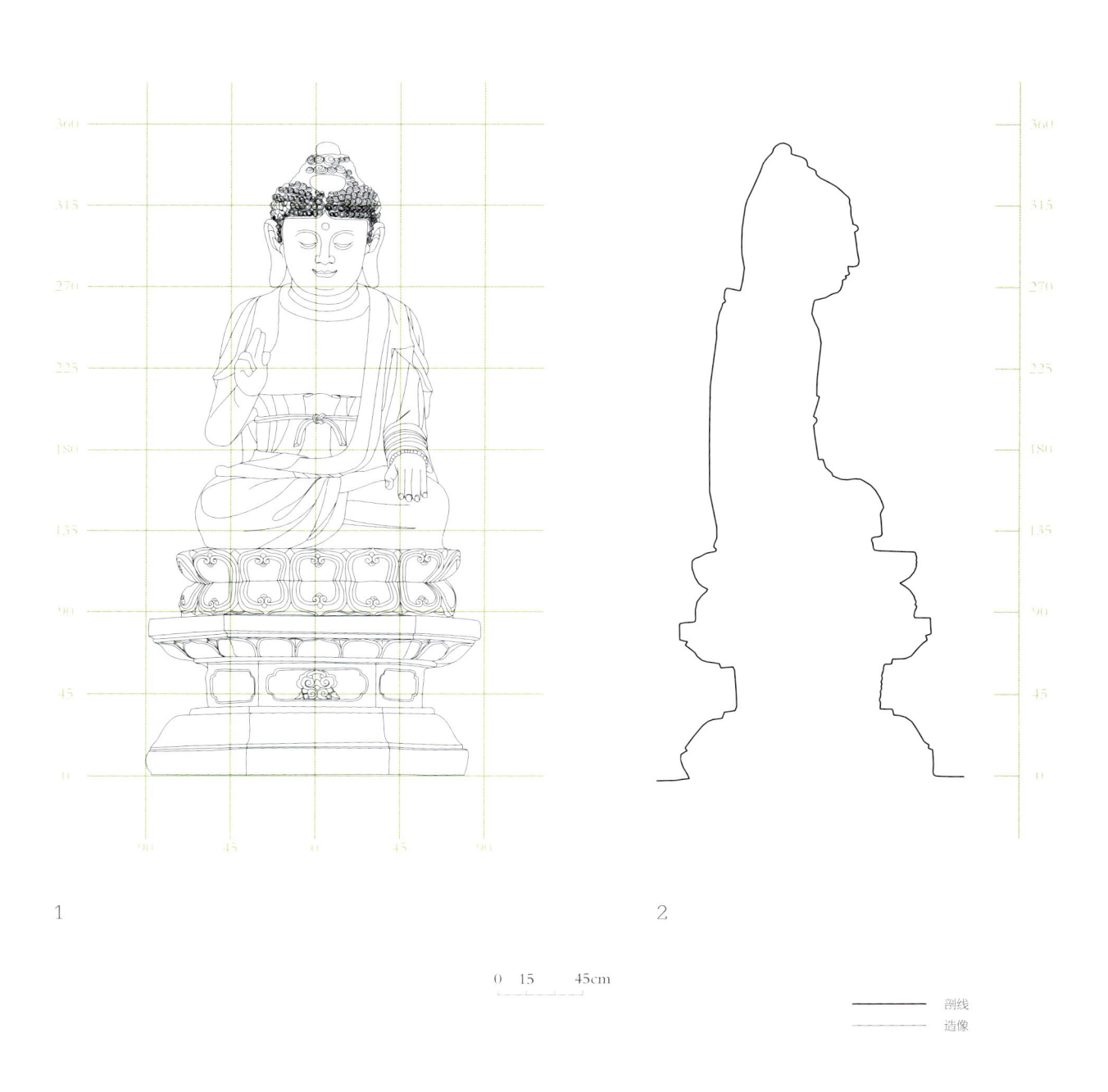

图 450　北塔寺前殿右佛像立、剖面图
1　立面图　2　剖面图

附录二　多宝塔周边文物遗迹　555

佛坛前侧左右端各存一方形柱础，式样和大小一致。柱础高32厘米，边宽66厘米，各面刻壸门图案。左柱础正面壸门内刻伏卧的牛一头，身长20厘米，高13厘米；右柱础正面壸门内刻回首的鹿一头，身长20厘米，高15厘米。

（四）碑碣

共六通，分别遗存于北塔寺遗址内和北塔坡地。其中，北塔寺遗址内原存两通，后被当地村民挪用为水缸石，1986年文物普查时发现并收集，现存北山石窟文物区。北塔坡地原存石碑两通，现已残损甚重。2011年3月，北塔寺遗址环境整治中，于山门与前殿之间的道路旁出土方形石碑两通，现存于北塔寺后殿内。

1. 白塔寺碑序

清道光二十三年（1843年）。原位于北塔寺遗址内。方碑高225厘米，宽90厘米，厚16厘米。碑额漶，碑文左起，竖刻，存635字，楷体，字径3厘米（图版Ⅱ：115）。

白塔寺碑序（首行）

□有云人杰地灵斯言诚足味矣邑之白塔寺古刹也未知创于何时建于何人以意揣之大都前之贤□

□于地理精于形家卜得城北里许高耸处率众募修庙宇建竖白塔城之保障系为邑之文风关焉生〔斯〕

者人文蔚起黎庶繁殷未必非栖神得所庇阴于无穷也历代梵献亦不可考〔承〕□〔门〕亮和尚参透玄妙〔谦〕

法戒坐静之暇培修日多功不亚于前人人杰也而巳〔逊此灵〕矣数传而后德兴□□各怀异志分作东西

房债日累积不〔克〕守成于道光十二年福真等将寺出顶〔词〕经前任□县尊章公□〔于〕当堂查验铜梁县盘

寺僧圆海圆亨堪充住持邑中绅士江文焕周明监等协同盘龙寺山邻杨□□□□仅清理界址串名海

书立文契代前僧填还借贷四百千文招转各佃保租铜钱二千一百八十千文并给前僧衣单铜钱□□海亨齿积即将庙之

坏者补葺之像之尘垢者装彩之一切山林墙垣〔从盖〕培补次第宅缮较前之〔庙宇倾〕圮香灯冷落不大〔异〕

吾因之有感矣天下事莫为之前虽美弗彰莫为之后虽□弗传海亨承〔继〕斯地不惟近绍福珍和尚并□

绍闻建者百千万年于不朽也地之灵与人之杰也邑中美举甚多又得此庙之焕然重新永镇一邑风水

见士切观光民歌温饱三□名臣此为首指□居□县因海亨来顶时同诣县署□〔章〕〔公细〕查海亨虚□□

告之敢任保举之〔者〕厥后〔询〕邑中附近绅耆得知斯庙之大略如此特叙之以见人杰地灵之不爽云□□

陕西凤翔府观音寺〔名刹〕正□□经学禅师〔传派〕得道与恩正真洪祖普妙避昌从令直〔古〕

真瑞和尚〔传派〕绍续心宗觉性了悟定慧圆明果超成佛

铜邑寿隆寺悟贡和尚□□□仁本天然智清源海印〔道〕常光和宝月寂照□□□

传临济正宗第二十七世住持比丘圆□（漶）

石灯山无相寺师弟圆□□□经师

月宫山波轮寺师弟圆□□徒□明□□

铜梁县贡生杨应□佛山氏撰

大足县文生周明□石□氏书并

大清道光二十三年仲冬月△吉旦立

2.《白塔寺花园记》碑

年代不明。原位于北塔寺遗址内。方碑高221厘米，宽90厘米，厚16厘米。碑文左起，竖刻16行，存416字，楷体，字径3厘米（图版Ⅱ：116）。

01　白塔寺花园记

02 从古名园不一长备观览者卒少为其地非〔闲〕静而所种花木亦非名贵幽香也故
03 通都大邑世族贵戚莫不各据其园自以为美□千秋乃不移时而人之遇之〔虽〕荒
04 秽不惜者有之若陶之菊同之莲苏之竹亦非必超绝□□□□往往共〔和〕称〔美〕
05 良以□地□高而所种皆佳植不求奇而自〔异〕也□□□山白塔寺自
06 朝定鼎以来历经修□□□□□称〔美路幽花〕□□□□□慨然为己任□
07 观音殿后命匠修砌砖瓦石块经年累月不惮□□□□〔花〕园乃成选奇异〔绿〕竹
08 木勤灌溉于朝暮名花佳木毕集其中春夏之间兰香□人荷绿献瑞秋冬之际露
09 白并洁雪花同鲜堪备拈花之微笑别呈慧目之色象更〔于〕花木之傍置二鱼碉明
10 水照天丽藻映地鱼有全墨二色当晴光之满空则隐伏而听法及微阴之将两则
11 □跃以参禅微凤飘荡飞花杂混锦鳞雷鸣土震落叶浪掩金鲔缓步环游神清气
12 爽试由园东望长岩佛光射园花南瞻院宇层台塔峰屹立园前而不敝其西则
13 □岭环列回绕乎园右北则凤山叠来曲接园墙奕宫鸟语花香园之景不一园之
14 □日多园之幽芳奇异亦愈出不穷夫岂〔尘嚣〕杂处与朝红夕谢之俗艳凡卉同日
15 □哉异时
16 □意〔与〕图以斯园载入邑志则其园不朽寺之胜亦不朽僧之名亦不朽千载后〔何〕

3. 《县正堂丁示》碑

清光绪十一年（1885年）。位于多宝塔西侧约10米处。碑石方形，高92厘米，宽61厘米，厚10厘米。碑额横刻"县正堂丁示"5字。碑漶蚀难辨，今据《大足石刻铭文录》录文[1]。碑文左起，竖刻，134字，楷体，字径3厘米。

县正堂丁示（额）
告示
从来建修宝塔阁邑风水攸关
无如年湮代远倾颓毁坏不堪
不惟无人修补反在塔内取砖
胆藉县署名色雕成砖砚卖钱
更有匪徒痞党月夜潜匿其间
从此出示封禁责成庙内众僧
无论工商士庶不准开塔游观
庶几无人折毁古迹得以永全
倘敢藐违故犯该僧扭禀勿延
本县提案究惩王法决不稍宽
光绪十一年二月初七日晓谕

4. 《县正堂桂示》碑

清光绪二十年（1894年）。位于第三通碑石之阴。碑额楷书横刻"县正堂桂示"5字。碑漶蚀难辨，今据《大足石刻铭文录》录文。碑文左起，竖刻，68字，字径5厘米。

县正堂桂示

---

1 《县正堂丁示碑》、《县正堂桂示碑》均漶蚀不辨，《大足石刻铭文录》据郑之金1984年现场录文收录两碑文。见重庆大足石刻艺术博物馆编：《大足石刻铭文录》，重庆出版社1999年版，第460—462页。

白塔重地防护宜勤

　　谕尔住持关锁塔门

　　勿许百姓进内游行

　　恐其失足堕地伤身

　　又恐新修砖路踏倾

　　倘敢违拗扭解来城

　　提案重责决不容情

　　光绪二十年二月廿七日晓谕

5.《福田广种》碑

清乾隆五年（1740年）。原位于北塔寺遗址山门和前殿之间的平坝内道路旁。碑残高96厘米，宽82厘米，厚12厘米。碑额左起横刻"福田广种"4字，字径9厘米；左、右分别竖刻"千载不易佛□"、"万岁长明圣灯"，字径9厘米；碑心低于碑面约3厘米，文竖刻11行，存225字，楷体，字径4厘米（图版Ⅱ：117）。

01　白塔古刹住棠城之北奇岩仙景乃县治之来龙历经（漶）

02　邑侯抚治甫有钱粮六百亩乡老兴崇建就殿宇二层于雍（漶）

03　大雄殿燃长灯一盏因寺僧德性创修无度将寺田当出数（漶）

04　商议将灯会众善余赀尽将寺田赎回给僧收租买油（漶）

05　衣食其中如尚有余剩□亦不得入私仍将培补殿宇因勤（漶）

06　共计赎回寺田六处□灯会银叁拾捌两四钱五分（漶）

07　一禁寺中田土凡招佃僧人不得擅□□不许轻留来往僧人

08　一禁僧不许招留贫家疎懒之人搅□常住并（□）丛林□

09　一禁山主赎回田土永不许僧人当出并私（□）山林柴木

10　以上数禁僧人如有犯越众信公议□□不留

11　大清乾隆五年岁次庚申五月十七日邑人张（漶）

6. 功德碑

原位于北塔寺遗址山门和前殿之间的平坝内道路旁。碑高98厘米，宽49厘米，厚12厘米。碑文竖刻14行，楷体，字径2厘米。碑文皆为僧俗功德主名，略；落款存刻"乙卯孟冬□给八日△△△△△住持僧明俊明德徒□山果□"17字（图版Ⅱ：118）。

（五）其他

"乙卯修路"题刻，年代不明。摩崖石刻一则，位于多宝塔东侧石梯道旁的石壁上。刻石面高67厘米，宽109厘米。文左起，竖刻4行17字，楷体，字径13厘米（图版Ⅱ：119）。

01　甲寅兴工

02　乙卯修路

03　吉月日时功

04　成永为言

二、经幢龛

（一）位置

位于北塔坡东南面约150米的峭壁上，下距地坪约285厘米（图版Ⅰ：390）；其东北距北山佛湾北门与北塔坡顶之间的石梯大道约40米，东南距北山停车场约90米。

龛口东南向，方向约138°。

（二）形制

单层方形龛（图451；图版Ⅰ：390）。

于崖壁开凿最深约30厘米形成龛口。龛口方形，外缘高125厘米，宽107厘米。沿面保存基本完整，左沿、右沿和上沿宽9厘米，未刻下沿。龛口高115厘米，宽93厘米，至后壁最深约25厘米。龛口左右上角垂直相交。龛底呈方形，龛壁竖直，剥蚀略重，相互垂直。龛顶平顶，呈方形，部分剥落。

（三）造像

龛内中刻经幢一座，通高115厘米，分幢座、幢身、幢顶三部分（图451-2；图版Ⅰ：390）。

幢座为须弥座，部分残，通高36厘米，宽42厘米，厚24厘米。座下枋正面左右转角处存鼓凸遗迹，似力士像残躯；束腰部分剥落，似刻有盘龙；座上枋正面左侧转角处刻坐像一身，存少许身躯。座上承仰莲台。

幢身四级、檐四重，置于仰莲台上。第一级幢身呈八边形，现完整的五面，通高26厘米，面宽8厘米，素平。幢檐亦呈八角形，少许残，转角处略微上翘。第二级幢身较短，风化略重；幢檐略呈八边形，转角处刻坐像（似佛像）1身，残高约5厘米，计6身，身后皆刻椭圆形背光。第三级幢身亦短，刻仰莲台一周；幢檐为双重圆台，残损较重。第四级幢身略高，正面似刻有三座单重楼阁，其间虹桥相连，保存较差；幢檐与第三重幢檐同，惜残损过半。再上为幢顶。

幢顶通高约15厘米，自下而上依次刻单层仰莲台、圆钵、幢尖；幢尖与龛顶相接。

三、五佛殿

（一）位置

位于多宝塔前释迦、多宝佛像西南前侧20米的崖壁上。

龛口西南向，方向207°。

（二）形制

单层圆拱龛（图452）。

在崖壁表面直接凿建龛口（图版Ⅰ：391）。龛口略呈圆拱形，高230厘米，宽290厘米，至后壁最深206厘米。龛底呈半圆形，龛正壁竖直，与左右侧壁弧面相接；壁面与龛顶弧面相交。龛顶为平顶，呈半圆形。

（三）造像

龛内刻像5身。其中，正壁刻立像3身，左右侧壁各刻立像1身（图版Ⅰ：392、图版Ⅰ：393、图版Ⅰ：394）。

1. 正壁

中立像　高163厘米，头长33厘米，肩宽28厘米，胸厚24厘米。梳髻，垂发及肩；戴卷草冠，冠正面刻一立式化佛。化佛高5.5厘米，着袒右式袈裟，左手置于胸前，右手下垂，掌心向外结接引印。主尊像脸形长圆，弯眉细眼，直鼻，双唇微闭。戴珠串耳饰，下垂至胸。颈戴项圈，胸饰璎珞，下垂坠饰，隐于披巾内。上着宽博披巾，下着裙。披巾两端腹前交叠后，敷搭前臂下垂体侧，端头

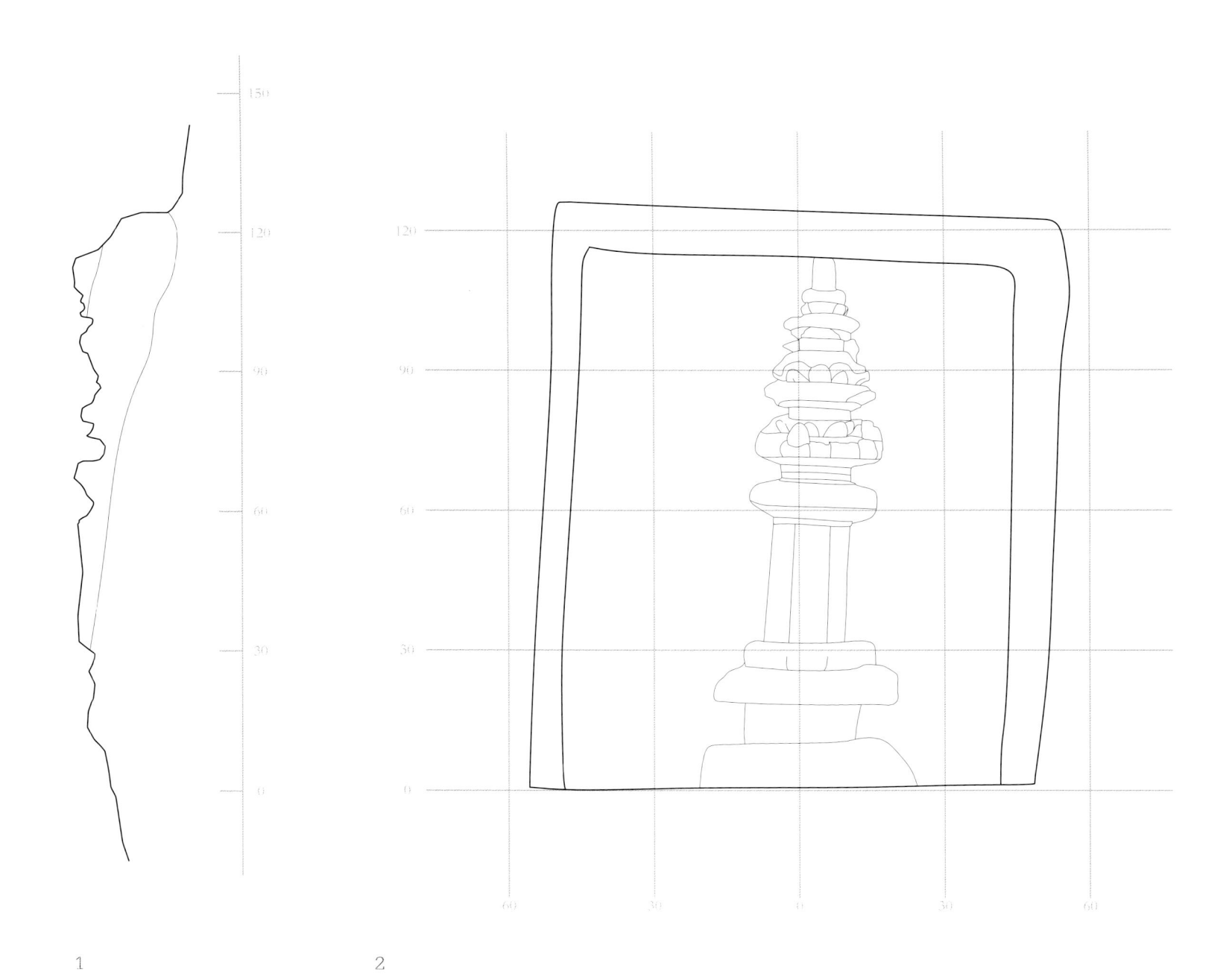

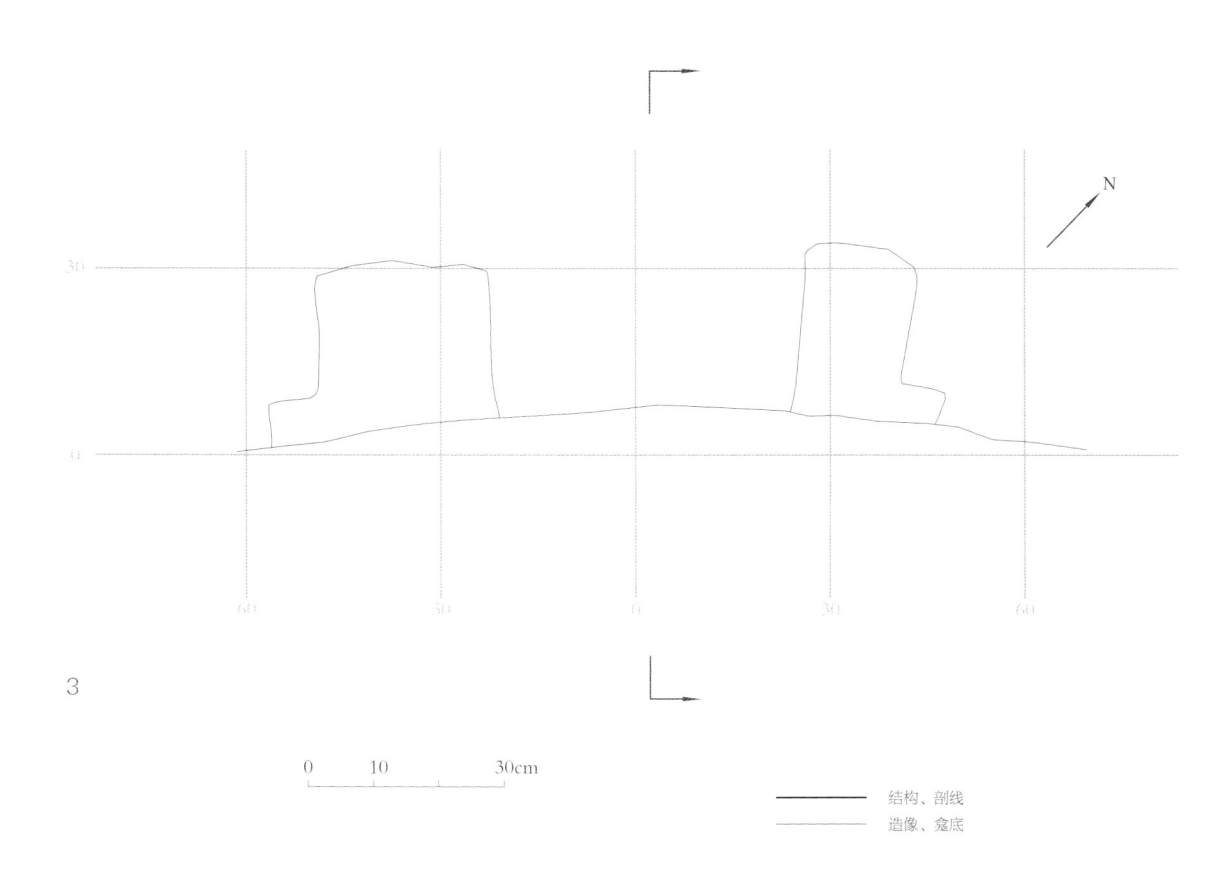

图 451 北塔经幢龛平、立、剖面图
1 剖面图　2 立面图　3 平面图

图 452　五佛殿造像龛平、立、剖面图
1　立面图　2　剖面图　3 平面图

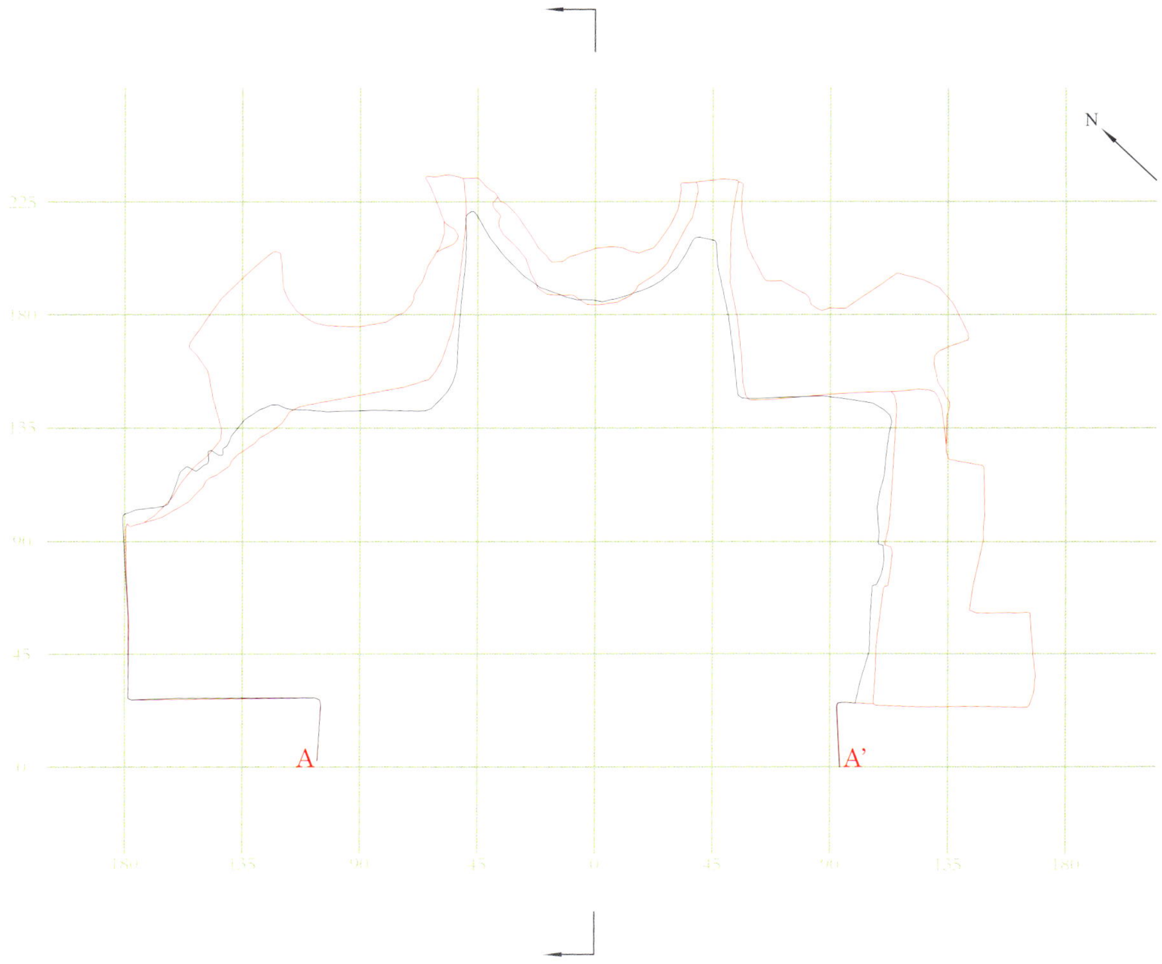

附录二　多宝塔周边文物遗迹　561

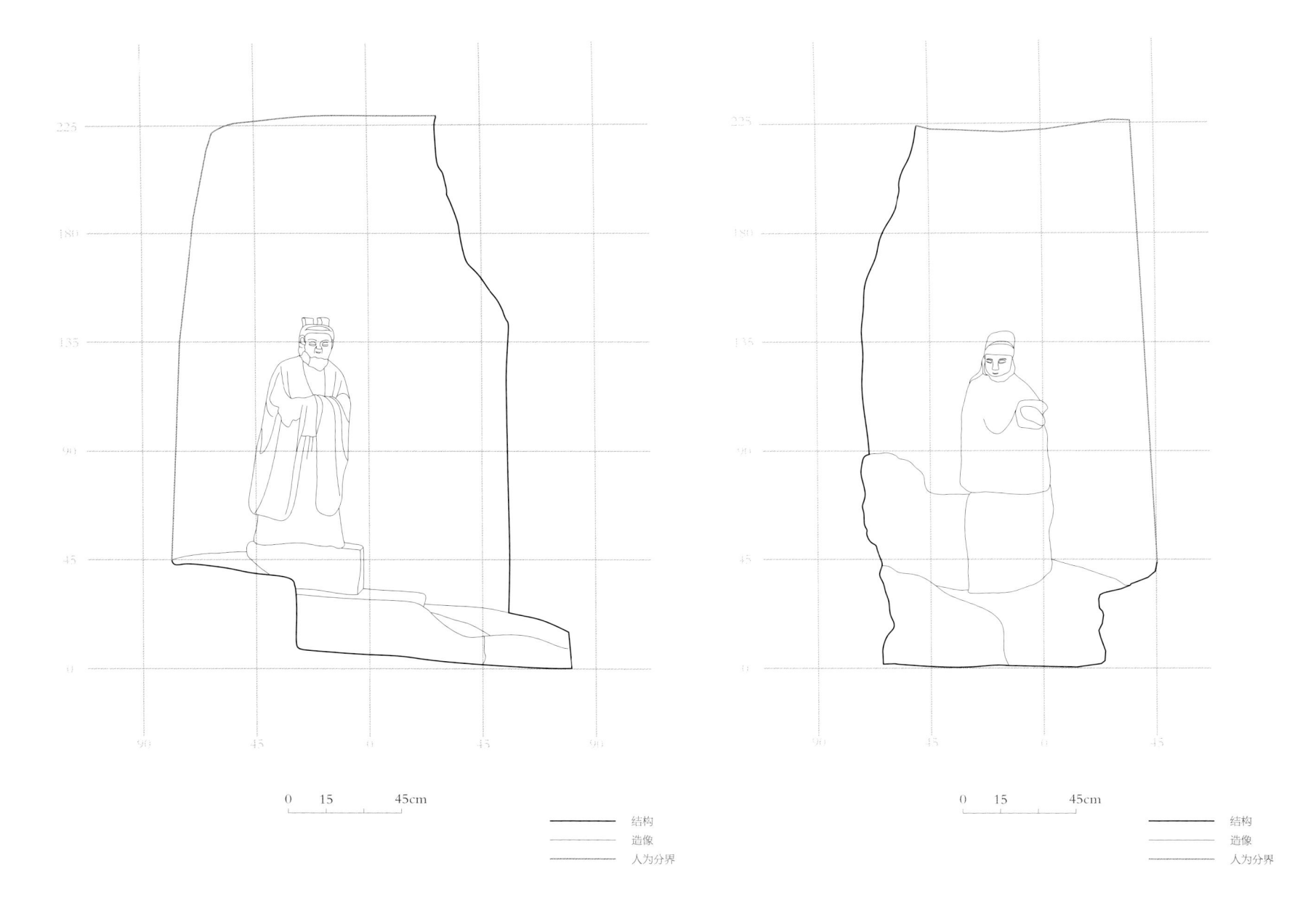

图 453　五佛殿造像龛左侧壁立面图　　　　　　　　　　　图 454　五佛殿造像龛右侧壁立面图

微扬。腰带长垂至足间。自后腰斜垂飘带，于双膝处交绕后，下垂至足。腕镯，双手（右手残）托持如意，斜置于左肩；如意长50厘米。跣足立于双重仰莲台上。莲台部分残，高37厘米，直径74厘米。

左立像　高144厘米，头长30厘米，肩宽36厘米，胸厚20厘米。戴进贤冠，面长圆，眉眼斜向上挑，下颌残。双肩及胸略蚀，着翻领宽袖长服，下着裙；裙腰上束至胸，腰带长垂至足。双手胸前持笏，笏斜置左肩，长44厘米，宽6厘米；双足残蚀，立于方台上。台高26厘米，宽72厘米，深89厘米。

右立像　高139厘米，头长26厘米，肩宽43厘米，胸厚22厘米。戴软脚幞头，面方圆，斜眉上挑，鼻梁略短，鼻翼宽大，厚唇闭合，刻连鬓胡须。着圆领宽袖长服，腰束带。双手于左胸前握持一物，物残难辨。双足残蚀，左向侧身立于方台上。台高27厘米，宽84厘米，深90厘米。

2. 左右侧壁

左侧壁立像　高95厘米，头长18厘米，肩宽25厘米，胸厚12厘米（图453；图版Ⅰ：393）。梳双髻，面圆，下颌残；上着对襟宽袖长服，下身衣饰不明；双手胸下笼袖内。足残，立于方台上。台高19厘米，其下低台高23厘米，宽114厘米，深37.5厘米。

右侧壁立像　高98厘米，头长20厘米，肩宽24厘米，胸厚12厘米（图454；图版Ⅰ：394）。手持物残。戴软脚幞头，着广袖长服，双手左胸前捧物，物残，右手残，面身向东，双脚着鞋立于低台上。台长32厘米，深17厘米，高3厘米。

（四）晚期遗迹

龛外上方崖面凿排水浅沟，形如"冂"字形，呈包围状；沟宽约20厘米，深13厘米，全长约1000厘米。

龛外依岩壁建有现代单坡歇山顶简陋砖房一间，面阔395厘米，深26—130厘米，屋身高约300厘米。

四、一碗水观音菩萨龛

（一）位置

位于北塔坡西北坡地边缘处的岩壁上，下距地坪约1米；与多宝塔相距约150米。

龛口南向，方向195°。

（二）形制

单层方形龛。

于岩壁直接凿建而成（图版Ⅰ：395）。龛口方形，左、右沿面宽21厘米，未见凿出上、下沿面；龛口内缘高168厘米，宽136厘米，至后壁最深约70厘米；龛口左右上角刻雀替。龛底呈方形。龛壁竖直，正壁与左右侧壁略垂直相接；壁面与龛顶亦垂直相接。龛顶平顶，呈方形。

龛外于20世纪80年代后陆续建四柱三间牌楼一座，下起地坪，紧贴岩壁，通面阔约380厘米，高430厘米，厚50厘米。牌楼明间洞开，显露龛像，左、右次间内收，略呈"八"字形。其主楼檐下横枋左起横刻"一点心"三字，字径10厘米，下部华板竖刻"观音阁"三字，字径11厘米（图版Ⅱ：120、图版Ⅱ：121）。

（三）造像

龛内刻像三身，中刻主尊菩萨坐像一身，其左右各刻侍者立像一身。

菩萨像　坐高100厘米，头长25.5厘米，肩宽34厘米，胸厚17厘米。浮雕椭圆形头光，横径约38厘米。头戴花冠，冠正面刻坐式化佛一身，高5厘米，双手腹前结印，结跏趺坐于仰覆莲上。菩萨长圆脸，耳垂肥大，垂发披肩；胸饰璎珞，内着僧祇支，外着双领下垂式袈裟，下着裤。左手横至腹前，右手抚膝，跣足，游戏坐于狮背上。狮高61厘米，身长88厘米，背宽30厘米，鼓眼阔口大耳，颈下系铃，扭头曲颈向南。

侍者像　左侍者像通高82.5厘米。头梳双丫髻，上着短袖红服，下着绿色长裙，戴镯，双手胸前合十，着鞋侧身直立。右侍者像通高75厘米，头梳高髻，戴发箍，圆脸，颈戴项圈，下垂圆璧，似着交领长服；双手斜垂，直身而立。

（四）铭文

龛沿保存楹联一副，牌楼保存楹联两副和石碑一通。

1. 龛沿楹联

位于龛左右沿面。楹联仿木雕凿，顶部刻外凸的挂钩。文共计14字，楷体，字径10厘米（图版Ⅱ：122）；皆上石于清同治三年（1864年）。

　　常教赤子有慈航（左）

　　永使苍生离苦海（右）

2. 牌楼楹联

（1）位于明间立柱。文共计20字，楷体，字径12厘米；落款5字，楷体，字径5厘米（图版Ⅱ：123）。

大慈大悲福锡瓶中玉露（左）

　　救苦救难功成座下莲花（右）

　　庠生杨顺祀（署款）

（2）位于次间立柱。文共计10字，楷体，字径11厘米；落款6字，楷体，字径4厘米（图版Ⅱ：124）。

　　显应昭千古（左）

　　流通遍八荒（右）

　　儒生李炎年书（署款）

3. 碑文

分别刻于牌楼左、右次间门板石上。左、右刻石面皆高105厘米，宽65厘米。碑文左起，竖刻32行，前6行及末行存84字，落款于右次间石板最右侧；楷体，字径3—4厘米（图版Ⅱ：125）。

　　重修观音阁序

　　盖闻观音大士建修历年久远而今佛（漶）

　　堪亦以我同人焉各有重修之志（漶）

　　诸人相邀请匠同心装彩金身（漶）

　　光焕乎难新此虽人事之得（漶）

　　神灵恩佑默思勤于其间哉是序□

　　（以下7—31行为功德主人名，略）

　　大清同治三年岁次甲子十月二十□

五、"海棠香国"题刻

（一）位置

位于多宝塔东南向前侧约80米的竖直崖壁上。左右为自然崖面，上距崖顶约490厘米，下距地坪约680厘米。题刻面南向，方向170°。

（二）形制

在崖壁表面直接凿建方形匾额。匾心略经打磨，高170厘米，宽710厘米；局部剥落、残损（图版Ⅰ：396）。

（三）题刻

"海棠香国"题刻，清咸丰六年（1856年）。匾心中部左起横刻"海棠香国"4字，字径120厘米。左款，左起竖刻3行，存16字，字径18厘米；右款，左起竖刻4行22字，字径18厘米（图版Ⅱ：126）。

　　海棠香国

01　大清咸丰六年□

02　□丙辰重九日□

564　　大足石刻全集　第四卷（上册）

03　录于棠城忠□□（左款）
01　邑人曾志敏逊斋
02　氏时年六十有二
03　左右兼书敬诚勒
04　石（右款）

六、古墓群

北塔坡东南角坡地，遗存有宋、明、清三个时期的古代墓葬10座。其中，宋墓1座，于2014年新建释迦多宝二佛前侧小广场时发现，抢救性清理后，就地保存。明墓1排7座，于1997年维修释迦多宝二佛时发现，未作发掘清理，仅清除杂草、泥土，外部修建方形石栏围护，就地保存。清墓两座，显露墓塔。

（一）宋墓

1. 位置

位于二佛东南前侧约40米处，封土层厚约150厘米；墓向213°。

2. 形制

墓为仿木单室石墓，平面呈方形，高156厘米，宽108厘米，深244厘米，由墓门、墓室、后龛、墓顶等部分组成（图版Ⅰ：397）。

墓门　高138厘米，宽108厘米，深40厘米。前侧为两级条石叠砌的封门石。墓门左右为石板构筑的门柱，门柱高138厘米，边宽45厘米。门楣石较厚重，打磨粗糙，高60厘米，宽210厘米，厚50厘米。

墓室　呈方形，中设棺台，由两块石板拼接而成，通长240厘米，宽79厘米，厚14厘米。棺台左右安置地栿石，地栿石前后置立柱，立柱间构建侧壁，壁面通高87.5厘米，宽101厘米，素平。棺台与侧壁间设排水沟一道。

后龛　位于后壁中部。龛口呈方形，高76.5厘米，宽65厘米，至后壁深23.5厘米；装饰帷幔，帷幔长垂，中部挽起，分系于左右壁柱上。龛内中部左侧刻立像一身，高约23厘米，大部残，双手似置胸前，着鞋站立；其右侧刻一方椅，仅存下部少许。

墓顶　平顶，呈方形，略内收。

3. 出土器物

墓室后壁龛底出土陶盏、瓷碗、陶碗各一件，墓室内出土棺钉17枚。

（二）明墓

位于释迦、多宝佛像东南前侧约10米处的石板平坝内，1997年发现时未做清理，就地保存（图版Ⅰ：398）。

现存遗迹显示，墓室7座，皆由条石、石板构建而成，置于同一坟冢之下，水平布列。坟冢全长9.2米，宽2.5米，墓室凸显地坪约0.8米。据显露的墓顶观察，墓顶似为平顶；相邻墓顶间有较明显的分界，分界处安置石板作间隔。

墓地边缘现建方形条石护栏围护。

（三）清墓

两座。位于释迦、多宝佛像东南前侧约50米的坡地上，呈上下布置，相距约10米。

1. 上方清墓

墓室置于地下，显露少许墓门及墓顶上方的石质墓塔。墓口方向199°（图版Ⅰ：399）。

墓口方形，显露高70厘米，宽120厘米。墓室为单室，平面呈方形，高135厘米，宽169厘米，深185厘米。墓室左右侧壁建壁龛，高65厘米，宽35厘米，深5厘米。龛内各刻立像一身，残毁甚重，残高约60厘米。后壁设浅龛，内刻圆形"寿"字。浅龛之下基台正面刻书卷、剑等图案。墓顶为藻井顶。在墓室与墓门之间的横梁底部，横刻"传灯续"三字，其左右另刻"庚午分金生戊申年正月十六辰时"14字[1]。

墓顶后侧建塔一座，通高约473厘米，分塔基、塔身、塔刹三部分（图455）。

塔基，为四方台，高70厘米，最宽165厘米，显露部分南面和西面，其雕刻图案已风蚀。

塔身，四级，塔檐四重。第一级塔身呈六边形，高70厘米，边宽47厘米，局部剥落；南、北面镂刻龙纹、瑞兽及卷草，其余各面镂刻卷草纹；第一重塔檐呈六边形，边宽约82厘米，略残。第二级塔身呈圆钵形，高约59厘米，最大直径约86厘米；其上第二级塔檐呈六边形，部分残。第三级塔身为六面方柱，高43厘米，面宽37厘米，各面线刻方框；南面框内中部竖刻"临济正宗第三十八世法名上明下亮修大和尚塔位"21字，字径1—2厘米，其余各面皆残，存留铭刻（图版Ⅱ：127）。第三重塔檐呈六边形，高约71厘米。第四级塔身呈圆鼓形，高40厘米，最大直径约50厘米，剥蚀其重；第四重塔檐亦呈六边形，翼角起翘明显。最上为塔刹，通高62厘米，从下至上依次刻六边方台、云台和仰莲苞，云台和莲苞间饰圆珠一周。

第三级塔身南面刻塔名，其余各面亦线刻方框，框内残留铭刻。自南面左侧面始，沿顺时针方向编为第1—5面。

第一面（西南面）

左起竖刻，存56字，楷体，字径3厘米（图版Ⅱ：128）。

□□□□□□□□□
世法名上明下亮修大和尚
□申修理寿藏建造宝塔
癸山丁向□穴二棺永远
之计良有〔此〕也因叙师□
上明下亮大和尚杜氏子
□自幼投拜圆悟师祖为

第二面（西北面）[2]

左起竖刻，存60字，楷体，字径3厘米（图版Ⅱ：129）。

为德受报恩堂上三依大
藏德蒙□育教诲不忘恩
□□其终于始讚曰师之
□性高洁迴光返照中
□矣忞修补禅院栽培松
□朝拜名山僧众咸悦乐
□善士往来不绝□好□

第三面（北面）

毁。

第四面（东北面）

左起竖刻7行，存62字，楷体，字径3厘米。

01　□待稿成怢素行若此□

1　该墓墓室内部资料系2007年黄能迁现场调查所得。
2　第二面、第四面和第五面铭刻毁，据邓之金先生1985年的现场录写资料录文。

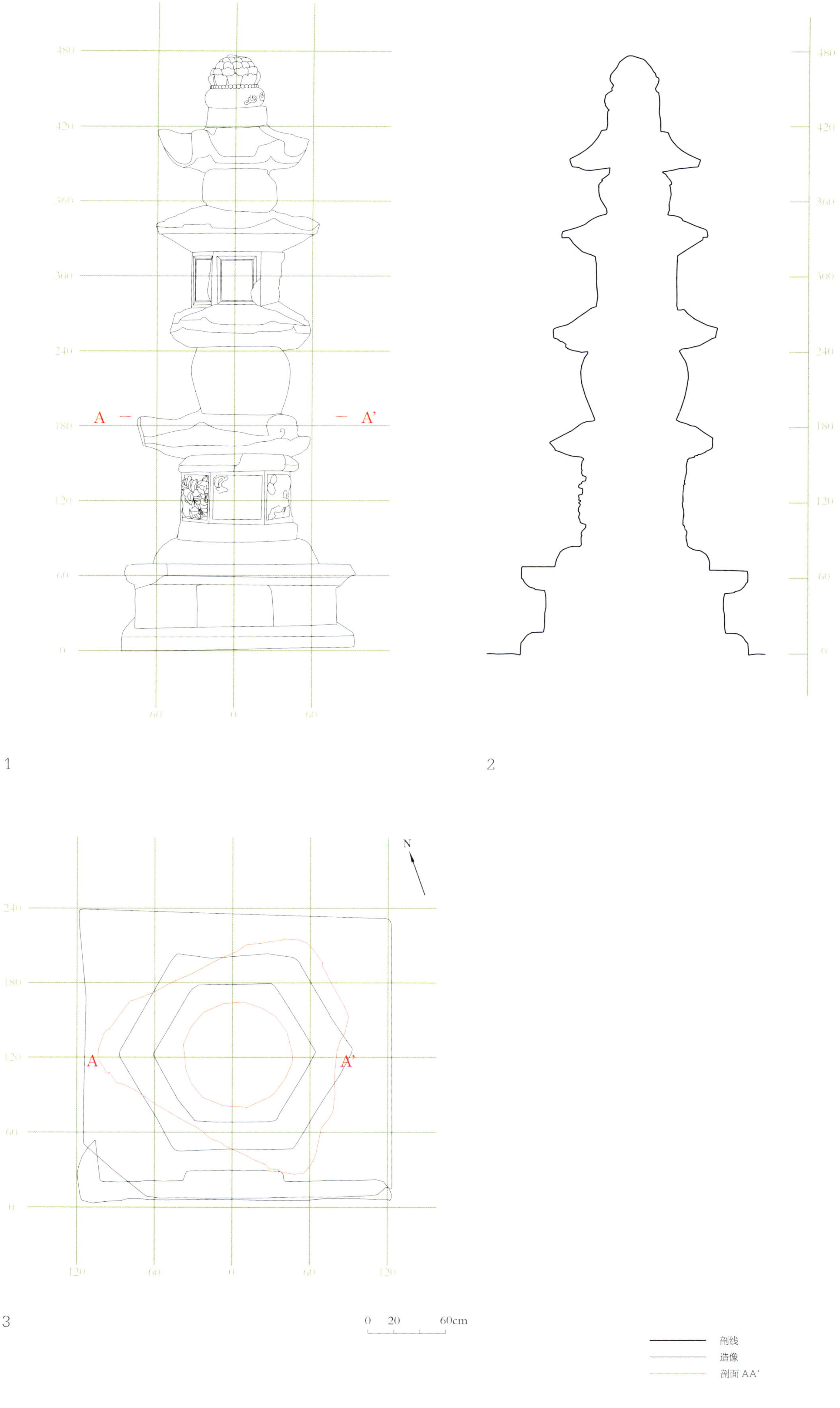

图 455　上方清墓塔平、立、剖面图
1　立面图　2　剖面图　3　平面图

02　　□炳烈并记师伯上明下

03　　修大和尚高氏子也幼□

04　　□内投拜圆须师祖为徒

05　　□受菩萨大戒继居城隍

06　　□下历修殿阁凉亭递塑

07　　□音公案不壹投拜处人

第五面（东南面）

左起竖刻6行，存48字，楷体，字径3厘米。

01　　□一成就侄怜哀老当回

02　　塔院与师父合墓略叙志

03　　行□日师伯为人纯□□

04　　统□□不惜用费千辛月万

05　　苦只为庙滤尘气不染万

06　　□□咸无累□□□□□

2. 下方清墓

位于地表之下，结构不明；墓顶上方显露墓塔，部分残，通高约319厘米（图版Ⅰ：400）。

墓塔分塔基、塔身、塔刹三部分（图456）。

塔基为六面须弥台，显露通高78厘米，面宽53厘米，各面浮雕花卉、瑞兽等，大部已残。

塔身二级，塔檐二重。第一级塔身呈圆钵形，部分残，通高118厘米，最大直径115厘米；圆钵下部刻仰覆莲台，上部刻圆台，饰如意头云纹。第一级塔檐呈圆形，高32厘米，直径108厘米，边缘饰外凸的云纹。第二级塔身为四阶圆台叠砌，形如相轮，通高约55厘米，直径60—70厘米。第二级塔檐呈六边形，翼角翘起，通高35厘米，边宽65厘米。

塔刹毁。

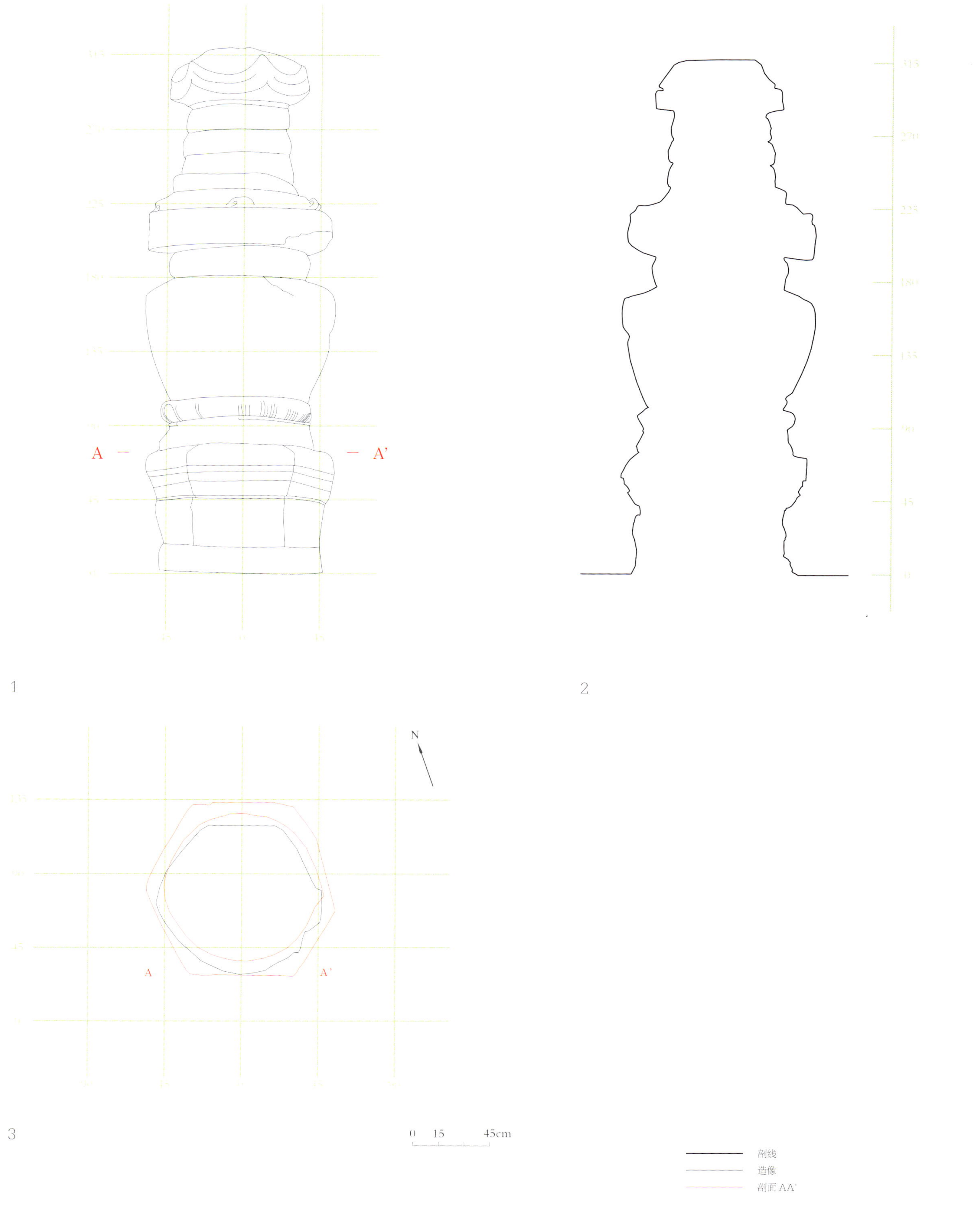

图 456 下方清墓塔平、立、剖面图
1 立面图 2 剖面图 3 平面图

图书在版编目（CIP）数据

北山多宝塔考古报告.上册/黎方银主编；大足石刻研究院编.
一重庆：重庆出版社，2018.3
（大足石刻全集.第四卷）
ISBN 978-7-229-12689-6

Ⅰ.①北… Ⅱ.①黎… ②大… Ⅲ.①大足石窟－考古发掘－发掘报告
Ⅳ.①K879.275

中国版本图书馆 CIP 数据核字 (2017) 第 228199 号

北山多宝塔考古报告　上册
BEISHAN DUOBAOTA KAOGU BAOGAO SHANGCE

黎方银 主编　　大足石刻研究院 编

总策划：郭　宜　黎方银
责任编辑：邱振邦　吴芝宇
美术编辑：郑文武　吴芝宇　周　瑜　吕文成　王　远
责任校对：刘　艳
装帧设计：胡靳一　郑文武
排　　版：代　敏

重庆出版集团
重庆出版社　出版

重庆市南岸区南滨路162号1幢　邮政编码：400061　http://www.cqph.com
重庆新金雅迪艺术印刷有限公司印制
重庆出版集团图书发行有限公司发行
E-MAIL:fxchu@cqph.com　邮购电话：023-61520646
全国新华书店经销

开本：889mm×1194mm　1/8　印张：78.5
2018年3月第1版　2018年3月第1次印刷
ISBN 978-7-229-12689-6
定价：2700.00元

如有印装质量问题，请向本集团图书发行有限公司调换：023-61520678

版权所有　侵权必究